KB238074

또 다른 목소리들

Another Voice

지은이 류보선

1962년 서울 출생. 서울대학교 국어국문학과 및 동대학원 박사과정 졸업. 1989년『문학사상』신춘문예에「분단문학의 새로운 지평을 향하여-김원일론」이 당선되면서 평론활동 시작. 현재 계간『문학동네』편집위원으로 활동하고 있으며, 군산대학교 국어국문학과 교수로 재직 중이다. 제46회 현대문학상(2002)과 제16회 소천비평문학상(2004) 수상. 평론집으로는『경이로운 차이들』(2002), 저서로는『한국 근대문학의 정치적 (무)의식』(2005)이 있으며, 편서로『구보가 아즉 박태원일 때』(2005)가 있다.

또 다른 목소리들

1판 1쇄 인쇄 2006년 3월 20일
1판 1쇄 발행 2006년 3월 30일

지은이 / 류보선
펴낸이 / 박성모
펴낸곳 / 소명출판
출판고문 / 김호영
등록 / 제13-522호
주소 / 137-878 서울시 서초구 서초동 1621-18 (란빌딩 1층)
대표전화 / (02) 585-7840
팩시밀리 / (02) 585-7848
somyong@korea.com / www.somyong.com

ⓒ 2006, 류보선

값 25,000원

ISBN 89-5626-206-3 03810

또 다른 목소리들

Another Voices

류보선

소명출판

　일찍이 아도르노는 예술작품이란 자체의 보편성에 따라 언제나 예외적이어야 한다고 말한 적이 있다. 예술 작품이 어떤 보편적인 규범성에 직접적으로 부응하면 바로 그 순간 이미 예술작품으로서의 자격을 상실한다는 것. 나도 그렇게 생각한다. 그리고 벤야민은 비평을 한 작품에 깃든 진리내용을 읽어내는 것이라고 규정한 적이 있다. 이것 역시 나도 그렇게 생각한다. 그리고 때로는 더 생각해 보기도 한다. 그렇다면 문학비평이란 한 작품을 가로지르는 예외성을 찾아내고 그것에 깃든 진리내용을 읽어주는 것 아닌가 하고.

　언젠부턴가 이런 비평을 하고 싶었고 여전히 이런 비평에 목말라 있다. 물론 내 안에 무엇이 있어서가 아니다. 예전의 비평이 그

러했듯 나의 위계질서를 작품 속에서 다시 한번 확인하고자 하는
것도 아니다. 부끄럽게도 나에게는 자랑스럽게 내보일 만한 그런
진리내용 따위란 없다. 뿐만 아니라 비평이 한 작품에서 비평가
스스로의 진리내용만을 찾아낸다면 그것은 한편으로는 직권남용
이자 다른 한편으로는 직무유기라고 생각하는 편이다. 나는 그저
단 한 번이라도 좋으니 저 위대한 작품에게서 뿜어져 나오는 그
찰라적인 섬광을 있는 그대로 느낀 그대로 표현하고 싶을 뿐이다.
그 섬광이 나에게 주었던 떨림을, 그 떨림 속에서 내가 속수무책
으로 무장해제 되었던 그 무력감과 공포를, 한 번만 단 한 번만이
라도 제대로 개념화하고 맥락화해 보고 싶은 것이다. 그렇게 해서
나에게 감동을 주었던 바로 그 작품들에 말 그대로 최대의 찬사와
헌사를 봉정하고, 그것으로 하여 다만 여럿 중의 하나였던 작품이
정말 빛나는 단 하나의 작품으로 거듭나는 경이를 만들고 싶다.
정말 그런 비평을 단 한 번만이라도 하고 싶다.

　이 책에 수록된 글들은 내게 감동을 주었던 그 작품들에 대한
찬사와 헌사의 형식으로 씌어진 것들이다. 그때그때 발표되는 소
설들이나 아니면 예전에 씌어진 소설들을 다시 읽으면서 나는 그
안에서 웅장하게 울려 퍼지는 각각의 다른 목소리들, 그러니까 그
작품만의 고유한 목소리들을 들을 수 있었다. 또 그런가 하면 읽
을 때마다 새로운 목소리가 흘러나오는 그야말로 오묘한 작품들
을 만난 경우도 있었다. 사정이야 어떻든 각각의 작품에서 울려
퍼지는 이전에는 없었던 바로 그 목소리들은 하나같이 자기만의
화음으로 웅혼했고 그 웅혼함에 나는 속수무책으로 가슴 벅찬 감
동들을 느껴야만 했다. 나는 이 감동들을 기록하고 싶었다. 그리고

나의 좁은 시야를 흔들어 나라는 존재를, 혹은 운명을 바꾼 바로 그 작품들이니 만큼 내가 할 수 있는 최대한의 헌사를 봉정하고 싶었다. 정말 바로 그 작품들을 꼼꼼히 읽고자 했고 보다 넓은 컨텍스트 속에 위치시키고 싶었다. 거의 필사적이었다고 하면 지나친 과장이겠지만 최선을 다한 것만은 사실이다. 하지만 정작 이 글들이 각각의 작품들을 읽으면서 내가 느꼈던 먹먹한 감동과 그 감동 속에서 느껴야 했던 무장 해제의 공포와 전율, 그런 것들을 제대로 표현하지는 못한 듯하다. 정작 발표된 글들은 내가 느꼈던 감동의 폭들과는 하나같이 거리가 멀었다. 게다가 아예 몇 몇 글들은 큰 오해를 불러와 오히려 내가 상찬하고자 했던 바로 그 작품들을 폄훼하는 근거로 사용되는 경우도 있었다. 나의 비평이 아직 내가 도달하고자 하는 그 지점과 멀리 떨어져 있음을 말하는 것이리라. 더 많이 읽고 더 많이 비교하여 더 넓은 컨텍스트 속에 바로 그 작품을 위치시켜야 하며, 그를 위해 더 필사적이어야 한다는 뜻일 게다. 그렇다면 이 책에 수록된 이 평문들은 문제제기만 있을 뿐 정작 그 제기된 문제를 충분하게 증명하지 못한 미완의 글이자 서론격에 해당하는 글일지도 모르겠다. 하지만 뻔뻔스럽게도 나는 이 미완의 글들 앞에서 부끄러운 마음보다는 불현듯 허기를 느낀다. 더 읽자. 더 읽자꾸나. 그리고 더 귀 기울여 거의 들리지 않는 자그마한 또 다른 목소리들을 듣자꾸나.

2006년 봄의 길목에서
류 보 선

차례

또 다른 목소리들

책머리에 · 3

1부

새로운 세기, 새로운 징후

즐거운 디스토피아와 새로운 역사지리지 __ 15
1. 『놀라운 신세계』와 즐거운 디스토피아 ······················· 16
2. 민족이라는 숭고한 대상 ······················· 21
3. 은유의 정치학과 자생적 운명의 발견 ······················· 35
4. 역사에 대한 새로운 시각, 혹은 새로운 역사의 출현 ······················· 44

반복과 차이 __ 50
1. 또 한 번의 새로움 ······················· 50
2. 안과 밖의 변증법 ······················· 52
3. 사후적인 기억, 혹은 기억의 사후성 ······················· 56

생활세계, 또 하나의 영토 __ 60
1. 친밀성이라는 매혹과 공포 ······················· 60
2. 음식의 사회사 ······················· 66

여성성의 세 형식 __ 70
1. 머뭇거림과 회의, 여성성의 원천 ······················· 70
2. 변두리, 혹은 현상학적 떨림 ······················· 72
3. 뒷모습 보기, 혹은 타자를 만나는 법 ······················· 76
4. 모성의 힘 ······················· 79

민족 이야기의 해체와 역사의 소멸 __ 84
: 신형기의 『민족 이야기를 넘어서』에 대한 단상
1. 민족 담론의 재등장과 그 의미 ······················· 84

  2. 민족이라는 괴물 ··· 89
  3. 민족의 해체, 역사의 소멸 ·· 99

거대서사의 해체와 하위주체의 발견 __ 105
: 1990년대 문학비평의 지형도
  1. 하위주체들의 카니발, 혹은 1990년대 문학비평의 풍경 ············· 105
  2. 중심의 상실, 혼란, 그리고 갱신−1990년대의 민족문학비평 ······ 108
  3. 모더니티의 발견과 문학주의 ·· 112
  4. 여성성 혹은 문학의 새로운 길 ··· 115
  5. 한국 근대문학이라는 역설, 혹은 한국 근대문학사의 특질 ········ 117
  6. 또 다른 하위주체들, 혹은 한국문학비평의 미래 ······················ 121

2부

억압된 것들의 귀환 풍경

아버지의 귀환과 새로운 역사상의 발명 __ 125
: 은희경의 『비밀과 거짓말』

  1. 또 하나의 성장 ··· 125
  2. 아버지의 귀환과 한국적 모더니티 ······································ 135
  3. 억압된 것들의 귀환, 혹은 새로운 역사상의 발명 ··················· 144
  4. 또 다른 성장, 또 다른 출발 ·· 148

모성의 시간 __ 151
: 황석영의 『심청』

  1. 『심청전』 다시 쓰기의 연속성과 비연속성 ······························ 151
  2. 상품화되는 인간과 광기의 모더니티 ···································· 157

　　3. 대지적 모성, 혹은 모더니티의 타자 ································· 164
　　4. 전통의 현대적 계승과 그 의미 ································· 170

죽음 앞에 선 노년 __ 173
: 김원일의 『슬픈 시간의 기억』
　　1. 노년의 호명과 맥락화 ································· 173
　　2. 불행한 역사와 분열된 영혼들 ································· 175
　　3. 죽음의 전복성 ································· 186

자살의 윤리학 __ 191
: 김영하의 『나는 나를 파괴할 권리가 있다』
　　1. 자살, 혹은 현대성의 거울 ································· 191
　　2. 죽음의 무대화와 모더니티의 귀환 ································· 197
　　3. 너저분한 삶과 숭고한 죽음 ································· 209
　　4. 타자에 대한 배려와 윤리적 주체화의 길 ································· 221

제국의 변경, 변경의 제국 __ 230
: 이문열의 『변경』
　　1. 『변경』, 혹은 새로운 화두 ································· 230
　　2. 변경의 제국, 혹은 정신적 동물왕국 ································· 234
　　3. 자유로이 부동(浮動)하는 지식인 ································· 243
　　4. 『변경』 이후 ································· 250

가족, 욕망하는 기계들의 서식지 __ 252
: 김원우의 『모노가미의 새 얼굴』
1. 생활세계의 풍부함과 관찰의 힘 ································· 252
2. 욕망의 감옥, 일부일처제 ······································· 256
3. 사랑의 기교, 혹은 사랑 없는 사랑 ························· 261

광기의 전쟁과 동일시라는 감옥 __ 269
: 김원일의 『겨울골짜기』
1. 『겨울골짜기』의 정본 출간과 그 의미 ····················· 269
2. 다큐멘타리의 거부와 기법의 승리 ························· 276
3. 숭고한 열정과 도구적 합리성, 광기의 기원들 ············ 281
4. 자연상태의 회복, 혹은 동일시로부터의 탈주 ············· 289

자유라는 이율배반 __ 299
: 이청준의 『자유의 문』
1. 이청준 소설과 원체험 ··· 299
2. 현실의 알레고리화, 또는 추리소설적 세계인식 ··········· 307
3. 절대선, 광기의 이면 ··· 312
4. 키작은 자유인 이청준 ··· 321

사랑의 정치학 __ 324
: 조세희의 『난장이가 쏘아 올린 작은 공』
1. 문제제기―『난장이가 쏘아올린 작은 공』의 위치 ········· 324
2. 역사적 아이러니의 발견, 역사의 아이러니화 ············· 330
3. 자본주의라는 괴물과 사랑의 정치학 ······················ 348

4. 『난장이가 쏘아올린 작은 공』 그 이후 ······························· 357

자유와 사랑, 혹은 환멸의 기원 __ 360
: 최인훈의 『광장』
1. 『광장』, 낯설고도 거대한 세계 ································· 360
2. 이식된 근대, 혹은 자유의 감옥 ····························· 364
3. 사랑, 존재증명을 위한 또 하나의 길 ····················· 382
4. 회색인의 진실, 혹은 『광장』의 리얼리티 ················· 389

3부 작가의 길 또는 소수집단 되기

인공낙원이라는 연옥 __ 395
: 강영숙론
1. 인공낙원?, 혹은 인공연옥? ································· 395
2. 떠도는 인공낙원 ··· 399
3. 분열된 자아와 전도된 관계들 ····························· 406
4. 요나의 잠, 혹은 탈주의 가능성 ··························· 412

탈마법화된 바다, 혹은 바다의 재탄생 __ 420
: 조헌용의 초기 소설
1. 새로운 하위주체의 출현과 그 의미 ······················· 420
2. 탈마법화된 바다, 혹은 바다의 모더니티 ················· 422
3. 소란과 침묵, 도박, 그리고 주변부적 근대성 ············· 429
4. 연민과 냉정 사이 ··· 441

모성의 지위와 탈낭만화 __ 445
: 신경숙의 『종소리』

1. 또 다른 목소리들 ………………………………………… 445
2. 고향상실과 절대고독 ……………………………………… 448
3. 어머니 되기, 그러나 탈낭만화된 ……………………… 453
4. 다른 것이 될 수 없는 이것 …………………………… 461

변두리의 귀환 __ 464
: 김소진의 초기 소설

1. 변두리의 귀환 …………………………………………… 464
2. '아버지는 개흘레꾼이었다', 혹은 변두리의 활력 …… 468
3. 모더니티, 열린 사회의 적들 …………………………… 478
4. 한국문학의 시금석, 변두리 혹은 김소진 …………… 484

귀향의 변증법 __ 486
: 이청준론을 위한 몇 개의 메모

1. '귀향연습'의 문학사적 의미 …………………………… 486
2. 무기력증 혹은 고향 잃은 자들의 실존 ……………… 491
3. 공동운명체의 발견과 그 의미 ………………………… 496
4. 고향의 발견과 그 이후 ………………………………… 499

어둠에서 제전으로, 비극에서 비극성으로 __ 503
: 김원일 문학이 걸어온 길

1. 삶, 체험, 그리고 문학 …………………………………… 503
2. 김원일 소설의 원형 ……………………………………… 506

3. 객관화로서의 글쓰기 — 「어둠의 혼」에서 『불의 제전』까지 532
4. 가족사의 극복과 역사적 진실성의 구현 544
5. 운명의 힘 549

개인과 사회의 대립적 인식과 그 의미 __ 552
: 김승옥론

1. 한국소설사에 있어서 귀향의 의미 552
2. 「무진기행」의 귀향풍경 556
3. '자기 세계'의 확립과 그 의미 561
4. '자기 세계' 상실의 문학적 표정 — 후기 작품의 경우 569
5. '자기 세계'의 소설사적 의미와 한계 — 결론을 대신하여 573

비극성에서 한으로, 운명에서 역사로 __ 575
: 박경리 문학이 걸어온 길

1. 들어가는 말 575
2. 삶의 무게, 문학의 무게 578
3. 삶의 고통과 소설의 향기 591
4. 순백의 영혼을 찾아서 595
5. 원망(怨望)에서 한으로 603
6. 다시, 원점에 서다 607

1부

새로운 세기, 새로운 징후

즐거운 디스토피아와 새로운 역사지리지

반복과 차이

생활세계, 또 하나의 영토

여성성의 세 형식

민족 이야기의 해체와 역사의 소멸
: 신형기의 『민족 이야기를 넘어서』에 대한 단상

거대서사의 해체와 하위주체의 발견
: 1990년대 문학비평의 지형도

즐거운 디스토피아와 새로운 역사지리지

1992년 가을, 내가 미국의 대학에서 히치콕에 대한 강의를 한 직후 청중의 한 명이 나에게 분개하여 질문하였다. 옛 조국이 화염 속에서 죽어가고 있을 때, 어떻게 당신은 그렇게 하찮은 주제를 말할 수 있는가? 나의 답변은 미국에 있는 당신이 히치콕에 대해서 말할 수 있는 것은 왜 그런가였다. …… 사라예보의 비극은 매일 평상시와 같이 자신의 가게로 걸어가기는 하나 세르비아의 저격수가 가까운 언덕에 잠복해 있기 때문에 걸음을 재촉해야 하는 나이든 점원에게서 요약된다. 우리가 멀리서 폭발음을 들을 수 있음에도 불구하고 '정상적으로' 영업하는 디스코장에서, 연인과 새로운 삶을 시작하기 위해 이혼을 목적으로 폐허를 뚫고 가야 하는 한 젊은 여인에게서 …… 참을 수 없는 것은 차이가 아니다. 참을 수 없는 것은 어떤 의미에서 차이가 없다는 사실이다.

— 슬라보예 지젝, 『향락의 전이』

1. 『놀라운 신세계』와 즐거운 디스토피아

우리 문학도 이제 '오웰이 아니라 헉슬리가 옳았을 가능성'에 대해 관심을 가질 때다. 닐 포스트만이라는 '매체 생태학자'가 있다. 그는 그의 저서 『죽도록 즐기기(*Amusing Ourselves to Death*)』에서 인류 미래의 두 가지 우울한 비전에 대해 말한다. 하나는 조지 오웰의 『1984년』이 그려낸 대규모의 직접적인 억압의 장면들이고, 다른 하나는 올더스 헉슬리가 『멋진 신세계』에서 제시한 밝고 명랑하지만 짙은 암울이 깃들인 공포스러운 사회상이다. 그는 우선 『1984년』과 『놀라운 신세계』의 실낙원 풍경이 서로 다르다는 사실을 강조한다. '빅 브라더(big brother)'에 의해 서적이 금지되고 정보가 독점되며 그래서 결국은 진실이 은폐되는 악몽의 시간을 예측한 것이 『1984년』이라면, 『놀라운 신세계』는 촉각·야단법석 등의 하찮은 문화에 빠져들어 주어진 쾌락에 만족할 뿐 어느 누구도 진실 따위에는 관심을 갖지 않는 실낙원을 그리고 있다는 것이다. 그리고 그는 이제 '오웰이 아니라 헉슬리가 옳았을 가능성' 쪽으로, 그러니까 인간적 진실이라든가 역사라든가 하는 의미 있는 세계와는 단절된 채 오로지 '죽도록 즐기는' 혹은 '즐기면서 죽어 가는' 현존재들의 실존에 관심을 돌릴 것을 주장한다.

『놀라운 신세계』에서 헉슬리가 행한 성찰은 경이로운 감이 없지 않다. 우리의 현실적 상황은 이제 현상과 본질 사이에 단 하나의 절대적인 인과율을 설정하고 그것을 폭력적으로 강제하며 뿐만 아니라 매번 과거까지를 모조리 다시 쓰는 '빅 브라더'가 문제가 아니다. 단순한 대규모의 억압은 이제 더 이상 문제가 아닌 것이다. 그것은 어떤 면에서 보자면 오히려 인간을 진정으로 자기활동성을 지닌 역사적 존재로 발전시키는 중요한 원천이다. 단순한 대규모의 억압은 외형적으로는 진실이 은폐되는 상황으로 암울해 보이지만 그것은 사회구성원들에게 항시 세계 내적 존재로서의 자기 위치를 지정해주는 계기로 작용하며 급기야는 그곳의 사회구성원들을 그 노골적인 폭력 앞에 저항케 하는 살아 있는 주체, 혹은 진정한 역사적 존재로 격상시킨다. 그러므로 문제는 『1984년』이 아니라 『놀라운 신세계』의 실낙원 풍경이다. 태어나는 순간 삶의 영토와 가능성이 미리 주어지고 그 감옥의 삶을 다만 즐겁게 향유하도록 프로그래밍화된 인간들의 모습을 담고 있는 『놀라운 신세계』의 공포스러운 풍경은 극단적인 것처럼 보이지만 바로 우리의 그것임을 부인할 수 없다. 그것은 가타리가 그려낸 자본주의 생산관계 속에서의 인간의 현존 형식과 기묘한 친연성을 보인다. 가타리의 표현을 빌자면 자본주의는 한편으로는 끊임없이 욕망의 모델을 구축하면서, 다른 한편으로는 이 모델을 자신이 착취하는 대중에게 내면화시키는 방식으로 생존한다. 때문에 자본주의적 생산관계는 단지 커다란 사회 총체 정도에만 적용되지는 않는데, 그것은 인간 각자에게 개별적인 유년기, 성적 위상, 지식관계, 개별적인 사랑, 충성, 죽음 등에 이르기까지 구조화된 모델을 끊임없이 부여한다. 즉 생산—소비하는 일정한 개인 유형을 바로 출생에서부터 주조하게 되는 것이다. 하여, 현존재들은 출생의 그 순간부터 어떤 상상적인 질서의 감옥에 갇힌 채 그 감옥의 조그만 창으로만 세상을 만날 뿐 실재계를 경험하지도, 혹은 저 깊은 욕망에서 뿜어 나오는 혁명적 에네르기를 발산하지도 못한 채 자족적으로 살아간다.

물론 우리 문학에서 '오웰이 아니라 헉슬리가 옳았을 가능성'에 대한 관심이 전혀 없었던 것은 아닐 터이다. 사물의 주인공화와 인간의 사물화, 혹은 자본주의의 매춘부적 이미지에 정신과 영혼을 빼앗긴 인간 존재들에 대한 관심은 이미 오래 전부터 지속되어 온 것이 사실이며, 특히 야만의 적이 행했던 대규모의 직접적인 억압이 사라진 1990년대부터 『놀라운 신세계』식의 우울한 세계에 대한 문학적 대응은 훨씬 집중적으로 이루어진다. 자본주의 생산 체계가 주조한 욕망의 모델들을 다만 소비하는 현존재들의 들뜬 활기와 불쾌한 쾌락, 그 쾌락 속에 담겨진 허무와 고독 그리고 정신병리적 상흔의 기록과 묘사는 1990년대 문학의 핵심적인 계보였다고 해도 과언이 아니다.

하지만 '헉슬리가 옳았을 가능성'에 대한 관심과 우려는 이것 외에 또 다른 반응을 불러온 것이 사실이다. 바로 지나간 시대의 역사에 대한 관심이다. 1990년대 중반 들어 마치 집단적인 기억상실증에라도 걸린 것처럼 사회적 흐름 전체가 탈역사화되고 현존재들의 실존이 사물화, 소외, 고독 등 역사적인 것에 대한 '잔혹한 무관심'의 방향으로 현저하게 기울어 가자 문학계 한편에서는 어떻게든 현존재들을 세계 내적으로 위치시키려는 다양한 노력이 이루어졌으며, 그것은 주로 지나간 역사에 대한 다양하고도 치밀한 관심으로 현상된 바 있다. 『화두』(최인훈), 『아리랑』(조정래), 『불의 제전』(김원일), 『변경』(이문열), 『그 많던 싱아는 누가 다 먹었을까』 연작(박완서), 『봄날』(임철우), 『지상에 숟가락 하나』(현기영) 등은 물론 『외딴방』(신경숙), 『새의 선물』(은희경)에 이르기까지 그야말로 다양한 시대에 대한 다양한 접근이 있어왔다. 이들 작품 모두는 하나같이 자본주의적 생산체계를 다만 소비할 뿐인 현존재들의 주체성 없는 주체의 삶에서, 그것은 비록 '죽도록 즐기는' 듯 보이나 광기의 이성과 결합될 경우 엄청난 재앙의 진원지가 될 수 있다는 불길한 징후를 발견한다. 그리고 경계한다. 즉 주체성 없는 주체, 혹은 '잔혹한 무관심'의 텅 빈 주체들은 그 텅 빈 곳을 광기의 폭력성으로 채울 가능성이 높으며 그렇게 되면 우리 역사는 이제까지의 우리 역사가 그러했듯 언제 어느 순간에 또다시 전율한 만한 공포의 경험에 휩싸일지 모른다는 것이다. 하여, 이들 작품은 이 텅 빈 주체들을 역사적인 맥락 속에 위치시켜 세계 내적 자아로 거듭나게 하고자 하는 파토스로 충만해 있으며, 이러한 위기의식은 이들 소설의 긴장감을 형성시키고 유지시키는 중요한 동력이다.

새로운 세기에 들어서도 지나간 역사에 대한 다양한 관심은 여전하다. 자본주의적 생산체계가 주조한 욕망 모델에 갇혀 자신들의 기억을 완전히 해체시킨 채 자동기계처럼 살아가는 존재방식이 일반화되면 될수록 과거의 기억과 그 과거의 통일체인 역사를 알려주어 역사적인 존재로 각성시키려는 노력이 더 절실해지는 때문일 터이다. 이런 연유로 우리 앞에는 '헉슬리가 옳았을 가능성'에도 불구하고, 아니 '헉슬리가 옳았을 가능성' 때문에 더욱 역사적 필연성, 혹은 현재와 과거 사이의 절대적인 연관을 강조하는 큰 소설들이 계속 이어지고 있다.

그런데 이때 중요한 것은 이 소설들이 '헉슬리가 옳았을 가능성'에 대해 진지하고도 밀도 있는 성찰을 하고 있느냐 하는 것이다. '헉슬리가 옳았을 가능성'이란 일종의 허위의식이며 전도된 의식이기 때문에 지나간 역사의 연대기만 알려주면, 그리고 그 과거와 현재의 연속성만 지목하면 역사적 자아는 회복될 것이란 판단하에 과거로 눈을 돌릴 경우, 그것은 단순히 동질적이고 공허한 시간의 기록이 될 가능성이 높기 때문이다. 중요한 것은 전도된 것이라고 해서 단순히 부정하는 것이 아니라 그 기원을 찾아내는 것이다. 예컨대 다음과 같은 것이다.

> 부르주아 사회는 가장 발전되고 가장 다양화된 생산조직이다. 따라서 그 관계들을 표현하는 범주들과 그 접합에 대해 이해하게 되면, 우리는 모든 과거의 사회형태들이 갖는 접합과 생산관계를 동시에 통찰하게 된다. (……) 인간의 해부가 원숭이의 해부를 위한 열쇠다. 이에 반해 저급한 종류의 동물이 갖고 있는 더욱 고급한 동물에 대한 암시는, 이 고급한 것 그 자체가 이미 알려져 있는 경우에만 이해될 수 있다. 따라서 부르주아 경제는 고대나 그 이외의 경제에 대한 열쇠를 제공한다.
>
> ― 마르크스, 『1857년 서문』

지금 이곳에 대한 이해는 과거에 발생한 지금 이곳의 상황을 향한 어떤 암시를 읽어낼 수 있는 열쇠다. 과거에는 비록 미약한 것이었으나 지금의 상황으로 치닫는 어떤 운동들이 있었으며 그것이 바로 오늘날의 상황을 가능케 한 본질적인 동력이었음은 물론이다. 따라서 이제 우리에게 필요한 것도 어떤 특정한 과거 속에서 헉슬리가 그려냈던 디스토피아의 징후들을 찾아내는 것인지도 모른다. 그것이 곧 지금 이곳의 우울한 실존을 만들어낸 바로 그 운동이며, 그것을 찾아내야만 이 과거는 '현재 시간에 의해 충만한 시간'[1]이 될 수 있기 때문이다.

이 글은 '오웰이 아니라 헉슬리가 옳았을 가능성'을 염두에 두고 최근에 씌어진 역사소설들을 읽어본 것이다.

2. 민족이라는 숭고한 대상

『부초』의 작가 한수산이 처음으로 큰 소설을 냈다. 『까마귀』다. 한수산의 『까마귀』(해냄, 2003)는 이전의 우리 소설에서는 거의 보기 힘들었던, 그러나 어떤 것보다도 상징적인 것처럼 보이는 사건을 소재로 하고 있다. 바로 나가사키 피폭 조선인. 그러니까 『까마귀』는 나가사키 피폭 조선인을 본격적으로 다룬, 필자가 아는 한 거의 최초의 소설이다. 『까마귀』는 우선 나가사키 피폭 조선인의 희망과 절망, 그리고 그 처절한 죽음의 과정을 다루었다는 것만으로 대단히 문제적이다. 나가사키 피폭 조선인들의 실존, 그리고 그들의 죽음과 생존의 문제는 굳이 다음과 같은 표현이 아니더라도 인류 전체 역사의 어떤 단면을 보여주는 상징적인 사건이다.

한국피폭자는 순전히 타의에 의해 자신의 욕망과 행복을 짓밟혔다. 우리는 누구 하나 이해해주는 사람조차 없이, 강대국 간의 전쟁에 희생되었고, 인류

---

1) 벤야민, 반성완 편역, 「역사철학테제」, 『발터 벤야민의 文藝理論』, 민음사, 1983.

역사상 전에 없던 비인도적 무기에 희생된, 말하자면 핵시대의 십자가를 짊
어지고 죽어가고 있는 비통한 집단인 것이다. …… 인류 전체는 한국원폭피
해자의 참상에 눈을 돌리지 않으면 안된다. 그 원인을 캐내고 명확히 하며 고
민해야 한다. …… 한국피폭자문제는 결코 지나간 과거의 이야기가 아니다.
더욱이 오늘날 우리 인류가 깊이 생각하지 않으면 안되는 인류 전체의 과제
를 내포하고 있으며, 또한 점점 현실화되고 있는 주제이기도 한 것이다.[2]

제2차 세계대전의 종전을 위해 일본에 투하된 핵폭탄으로 피폭
된 인원은 히로시마에서 42만 명(그 중 피폭사는 16만 명), 나가사키에
서 27만 명(그 중 피폭사는 7만 4천 명) 정도로 알려져 있으며, 이 중
조선인 피폭자는 히로시마에서 5만 명(그 중 피폭사 3만 명), 나가사
키에서 3만 명(그 중 피폭사 1만 명)으로 추정되고 있다. 전쟁의 광기
가 빚어낸 무시무시한 결과이다. 그런데 이 조선인 원폭피해자들
이 단지 전쟁의 참상이나 광기를 알려주는, 그래서 평화의 소중함
을 알려주는 존재들에 그치지는 않는다. 한국의 피폭자의 참상은
정말로 부조리하다. 예컨대 아우슈비츠의 희생자들이 광기의 모더
니티를 영원히 증거하는 존재들이라면, 조선인 원폭피해자들은 모
더니티의 광기, 혹은 모더니티의 그 미친 질주가 만들어낸 전율과
공포를 증거하는 존재들이다.

자본제적 생산관계는, 이미 오래 전에 마르크스가 지적했듯이,
최대한의 이윤을 창출하기 위해 세계의 구석구석까지를 자신과
동일한 시스템으로 재편시킬 수밖에 없는 속성을 지니고 있다. 하
여, 자본제적 생산관계가 운동을 시작하자마자 세계는 전지구적

---

2) 박수복, 『소리도 없이 이름도 없이—한국원폭피해자 30년의 기록』의 서문(이
　치바 준코, 이제수 역, 『한국의 히로시마』, 역사비평사, 2003), 12면에서 재인용.

자본주의화라는 거대하고 단일한 운동 속에 예외 없이 휩쓸려들어간다. 주변부국가는 한편으로는 자신들의 주변부적 고유성을 잃어가면서 다른 한편으로는 자본주의의 값싼 원료 공급지로서 수탈을 당하며 전지구적 자본주의 시스템에 편입된다. 그런데 이러한 전지구적 자본주의화가 그렇게 큰 저항 없이 진행될 수 있었던 중요한 이유는 한편으로는 인격화된 자본들이 실재계를 볼 수 없도록 하는 욕망의 모델들을 구축하고 그것을 주변부 국가의 대중들에게 내면화시키는 데 성공했기 때문이다. 인격화된 자본들이 기지와 지혜를 모아 만들어낸 욕망의 모델, 혹은 이데올로기 중 하나가 바로 오리엔탈리즘이며, 이 오리엔탈리즘은 중상주의나 위생학, 그리고 역사적 발전과정이란 개념들을 앞세워 자신이 착취하는 뒤쳐진 나라의 대중들의 영혼과 정신세계를 장악한다. 당연히 뒤쳐진 나라의 지식인들은 한편으로는 자신들의 고유한 역사지리지가 지닌 고유함을 버리고 중심부가 만들어낸 욕망 모델을 재생산하는 '걸어다니는 허위의식'(샤르트르)으로 전락하거나, 아니면 사회의 흐름으로부터 철저하게 소외되는 무력감에 휩싸인다.

그러다가 주변부에서 서서히 또 다른 중심부로 올라서는 국가들이 발생하는데, 그 순간 상황은 달라진다. 후발자본주의국가들이 한편으로는 식민지국가들의 자존을 내세워 선진자본주의국가들의 제국주의적 성격을 비판하고, 다른 한편으로는 자신들의 역사적 정당성을 내세워 또 다른 형태로 식민지를 거느리게 되는 상황이 벌어진다. 예컨대 타자들의 실존과 자존을 근본적으로 은폐·배제한 모더니티와 그것의 변종일 뿐인 또 다른 모더니티의 쟁투가 시작되었던 것이다. 비록 후발자본주의국가들은 선진자본

주의 국가들만의 역사지리지와 제국주의 정책을 비난하지만 사실
은 후발자본주의국가들이 새롭게 형성한 역사지리지 역시 침략적
이며 자신들만을 배려한다는 점에서는 동일하다. 제2차 세계대전
의 한 축이었던 일본이 내세운 대동아공영권은 그것을 단적으로
보여준다. 당시 일본은 대동아공영권을 중심으로 한 세계의 신질
서의 건설을 내세우며 세계대전에 참여한다. 그 대동아공영권이란
서구 중심의 침략적인 역사와 문화를 넘어서서 동양 중심의 새로
운 질서를, 혹은 근대를 넘어선 또 다른 세계를 건설하자는 이념
을 표방하며, 따라서 서구 중심의 역사상에서 소외되는 것은 물론
자신의 존재 자체가 무화되는 경험을 했던 동양인들에게 대단히
매혹적인 이데올로기로 받아들여진다. 하지만 그것에는 오리엔탈
리즘과 같은 형태의 전도와 침략적인 계기가 개입되어 있는바, 대
동아공영권의 실질적인 내용이란 근대의 부정성을 넘어설 수 있
는 영토로 동양체제를 설정하고 또 동양체제의 중심으로 일본을
설정하기 위해서 근대성의 원리를 다시 전범으로 끌어들이는 전
도된 역사지리지, 혹은 형태만 다른 모더니티에 의해 지탱되던 이
데올로기3)였던 것이다.

결국 이 두 세계는 서로가 서로를 통하여 결국 허위의식에 불
과한 역사적 정당성을 확인하더니 급기야는 화해할 수 없는 대립
의 상태로 치닫는다. 제2차 세계대전이 바로 그 대립의 결과임은
물론이다. 서로가 서로에게서 역사적 정당성을 획득한 만큼 이 전

---

3) 나오키 사카이, 「모더니티와 그 비판—보편주의와 특수주의의 문제」(H. D. 하
   루투니언·마사오 미요시 편, 곽동훈 외역, 『포스트모더니즘과 일본』, 시각과언
   어, 1996), 136~140면.

쟁은 부끄러움과 반성이 없는 전쟁, 그러니까 잔혹하고 추악하기 짝이 없는 전쟁이 되고 만다. 이렇게 이 두 번째의 세계대전은 근대성은 물론 인간성 자체를 회의하게 할 정도로 추악한 전쟁으로 귀착되는데, 그 잔혹극의 정점이 바로 아우슈비츠에서 행해진 잔혹한 학살이며 동시에 수많은 민간민이 거주하는 도시에의 원폭 투하이다.

그리고 이 피폭의 현장에 후발자본주의국가의 사회구성원도, 그렇다고 선진 자본주의국가의 성원도 아닌 존재들이 있었으니, 다름 아닌 바로 조선인 피폭자들이다. 조선인 피폭자들은 모더니티의 화려한 이미지나 자본제적 생산관계가 만들어놓은 욕망 모델에 일시적으로 빠져들었던 존재들이거나 애초부터 자신의 선택과는 관계없이 강제적으로 끌려온 존재들이다. 그러나 어떤 순간 그들에게는 최소한의 시행착오도 허용되지 않았으니 그들은 자기 스스로 어떤 선택과 판단, 그리고 삶의 방향 수정도 행할 수 없게 된다. 하나의 모더니티와 또 다른 모더니티가 행하는 미친 질주에 일방적으로 이끌려 가는 길만이 가능했다고나 할까. 그러므로 이 조선인 피폭자들은 "세계를 향해 '유일한 피폭국'을 자처하는 일본의 숨겨진 본모습"[4]을 상징하는 정도에 그치지 않는다. 이들은 곧 질주하는 모더니티에 압도되어 아무런 판단과 선택을 할 수 없었던 존재들이었던 만큼 그들의 존재방식은 곧 모더니티의 운동과 정확하게 일치할 뿐만 아니라 모더니티가 인간에게 가한 영향관계를 가장 전형적으로 살펴볼 수 있는 바로 그 영토인 것이다.

---

4) 이치바 준코, 앞의 책, 33~34면.

한마디로 이들은 곧 미친 모더니티의 욕망 모델과 운동성이 만들어낸 바로 그 사람들이며 그런 만큼 그 모더니티의 가장 큰 희생자들이다.

이러한 상징성에도 불구하고 우리 소설사에서 이들을 호명하고 이들의 목소리를 들어준 작품은 거의 눈에 띄지 않는다. 이것은 '아우슈비츠'가 끊임없이 근대성의 구조와 역사를 다시 성찰하고 반성하는 계기로 끊임없이 기억되고 다시 읽혔던 것과는 좋은 대조가 된다. 그런데 『까마귀』에 이르러 드디어 피폭 조선인들을 문학적으로 호명해내고 그들의 목소리를 하나하나 옮겨주는 작업이 시작된 것이다. 기존의 개념이나 관심으로부터 쓸모 없는 실존으로 격하되었던 또 하나의 의미 있는 하위주체가 우리 소설사에 탄생하는 순간이라고 할 수 있다. 『까마귀』가 피폭 조선인 문제를 다루었다는 이유만으로 문제적이라고 한 것은 이 때문이다.

하지만, 결론적으로 말하자면, 『까마귀』가 나가사키 피폭 조선인 문제를 그 문제 자체가 지닌 상징성만큼 충분히 밀도 있게 다루었는가 하면 사실 그렇치는 못하다. 요인은 여러 가지가 있겠지만 그 중 핵심적인 이유는 너무도 복합적이고 상징적인, 그래서 근대 이후 인류 역사의 빛과 어둠을 모두 포괄하고 있는 이 문제를 『까마귀』는 너무 작은 서사틀 안에 담고자 했다는 것 때문이다. 근대성의 광기가 만들어낸 전율할 만한 사건을 『까마귀』는 강박적으로 '일본제국주의의 극악무도한 야만성과 조선인의 처절한 수난'이라는 관점으로 읽어들인다. 그 결과 『까마귀』는 그들의 두 개의 모더니티가 사실은 식민지 조선의 민중들과 같은 수많은 하위주체들을 철저하게 배제한 자리에서 형성된 것이며 따라서 이

두 모더니티의 충돌이란 결국은 자신들 중심의 역사지리지를 고수하려는 추악한 싸움에 불과하다는 것을 말하는 대신에 다만 일본제국주의자들은 잔인하다는 사실을 다시 한번 확인하는 데 그치고 만다.

다시 한번 말하지만 『까마귀』가 다루는 사건 자체의 상징성에도 불구하고 그것을 풍부하게 재현하는 데 한계를 보인 것은 '일본제국주의의 극악무도한 야만성과 조선인의 처절한 수난'이라는 작가의 일관된 시선 탓이다. 작가의 이러한 시선은 밖으로는 피폭 조선인이 근대성의 운동 과정에서 차지하는 의미를 좁히는 계기가 되지만, 내부적으로는 우리의 근대화 과정을 단순화시키는 원천이 된다. 우리의 근대화가 비록 식민지 지배를 통해 진행된다고 하나 그렇다고 해서 근대성의 보편적인 특질이 전혀 없는 것은 아니다. 우리의 근대성에서도 보편적 내러티브와 토속적 내러티브, 오리엔탈리즘과 옥시덴탈리즘, 중심부와 주변부, 근대와 전근대, 탈마법화의 논리와 마성적 세계 사이의 다양하고도 복잡한 연관은 존재한다. 뿐만 아니라 제국주의 국가는 자신들의 착취를 착취가 아닌 역사적 발전과정, 혹은 역사적 비약으로 받아들이도록 역사적 문맥화를 행하거나 또는 자본주의적 생산체계에 적합한 욕망 모델들을 계발하고 이것을 사회구성원들의 의식과 생활의 논리 속에 내면화시킨다. 해서, 식민지 국가의 민중들은 우리가 예상하는 것처럼 제국주의에 대한 분노로만 살아가지 않는다. 그들은 쇼윈도에 진열된 마네킹을 두고 자본주의의 매춘부적 속성과 쟁투하고, 전체 인구의 몇 퍼센트밖에 안 되는 노동자를 역사의 주역으로 내세워 사회주의 혁명을 꿈꾸기도 하고, 또 때로는 짙은 권태와 우울, 고독에 시달리기도 하며, 경우에는 오히려 자신들을 폭력적으로 지배하는 제국주의의 메커니즘을 끊임없이 모방하기도 하고 또 그들의 양자로서 살고자 욕망하기도 한다. 하여간, 제국주의는 대단히 정교한 위계질서를 지닌 담론체계와 주체의 활동성을 극한까지 끌어올려 주는 듯한 착시를 일으키는 욕망의 모델을 앞세우고 식민지 지배를 행한다. 따라서 이러한 담론체계와 욕망의 형식을 거부하지 않는 한 식민지 민중이 자기 정체성을 찾기는 힘들며, 일제시대의 삶 또한 이러했던 것이 사실이다. 하지만 『까마귀』는 이러한 착종성과 전도된 의식 따위에는 관심이 없다. 왜냐하면 식민지 국가에서는 식민지적 억압이 노골적이고 야만적인 형태로 자행되기 때문에 눈을 뜨고 있는 한 식민지적 모순을 보지 못하는 것은 불가능하다고 믿기 때문이다. 즉 『까마귀』는 "제국주의·식민주의에 대한 철저한 비판과 저항은 민족문학에 있어 하나의 기본적인 생리와도 같은 것"5)이라는 관점을 취하고 있는 셈이다. 『까마귀』에게 일제시대는 너무도 자명한 폭력과 억압의 시대이며 제국주의 기계들이 노골적이고 일상적인 폭력을 드러내놓고 행사한 시기이며, 그래서 제국주의 기계가 도입한 근대적인 제도나 그들이 내세운 근대화론, 대동아공영권론, 신체제론 등 수많은 담론체계는 단지 그 폭력성을 위장한, 눈에 빤히 보이는 거짓 이데올로기일 뿐이다. 그것은 어떠한 역사적 의미도, 보편성도 없으며, 따라서 당시의 사회구성원들 모두는 그것들의 뒤에 버티고 있는 허구성과 악마성을 '생리적'으로 발견할 수 있다

---

5) 백낙청, 「민족문학 개념의 정립을 위해」, 『현대문학을 보는 시각』, 솔출판사, 1991, 28면.

고 판단하는 것이다.

　이런 이유로, 그러니까 '일본제국주의의 극악무도한 야만성과 조선인의 처절한 수난'이라고 일제시대를 읽어내는 작가의 일관된 독법 때문에, 그리고 일본제국주의가 만들어낸 역사적 문맥화가 지닌 나름대로의 의미와 매혹을 인정하지 않기 때문에, 『까마귀』의 인물들은 대단히 유형적이다. 『까마귀』에는 일본제국주의에 저항하는 자, 일본제국주의의 거짓 이데올로기의 기만성에 속거나 그에 협조하여 자신의 이익을 극대화하는 자, 그리고 일본제국주의의 야만적인 강압에 마지못해 끌려가며 결국에는 자신의 삶을 희생당하는 자만이 등장한다. 그리고 그 시대의 현실을 반영하듯 대부분의 등장인물이 세 번째 유형의 삶을 선택한다. 아니, 강요당한다. 『까마귀』에는 대동아공영권이라는 이데올로기를 통해 식민지 지식인 특유의 무력감을 벗어던지고 세계의 신질서의 창조라는 거대한 이상을 위해 헌신하는 열정적인 지성의 모습도 등장하지 않으며, 또한 당시의 징병제와 징용제를 내지의 일본인과 같은 권리를 보장받는 제도로 받아들여 감격하거나 자랑스럽게 징병(용)을 나서는 형상 또한 찾아볼 수 없다. 『까마귀』는 다만 당시의 징병이나 징용을 일제의 강압에 따른 어쩔 수 없는 선택으로 규정하고, 또 그렇게 형상화한다. 등장인물 대부분은 비록 징용에는 동의하지 않으나 거부하지는 못한다. 그렇다고 일본제국주의의 극악무도한 야만성을 지속적으로 목격하고 그것에 분노한 만큼 일본제국주의에 저항하거나 혹은 도피하는 어떤 용기와 결단을 내리지도 못하는데, 그것은 일본제국주의의 야만적이고도 잔혹한 탄압에 대한 두려움 때문이다. 이렇게 『까마귀』의 인물들은 하나 둘 나가사키의 탄광으로 끌려간다.

『까마귀』의 핵심적인 서사는 크게 세 가지 단위로 구성되어 있다. 갑작스럽고 강제적인 탈향, 나가사키에서의 노예와도 같은 노동, 그리고 피폭. 그들은 어느 날 갑자기 어떠한 조짐이나 징후도 없이 자신들의 삶의 기반으로부터 떨어져 나온다. 그리고 나가사키로 끌려가며, 그곳에서 노예와도 같은 노동을 행한다. 그들은 자신의 삶에 주인 노릇을 할 수가 없다. 그만큼 일제의 제국주의적 탄압이 철두철미하기 때문이다. 제국주의자들은 자신들의 제국을 지키고 풍요롭게 하기 위해 일방적으로 사회구성원들의 염원과 고통을 틀어쥐고 자신들이 원하는 방식으로 소비시킨다. 그렇게 또 다른 부류의 조선인들이 하나같이 강제적으로 그들의 삶의 터전으로부터 이탈당하고 낯선 곳으로 팔려가며, 그곳에서 최소한의 자율권과 자유도 없는 노예노동을 행한다. 이들은 일한 만큼 수탈당하는 기계의 삶을 살며, 살아 있으되 살아 있는 것이 아닌 상태로 다만 연명한다. 때로는 집단적인 저항도 하고, 탈출도 감행하지만 그것은 대부분 실패로 끝난다. 일본제국주의의 감시와 통제 장치가 그만큼 철저하기 때문이다. 이러한 악무한적인 반복이 드디어 멈추는데, 그것은 해방에 의해서도, 탈출을 통해서도 아니다. 나가사키에 터진 원자폭탄이 이들의 악무한적이고 처절한 반복을 멈추게 해준다. 그리고 이들은 그 죽음만의 현장에서도 조선인이라는 이유만으로 더욱더 처참하게 죽어 간다. 살아남은 사람들도 물론 있다. 하지만 그들은 이 무시무시한 현존을 핵폭탄을 투하한 쪽도, 이들을 나가사키로 강제로 끌고온 자들도, 그렇다고 이들을 그곳으로 끌려가게 한 나약한 조국도 인정해주지 않는다.

원자폭탄을 맞은 조선인, 그들은 모국어로 울었고, 모국어로 신음했다. (……) 그 어떤 압제도 고통도, 질곡의 세월도 이 모국어를 빼앗아가지는 못했다. 그리고 일본인 구원대는, '아이고, 아이고, 어머니 …… 아이고, 어머니' 하고 울부짖는 조선인들을, 결코 병원으로 옮겨주지 않았다. 조선말을 하는 그들에게는 물도, 먹을 것도 주지 않았다. 방공호에서조차 그들은 내쫓겼다. (……) 그렇게 해서 버려진 조선인들은 거리에서, 부서진 건물더미 아래에서, 누군가의 집 처마 아래서, 다리 밑에서, 강가에서 죽어갔다. 일본인들의 차별과 멸시 속에서. (……) 주검에서까지 차별받았다, 조선인들은.

— 『까마귀』 5, 245~246면

여기쯤 이르면 『까마귀』가 말하고자 하는 바는 선명해지는 셈이다. 『까마귀』는 나가사키의 피폭 조선인들의 경험을 통하여 조국의 잃은 자들의 참혹하고도 처절한 고난을 증언하고 그러한 고통을 강제했을 뿐만 아니라 그러한 잔혹 행위를 인정하고 반성하기는커녕 그 흔적을 끊임없이 지워내는 일본의 비열함을 고발하기 위해 씌어진 소설인 것이다. 만약 작가의 의도가 이러한 것이라면, 『까마귀』는 그러한 작가의 의도가 잘 반영된 소설임에 틀림없다.

하지만 작가의 의도가 효과적으로 배치되어 있음에도 불구하고, 아니, 그렇기 때문에 『까마귀』의 성과는 제한적이다. 우선 나가사키의 피폭 조선인을 다루면서도 그 대상 자체에 담겨진 역사철학적 내용이나 세계사적 맥락을 충분히 파헤쳐 그 의미를 극대화시키는 데 한계를 보였을 뿐만 아니라 소설의 시간적 배경인 1930년대 후반기부터 해방에 이르기까지의 역사적 상황을 의미 있게 총괄하는 데도 어느 정도 문제점을 보이고 있는 것이 사실이다. 우리 역사에 있어서 1930년대 후반기부터 해방에 이르는 시간까지는 암흑기라 불리기도 한다. 일본제국주의로부터 해방을 쟁취하려는 현실적 운동이 국내에서는 거의 자취를 감추는 것은 물론 대다수의 지식인 계급이 친일의 길로 들어선 때가 바로 이 시기인 것이다. 『까마귀』는 바로 이 암흑기를 '일본제국주의의 야만성과 기만성과 그로 인한 조선인의 처절한 수난의 역사'라는 관점으로 재구성한다. 이는 일본제국주의의 탄압이 상상 이상으로 가혹했던 만큼 조선인은 수난을 감내하는 것 이외에 어떤 길도 불가능했다는 인식에 다름 아니며, 이를 두고 작가 한수산은 작가 후기에서 "조국을 잃었다는 오직 그 하나의 업보 속에서 그들은, 그렇게 죽어 갔다. …… 그들의 죽음은 무참했고, 그들은 순결했다"고 말하기도 한다. 하지만 그 시대가 그토록 어두웠던 본질적인 이유로 일제의 가혹한 탄압을 꼽고 그러므로 우리 민족구성원들에게는 조국이 없다는 것말고는 아무 책임이 없다고 하는 것은, 그리고 더 나아가 '순결'했다고 하는 것은 민족적 자존을 살리는 길인지는 모르나 이 시대에 대한 의미 있는 총괄이기는 힘들다. 아니, 일제의 가혹한 탄압을 암흑기의 본질적인 요소로 설정하는 것 자체도 민족의 자존을 살리는 길은 아닐 터이다. 그것은 다른 관점에서 보면 일제의 가혹한 탄압 때문에 아무런 용기도 결단도 보이지 못했다는 것을 의미하며, 순결하다는 것 또한 세상의 흐름 그러니까 일본제국주의가 그토록 가혹했던 것은 곧 위기와 파멸의 징후였다는 사실을 읽어내고 그에 맞는 실천을 행하지 못했다는 표지일 뿐인 것이다. 이렇게 본다면 암흑기의 내용을 일제의 가혹한 탄압과 그에 따른 민족의 수난으로 채우는 것은 그 시대에 대한 의미 있는 총괄도, 민족적 자존을 살리는 길도 아니다.

필요한 자세는 인정하는 것이다. 그 시대가 암흑기라는 어두운 실존으로 전락한 것은 그 시대의 사회구성원들이 용기와 결단, 그리고 세상을 읽어내는 지혜를 지니지 못했다는 점 때문이며, 또한 우리 사회구성원들이 용기를 지니고 결단할 수 없었던 것은 조국이 없어서가 아니라 두 개의 추악한 모더니티가 그려낸 역사지리지나 역사적 발전 모델을 넘어 자신들만의 욕망 모델이나 우리 민족 고유의 역사지리지를 만들어내지 못했기 때문이라는 것을. 이렇게 이 시대 우리의 사회구성원들은 보편적 내러티브에 갇혀 그 세계 너머에 있는 충만한 실재계도, 또 그 실재계 속에 끓어오르는 비의지적인 혁명의 에네르기도 발견하지 못한 채 모든 기억을 상실하고 단지 무의미함을 반복하는 자동기계의 삶을 살았다고 할 수 있다. 그러니 해방조차도 우리 자신의 힘으로 쟁취하지 못했을 뿐만 아니라 해방 후에도 여전히 또 다른 보편적 내러티브에 자신들을 스스로 가둠으로써 결국은 분단이라는 최악의 상황을 맞은 것은 자신의 고유한 욕망 모델이나 역사지리지를 확보하지 못한 자동 기계에게는 피할 수 없는 숙명 같은 것이었는지 모른다. 숙명은 그것을 거부하는 자들에게만 자리를 비켜주기 때문이다.

이제 정리해보자. 『까마귀』는 근대 이후 형성된 두 개의 근대성의 원리, 그러니까 오리엔탈리즘과 옥시덴탈리즘의 허구성과 억압적 성격을 무엇보다도 선명하게 보여줄 수 있는 사건인 피폭 조선인 문제를 끌어들였다는 점에서 대단히 문제적이다. 하지만 결과적으로는 두 개의 근대성의 원리를 해체하고 전복시키는 장관을 보여주지도, 그렇다고 그 시기 역사에 대한 의미 있는 총괄도 행하지 못한다. 모두가 민족, 혹은 조국을 숭고한 대상으로 위치키시

켰기 때문이다. 하지만 『까마귀』에는 앞으로 근대 이후 한국 역사에 관심을 둘 경우 반드시 고려해야 할 숨막히는 장면들이 종종 출몰한다. 어떤 계기에 의해 민족이라는 상상체계가 느슨하게 작동할 때 그러하다. 하여, 두 개의 근대성이 추악하게 충돌한 후 그 폐허 위를 유령처럼 떠다니는 주인공의 모습이 그려진 다음과 같은 장면은 한국문학사의 명장면으로 등재되기에 충분할 정도로 강렬하다.

> 아키코는 부러진 다리가 덜렁덜렁하고 있었기에 움직인다는 것은 불가능했다. 지상이 아키코를 들쳐업었다. 그는 비틀거리며 걷기 시작했다. 아키코의 부러진 다리가 그의 팔 밑에서 덜렁거렸다. 지상은 다 무너져 내리고 조각조각 나고 여기저기 불이 타오르고 있는 거리를 걸어나갔다.
>
> 거리를 뒤덮고 있는 것은 무너지고 부서진 건물의 잔해와 연기에 휩싸인 불길만이 아니었다. 넘어진 전봇대와 전화선이며 전깃줄까지 길 위에 뒤엉켜 있었다.
>
> "살려주세요. 살려줘요!"
>
> 집더미에 깔린 살려달라는 소리가 곳곳에서 새어나왔다. …… 머리카락이 심하게 그슬리고 눈썹이 다 타 없어진 사람이 걸어왔다. 얼굴이나 손의 살점이 떨어져나가고 피를 흘리는 사람도 있었다. 피부가 온통 타버린 사람들은 살과 살이 엉켜 붙는 고통에 못 이겨, 모두 두 팔을 치켜들고 걷고 있었다.
>
> 사람들은 걸어가면서 여기서 저기서 토하고 또 토했다.
>
> 옷이 다 벗겨진 사람이 뛰어갔다. 폭풍에 그렇게 되었는지 다 찢어진 천 조각 몇 개를 너덜거리며 걸어가는 사람도 있었다. …… 옆에서는 아키코는 계속 염불을 외듯이 중얼거렸다.
>
> "고맙습니다. …… 미안합니다 ……"
>
> ─『까마귀』 5, 229~231면

3. 은유의 정치학과 자생적 운명의 발견

『까마귀』가 피폭 조선인이라는 세계사적 의미를 지닌 소재를 취하고 있음에도 불구하고 그러한 소재를 민족과 조국이라는 숭고한 대상의 필연성과 의미라는 좁은 틀에 가둠으로써 그 문제성이 반감된 소설이라면, 이청준의 『신화를 삼킨 섬』(열림원, 2003)은 민족과 국가라는 절대권력의 억압적 성격을 치밀하게 묘파하고 비판함으로써 문제성을 확보하고 있는 그런 소설이다. 물론『신화를 삼킨 섬』이 문제적인 것은 민족과 국가라는 절대권력을 비판했다는 점에만 있지는 않다. 다양한 사회구성원들의 자유와 자존, 그리고 개성을 억압하는 절대화된 국가권력이나 집단에 대한 비판은 이제까지 많이 있어 왔고, 작가 이청준 또한『당신들의 천국』, 「예언자」, 『키작은 자유인』, 『흰옷』 등에서 절대화된 국가권력의 억압적 성격을 충분하게 비판하는 것은 물론 개인과 공동체 간의 의미 있는 병존 관계를 끊임없이 모색한 바 있다. 그러니『신화를 삼킨 섬』이 민족과 국가라는 절대권력을 비판하고 있다고 해서 단지 그것만으로 문제적일 수 없음은 물론이다.『신화를 삼킨 섬』이 문제적인 것은 우선 민족과 국가라는 절대권력에 대한 비판을 행하되 민족 담론 혹은 국가 시스템이 그 체제를 존속시키는 원리에 주목하여 그것이 지닌 억압적 성격을 구체화시키고 있기 때문이다. 그것만이 아니다. 그렇게 민족 담론 혹은 국가 시스템이 체제를 존속시키는 원리를 확인하는 순간,『신화를 삼킨 섬』은 개인과 공동체 간의 원환적 관계의 회복을 위한 어떤 길을 제시하는 단계로 나아간다.

『신화를 삼킨 섬』이 민족이나 국가라는 절대권력을 유지하는 원리로 지목한 것은 나름대로 개념화하자면 은유의 원리이다. 은유란 두 개의 사물 사이의 차이, 고유성을 지워내고 유사성과 동질성을 절대화하는 수사학이며, 그렇기 때문에 은유란 두 기호를 동등한 가치로 교환하고 그 기호들이 거부하는 동일성을 강제로 부여하는 대가를 지불해야만 한다고 한다면, 『신화를 삼킨 섬』에서 작동되는 민족과 국가라는 절대권력의 원리 또한 이러한 방식으로 자신들의 영토를 획정한다. 『신화를 삼킨 섬』에서 민족이나 국가라는 절대권력이 은유의 수사학을 통해 자신들의 영토화를 수행한다고 함은 예컨대 이런 것이다. 우선 민족은, 화폐와 마찬가지로, 자체는 본래 무이다. 그래서 마치 언어처럼 물질적 생존 형태 속에서 사용을 통해서만 가치가 창출된다. 민족 담론이란 수없이 다양한 시대의 헤아릴 수 없는 다양한 현존을 하나의 단일한 이미지로 통일시키면서 형성되는 것이지만, 민족이 물질적 형태로서 자율성을 갖게 되면 매개하는 대상들의 본질을 흡수하여 그 특성을 제거하기 시작한다. 다시 말해 민족이라는 통일체는 모든 지역, 시기, 특성, 계층, 문화, 내러티브, 언어 등을 종합해 하나의 민족적 자기 동일성을 확보하고는 그 동일성에 위반되는 다양한 내러티브들과 역사지리지들의 고유성과 차이를 결정적으로 지워 내면서 자신의 통일체, 혹은 국가라는 시스템을 존속시킨다. 이때 수많은 이미지들 중의 하나를 민족의 올바른 역사상으로 혹은 숭고의 대상으로 격상시키기 위해서는 항상 절대적인 폭력적인 인과율이 필요하며, 이 절대권력은 또한 숭고해진 민족 담론을 통해 자기의 정당성을 더욱 견고하게 확보한다.

『신화를 삼킨 섬』은 이처럼 절대권력이 자신들의 영토를 유지하는 원리를 규명하는 것은 물론 그를 통해 새로운 잠재적인 가능성을 찾아내고자 하거니와, 이제 그 구체적인 과정에 대해 살펴보도록 하자. 『신화를 삼킨 섬』의 처음과 끝에는 대단히 인상적이고 상징적인 '프롤로그'와 '에필로그'가 붙어 있다. 하지만 프롤로그와 에필로그는 서로 다른 이야기는 아니다. 같은 이야기의 시작과 끝을 나누어 배치한 것일 뿐인데, 그 이야기란 다름 아닌 아기장수설화이다. 작가 이청준은 『지상에 숟가락 하나』(현기영)에서 아주 매혹적으로 우리에게 선보인 제주도의 아기장수설화를 다시 끌여들이고 재해석하며 자신의 소설의 길잡이로 삼는다.

프롤로그와 에필로그의 이야기는 잘 알려진 아기장수설화 그대로이다. 여기, 옛날 왕조 시절에 한 가난하고 나이 먹은 부부가 오랜 치성 끝에 아이를 낳았는데 그 아이는 두 어깻죽지 밑에 접힌 날개를 달고 있었다. 한마디로 너무나 매혹적이고도 남과 같지 않은 비상한 고유성과 동일화시키기 힘든 비상한 징후를 지닌 주체가 탄생한 것이다. 이미 수없이 다양한 시대의 헤아릴 수 없는 다양한 현존을 하나의 단일한 이미지로 통일시키면서 형성된, 그러면서도 이제는 물질적 형태로서 자율성을 갖게 된 국가라는 절대권력은 철저하게 매개하는 대상들의 본질을 흡수하고 그 특성을 제거하고자 한다. 그래야만 국가라는 통합체의 운영이 가능하기 때문이다. 만약 어떤 존재의 비교 불가능한 가치, 고유함, 개성, 아직 개념으로까지 도달하지 못한 질들, 개념에 의해 쓸모 없는 것으로 격하된 의미 없는 현존 등이 서로 들끓기 시작하면, 국가는 더 이상 자신의 인과율을 절대화할 수 없으며 이는 절대권력의 약화는 물론 국가라는 영토 자체를 존속시킬 수 없는 상황에 놓이게 된다. 국가는 고유함, 차이 그것을 절대권력을 위협하는 바로 그것으로 설정하게 되며, 당연히 국가에서는 '용모나 힘이나 지혜 따위 남달리 비상한 징후를 지니고 난 아이들은 뒷날 큰 영웅 장수로 자라 왕권을 위태롭게 할 것을 염려하여 미리 관가로 잡아들여 죽여 없애곤' 한다. 아기장수의 고유성과 비상함은 모든 특성이 제거된 사회에서 단연 돋보여서 감추려고 해도 그럴 수가 없음은 물론이다. 결국 모든 사회적 규범의 대행인일 뿐인 아이 부모는 이 위태로운 고유성을 제거하기로 한다. 그러자 아기장수에게 그 고유성을 부여한 하늘은 부모에게 아기장수를 용마바위에 묻을 것을 권하고 아기장수 또한 그것을 원한다. 결국 부모는 이 매혹적인 화근거리를 버리기로 결심, 아들이 부탁한대로 세 자루의 곡식가루와 함께 용마바위 틈새에 버리고 온다. 하지만 고유성을 제거하려는 유난한 배려는 오히려 아기장수의 고유성을 더욱 드높이게 되니 국가라는 절대권력은 아기장수의 죽음의 확인을 통해 고유성을 제거하기에 이른다. 결국 이들은 아기장수의 아비를 앞세워 무덤을 열게 되는데 그곳에는 그야말로 이곳이 아닌 곳, 그러니까 의미 있는 사회로 도약할 수도 있는 어떤 잠재적 가능성으로 충일해 있음을 확인하게 되며, 그 순간 의미와 행복과 가능성으로 충만하던 그곳은 하루를 앞두고 죽음의 폐허로 전락한다. 짙은 절망. 그리고 『신화를 삼킨 섬』은 에필로그와 프롤로그 이야기를 다음과 같이 마무리하고 있어 인상적이다.

그리하여 사람들은 이후부터 아기 장수도 용마도 더이상 기다리려고 하지 않았다. 더이상 그 영웅 장수나 용마의 희망에 속고 싶지 않아서였다.

하지만 사람들은 끝내 그 구세의 영웅 이야기를 믿지 못했고, 언제부터인지 그 아기 장수와 용마가 다시 태어나기를 기다리기 시작했다. 그 이야기 속의 꿈과 기다림이 없이는 아무래도 세상을 살아갈 수 없었기 때문이다.

—『신화를 삼킨 섬』 2, 205면

『신화를 삼킨 섬』의 프롤로그와 에필로그는 결국 고유함, 차이, 특질 등의 제거를 통해 자신의 통합체를 유지하는 국가권력의 메커니즘과 그 속에서 여전히 빛을 잃지 않는 고유성의 세계에 대한 갈망을 표현하고 있다고 할 수 있거니와,『신화를 삼킨 섬』의 핵심 서사가 말하고자 하는 바 또한 이와 다르지 않다.

『신화를 삼킨 섬』은 크게 두 가지 서사가 겹쳐지면서 소설이 진행되고 있다. 하나는, 신군부가 주도한 '역사 씻기기' 사업을 둘러싼 일련의 사건들이고, 다른 하나는 육지부에서 건너온 정요선과 연금옥, 그리고 추만우 사이의 애정 서사이다. 이 두 서사가 서로 교차되고 서로가 서로에게 영향을 주고받으며 소설은 진행되고 마무리된다.

이 중『신화를 삼킨 섬』에서 핵심적인 서사로 작동하는 것은 아무래도 '역사 씻기기' 사업을 둘러싼 일련의 사건들이다. 1970년대 말 폭력적으로 정권을 잡은 신군부는 자신들의 정권의 정당성을 확보하기 위해, 혹은 절대권력의 위용을 과시하기 위해 소위 '역사 씻기기' 사업을 전국적으로 행한다. "역사의 불의한 홀대를 받아온 선대 원혼들에 대한 국가적 위무와 나라의 새롭고 바른 역사, 나아가 평화와 안녕을 명분으로 내세워 군부 정권에서 이반된 인심의 혼란을 수습하고 비정상적인 권력의 정통성을 마련해보자는 속셈"(『신화를 삼킨 섬』 1, 61면)으로 원혼들의 한을 씻어내는 굿판을 전국적으로 시행한다. 이 굿판이 제주도에서도 벌어진다. "저 고려조 때의 삼별초 내도와 몽고군 침탈 시기는 고사하고서라도, 근래의 일제 강점기와 육이오 전란기의 군 훈련소 운영기, 무엇보다도 독립정부 수립에 전후한 4·3사건의 큰 상처를 안고 있는 제주도는 다른 어느 곳보다도 원통한 사연을 지니고 떠도는 원혼이 많은 섬"(『신화를 삼킨 섬』 1, 63면)이기 때문이기도 하고, 또한 군부가 행한 사업의 의도 때문에 어떠한 예외도 주어지지 않기 때문이다. 하지만 사업은 지지부진하다. 그 사업을 행하는 동안 제주도의 역사를 전혀 다른 관점으로 위계질서화하는 두 단체인 청죽회와 한얼회가 불쌍하게 죽은 영혼들이 어느 편에 의해 죽은 것인지 밀고 당기는, 그러니까 "그 혼백들까지 아직 편을 지우지 못한"(『신화를 삼킨 섬』 1, 69면) 상황 때문이기도 하고, 그 사업이 진정으로 원통한 사연을 지니고 떠도는 원혼들을 위무하는 굿판이 아니라 사실은 그 무주고혼들을 자신들의 위계질서에 편입시키려는 굿판이라는 사실을 누구보다도 잘 알기 때문이다. 그러자 결국은 육지부에서 무당들이 파견되어오고 '역사 씻기기' 사업은 육지부 무당들을 중심으로 느릿느릿 진행된다. 그러던 중 한라산 심곡 동굴에서 무명유골이 발견되고 그 유골이 어느 편에 의한 희생자인지를 둘러싸고 청죽회와 한얼회 사이의 귀속 논쟁이 벌어지고, 나중에는 그 무명 유골의 유족이 나타나면서 '역사 씻기기' 굿판의 의도를 살릴 만한 상황이 발생한다. 하지만 신군부의 정책이 '역사 씻기기'를 통한 정당성 확보라는 차원에서 대규모의 혼란을 조장하고 그를 통해 계엄을 전국적으로 확대, 정권을 잡으려는 쪽으로 바뀌면서, 한라산에서 발견된 무명유골의 씻김굿은 그 의미가 탈색된다. 그리고 그마저도 청죽회와 한얼회 사이의 유골 탈취 소동, 제주 4·3항쟁의 피해자 숫자의 문제, 그리고 새로 발견된 유골의 신원 문제로 엉망이 되고, 그야말로 진정으로 그 원혼들의 위무를 바라는 소수만의 축제가 된다. 이러한 일련의 사건을 통해 『신화를 삼킨 섬』은 "육지부 사람들에 의한 가혹한 편가르기 속에 끊임없이 되풀이되어 온 섬의 비극"(『신화를 삼킨 섬』 1, 197~198면)이 얼마나 지독하고 처절한지를 설득력 있게 제시한다. 특히 죽은 자들의 원혼마저도 편가르기의 대상 속에 편입시키는 마술적이고 천재적인(?) 은유의 수사학이 절대권력과 만났을 때의 폭력성에 대한 고발은 전율할 만한 것이다. 이처럼 『신화를 삼킨 섬』은 '역사 씻기기' 사업을 둘러싼 일련의 상황을 통하여 대상이나 존재의 고유성이나 차이들을 지워내고 오로지 적이나 지지기반으로만 위계질서화하는 절대권력의 속성을 면밀하게 해체하고 있을 뿐만 아니라 그것에 대한 치밀한 비판을 행하고 있다고 할 수 있다.

'역사 씻기기' 사업을 둘러싼 서사가 주로 은유적인 방식으로 형성되고 존속되는 절대권력의 폭력성에 대한 비판이라면, 정요선과 연금옥, 그리고 추만우 사이의 애정 서사는 그 절대권력으로부터 벗어날 어떤 가능성에 대한 탐색이다. 작가는 이 책의 앞머리에 "나는 이 땅에 삶을 점지받고 태어난 보통사람들의 진정한 소망과 그를 지켜나가기 위한 끈질긴 지혜의 힘을 그리고 싶었다"라는 말을 붙여 놓고 있거니와, 이 세 사람의 애정 서사는 작가가 모색한 그 지혜의 힘을 드러내는 부분이라 할 수 있다. 이 세 사람의 애정

서사가 중요한 이유는 두 가지이다. 하나는 이들이 모두 굿청과 관련된 사람들이라는 것이다. 『신화를 삼킨 섬』에서 씻김굿이라는 제의는 대단히 중요한 의미를 함축하고 있다. 예컨대 이런 것이다.

> 이 땅에는 그 권력놀음의 희생자들과 그 삶을 끊임없이 씻겨내는 사람들이 있습니다. 그 희생자들의 혼령과 생자들의 삶을 위로하고 그 지난한 역사로부터, 그 일방적인 이념의 역사와 억압의 굴레로부터 이 땅과 이 땅의 사람들을 다시 일으켜 꿋꿋하게 살아가게 하려는 염원 속에 ……
>
> ─『신화를 삼킨 섬』 2, 182면

『신화를 삼킨 섬』에서 굿, 구체적으로 말하면 씻김굿이 중요한 것은 씻김굿 그것이 절대권력의 영토에서 지워져버린, 그리고 자의적으로 전도된 실재계나 고유성, 혹은 차이들을 다시 발견하게 되는 적극적인 계기로 받아들여지기 때문이다. 인간의 본래성이나 고유성을 지워 버린 채 그것을 자의적으로 배치하는 절대권력의 어떤 속성이 제주도를 원혼들이 떠도는 섬으로 만든 불행의 원천이므로 그 가시적인 것에의 집착을 버리고 인간의 본래성을 회복하는바, 그 회복의 가능성으로 넌지시 제시되는 것이 바로 씻김굿이라는 제의의 세계라는 것이다. 다시말해 『신화를 삼킨 섬』은 씻김굿에서 간혹간혹 보여지는 그 찰라적 역사적 이미지, 그러니까 절대권력에 의한 영토화로부터 자유로워진 고유성이나 본래성의 세계들을 인간 역사의 새로운 좌표로 제시하고 있는 셈이다.

이들의 애정 서사가 중요한 또 다른 이유는 이들이 이 애정 서사 끝에 모두가 절대권력 지워버리거나 혹은 절대권력 밑에서 살아남기 위해 어쩔 수 없이 스스로 지워 버린 자기 운명의 고유성이나 타인들과의 차이를 승인하고 그것을 삶의 좌표로 삼았다는 점이다. 연금옥은 자기에게 다가온 신기, 그러니까 자신의 자생적 고유성을 끊임없이 거부하고 모더니티의 중심부로 진입하고자 한다. 그 탈출욕망이 결국 정요선에 대한 애정 표현으로 표출되면서 정요선, 연금옥, 추만우 사이의 애정 서사가 촉발되는바, 이 세 사람의 애정 서사는 결국 연금옥이 자신에게 원래 주어진 고유성이나 차이를 승인하고 무당의 길을 용인함으로써 끝맺는다. 또한 정요선 역시 그의 삶에 얽힌 전사 혹은 개인의 역사지리지(한센병으로 자신이 이루고자 했던 어떤 꿈도 이루지 못하고 소록도 갱생원에서 죽어 간 아버지)를 전수받고 내면화함으로써 절대권력에 의해 형성된 위계나 사회체제에서 자동기계로서 살아가는 삶으로부터 벗어난다. 자신에게 주어진 운명과 고유성, 타인과의 차이를 고집스럽게 밀고 나가는 길, 『신화를 삼킨 섬』은 이것을 민족이나 국가를 중심 범주로 설정하며 사회의 구석구석까지를 위계화하는 절대권력으로부터 벗어나는 길로 제시하는 셈이다.

한마디로 『신화를 삼킨 섬』은 민족과 국가라는 절대권력이 그토록 비합리적임에도 불구하고 존속할 수 있는 요인을 그것이 은유의 수사학으로 모든 차이와 고유성을 지워버림으로써 인간을 하나의 기호로 전락시키기 때문이라고 결론짓고 차이와 고유성의 발견과 승인을 인간을 인간답게 살게 하는 어떤 방식으로 제시한다. 『신화를 삼킨 섬』의 이러한 성찰은 등가성을 핵심원리로 하는 모더니티 일반에 대한 하나의 면밀한 접근이자 동시에 그것을 극복할 수 있는 효과적인 방법처럼 보인다.

하지만 문제는 오늘날 우리의 삶이 『놀라운 신세계』의 삶의 방식으로 이루어지고 있다는 점이다. 즉 고유성이나 자생적인 운명 따위와는 절연된 자리에서 태어나고 삶의 내용을 채워 가는 존재들인 것이다. 그렇다면 이들이 모더니티라는 등가성의 감옥으로부터 벗어나 고유한 실존을 확보할 수 있는 길은 무엇인가. 『신화를 삼킨 섬』의 놀라운 성찰이 때때로 공허하게 느껴지는 것은 이 때문일 것이며, 『신화를 삼킨 섬』의 작가가 이 놀라운 성찰들을 가지고 예전의 「잔인한 도시」의 경우처럼 도시로 돌아오길 바라는 것도 이 때문일 것이다.

4. 역사에 대한 새로운 시각, 혹은 새로운 역사의 출현

굳이 베네딕트 앤더슨의 말이 아니더라도 소설과 민족공동체, 혹은 민족주의와 소설의 관계는 범연치 않다. 이 둘은 거의 모든 나라에서 거의 같은 시기에 출현할 뿐만 아니라 그런 까닭에 서로가 서로를 충실하게 보완한다. 소설에게는 장르의 특성상 현격하게 이질적인 사건들과 현상들을 하나로 묶어줄 강력한 중심이 필요한바 민족이라는 내러티브는 소설에게 산포된 사건들을 하나의 운명공동체로 엮어주는 튼실한 서사틀에 해당한다. 반대로 민족공동체는 그 민족의 오랜 역사 안에서 행해진 숱한 사건과 인생, 그리고 존재들을 하나의 중심으로 질서화해주는 거대한 서사가 필요한바, 소설은 바로 그러한 역할을 수행하는 가장 효과적인 장치

로 작동한다. 베네딕트 앤더슨은 소설 양식 자체의 동시성과 민족
어라는 매개를 사용하여 이러한 정황을 보다 분명한 형태로 정식
화하고 또 구체화하기도 한다. 하여간, 여러 연유로 소설과 민족주
의는 근대 민족국가의 형성에 가장 주요한 짝패라 할 수 있는바,
근대국가 형성에 있어서 소설은 근대의 민족주의, 더 나아가 근대
국가 형성에 핵심적인 제도로 작동하며, 소설 또한 근대 민족의
형성기라는 발생론적 조건을 터전 삼아 한 순간에 문학의 중심으
로 격상한 셈이다.

소설과 민족주의의 이러한 밀월관계는 우리 문학의 경우도 마찬
가지이다. 아니, 우리의 경우 이러한 밀월관계는 더욱 철두철미했
다고 해야 하리라. 우리의 근대화는 봉건사회가 안고 있던 모순을
자체적으로 극복해가며 전지구적 자본주의 시스템에 점진적으로
편입되는 자생적인 과정이 아니라 어느 한 순간 강제적으로 자본
주의 시장에 편입되는 방식으로 진행된다. 때문에 우리의 경우 그
어떤 국가보다도 '나라 지키기'와 '나라 만들기'의 열망이 강렬한
바 있으며, 이는 곧 소설과 민족 담론 간의 일자적 관계를 형성시킨
다. 중세의 해체와 제국주의적 침탈의 저지라는 시대사적 과제는
우리 문학사에 이전과는 전혀 '새로운' 소설, 그러니까 '신소설'을
요구하며 소설 또한 이러한 민족 담론을 자기화하면서 이전의 소
설 양식과 결정적으로 단절된 새로운 형식을 안출하게 된다.

하지만 소설과 민족 담론 간의 짝패 관계가 단순히 근대 민족
형성기, 그러니까 근대 계몽기만 한정되는 것은 아니다. 이 관계는
아주 오랫동안 지속된다. 근대 계몽기처럼 소설이 민족이라는 개
념을 세우는 첨병 역할을 한 것은 아니지만 민족 서사는 소설의

핵심 서사로서의 자리를 내준 적이 없다. 이러한 민족 담론과 소설의 친연성은 1980년대까지 이어지며, 역사에 대한 잔혹한 무관심의 시대라던 1990년대에도 소설을 통하여 민족사를 재구성하는 노력은 만만치 않다. 이처럼 소설과 민족 담론과의 관계가 밀착될 수밖에 없는 까닭은 아무래도 벤야민이 절망적으로 요청한 '역사적 유물론자'가 근대 이후 한국소설 전반에 절실하게 요구되었기 때문이라고 보아야 할 것이다. 벤야민은 그의 유명한 「역사철학테제」에서 여러 번 위험의 순간에 역사적 주체에게 예기치 않게 느닷없이 나타나는 과거의 이미지를 붙잡는 것이 중요하다는 사실을 강조한다. 벤야민에 따르면 그 어떤 위험의 순간에 섬광처럼 스쳐 지나가는 기억을 붙잡아 자기 것으로 만들지 않을 경우 그것은 지배계급의 도구로 이용된다. 때문에 과거로부터 희망의 불꽃을 점화할 수 있는 재능이 주어진 역사적 유물론자는 죽은 사람들까지도 적으로부터 안전하지는 못하리라는 것을 투철하게 인식하고 항상 전통을 압도하려는 지배계급과 싸워서 새로이 전통을 빼앗으려는 시도를 행해야 한다는 것이다. '이들 적은 승리를 거듭하고 있'기 때문이다. 근대 이후 한국 역사 역시 벤야민이 절망 속에서 진정한 역사적 유물론자를 목놓아 부르던 그 상황과 다르지 않다. 근대 이후 우리 역사의 지배계급들은 특히 민족적 위기나 역사의 후진성을 끊임없이 강조하며 위기적 상황을 연출하고는 전율스럽게도 그 절체절명의 위험의 순간에 스쳐 지나가는 과거의 이미지들을 놀랍게 자기화하여 결국은 그들 지배의 도구로 활용한 바 있다. 하여, 소설은 이들 야만적이면서도 교활한 적이 만들어낸 민족적 위기와 전도된 민족적 전통으로부터 새로운 전통을 만들기 위한 치열한 고투를 계속할 수밖에 없었던 것이며, 소설과 민족 담론의 밀월관계가 그토록 지속적일 수밖에 없었던 것은 이와 연관이 깊다.

하지만 지금의 상황은 지배계급에 의해 조장된 민족적 위기와 그를 통해 전도된 민족적 전통을 바로잡으려는 고투가 더 이상 진정한 역사적 유물론자의 자세가 아닌 순간인 듯하다. 과거의 이미지를 민족이라는 단일한 프리즘을 통해서 자기화하는 순간 그것은 현재 시간에 의해 충전된 과거가 아니라 동질적이고 공허한 역사의 진행에 멈추게 되는 것이다. 왜냐하면 현재의 적은 더 이상 민족의 비상사태를 선포하고 그로부터 전도된 전통들을 복원해내는 방식으로 승리를 추구하지 않기 때문이다. '현재의 적', 그러니까 인간적 삶의 충일성을 결정적으로 훼손하는 궁극적인 어떤 것은 예전과는 다르게 존재하고 다른 방식으로 운동한다. 역사에 대한 새로운 시각, 혹은 새로운 역사의 출현이 필요한 까닭이다.

그런데 마침 이러한 필요성에 부응하는 소설이 발표되어 우리를 설레게 하고 있다. 『검은 꽃』(김영하)이다. 『검은 꽃』 속의 이야기는 낯설지 않다. 1905년 한 무리(『검은 꽃』에 따르자면 1,033명)의 조선인들이 '채무노예'로 멕시코 에네켄(용설란이라는 식물) 농장에 팔려가며, 그들은 그곳에서 흑인노예에 버금가는 착취와 고통을 겪다가 모두 죽어 간다. 이것이 『검은 꽃』의 핵심 이야기이다. 이 불행한 멕시코 이민사는 '애니깽'이라는 이름으로 이미 우리에게 잘 알려진 것이다. '애니깽'은 나라 없는 민족의 비극성과 민족의 대동단결의 필요성을 환기시키는 가장 전형적인 상징이었다. 『검은 꽃』은 이 완고했던 상징을 다시 읽는다. 우선 『검은 꽃』은 이 '애니깽'을 '에네켄'으로 다시 명명한다. 그와 더불어 '애니깽'. 그러니까 불행한 멕시코 이민사의 한 자락을 전혀 다른 맥락, 구체적으로 말하면 전근대적인 것과 근대적인 것, 기독교와 이교도, 동아시아와 서구적 보편의 충돌과 갈등이라는 맥락 속에 위치시킨다.

유교적 규범과 질서에 의해 훈육된 사유와 육체를 지닌 1,033명이 멕시코로 가기 위해 영국 기선 일포드 호에 탑승한다. 1,033명의 조선인이 근대라는 메커니즘 속에 편입되는 순간이며, 이들이 탑승한 일포드 호는 전지구적 자본주의 시스템을 상징하는 공간이 된다. 저 높은 곳에 영국인 선장이 있고, 중간에 독일인 기사와 일본인 요리사가 있으며, 가장 낮은 곳에 조선인이 포진하는 일포드 호는 근대의 전형적인 상징물이라 할 만하다. 그 공간에서 동아시아적 질서와 규범은 더 이상 힘을 발휘하지 못한다. 양반과 '상놈'이라는 위계질서는 물론 유교적 도덕 같은 것은 모두 무화된다. 하여 일포드 호의 조선인들은 한 순간에 카오스 상태에 빠져드는바, 이 갑작스러운 근대성과의 조우는 육체적 고통과 더불어 이들의 고통과 불안의 원천이 된다.

이들의 고통과 불안은 멕시코에 가서도 여전히 이어진다. 멕시코에서 이들이 겪는 고통도 역시 근대적인 것, 혹은 서구적인 것과의 이물감에서 시작된다. 그들은 그곳의 농장주들과 말이 통하지 않는다. 하지만 단순히 말만 통하지 않는 것이 아니다. 각각의 긴 역사 속에서 형성된 이질적인 코드로 인한 갈등은 1,033명의 조선인들은 끊임없이 불행하게 한다. 결국 이 1,033명의 존재들은 자신의 문화적 코드를 포기하고 대신에 서구적 보편성을 자기화하기 시작한다. 하지만 이 선택 역시 그들을 행복한 낙원으로 데려가지 않는다. 그들이 서구적 코드에 자신들을 맡기는 순간 멕시코 내의 오랜 싸움에 휘말려 들어가며 하나하나 목숨을 잃는다. 결국은 1,033명이라는 적지 않은 집단이 그야말로 어떠한 흔적도 없이 지구상에서 사라지는 것이다.

『검은 꽃』은 표면적으로는 멕시코 옮겨간 조선인 1,033명이 겪는 근대성의 경험에 대해 말한다. 하지만 이 근대성의 경험은 바로 우리가 겪은, 그러니까 주변부에서 뒤늦게 근대성의 메커니즘에 강제적으로 편입된 근대성의 경험에 다름 아니다. 한 나라의 오랜 역사지리지를 한 순간에 흔적도 없이 지우게 하고 그렇게 자본주의적 메커니즘을 받아들이는 순간 전쟁의 소용돌이에 휩쓸리게 한 근대성의 경험이야말로 바로 우리의 근대화 과정과 정확하게 상동관계를 보이는 것이다. 『검은 꽃』은 불행한 민족사의 한 상징물이었던 '애니깽'을 다시 읽어들여 주변부의 근대성의 경험 속에 위치시키거니와, 그를 통해 놀랄만한 상징성을 획득한다.

이제까지 우리는 우리의 근대사를 지나치게 민족사의 불행이라는 관점에서만 읽어왔다. 그 결과 그곳에서 일제에 대한 분노를 거듭 재확인했을 뿐 근대성이 우리 역사 전체에 가져온 공포스러운 혁신을 발견하지 못했으며, 또한 우리의 경험이 지니는 보편적이고 전지구적인 의미도 찾아내지 못했던 것이 사실이다. 이런 상황에서 『검은 꽃』은 역사를 새로운 관점에서 바라볼 수 있는 계기로 손색이 없다. 즉 『검은 꽃』을 계기로 우리도 비로소 우리의 특수한 근대성의 경험은 물론 모더니티의 악마적 성격을 냉정하게 바라볼 수 있게 된 것이다. 한국문학은 이렇게 또 다른 항해를 시작하고 있다.

반복과 차이

1. 또 한 번의 새로움

  '변하지 않기 위해서는 항상 변해야 한다'는 비트겐슈타인의 말이 아니더라도 한 작가가 처음 출발할 때의 그 낯섦과 새로움을 유지하기 위해서는 끊임없는 자기 갱신이 필요하다. 우리가 놓여 있는 곳이란 하나의 사회적 내용이 형식으로 전화할 틈도 없이 또 다른 사회적 내용이 발생하는 모더니티의 시·공간이며, 따라서 한 자리에 머물러 있다는 것은 시대의 변화를 자기화하지 못한다는 사실을 의미하기 때문이다. 그렇지만 이 자기 갱신은 위대한 문학을 지속적으로 생산해낸 몇 작가에게서만 볼 수 있는 것이다.

다시 비트겐슈타인의 말을 빌자면, "거만이라는 당신의 집은 허물어져야" 하지만 "그것은 대단히 엄청난 작업을 요한다." 왜냐하면 그것은 "나의 사고 영역은 내가 짐작하는 것보다 아마도 훨씬 더 좁다"는 사실을 인정해야 하기 때문이다. 하지만 한 번의 문제작으로 '사유의 죽음'이라는 명예심을 얻은 작가들에게 '거만의 집'을 허무는 작업은 그리 쉽지 않을 수밖에 없으며, 실제로 수많은 작가들이 그렇게 한 번의 새로움으로 주목을 받고는 곧 명멸해버리는 것도 이와 관련이 깊다.

하여, 처음 등장할 때와 마찬가지로 여전히 낯섦과 새로움을 유지하는 작가들을 만나는 것은 대단히 즐겁고 유쾌한 일이다. 그 현장에는 항시 처음 등장할 때의 열정 외에 현실에 대한 보다 웅숭깊은 천착이나 자아와 세계의 의미 있는 병존 형식에 대한 고충이 스며있기 때문이다. 처음 등장할 때의 새로움이란 주로 작가의 관념 속에서만, 그리고 현실의 몇몇 징후 속에서만 존재할 뿐 아직 현실 전반으로 확장되거나 다른 생명체에는 도달하지 않은 현상들을 절대화하는 자리에서 생겨나며, 이때의 새로움이란 다른 사람에게는 보이지 않았던 것을 먼저 보아냈다는 충격 때문에 더욱 강렬한 의미로 다가온다. 하지만 전혀 새로운 현실적 징후여서 획시기적인 것처럼 보이는 것일지라도 그 현상은 곧 현실적인 문맥 속에서 다시 읽히게 마련이며, 따라서 그 징후를 전면화하며 등장한 작가의 경우 그것을 일시적인 것과 영원한 것, 그리고 자아와 세계의 관계 속에서 재정립하는 과정이 필요하다. 그렇지 않을 경우 그 새로움은 의미 없는 동어반복의 순환에 갇혀버리거나 진부한 형식으로 전락할 가능성이 높다. 이런 점을 감안한다면 어

떤 작가가 이내 낡아지기 마련인 기존의 자기 형식으로부터 벗어
나서 여전히 문제적인 형식을 안출한다는 것은 그만큼 그 작가가
자신이 포착한 새로운 현실적 징후와 전체 현실을 변증법적으로
지양시켰다는 것을 의미한다. 그러니 한 작가의 또 한 번의 새로
움을 보는 것은 곧 그 작가의 구체적 보편성을 찾으려는 혼신의
쟁투과정을 확인하는 것이라고 할 수 있다.

그런데 최근 들어 우리 문학에서 끊임없는 자기 갱신의 과정을
밟아가는 작가들을 만날 수 있는 기회가 점점 많아지고 있다. 가
슴 설레는 일이며 반가운 일이 아닐 수 없다. 특히 이 또 한 번의
새로움을 일구어내는 작가들이 1990년대 중·후반에 대단히 파격
적인 실험을 통해 등장한 작가들이라서 이 놀라움과 기대는 더욱
크다. 이제 이 놀라움의 현장을 보러 갈 차례다.

2. 안과 밖의 변증법

백민석의 「위대한 헛것의 시대」(『현대문학』, 2003년 5월호)는 백민
석의 이전의 소설과는 분명 어떤 차이가 있다. 예컨대 「위대한 헛
것의 시대」는 『헤이, 우리 소풍 가자』나 『내가 사랑한 캔디』와 같
이 '만화영화 키드'의 세대론적 자기 확인과는 거리가 멀고, 또한
『16믿거나말거나박물지』마냥 죽음마저도 선택할 수 없는 현대인
의 실존을 극단화시켜 알레고리화한 시·공간과도 역시 구분된다.

또 그렇다고 『목화밭 엽기전』처럼 인간의 선한 면을 뒤로 감추고 인간의 추악한 단면을 전면으로 끌어올려 현대인의 악마성 혹은 현대인을 그렇게 끌고 가는 광기의 현대성을 표현하고 있지도 않으며, 『장원의 심부름꾼 소년』처럼 초현실적인 가상의 시·공간과 경험내용을 통하여 문명의 논리로부터 배제되고 버려진 유령들, 좀비들, 그러니까 자기만을 배려하는 모더니티가 은폐한 타자들의 흔적들을 찾아나서지도 않는다.

그렇다고 「위대한 헛것의 시대」가 백민석의 이전의 세계와 어떤 근원적인 단절을 감행하고 있는 것은 아니다. 「위대한 헛것의 시대」에도 여전히 백민석의 이전의 소설과 마찬가지로 시대의 재현의 결과물이 아닌 어떤 가상의 시·공간이 현실을 비추는 거울 형상으로 등장한다. 그러나 그것은 더 이상 초현실적 공간이나 유령이라는 가시적이면서도 비가시적인 형상이거나 혹은 극단적인 광기의 공간으로 나타나지 않는다. 「위대한 헛것의 시대」의 가상의 세계는 이제 현실의 곁에 있고 현실 속에 있다. 작가 백민석은 이제 가상의 시·공간을 여전히 소설적 장치로 활용하되 이전의 소설처럼 초현실적이고 자족적인 그런 영토로서가 아니라 대단히 현실적이고 구체적인 맥락 속에 위치시키기 시작한 것이며, 이는 「위대한 헛것의 시대」가 이전의 소설과 구분되는 어떤 중요한 특질이라 할 수 있다.

여기, '나'가 있다. '나'는 '믿거나말거나박물지社의 알려지지 않은 부서들 중 하나'인 '사외비 일괄처리부'에 근무한다. '사외비 일괄처리부'란 빚 때문에 망한 사람들의 '쓰레기 어음'을 처리하는 곳, 그러니까 사업에서 망한 사람들의 집을 찾아가 빚을 받아

내는 부서이다. 누구도 하고 싶어하지 않는 일이며, 따라서 신용문
제에 이상이 생기거나 한 인물들이 쫓겨와서 마지막으로 주어진
기회를 위해 목숨을 건 쟁투를 벌이는 곳이다. '나'는 마권에 손을
댔다가 전세금을 모두 날리고 신용에 문제가 생겨서 이 부서로 쫓
겨난다. 하는 일이 사업에 망한 사람들의 집을 찾아가 돈을 받아
내는 일이니 만큼, '나'의 행동은 철저하게 돈을 매개로 해서 결정
된다. 상대방에게 위압적이게 보이도록 옷을 골라 입어야 하고, 자
기 자신들처럼 신용에 문제가 생긴 사람들을 찾아다니면 협박을
하기도 한다.

그러던 '나'는 하는 일에 대한 '일말의 죄책감' 때문에 취미를
갖게 된다. 동네 산책이나 찻집에서 커피 홀짝거리기 같은 것. 그
런 취미 생활을 하는 동안 앞을 지날 때면 재채기를 하게 되는 집
을 발견한다. "주택 전체가 하얬고, 거기에 어우러진 약간 촌스러
운 빨노파 삼 색 차일과 치자빛 간판, 방수도료를 칠한 나무문 들
이 어떤 분위기 있는 조화 같은 것 이뤄선, 묘하게 눈길을 잡아"끄
는 집. 다름 아닌 그 집은 '위대한 헛것의 시대'라는 화랑이다. 그
화랑에서 '나'는 '종이처럼 구겨질까봐, 찢어질까봐' '신경이 쓰이'
는 여성, 이민혜를 만난다. 그녀 앞에서 '나'는 돈의 질서로부터도
자유롭다. 그렇게 생활의 질서로부터 벗어나 있는 예외적인 공간
을 만나는 순간, '나'는 비로소 인간이 된다. 자유로운 복장을 고
집하고, 심지어 그녀에게 끊임없는 연민을 느낀다.

하지만 이 예외적인 경험 혹은 노마드적인 산책은 곧 불가능해
진다. 모더니티란, 삶의 논리란 오랜 일탈을 허용치 않기 때문이
다. '나'는 신용에 문제가 생긴 사람들 찾아다니며 돈을 받아내는

모더니티의 공간 속으로 복귀한다. 그리고 '나'는 다시 "이쪽 빌라로 이사오기 전으로, 화랑이니 전시니 아틀리에니 하는 것들을 알기 전으로 돌아가고 있었다. 멜빵은 벗어버리고, 셔츠는 흰색 와이셔츠로 바뀌었고, 부드러운 청유형 목소리는 이제 빌라의 동료들 앞에서나 사용하고 있었다."

이렇게 「위대한 헛것의 시대」에 등장하는 가상의 세계, 구체적으로 '믿거나말거나박물지社'는 이전의 초현실적인 공간에서 현실적인 맥락으로, 모더니티의 외부에서 내부로 들어온다. 다시 말해 작가 백민석이 이제까지 현실의 한 단면을 극단화시켜 상상해낸 예외적인 공간을 통하여 모더니티를 비판했다면, 「위대한 헛것의 시대」는 광기의 모더니티 내부로 들어와서 모더니티가 그 사회 바깥으로 폐기처분한 경험이나 비교 불가능한 가치, 하위주체들의 목소리 등을 찾아내고 그 거울형상을 통해 모더니티의 악마적인 얼굴을 선명하게 비친다. 하여, 「위대한 헛것의 시대」는 '위대한 헛것의 시대'라는 예외적 공간을 거울로 해서 우리의 시대를 '잔혹한 교환가치의 시대'로 탁월하게 형상화한다.

「위대한 헛것의 시대」에서 선보인 백민석의 이러한 창작방법은 비록 이전의 『16믿거나말거나박물지』나 『목화밭 엽기전』 같은 강렬함은 없을지라도 모더니티가 그리고 그곳에서 살아가는 존재들이 잃고 사는 것에 대한 근원적인 성찰을 하게 하는 밀도를 성공적으로 확보한다. 앞으로 백민석이 '믿거나말거나박물지社'의 어떤 부서를 통해 모더니티가 폐기 처분한 또 어떤 가치를 항목화할 것인지 자못 궁금해지는 순간이다.

3. 사후적인 기억, 혹은 기억의 사후성

　김연수의 「그건 새였을까, 네즈미」(『문학사상』, 2003년 5월호)는 겹의 소설이다. 즉 여러 개의 구조가 겹쳐져 있다. 주제 또한 중층적이다.

　「그건 새였을까, 네즈미」의 표면적인 주제는 현대인의 고독 혹은 존재론적 고독에 관한 것이다. 이 소설에는 여러 계열의 인간 관계 혹은 남녀관계가 있다. 네즈미 / 세희, 네즈미 / 세영, 세영 / 세영의 죽은 남편, 세희 / 세영이 그것이다. 하지만 이들의 관계는 등장인물 각자의 삶의 전 서사와 서사, 그리고 인격과 인격이 결합하는 친밀성의 관계는 아니다. 작중화자인 네즈미와 세희는 어쩌다 보니 같은 집에 머문다. 세영은 남편에게 여자가 생겼다는 말을 듣고부터는 이전의 친밀도를 회복하지 못하며, 남편이 죽자 상처를 달래려 영국에 와서는 '가까운 사람에게 배신감을 느끼게 하는 일이 도대체 어떤 것인지 알고 싶어서' 언니의 동거인인 네즈미와 섹스를 나눈다. 죽은 남편에 대한 복수이자 자신에 깊은 애정을 보이지 않는 언니 세희에 대한 반항의 한 방식이다. 또한 세희도 자신의 동생이 남편이 죽은 후 우울증에 빠져 있자 동생 세영을 영국으로 불러들이지만, 동생 앞에서 네즈미와 노골적으로 애정을 표현하는 등 동생에 대한 배려를 보여주지 않는다. 이를 통해서 볼 수 있듯 「그건 새였을까, 네즈미」에서 말하고자 하는 바는 친밀성이 존재하지 않는 인간 관계들이라고 할 수 있거니와, 이 소설에서 이러한 주제를 읽어내기란 그리 어렵지 않다. 타인에 대한 이해 불가능성, 그리고 그로 인한 실존적인 고독 등에 관한 언설은 「그건 새였을까, 네즈미」의 도처에서 발견할 수 있기 때문이다. "죽음이나 망각이나, 혹은 그 어떤 공포도 이보다는 더 아득해질 수 없다. 우리가 저마다 자신만의 어두운 구멍 속으로 고립된다는 사실보다는." "다른 사람을 완전히 이해하는 사람이 과연 있을까? 아니, 인간이라는 게 과연 이해받을 수 있는 존재일까."

현대인의 고독 혹은 인간 존재의 근원적 고독은, 이 소설의 여러 주제 중 하나일 뿐이다. 만약 이것이 「그건 새였을까, 네즈미」의 유일한 주제였다면, 아마도 이 소설은 아무런 밀도도 확보할 수 없었을 것이다. 「그건 새였을까, 네즈미」에서 보이는 관계의 단절 양상은 전혀 새로운 것이 아니기 때문이다. 물론 이 다양한 관계들 사이에 묘하게 교차하는 애증이 이 소설의 육체를 풍부하게 한 측면이 있는 것도 사실이나 이것만으로 충분한 것처럼 보이지 않는다. 그런데 「그건 새였을까, 네즈미」에는 또 하나의 중요한 주제가 숨어 있다. 가령 이런 것이다. 프로이드에 기원을 둔 사후성의 논리에 대한 비판. 세영은 남편이 교통 사고로 죽어 갈 당시 남편을 살리기 위해 어떤 행동을 하는 대신 어느 해 봄에 보았던 벚나무를 떠올린다. 바람이라기에는 너무 심하게 흔들렸고 그러니 작은 새가 흔든 것이겠지 하는 생각말이다. 남편의 죽음과 과거에 어느 순간 흔들렸던 나무 사이에는 물론 직접적인 연관성도 그리고 어떤 인과관계도 없다. 하지만 세영은 그 순간 그것을 생각하고 있었다고 진술한다. 남편의 죽음 앞에서 보인 세영의 이 착란적 행위는 얼핏 프로이드에게서 시작된 '사후성의 논리'를 연상시킨다. 예컨대 기억은 원래 있었던 그것이 아니라 사후적으로 구성된 것이라는 것. 세영은 줄곧 남편이 죽는 그 순간에 작은 새에 의해 흔들리는 나뭇가지 생각을 하고 있었다고 믿으며, 그 순간 모든 기억들을 그렇게 구성해버린다. 이는 원초적 장면은 발병의 원인이지만 발병 상황에 의해 보충되고 구성되는, 따라서 발병보다 늦게 오는 사건이라는 것이라는 프로이드의 사후성의 논리 구조와 유사하다.

그런데 작중화자인 네즈미는 이것을 끊임없이 의심하고 나름대로 사건을 재구성한다. 세영은 남편이 다른 여자를 만났다는 것에 분노한다. 그 순간 어느 때 남편이 '아이를 낳아야 한다'고 했던 말이 다른 여자를 만나고 있다는 사실을 암시하는 대목이었음을 추론하게 되고 그런 만큼 너무 많이 흔들리는 나뭇가지 때문에 그 말을 심각하게 생각하지 않은 자신을 자학하는 한편 솔직하게 이야기하지 않은 남편에 분노를 느낀다. 이 자학과 분노의 염이 '작은 새에 의해 심하게 흔들린 나뭇가지에 대한 기억'을 강렬한 것으로 만들었을 것이다. 결국 세영이 죽어 가는 남편 앞에서 이 기억을 거듭 떠올린 것은 자신의 대한 자학과 분노의 복합적인 심경 때문이었을 것이고, 사후에는 이 자학과 분노, 복수심을 지운 채 단지 '그건 새였을까'라는 의문 하나만을 남겨 놓았을 것이다. 세영은 영국에 와서도 가까운 사람을 배신할 때의 남편의 심정을 알고 싶어 결국 언니 세희의 동거인인 네즈미를 유혹할 만큼 그때의 기억에 의식적이든 무의식적이든 철저하게 매여 있었을 것이다. 그리고 세영이 자살한 것은 결국 이 때문일 것이다. 이것이 네즈미가 나름대로 추론한 세영에 관한 사건들인바, 결국 작중화자인 네즈미는 다음과 같은 결론에 도달하고 있다. "사건이 일어난 후

듣게 되는 이야기들이 모두 그렇듯이 …… 누군가의 입을 통해 이야기됨으로써 사건들과 낱낱의 내용, 하찮은 사실들이 사건 당시에는 갖지 않았던 엄숙하고도 중요한 양상을 어쩔 수 없이 띠게 된"다는 것. 다시 말해 재구성된 기억은 사후성의 논리에 의한 어쩔 수 없는 것이 아니라 의식적이든 무의식적이든 조작의 과정을 거쳐 만들어진 것이라는 것이며, 이것이 「그건 새였을까, 네즈미」 속에 숨겨 있는 또 하나의 주제다.

그런데 「그건 새였을까, 네즈미」에서 이루어진 중요한 성찰은 이 소설의 성과도 성과이지만 작가 김연수에게 있어서 중요한 계기로 작용할 것처럼 보인다. 작가 김연수가 『내가 아직 아이였을 때』에서 볼 수 있듯 짧지 않은 기간 동안 기억에 관한, 혹은 기억을 매개로 한 소설을 써왔기 때문이다. 그렇다면 「그건 새였을까, 네즈미」는 기억을 매개로 한 자신의 소설이 어쩔 수 없기는 했지만 사건 당시에는 하찮았던 사실들에 엄숙하고 중요한 의미를 부여하는 한계를 지니고 있다는 자기 반성의 표현으로 읽을 수도 있을 터이다. 너무 앞서 나가는 감이 없는 것은 아니지만, 놀랍게도 김연수는 또 한 차례 변화를 모색하고 있는 것처럼 보인다.

생활세계, 또 하나의 영토

1. 친밀성이라는 매혹과 공포

김영하의 「그림자를 판 사나이」(『문학동네』, 2003년 봄호)를 읽었다. 그리고 김영하의 이전의 소설들을 다시 챙겨 읽었다. 무언가 달랐다. 확실하게 눈에 확 잡히는 것도 없고, 때문에 이것이라고 명명하기도 힘들지만, 어떤 변화의 조짐이 소설 사이사이에 잠시 모습을 드러냈다가는 곧 스쳐 지나갔다. 마치 「그림자를 판 사나이」의 작중화자의 머리 위를 스치고 지나가는 '거대한 새 혹은 새 그림자'처럼.

「그림자를 판 사나이」는 김영하의 예의 소설들이 그러하듯 현대인의 고독에 관해 말한다. 김영하는 현대인의 고독을 우리가 사는 개인주의적 사회 속에서는 사회적으로 매개되어 있고 본질적으로 사회적인 내용이라고 판단한다. 그리고 그 고독이 인간을 얼마나 황폐하게 만드는지를 집중적으로 묘사한다. 하여, 김영하의 인물들은 사물에 대한 광적인 집착으로 인해 결국에는 사물에게 영혼을 넘겨주거나, 인간적인 유대에 대한 갈망 때문에 찰라적이고도 불길한 욕망에 몸과 마음을 맡기거나, 아니면 '아름다운 죽음'을 통해 그 고독의 상태를 거부한다. 인간적인 유대나 친밀성, 혹은 사랑 같은 인간 존재들 사이의 충만하고도 인격적인 결합은 불가능한 곳, 오로지 전도되고 타락해 있으며 사물화된 관계만이 가능한 곳, 김영하가 바라보는 우리네의 실존형식은 바로 이러하다. 「그림자를 판 사나이」는 김영하 소설이 그려왔던 궤적에서 크게 벗어나지 않는다. 「그림자를 판 사나이」는 현대인의 고독에 대한 소설이며, 또한 「그림자를 판 사나이」에는 모든 인간적 사회적 관계로부터 단절된 인물들이 등장한다.

여기, 한 소설가가 있다. 하지만 이 소설에서 주인공이 소설가라는 사실은 그리 중요하지 않다. 그는 소설가 하면 연상됨직한 특수자로서의 존재방식―예컨대 시대를 거스르는 세계에 대한 특이한 관찰, 아름다움이라는 원리로 세상을 읽는 데 따른 고통과 각오 등―과 전혀 무관한 삶을 산다. 그는 다만 정해진 날짜에 소설을 전해주고 늦어지면 미안해하는 비유하자면 '직업으로서의 소설가'일 뿐이다. 그러니까 그에게 있어서 중요한 것은 소설가라는 사실이 아니라 그가 혼자 산다는 것이다. 그는 혼자 자고 혼자 일어나며 혼자 식탁을 차리고 혼자서 식사를 한다. 하지만 이것 역시 그리 중요한 것은 아니다. 중요한 것은 그가 사회적, 인간적 관계로부터 단절되어 있다는 점이다. 아니 단절되어 있는 정도가 아니라 어떤 관계망 속으로 들어가는 것 자체를 거부한다. 그래서 그에겐 인간적인 관계들을 통해 얻은 친밀성의 경험이 없다. 그는 성장기부터 "털어놓아야 할 뭔가"가 있는 친구들을 끊임없이 부러워하며 "나에겐 누군가의 영혼에 어둠을 드리울 그 무언가가 없었다"는 사실을 고통스러워한다. 하지만 이는 자기 기만에 가깝다. 아니, 자기 방어일 뿐이다. 그는 누군가에게 털어놓을 만한 뭔가를 만들지 않는다. 스스로 금을 그어놓고 그 이상의 관계 밖으로 나가지도 않고 그렇다고 누군가를 들어오지도 못하게 한다. 무엇 때문인지 몰라도 그는 소통 자체를 두려워하며 급기야는 거부하기에 이른다. 그는 그렇게 사람들 사이의 관계로부터 '자연스럽게 멀어져'간다. 그리고 "점점 더 작가와 출판사 관계자들만 만나는 사람이 되어" 간다. 게다가 세계와 그를 이어주는 끈인 신문마저 끊어버린다. 세계와의 단절이 고독을 만들고 고독이 그를 더욱 세계로부터 고립시킨다.

이 절대고독의 상태에 누군가가 갑작스레 끼어든다. 미약하게나 친밀성을 경험했던 '고등학교 주일학교 친구'들. 고등학교 시절 여자애들의 시선을 독점했지만 끝내는 신학교로 진학한 바오로 그리고 "바오로를 향해 연정을 불태우던 그 수다한 여자애들 중에서 단연 발군이었고 결국 인생의 한 시기, 바오로와 연인으로 지내는 영광을 누렸"던 미경. 작중화자는 한때 이 둘 사이에서 서로에 대한 뭔가를 들어주는 역할을 한다. 그리고 바오로는 신학교에 진학하여 신부가 되고, 미경은 회계사 시험을 위해 세상에 대한 관심을 끊고 문학 작품 읽는 것으로 그 방황을 달래던 정식과 결혼하고, 그러면서 자연스럽게 작중화자와 멀어졌던 것인데, 그 둘이 다시 그의 삶에 개입해서는 그 절대고독의 상태를 뒤흔들어 놓는다. 바오로와 미경이 다시 만났고 그들은 다시 작중화자를 찾아와 각기 뭔가를 털어놓는다. 작중화자는 바오로에게 신부로서는 금해야 할 것들을 갈망하는 그의 고통에 대해 듣고 또한 불행해진 미경과 잠자리를 같이했다는 고백을 듣는다. 그 순간 작중화자는 '커다란 새가 날개를 펼치고 내 머리 위를 지나'가는 환각을 경험한다. 그리고 작중화자는 미경을 만나 그녀가 남편의 돌연하고도 기이한 죽음 때문에 불행해졌을 뿐만 아니라 또한 그녀에게 그녀를 돌보아줄 누군가가 절실히 필요하다는 사실을 확인한다. 그리고 그녀의 고통과 좌절 등을 감싸안는 소통체계를 꿈꾼다. "같이 아침 먹고 바쁜 그녀를 출근시키고 녹차를 마시고 소설을 쓰고 음악을 듣고 퇴근하는 그녀와 저녁을 먹는 것이다. …… 그렇게 누군가와 옥닥복닥 부대끼며 지내다보면, 어쩌면 내게도 그림자가 생길지도 모른다. 그렇게 멋진 그림자가 생기면 사제관으로 불쑥 찾아가 얄밉도록 잘생긴 바오로 신부의 뒤통수를 한 대 툭 치며 내 아이의 영세를 부탁하게 될지도 모른다." 그 순간 또 다시 "거대한 새 그림자가 내 머리 위를 지나간다." 하지만 작중화자는 "달도 없는 밤에 웬 새 그림자. 몸이 다시 움츠러든다. 덕분에 쓸데없는 상상은 끝"이라는 처음의 그 지점, 그러니까 절대고독의 상태로 되돌아가고 만다. 아무리 강렬하게 타자와의 소통을 갈망하더라도 현대인이 그 철옹성 같은 존재론적 감옥을 떨치고 나오는 것은 불가능하다는 것. 「그림자를 판 사나이」가 말하고자 하는 바는 바로 이것이다.

「그림자를 판 사나이」는 이처럼 현대인의 고독을 극복 불가능한 어떤 조건으로 설정한다. 즉 모더니티가 인간과 인간 사이의 진정한 연관을 불가능하게 할 뿐만 아니라 그 모더니티에 의해 영혼을 빼앗긴 현존재들은 소통을 위한 자기 활동성(혹은 자율의지) 자체를 상실하고 말았다는 것이다. 「그림자를 판 사나이」에서 표현된 현대인의 고독에 대한 이 절망적인 인식은 그리 낯선 것도, 새로운 것도 아니다. 특히 김영하의 경우에 있어서는 더욱 그러하다. 그렇다고 「그림자를 판 사나이」가 이전의 단순한 반복인가 하면 그렇지는 않다. 「그림자를 판 사나이」는 이전의 소설과는 다른 어떤 미세한 차이, 그렇지만 이전의 세계를 균열시킬 어떤 다른 것이 욕동친다. 그것은 '그림자'와 관련이 있다. 김영하는 「그림자를 판 사나이」에서 '새가 해를 가리는 현상' 혹은 '새 그림자가 해를 가리는 일'에 대해 관심을 보인다. 물론 「그림자를 판 사나이」는 재능 있는 작가의 작품답게 '그림자' 혹은 '새 그림자가 해를 가리는 일'의 실체를 명확하게 제시하지 있지 않아서 다양한 해석의 자리를 남겨 놓고 있으며 그리고 이 빈자리는 이후의 김영하 소설의 방향에 따라서 그 의미가 명확해질 듯하다. 그럼에도 단순화의 위험을 무릅쓰자면, '그림자' 혹은 '새 그림자가 해를 가리는 일' 등이 상징하는 바는 거대한 모더니티의 위력 때문에 현존재들 사이의 진정한 연관은 힘겹다 할지라도 그 힘겨움 속에서 이루어지는 어떤 친밀성에의 노력들 자체가 불가능한 것은 아니라는 점, 그리고 그 친밀성에의 의지와 실천들이 인간을 절대고독의 감옥 속으로 밀어 넣는 모더니티의 억압적인 힘을 약화시킬 수 있다는 것으로 보인다. 물론 김영하는 냉소적이라고 할 정도로 냉정한 작가여서 이 친밀성에의 의지가 곧 모더니티에 의해 전도된 인간 관계를 진정한 방식으로 회복시킬 것이라고 믿지는 않는다. 「그림자를 판 사나이」의 결말이 다시 절대고독의 원점으로 돌아간 것도 이 때문이다.

하지만 김영하가 구체적 생활세계 속에서 인간의 소통체계를 가능하게 할 미약하지만, 대단한 잠재력을 지닌 친밀성의 경험들을 찾아나서기 시작했다는 점은 대단히 중요한 것처럼 보인다. 모더니티의 위력을 절대화하여 자멸적이며 전도된 인간관계만이 가능하다고 판단하고 결국은 소통체계의 확립 자체를 불가능한 꿈이라고 설정한 것이 김영하 소설의 일반적인 경향이었다는 사실을 상기한다면, 「그림자를 판 사나이」에서 문득문득 나타나는 친밀성의 경험에 대한 냉소적 동경은 특기할 만하다. 현실에 대한 냉정한 관찰력 때문에 누구보다도 철저한 냉소주의자인 김영하이기에 그가 인간 사이의 진정한 연관을 가능케 할 경험 혹은 삶의 계기로 무엇을 주목할 것인지 하는 것은 우리의 관심사가 아닐 수 없다. 이것이 바로 우리가 앞으로도 계속 김영하의 소설을 지켜보아야 할 이유이기도 하다.

2. 음식의 사회사

김영하가 인간을 고독하게 하는 모더니티의 극복 가능성으로
인간들간의 친밀성의 경험에 주목하기 시작했다면, 최일남의 「석
류」(『현대문학』, 2003년 1월호)는 인간 사이의 관계에서 출발하여 그
속에 깃들어 있는 한국의 특수한 모더니티의 역사를 제시한다. 김
영하의 작품이 보편적인 맥락에서 출발하여 생활세계를 향해 나
아갔다면, 「석류」는 생활세계 그것의 복잡한 양상을 있는 그대로
묘사했다고나 할까.

하여간 「석류」는 심사숙고해서 생활세계의 한 장면을 골라내고
그 장면을 있는 그대로 묘사하는 방식으로 형상화된다. 「석류」에서
생활세계의 중심으로 설정한 것은 특이하게도 음식이며, 「석류」는
여러 음식을 두고 벌이는 형수와 시동생의 대화, 혹은 입씨름을 통
해서 각각의 음식 속에 스며 있는 우리네의 역사적, 사회적 정황과
그 변화 과정을 내밀한 방식으로 드러낸다. 「석류」는 음식과 미각
의 변천을 통해 본 근대 이후 한국역사이며, 더 나아가 작중화자의
표현을 빌자면 '몸의 기억'이라는 입장에서 본 한국 근대사이다.
"몸의 기억력이 마음의 기억력을 앞질러 시대 시대의 특성을 되새
기도록 부추기는 가운데 역사적 생물 구실마저 하는 것이다."

음식과 미각의 변천을 통해 한국 근대사를 서술하기란, 그것도
단편의 형식으로 소화해내기란 그리 만만찮아 보인다. 만만찮아
보이는 정도가 아니라 불가능한 것처럼 보인다. 하지만 「석류」는
이 위험을 아주 간단하게 넘어선다. 「석류」가 단편의 형식으로, 그

리고 그것도 미각의 변천으로 생활 그것과 직접적으로 닿아 있는 삶의 영역을 중심으로 근대 이후 한국역사를 성공적으로 묘사할 수 있었던 원천은 크게 세 가지이다. 「석류」에서 먼저 주목할 만한 요소는 두 중심인물, 그러니까 작중화자의 어머니와 작은 아버지가 벌이는 대화의 카니발적 성격이다. 서로가 서로를 한편으로는 힐책하면서도 궁극적으로는 서로가 서로를 배려하면서 이루어지는 이 두 인물의 담화 방식은 말 그대로 삶의 오랜 연륜과 넉넉한 인간애를 느끼기에 충분하다. 한편으로는 직설적이면서도, 다른 한편으로는 반어와 역설이 짙게 깔린 이 두 인물의 언변은 실로 놀랄만큼 풍요로우며 「석류」는 이 언변 자체만으로 충분히 풍성하다고 할 수도 있다.

"어느 날인가는 지독하게 쉰 밥을 버리려는데 어디선가 득달같이 나타나 자기에게 달라지 뭡니까. 빨아서 먹겠대요 그냥 줘버리면 될 것을 주고도 욕먹을 것 같아 거절했죠 결국 버렸지만, 일단 밥풀로나 쓰겠다고 둘러댔어요 아마 육이오 직전이었을 꺼라. 반드시 그 때문에 앙심을 더 먹었는지는 몰라도, 속으로 얼마나 서글프고 자존심이 상했겠습니까. 만일 그게 원인이 되어 그 양반을 해코지했다면 글쎄 …… 하찮디하찮은 빌미로 사상이 이쪽저쪽으로 왔다 갔다 하던 시대였으니 …… 하고보면 사상도 별거 아닌 것 같애. 그런 예가 한둘인가."
    ……
"내친 김에 열무김치 빠는 법도 일러드리리까."
"그것도 빨아요? 빠는 것도 여러가질쎄."
"밥 바구니를 높이 대롱대롱 매다는 것과 반대로, 뒤꼍 그늘진 곳에는 갓 담근 열무김치 단지를 물을 가득 채운 자배기에 둥둥 띄웁니다."
"시지 말라고 다라이에 띄운다."
"다라이는 아직 나오지도 않았을 때에요"

"무슨 말씀, 집사람도 다라이가 입에 붙었던데. 자배기가 외려 어색하게 들려요."

"얼래. 나이 층하는 어따 두고 이러시나. 동서 연세가 얼마길래 나 산 내 나이를 앞질러 팔이 들이굽을까. 이러니 서울 안 가본 놈이 서울 가본 놈을 이긴다는 소리가 나올밖에."

「석류」가 풍요로울 수 있는 또 다른 원인은, 앞서 인용에서도 볼 수 있듯, 음식과 취향을 매개로 역사를 재구성하는 과정에서 비록 단편적이기는 하지만 정형화된 기억과 그것의 총화인 보편적인 역사와 끊임없이 갈등하고 더 나아가 그것을 근본적으로 탈영토화시키려 하고 있다는 점이다. 「석류」는 그렇게 이념 중심의 역사상, 서구중심적 가치관, 남성중심주의적 논리를 내밀하게 비판한다.

「석류」가 풍요로운 마지막 이유는 서사적인 측면과 관련이 있다. 「석류」는 음식에 관한 한 제일 핵심적인 사건을 끊임없이 유예시킨다. 이것이 「석류」의 서사적 긴장을 만들어낸 중요한 요인임은 물론이다. 작중화자에게는 '강한 자의식에 여린 정서를 스스로 주체하지 못하는 듯한 거동을 자주 보'이고, '서산에 지는 빨간 햇덩이를 바라'보며 '엄마 나는 이런 시간이 가장 좋아'라고 말하던 일종의 '일모병(日暮病)'을 앓던, 그러다가 장티부스에서 폐렴, 장출혈로 번져 죽음에 이르는 순간 '석류가 먹고 싶네' 하던 누이가 있었던 것이다. 그 누이는 끝내 그렇게 죽어 갔고, 그 누이의 죽음은 작중화자나 작중화자의 어머니, 그리고 작은아버지 모두에게 상처로 남아 그 '일모병'을 남겨두고야 만다. 그러니 이들에게, 특히 작중화자의 어머니에 '석류'라는 음식 혹은 그것의 미각은 단지 나와 무관한 사물이 아니라 전생애의 희망과 회한이 담긴 바로 그 대상인 것이다. 결국 「석류」는 하나의 사물 속에도 이처럼 수많은 존재들의 핏빛어린 삶의 흔적이 담겨 있으며 그리고 그것을 충분히 읽어낼 때 인간 사이의 진정한 연관이 가능할 것임은 아주 자연스러운 방식으로 제시하고 있다고 할 수 있다. 「석류」는 이처럼 우리의 생활세계 속엔 많은 것이 스며 있음을 성공적으로 보여준다.

지금, 우리는 모든 것이 해체되어 버리고 아직 새로운 것은 구성되지 않은 혼란스러운 시기를 경과하고 있다. 이 시기에 우리의 생활세계를 면밀하게 관찰하고 새롭게 읽어보는 것은 무엇보다 중요한 일처럼 보인다. 그러다 보면 보다 인간적인 삶을 위한 어떤 좌표가 서서히 모습을 드러낼 듯도 싶다. 아니, 가능성이 높은 듯하다. 김영하의 「그림자를 판 사나이」와 최일남의 「석류」가 이미 그것을 말해주고 있지 않은가.

여성성의 세 형식

1. 머뭇거림과 회의, 여성성의 원천

새 세기 들어서도 그녀들의 목소리는 여전히 풍부하고 생동감
이 넘친다. 그녀들의 목소리에 깃든 우울·분열·분노·희망은 더
욱 통렬해간다. 그녀들의 소근거림과 울부짖음에서 우리는 우리의
편집증적인 오만과 편견을 발견한다. 또 더 나아가 그 오만과 편
견을 조종하는 '보이지 않는 손'인 광기의 모더니티와 그 모더니
티의 교묘함과 집요함을 확인한다. 그러니 우리는 어쩔 수 없이
그녀들의 소설 앞에서 여지없이 무장해제된다. 즉 우리가, 우리의
세계 내적 위치를 보장해주는 그 위계질서가, 근원적으로 해체되

고 재구성되는 경이의 순간을 경험하게 되는 것이다.

그녀들의 지속적인 생동성은 분명 놀라운 것이다. 이제까지 우리 문학사에서 이처럼 처음 시작할 때의 그 밀도를 지속적으로 유지한 목소리를 들을 수 없었던 까닭이다. 이제까지의 문학사에서는 어느 목소리건 그 목소리는 중심부로 들어서는 바로 그 순간 자기 이외의 목소리를 인정하지 않는 배타적이고 편집광적인 집착을 보이고 만다. 하여, 그 목소리들은 처음에는 낯설고 새로운 현실 속에 자신을 동화시키는 미메시스 정신으로 활력이 넘치다가 급기야는 자기를 유지하기 위해 낯설고 새로운 요소들을 배제하는 이데올로기로 전락하기에 이른다.

하지만 그녀들의 목소리는 우리 문학사의 일반적인 궤적과는 분명 다른 듯하다. 문화의 중심부에 들어서서도 여전히 머뭇거린다. 그녀들은 여전히 자신들의 고통에 대해 말하고 자신들을 그 상황으로 밀어 넣은 것들에 대해 분노한다. 하지만 그녀들은 벌써 그녀들의 영혼이 그녀들의 삶을 고통스럽게 한 그것들과 같아져 있지는 않은지 회의한다. 또 그녀들은 자신의 고통 외에 또 다른 고통들에 대한 세심하고 따뜻한 시선도 늦추지 않는다. 그리고 여전히 낯선 것들 속에서 자기를 투사하고 그것을 끊임없이 자기화한다. 이 이타성과 미메시스 정신이 그녀들의 문학을 여전히 풍성하게 하는 원천임은 물론이다.

이제 그녀들의 타자에 대한 배려가 어떻게 미적으로 전유되는지, 그리고 그것을 가능하게 하는 추동력은 무엇인가를 찾아보도록 하자.

2. 변두리, 혹은 현상학적 떨림

조경란의 「나는 봉천동에 산다」(『문학사상』, 2002년 11월호)의 표면
적인 서사는 '나'의 성장기이다. 그리고 그 성장기는 주로 탈향기
와 귀향기에 초점이 맞추어져 있다. 작중화자인 '나'는 자신의 영
혼의 집이자 동시에 삶의 원천인 봉천동을 끊임없이 떠나고 싶어
한다. 하지만 작중화자의 탈향 충동은, "나는 지금껏 봉천동을 떠
나기 위해 필사적으로 노력했다"고 할 정도로 강렬하지만, 구체적
이지도 않으며 그렇다고 내적인 필연성이 있는 것도 아니다. 단지
봉천동에 산다는 것, 그것이 "보여주고 싶지 않은 나와 내 가족의
궁핍을 날것 그대로 드러내버리는 느낌"을 줄 때, '나'는 탈향에의
강렬한 욕망에 휩싸인다. 하지만 이 탈향 충동은 봉천동에 산다는
사실이 "때로 수치스럽기까지 했다"고 말할 때 정점을 이루었다가
는 곧 사그러든다. 외적인 자극에 의한 충동이란 순간적으로는 강
렬하지만 곧 스러지기 마련인 것이다. 그런 까닭에 '나'는 탈향이
라는 존재를 근본적으로 뒤흔드는 치열한 모험도, 그 모험의 완성
을 위한 지속적인 실천도 행하지 않는다. 결국 「나는 봉천동에 산
다」는 표면적으로 봉천동으로부터의 탈향기이자 그곳으로의 귀향
기의 형식을 취하고 있지만, 실제로는 봉천동에 머물 수밖에 없었
던, 그러니까 미완에 그친 탈향기 혹은 탈출기이다.

작중화자는 끊임없이 떠나고자 하나 떠나지 못한다. 작중화자가
떠나고자 하는 곳이 삼청동·구기동·홍제동·방배동·청담동·
학동·성북동 같은 곳이 아니라 바로 봉천동이기 때문이다. '나'는

계속 봉천동에서 떠나고 싶었다고 반복적으로 말하지만, 사실은 봉천동이기 때문에 떠나지 못한다. 작중화자는 여러 통계적인 사실들을 들어 봉천동의 역사, 봉천동의 애환과 슬픔, 봉천동의 변화를 말하지만, 그것이 작중화자가 봉천동을 떠나지 못하게 하는 요인은 아니다. 작중화자가 봉천동을 떠나지 못하는 이유는 우선 봉천동은 '아름다운 자연환경을 보유하고 있'기 때문이다. 즉 봉천동은 외부적인 높이밖에 없는 인위적인 건조물이 들어찬, 그리고 승강기가 층계에서의 영웅적인 용기를 불가능하게 하는 도시가 아닌 자연의 공간인 것이다. 봉천동은 '나무'들이 들어차 있던 곳이고, 그래서 '다른 데 있다가 우리 동네만 들어서면 나는 냄새. 물 냄새, 땀 냄새, 하수구 냄새 그리고 나무 냄새'가 있는 곳이며, 막다른 골목에 몰린 하위주체들의 삶과 죽음이 겹쳐지는 곳이다.

게다가 결정적으로 봉천동은 '나'의 집이 있는 곳이다. '파리에는 집이 없다'는 바슐라르 식으로 말하자면, 봉천동에는 평생 동안 신체에 아로새겨져 있을 어떤 강렬한 내밀함과 몽상과 추억 같은 것을 제공한 '나'의 집이 있다. 그리고 그 집에는 '나'의 아버지가 있다. 아버지는 높은 지대에 살면서도 큰 비만 오면 집이 떠내려갈까 두려워 웅크리고 잠을 자고 '나'에게 보여주고 싶지 않은 궁핍을 안겨준 존재이지만, 그러면서도 봉천동의 전 역사를 기억하고 또 끊임없이 봉천동을 순례하고 다른 사람들에게 튼실한 집을 지어주고자 하는 존재이다. 그러니까 아버지는 봉천동과 같은 냄새가 나는 봉천동을 상징하는 존재이다. 아니, 봉천동이 바로 '나'의 아버지이며, '나'의 아버지가 봉천동이다. 봉천동과 '나'의 아버지는 열정적인 상호관계 정도가 아니라 완전히 동화된 한 몸인 것이다.

 '나'는 이 아버지의 고유한 가치를 인정하지 않는 등가성의 논리에 현혹되어 아버지를 부정하기도 하지만 결국은 떠나지 않는다. 아버지가 일군 집이 있는 봉천동에서 맛본 생의 최대의 기억, 추억, 몽상 때문이다.

> 나는 동네아이들과 아카시아꽃을 따먹으며 쏘다녔고 밤이면 빨간 내복을 입은 채 마술사가 되는 꿈을 꾸었다. 새벽에는 아버지가 우리 세 자매를 깨웠다. 아버지는 딸들을 앞세우고 산에 올랐다. 산에 오르면서도 우리는 기술적으로 꼬박꼬박 졸았다. 봉천동의 아이들은 신나게 뛰어놀았다. 집은 게딱지처럼 좁았지만 산은 컸고 길은 넓었고 친구들은 많았다.

 '나'는 떠나지 못할 뿐만 아니라 그때, 그곳에 고착되어 있다. 그래서 봉천동의 역사를 잘 아는 사람에게는 무조건 친근감을 보이고, 봉천동으로 이사온 친구에게 현대화된 봉천동이 아닌 봉천동의 그때, 그곳을 소개하며, '나'가 친밀감을 느끼는 존재들을 '봉천동으로 편입시키고'자 한다. 아니면, "봉천동의 지도를 새로 만들기라도 할 것처럼 곳곳을 걷고 또 걷는다." 걷고 또 걷다가 아버지와 서로 스쳐지나 가기도 하며, 결국에는 봉천동, 그러니까 아버지의 세계에 정주하기로 한다. 하여, '나'의 성장기는 아버지에 대한 오해에서 시작하여 아버지에 대한 진정한 이해, 혹은 아버지의 역사에 대한 자기화로 매듭지어진다.
 이처럼 「나는 봉천동에 산다」는 표면적인 서사는 작중화자인 '나'의 탈향기와 귀향기이지만 보다 심층적인 서사는 봉천동이라는 공간의 발견, 혹은 아버지의 역사지리지의 맥락화이다. 「나는 봉천동에 산다」는 모더니티 특유의 철칙인 등가성의 원리에 의해 쓸모 없는 실존으로 격하된 봉천동이라는 공간, 그리고 그곳의 인간존재, 역사, 분위기, 냄새 등에 말을 걸어 그 속에 깃들어 있는 가치를 복원해낸다. 즉 봉천동에만 들어서면 느껴지는, 또는 아버지에게서 풍겨 나오는 그 냄새에서 진정한 인간의 냄새를 발견하는 것이다. 이 인간의 냄새를 통해 「나는 봉천동에 산다」는 봉천동을 다시 자리매김한다. 이제 봉천동은 더 이상 이 사회에서 자리잡지 못한 존재들이 모여 사는 곳이 아니다. 그곳은 고개만 들면 바로 휘영청 밝은 달이 곁에 있다는 것을 느낄 수 있는 곳, 그런 아우라로 충일한 곳이며, 동시에 자신의 고통에 신음하면서 자기 이외의 사람들의 고통에 지나칠 정도의 관심을 갖는 사람들이 사는 곳이다. 이렇게 「나는 봉천동에 산다」는 봉천동을 어떤 아우라에 휩싸여 있는 공간으로 재탄생시키며 동시에 그를 통해 모든 가치들을 하나의 기준으로 환원하는 모더니티는 더 이상 발전의 계기가 아니라 억압의 규율임을 설득력 있게 재현한다. 박완서가 현저동을, 김소진이 길음동을 문학사적인 공간으로 퍼 올렸듯, 「나는 봉천동에 산다」는 그렇게 봉천동을 우리네 삶을 비추는 선명한 거울로 다시 탄생시킨다.

「나는 봉천동에서 산다」에서 주목할 또 하나의 요소는 바로 아버지의 형상이다. 이 소설에서 아버지는 딸의 자유를 일방적으로 억압하는 고정된 형상의 아버지가 아니며 또 사회적 규율을 대신해 아들/딸을 강제하는 이데올로기의 전초 기지도 아니다. 다만 광기의 모더니티에 떠밀려 자신의 자존을 지키기도 힘겨워하는 존재일 뿐이며, 그렇기에 소설가인 작중화자에게 "모든 사람의 생

에는 구멍으로 남아 있는 부분이 있니라. 그 구멍을 오래 들여다
보너라"고 조심스럽게 말하는 인물이다. 다시 말해 서서히 유형화
되기 시작하던 아버지의 형상에서 벗어나 있는 것이다. 「나는 봉
천동에 산다」는 봉천동의 집에서 언제나 현상학적 떨림을 불러일
으킨다던 '은자의 오두막집'이라는 이미지를 발견하면서 봉천동을
카니발적인 공간으로 복원시켰듯, 아버지에 대한 유형화를 거부하
고 아버지만의 내밀한 역사와 가치를 찾아내면서 개별적이면서도
보편적인 아버지의 상을 창조한다. 「나는 봉천동에 산다」의 또 하
나의 매력이다.

3. 뒷모습 보기, 혹은 타자를 만나는 법

김인숙의 「바다와 나비」(『실천문학』, 2002년 겨울호)는 남편의 역사
를 객관적으로 맥락화하고 그것을 자기화하는, 그래서 남편이라는
타자의 서사를 자기의 서사와 결합시키는 이야기를 주조로 하는
소설이다. 「바다와 나비」는, 제목에서 암시받을 수 있듯, 세계의
거친 파도 앞에 좌초하는 열정과 모험의 순수성, 그 좌절의 깊은
상처 등을 표현한 김기림의 「바다와 나비」가 전경화로 깔려 있다.
물론 김기림 시의 이미지와 정서를 그대로 재연하고 있지는 않다.
「바다와 나비」는 김기림의 「바다와 나비」를 대단히 효과적으로
변주하고 활용하는데, 작가는 바다라는 광대한 세계 앞에 좌초한

나비의 형상을 두 개의 이미지로 분할한다. 하나는 거대한 바다 속에서 몸통은 사라지고 팔과 다리만 날개짓을 해대는 인간의 형상이고, 다른 하나는 팔다리는 사라지고 몸통만 둥둥 떠 있는 인간 형상이다. 「바다와 나비」는 전자에 작중화자인 '나'를, 후자에 작중화자의 남편을 위치시킨다. 그리고 「바다와 나비」는 이 두 가지 삶의 방식이 조화롭게 결합될 때만 험난한 항해가 계속될 수 있을 것이라고 결말을 맺고 있는바, 이는 잘 알려진 작품을 매우 효과적으로 활용한 경우라 하겠다.

물론 처음부터 이 부부가 한 부분에 대한 심각한 결핍을 지닌 상태로 등장하는 것은 아니다. 작품 초반부에서는 작중화자인 아내가 절대적인 윤리적 정당성을 지니고 있다. 남편은 젊었을 때의 이상과 열정 같은 모든 것을 잃은 채로, 심지어 기억조차 못하는 채로 다만 기계처럼 살아간다. "그는 너무 오래 그렇게 한 덩어리 죽은 살점 같은 모습으로만 살"고 있다. 뿐인가. 또 때로는 순간순간 아내인 작중화자를 알아보지 못하기도 한다. "나는 그가 순간순간 나를 알아보지 못한다는 것을 깨달았다." 그에 비해 작중화자는 무언가를 기억하고 욕망하며, 그렇기에 생활의 무게 같은 것에 굴복하지 않은 채로 살아간다. 결국 작중화자인 나는 남편과의 결별을 결심하고 중국행을 감행한다. 중국이란 나라가 한때 "금단의 나라였으나, 또한 금지된 이상(理想)이기도 했"다는 기억 때문이다.

하지만 작중화자가 그곳에서 확인하는 것은 이상국가의 현현이 아니다. 그곳의 존재들 역시 전지전능한 신인 돈만을 좇을 뿐 삶과 죽음과의 경계가 분명하던 역사상의 순간을 기억하지 못한다. 아들의 학비를 위해 한국에 갔으나 정작 아들이 죽는 순간에는 돌아오지 않는, 목적을 잃은 합목적적인 삶을 살고 있는 것이다. 그 까닭에 작중화자는 이곳에서도 역시 수많은 남편의 뒷모습을 목격한다. 그리고 사람이 죽는 것을 보고 눈이 멀어버린 채금이라는 중국여성의 아버지를 보고는 뼈아픈 자기 확인을 경험한다. 한 순간 명멸한, 그러나 지금은 사라진 어떤 눈으로 세상을 보고 있기에 현실 속에서 이루어지는 모든 일이 다 의미 없는 것으로 보인다는 것. 결국 몸통은 없고 날개짓만 있는 삶이라는 것. 그리고 남편의 죽음과도 같은 삶이란 남편 한 개인의 망각과 집착 때문이 아니라 전지구적 자본주의의 거대한 위력에서 살아남기 위한 몸부림이라는 것. 이 확인 끝에 작중화자는 남편의 삶을, 그 고통을 자기화한다. "택시는 바다 쪽으로 달려 가고 있었다. 어딘가에 있을 바다였다. 그곳에 팔다리가 사라진 그가 둥둥 떠 있었다. 비록 몸통뿐이기는 하지만, 나는 그를 아주 오래만에 안아주고 싶었다. 팔다리가 없어서 나를 마주 안을 수가 없는 몸통뿐인 그는, 내게 안겨서도 점점 더 푹, 짠 소금물에 절여지는 듯했다."

김인숙의 「바다와 나비」는 여러 모로 인상적인 소설이다. 우선 기존의 작품과 신화적인 요소를 효과적으로 활용한다는 점, 현실과 환상을 교묘하게 넘나들고 있다는 점 등 장치에의 의지가 소설의 품위를 유지하는 데 큰 기여를 하고 있다. 하지만 더욱 중요한 것은 부부간의 결별하면 자주 등장하던, 그래서 하나의 굳은 틀로까지 자리했던 폭력적인 남편상이 등장하지 않는다는 점이다. 「바다와 나비」는 폭력적인 남편을 통해 남근중심의 사회와 그것에 영혼을 스스로 맡긴 남성상을 비난하는 대신에 남편의 고독과 퇴폐속에서 남편의 삶을 장악하고 놓아주지 않는 거대한 손을 발견한다. 이제 부부간의 결합과 결별 문제에서도 남근주의자들에 대한 안이한 비판을 넘어서서 사회 자체의 남근주의적 메커니즘을 읽어내는 새로운 성찰이 이루어진 셈이라고 할 수 있으며, 이것이야말로 「바다와 나비」의 미덕이다.

4. 모성의 힘

　조경란의 「나는 봉천동에 산다」가 아버지 그리고 김인숙의 「바다와 나비」가 남편과 갈등하고 길항한다면, 공선옥의 「비정」(『현대문학』, 2002년 12월호)은 바로 아랫세대인 아들과의 갈등을 다루고 있다. 아버지 혹은 남편과 갈등한다는 것과 아들／딸과 갈등한다는 것은 아무래도 그 맥락이 다를 수밖에 없다. 아버지와 남편은 곧 기존의 권위를 의미한다. 따라서 그들과 갈등한다는 것은 권위 혹은 권력은 지니고 있으나 새로운 현실적 징후를 인정하지 않는 굳은 정신과의 쟁투를 의미한다. 이때 아내／딸들이 쉽게 윤리적 정당성을 획득할 수 있음은 물론이다. 하지만 아랫세대인 아들과의 갈등일 때 상황은 다르다. 위치가 바뀌는 것까지는 아니더라도 훨씬 복잡한 관계 속에 놓인다. 아들／딸과 비교할 경우, 어머니의 위치는 아무래도 기존의 보편성 쪽에 가깝고 아들／딸의 경우란 새로운 현실적 징후에 가깝기 때문이다. 뿐만 아니라 아들／딸이란 질서와 규범 자체를 부정할 수도 있고 또한 자신이 아버지와 남편과의 싸움에 동원했던 욕망의 자유로운 표출을 무기로 들고 나올 수도 있는 것이다. 때문에 어머니에게 아들과의 갈등이란 힘겨울 수밖에 없다. 하지만, 힘겹기 때문에, 아들과의 싸움은 한편으로는 자기 고발의 중요한 계기가 될 수 있으며, 또한 질서와 일탈, 기존의 보편성과 새로운 현실, 억압과 본능 사이의 의미 있는 병존 관계를 마련할 수도 있다. 「비정」은 바로 이러한 관계에 대한 진지한 성찰의 기록이다.

「비정」은 아들과의 갈등을 작중화자가 작성하는 도둑고양이에 관한 꽁트를 통해서 그야말로 소설적으로 표현한다. 작중화자는 한 월간지의 정식기자가 아니라 리포터다. 그런데 꽁트 청탁을 맡은 작가가 꽁트를 쓸 수 없다고 연락이 왔고 작중화자는 갑작스레 비게 된 그 자리를 메우기 위해 어쩔 수 없이 꽁트를 쓴다. 꽁트의 내용은 간단하다. 동네에 도둑고양이가 창궐하는 것은 그 고양이들을 타박할 생각만 할 뿐, 그들이 필요로 하는 것, 곧 먹을 것을 주지 않기 때문이며, 도둑고양이들이 밤늦도록 울어대고 쓰레기통을 찢는 것은 그에 대한 테러일지도 모른다는 것.

도둑고양이에 관한 꽁트의 내용은 이처럼 간단하지만 이 소설에서 차지하는 역할은 거의 핵심적이다. 작중화자는 세상 속에서의 자신의 위치를 도둑고양이의 자리와 일치시키는 것은 아니지만 기가 막히게 유비시킨다. 작중화자에 따르면 이곳은 타자들을, 특히 자신의 삶을 제대로 말하지 못하는 하위주체일 경우 더욱 더 억압하는 논리와 그 논리에 영혼을 맡긴 자들에 의해 움직인다. 도대체가 자기만을 배려할 뿐 타자의 삶의 고통에 대해서는 관심이 없다. 작중화자가 몸담고 있는 직장 또한 이와 같은 메커니즘에 의해 움직인다. 그곳에서 정식기자가 아닌 리포터이기 때문에 받는 편견과 몰이해는 작중화자를 끊임없이 고통스럽게 한다. 급할 때만 작가이고 그렇지 않을 경우 아줌마이다. 정작 도둑고양이에 대한 꽁트도 급하다며 꼭 대신 써야 한다고 해서 작성한 것이건만 나중에는 이것도 글이냐는 타박만 받는다. 또한 이혼한 남편은 작중화자가 전남편에게서 낳은 아들을 인정하지 않는 것은 물론 자신의 소생인 딸마저도 딸이라는 이유만으로 관심을 보이지 않는다. 또 아들의 학교 선생들은 자신의 반 학생이 오랫동안 결석을 하는 데도 불구하고 의례적인 관심만 보인다. 이런 비정한 세상 앞에서 작중화자는 어떤 비애, 혹은 분노를 느낀다.

이때 아들이 학교 가기를 거부하는 사건이 발생한다. 사정이 분명하게 제시되어 있진 않지만 하여간 아들은 끝끝내 학교 가기를 거부한다. 작중화자는 다급해진다. 아들을 학교에 보내기 위해 수많은 말들과 논리를 동원한다. 하지만 그 말과 논리들은 사실은 자기가 반감을 표하던 세계의 바로 그 메커니즘과 논리들이다. 한마디로 작중화자는 비정한 세상에서 전혀 배려를 받지 못하는 인물이면서 동시에 자신의 배려가 필요한 타자에게 어떤 배려도 하지 않는 그런 인물이기도 한 것이다. 작중화자가 작성한 꽁트에 비기자면 작중화자는 비정한 세상의 비정한 인간들에게 고통을 받는 고양이이기도 하고 또한 고통받는 고양이들을 모른 채 하는 인간이기도 한 것이다. 이러한 면모는 작중화자가 사진기자에게 수모를 당했다고 분노하는 취재여행 장면에서도 그대로 반복된다. 작중화자는 자신보다 거친 삶을 사는 사람들의 배려와 인정을 불편하다는 이름만으로 거부하고 마는 것이다. 작중화자의 이중성 때문에 꽁트는 작중화자에 의해 완성되지 못한다. 그것을 완성하는 것은 바로 아들이다. 작중화자는 꽁트에서 도둑고양이에게 먹을 것을 주는 배려가 필요하다고 역설하지만 사실 아무런 실천도 행하지 않는다. 하지만 아들의 경우는 다르다. 아들은 작중화자가 작성한 꽁트를 읽고 그 마무리되지 않는 꽁트를 완성할 뿐만 아니라 그것을 실천하기까지 한다.

「비정」은 이처럼 아들과의 갈등을 통해 자기 자신 속에 깃들어 있는 비정한 세상의 논리를 철저하게 해부하고 고발한다. 이 자기 고발은 올바른 삶을 향한 작가의 치열한 의식 때문이기도 하지만, 작품 자체에 국한시켜 이야기하자면 바로 아들과의 갈등을 소설의 주요 구조로 설정했다는 것에 연유한다. 레비나스가 말한 것처럼, 부모의 입장이 된다는 것은 곧 나뿐 아니라 너, 그리고 우리 모두에 대해 사유하게 하는 인식론적 전환을 가져온다. 마찬가지로 과잉억압과 필수적인 억압에 대해서도 고민하게 한다. 이제까지의 여성소설은 필수적인 억압을 계기로 과잉억압을 행하는 세상에 대해 과잉억압을 비판하기 위해 최소한의 억압(그러니까 질서나 규범)마저도 부정하는 형태를 취해 왔다. 「비정」은, 물론 이 소설에서 어떤 결론이 난 것은 아니지만, 억압과 과잉억압의 진정한 관계 확립이라는 매우 소중한 문제를 설득력 있게 제기하고 있으며, 「비정」은 이래서 소중하다.

지금까지 살펴보았듯 그녀들은 자신들 이외의 고통에 대해서도 진지하며 그녀들이 누구에게 고통을 주는 것은 아닌지 끊임없이 회의한다. 심지어 그녀들의 가치를 근본적으로 인정하지 않던 그들의 신음소리에도 귀를 기울이기도 한다. 여기에는 그만큼 집요하고 철저하게 그녀들의 자존이 훼손당한 역사지리지가 개입되어 있을 것이다. 하지만 그것이 모두일 수는 없다. 증오나 분노는 오히려 분노의 대상을 충실하게 모방하게 하기 마련. 그럼에도 불구하고 그녀들은 누군가의 염원이나 욕망을 자신의 논리에 따라 위계질서화하거나 은폐하지 않는다. 대신 그녀들은 타자들의 목소리를 충분히 경청하여 의미 있는 병존형식을 찾아내거나, 그것이 불가능할 경우 그 타자들의 논리를 또 다른 하나의 중심으로 받아들인다. 그리고 그 지독한 분열증의 상태, 그 엄청난 혼란을 견뎌낸다. 이것이 가능할 수 있는 원천은 무엇일까. 크리스테바의 말처럼 모성이라는 계기가 매저키즘에 빠지지도 않고 또한 자신의 감정적, 지적, 전문적 인격도 말살시키는 일 없이 타자와 진정으로 하나가 되는 상황을 경험하게 한 때문일까. 아니면, 뤼스 이리가라이의 지적처럼 서로 마주보고 있는 여성적 신체 자체의 대화적 속성 때문일까. 어느 것이라 확정지어 말할 수는 없지만 다만 중요한 것은 그녀들이 여전히 타자들의 삶을 끊임없이 끌어들여 자신의 서사 속에, 신체 속에 옮겨 놓고 있다는 것이다. 이런 측면에서 보자면 그녀들이 문학이 더욱 풍성해지는 것은 오히려 당연한지도 모른다. 이 타자를 배려하는, 그리고 그것을 가능케 하는 탈영토화의 의지야말로 그녀들의 목소리를 지속적으로 윤기나게 하는 귀중한 자산이며, 동시에 한국문학의 중요한 미래라 할 만하다.

민족 이야기의 해체와 역사의 소멸
신형기의 『민족 이야기를 넘어서』에 대한 단상

1. 민족 담론의 재등장과 그 의미

최근 한국사회 전반에서 민족 담론을 둘러싼 쟁투가 치열하다. 『민족주의는 반역이다』라는 다소 자극적인 제목의 역사서가 발간 된 이래 민족주의에 대한 비판이 자못 활발하게 진행될 때만 하더 라도 예의 그 민족주의 비판이겠거니 했던 것인데, 이제는 사정이 달라진 느낌이다. 민족주의에 대한 비판이야 예전에도 항시 있어 왔던 것이어서 전혀 새로울 것이 없음은 물론이다. 민족주의라는 것이야 항시 민족공동체의 조화로운 결속을 무엇보다 중시하는 까닭에 한편으로는 여타의 민족에 대한 오만과 편견, 그리고 역사적 침탈을 가능케 하는 이데올로기로 작용하며, 다른 한편으로는 민족공동체 내부의 자유로운 욕망의 분출이나 민중적 염원을 억압하는 방어기제로 작동하기 마련이다. 그런 만큼 하나의 고정된 민족표상이나 심상지리지를 조작하여 민족공동체를 존속시키는 민족주의야말로 현재의 상태를 존속시키려는 지배계층의 이데올로기적 원천으로 자리하는 것이 일반적이다. 따라서 기존의 보편성을 비판, 해체하려는 존재들이 우선적으로 수행했던 작업이 보다 의미 있는 표상을 매개로 한 민족주의 비판이었던 것은 오히려 당연하다.

최근의 민족 담론에 대한 비판은 이처럼 새롭지는 않다. 하지만 다르다. 그 비판이 민족주의에 대한 비판에서 머물지 않고 더 나아가기 때문이다. 최근의 민족 담론에 대한 비판은 이전의 민족주의 비판이 행했던 과정과는 달리 보다 역사적이고 가치 있는 주체의 발견을 통한 민족국가의 재구성 같은 것을 기획하지 않는다. 오히려 잠재적인 주체의 발견을 통한 역사 전체의 계열화랄까 계통화 자체를 인정하지 않는다. 이들 논의에 따르자면 계열화 혹은 계통화 자체가 다양한 하위주체들을 담론의 질서 바깥으로 밀어내는 것에 다름 아니며, 사건과 사건 사이에 이러한 계열화를 추구할 때 그것은 필연적으로 수많은 비교 불가능한 가치, 질, 비합리적인 것, 신비로운 것들을 은폐하고 의미 없는 것으로 폐기처분하는 것은 물론 수많은 하위주체들의 목소리를 침묵 속으로 밀어넣는다는 것이다. 결국 이들은 어떤 중심원리를 통한 위계질서화 자체를 억압으로 읽어내며, 이들에 따르면 그 억압적 성격은 어떤 잠재적인 가치나 그것을 실현할 주체로 어떤 계급을 설정했는가에 관계없이 동일하다. 그러므로 이들에게는 박정희가 추구했던 민족주의나 1980년대 민주화운동이 내세웠던 민족주의나 전혀 차이가 없다. 뿐만 아니라 소수 계층이 자신의 이익을 관철시키기 위한 민족주의적 지향이나 민족국가를 하나의 카테고리로 설정하고 그 안에서 일어났던 역사적 사건들을 인과관계로 묶는 행위가 서로 다르지 않다.

최근의 민족 담론에 대한 비판을 제기한 논의들은 민족 담론에 대해 이처럼 근원적이다. 민족이라는 단위로 사건들을 묶어서 계열화하는 것조차도 수많은 것들을 배제하고 은폐하는 억압체계로 읽어들이는 것이다. 그러니 이는 기존의 보편성과 충돌할 수밖에 없다. 지배계급을 위한 조작되고 날조된 민족표상 대신에 보다 이성적이고 진실을 향해 나아갈 수밖에 없는 주체들을 설정하여 그것을 중심으로 역사를 재구성했던 민족·민중계열의 지식체계마저도 해방적 담론이 아닌 억압의 기제로 규정하고 있기 때문이다. 따라서 1970~80년대 민중민족론과 최근 민족 담론 비판 논자들 사이의 쟁투는 이제 필연적인 수순처럼 보이며, 또한 이들 사이의 쟁투는 우리 사회의 방향을 결정짓는 중요한 계기로 작용할 가능성이 높다. 마치 민족의 중심을 둘러싼 거센 쟁투 끝에 승리하여 비로소 민중을 중심으로 민족 담론을 재구성하기 시작했던, 하여 우리의 역사적 방향 전체를 민중 중심으로 전회시켰던 1970년대의 민족에 대한 치열한 쟁투가 그러했던 것처럼 말이다. 그러므로 최근의 민족을 둘러싼 논의는 우리의 초미의 관심사가 아닐 수 없다. 물론 모든 이론적인 쟁투에는 한 사회의 왔던 길과 갈 길에 대한 고심이 담겨 있기는 하다. 그렇지만 최근의 민족을 둘러싼 논란은 우리 사회의 가치관, 제도, 관행, 법 등의 핵심적인 형식들을 가장 깊은 심급에서 조정할 폭풍의 핵이 형성되고 있는 지점처럼 보인다. 우리가 관심을 기울이지 않을 수 없는 이유다.

그런데 이러한 민족 담론에 대한 근원적인 회의랄까 비판의 목소리가 문학 영역에서도 서서히 표면화되더니 이제는 본격적인 가설의 형태로 개진되고 있어 주목된다. 신형기의 『민족 이야기를 넘어서』(삼인, 2003)가 그것이다. 물론 문학 내부에서의 민족 담론에 대한 근본적인 회의는 어제오늘의 일이 아니다. 1990년대 들어 특히 세계화가 가속되면서 민족 혹은 국가를 사유의 중심으로 설정하는 담론이 서서히 그 장악력을 상실했음은 이미 우리가 경험적으로 확인한 사실이기도 하다. 1990년대의 어느 때부터인가 민족 담론은 지금, 이곳을 살아가는 존재들의 세계 내적 위치를 보다 구체적으로 지시하기보다는 오히려 우리 삶의 한 부분만을 절대화함으로써 총체적인 세계인식을 불가능하게 하는 문제틀로 격하되기 시작했다. 그것은 민족 담론 내부의 어떤 한계도 있지만 그것보다는 우리 사회가 이제는, 마샬 버먼의 표현에 따르자면, 지역·종교·계급·민족·종교·이데올로기의 모든 경계들을 허물고 인류 전체를 통일시켜버린 근대성의 소용돌이 속에 휩쓸려 들어간 때문이라고 할 수 있다. 1990년대 초반까지만 해도 식민지에서 한국전쟁, 그리고 분단으로 이어지는 우리의 불행한 현대사와 그것에서 발생한 우리의 특수한 상황(예컨대 분단이라든가 오로지 분단 때문에 가능했던 독재체제)은 워낙 압도적으로 우리의 삶의 질을, 온갖 모순과 불행을 결정한 바 있다. 하여, 우리의 불행은 주로 우리만의 고유한 역사적 전개 속에서 파악되었고 그것의 극복 또한 보다 이성적인 주체를 통한 보다 완전한 나라 만들기라는 형태로 모색되었다. 하지만 1990년대 들어 상황은 달라졌다. 보다 이성적인 나라 만들기가 어느 정도 실현되면서, 그럼에도 불구하고 우리의 불행은 좀처럼 개선되지 않는 불가사의한 경험을 하면서, 우리의 불행에는 또 하나의 중요한 원천이 있음을 확인하기에 이른 것이다. 마샬 버먼이 말한 근대성의 소용돌이 속에 잠복되어 있는 광기를 체감하기 시작한 것이다. 이때부터 민족 담론은 근본적인 회의의 대상이 되기에 이르렀으며, 이는 1990년대 이후의 문학에서 분단과 이산 등 우리의 특수 상황이 거의 텍스트화되지 않는 것에서 단적으로 확인해 볼 수 있다. 물론 이러한 경향이 분단이라는 우리의 또 하나의 중요한 삶의 영역을 배제시키고 있다는 점에서 우려할 바 없는 것은 아니나, 모든 것을 민족이라는 카테고리 속에 묶어서 사유하던 기존의 보편성을 해체하고 그것에 억눌려 있던 수많은 목소리들을 들을 수 있게 된 중요한 계기였음은 틀림없다.

하지만 이런 상황에도 불구하고 문학 영역에서 민족 담론에 대한 근본적인 문제제기는 다소 미흡했던 것이 사실이다. 간헐적으로 제기된 민족문학에 대한 비판이나 리얼리즘과 모더니즘을 둘러싼 최근의 논쟁이 민족 담론에 대한 문제제기의 형식으로 제시된 것은 사실이지만 민족 담론이 그동안 근대 이후 한국문학에서 차지했던 위상에 비하면 충분하다고 할 수는 없다. 이런 상황에서 본격적으로 근대 이후 한국문학에 작동하고 있는 민족 담론을 전면적으로, 그리고 비판적으로 조망한 저서가 간행되었으니, 신형기의 『민족 이야기를 넘어서』가 바로 그것이다.

신형기의 『민족 이야기를 넘어서』는 이처럼 민족 담론에 관한 한 대단히 논쟁적인 저서이다. 모든 민족 담론에서 억압을 읽어내는 이 책의 기본관점도 그러하지만, 그 관점에 따라 제시된 가설 또한 기존의 관점과 철저하게 배치된다. 하여, 『민족 이야기를 넘어서』에는 대단히 낯선 이합집산과 합종연횡이 자주 발견한다. 심지어 박정희의 민족 담론과 신동엽의 그것이 동질적인 것으로 묶이고, 또한 해방 전의 친일담론과 해방 후의 민족 담론이 동질적인 것으로 규정되기도 한다. 이것 또한 이 저서가 지닌 문제성의 중요한 한 원천이라 할 만하다.

그럼, 이제, 서로 양립할 수 없었던 것들을 자유자재로 병치시키며 민족 담론에 대한, 그리고 근대 이후 한국문학에 대한 전혀 새로운 질서를 모색하고 있는 이 작업이 지니는 의미를 하나하나 살펴보도록 하자.

2. 민족이라는 괴물

『민족 이야기를 넘어서』의 논쟁적 성격, 혹은 문제성은 우선 이 저서의 일관된 문제의식에서 연유한다. 『민족 이야기를 넘어서』가 근대 이후 문학사, 더 나아가 한국 근대사를 조망하는 관점은 대단히 독특하다. 『민족 이야기를 넘어서』는 특이하게도 근대 이후 한국역사의 가장 본질적인 모순으로 민족 이야기를 설정한다. 『민족 이야기를 넘어서』에 따르면 민족모순, 계급모순, 인간의 사물

화와 사물의 주인공화, 남성중심주의 등은 근대 이후 한국사회를
구성하는 핵심적인 요인이 아니다. 『민족 이야기를 넘어서』에게
근대 이후 한국사회를 가장 깊은 심급에서 결정하는 것은 다름 아
닌 민족 이야기이다. '민족주의를 서사적으로 구체화'한 형태로서
의 민족 이야기는 대단히 정교한 방식으로 절대화되어 사회구성
원 전체의 삶을 결정지어 버린다. 요컨대 민족 이야기는 심미화와
도덕화 등의 기제를 통해 사회구성원 전체에게 의심 없이 소비될
뿐만 아니라 국가 동원 체제와 결합되기도 한다. 하여, 사회구성원
어느 누구도 민족 이야기라는 이데올로기, 혹은 상상계 너머의 실
재를 볼 수 없으며 사회구성원의 의식과 실천은 철저히 이것에 의
해 통제된다. 한마디로 『민족 이야기를 넘어서』에게 민족 이야기
는 민족모순이나 계급모순보다도 더 궁극적으로 사회구성원들의
삶을 규제하는 바로 그 담론이자 이데올로기이다.

　『민족 이야기를 넘어서』는 이처럼 민족 이야기에 대해 큰 의미
를 부여한다. 이런 까닭에 『민족 이야기를 넘어서』는 크게 두 가
지의 작업이 병렬적으로 수행된다. 하나는 근대 이후 한국문학, 혹
은 한국사에서 민족 이야기가 얼마나 중요한 의미를 차지하고 있
는가를 증명하는 것이고, 다른 하나는 그렇게 절대화된 민족 이야
기를 비판하는 것이다. 『민족 이야기를 넘어서』는 우선 근대 이후
한국문학사에 수시로 출몰했던 여러 가지의 민족 이야기를 찾아
내고 항목화한다. 『민족 이야기를 넘어서』에 따르면 민족 이야기
는 꽤나 광범위하게 퍼져 있다. 아니, 광범위한 정도가 아니라 근
대 이후 한국문학, 혹은 한국역사에서 가장 주도적인 위치를 차지
한 것이 민족 이야기이다. 『민족 이야기를 넘어서』는 개화기의 역

사 전기물이나 『무정』, 그리고 해방 이후에 전개된 남북한의 민
족·민중문학 텍스트를 민족 이야기의 반영물이자 생산물로 규정
하는 것은 물론 남북한의 사회적 내용과 형식을 형성시키고 존속
시킨 궁극적인 원리도 역시 민족 이야기라고 말한다. 한마디로
『민족 이야기를 넘어서』는 민족 이야기는 문학 텍스트는 물론 사
회적인 시스템까지를 추동시키는 궁극적인 원리라고 파악하고 있
는 것이다.

　이렇게 『민족 이야기를 넘어서』는 근대 이후의 역사 전체를 민
족 이야기의 자장 속으로 끌어들이거니와, 이렇게 민족 이야기를
근대 이후 한국역사를 결정지은 핵심적인 원리로 격상시키고 나
서 그 민족 이야기에 대한 비판을 행하기 시작한다. 『민족 이야기
를 넘어서』가 민족 이야기를 비판하는 이유는 여러 가지이나 궁극
적으로는 그 사회구성원들을 익명적 존재로 살아가게 하며, 더 나
아가서는 남을 잊고 자신을 잊고 단지 걸어다니는 기호나 기계로
전락시킨다는 것 때문이다. 『민족 이야기를 넘어서』에 따르자면
근대 이후 고안된 민족 이야기들은 나름대로의 공통성을 지니고
있다. 그것은 급격한 전환과 소멸의 위협, 혹은 공포 속에서 고안
되고, 본질적이고 거룩한 전체를 상상하여 문화적 차이를 곧 민족
의 독자성 혹은 우수성으로 읽어버리고 심미화, 도덕화하며, 모든
사회적 분열과 갈등이 금기시되고 그 문법을 벗어나는 과거들을
삭제한다. 예컨대 근대 이후 우리 역사 속에서 출몰한 민족 이야
기는 특별한 역사적 발견을 통해서 끊임없이 재구성되는 것이 아
니라 민족 이야기라는 문법을 통해서 고정되며, 이것은 밖으로는
타자를 배제하고 안으로는 예외적인 것을 인정하지 않는 억압의

논리로 작용한다는 것이다. 특히 해방 이후 남북한에 각각의 국가가 건설되면서 이 민족 이야기는 국가동원체제와 결합되면서 사회구성원들의 의식을 장악해버린다. 결국 사회구성원들은 모두가 익명화된 존재로 전락했다는 것이다. 『민족 이야기를 넘어서』는 이처럼 근대 이후 한국역사의 불행을 심미화되고 도덕화된, 하여 신성한 권위를 획득해버린 민족 이야기에서 찾는다. 그 독점된 민족 이야기를 통해 우리 사회는 하나의 단일한 체계만이 존재하는 단성성의 사회, 획일화된 사회로 변질되었으며, 우리 사회의 사회구성원들은 남도 없고 나도 없는 기계가 되어버렸다는 것이다.

　『민족 이야기를 넘어서』의 이러한 가설은 아프리카 등의 역사를 통해 민족의 숭고한 기원을 상상해내고 사회구성원들에게 그렇게 상상된 민족에 절대적으로 귀속할 것을 강요하는 것이 민족의 독립을 위해서는 효과적일지는 몰라도 그 사회의 진정한 해방이 될 수는 없으며 오히려 그 사회의 독재체제를 불러오는 재앙으로 작용했다는 파농이나 사이드의 견해를 연상시킨다. 하지만 『민족 이야기를 넘어서』의 가설이 문제적인 것은 이 가설이 나름대로 보편성을 띠고 있다는 점이 아니라 이 가설을 제시하고 증명하는 과정이 대단히 치밀하고 구체적이라는 것이며, 때문에 이제까지의 근대 이후 역사에 대한 상식들을 근본적으로 해체하는 힘을 지닌다. 우리 사회 전체가 제국주의적 억압을 넘어서기 위해서는 민족주의가 불가피했으며, 민족을 위해서라면 개인의 자유는 유보되어야 한다는 논리에 유난히 관대했던 것이 사실이라고 한다면, 『민족 이야기를 넘어서』에서 행한 민족지상주의의 억압적 성격과 폭력성에 대한 고발은 가히 전율할 만한 것이다. 특히나 제국주의적 지배로부터 벗어나는 순간 남북한 각각이 민족 이야기를 어떻게 독점하고 그를 통해 독재체제를 구축해 나갔는지를 밀도 있게 서술해나가는 장면은 대단히 설득력이 있다.

『민족 이야기를 넘어서』는 이처럼 근대 이후 문학사와 역사 전체를 독점적이고 배타적인 민족 이야기의 전개과정으로 다시 읽어들인다. 그 과정에서 각각의 텍스트가 놓여 있는 역사적 맥락도 다르고 또 때로는 이질적인 것처럼 보이는 텍스트들을 민족 이야기라는 하나의 콘텍스트로 묶어서 경탄을 자아내기도 하지만, 이 예증들이 모두 다『민족 이야기를 넘어서』에서 제기된 대담한 가설에 탄력을 주는 것은 아니다. 예컨대『민족 이야기를 넘어서』는 개화기의 역사 전기물에 작동된 민족 이야기를 설명하면서, 그것이 상상의 방향을 강력하게 고정시켰고 민족이 행하는 억업을 은폐했으며 결국에는 사회구성원들이 합리적 주체로 살아갈 수 있는 가능성을 차단하는 역할을 했다고 제시한다. 물론 영웅들을 통한 민족 이야기란 그 민족을 구성하는 다양한 전통과 민족의 정통성에서 소외되었던 하위주체들의 목소리를 침묵하게 하는 것이 사실이다. 하지만 이 민족 이야기가 그런 기능만을 하는 것은 아니다. 제국주의적 지배란 물리적인 힘으로만 이루어지지 않는다. 한편에서는 물리적인 통제가 행해지지만 또 한편에서는 제국주의적 지배야말로 식민사회를 발전시키는 중요한 계기라는 환상을 끊임없이 유포한다. 이 환상을 식민지 민중들에게 현실에 대한 의미 있는 총괄로 만들기 위해서는 무언가가 필요하다. 그것은 식민지 국가의 자존과 잠재적 가능성이나 가치를 근원적으로 지워버리는 것이다. 즉 식민지 국가란 비위생적이고 가난하며 그렇게 폐기처분될 가치로 가득찬 곳이라는 것, 따라서 이 저열한 사회로부터 탈출하기 위해서는 제국의 은총을 받는 것이 필요하다는 오리엔탈리즘을 작동시키는 것이다. 이렇게 본다면 개화기의 역사 전기물은 비록 그것이 옥시덴탈리즘의 성향을 보일 가능성이 높으나 제국주의적 지배가 갖는 폭력성을 인식하는 중요한 계기임에는 틀림없다. 하지만 『민족 이야기를 넘어서』는 개화기의 역사 전기물을 그런 방식으로 읽어들이지 않는다. 역사 전기물 속에 담긴 배제와 억압적 성격에 대해서 말할 뿐 제국주의적 지배나 그들이 만들어내고 국가적으로 유포하는 민족 이야기에서 행해진 배제와 폭력성에 대해서 관심을 기울이지 않는다. 이러한 예에서 단적으로 확인할 수 있듯 『민족 이야기를 넘어서』는 민족 이야기의 역기능에 대해 우려하고 그것을 절대화할 뿐 그것이 나름대로 행하는 기능, 그러니까 개인과 사회, 개인적인 것과 세계적인 것을 매개하는 단위로서의 민족에 대한 역할은 고려하지 않는다.

예컨대 우리 문학사에는 우리 스스로의 민족 이야기가 아닌 일본제국주의, 더 나아가서는 선진자본주의국가가 만들어놓은 민족 이야기, 혹은 역사지리지를 그대로 수용한 경우가 오히려 압도적인바, 그것이 만들어내는 광기 또한 만만치 않은 것이다. 『민족 이야기를 넘어서』는 근대 이후 한국문학사를 '민족의 시대'로 명명하고 근대 이후 모든 시기가 강력한 민족 이야기의 통제에 의해 형성된 것처럼 말하지만 실제로 그렇지는 않다. 어떤 시기, 혹은 어떤 경향들은 민족에 대한 관심 자체를 의미 없는 것으로 읽어들인 경우도 있다. 가령, 일제시대의 경향문학은 "그 내용의 국제성 때문에 이 집단적 주체성이나마 아주 포기되어 이식문화, 그것을 이식문화라 생각하느니보다 오히려 자기를 외래문화에로 동화시켜버리려고 한 경향"(임화, 「교양과 문학정신」)까지 있었으며, 그 뒤를 잇는 모더니즘 문학 역시 민족적 위기, 혹은 민족 이야기에는 관심조차 갖지 않았다. 오히려 그들은 "우리는 세계의 시민 / 세계는 우리들의 올리피아드"(김기림, 「여행」)라는 구절에서도 볼 수 있듯 민족 현실이라는 범주 속에서가 아니라 세계시민의 감각으로 그 시대를 살아간다. 이들에게 민족에 대한 관심이라든가 혹은 당시 조선의 현실을 존중하는 것은 단지 "문화상의 복고주의"(임화, 「조선문화의 신정세와 현대적 제상」)이며, 또한 당시는 "문명의 급격한 발전 ― 라디오·전송사진·코메트의 신기록·장단파의 이용 ― 은 세계의 거리를 날로 단축시"키고 있고 "세계는 어떤 종류의 정신이든지 어느새 공통하게 소유하고 향유하"는 상황이어서 "배타적 내셔널리즘은 오늘에 와서는 그것을 도도한 조수의 앞에 작은 목책을 세우는 무모한"(김기림, 「장래할 조선문학은」) 일일 뿐이었던 것이다. 이처럼 경향문학과 '구인회' 중심의 모더니즘 운동은 민족이라는 범주를 통한 사유 자체에 무관심하거나 적대적이거니와, 따라서 그들은 민족 이야기에 어떠한 구속도 받지 않는다. 그 결과 이들은 식민지라는 민족적 위기 그것에 대해서는 정작 아무런 미적 대응도 행하지 않는다. 물론 조선이라는 운명공동체에 대해 관심을 가질 것을 강력하게 촉구했던 부류들이 없었던 것은 아니나, 그들은 특이하게도 조선이라는 운명공동체의 불모성에 전율한다. 예컨대 그들은 "민족을 떠나서 언어가 없고 풍습이 없고 정치가 없고 모든 문화가 없는 모양으로, 민족을 떠나서 사람 ― 인재란 없는 것이다"(이광수, 「난득(難得) 3보(寶)」)라고 말하면서도, "제가 입는 옷감도, 제 몸치례하는 물품도, 바늘 한 개, 당성냥 한 개비도, 제가 다니는 길도, 대학교 하나, 도서관 하나, 제가 먹는 약 하나 만들 줄 모르는 조선민족, 서로 속이고, 시기하고, 잡아먹고, 용기 없고, 주의 없고, 따라서 세 놈도 한데 뭉칠 수 없는 현재의 조선 민족은 생존할 능력도 권리도 없는 무리"(이광수, 「소년에게」)라고 규정한다. 그러니까 그들은 조선의 특수 현실을 인정하지만 그가 지칭하는 특수 현실의 내용은 여타의 나라와는 다른 고유성과 그 안에 내장된 잠재적 가치 같은 것이 아니라 단지 조선의 기형성, 후진성, 불모성을 의미할 뿐이다. 이렇게 그들은 세계적 수준과는 현격한 차이를 보이는 조선의 후진성을 조선적 특수성으로 규정한다. 그런데 문제는 이러한 문학은 예외적이 아니라 주도적이었다는 것이다. 1920년대 중반부터 1937년 초반까지 한국문학사는 바로 이러한 흐름이 중심부를 형성하고 있었다.

이처럼 1920년대 중반 이후의 한국문학사는 민족적 위기에 대한 자각은 물론 그 위기 극복을 위한 민족의 잠재적 가능성의 탐색이라는 문제의식 자체를 찾아보기 힘들다. 한마디로 민족이라는 삶의 단위를 아무런 의미도 없는 결속체로 판단한 것이다. 이것이 일제 말기 문인들의 대대적인 친일문자행위의 하나의 중요한 원천이 됨은 물론이다. 일제 말기에는 잘 알려져 있듯 코스모폴리탄 의식이 강력하게 부정되고 대신에 국민국가가 키워드로 등장한다. "세계시민적 인류는 인간의 개인적 차이를 무시할 뿐만 아니라, 민족과 국토와의 직접적 연계도 무시한다. 인간은 태어나면서부터 피와 땅에 결부된 존재로, 이 현실적 조건을 뛰어넘을 수가 없다" (최재서, 「문학자와 세계관 문제」)는 것이다. 그리고 피와 땅에 결부된 정신을 잃지 않는 동양체제 혹은 동양정신을 근대사회를 초극할 수 있는 유일한 '신체제'로 제시하는바, 한국의 문인들은 세대, 성별, 경향에 관계없이 이 신체제론의 자장 속으로 터벅터벅 걸어들어가서 '천황의 서자'가 아니라 '적자'가 될 것을, 그리고 조선민족의 발전적 해소를 주장한다. 생존할 능력도 권리도 없는 무리가 동양체제의 중심, 그러니까 인류의 새로운 대안이 스스로 되는 것은 불가능할 터, 그러므로 우리 민족이 선택할 수 있는 길이란 그 동양체제의 중심부를 구성할 유일한 능력과 권리를 지닌 일본인과 하나가 되는 것이라는 것이다. 그 결과 일제 말기의 한국문학 대부분은 "조선인은 쉽게 말하면 제가 조선인인 것을 잊어야 한다. 기억할 필요가 없는 것이다. (……) 즉 조선인은 전연 조선인인 것을 잊어야 한다고, 아주 피와 살과 뼈가 일본인이 되어버려야 한다고, (……) 이 속에 진정으로 조선인의 영생(永生)의 유일로(唯一路)가 있다"(이광수, 「심적 신체제와 조선문화의 진로」)는 치명적인 결론에 이르고 마는바, 이는 전적으로 나름의 민족 이야기를 갖지 못한 때문이라 할 수 있다.

한국문학이 전반이 친일문학에 빠져드는 경우를 통해서도 확인할 수 있듯 민족의 거룩한 전통에 대한 관심과 그를 통한 역사적 문맥화, 즉 민족 이야기는 한 개인의 삶이 많은 경우 민족적 단위를 통해서 이루어지는 까닭에 그 개인의 세계 내적 위치를 지정해주는 계기로 작용할 수도 있다. 따라서 민족 이야기가 사회구성원들을 익명화시키는 것은 민족 이야기 자체 때문이 아니라 민족 이야기를 하위주체들의 삶을 충분히 포괄하지 못할 때이며, 동시에 하나의 민족 이야기가 독점적으로 그 사회를 지배할 때이다. 그렇다면 우리에게 필요한 것은 오히려 민족 이야기를 넘는 것이 아니라 다수의 민족 이야기를 창조하여 사회구성원들 각자가 자유의지로 선택하게 하거나 아니면 사회구성원 각각이 자신의 마음 속에 하나씩의 민족 이야기를 갖는 것인지도 모른다.

하지만 『민족 이야기를 넘어서』의 입장은 분명하다. 민족 이야기란 어떤 주체, 어떤 사실들로 재질서화하느냐에 따라 다양한 구성이 가능하며 또 그것 사이의 길항을 통해 보다 합리적인 민족 이야기의 구성이 가능하다는 점을 『민족 이야기를 넘어서』는 인정하지 않는다. 즉 민족 이야기의 배타적 성격에 대해서 말할 뿐 다양한 민족 이야기의 병존 가능성, 그것들간의 갈등과 길항이 만들어낼 의미 있는 병존의 과정에 대해서 어떠한 기대도 하지 않는다. 『민족 이야기를 넘어서』에 따르면 민족 이야기는 그 중심을 어떻게 설정하건 간에 다 같은 민족 이야기일 뿐이다. 무엇을 중심으로 해서 구성되건 민족 이야기란 위계질서화가 필요하고 그 과정에서 심미화, 도덕화가 개입되며 결국은 그 이야기의 문법에 맞지 않는 가치들은 배제된다는 것. 이런 관점에 따라 아주 다양한 중심으로 기록된 온갖 민족 이야기가 하나의 민족 이야기로 묶이며, 그 결과 이렇게 실제보다는 훨씬 더 거대해진 민족 이야기는 사회구성원들을 익명적 존재로 전락시키는 궁극적인 원리로 자리한다. 한마디로 『민족 이야기를 넘어서』는 식민지 경험 때문에 한국역사에서 무소불위의 권력을 누리며 작동하고 있는 민족 이야기의 폭력성을 어떤 저서보다도 선명하게 비판하고 있지만, 동시에 그것을 절대화함으로써 다양한 하위주체들을 중심으로 한 민족 이야기의 의미들을 지워버리는 한계를 안고 있다고 할 수 있다.

3. 민족의 해체, 역사의 소멸

『민족 이야기를 넘어서』는 이처럼 민족 이야기라는 담론의 질서를 절대화하고 그것이 사회적 내용과 형식, 그리고 사회적 의식을 결정한다고 파악한다. 이런 점에서 『민족 이야기를 넘어서』는 푸코가 담론의 질서를 중시했던 것과 유사한 모습을 보인다. 하지만 푸코가 현재 인간의 삶 모든 영역에 두루 걸쳐 있는 담론의 질서를 주목했다면, 그리고 현재의 담론의 구조를 밝히고 그것이 배제한 것을 찾기 위해 담론이 형성되는 그 지점을 찾아가는 고고학적 탐색을 행했다면, 『민족 이야기를 넘어서』가 주목하는 담론의 질서는 그것과는 다르다. 『민족 이야기를 넘어서』는 담론이 형성되던 그 지점으로부터 너무 멀리 흘러와, 우리도 의식하지 못하는 사이에 배제된 어떤 것을 찾아내거나 아니면 마치 은유와 같이 차이를 지워버리고 동질성만을 강조하는 담론의 속성에 주목해서 지워진 차이를 찾아내거나 하지 않는다. 대신에 하나의 민족 이야기가 어떤 담론적 전략을 통해서 형성되고 그것이 어떤 방식으로 사회구성원들에게 소비되는지에 초점을 맞춘다. 하여, 『민족 이야기를 넘어서』는 어떤 계층, 계급, 또는 어떤 하위주체들을 중심에 놓고 구성한 민족 이야기냐에는 큰 의미를 부여하지 않는다. 다만 어떤 과정, 어떤 기제들을 통해 민족 이야기가 형성되며 그 많은 것을 배제한 민족 이야기를 어떤 방식으로, 또는 무엇을 통해서 민족 이야기를 형성시킨 이데올로기를 재생산하느냐가 관심의 대상일 뿐이다. 하나의 담론에 대한 다소 특이한 접근 방식 때문에

『민족 이야기를 넘어서』에는 우리가 상상하지 못했던 계열화와 계통화가 눈에 띌 뿐만 아니라 전혀 새로운 곳에서 우리 문학의 잠재적 가능성을 타진하기도 한다.

이처럼 담론의 키워드를 통해서가 아니라 담론 자체의 질서를 중심으로 문학사적 구도를 재배치하기 때문에『민족 이야기를 넘어서』에는 이전에는 전혀 이질적인 것으로 읽혔던 것이 동일한 것으로, 같은 계보라고 규정되었던 것이 전혀 이질적인 것으로 전도되는 장면이 수시로 출몰한다. 그 중 가장 눈에 띄는 것은 두 가지이다. 하나는 일제 말기의 친일문학과 해방 이후 북한문학 사이의 구조적 동질성을 논의한 부분이다. 일제 말기의 친일문학이란 우리 민족의 어떠한 가능성도 인정하지 않고 천황의 품안에 귀의할 것을 텍스트화한 것이며, 해방 이후 북한문학은 해방된 조국에서 일제의 잔재를 끊어내고 새로운 조국을 건설하는 의지를 형상화한 것이어서 선명한 차이만을 읽어낼 수 있었을 뿐 어떤 동질성도 읽어내기가 힘들었던 것이 사실이다. 하지만 담론의 구성방식에 주목하는 순간 이 양자는 놀라울 정도로 닮아 있음을 확인할 수 있다. 우리가 그토록 어둠 속에 묻어두고 싶어했던 암흑기의 문학이 사실은 우리 문학 곳곳에 흔적을 남기고 있음을 확인하기도 하고, 또한 해방 이후 자본주의 이후의 문학을 건설하고자 했던 북한문학 전반이 사실은 중국이나 소련의 문학적 운동뿐만 아니라 일제 말의 근대초극론을 상당 부분 참조했음을 시사받을 수 있기도 하다.

『민족 이야기를 넘어서』에서 가장 논쟁적인 부분은 아마도 신동엽의 민족 이야기를 박정희식의 민족 담론, 혹은 더 나아가서 북한의 민족 담론과 유비시킨 대목일 것이다. 『민족 이야기를 넘어서』는 가상의 향토를 설정한 점, 민중과 국민에게 감응을 요구한 점, '우리들'을 앞세워 '나'를 지운 점, 그리고 궁핍의 공포나 외세에 대한 원한과 적의를 바탕으로 한 국가적 일자화의 기획을 행하고 있는 점 등을 들어 박정희식의 민족 이야기와 신동엽의 민족 이야기가 동질적이라고 선언한다. 그리고 박정희식의 민족 이야기가 도덕적 명분 아래 배제가 자의적으로 이루어져 결국은 폭력과 전횡을 허용했듯 신동엽의 민족 이야기 또한 그러한 속성을 지니고 있다는 것이다. 예컨대 서구에 대한 자의적 배제와 자기 민족의 거룩한 기원에 대한 숭배라는 옥시덴탈리즘적인 편견이 신동엽 문학에 강력하게 작동하고 있으며 이것 때문에 신동엽의 문학에는 대단히 파괴적이고 폭력적인 요소가 잠복되어 있다는 것이다.

이러한 박정희와 신동엽 사이의 동일화는 기존의 상식과는 완전히 배치되는 것이어서 놀라울 뿐이다. 신동엽의 문학에서 신동엽 특유의 낭만주의적이고 도덕적인 태도는 익히 지적된 바 있으나, 『민족 이야기를 넘어서』는 그것을 박정희식의 민족 이야기와 동질적인 것으로 규정한다. 이는 민중을 중심으로 새로운 민족 이야기를 재질서화하려는 1960~70년대의 민족문학론에도 역시 민중의 강조로 인해 수많은 하위주체들이 배제되고 침묵을 강요당했음을 확인할 수 있게 하는 대목으로 충분히 의미가 있다. 하지만 '우리들'이 구획된 방식을 들어 신동엽과 박정희의 민족 이야기의 차이를 지우는 것은 신동엽 문학이 행했던 탈영토화 작업을 한 순간에 무화시키는 것처럼 보인다. 신동엽 문학은 어떻게 보면 민중에게 죽음에 가까운 희생을 강요할 뿐만 아니라 인간이 지켜내야 할 본성까지를 의미 없는 것으로 전락시키는 박정희식의 발전 논리에 대한 가장 철저한 비판이며, 이 비판은 박정희식 민족 이야기 때문에 침묵을 강요당했던 수많은 가치들과 하위주체들을 호명하고 문맥화하는 중요한 기틀이 되었다고 할 수 있다. 물론 신동엽을 이러한 탈영토화의 논리를 지속시키지 않고 다시 재영토화함으로써 박정희식 구획 방식과 동일해졌다고 하나, 신동엽과 박정희의 민족 이야기 사이에는 지향점에 있어서나 역사적 주체에 있어서나 근본적인 차이를 노정하고 있다고 할 수 있다. 하지만 『민족 이야기를 넘어서』는 이 차이에 대해 심사숙고하지 않는다. 담론의 질서에 나타난 동질성과 지향점에 있어서의 차이 중 어떤 것이 보다 본질적인지를 따져보지도 않으며, 또한 만약 담론의 질서가 보다 본질적이라고 하더라도 내용상의 차이는 정말 그토록 사소한 것인지를 검증해주지도 않는다. 『민족 이야기를 넘어서』는 그만큼 민족 이야기가 작동되는 방식이 중요하며, 그것에 의해서 행해지는 익명화가 더 인간을 불행하게 하는 것임을 다시 한번 확인할 수 있게 해준다.

『민족 이야기를 넘어서』의 이러한 전제는 기존의 권위를 부정하고 비판하는 강력한 원천이 되기도 하지만, 다른 한편으로는 근대 이후 한국문학 어디에서도 잠재적인 가능성을 발견할 수 없게 하는 요인이 된다. 『민족 이야기를 넘어서』는 새로운 하위주체를 호명하고, 그것을 통해 전망을 제시하고 그 주체와 역사를 재구성하는 작업 모두를 사실은 도덕화, 심미화된 역사 이야기로 규정할 뿐만 아니라 더 나아가 기존의 민족 이야기의 영향력을 더욱 강화시키는 또 다른 민족 이야기로 규정한다. 그 결과 새로운 주체를 호명한다든가 새로운 계층에서 새로운 전망을 발견한다든가 하는 작업은 불가능해진다. 모두가 다 민족 이야기, 또는 민족 이야기가 작동하는 것을 강화시키는 일이기 때문이다. 이것은 『민족 이야기를 넘어서』가 민족 이야기를 역사의 본질적 모순으로 설정하는 반면 그것과 근대 사회가 안고 있는 또 다른 모순과의 관계를 설정하고 있지 않다는 것과도 관련이 있다. 즉 『민족 이야기를 넘어서』는 민족 이야기만을 전면에 부각시킬 뿐 그것과 민족모순, 계급모순, 사물화, 남근 중심적 모럴 등등 현존재의 삶을 규정하는 제 원리들과의 관계는 제시하지 않는다. 때문에 흔히 모더니티의 핵심적인 범주들이 모두 부차화되고, 또한 민족모순이나 계급모순 등을 넘어서는 의미 있는 행동들이 모두 다 대중을 익명화시키는 문학 텍스트로 전락한다. 그래서 『민족 이야기를 넘어서』에는 충분한 설명 없이 기존의 문학사에서는 가치 있는 텍스트였던 것이 이곳에서는 독자를 수동적으로 전락시키는 문학작품으로 평가절하되는 경우가 자주 발견된다.

그것만이 문제가 아니라 『민족 이야기를 넘어서』에는 민족 이야기를 중심으로 근대 이후 한국문학사를 나름대로 재질서화하고 있음에도 불구하고 그래도 가치 있는, 혹은 전범으로 삼을 만한 작품을 제시하지 못한다. 이효석의 소설을 중심으로 혼종성의 문학적 가능성이 타진되고 있고, 또한 이상 문학을 통해 분열된 주체 혹은 분열된 시선의 의미가 재평가되고 있지만, 어디까지나 가설적으로 제시되고 있으며 논의도 충분하지 않다. 이것은 『민족 이야기를 넘어서』가 안고 있는 가장 심각한 문제인지 모른다. 민

족 이야기를 본질적인 모순으로 설정하고, 그것에 벗어난 하위주
체를 호명하여, 그것을 중심으로 문학사를 위계질서화할 경우, 이
저서가 그토록 경계하는 또 하나의 민족 이야기를 추가하게 될 수
있는 역설적인 상황에『민족 이야기를 넘어서』는 놓여 있는 것처
럼 보인다. 이 딜레마는 모더니티의 핵심적인 범주들과 민족 이야
기라는 이 책의 키워드 사이의 관계가 어떤 식으로든 조절될 때
해소될 수 있는 것으로 보이며,『민족 이야기를 넘어서』의 저자에
게 남겨진 또 하나의 중요한 과제처럼 보인다.

사정이야 어떻건 간에 하나의 키워드를 가지고 한 시대의 문학
사를 다시 구성한 의욕이 가득찬 저서에서 어떠한 전범을 찾아볼
수 없다는 것은 아쉬운 일임에 틀림없다.

거대서사의 해체와 하위주체의 발견
1990년대 문학비평의 지형도

1. 하위주체들의 카니발, 혹은 1990년대 문학비평의 풍경

모든 새로운 보편성은 언제나 기존의 보편성에 의해 '쓸모 없는 실존(faule Existenz)'으로 격하된 타자나 하위주체들에게 새로운 생명력을 부여하면서 솟아오른다. 그리고 그 새로운 보편성들이 뒤엉켜 서로 경쟁하는 다성적인 시공간이 펼쳐지는 바로 그 순간, 한 나라 혹은 한 시대의 문학은 한껏 풍요로워진다. 1990년대 문학의 풍요로움이 바로 이러하다. 1990년대는 거대한 중심에 가려져 말을 하지 못했던 거의 모든 주체, 대상, 사물들이 비로소 말을 하기 시작한 연대라 할 수 있으며, 1990년대의 문학은 시대를 앞서서 그 중얼거림들을 텍스트화하거나 아니면 그 웅얼거림을 어느 영역보다도 민감하게 포착해낸 바 있다. 그만큼 1990년대의 문학은 그동안 한국문학사에서 배제되었던 거의 모든 대상, 계층, 사물, 주체들의 숨겨진 말들을 듣거나 말을 대신 해주기에 혼신의 힘을 다했다고 할 수 있다. 그 결과 1990년대의 문학은 다양하고 생동감 있는 목소리들이 넘쳐흐르는 혼성적이고 카니발적인 시공간으로 자리한다.

1990년대의 문학비평 역시 1990년대 문학 전반과 크게 다르지 않다. 1990년대 문학 전반이 언어의 감옥에 갇혀 있던 말들을 해방시키고 텍스트화하듯, 1990년대 문학비평은 그 텍스트들을 충실하게 맥락화하여 새로운 보편성들이 지니는 의미들을 규명하는 데 전력을 다한다. 하여, 1990년대 문학비평은 실로 단순화하기 힘들 정도의 세대, 주제, 경향, 섹슈얼리티의 비평 언어들을 표현해냈고, 그 결과 1990년대의 문학비평 전반은 그 모든 것들이 공존하고 길항하면서 다양하고도 생산적인 병존의 과정들로 충일하다.

물론 1990년대 문학비평의 풍부함과 생동성이 손쉽게 이루어진 것은 아니다. 그것은 한편으로는 1990년대 초반의 극심한 혼란을 지혜롭게 넘어선 결과이며, 다른 한편으로는 낡은 보편성이 행한 천재적인 은폐를 계보학적으로 비판하는 것은 물론 그 보편성이 확립된 기원을 찾아가 낡은 보편성에 의해 배제되고 버려진 질들을 고고학적으로 복원해낸 고투의 산물이다. 1990년대 초반만 해도 한국문학 전반을 사로잡은 것이 절박한 위기의식이다. 1990년대 초반 한국문학은 거대한 정신적 지각변동을 경험한다. 그로 인해 1990년대 초반의 문학비평은 단절감, 당혹스러움, 무기력감 등에 빠져들어 그 혼란으로부터 쉽게 빠져나오지 못한다. 이 혼란을 비집고 먼저 등장한 것이 사이비 교양. '문학의 죽음', '작가의 죽음', '주체의 죽음', '지식인의 죽음' 등 그야말로 수많은 것들에 대한 사형선고가 행해지고 그 자리에 광기의 이성이 자연스럽게 자리를 차지한 것이 1990년대 초반의 상황이다. 또한 1990년대 후반에는 비평가의 자질을 문학 구성의 가장 본질적인 요소로 규정하는 소위 '비판적 글쓰기'가 나타나기도 한다.

하지만 1990년대 초반기의 이 문화적 전환기는 동시에 진정한 의미의 문학정신을 불러오기도 한다. 사이비 교양인들이 '문학의 위기'니 '문학의 죽음'이니 하는 선동적인 문구를 빌어 아무 거리낌없이 광기의 이성을 휘두르는 동안, 다른 한 곳에서는 '위기의 문학'을 구해내려는 고투가 치열하게 행해진다. 1990년대 문학비평이 새로운 보편성을 끌어올리는 과정은 결코 만만한 작업이 아니다. 그것은 자신들의 예측이 빗나가자 자신들의 예측 프로그램을 정밀하게 검토하는 대신에 우리가 아는 시대의 종언을 선언할 정도로 자기 확신적이며 동시에 공공영역 전반을 지배하던 1980년대적 보편성을 넘어서는 일이었기 때문이다. 예컨대 새로운 문학의 형식을 단순히 '반총체성, 반객관성, 반역사성'의 총화이며 또한 '세부의 무연성(無緣性), 주관의 무매개성, 대상의 무시간성'을 특징으로 하는 '무위한 놀음'(김철, 『구체성의 시학』)에 불과하다고 파악할 정도로 1980년대적 시대정신은 자기 확신적인 체계를 지니고 있었으며, 1990년대의 문학 비평은 이 절대화된 시대정신을 넘어서야 했던 것이다.

1990년대의 문학비평은 1980년대의 굳어진 시대정신이 의식적

으로 혹은 무의식적으로 배제한 사물들을 찾아나서서 그것들을
문맥화하면서 이 힘겨운 과정을 성공적으로 수행한다. 1990년대
문학비평은 근대성·탈근대성·여성성·생태학 등등 이전 시대에
는 쓸모 없는 실존으로 격하되었던 것들이나 1980년대식 위계질서
에 의해 주변부로 떠밀렸던 것들을 새로운 보편성으로 격상시킨
다. 해서 1990년대의 문학비평 전반은 다양한 중심들이 서로 공존
하지만, 중심 자체를 부정하는 논리에 의해 그 다양한 중심을 위
계질서화하지 않는 양상을 보인다. 1980년대적 보편성이 비루한
질로 격하시킨 모든 것들이 되살아나 같이 공존하는 시공간이 바
로 1990년대 문학비평의 자리라 할 수 있다.

이제 1990년대 문학비평의 장이 형성되는 과정을 살펴보자.

2. 중심의 상실, 혼란, 그리고 갱신 — 1990년대의 민족문학비평

1990년대 문학비평의 풍성한 장은 1980년대적 시대정신의 동요
와 자기 갱신에서부터 열리기 시작한다. 1980년대에 사회구성원들
의 원망과 염원을 결집하고 이끌어 가는 시대의 중심논리로서의
역할을 행한 바 있던 민족문학/론이 1990년대로 접어들면서 급격
하게 동요했음은 잘 알려진 사실이다. 1990년대 들어 민족문학/
론은 더 이상 현실을 정확하게 예측하지도, 또 눈앞에 펼쳐지고
현실에 대한 명확한 해석도 내놓지 못하는 상황에 이른다. 이러한

상황은 우선 현실상의 급격한 변화에서 촉발된 것이라 할 수 있다. 1990년대 초반 한국사회는 거대한 전환을 경험한다. 오랜 군부 독재 정치가 종언을 고하고 야만적이고 직접적인 모순이 자취를 감추자, 사회구성원 대부분은 일상적인 삶의 안정성의 그늘로 돌아간다. 여기에 갑작스레 컴퓨터, 멀티미디어, 사이버 등의 디지털의 세계가 밀어닥침으로써 전혀 새로운 사회적 분위기가 형성된다. 그러자 광장을 가득 메웠던 질풍노도의 물결은 한 순간에 스러지고, 각각의 개인들은 세계와는 단절된 밀실로 돌아가며 그곳에서 고독과 퇴폐라는 삶의 형식을 향유하기 시작한다. 민족문학 / 론의 입장에서 보자면 예상치 못한 변화다.

하지만 1990년대 초반 민족문학 / 론이 혼란에 빠진 더욱 중요한 이유는 민족문학 내부에 있었다. 구체적으로 말하자면 민족문학 / 론이 설정한 민족적 위기의 내용이 대단히 제한되어 있다는 점에 있다. 분단체제 그리고 그 분단을 지속하려는 야만적인 독재체제, 이것만이 민족문학 / 론에서 설정한 민족적 위기의 본질이며 또한 전체이다. 이렇게 민족적 위기를 단순화시킨 결과 민족문학 / 론은 민족구성원이 모순의 본질에 도달하지 못할 가능성에는 관심이 없다. 이렇게 분명한 것을 발견하지 못하는 것은 불가능하다고 믿는다. 이 때문에 민족문학 / 론은 인간의 주체성에 대한 절대적인 믿음을 지닌다. 비록 자본주의 체제가 인간을 고독하고 타락한 존재로 전락시키며 또 때로는 인간 자체를 분열의 상태로 밀어 넣는다고는 하나, 사회적 관계의 총화로서의 개인의 위치를 정확하게 읽어내기만 하면 그것은 손쉽게 극복될 수 있으리라 믿는다. 이 시대를 살아가는 모두가 그런 것이 아니라면 민중, 혹은 노동자 계급은 그것이 가능하다고 확신한다. 그래서 민족문학 / 론은 인간을 허위의식 혹은 사물화된 의식에 사로잡히게 하는, 또 때로는 고독과 퇴폐의 상태로 인간의 의식을 고정시키는 자본주의적 현실에 대해서 그리 큰 의미를 부여하지 않는다. 그런데, 그랬던 것인데, 민족문학 / 론이 그 개연성을 인정하지 않았던 시대가 오고야 만 것이다.

이 때문에 1990년대의 초반 민족문학 / 론은 대단히 위축된 모습을 보인다. 그러나 1990년대의 민족문학 / 론은 거기서 그치지 않는다. 더 나아간다. 1990년대에 들어서면서 민족문학 / 론은 철저한 자기 갱신을 행한다. 민족문학 / 론의 갱신은 우선 지난 시대의 민족문학 / 론을 비판하는 자리에서 시작한다. 최원식은 1980년대의 민족문학운동이 '이론과 현실의 안이한 예정조화의 신앙' 때문에 현실을 정확하게 읽어내는 데 실패했다고 혹독한 자기 비판을 행한다(「80년대 문학운동의 비판적 점검」). 또 그런가 하면 윤지관의 경우 편향된 몇몇 민족문학 / 론의 위기를 들어 문학과 현실의 연관성, 변혁의 필요성, 민족적 위기에 대한 각성의 필요성 전체를 부정하는 논의들과 철저하게 맞서기도 한다(윤지관, 『리얼리즘의 옹호』).

1990년대 들어 민족문학 / 론이 행하고 있는 여러 모색 중에서 민족문학 / 론 전체에 커다란 활력을 제공하고 있는 것은 아무래도 이전 시대의 민족문학 / 론이 배제하고 있던 그것, 그러니까 인간의 의식을 허위의식에 빠져들게 하는 조건들에 대한 관심이다. 이제 민족문학 내부에서도 "이를테면, 고립성, 스테레오타입, 자동화, 코스모폴리타니즘, 익명성, 충동성, 이기주의 혹은 개인주의, 금전주의 등은 인간학이자 인류의 정신적 자산인 문학이 풀어야 할 중요한 문제 영역"(임규찬, 『왔던 길, 가는 길 사이에서』)임을 분명히 하기 시작한 것이다. 민족문학론의 창안자인 백낙청은 분단체제의 본질적 성격을 강조하면서도 전지구적 자본주의라는 개념을 도입하여 자본주의가 필연적으로 발생시키는 인간 소외의 조건에 시선을 돌릴 뿐만 아니라 그 실천적인 방안으로 신경숙, 김기택 등을 민족문학 범주 안으로 끌어들여 민족문학의 범위를 확장하고자 한다(백낙청, 『분단체제 변혁의 공부길』). 또 신승엽은 배수아 등의 소설에서 나타나는 분열된 자아 혹은 이미지나 가상에 들린 삶들을 우리 시대의 '리얼한 것'으로 파악하여, 현재의 모더니즘적 조건을 적극적으로 포괄(신승엽, 『민족문학을 넘어서』)하고자 한다.

하지만 1990년대의 민족문학/론의 갱신을 이야기할 때 가장 주목되는 비평가는 아무래도 최원식이다. 최원식은 1980년대 민족문학운동의 반성에서부터 시작하여 민족문학/론의 갱신에 가장 헌신적일 뿐만 아니라 또한 충분히 의미 있는 좌표들을 제시하고 있다. 최원식은 한편으로는 한국적 근대성에 대한 전면적인 성찰을 행하면서, 다른 한편으로는 모더니즘과 리얼리즘의 회통이라는 큰 화두를 제시하고 있다. 물론 '리얼리즘과 모더니즘의 회통'이라는 말에 걸맞는 구체적인 내용이 제시되고 있지 않아서 선언적이라는 느낌을 지울 수 없는 것이 사실이다. 하지만 최근 그의 동아시아적 가치에 대한 관심이나 황석영의 『손님』 등에서 나타나는 전통적인, 그러면서도 혁신적인 내러티브에 대한 남다른 의미 부여 등을 놓고 볼 때 조만간 '리얼리즘과 모더니즘의 회통'에 합당한 구체적인 내용을 확인할 수 있을 듯도 하다. 만약 그것을 중심으로 우리의 근대성을 재구성하고 또 앞으로 나아갈 길을 제시할 수 있다면, 우리의 문학비평은 한껏 더 풍요로워지리라.

3. 모더니티의 발견과 문학주의

1980년대의 중심, 그러니까 민족문학 / 론은 한편으로는 해방자 이지만 다른 한편으로는 억압자이다. 민족문학 / 론은 그 이전까지 말하지 못했던 많은 것들을 말하게 했지만 동시에 또 수많은 것들을 언어의 감옥 속에 감금하기도 했던 것이다. 민족문학 / 론은 우선 문학운동을 지향함으로써 문학이라는 고유한 영역이 말할 수 있는 것을 강하게 억압한 바 있다. 그런가 하면 분단, 독재, 자본가와 노동자의 대립 등을 본질로 설정하는 것은 물론 그것의 극복을 지상명제로 제시하고는 그 이외의 현실 인식을 공히 인식 부족이나 병든 퇴폐주의 등으로 규정함으로써 자본주의에 대한 다양한 해석의 가능성을 차단하기도 한다. 민족문학 / 론은 이렇게 문학이 고유하게 말할 수 있는 방식을 인정하지 않았으며 동시에 우리 사회에 산포되어 있는 자본주의적 보편성에 대해 말할 수 없게 만든 것이 사실이다.

이러한 굳건한 1980년대적 중심이 흔들리자 그 틈을 비집고 다양한 목소리들이 쏟아져 나오는 것은 당연하다. 아니, 정확하게 표현하자면, 새로운 비평적 체계들이 1980년대 정신이 은폐한 비루하고 사소한 것들을 개념화하면서 1980년대적 보편성을 부정하고 해체했다고 해야 하리라. 하여간 1990년대 문학비평은 분단이라는 개별성에 가려진 보편성을, 자본가－노동자라는 프리즘에 국한되어 있던 자본주의의 또 다른 측면들을 읽어내고자 한다. 이것은 또한 이전에도 엄연히 존재했으나 묻혀 있던 삶의 요소를 찾아내는 것이자 동시에 1990년대 들어 더욱 강화된 근대적, 혹은 탈근대적 삶의 형식에 대한 근원적인 성찰임은 물론이다.

1990년대의 문학비평은 무엇보다 자본주의 특유의 등가성과 도구적 합리성, 그리고 자본제적 감시체제와 제도화 과정에 주목한다. 그리고 새로운 문화적 전환점에서 그러한 성향들이 더욱 강화됨을 직시한다. 이제 1990년대의 문학비평에 포착된 우리 사회는 모든 다양한 가치들을 하나로 통합하고 위계질서화하는 등가성의 원리가 지배하는 곳이며, 때문에 개별적인 가치, 질, 고유성, 비교 불가능성 등이 자리할 틈이 없는 공간이다. 그런 까닭에 1990년대 문학비평은 문학 전체가 새로운 문화적 환경으로 인해 주변부로 밀려가고 있다는 사실을 잘 알면서도 문학적 실천을 무엇보다도 중요한 영역으로 파악하며 또한 도구적 합리성 대신에 미적 근대성을 조심스레 탐색하기도 한다. 어떠한 균질화 혹은 등가성도 인정되지 않는 미적 근대성 혹은 문학적 실천이야말로 도구적 합리성에 맞설 수 있는 가장 유효한 인간적 실천이겠기 때문이다.

1990년대 문학비평이 가장 집중적으로 행한 작업이 바로 이것이며, 1990년대 문학비평의 득의의 영역 중의 하나도 바로 이 부분이다. 그 중 기억할 만한 것만 대충 꼽아보아도 1990년대의 문학비평이 1980년대적 중심에 의해 억압되었던 근대적 요소나 문학의 고유한 방식을 되찾기 위해 얼마나 헌신적이었는가를 쉽게 확인할 수 있다. 김윤식(『현대 소설과의 대화』, 『농경사회의 상상력과 유랑민의 상상력』, 『작가와의 대화』), 김병익(『새로운 글쓰기와 문학적 진정성』, 『숨은 진실과 문학』), 유종호(『문학의 즐거움』, 『서정적 진실을 찾아서』), 김화영(『소설의 꽃과 뿌리』), 김주연(『디지털 욕망과 문학의 현혹』, 『가짜의 진실 그 환상』), 도정일(『시인은 숲으로 가지 못한다』), 조남현(『풀이에서 매김으로』, 『1990년대

문학의 담론』), 권영민(『태백산맥 다시 읽기』), 황국명(『떠도는 시대의 글찾기』), 정과리(『무덤 속의 마젤란』), 임우기(『그늘에 대하여』), 신범순(『글쓰기의 최저낙원』), 정호웅(『반영과 지향』, 『한국문학의 근본적 상상력』), 한기(『전환기의 사회와 문학』), 권성우(『비평의 매혹』), 이광호(『위반의 시학』, 『소설은 탈주를 꿈꾼다』), 우찬제(『욕망의 시학』, 『타자의 목소리』), 하응백(『문학으로 가는 길』), 남진우(『신성한 숲』, 『숲으로 된 성벽』), 김만수(『문학의 존재영역』), 서영채(『소설의 운명』), 황종연(『비루한 것의 카니발』) 등의 비평은 1980년대적 중심에 의해 가려진 문학의 고유한 가치를 복원해낸 주목에 값하는 성과들이라 할 수 있다. 비록 미적 근대성, 타자성, 탈주, 문학적 진정성, 해체, 부정성 등 핵심 용어는 조금씩 달리하고, 또한 세대에 따라 그 가치의 중심을 달리 두는 것도 사실이지만, 1990년대 문학비평은 각각의 문학작품에서 행해지는 다양한 문학적 실천을 통해 균질화되고 집단화된 시간 혹은 기억으로부터 벗어나 자유로운 삶을 향유할 가능성을 탐색한다. 근대의 도구적 합리성에 맞서는 최상의 실천으로 문학의 발화 형식을 설정하고 있다는 점에서 우리는 이러한 작업을 문학주의라고 부를 수 있으리라.

하여간 1990년대 문학비평의 상당수는 새롭게 형성된 삶의 징후와 그것을 문학적으로 전유한 텍스트를 꼼꼼하여 읽어내고 의미화하여 한국문학 전체의 깊이를 한 단계 넓히는 데 큰 기여를 한다. 그리고 마지막으로 한가지 더 주목할 것은 1990년대 문학비평이 1980년대의 비평처럼 작품에 앞서서 어떤 보편적인 규범성을 강제하는 않는다는 점이다. 대신에 1990년대 문학비평은 앞서 있는 작품들을 세밀하게 읽고 그런 과정에서, 혹은 사후에 어떤 규범성을 지적하고 또 평가한다. 이는 1990년대 비평정신의 또 하나의 자기 표현이라 할 수 있다. "어떤 보편적인 규범성에 직접적으로 부응하는 바로 그 순간 그것은 이미 예술작품으로서의 자격을 상실한다"(아도르노)는 것, 이것이 1990년대 문학비평이 문학에 주목한 이유라면, 문학비평이 보편적인 규범성을 미리 강제한다는 것은 곧 문학의 존재의의 자체를 스스로 부정하는 것이기 때문이다.

4. 여성성 혹은 문학의 새로운 길

분단, 혹은 민족적 위기 등에 억눌려 있던 것이 어디 한두 가지랴. 그 중 또 하나 빼놓을 수 없는 것이 바로 여성의 목소리이다. 1990년대의 갑작스런 현실의 변화 앞에서 모두가 당황하고 있을 때, 해서 '작가의 죽음'이니 '문학의 죽음'이니 하는 풍문이 요란스러울 때, 그 당혹스러움과 여러 풍문들이 사실은 더 이상 문제의식을 발견하지 못하는 자들의 오만과 편견의 산물이라는 것을 명백하게 보여준 것이 바로 여성적 글쓰기이다. 1990년대의 여성적 글쓰기는 삶의 어두운 실존을 지닌 주체들이 여전히 존재할 뿐만 아니라 그러한 하위주체들의 발화 행위가 문학의 발전을 이끌 수 있다는 사실을 선명하게 보여준 바 있다. 아니, 그 정도에 그친 것이 아니다. 실제로도 여성적 글쓰기는 삶에 대한 새롭고도 밀도 높은 성찰을 행함으로써 한국문학의 발전을 주도하니, 저널리즘의 자극적인 표현을 빌자면, 한국문학사에 있어서 1990년대는 '여성문학의 시대'라고도 할 수 있겠다. 1990년대 문학비평이 이 묻혀졌던, 혹은 어떤 위계질서 때문에 별로 중요하게 다루어지지 않았던 여성의 말을 충실하게 듣고 기록하고 의미화하고 문맥화했음은 물론이다. 해서, 1990년대의 여성문학이 한국문학 전체의 다양하고도 풍성한 결실의 핵심적인 역할을 차지한 것처럼 1990년대 문학비평 전반에서 페미니즘 문학론이 차지하는 위치 또한 만만치 않다.

이들 페미니즘 문학론은 우선 남성과 여성 사이의 성차(sexual difference)를 교묘하게 이용하여 그것을 '적극적인 남성 / 수동적인 여성' 혹은 '성숙한 남성 / 관능적 여성' 등의 우열(優劣)관계로 확대해석하는 모든 사회적 장치와 텍스트를 부정한다. 즉, 이제까지 당연하게 받아들여졌던 남성과 여성에 대한 관념은 실제의 성차에 의한 것이라기보다는 사회적, 역사적 과정 속에서 이데올로기화된 성(gender)일 뿐임을 분명히 하는 것이다. 그리고 남성들에 비해, 혹은 남성들의 의해 자신들의 삶의 가치를 부정당하던 여성들이 자신들의 고통·행복·출산·사랑·모성 안에 스며 있는 무궁무진한 의미와 가능성을 담론화하기 시작한다. 그렇게 1990년대의 페미니즘 문학론은 한편으로는 기존의 정전(cannon)이나 이데올로기에 스며 있는 남근주의적 요소를 부정, 해체하고, 다른 한편으로는 여성성을 중심으로 한 새로운 정전이나 사회질서를 모색하고 있다.

그렇다고 1990년대의 페미니즘 문학론이 모두 동일한 지향점과 형태를 보이는 것은 아니다. 거칠게 단순화하자면, 1990년대의 페미니즘 문학론은 크게 두 갈래로 나뉜다. 하나는 여성의 정치적 참여의 확대나 가부장제적 가족 제도의 혁명적 개혁 등을 통해 남근주의적 사회질서를 해체하는 데 보다 역점을 두고, 그를 위해 문학작품 곳곳에 스며 있는 남성적 오만과 편견, 그리고 그것의 제도화된 형태인 가부장제적 이데올로기를 비판적으로 추출하는 문학론이다. 조(한)혜정(「근대성, 페미니즘, 그리고 글쓰기」, 「박완서문학에 있어 비평이란 무엇인가」)이나 권명아(『맞장 뜨는 여자들』)의 작업이 이에 속한다. 또 하나는 여성의 소설에 집중적으로 표현되어 있는 여성들의 몸과 말의 고통, 상처, 사랑, 모성(mothering) 등을 통해 그것이 지닌 역사철학적 혹은 문학적 가능성을 읽어내는 부류이다. 즉, 여성들의 고통이야말로 진정한 인간적인 가치, 그러니까 문학이 추구하는 본질적인 가치를 유지하려는 자의 고통이며, 따라서 그곳에는 억압과 지배로 넘치는 근대성을 넘어설 수 있는 잠재적인 가능성이 잔잔하게(?) 끓어 넘치고 있음을 읽어낸다. 김경수(『문학의 편견』), 박혜경(『상처와 응시』, 『문학의 신비와 우울』), 황도경(『욕망의 그늘』, 『우리 시대의 여성작가』), 김미현(『한국여성소설과 페미니즘』, 『판도라 상자 속의 문학』), 신수정(「환멸의 사막을 건너는 여성적 글쓰기의 세 가지 유형」, 「증언과 기록에의 소명」), 최경희(「「엄마의 말뚝 1」과 여성적 근대성」) 등은 이러한 페미니즘 문학론의 정신을 가장 충실하게 구현한 비평가로 기억될 만하다.

5. 한국 근대문학이라는 역설, 혹은 한국 근대문학사의 특질

1990년대는 여러 모로 상징적인 의미를 지니는 연대이다. 20세기의 마지막 연대일 뿐만 아니라 세계의 주변부에서 근대라는 보편세계를 경험하기 시작한 지 한 세기가 경과한 시점이기도 하다. 1990년대가 지니는 이러한 상징성이 1990년대의 문학비평을 한국 근대문학 전체에 대한 반성적 성찰로 이끌었는지 아니면 근대성 전반에 대한 반성적 성찰의 결과들이 1990년대의 상징성에 주목하게 했는지는 몰라도, 하여간 1990년대 문학비평에서는 유례가 없을 정도로 치밀하게 근대 이후 한국문학에 대한 역사적 문맥화 작업이 수행된다. 이러한 시기적 특성 외에 근대 이후 한국문학에 대한 왕성한 재질서화를 촉발시킨 또 하나의 중요한 계기는 바로 포스트콜로니얼리즘과 오리엔탈리즘의 영향이다. 이들의 영향으로 진리, 진실, 혹은 인식론적 발전이라는 용어 속에는 사실 동양과 서양의 차이를 역시 우열관계로 전도시킨 서구중심의 오만과 편견이 개입되어 있음이 밝혀짐에 따라 근대 이후 한국문학 전체를 다른 맥락에서 재구축할 필요성이 절실하게 요청되었던 것이다.

근대 이후 한국문학에 대한 이러한 역사적 문맥화 작업은 1990년대 문학비평의 빼놓을 수 없는 영역이라고 할 만큼 다양하고 지속적으로 이루어진다. 그것은 아주 다양한 방식으로 수행된다. 문학·연애·사랑·민족·고통·길찾기·성장·상상력·젠더·주체성 등등의 특정 개념을 통해 20세기 한국문학 전체를 개괄하는 논의(이 중 「한국소설의 고통과 향유」(우찬제), 「탈민족주의 시대의 민족문제와 20세기 한국문학」(하정일), 「한국문학과 극단의 상상력」(정호웅), 「한국소설과 근대성의 세 가지 파트스」(서영채), 「이브, 잔치는 끝났다 — 젠더 혹은 음모」(김미현) 등은 주목에 값한다)가 있는가 하면, 근대 이후 한국문학 전체의 역사 혹은 개별 장르사를 문맥화, 법칙화하는 시도(「모순으로서의 근대문학사」(이광호), 「20세기 한국의 문학비평」(김윤식), 「한반도 내에서의 식민성 문제와 근대 한국의 이중과제」(백낙청)가 행해지기도 한다. 이러한 논의들은 각각의 개념을 둘러싼 보편적인 맥락과 우리의 특수한 맥락을 비교·대조·유추함으로써 근대 이후 한국문학의 특수성 혹은 보편적인 맥락과 차이를 깊이 있게 제시하고, 더 나아가 '새것 컴플렉스'라고 일컬어질 정도로 보편세계에 근사(近似)한 것만을 의미 있는 문자행위로 인정했던 근대 이후 한국문학의 오랜 관성을 충격하여 이제 한국문학도 보편성을 특수화하는 단계에서 우리의 특수성을 보편화하는 단계로 나아갈 수 있는 가능성을 확보한다.

20세기의 한국문학을 반성적으로 성찰하려는 시도는 대산문화재단이 기획, 개최하고 나중에 책으로 묶인『현대 한국문학 100년』심포지움에서 그 절정을 이룬다. 근대 이후의 한국문학을 누구보다도 넓고 깊게 이해하고 있는 문학비평가들이 대거 참여한 이 심포지움은 한국 근대문학의 거의 모든 영역과 계보 등을 집대성하고, 근대 이후 한국문학의 역사가 총망라되어 있다고 해도 과언이 아니다. 이 심포지움에서는 이제까지 한국문학의 주요한 논리였던 민족문학론이 또 다른 측면에서 억압적인 측면을 지니고 있었음이 논쟁적으로 제기(김철)되기도 하고, 또 이제까지 근대 이후 한국문학의 의미 있는 총괄로 공인되었던 리얼리즘과 모더니즘이라는 프리즘이 오히려 근대 이후 한국문학에서 나타난 보편과 개별, 중심부의 근대와 주변부의 근대 사이의 차이 혹은 갈등을 읽어내지 못한다는 분석에 입각해 문학사의 새로운 모델의 필요성이 제시(김우창, 최원식)되기도 한다. 또 이제까지의 우리의 문학비평은 세대나 현실의 변화만을 지나치게 강조, 주로 작가들의 초기작품에만 주목할 뿐 이후의 변모과정을 배제하는 우를 범했다는 비판이 제기(이동하)되기도 한다.

　20세기의 한국문학을 총괄하면서 또 하나 주요한 흐름을 이루었던 것은 한국 근대문학의 기원에 대한 관심이다. 임형택(「근대계몽기 국한문체의 발전과 한문의 위상」), 권영민(『서사양식과 담론의 근대성』), 권보드래(「'문학' 범주의 형성 과정」), 황종연(「문학이라는 역어(譯語)」), 고미숙(「근대계몽기, 그 생성과 변이의 공간에 대한 몇 가지 단상」), 한기형(「신소설 형성의 양식적 기반」), 최원식(「1910년대 친일문학과 근대성」) 등은 한국 근대문학이 어떠한 과정을 통해 형성되었으며 그렇게 형성된 구조가 어떻게 변모했는가를 충실하게 밝혀내어 우리 문학의 특수한 근대성의 구조에 주목하고 그 안에서 또 다른 근대의 가능성을 모색한 의미 있는 작업에 해당한다.

　이 중에서도 근대 이후 한국문학의 맥락화에 누구보다도 열정적인 모습을 보였던 김윤식의 성과는 기억할 만하다. 특히 김윤식의 『한국 근대문학연구방법입문』은 문제적이다. 김윤식은 우선 우리의 근대적 경험이 후발자본주의의 그것이자 동시에 식민지국가의 그것임을 분명하게 설정하고, 그 중층적이고 복합적인 현실 때문에 전도된 형태이지만 다양한 방식으로 모색된 근대성의 여러 계보를 정립하고자 한다. 그를 통해 제도로서의 근대성, 민족의식으로서의 근대성, 근대의 초극으로서의 근대성, 그리고 타자의 근대로서의 근대성 등을 한국 근대문학의 주요한 계보로 지정한다. 이처럼 『한국 근대문학연구방법입문』은 선험적인 이념형을 통해 문학사를 구성하는 대신에 실제 있는 그대로의 문학사를 읽고 규범화한 후 그 중에서 가장 의미 있는 궤적을 모색하는바, 이는 한국의 문학비평 전체를 진정한 의미의 한국 근대문학의 기원과 계보를 정립할 단계에 접어들게 한 중요한 성찰로 보인다.

6. 또 다른 하위주체들, 혹은 한국문학비평의 미래

이상으로 1990년대 문학비평 전체를 대단히 거칠게 조감한 셈이다. 하지만 1990년대 문학비평에는 이것 이외에도 기억할 만한 것들이 많다. 1990년대 문학비평이 매우 다채롭고 풍성하다 함은 이 때문이다. 즉, 1990년대에는 그만큼 범박한 개념화를 거부하면서 자신만의 의미 있는 고유한 영역을 유지하고 있는 비평들이 많이 생산된 것이다.

그 중에 꼭 기억되어야 할 것으로는 다음과 같은 것들이 있다. 우선 생태론적인 관심. 우리가 살고 있는 시대는 최소한의 투자로 최대한의 이윤을 창출하는 것을 최고의 합리성으로 설정하는 곳이며 동시에 자연과학의 발달로 자연에 대한 외경심을 상실한 시대이다. 하여, 인간은 자연에 대한 무자비한 수탈자이자 정복자로 살아간다. 최근에 이렇게 인간에게 철저하게 희생당하고 수탈당한 자연의 입장에서 미친 모더니티를 읽어내려는 시도가 다양하게 이루어지고 있으며, 1990년대 문학비평에서도 역시 이러한 성찰이 치열하게 행해지고 있다. 최동호(『디지털 문화와 생태시학』, 이남호(『녹색을 위한 문학』), 김욱동(『문학생태학을 위하여』), 정효구(『우주공동체와 문학의 길』) 등은 바로 자연에 대한 관심으로 1990년대 문학비평을 풍성하게 한 장본인들이다.

두 번째로 특기할 만한 것은 북한문학에 대한 관심이다. 우리에게 동질성과 이질성이라는 이율배반적인 정서를 동시에 환기시키는 또 하나의 현실 혹은 또 하나의 문화인 북한문학을 통해 지금,

이곳을 다시 성찰하려는 시도는 매우 소중하며, 따라서 1990년대 문학비평의 득의의 영역이라 할 만하다. 김윤식(『북한문학사론』), 김재용(『분단구조와 북한문학』, 『북한문학의 역사적 이해』), 신형기·오성호(『북한문학사』) 등의 작업은 소중한 성과로 기억될 만하다.

그리고 한국문학비평사에 본격적인 의미의 문예학, 혹은 미학을 끌어들인 성과들도 기억되어야 마땅하다. 김상환(『예술가를 위한 형이상학』, 『풍자와 해탈 혹은 사랑과 죽음』), 최문규(『문학이론과 현실인식』), 서동욱(『차이와 타자』) 등은 문학과 미학적인 것과의 관계를 설득력 있게 파헤친 작업들로 한국문학비평의 미답지를 새로 개척한 중요한 성과라 할 수 있다.

1990년대 내내 한국문학을 둘러싸고 있던 풍문은 '문학의 위기' 혹은 '문학의 죽음'이다. 하지만 1990년대의 문학비평은 그 풍문과는 다르게, 아니 정반대로 어느 시대보다도 풍부하다. 이러한 1990년대 문학의 풍성함은 시대야 어떠하건 자신의 삶을 말하지 못하는 주체들이 존재하며, 그들이 있는 한 문학은 그 밀도를 더욱 높여나갈 수 있을 것이라는 사실을 암시하는 중요한 표지라 할 수 있다. 말하지 못한 하위주체들이 있는 한 문학은 계속 이어질 것이며, 그에 따라 한국문학비평도 계속 민감해질 것이다. 우리가 1990년대를 통해 배운 것이 있다면, 그것은 문학비평은 앞서서 작품을 이끌려고 할 때가 아니라 작품을 통해 초월적인 가치를 발견할 때만 빛난다는 것, 그래서 누구보다도 밝은 귀가 필요하다는 점일 것이다. 그리고 이것이야말로 1990년대 문학비평의 가장 소중한 성취이다.

2부

역압된 것들의 귀환 풍경

아버지의 귀환과 새로운 역사상의 발명
: 은희경의 『비밀과 거짓말』

모성의 시간
: 황석영의 『심청』

죽음 앞에 선 노년
: 김원일의 『슬픈 시간의 기억』

자살의 윤리학
: 김영하의 『나는 나를 파괴할 권리가 있다』

제국의 변경, 변경의 제국
: 이문열의 『변경』

가족, 욕망하는 기계들의 서식지
: 김원우의 『모노가미의 새 얼굴』

광기의 전쟁과 동일시라는 감옥
: 김원일의 『겨울골짜기』

자유라는 이율배반
: 이청준의 『자유의 문』

사랑의 정치학
: 조세희의 『난장이가 쏘아 올린 작은 공』

자유와 사랑, 혹은 환멸의 기원
: 최인훈의 『광장』

아버지의 귀환과 새로운 역사상의 발명
은희경의 『비밀과 거짓말』

나의 이야기는 내가 태어나기 훨씬 이전부터 시작된다. 왜냐하면 자기 자신의 존재에 대해 말하기 이전에, 적어도 조부모님 중의 한 분이나마 기억하려는 인내심을 가지지 않은 자라면 누구든 자신의 생애를 서술할 자격이 없기 때문이다.

— 귄터 그라스, 『양철북』

1. 또 하나의 성장

여기, 또 하나의 매혹적인 성장기록이 우리 앞에 모습을 드러낸다. 은희경의 『비밀과 거짓말』(문학동네, 2005)이 바로 그것이다.

『비밀과 거짓말』은 일단 빠져 들면 눈길을 돌릴 수 없을 정도로 매력적이다. 그 이유는 우선 이 소설이 작가 은희경의 예의 소설이 그러하듯 낯설고, 불온하다는 데 있다. 『비밀과 거짓말』은 기존의 고정관념이나 보편성에 비추어 보자면 대단히 새로운 내용과 형식을 취하고 있다는 점에서 낯설고 그 내용과 형식이 현존재들의 안정성을 유지시켜주는 거의 모든 환상과 모럴, 그리고 보편성을 치밀하게 해체하고 부정한다는 점에서 불온하다.

물론 이것이 전부는 아니다. 이것이 전부라면 『비밀과 거짓말』은 결코 매혹적일 수 없다. 낯설고 불온한 상상력이란 은희경 소설의 흐름에서 보자면 이제 전혀 새로운 것이 아니기 때문이다. 상투성의 거부와 전복적인 시각은 작가 은희경의 핵심적인 창작 원리이며, 그래서 은희경의 소설은 항시 낯설고 불온하다. 은희경은 일찍이 '새롭지 않은 것은 부도덕한 소설'이라는 쿤데라의 말을 인용하며 내용과 형식, 그리고 표현의 상투성에 강한 거부감을 보인 이래, 이 상투성의 거부를 소설 창작의 가장 기본적인 철칙으로 섬겨온 바 있다. 하여, 은희경의 소설은 작가의 소설 제목처럼 '짐작과는 다른 일들'을 짐작과 다른 방식으로 표현하는 데 총력을 기울인 바 있거니와, 이러한 창작 방법으로 은희경은 누구보다도 민감하게 동시대인들이 그려놓은 환타지 저 너머의 무시무시하고도 매혹적인 실존들을 포착하고 문맥화한다. 은희경의 소설에 줄곧 '삐딱하고 가차없는 시선'이라거나 '경쾌한 리듬의 유목민' 등의 수사가 따라다닌 것은 이와 밀접한 연관이 있을 터이다. 이렇게 은희경의 소설은 상투성의 거부와 생에 대한 아이러니적 시각으로 상투어 혹은 상식(doxa)에 의해 폐기처분된 현존재들의 욕망들을 건져 올리거니와, 이는 은희경 소설이 그토록 매혹적일 수 있는 중요한 원천이다. 그렇지만 지금은, 그러니까 은희경 하면 상투성의 거부와 삶에 대한 가차없는 냉소가 떠오를 정도로 양자가 고착된 지금은 사정이 좀 다르다. 이제 은희경 소설에서의 상투성의 거부와 삶의 냉소는, 작가 은희경이 아직도 세상과 팽팽한 대립각을 세우고 있음을 알려주는 표지일 수는 있어도, 이전의 소설과 숨막히는 차이를 만들어내는 요인으로 작용하지는 않는다. 아니, 오히려 동어반복의 불길한 징후로 다가온다.

그러나 『비밀과 거짓말』은 낯설고 불온하지만은 않다. 무언가가 더 있다. 『비밀과 거짓말』은 낯설고 불온하면서 동시에 외설적이다. 그 속에는 이제까지 은희경의 소설에서는 볼 수 없었던 장면이 다수 등장한다. 다름 아닌 아버지의 권위에 억눌리거나 아니면 아버지라는 이름이 제공하는 보상에 현혹되어 서둘러 폐기처분했던 수많은 요구와 욕구, 그리고 충동들이 귀환하는 장면이다. 『비밀과 거짓말』은 현존재가 한때 현존재의 모든 것을 걸고 경과했던, 그러나 이제는 의식하고 기억할 수 없는 금지와 충동(거세공포와 살부충동) 사이의 파노라마를 숨막히게 펼쳐놓을 뿐만 아니라 현존재들을 비로소 현존재이게 한 원장면을 매우 순도 높게 그려낸다. 『비밀과 거짓말』에는 이제까지는 보기 힘들었던 현존재들의 성장기, 그 중에서 특히 의식과 무의식, 초자아와 충동들이 서로 미끄러져 조정되는 주체의 형성사가 웅숭깊게 그려져 있거니와, 『비밀과 거짓말』의 거부할 수 없는 매혹은 바로 이 지점에서 발원한다.

하지만 『비밀과 거짓말』이라는 이 매혹적인 성장기 앞에서 마냥 감탄하고만 있다면 이 소설이 지닌 중요한 의미를 놓칠 가능성이 높다. 도대체가 『비밀과 거짓말』에는 우리가 이해하기 힘든 요소가 하나 둘이 아닌 것이다. 그만큼 이 작품은 한국문학사라는 장의 메커니즘과 많은 점에서 어긋난다. 특히 두 가지 점이 그러하다. 먼저 작가 은희경이 이 『비밀과 거짓말』로 이제 두 개의 성장기를 갖게 된다는 점. 물론 유년기의 정신적 외상을 중핵으로 하는 성장기록이란 작가의 자아가 형성되는 원장소와 같은 것이어서 자주 반복되고 변주되는 것이 일반적이다. 특히 현존재들을 지배하는 초자아와 근원적으로 불화하며 자신만의 진리를 신경증적으로 고집하는 문제적인 작가들은 초자아와 대립할 수밖에 없는 원경험을 지니는 경우가 대부분이어서 그들의 텍스트에는 그 원억압이 수시로 재구성된다. 이런 점에서 보자면 작가 은희경이 두 개의 성장기를 갖게 되었다는 점은 그리 특별할 것이 없는지도 모른다. 그러나 『비밀과 거짓말』이 이전의 성장기록, 즉 『새의 선물』과 이질적이다 못해 서로 대립적인 것처럼 보인다면 사정은 달라진다. 『비밀과 거짓말』은 『새의 선물』과 같은 작가가 쓴 성장기라고 보기엔 지나치게 다르다. 중복되거나 중첩되는 장면을 찾아보기 힘들 뿐만 아니라 한 인간의 성장기를 그려내는 맥락마저 다르다. 『새의 선물』이 아버지가 존재하지 않는 시공간에서의 성장기라면, 그래서 아버지가 존재하지 않는 그 상황을 한편으로는 스스로 아버지가 되고 한편으로는 아버지를 선망하는 아이가 되는 내적 분열을 통해 자기를 존속시킨 성장 풍경이라면, 『비밀과 거짓말』은 전지전능한 아버지의 이름이 압도적인 성장 풍경이다. 즉,

『비밀과 거짓말』은『새의 선물』과는 공통점을 찾기 힘든 기억과 풍경, 그리고 삶의 흔적들로 전혀 다른 성장서사를 누버내고 있거니와, 이로써 은희경은 특이하게도『비밀과 거짓말』을 통해 원기억의 변주가 아닌 전혀 다른 기억들과 흔적들로 구성된 또 하나의 성장기를 갖게 된 것이다. 우리가『비밀과 거짓말』앞에서 마냥 감탄하기에 앞서 분석가적 시각을 지녀야 하는 것은 바로 이 때문이다.

은희경의『비밀과 거짓말』앞에서, 보다 예리한 분석가적 시각이 필요한 또 하나의 이유는 이 소설의 독특한 창작방법이다. 이 소설의 구성방식은 대단히 특이하다.『비밀과 거짓말』은 일단 외형적으로 보자면 주인공인 영준의 성장기와, 영준과 영우라는 두 형제의 갈등과 화해를 핵심 서사로 하고 있다. 이것만으로 보자면 『비밀과 거짓말』은 낯설 것이 없다. 아니, 오히려 대단히 익숙하고 관습적인 서사 구성원리를 지니고 있다. 그런데도『비밀과 거짓말』의 구성은 낯설다. 한 개인의 성장과 그에 따른 두 형제의 갈등과 화해라는 핵심 서사 사이에 이것과는 모순되는 디테일, 그것도 신성한 디테일들이 다양하게 흩어져 있기 때문이다. 소설 속에는 두 형제의 성장기 혹은 일대기를 중심에 두고 저 앞의 선조대의 역사나 비화는 물론 민속지, 풍문, 액자로 기능하는 영화 등등 다양한 장치와 표현형식들이 같이 공존한다. 그래서『비밀과 거짓말』은 하나의 핵심서사를 따라 일관된 이야기가 박진감 있게 전개되거나 하지는 않는다.『비밀과 거짓말』의 이야기는 이 다양하고도 이질적인 것을 종합하기는 하나 그 종합은 끊임없이 지연되고 착종된다. 그러다가 소설의 마지막에 가서야 가까스로 소설 속의 모든 목적과 원인과 우연들이 전체적이고 완전한 시간적 통일성 아래 묶여지며 또 신성한 디테일들은 보다 신성한 질서 아래 규합한다. 한마디로 『비밀과 거짓말』은 성장소설이 흔히 취하는 행복했던 젊은 시절, 행복의 균열과 방황, 현실로의 귀환(혹은 세계와의 화해)이라는 선조적이고 연대기적인 구조와는 거리가 먼 구조적 특징을 지니고 있거니와, 소설이 취하고 있는 이 혼합장르적 서사구성원리 역시 이전의 은희경의 창작방법과 근본적으로 다르다. 이전의 소설이 주로 어조의 아이러니나 냉소적 문체, 그리고 상투성을 넘어서는 예외적인 사건들을 통해 상식에 대한 전도와 전복을 이끌어냈다면, 『비밀과 거짓말』은 분명 이와 다르다. 문체는 더 이상 냉소적이지도 아이러니적이지 않으며 사건 또한 예외적이라기보다는 보편적이고 본질적이다.

이처럼 『비밀과 거짓말』은 이전의 은희경 소설과는 다르다. 이 차이는 대단히 치열한 작가의 변신의지와 그를 위한 치밀한 계산에 의해서 발생한 것으로 보인다. 은희경은 『비밀과 거짓말』을 계기로 이전의 소설세계와 실질적인 단절을 감행하고 있다고나 할까. 그런데 이 대목이 문제다. 아직도 '나는 삶을 너무 빨리 완성했다'거나 '열두 살 이후 나는 성장할 필요가 없었다'고 하는 가차없는 냉소에서 뿜어지는 매력이 여전하고, 또 이러한 매력이 수많은 에피고넨들을 만들어내고 있는데, 정작 은희경 자신은 그 특의의 시선과 창작방법을 버리고 새로운 세계를 향해 나아가고 있기 때문이다. 그렇다면 은희경이 『비밀과 거짓말』을 통해서 행한 이 과감한 절연이 과연 은희경의 소설을 더욱 풍부하게 할 것인가, 아니면 많은 작가들이 그러했듯 한 시대를 풍미하고는 명멸하는 작가로 전락하게 할 것인가. 우리가 『비밀과 거짓말』 앞에서 분석가적 냉정함을 유지해야 하는 이유가 바로 여기에 있다.

앞질러 결론을 말하자면 『비밀과 거짓말』을 관류하고 있는 작가 자신의 변화의지는 대단히 성공적인 것으로 보이며, 오히려 은희경의 소설을 대단히 문제적이고 밀도 높은 텍스트로 비약시키는 계기가 되었다고 할 정도이다. 어떻게 보면 은희경에게는 어떤 전신(轉身)이 절실하게 요청되었던 것이다. 흔히 은희경 소설은 냉소적 이성의 표현물로 일컬어진다. 하지만 이것만이 다는 아니다. 은희경의 소설에는 동시에 냉소적 이성에 대한 부정도 같이 존재한다. 잘 알려져 있듯 『새의 선물』이나 『마지막 춤은 나와 함께』, 그리고 은희경의 뛰어난 단편들은 위선적이고 권위적이며 상투적인 세상에 대한 냉소로 차가우며, 그 차가움은 은희경 소설의 핵심적인 미적 원천으로 작용한다. 그런데 주목할 점은, 은희경의 소설 특유의 냉소가 근본적으로는 모든 현대적 동일성은 자의적이라는 인식에서 출발한다는 점이다. 은희경은 현대사회에서 기의와 기표는 더 이상 일치하지 않으며, 따라서 기표는 그저 텅 빈 채 떠돌아다니다가 아무 기의와 그때그때 자의적으로 결합한다고 믿는다. 그 결과 현대사회에서 모든 기호란 오히려 속임수로 더 많이 사용되며 마찬가지로 사회적 현실은 언제나 가장, 가면, 연기, 기만 등의 혼합물로 이루어진다고 판단한다. 은희경은 이 중에서도 특히 기표와 기의, 대의명분과 생존본능을 기묘하게 뒤섞으며 연극적 자아로 살아가는 자들과 그런 사회적 위선에 기만당하는 맹목적인 존재들이 의미를 무의미하게 만들고 사회 전체를 황폐한 곳으로 전락시킨다고 판단, 그들에게 혹독한 냉소를 퍼붓는다. 은희경의 인물들은 이 위선적인 자아와 맹목적인 존재들 사이에서 제3의 길을 택한다. 위악을 행동강령으로 하는 냉소주의자의 길이 그것이다. 이들은 세상의 존재들과 구분되는 냉소주의자가 되기 위해 자신들을 '바라보는 나'와 '보여지는 나'로 분리시킨다. '바라보는 나'는 위선자들을 비웃기 위해 '보여지는 나'로 하여금 악을 가장하도록 하기도 한다. 또 때로는 어떤 열정이나 흥분에 들려 자동적으로 행동하는 '보여지는 나'를 통제하기도 한다. '바라보는 나'의 의지에 의해 항상 '보여지는 나'가 연출된다.

그런데 문제는 이 '바라보는 나'를 구성하는 내용이다. '바라보는 나'가 바라보는 대상은 하나가 아니다. 둘이다. 이들은 위선자와 맹목적인 자들과 자신을 구분시키기 위해 '보여지는 나'뿐만이 아니라 항시 타인의 시선을 응시한다. 이때 타인의 시선이란 바로 지금, 이곳에서 가장 권위를 지닌 담론질서이거나 아니면 현재 이곳을 지배하는 큰타자의 시선임은 물론이다. '바라보는 나'는 위선적인 존재들을 비웃기 위해 그들의 행동을 뒤집거나 아니면 맹목적인 존재들의 허위의식을 냉소하기 위해 맹목적인 존재들과는 다른 삶의 형식을 '보여지는 나'에게 지시해야 하는바, 이를 위해 이들은 끊임없이 타인의 시선을 의식해야 한다. 결국 이들의 삶을 구성하는 주인은 자기 자신이 아니라 곧 큰타자가 되거니와, 그 결과 이들은 큰타자를 거부하기 위해 큰타자의 시선에 따라 자신의 삶을 결정하는 역설에 빠진다. 그러므로 은희경 소설의 냉소는, 그 출발점은 큰타자로부터 벗어나 자신만의 주체를 스스로 결정하기 위한 모색의 일환이기는 하나 자신의 모든 욕망들을 큰타자에 예속시키는 결과를 가져온다. 뿐만 아니라 나를 움직이는 것이 내가 아니므로 반성과 성찰을 통해 또 다른 인식의 단계로 나아가는 대신에 끊임없이 그 자리를 맴돌 수밖에 없다.

은희경의 냉소적 이성은 이처럼 통쾌하기도 하지만 권태롭기도 하며, 큰타자로부터 자유로운 듯하지만 궁극적으로는 철저하게 예속된 경우이기도 하다. 그런데 은희경의 냉소적 이성이 가지는 의미와 한계에 대해서 가장 잘 이해하고 있었던 존재는 다름 아닌 은희경 자신인 것처럼 보인다. 은희경은 한편으로는 냉소적 이성으로 세상을 일방적으로 조소하지만 다른 한편에서는 냉소적 이성의 그 어쩔 수 없는 반복과 자기 구속에 대해 비판적인 시선을 보낸다. 하여, 은희경의 소설에는 널리 알려진 바와는 다르게 냉소적 이성을 앞세운 세상에 대한 조소가 등장하기도 하지만 동시에 바로 그 냉소적 이성의 허무주의적 성격에 대한 부정적인 태도가 같이 존재한다. 말하자면 은희경의 냉소적이고 가차없는 시선은 아슬아슬한 경계에 서 있었던 것이며, 이 경계도 사실은 서서히 냉소적 이성에 대한 비판 쪽으로 그 중심을 옮겨간다. 그래서 은희경의 소설은 「누가 꽃피는 봄날 리기다소나무 숲에 덫을 놓았을까」에서 대표적으로 볼 수 있듯 최근으로 오면 올수록 세상에 대한 조소보다는 타인의 시선에 매여 주체를 구성하지 못하는 존재들의 비주체적 삶에 대한 비판으로 옮겨간다. 그리고 냉소적 이성이 차지하던 그 중심에는 『마이너리그』에서 볼 수 있듯 맹목적일지는 몰라도 자신의 주체를 구성하기 위해 자신의 욕망을 충분히 향유하는 존재들의 활력들로 채워지기 시작한다.

한마디로 은희경은 세상을 조소하는 냉소적 이성에 대한 확신과 냉소적 이성에 대한 냉소라는 이율배반 사이에서 갈등하고 있었던 것이다. 그런데 특이하게도 은희경은 이 이율배반을 병존시키거나 지양시키지 않고 있었다. 대신에 이 양자 사이를 오가며 아슬아슬하게 균형감각을 유지한다. 해서, 때로는 권위주의적이고 상투적인 세상에 대해 조소를 퍼붓는가 하면 또 때로는 세상에 대한 냉소 때문에 영원히 고독할 수밖에 없는 주체들의 황폐한 삶에 대해 환멸을 표하기도 한다. 해서 은희경의 소설은 그 특유의 놀라운 구성력과 치밀한 장치들로 어느 것 하나 잘 짜여진 소설이 아닌 것이 없지만 동일한 회로를 계속 반복하고 있다는 느낌까지 불식시키지는 못한다.

그런데, 그랬던 것인데, 바로 『비밀과 거짓말』에 이르러 드디어 은희경은 두 요소 사이의 의미 있는 병존 혹은 변증법적 지양을 감행한다. 세상에 대한 환멸이나 냉소와 냉소적 이성의 허무주의적 한계를 지양시켜 그것과는 다른 진정성의 형식을 찾기 시작한 것이다. 이 변신은 매우 시의적절한 것처럼 보인다. 뿐만 아니라 『비밀과 거짓말』이라는 무시무시하고도 매혹적인 성장기를 구축한 만큼 이 변신은 성공적이기도 하다. 그러나 이런 설명만으로 부족하다. 『비밀과 거짓말』이 작가 은희경이 놀라운 변신 의지로 작가 자신의 이전 소설은 물론 한국문학 전체에서 대단히 낯선 장면을 창조하고 있다면, 이 소설이 만들어낸 차이가 지니는 가치는 보다 세밀하게 따져져야 하며 또 그것을 가능하게 한 변신의 구체적인 내용 또한 정확히 짚어져야 하는 것은 당연한 이치일 터이다. 이제 그것을 살펴볼 차례다.

2. 아버지의 귀환과 한국적 모더니티

『비밀과 거짓말』은 혼합장르적 구성을 취하고 있고 또한 여러 이야기가 동시에 펼쳐져 있어서 우선 다소 혼란스럽게 느껴진다. 소설 속에는 영준과 영우라는 두 형제의 성장기와 둘 사이의 갈등과 화해의 과정이 있는가 하면 여기에 정씨 집안과 최씨 집안의 오랜 갈등이 겹쳐지기도 한다. 뿐만 아니라 영준이 찍는 영화 안의 이야기가 같이 혼재되기도 한다. 『비밀과 거짓말』은 이렇게 여러 이야기가 때로는 병치되고 또 때로는 서로 연쇄되며 진행되거니와, 이러한 복합적 구성은 종종 소설 전체의 흐름을 잃게 만들기도 한다. 『비밀과 거짓말』은 이렇게 다양한 이야기들이 겹쳐져 있어 혼란스러운 것이 사실이지만 그렇다고 이 소설에 아무 주도적인 서사원리가 없는 것은 아니다. 다만 겹쳐져 있을 뿐인 것이다. 이 겹쳐져 있는 서사의 가닥들을 하나하나 맥락화하고 그들 사이의 관계를 따져보면 『비밀과 거짓말』이 택하고 있는 이 복합적 구성이야말로 작가가 말하고자 하는 바를 전달하는 최적의 형식이라는 것을 깨달을 수 있다. 하여간 『비밀과 거짓말』을 읽기 위해서는 우선 여러 개의 서사적 가닥을 하나하나 정리해서 그것을 전체적으로 종합하여 이해하는 방식이 필요하며, 그래야만 『비밀과 거짓말』이라는 성에서 길을 잃지 않을 수 있다.

이 소설의 서사는 아버지 정정욱의 죽음과 그가 남긴 유물로부터 열린다. 아버지가 남긴 유물인 집문서와 북은 이 소설의 숨은 주인공이다. 이것이 움직이는 바로 그 방향에 따라 『비밀과 거짓말』의 등장인물들이 하나하나 불려나오고 또 다양한 사건들이 펼쳐진다. 즉 죽은 아버지와 그에 따라 세상에 남겨진 유물은 『비밀과 거짓말』의 모든 사건의 방향을 쥐락펴락하는 누빔점인 것이다. 그래서 이 누빔점을 잡아당기면 『비밀과 거짓말』의 모든 서사 단위들이 하나하나 들려나오며, 또 그것들을 구성하고 엮어내는 작가의 사상 역시 비교적 선명하게 읽어낼 수 있다.

『비밀과 거짓말』에서 아버지의 죽음과 남은 유물이 불러모으는 존재는 우선 아들들인 영준과 영우이다. 아버지의 북채와 집문서를 건네받는 순간 영준과 영우는 자신들의 성장기, 그 아픈 기억 속으로 미끄러져 들어간다. 그러면서 『비밀과 거짓말』에는, 한편으로는 아버지를 정점으로 하는 아들들의 성장기가 펼쳐지고 또 다른 한편에서는 그 두 아들 사이의 갈등과 화해의 과정이 전개된다. 아버지를 정점으로 하는 두 아들의 성장기는 이 소설의 중핵에 해당하며, 따라서 『비밀과 거짓말』의 의미와 가치를 읽어내기 위해서는 먼저 이 부분을 치밀하게 검토해야 한다.

『비밀과 거짓말』에서 제시된 두 형제의 성장기와 그들의 갈등과 화해의 과정을 살피기에 앞서 먼저 주목해야 할 것이 있다. 그것이 바로 아버지라는 존재이다. 소설은 표면적으로는 두 형제의 성장기를 집중적으로 묘사하고 있지만, 그럼에도 불구하고 『비밀과 거짓말』에서 가장 강력하게 서사를 이끄는 존재는 다름 아닌 아버지의 이름이다. 『비밀과 거짓말』에서의 아버지는 이 소설의 모든 사건을 주도할 뿐만 아니라 무엇보다도 강력한 초자아로 기능한다. 은희경의 소설에서 아버지라는 존재가 이제 입법자로서의 직능을 부여받고 또 권력을 행사하기 시작한 것이다. 이는 은희경의 소설에서 대단히 낯선 것이다. 은희경의 소설은 초창기의 「이중주」 정도를 빼고는 거의 아버지라는 이름이 존재하지 않는 삶의 풍경을 집중적으로 그려왔던 것이다. 그랬던 것인데, 전작 『상속』 등에서 간혹 아버지의 존재감에 대한 관심이 나타나더니 『비밀과 거짓말』에서는 아예 큰타자의 대리인으로서의 아버지 형상이 보다 선명하게 부각되기에 이른다. 이를 우리는 아버지의 재발견 혹은 귀환이라고 부를 수도 있을 터인데, 아버지가 귀환하자 은희경 소설은 이전의 소설과 확연하게 차이를 보이기 시작한다. 결국 은희경은 『비밀과 거짓말』을 계기로 아버지라는 이름이 입법자로 존재하는 사회적 메커니즘을 현대사회의 본질로 규정한 셈이며, 이제 『비밀과 거짓말』을 계기로 은희경의 소설은 이전 세계와는 다른 세계로 발을 들여놓게 되었다고 할 수 있다.

하여간, 여기, 은희경이 이전 세계와 실질적인 단절을 모색하면서 귀환하게 된 아버지 정정욱이 있다. 정정욱은 자수성가한 사업가이자 건축가이다. 그러면서 동시에 풍운아이다. 사업가이지만 모험가적 기질이나 도박사적 기질을 지니고 있기도 하다. 그가 애초부터 그런 성향이 강한 것은 아니다. 그가 몸담고 있는 자리가 그것을 강요했고, 그는 그 강요를 충실히 따랐을 뿐이다. 아버지 정정욱은 건설업에 종사하는바, 그 건설업이라는 것이 그런 특성을 지니고 있었던 것이다.

건설업은 제조업과 달랐다. 아무것도 없이 오직 약속만으로 일이 진행되는 위험한 사업이었다. 주문에 의해 공사가 시작되고 그 결과에 대해 돈을 받는데 그 과정에서 오가는 것은 서류뿐이었으며, 비용이 얼마나 들지 공사기간

이 얼마나 걸릴지 심지어 결과물이 완성될지 안 될지 심지어 확실한 건 아무
것도 없었다. 대신 값싼 재료들 부실하게 사용하는 방법, 시공은 대충이고 청
탁에만 통이 큰 하청업자와 일꾼을 모질게 다루는 성질 나쁜 현장감독을 고
용하는 방법 등으로 얼마든지 비용과 시간을 줄일 여지가 있었다. 얼마를 남
기느냐는 운영하는 자의 수완에 달려 있었다.
　그러나 반대로 사채를 끌어들이지 못하거나 감독 공무원을 매수하지 못할
경우 공사는 중단되기 일쑤였다. (……)
　입찰을 둘러싸고 벌어지는 치밀한 머리싸움에서 정욱은 뛰어난 지략가였
다. 이른바 ‘떡쟁이’를 동원한 음모와 협박에 있어서는 마치 무협소설 속의
간교한 고수처럼 날렵하게 초식을 읽었다. 공무원에게 뇌물을 주거나 부실공
사로 남긴 이익 중 일부를 상납하거나 은행과 관청에서 숫자를 속이거나 할
때에는 다른 사람이 하는 일을 자신도 한다는 점에서 세상에 대한 융통성을
보였지만, 다른 사람보다 더한다거나 앞장서지도 않음으로써 변명에 필요한
만큼의 양심은 지켜냈다. 술자리를 주도하는 그의 호방함과 풍류는 접대에서
얻고자 하는 것을 충분히 얻게 해줄 뿐 아니라 로맨스라는 부수적인 차익이
끊이지 않아 풍운아로서의 명성을 높였다. 그럼 점에서 그는 준비된 산업역
군이었고 부실한 고속성장 시기의 전형적인 인재였다. (51~53면)

아니, 아버지 정정욱의 도박사적 기질은 건설업에 종사하기 때
문만이 아니라 그 시대의 메커니즘에서 발원한 것이라고 보아야
할 터이다. 즉, 후진국에서 선진자본주의국가를 모범으로 삼아 근
대화를 추구했던 한국사회의 한국적 모더니티의 특수성이 정정욱
에게 사업가의 예지나 합리적 예측보다는 도박사적 모험을 요청
했다고 할 수 있는 것이다. 아버지 정정욱이 건축업을 통해 자기
를 실현하던 그 시대에서 중요한 건 고속성장이었고 물질적 풍요
였으며 화려한 외관이었던 것이다. 그것이 진정으로 인간들을 위
한 정책이며, 또 사회 구성원들의 염원인가는 중요하지 않았다. 어

떤 것이 뒤쳐져 있는지는 몰라도 우리는 뒤쳐져 있고 주변부이므로 앞서간 중심부를 모방해야 한다는 점만이 중요했을 뿐이다. 그러니 우리보다 발전되어 보이는 모든 것을, 즉 저곳에서 시행되는 모범적이고 이상적인 것들을 빨리 들여와야 했다. 물론 하나의 사회적 제도가 모범적일 수 있는 것은 그 제도가 그 사회 구성원들의 바람이나 개인적인 욕망들을 보다 폭넓게 수용하고 그것을 발전적으로 조율하기 때문이라는 사실은 중요하지 않았다. 모두가 사회구성원들의 행복과 복지를 위해 행하는 것이므로 정작 사회구성원들의 염원과 거리가 있더라도 그것은 어쩔 수 없었다. 그 결과, 진정으로 공동체의 이익을 고려하지 않으면서도 공동체의 이익을 내걺으로써, 오히려 공동체의 이익이라는 의미 있는 정신은 무의미해진다. 즉, 허위의식에 가득찬 자가 진실을 소리높이 외침으로써 이제 진실은 곧 더럽고 불길한 욕망의 역설적 표현으로 전락하며, 따라서 그 사회에서는 진실을 추구하는 모든 노력이 역설적으로 불길한 욕망을 채우려는 음험한 의도로 받아들여진다. 결국 이 사회에서는 의미와 무의미가 뒤섞이며 진정성과 허위의식이 분별이 되지 않는다. 또한 무엇을 위해 고도성장을 해야 하는가에 대한 사회적 합의 없이 혹은 분명한 목적의식 없이 다만 고도성장이라는 합목적성만이 강조되기 때문에 어떤 사안에 있어서도 합리적인 기준이나 원칙 따위란 있을 수 없다. 따라서 원칙에 따라 행해져야 할 일들이 원칙 대신에 사적인 친교나 로비, 야합, 결탁 등 임의적인 관계에 의해 진행되기도 한다.

　모든 기호가 그 뜻과 상관없이 임의적이 되는 곳에서 생존하기 위해서, 또 사회의 상층부로 진입하기 위해서 필요한 것은 주체 자신이 임의적이고 자의적인 존재가 되는 것이다. 최소한의 투자로 최대한 이윤을 창출하기 위해 '간교한 술수'를 사용하면서도 그것을 국가발전을 위한 양심적인 행위라고 믿어야 한다. 만약 그런 확신이 생기지 않은 경우에는 자신의 양심이나 원칙, 그리고 합리적인 기준 같은 것을 철저하게 도려내고 자신에게 주어진 배역을 빈틈없이 연기해야 함은 물론이다. 하여간, 중요한 것은 자기기만을 통해서건 연극적 자아를 통해서건 임의성과 자의성을 유지하는 것이다. 그것만이 생존과 사회적 부의 획득을 보장한다.

『비밀과 거짓말』의 아버지 정정욱은 이러한 시대적 메커니즘을 정확하게 내면화하고 있고 또 일정 정도 그 메커니즘을 재생산한다. 즉, 그는 대의명분과 개인의 이익 사이의 관계를 능수능란하게 자의적으로 병존시키며 자신의 영역을 넓혀나간다. 한마디로 아버지 정정욱은 "'잘 살아보세'라는 대명제와 증산 수출 건설을 위해서라면 웬만한 정의는 모두 희생되어야 했"던 시대의 총아이자 희생양이며, 동시에 그 시대가 만들어낸 괴물과 같은 존재이다.

이렇게 한국적 모더니티의 특수한 면모를 대변하는 아버지 정정욱은 도박판과 같은 사업장에서는 고도성장과 몰락, 타협과 재기 등을 반복하는 한편, 집안에서는 아버지라는 이름으로 아들들의 훈육을 담당한다. 아버지 정정욱의 아들들에 대한 관심과 훈육의 정도는 과잉의 그것이다. 정정욱은 아들들에게 필수 불가결한 억압을 들어 과잉억압을 행한다. 또 때로는 지나친 금기를 부과하기도 한다. 하지만 금지의 다른 편에 항시 관용과 용서의 자리를 남겨 놓고 있으므로 이는 크게 문제될 것이 없다. 정작 문제가 되는 것은, 아들들의 훈육을 위해 '고속성장 시기의 전형적인 인재' 스타일을 십분 발휘한다는 것이다. 아버지는 아들들의 학교 교육을 위해 임의성이라는 사업의 메커니즘을 동원한다. 자기 자식을 위해 학교에 무언가를 끊임없이 기부하면서 지역학교 발전을 명분으로 한다든가 하는 식이다. 이러한 과잉 배려는 아들들의 주체 형성에 큰 문제를 발생시킨다. 예컨대 아버지는 어머니와의 근친상간적 관계를 아버지의 이름으로 금지시키고 동시에 자신이 초자아의 대리인(혹은 하수인)이라는 점을 분명히 해야 한다. 그래야만 아들들이 오이디푸스 컴플렉스를 넘어설 수 있기 때문이다. 그러나『비밀과 거짓말』의 아버지처럼 초자아의 대리인이 아니라 초자아로 자처하고 초자아로서의 권능을 계속 행사할 경우, 아들들은 자신들의 주체를 형성시키는 대신 계속 아버지의 금지와 권유를 기다리게 된다. 즉, 자신의 주체를 스스로 구성하는 대신 누군가가 그 역할을 대신해주기를 기다릴 뿐만 아니라 초자아의 시선에 자신의 삶을 고정시키는 것이다. 하지만 실제의 아버지는 초자아의 대리인일 뿐 초자아 그것일 수는 없다. 어떤 계기에 의해 아버지가 초자아의 자리에서 물러서면 아들들은 어떤 경우 공황에 빠지거나 아니면 또 다른 타자에 자신의 삶을 고정시킨다. 그 결과 아버지가 몰락하자 영우는 완전히 삶의 방향을 상실해 버리고 영준은 더욱 아버지의 바람에 형식적으로나마 보다 충실하게 된다. 그리고 급기야 이들의 삶은 전혀 비주체적인 것으로 고착되어 버리거니와,『비밀과 거짓말』의 아들들은 아버지의 과잉 배려로 인해 자기의 삶을 스스로 통제하지 못하는 주체 결핍의 상태에 빠진다.

아무것도 즐기지 못하고 아무것에도 집착이 없는 사람이 있다면 이유는 한

가지이다. 자기 것이 하나도 없다는 것이다. 그냥 하도록 되어 있어서 해왔던 모든 일들이 자신을 어디로 데려다놓았는지 영준은 똑똑히 보고 있었다. 만약 죽을 날이 얼마 남지 않은 암 환자가 병원으로 가는 차 안에서 조금 후 의사에게 어떻게 질문을 할 것인지 연습을 하고 있다면 얼마나 우습고도 끔찍한 인생인가. 비탄에 빠져 몸부림을 쳐도 부족한 마당에 조리 있고 교양 있는 환자라는 평판을 얻어 주위를 실망시키지 않기 위해서 리허설을 하고 있다면 말이다. 두말할 것도 없이 그의 유일하고 절박한 관심사인 자신의 생명을 구하기 위해 울부짖는 것이 바로 그가 원하는 진정한 언어일 것이며 아무도 그런 무분별해질 수 있는 권리를 비난하지 못한다. 그러나 영준은 엘리베이터에 갇힌다 해도 구조를 요청하는 모습을 찾기에 앞서, 공포에 질린 자신의 추한 모습이 카메라에 남지 않았을까를 생각하는 유형의 인간이었다. (177면)

영준을 전통 있는 K국민학교에 남도록 하기 위해 신설 K남국민학교로 보내졌던 어린 시절부터 영우가 스스로 선택할 수 있는 중요한 일이란 거의 없었다. 영우가 자신의 도움 없이 제 힘으로 살아갈 날이 오기를 바라는 아버지의 소원은 그러므로 쉽게 이루어지지 않도록 되어 있었다. 대신 영우는 어떤 일이든 최선을 다하지 않았다. 그것만이 영우가 자기 인생에 행사할 수 있는 유일한 권한이었다. 자신을 함부로 방치하는 것이 자기 인생에 적극적으로 개입하는 길이었던 것이다. (143면)

아버지 정정욱은 그 특유의 가족주의(혹은 권위주의)에 얽매이고 사회 전반의 무원칙성(혹은 임의성)이라는 틈을 이용하여 아들들의 삶에 과잉 개입한다. 영우의 경우 자신의 존재증명을 위해 끊임없이 가출·방황을 하지만, 아버지는 항상 영우를 원래의 자리로 돌려놓을 뿐만 아니라 사회의 무원칙성을 이용하여 정상적이지 않은 방법으로 계속 어떤 자리에 밀어 넣는다. 아버지의 그 집요함은 결국 영우를 소위 정상적인 위치에 안착시키지만 그렇게 현실 속에 안착한 존재는 영우가 아닌 영우의 탈을 쓴, 아무도 아닌 누구일 뿐이다. 영우는 그렇게 철저하게 자기 자신의 욕망을 도려낸 채 연극적 자아로 무를 견디며 살아간다. 영준도 자기 활동성이 없기는 마찬가지이다. 사회의 전 영역에 반역의 기운이 승하던 1980년대에 아버지가 바라던 법대를 버리고 영화의 길로 들어섰으나 결국 자신이 '자신의 인생을 다만 흉내로, 비극적 허위로 메워가는 사람'이라는 자괴감에 빠져 있다. 결국은 영준이나 영우 모두 살아있는 생명체가 아니라 다만 기계로 살아간다.

이상에서 확인할 수 있듯 『비밀과 거짓말』의 주도적인 서사, 그러니까 아버지를 정점으로 하는 두 아들의 성장기라는 서사가 집중적으로 보여주고 있는 사실은 한국적 모더니티의 특수성과 그로 인한 현존재들의 존재방식에 관한 것이다. 『비밀과 거짓말』에 따르면, 한국적 근대화는 원칙도 합리성도 없이 오직 자의성에 의해 진행되며, 이러한 무원칙성은 한국 특유의 가족주의와 결합하여 결국은 아이들에 대한 넘치는 배려와 관심이 행해지고, 결국 아이들은 큰타자의 시선에 주체의 자리를 넘겨준 채 기계로 살아가게 된다. 『비밀과 거짓말』에 제시된 한국적 모더니티에 대한 가설은 그 자체로 우리의 근대화를 설명하는 대단히 흥미진진한 틀로 보여지거니와, 동시에 이 가설들이 충실한 디테일과 결합되면서 이 작품은 어느 역사서보다도 핍진하게 한국 근대사를 재현한다. 뿐만 아니라 여기에 아버지와 아들 사이에 벌어지는 주체 형성의 숨막히는 파노라마가 덧붙여지면서 『비밀과 거짓말』은 작가의 평판작 『새의 선물』 못지 않은, 어느 측면에서는 그보다 강렬한 밀도를 유지한다.

3. 억압된 것들의 귀환, 혹은 새로운 역사상의 발명

앞서도 말했지만 『비밀과 거짓말』은 중층적이다. 『비밀과 거짓말』을 구성하는 핵심적인 서사 외에 이와 때로는 병치되고 병렬되는 여러 개의 서사가 같이 진행된다. 그런데 특이하게도 그것은 핵심적인 서사와 무관한 소문이기도 하고 민담이기도 하며 또 경우에 따라서는 민속지, 지방의 역사서, 『삼국사기』 같은 역사서이기도 하다. 또 그런가 하면 액자의 형식으로 제시되는 영화가 있기도 하다. 그러나 그렇다고 해서 당황할 필요는 없다. 그것들은 『비밀과 거짓말』을 또 하나의 서사를 보조하는 디테일들이며 장치들이다. 이 모든 것들은 바로 작품의 또 하나의 서사단위로 수렴된다.

『비밀과 거짓말』의 또 하나의 주도적인 서사 역시 아버지의 유산으로부터 시작된다. 아버지가 남긴 유물인 북과 정명선의 명의로 된 집문서는 영준과 영우뿐만 아니라 하나 둘 사람들을 불러모은다. 영준의 할아버지 정성일과 미묘한 관계에 있는 L집안의 L형사, 그리고 정씨 집안과 조상 대대로 원수 집안인 최씨 집안, 그리고 영준의 집에서 식모를 하던 순금에 이르는 다양한 인물들이 정명선 명의의 집문서 주변으로 몰려든다. 이 인물들이 각기 정명선 명의로 된 집문서와 관련된 과거의 사연을 들고 모여듦은 물론이다.

그런데 이 정명선의 명의로 된 집문서라는 것이 문제다. 이 정명선이라는 존재와 기호는 바로 영준일가의 부도덕, 추문, 외설, 불길한 욕망, 야합, 타협, 근친상간적 충동, 비극적 운명 등을 모두 포괄하기 때문이다. 소설 중에서 L이 말하는 것처럼 정씨 집안은 유난히 비밀, 그러니까 감추어야 할 것이 많은 집안으로 설정되어 있으며, 그 비밀 모두가 사실은 정명선이라는 존재 혹은 기호와 관련이 깊다. 『비밀과 거짓말』에 등장하는 정명선은 둘이다. 하나는 우울증으로 자살한 영준의 사촌누이이다. 이 정명선은 정성일 집안과 L씨 집안 사이의 겹겹으로 뒤엉킨 외설적인 관계를 대변하는 상징이며, 또 실제로 영준과 근친상간적인 친밀성을 형성하는 존재이다. 또 하나의 정명선은 아버지 정정욱이 가정 바깥에서, 그 것도 그토록 오랫동안 원수지간이었던 최씨 집안의 딸에게서 낳은 딸이다. 이 정명선은 여러 가지 이유 때문에 철저하게 비밀에 붙여졌던 존재인데, 정정욱은 죽으면서 고향의 집을 그녀에게 넘기라고 유지를 남김으로써 자신의 도덕성에 치명적일 수 있는 이 정명선을 아들들에게 공개한다. 이렇게 정정욱이 무리수를 둔 것은 아마도 '사라짐에 대한 저항' 때문이었으리라. 선한 것이건 악한 것이건 증언하지 않으면 자기 삶의 중요한 부분은 그야말로 아무런 의미도 지니지 못한 채 사라지는 마는 것이다. 특히 남에게 솔직하게 말할 수 없었던 비밀일수록 그것은 죽는 순간 무거운 책무로 다가올 터이니 더욱더 증거하고 싶었는지도 모를 일이다. 하여간 정정욱은 누구보다도 철저하게 사라짐에 대해 저항한다. 해서, "세상에는 수많은 비밀이 있다. 내가 알고 있는 게 과연 모두가 진실일까. 어쩌면 객관적 진실보다 그렇게 믿도록 만들어진 진실이 더 진실할는지도 모른다. 많은 사람이 믿는다면 그럴 만한 필요가 있는 것"이라며 자신의 아버지의 추문은 덮어두었으면서도 자기 경우는 추문까지도 공개한다.

결국 정정욱이 아들들에게 남긴 유지는 정씨 집안 전체에 보이지 않게 흐르는 또 하나의 역사, 그러니까 외설과 충동의 역사를 모두 밖으로 드러내는 계기가 된다. 하나같이 부도덕하고 충동적인 이 외설의 역사는, 그래도 정씨 집안 중에 가장 도덕적이고 인근에 명성이 자자한 정성일 역시 외설과 충동에 영혼을 맡긴 존재였고, 해서 근친상간의 비극을 불러온 장본인이었음이 밝혀지는 순간 정점에 이른다.

『비밀과 거짓말』에서 이 외설과 충동의 역사는 너무 만연되어 있고 넘쳐흘려서 읽는 이들을 불편하게 하는 것도 사실이다. 하지만 이 넘치는 외설의 장면들은 이제까지의 역사상을 해체하고 새로운 역사상을 구축하는 데 무엇보다도 효과적인 장치로 작용한다. 한 개인의 역사에서, 그리고 한 사회나 국가의 역사에서 외설과 충동이 차지하는 비중은 그리 적지 않을 터이다. 당연히 이것들이 계기가 되어 발생하는 큰 변화 역시 없을 수 없다. 하지만 이 외설과 충동에 의해 촉발된 변화들은 대개 감추어지거나 비밀로 붙여지며 그것은 곧 엄숙함이나 역사적 필연성에 의해 대체된다. 이렇게 되면 역사란 오로지 엄숙함과 역사적 필연성 등의 관점에서만 기록되고 기억되는 것이다. 우리가 알고 있는 역사가 바로 이런 것일 터이다. 정작 인간의 행위를 결정짓는 또 하나의 중요한 매개물일 수 있는 외설, 충동, 야합, 추문, 부도덕 등의 매개자들을 모두 괄호에 넣은 역사이며, 따라서 『비밀과 거짓말』에서 외설과 충동을 넘치도록 반복하는 것은 사실 우리의 역사상이 인간의 중요한 영역을 배제한 채 성립된 절반의 역사라는 것을 전달하는 데 대단히 효과적이다.

『비밀과 거짓말』이 인간의 절반만으로 기술한 역사상을 해체하기 위해 동원하고 있는 또 하나의 장치가 있다. 그것은 다름이 아니라 작품의 핵심서사와 무관해 보이는 소문, 민담, 민속지, 역사서 같은 이미 존재하는 기록물들이다. 외설과 충동의 역사가 정성일의 비밀이라는 정점을 향해 나아가는 동안 서사 중간중간에는 작중인물의 회고와 소문이나 역사적 기록물이 나란히 배치되곤 한다. 그렇게 작중인물의 회고나 작중화자에 의해 서술된 외설과 충동의 역사는 그러나 소문이나 역사서에는 철저하게 빠져 있다. "진실이란 대개 추악한 것이다. 그러므로 비밀이나 거짓말은 나약한 존재인 인간의 존엄성을 지키기 위한 최후수단이"기 때문에 진실보다는 오히려 비밀이나 거짓말이 보다 널리 통용되는 것이다. 하여, 정성일에 관한 기록에는 그의 욕망과 그로 인한 좌절이나 고통은 없으며 오로지 위인으로 기록되어 있을 뿐이며, 정정욱에 관한 역사도 그의 비밀을 아는 순금이마냥 영우마냥 추악한 면을 감추고 싶어하기에 결국은 풍운아이며 비운의 사업가로 기억될 것이다.

이러한 역사란 비록 그것이 추악하고 부도덕한 것이라고 하더라도 있을 자리에 있을 것이 있는 역사상과 거리가 멂은 물론이다. 그리고 비록 이렇게 충동과 외설들을 역사에서 배제하는 것이 비록 선의에서 출발한 것이기는 하나, 이것은 같은 상황을 반복시킬 뿐 문제 해결의 효과적인 방책일 수는 없다. 『비밀과 거짓말』에는 넘쳐흐르는 외설의 장면들이 세대를 달리하며 끊임없이 반복되고 있는 것이 사실이다. 정성일과 정정욱은 세대를 달리하며 거의 적대적인 관계에 있는 집단의 여자들과 제도 바깥의 욕망을 실현하며, 또 정재욱과 영준은 역시 세대를 달리하며 근친상간적인 관계에 휩싸인다. 그러니까 인간의 존엄성을 지키기 위해 인간의 역사에서 끊임없이 외설의 역사를 배제하고 있음에도 불구하고 외설과 충동의 역사는 사라지기는커녕 지독하게 반복되는 것이다. 오히려 있었던 곳에 있을 것이 있도록 하는 역사가 반복을 막는 방법일 수도 있다. 억압된 것은 반드시 귀환하기 때문이다. 그렇다면 『비밀과 거짓말』에서 넘쳐 보이는 외설의 역사는 절반의 역사 대신에 이미 있었던 곳에 있을 것이 있도록 서술한 새로운 역사상인지도 모른다. 이렇게 『비밀과 거짓말』은 이제까지의 역사가 행했던 배제나 억압의 역사상을 지양하고 프로이트나 라캉이 꿈꾸었음직한 새로운 역사상을 발명한 셈이라고 할 수 있으니, 이는 『비밀과 거짓말』의 또 하나의 빛나는 부분이다.

4. 또 다른 성장, 또 다른 출발

작가 은희경이 돌아왔다. 『마이너리그』(2001) 이후 4년만이고, 소설집인 『상속』(2002)을 기준으로 해도 이 년여 만이다. 첫 장편소설 『새의 선물』 이후 간단없이 소설을 발표해온 템포에 비추어 보자면 꽤 오랫동안의 침묵이다. 그 결코 짧지 않은 침묵 끝에 작가 은희경이 드디어 우리 앞에 돌아왔다. 『비밀과 거짓말』을 들고

그런데 이 『비밀과 거짓말』이 심상찮다. 달라져도 너무 달라졌다. 혁신이라 할 만하다. 아니, 비약이라고 해야 할지도 모른다. 출

발부터 상투적인 것에 대해 결벽증적인 거부감을 보이더니 무슨 일이 있었던지 그 촉수를 자기 자신에게 들이댄 느낌이다. 그 정도면 아직도 매혹적인 것 같은 그 세계를 뒤로 하고, 은희경 하면 알아주는 그 트레이드 마크도 버리고, 전혀 다른 내용과 형식을 들고 우리 앞에 나타났다. 세상을 보는 시선은 훨씬 더 웅숭깊어졌고 그와 비례해 문체는 훨씬 더 밀도가 높아졌을 뿐만 아니라 압축미도 배가되었다. 이 정도면 모험이라 할 정도로 큰 변화이다.

무언가 큰 사건을 경험한 듯하다. 아니면, 언젠가 경험한 사건이 이제 예전의 작가로 돌아가게 하는 길을 차단한 모양이다. 마치 제주 4 · 3사건이나 80년의 광주를 경험하고서 더 이상 휴머니즘이나 인간의 자율의지를 근대성의 핵심원리로 믿을 수 없듯이, 또 1990년대에 나타난 그 정치와 과거에 대한 잔혹한 무관심을 보고서도 역사적 주체로서의 민중을 절대화할 수 없듯이, 은희경은 그 어떤 사건을 경험한 후 예전의 냉소적 이성으로 세상을 단순히 조소할 수 없게 된 듯하다. 대신 작가는 이제 분석가적 주체가 된 듯하다. 작가는 이전과는 달리 분석가적 주체가 되어 이 사회의 구성원들을 억압하는 초자아의 논리나 초자아의 작동시스템에 대해 연구하기 시작했고, 또 기존의 역사상에 의해 배제되거나 폐기처분되었던 억압된 요소들을 찾아내고 그것들을 다시 불러들이기 시작했다. 『비밀과 거짓말』은 그러한 변신의 출발점이고 신호탄이다.

그런데 새로운 혁신의 첫 출발점에 해당하는 『비밀과 거짓말』부터가 우리의 기대를 한껏 부풀어오르게 하고 있다. 분석가적 시선을 갖춘 첫 작품부터 은희경은 이제까지 볼 수 없었던 한국적 근대의 특수한 면모를 날카롭게 파헤치는가 하면 동시에 엄숙주의의 미망에 젖어 인간의 주요한 본성을 억압하는 역사상을 해체하고 이전에 볼 수 있었던 새롭고도 가치 있는 역사상을 제시한다.

『비밀과 거짓말』은 1990년대를 대표하는 소설로 일컬어지는 『새의 선물』 이후 꼭 십 년 만에 씌어진 소설이다. 그런데 『비밀과 거짓말』은 『새의 선물』이 은희경 소설의 정점이 아니라 단지 의미 있는 출발에 불과하다는 것을 충분히 증명하고도 남음이 있다. 변신의 첫 지점부터 이렇게 밀도 높은 작품을 우리 앞에 내놓았으니 앞으로도 은희경의 시대가 계속될 듯하다.

모성의 시간
황석영의 『심청』

1. 『심청전』 다시 쓰기의 연속성과 비연속성

황석영이 『심청전』을 새로 썼다. 바로 『심청』(문학동네, 2003)이다. 황석영을 아는 사람이라면 우선 고개를 갸우뚱할 일이다. 『심청』이라니. 황석영 하면 떠오르는 말들이 있다. 비극적 영웅주의, 민중적 전망주의, 민중적 상상력, 엄정한 리얼리스트 등등. 물론 최근에 들어서 황석영 소설의 위대함의 원천으로 이전의 권위주의적 담론 외에 또 다른 미적 특질이 주목되기 시작하면서, 황석영 소설은 서로 양립하기 힘든 것들이 서로 길항하는 대단히 생동적인 장이라는 점이 새롭게 부각되고 있으며, 그만큼 황석영의 소설

세계가 다양하고 다층적이라는 사실이 속속 밝혀지고 있는 것이
사실이다. 그러나 황석영 소설의 그 다층적인 성격에도 불구하고
황석영의 소설세계를 지목하는 말로 변함 없이 사용되는 표현은
남성적 의지라는 것이다. 황석영 소설은 그가 도달하고자 하는 세
계와 지금의 현실 사이의 낙차를 항상 남성적인 의지를 통해 극복
하고자 했으며, 그 때문에 '여성성의 거부─남성적 힘에 대한 추
구'(진형준, 「어느 리얼리스트의 상상 체계」; 남진우, 「돌의 정원─황석영 소
설과 알레고리적 상상력」)는 황석영 소설의 일관된 요소로 읽혀왔던
것이다. 그런 황석영이 "가난과 출세, 피지배자와 지배자의 양극을
공유하면서 선하게 중화시켜주는 완벽한 여성"(최래옥, 「「심청전」의
총체적 분석」)을 그린 여성영웅담 『심청전』을 다시 쓴 것이다. 우리
가 황석영의 『심청』 앞에서 일단 머뭇거릴 수밖에 없는 까닭이다.
　하지만 돌이켜 생각해 보면 우리가 『심청』 앞에서 갖는 이 느
낌, 그러니까 앞선 그의 작품과 전혀 다른 작품을 보는 듯한 이물
감은 황석영의 거의 모든 소설에서 익히 경험했던 바이기도 하다.
등단작인 「입석부근」에서부터 평판작들인 「탑」·「객지」·「삼포가
는 길」·「한씨연대기」·「돼지꿈」·「섬섬옥수」·「장사의 꿈」, 『장
길산』·『죽음을 너머 시대의 어둠을 넘어』·『무기의 그늘』·『오
래된 정원』·『손님』에 이르기까지 황석영의 소설은 어느 것 하나
기존의 규범성, 혹은 보편성을 충실하게 따른 경우가 없다. 황석영
은 항상 이제까지 어느 누구도 불러주지 않았고 그래서 말을 할
수 없었던 존재들을 호명하고 그들의 말을 들어주고자 했으며, 하
여, 황석영의 소설은 항상 낯설었고 이전과는 다른 어떤 소설이라
는 느낌을 주었던 것이다. 그러므로 문학사의 정전들이나 동시대

의 작품들과 분명한 차이를 확보하는 것은 물론 매번 작가 자신의 소설에 흐르는 일관성과 법칙성마저도 거스르는 이 영원한 생동성이야말로 황석영 소설의 핵심적인 원천이며, 때문에 우리가『심청』앞에서 느끼는 이질감은 오히려 자신의 모든 작품을 예외적인 것으로 만들고자 하는 황석영 소설의 특유의 생명력이 여전히 살아 꿈틀거리고 있다는 증좌이며 동시에 황석영 소설이 오랜 모색 끝에 이전의 안정감 있는 세계를 파기하고 또 다른 세계의 문을 열고 들어서는 중임을 알려주는 증거라 할 수 있다.

『심청』은 그것이 비록 자신이 확보해낸 보편성이라 하더라도 어떤 보편적인 규범성에 직접적으로 부응하는 바로 그 순간 이미 예술작품으로서의 자격을 상실한다는 것을 누구보다는 잘 아는 작가의 소설로 손색이 없다. 아니, 그 이상이다.『심청』은 황석영이 이제까지 행한 '차이와 반복'의 과정이 집대성되고 있을 뿐만 아니라 또한 그러한 양적 축적의 과정 끝에 또 한 번의 도약이 이루어지고 있다는 것을 보여준다. 즉『심청』은 이전 황석영 소설의 장처를 계승하면서 그 안에서 의미 있는 차이를 만들어내고 있는 소설인 것이다. 그리고『심청』이 지니는 획시기성은 단지 황석영 개인의 문학세계에 한정되지 않을 듯하다.『심청』과 더불어 한국 문학사 전반은 이제 새로운 단계로 진입하게 된 것이다.

『심청』은 제목이 암시하듯 우리의 잘 알려진 고전인『심청전』을 다시 쓴 것이다. 황석영은 판소리계 소설 중에서도 유난히 신화적이고 초월적인 질서의 영향력이 강하게 남아 있는『심청전』을 다시 쓰면서 그것을 치밀하게 현대적인 맥락 속에 위치시킨다. 물론『심청전』을 다시 쓴 것은 황석영이 처음은 아니다. 멀게는 이해조부터 가깝게는 이청준까지 여러 사람이 『심청전』을 다시 쓴 바 있다. 하지만 기존의 『심청전』을 완전히 해체하여 현대적인 감각으로 재구성한 경우는 아마도 채만식과 최인훈일 것이다. 채만식은 『심청전』을 여러 번 다시 썼을 정도로 『심청전』의 모티브에 큰 의미를 부여했던바, 채만식은 자신의 몸과 인격을 상품화해야 했던 심청의 삶에게서 여성들의 상품화를 노골적으로 강요하는 모더니티의 악마성을 발견한다. 그런데 채만식이 다시 쓴 『심청전』, 그러니까 「심봉사」는 인간마저도 상품화하는 현실 속에서 다만 딸이 팔려나가는 것을 지켜볼 수밖에 없는 심봉사의 회한과 분노에 초점에 맞추고 있으며, 이것은 「레디메이드 인생」, 『탁류』 등에서 자신을 상품화해야 했던 여성들을 바라보는 채만식의 우울한 시선과 정확하게 일치하는 것이기도 하다. 반면 최인훈이 다시 쓴 『심청전』인 「달아 달아 밝은 달아」는 심청의 용궁체험을 청루에서의 매춘 체험으로 설정한다. 그리고 심청의 삶을 '민족의 수난' 혹은 '여성의 수난'으로 치환하며 그 심청의 수난사를 통해 심청을 그곳으로 몰고 간 전근대적 모럴의 허위의식 전반을 비판한다. 하여, 「달아 달아 밝은 달아」의 마지막 구절인 "심청 / 교태를 지으며 / 환하게 웃는다 / 갈보처럼"은 민족의 수난에 대한 비극적 상징이자 전근대적 모럴에 대한 통렬한 비판이기도 하다.

이처럼 심청은 무력하고 무책임할 뿐만 아니라 허위의식으로 가득찬 남근주의적 사회의 희생양으로 다시 전유된 바 있거니와, 황석영의 『심청』은 이러한 심청의 이미지를 한편으로는 계승하면서도 다른 한편으로는 전혀 다른 맥락 속에 위치시킨다. 『심청』이 『심청전』에 가한 변화는 크게 세 가지이다. 하나는 『심청전』의 무시간성의 공간에 시간성을 부여한 것, 그것도 그 시기를 전근대와 근대의 이행기로 설정한 것. 다른 하나는 심청의 활동공간을 중국, 대만, 싱가포르, 일본 등 동아시아 지역으로 확대한 것. 그리고 마지막은 심청의 삶에 탈향과 귀향, 전락과 정화, 타락과 승화, 성장과 해탈의 인생역정 드라마를 부여하고 있다는 점이다. 종합하자면 황석영의 『심청』은 심청이라는 여성의 성장과 해탈을 통하여 서구적인 것, 근대적인 것, 자본주의적인 것과 충돌하며 극심한 혼란의 양상으로 전개된 동아시아 근대화 과정을 재현하고 그를 통해 한계에 직면한 모더니티의 어떤 가능성을 탐색하고자 한 소설이라 할 수 있다.

　이렇듯 황석영의 『심청』은 단순한 『심청전』의 반복이 아니다. 또한 다시 씌어진 이전의 『심청전』들과도 다르다. 『심청』은 작가 자신의 분명한 의도 하에 전면적으로 재구성된 『심청전』이며, 이렇게 본다면 『심청』은 황석영이 오랫동안 준비해온 그래서 그야말로 황석영의 모든 적공이 고스란히 투사된 소설이다. 작가 황석영이 동아시아의 타의적인 근대화 과정과 그것이 가져온 비극성에 주목하기 시작한 것은 하루 이틀의 일이 아니다. 그것은 거의 등단 시기로 거슬러 올라간다. 작가 황석영은 「탑」·「낙타누깔」, 『무기의 그늘』 등 월남전을 다룬 소설에서부터 이미 서구적인 것과 비서구적인 것, 보편적 내러티브와 토속적 내러티브, 오리엔탈리즘과 옥시덴탈리즘, 중심부와 주변부, 근대와 전근대, 탈마법화의 논리와 마성적 세계 사이에는 화해하기 힘든 갈등이 존재하며, 또한 그런 갈등이 변증법적으로 지양되는 것이 아니라 하나가 어느 하나를 폭력적으로 지배하는 것으로 귀결되면서 바로 동아시아의 비극이 시작된다는 사실을 주목한 바 있다. 하지만 우리를 포함한 동아시아는 이런 일방적인 지배에 저항해 의미 있는 역사 지리지를 구축하는 대신에 오히려 서구 중심의 현란한 내러티브를 내면화하기에 바빴으며 그 결과 동아시아에서는 서로 이질적인 손님들에게 영혼을 내맡긴 채 자기 민족끼리 싸우는 처절한 비극이 자주 발생하니, 『손님』에서 말하고자 하는 바가 바로 이것이다. 이제 필요한 것은 서구적인 것의 일방적이고도 폭력적인 질주가 가져온 불행들을 지목해내고 그 안에서도 여전히 살아 숨쉬는 인간적인 가치를 찾아나서서 그것을 맥락화하는 것이니, 작가 황석영은 『오래된 정원』에서 그 인간적 가치의 한 가능성으로 모성의 시간을 지목한 바 있다. 그러니까 『심청』은 초기작부터 하나하나 축적되었던 의미 있는 지표들이 드디어 하나로 모아져 이전의 황석영 소설은 물론 우리 문학사 전체에서도 볼 수 없었던 풍부하고도 무시무시한 현존들을 포착해낸 소설인 것이다.

'위험이 있는 곳엔 구원의 힘도 함께 자란다'는 횔덜린의 말이 아니더라도 참담한 고통 속에서 생겨난 지표만이 인간 전체를 의미 있는 방향으로 이끌어 간다. 이제 심청의 파란만장한 삶과 그 위험 속에서 자라나는 구원의 힘을 구체적으로 확인할 차례다.

2. 상품화되는 인간과 광기의 모더니티

『심청』은 심청의 수난의 역사이자 성장의 서사이며 동시에 고도의 정신적 각성에 대한 기록이다. 이 중 보다 핵심적인 서사는 바로 심청의 수난사이다. 『심청』은 심청이 겪는 수난의 과정을 무엇보도 치밀하게 묘사한다. 심청의 수난의 역사가 어느 날 갑자기 자신의 의지와 상관없이 시작된다는 점은 특기할 만하다. 심청은 어느 날 열다섯 살까지 살아오던 자신의 자족적이고 통일적인 세계로부터 이탈한다. 심청의 자아와 자족적인 통일성의 세계 사이의 균열 때문에 심청 스스로 길을 나선 것이 아니라 자신이 몸담고 있던 터전으로부터 강제적으로 추방당한다. 심봉사와 뺑덕어멈이 자신들의 고생을 덜기 위해 심청을 중국 선상들에게 팔아 넘긴 것. 이렇게 심청은 자신의 의지와 상관없이 강제적으로 세상의 거센 파도 속에 휩쓸리게 된다. 그것도 심청 자신의 인격이나 자신만의 역사지리지를 지닌 채 세파에 들어서는 것이 아니다. 비록 형식적으로 이루어진 굿과 제사이지만 심청은 상징적으로나마 죽음을 경과하며 그리고 다시 태어난다. 소설 『심청』의 표현에 따르자면 환생한다. 때문에 어느 누구도 심청의 고유성이나 심청만의 역사, 기억 등을 인정해주지 않는다. 예전의 심청은 죽고 이제 이전과는 근본적으로 단절된 새로운 형식의 삶을 살아야 하는 것이다. 환생해서 심청이 처음 듣는 정언명령은 "명심해라. 네 이름은 지금부터 심청이가 아니니라"(상권, 10면)라는 것. 즉 자신의 이전의 삶 전체와 그를 통해 형성된 고유한 역사지리지 모두를 버리고 살아가야 하는 상황에 직면한 것이다. 물론 심청이는 "내가 심청이 아니라면 그럼 나는 누구냐"(상권, 11면)라고 묻는다. 하지만 심청 자신은 답하지 못한다. 새로 태어난 심청에게 이름을 붙여주는 것은 심청 자신이 아니라 새로운 세계의 아비들이기 때문이다. 그렇게 심청은 거듭 태어나며 또 다른 곳으로 옮겨갈 때마다 그곳의 아비들에게 새로운 이름을 부여받는다. 심청이 살게 될 그곳은 심청의 자의식을 인정하지 않을뿐더러 또한 자의식을 유지할 경우 살아갈 수도 없는 어떤 곳이며, 이전의 나를 버리고 다시 태어나야 할 정도로 이전과는 완전히 단절된 시·공간인 것이다. 심청에게 모더니티 그것은 이처럼 심청의 삶을 근본적으로 뒤바꿔놓는 계기, 그러니까 이전의 심청은 죽고 새로운 심청이 태어나는 것과 같은 계기가 된다.

> 날이 새자 먼 바다의 수평선 너머로 부옇게 안개가 긴 듯하고 허공에 산봉우리들이 떠 있는 게 보였다. 크고 작은 돛배가 지나가는 것도 눈에 띄었는데 갑자기 빠른 속도로 엄청나게 큰 배가 선수 쪽을 가로질러 지나갔다. 그 배는 여러 조각으로 나뉜 돛을 달고 날개를 활짝 펼친 새처럼 보였고 높다란 뱃전에는 대포의 포구가 수십 개 뚫려 있었다. 선수에는 여신의 상체가 새겨져 있고 높다란 돛대 위에는 여러 색깔의 깃발이 펄럭였다. 그 배가 서양 나라의 상선이라고 누군가 말했지만 청이는 무슨 소리인지 머릿 속에 담아두지는 않았다. (상권, 27면)

더 이상 이전의 자기 모습으로서는 살아갈 수 없는 심청의 앞에 놓인 세상은 이처럼 모더니티의 높은 파고이다. 심청은 '서양 나라의 상선'으로 표상되는 근대 풍경에 대해 우선 무감하다. 그것이 어떤 위력을 지니고 있는지, 혹은 그것이 자신의 삶을 어떻게 바꾸어 놓을지 알 수 없기 때문이다.

하지만 "높다란 뱃전에는 대포의 포구가 수십 개 뚫려 있"(상권, 27면)는 서양 상선은 심청의 삶 깊숙이 진입하여 그녀의 운명을 결정짓는 요인으로 작동하기 시작한다. 심청은 우선 '청'이란 이름을 버리고 '렌화'라는 명명되어 '첸 대인'의 시첩으로 살아간다. '첸 대인'의 양생술을 돕는 '노인의 보약' 노릇을 했던 것이며 또한 그를 위해 '자기의 몸과 잠자리를 팔았'던 것. 하지만 '첸 대인'이 죽자 심청은 '첸 대인'의 막내 '구앙'을 따라 세상 속으로 나온다. 이 바깥 세상에서 심청은 모더니티의 거대한 파고를 만나게 되며, 이후 그녀의 운명은 이 모더니티라는 높은 파고에 의해 결정된다. 때로는 그 파고에 휩쓸려 광기와 공포의 경험을 하기도 하고, 또 때로는 그 파고를 가까스로 거슬러 자신의 목적지로 가는가 하면, 또 다시 휩쓸려 깊은 나락으로 떨어지기도 한다.

『심청』에서 심청이 세상과 조우하는 시기는 아편전쟁 때이다. 말하자면 세계의 중심을 자처하던 아시아의 맹주가 산업혁명으로 급부상한 서구의 자본주의 국가와 충돌하던 시기인 것이다. 서구적인 것들이 욱일승천의 기세로 떠밀려오던 때이며, 월러스틴의 용어를 빌자면 '하나의 전체로서의 세계체제'의 구축을 숙명으로 하는 전지구적 자본주의 시스템이 동아시아 쪽으로 운동방향을 돌린 시기인 것이다. 선진자본주의국가는 자본주의의 단 하나의 원리인 이윤 추구를 위해 나름의 고유한 시스템을 지니고 있는 주변부를 끊임없이 자본주의적 체계로 편입시키는바, 이 과정에서 서구적인 것과 동양적인 것, 근대적인 것과 전근대적인 것, 탈마법화의 세계와 마성적 세계의 갈등과 대립이 첨예하게 나타나는 것은 당연하다. 하지만 이 쟁투는 서구적인 것이 동양적인 것을 압도하는 것으로 끝난다. 자본주의는 최소한의 투자를 통하여 최대한의 이윤을 얻는 것이라면 무엇이든 행하기 때문이다. 영국은 최대한의 이윤을 위해 중국에 흔히 '신의 독약'이라 비유되는 아편을 투입하여 결국은 거대한 중국을 아편의 왕국으로 만들어 버리며, 그 끝에 승리를 얻어내고 중국 전체를 자본주의적 시스템으로 재편하고자 한다.

이렇듯 갑작스럽고 강제적인 자본주의화로 인해 발생하는 비인간적인 메커니즘은 특히 그 사회의 여성들에게 아무런 매개도 없이 직접적으로 작동한다. 자본제적 생산관계는 잘 알려져 있듯 그곳의 모든 인간을 상품의 구매자이면서도 동시에 상품 자체인 존재로 전락시킨다. 그런데 강제적이고 기형적으로 자본주의 체제에 편입할 경우, 이러한 근대화의 모순은 여성, 혹은 여성의 상품화에 집중적으로 관철된다. 어느 날 갑자기 강제적으로 자본주의 시스템에 편입될 경우 그 사회 구성원들에게 요구되는 가장 큰 일은 공동체적인 감각이나 인륜성 따위를 벗어던지고 자신을 상품화하는 것이다. 그러나 자본주의적 시스템에 필요한 인간이 되기 위해서는 상품으로서 가치 혹은 자질을 갖추어야 한다. 그런데 인간 자신이 상품성을 구비하는 데는 오랜 시간이 걸린다. 상대적으로 비교적 오랜 훈련이나 전문성 없이도 자신을 상품화시킬 수 있는 것이 바로 여성이다. 그렇게 그들은 여공으로, 매춘부로 살아가게 되며 아직도 자본주의적 상품으로서의 가치를 지니지 못한 다른 가족 구성원들을 부양하게 된다. 그러므로 가족을 위해 자신의 몸과 인격을 상품화하는 여성은 주변부 모더니티의 가장 큰 희생양이자 그것이 만들어낸 가장 큰 위험이다.

심청 또한 자신의 몸과 인격을 상품화하기에 이르니 이렇게 심청의 운명은 모더니티의 거센 파고에 휩쓸린다. 심청은 불안정한 가운데서도 대단히 강렬한 용기와 결단으로 자신의 삶을 자율적으로 조절하고자 한다. 그래서 자발적으로 매춘에 나서기도 하고, 또 숨막히는 순결한 사랑을 꿈꾸기도 한다. 하지만 모더니티의 위력은 절대적이어서 한 개인의, 그것도 한 여성의 자율적인 조절 의지를 용납하지 않는다. 여성들에게 특히 잔혹한 모더니티의 파고를 거슬러올라 이제 개인적인 행복을 누리는가 하면 모더니티의 파고는 예외 없이 심청을 원래의 그 자리로, 또 때로는 원래보다 더 깊은 심연으로 끌어내린다. 심청은 부침을 거듭하며 험난한 인생을 살아간다. 그렇게 심청은 중국 난징에서 진장, 대만, 싱가폴, 일본의 류큐, 나가사키로 옮겨가며, 또한 '렌화', '로터스', '렌카' 등 여러 이름들을 거느리게 된다. 이 부침의 과정을 통해서 심청은 주변부 모더니티의 악마적 성격을 발견하며 그것을 지탱하는 이데올로기들의 허구성을 하나하나 확인해 나간다.

> "세계는 넓다. 그리고 우리는 그걸 우리 시장으로 만들거다. 나도 당신을 새사람으로 만들 작정이다."
> 집 안 곳곳마다 램프에 불이 켜지고 요리사와 아마가 아래편 오두막으로 내려간 뒤에 마지막으로 시쓰가 노대로 나왔다. 제임스가 그에게 말했다.
> "모기는 없겠지?"
> "모두 잡았다. 모기장 쳤다."
> 제임스는 다시 청이의 손목을 잡고 거실을 지나 오른쪽의 문을 밀고 들어가 침실로 갔다. (……) 제임스가 두리번거리더니 준비해둔 듯한 큼직한 스테

인리스 병의 물을 대야에 부었다. 그러고는 불그스레한 액체가 들어 있는 작은 병을 기울여 소독약을 물 속에 떨구었다. 제임스가 말했다.

'이걸로 씻구 잔다."

(……)

아, 이 사내는 병을 겁내고 있구나. 아직 나를 믿지 못하는 거야. 제임스가 다시 중얼거렸다.

"메이두, 메이두, 무섭다!"

청이는 자기가 다시 지룽의 사창가로 돌아온 느낌이 들었다. 그네는 쪼그려앉아서 가운 자락을 젖히고 아랫도리를 소독수로 씻어냈다. 제임스는 벌써 벌거벗고 모기장을 내려뜨린 침대 안으로 기어들어가 있었다. 소독약을 탄 물이 닿자 연약한 질 속이 따갑고 쓰라렸다. (하권, 21~22면)

아퉁이 오늘 장사를 기대하고 있는 것은 서양인 선원들이 상륙할 예정이기 때문이었다. 대륙에서는 난징 조약 이후에 개항장이 열리고 영국 군대가 지키는 조차지도 생겼지만, 타이완은 오래 전부터 포르투갈과 스페인과 네델란드가 차례로 점령했던 적이 있어서 아직 개항이 허락되지 않고 있었다. 그러나 지룽과 단수이에서는 충돌을 피하기도 하고 상업적 이익이 있는 만큼 외항에서 거룻배를 이용한 무역은 허용하고 있었다. 짐을 싣고 내리는 동안에 선원들은 밤에만 상륙이 허락되었고 그것은 순검서 동지의 재량권에 속하는 일이기도 했다. 서양인들은 뭍에 올라 창가에 오면 긴밤 화대로 열 배의 돈을 냈다.

(……)

"그럴 줄 알구 부엌에다 술과 안주를 준비해두었다. 지룽 사람들에게는 창가에서 술을 파는 건 금지되어 있지만 양인들에게야 누가 뭐랄 사람이 있나."

청이는 돌아서서 안으로 들어가려다가 아퉁에게 약을 올리는 투로 말했다.

"돈두 좋지만, 마마한테까지 장사를 시켜요?"

아퉁은 청이를 힐끗 바라보고는 간단히 대답했다.

"그게 이 바닥 법도야. 네 걱정이나 해라." (상권, 252~254면)

위에서 볼 수 있듯 심청이 그 지난한 고난의 역정을 통하여 확인하는 것은, '하나의 전체로서의 세계체제'를 꿈꾸는 전지구적 자본주의 시스템 자체에 숨겨져 있는 지독한 아이러니에 관한 것이다. 『심청』은 이윤의 극대화를 위해 한 나라 전체에 아편을 풀어넣는 것은 물론 주변부 국가가 그토록 오랜 기간 동안 축적해온 기술이나 자연의 상태를 한 순간에 수탈하면서도 그것에 대해서는 말하지 않고 말라리아나 매독의 위험에 대해서는 역사적 발전 과정을 들이대는 이 지독한 역설이 바로 모더니티의 속성임을 설득력 있게 제시한다. 그러나 『심청』은 주변부에서 근대를 경험한 동아시아의 살풍경을 단지 모더니티의 악마성이나 그들 특유의 오만과 편견, 그러니까 그들의 오리엔탈리즘에서만 찾지는 않는다. 『심청』은 주변부 모더니티의 지옥도와 같은 풍경의 한 원인으로 주변부의 지식인, 혹은 남성들에게서 찾는다. 자본주의는 한편으로는 끊임없이 욕망의 모델을 구축하면서 다른 한편으로는 이 모델을 자신이 착취하는 대중에게 내면화시키는 방식으로 생존하는바, 주변부의 지식인, 혹은 남성들은 이 상상적 거울을 깨고 실재계를 보기는커녕 이 모더니티가 구축한 욕망의 모델을 아무런 반성 없이 그대로 내면화하고 그 모델을 그대로 더 낮은 계층이나 여성들에게 강요한다는 것이다. 전지구적 자본주의 시스템이 인간 사회 전반에 가져온 살풍경과 아이러니에 대한 가히 놀라운 성찰이라 할 만하다.

3. 대지적 모성, 혹은 모더니티의 타자

『심청』은 이처럼 우선 동아시아를 종횡하는 심청의 처절한 수
난사를 통해 주변부 특히 동아시아의 모더니티의 살풍경과 모더
니티 전체의 아이러니와 광기를 밀도 있게 그려낸다. 하지만 이것
이 다는 아니다. 『심청』에는 또 하나의 중요한 원리가 작동하고
있다. 바로 심청의 정신적 성장과 고도의 정신적 각성과정이다. 주
인공 심청은 광기의 모더니티가 만들어놓은 욕망 모델을 그대로
내면화하지 않는다. 심청이는 하나하나 지옥과 같은 경험을 할 때
마다, 그러면서도 떳떳한 선진자본주의국가의 남성과 주변부의 남
성들을 볼 때마다, 자본주의가 만들어놓은 욕망 모델이 사실은 인
간 자체의 자존과 위엄을 근본적으로 부정하는 것임을 깨닫고 그
것의 허구성을 끊임없이 자기화한다. 그리고 그러한 욕망 모델에
서 벗어나 진정으로 인간적인 가치가 무엇인가를 모색하며, 아주
오랜 고통 끝에 그것을 찾아낸다. 미리 앞질러 말하자면 그것은
바로 모성의 경험이며, 모성의 경험에서 우러나오는 더 낮고, 더
소외되고, 그래서 아무도 호명해주고 말을 들어주지 않는 존재들
에 대한 관심이다.

물론 이러한 정신적 성장과 각성이 한 순간에 이루어지는 것은
아니다. 그것은 아주 차근차근, 한 계단 한 계단 이루어진다. 모더
니티의 세계 속에 진입하는 순간 심청에게 들려온 정언명령은 앞
서 이야기했듯 "명심해라. 네 이름은 지금부터 심청이가 아니니
라"라는 것이다. 모더니티의 시·공간은 심청에게 더 이상 기억을

지니고 있지 말기를, 그리고 정체성을 지니지 않기를, 그저 그냥 불러주는 대로 살기를 강요한다. 하지만 심청은 거듭거듭 묻는다. "내가 심청이 아니라면 그럼 나는 누구냐?" 하지만 이 질문이 심청을 마냥 행복하게 하는 것은 아니다. 그 기억 속에는 심청 자신이 "지금 세상에 남녀상열지사가 심히 어지로우매 그것 또한 보살인 너의 죄이니라. 너는 가서 여자로 현신하여 세간을 깨우치라"(상권, 14면)는 명을 받고 천상에서 내려온 남해관음이라는 소중한 것이 없는 것은 아니나 동시에 아버지로부터 버림받은 공포의 순간도 있는 것이다. 또한 모더니티 그것이 호명해주는 대로 사는 것은 타자가 만들어놓은 규범을 지키기만 하면 되는 것이니만큼 어떠한 내적 분열을 경험하지 않아도 되는 안정성 있는 삶이기도 한 것이다.

하지만 심청은 내내 타자가 불러주는 그 명명대로 살기를 거부한다. 대신 그 분열을, 그 분열 때문에 생기는 고통을 감내한다.

그때 심청은 어깨 높이의 가리개 너머로 사람의 얼굴을 얼핏 보고는 소스라쳤다.

넌 누구야?

넌 누구야, 라고 바로 면전의 얼굴이 되물었다. 청이가 가리개를 밀치고 벽에 다가서자 그네는 선명하고 빛나는 물체에 부딪칠 뻔했다. 청이는 양거울을 처음 보았다. 거울은 작은 상만한 크기였는데 그 속에 낯익은 얼굴이 떠올라 있었다. 물동이 속에서, 하늘거리는 냇물의 수면 위에서, 반질반질 닦은 놋뚜껑의 앞면 뒷면에서, 똑바로, 일그러지게, 길쭘하게, 넓적하게, 보이던 바로 그 얼굴은 자기였다. 청이는 두 손으로 볼을 감싸안는다. 맞은편의 렌화도 볼을 감싸안는다.

아, 그래 내가 원래 청이었지 ……

　　심청은 멀뚱히 렌화를 바라보다 허리띠를 풀고 비단 홑옷을 벗어 발 아래
떨구었다. 그네는 태어나서 처음으로 자신의 벌거벗은 몸을 남의 것처럼 바
라보았다. 거울 속의 렌화가 말했다.
　　너는 내가 아니야. (상권, 35~36면)

청이는 상품으로 전락한 상태로부터 벗어나서 원래의 자기 자
리, 자연상태로 돌아가기를 열망한다. 하지만 이미 전지구적 자본
주의 시스템 속에 자기 자신을 상품으로 내놓은 경우, 그것도 심청
의 경우처럼 매매를 통해서 상품이 되는 경우, 그러한 존재가 그
순수한 자연 상태로 돌아가는 것은 불가능하다. 이율배반에 빠지
는 것이다. 자신의 목적을 달성하기 위해서는, 그러니까 뭔가 훼손
되지 않았던 그 자연의 상태로 돌아가기 위해서는 자신에게 덧씌
워진 빚을 대속해야 하는바, 그러기 위해서는 상품의 역할에 더욱
충실해야 하는 악무한적인 상황에 빠지게 되는 것이다. 그러나 심
청이는 이 상황에 대해 매우 낙관적이다. "나는 힘이 좋아. 힘을 가
지고 싶어요 (……) 힘 있는 것을 꾀어서 가지면 되잖아요 (……)
나는 유혹할 거예요 그러다가 내 맘대로 그만두면 지들이 어쩔거
야"(상권, 94면)라는 말에서 볼 수 있듯 모더니티의 대행자들의 권위
를 조절하면 얼마든지 모더니티의 질서 바깥으로 나갈 수 있을 것
으로 판단한다.

그리고 아주 쉽게 이 악무한적인 연쇄의 고리로부터 탈출을 감
행하기도 한다. 인격 대 인격의 만남이 불가능한 그곳에서 청은
동유를 만나고는 곧 미래를 약속한다. 그리고 짧은 기간 안에 자
신의 상품적 가치를 최고로 높여 돈을 어느 정도 확보하고는 이곳
과 다른 삶을 도모한다. 하여, 동유와 혼인을 하고 그곳으로부터

탈출하기에 이른다. 하지만 견고한 모더니티의 세계는 그 모험을 인정하지 않는다. 오히려 더 질기고 야만적인 연쇄에 걸려든다. 매매조직에 걸려든 것이다. 결국 둘은 헤어진다. 그리고 그야말로 극한 상황 속에 빠져든다. 복락루에서는 구앙이라는 모더니티의 대행자가 있어 청이에게 어느 정도의 자율적인 의지가 허용되었던 것인데, 이제 그것은 불가능하다.

자기 자신의 의지와도 상관없는 빚이 저주처럼 들씌어진 채 청이는 대만으로 끌려간다. 이제 청이에게 인간을 상품으로 묶어 두는 모더니티 체제는 극도의 공포 그 자체이다. 수많은 인간 존재들과 오로지 돈을 매개로 해서만 만나야 할 뿐만 아니라 그것도 그 존재의 전 서사가 아니라 부분과만 접촉해야 하고, 더 나아가 결코 어떤 변화도 없이 반복되는 노동은 부조리 그 자체이다. 이러한 상황 속에서 청이가 택하는 것은 두 가지이다. 연극적 자아가 되는 것. 개인적 동일성을 더 많이 더 철저하게 도려내어 자신에게 주어진 직분을 다만 기계적으로 수행하는 것이다. “영업할 제는 잡극 노는 광대처럼 겉으로만 하는 거야”(상권, 110면)라는 키우의 충고에 청이가 뒤늦게 “이제부터 너를 반쯤 죽여놓을 거야. 나는 절대로 달아오르지 않을 테다. 그렇지만 겉으로는 얼이 나간 것처럼 꾸며야겠지”(상권, 219면)라고 동의하기 시작했다고나 할까. 다른 하나의 길은 이곳으로부터 벗어나기 위해 모든 수단과 방법을 동원하는 것. 즉 자신의 꿈과 지금 현실과의 낙차를 강인한 의지로 극복하는 것이다. “청이는 힘 있는 자가 아니면 절대로 정인을 삼지 않으리라 벌써부터 작정하고 있었다. 아니 오히려 자기 쪽에서 지롱 사창가 포주들의 엄격한 관리를 벗어나게 해줄 수 있

는 상대를 찾아야만 한다고 생각했다.”(상권, 241면)

하지만 청이를 이 극한 상황에서 구원해주는 힘은 단지 연극적 자아의 연기력 탓만도 아니고 하여간 벗어나야 한다는 강한 목적의식 때문도 아니다. 청이의 구원은 “기녀의 품격을 지키는 것이 생존에 도움이 되리라는 것을 알았다”(상권, 241면)는 각성이 덧붙여지면서 서서히 가시화되기 시작하더니, 여기에 모성의 경험을 적극적으로 수용하면서 완성된다. 청이는 링링이 낳다 죽은 유자오를 맡아 키우기 시작하면서 더욱 강인한 자아가 된다. 청이는 자기 자식이 아님에도 불구하고 청이 자신에게 젖을 먹여주었던 수많은 어머니들을 떠올리고는 그들의 충실한 후계자가 되기로 한다. 하여, 자기 자신만의 개인적인 구복을 꿈꾸는 것이 아니라 자기 주변의 공동운명체에게로 시선을 돌리기 시작하며 자기보다 더 낮은 곳에 있는 존재들의 고통을 자기화하는 단계로 나아간다. 이러한 청이의 이타성은 또 다른 이타성을 불러 주변인들의 도움을 받기 시작하고 그러면서 청이는 인간에게 상품을 강요하는 모더니티의 악무한적인 연쇄를 끊어내고 자유로이 부동하는 존재가 된다.

청이는 이렇게 이타성을 실현하면서 얻게 된 자유의 상태에 만족하지 않고 그것을 더 큰 이타성으로 승화시킨다. 청이는 특히 모더니티가 안고 있는 모순을 가장 적극적으로 실천하는 존재인 백인들과 그 모더니티의 가장 커다란 희생자이면서 동시에 그 모더니티를 끊임없이 재생산하는 존재인 매춘부들 사이에서 태어난 혼혈아에 대한 지대한 관심과 애정을 표현한다. 또한 자유롭게 부동하는 상태에서 청이의 과거와 현재까지를 모두 자기의 서사 속에 편입시키려는 가즈토시를 만나 결혼에 이른다. 청이는 왕후가 되어서도 특히 사회로부터 소외받은 자들에 대한 관심을 잃지 않고 세제의 개편을 건의하는 것은 물론 노인들에 대한 배려도 잊지 않는다. 남편이 죽은 후 혼자 되어서도 혼혈아들과 소외된 자들에 대한 관심을 지속적으로 실천에 옮기며, 나중에는 애정을 가지고 살피던 혼혈아인 기리 내외를 따라 조선으로 돌아와서 그야말로 평화로운 임종을 맞는다. "심청은 눈을 감고는 한 번 빙긋이 웃었다. 오물조물한 입이 조금 움직였을 뿐, 실컷 울고난 사람의 웃음처럼 그건 아주 희미했다."(하권, 307면)

이처럼 『심청』은 인간 자신을 철저하게 상품화하는 모더니티에 심청의 '실컷 울고난 사람의 희미한 웃음'을 맞세운다. 동아시아 전체를 살풍경으로 몰아넣은 자본주의 시스템과 그것이 만들어낸 욕망 모델을 무비판적으로 수용한 주변부 지식인들의 허위의식을 넘어설 수 있는 가치로 『심청』은 그 양자가 빚어낸 최고의 희생자들을 껴안는 모성의 경험을 제시하고 있는 셈이다. 『심청』에서 이 모성의 경험은 대단히 웅숭깊어 보인다. 그것은 이타성을 전제로 하기에 자기만을 배려하는 모더니티와 근본적으로 대립하고 있을 뿐만 아니라 또한 이 모성의 경험을 통해 동아시아의 근대화 과정에서 가장 소외된 존재들을, 그러니까 동아시아 근대화 과정의 허구성을 가장 적실하게 비판할 수 있는 존재들을 발굴해내는 원천으로 작용했기 때문이다. 『심청전』에서 심청을 길러낸 수많은 어머니들의 이타성이 이처럼 모더니티 전반을 가장 선명하게 비추는 거울로 다시 살아난 셈이니, 이것 하나만으로도 황석영의 『심청』은 한국문학사에 의미 있는 새로운 전통을 일궈낸 일종의 문학사적 사건이라 할 만하다.

4. 전통의 현대적 계승과 그 의미

황석영의 소설은 어느 것이나 하나의 개념을 순식간에 의미 없는 것으로 전락시키는 생동감으로 가득 차 있다. 하여, 황석영의 소설을 몇몇 개념어로 획정하는 일은 황석영의 소설을 질서화한다기보다는 언어의 감옥에 가두는 것과 마찬가지이다. 『심청』 또한 예외는 아니다. 아니, 오히려 이전의 작품보다 더 생동감이 넘쳐서 몇몇 단어만으로 온전하게 설명할 수 없을 정도로 다양하고 중층적이다. 특히 동아시아 근대사에 대한 폭넓은 이해와 해박한 지식, 인간의 정신과 육체에 대한 그 미묘한 성찰 등은 놀라울 정도이거니와, 이것은 『심청』을 풍부하게 한 중요한 원천들임에 틀림없다.

이런 여러 가지 요인 중에서도 『심청』을 위대하게 만든 핵심적인 요인 중의 하나는 『심청전』의 풍부한 재해석과 『심청전』 내러티브의 적극적인 활용이다. 어떻게 보면 『심청』은, 만약 『심청전』이라는 내러티브가 바탕에 깔려 있지 않았을 경우, 한 여인의 인생 역정으로 포괄하기엔 너무 많은 역사와 시기를 포괄하고 있는 것이 사실이다. 만약 한 평범한 여성 화자나 실존 인물을 전면에 내세워 동아시아의 근대화 과정 전체를 횡단했을 경우 그것은 현저하게 개연성도 밀도도 떨어졌을 것이며 무리한 구성이 되었을 가능성이 높다. 하지만 『심청』은, 『심청전』이라는 다소 비현실적이고 환상적인 텍스트를 적극 활용함으로써 오히려 실재와 환상, 역사와 허구 등을 자유자재로 넘나들며 그 풍부한 내용들을 한 작품 속에 대단히 밀도 있게 포괄해낼 수 있었던 것으로 보인다.

『심청』은 이처럼 전통적인 내러티브의 적극적인 활용을 통해 이전에 볼 수 없었던 새로운 소설 문법을 만들어낸 경우에 해당하며 이는 충분히 주목할 필요가 있다. 특히 더욱 반가운 것은 이번 시도가 다분히 의식적이고 의도적이라는 사실이다. 지난 작품인 『손님』이 진오귀굿을 활용한 경우에 해당한다면, 이번의 『심청』은 『심청전』이라는 토착적 내러티브를 적극적으로 현대화하고 계승한 경우에 해당한다. 프랑코 모레티가 세계문학사를 서술하면서 세계문학사의 발전이 보편적 내러티브와 토착적 내러티브의 갈등과 길항 속에서 이루어졌음을 강조한 대목을 상기할 경우 이러한 작업이 얼마나 의미 있는 것인가를 쉽게 확인할 수 있다. 이제까지 우리의 소설은 지나치게 보편적인 내러티브들에만 집착하고 관심을 가져온 것이 사실이다. 이러한 마당에 『심청』이 보인 이러한 전통적 내러티브의 계승은 그 자체만으로도 충분히 의미 있다고 할 수 있으며, 향후 문학의 흐름에 좋은 길잡이 역할을 할 것으로 보인다.

작가 황석영의 소설에는 항상 기존의 문학사를 다시 뒤돌아보게 하는 어떤 힘이 있다. 아마도 그것은 자신의 소설까지를 포함한 기존의 소설 문법에 안주하지 않으려는 열정 때문이리라. 하여, 황석영의 소설에서는 항상 청춘의 욕동이 느껴지며 『심청』 또한

마찬가지이다. 환갑을 맞이한 나이에 쓴 소설에서도 청춘의 힘이
느껴지는 것은 황석영 자신에게는 미덕이지만 우리 독자들에게는
일종의 축복이다. 황석영의 다음 소설이 또 기다려지는 이유이기
도 하다.

죽음 앞에 선 노년
김원일의 『슬픈 시간의 기억』

1. 노년의 호명과 맥락화

김원일의 연작 장편 『슬픈 시간의 기억』은 인생의 노년에 관한
소설이다. 『슬픈 시간의 기억』은 침묵을 강요당하는 노년의 목소
리를 소설의 전면으로 불러낸다. 아니, 더 나아간다. 『슬픈 시간의
기억』은 그 노년에 스며 있는 모든 경험과 흔적들을 호명할 뿐만
아니라 그것을 치밀하게 역사화하고 문맥화한다.

『슬픈 시간의 기억』은, 한마디로, 최근 하나의 경향 혹은 계보
로 자리하기 시작한 소위 '노인문학'의 연장선상에 놓여 있는 소
설이다. '노인문학'의 등장을 두고 한 비평가는 우리 소설의 성숙

을 말한 바 있지만, 이 말을 굳이 빌지 않더라도 노년에 대한 최근
의 문학적 관심은 단연 이채롭고 문제적이다. 보부와르의 방대한
저서 『노년』에 따르면 현대 사회에서 노년은 모더니티에 의해 가
장 처절하게 소외되고 배제된 계층이자 삶의 영토이다. 죽음과 정
지, 그리고 노화 등으로 표상되는 노년은 젊음·유혹·생기·노동
과 같은 근대성의 주된 가치와 첨예하게 대립한다. 하지만 이 노
년이라는 삶의 영토는 노동자, 여성, 자연 등의 하위주체와 같이
범주화하기도, 그리고 계급화하기도 힘들기 때문에 모더니티의 논
리에 의해 무엇보다도, 누구보다도 철저하게 쓸모 없는 실존으로
격하된다. 결국 노년에 대한 관심은 계몽의 신화 속에 가려진 모
더니티의 광기 혹은 폭력성을 읽어내는 일에 다름 아니다. 노년에
대한 관심에 담긴 의미는 이것만이 아니다. 노년이란 일시적인 것,
혹은 영원한 파괴와 쇄신이라는 운동성에 몸을 맡기는 존재가 아
니라 모더니티 특유의 속도감이 잃어버린 것, 그러니까 영원한 것,
신화적인 것, 본질적인 것을 다시 발견해내는 순간인 것이다.

　종합하자면 노년에 대한 관심은 곧 계몽의 신화가 인간 전체를
위한 휴먼 프로젝트가 아니라 몇몇만을 위한 특별한 기획임을 밝
힘과 동시에 그 계몽의 신화에 의해서 쓸모 없는 실존으로 격하된
보다 인간적인 가치들을 복원해내는 중요한 통로라 할 수 있다.
최근 박완서, 최일남 등에 의해서 서서히 하나의 계보로 자리잡는
노년에 대한 소설적 관심이 중요한 이유는 이 때문이며, 김원일의
『슬픈 시간의 기억』의 문제성도 바로 여기에 있다.

2. 불행한 역사와 분열된 영혼들

　그렇다고 『슬픈 시간의 기억』이 노년을 호명한 이전 소설들의 단순한 반복인가 하면 그렇지 않다. 물론 『슬픈 시간의 기억』은 이전 노년 소설의 미덕을 충분하게 계승한다. 하지만 거기에 자신만의 새롭고 고유한 세계를 덧붙이고 있는 것도 사실이다. 즉 『슬픈 시간의 기억』은 기존의 계보에 충실하면서도 그 안에서 자신만의 자리를 만들었다고 할 수 있는바, 『슬픈 시간의 기억』이 대단히 밀도 있는 서사공간으로 탄생할 수 있었던 요인이 바로 여기에 있다.

　『슬픈 시간의 기억』은 노년에 대한 관심을 보이되 노년 일반이 아니라 보다 제한된 대상에게 특별한 시선을 보낸다. 『슬픈 시간의 기억』은 일제시대와 전쟁 속에서 억압되고 뒤틀린 청춘을 보내고 가까스로 살아남은 노년들의 삶의 이력을 매우 요령 있게 그러나 그 어떤 인물보다도 전형적으로 재구성하고 재현한다. 근대 이후 우리 민족의 구성원들의 삶이 그러했듯 이들의 삶의 이력은 하나같이 불행하며 처절하다. 예컨대 「나는 누구인가」의 한여사는 일제시대에는 몹시도 가난한 집에서 태어나 집안의 입을 하나 덜기 위해 공장으로 팔려간다. 혹독한 공장 생활을 경험하고 왜곡된 것이긴 하지만 행복의 조짐이 보이는 순간 느닷없이 동남아 전선에 정신대로 끌려간다. 이런 시련을 이겨내고 해방된 고국으로 돌아왔건만 한여사를 기다리는 건 가족들의 따듯한 위로도, 그녀들의 고통에 대한 나라의 관심과 보상도 아니다. 돌아와 보니 가족은 아예 사라졌고 조국은 그녀들을 배척하고 오히려 그녀들의 존재 자체를 두려워한다. 결국 어떠한 보상도 위안도 없이 그녀는 더 큰 시련 속에 빠져들고 한국전쟁 중에는 생존을 위해 소위 양공주 노릇을 하기까지 한다.

물론 『슬픈 시간의 기억』에서 불행한 역사 때문에 혹독한 운명을 등에 지고 비틀거리며 살았던 존재가 한여사 하나인 것은 아니다. 『슬픈 시간의 기억』에 등장하는 모든 인물이 한여사와 같이 모두 처절한 질곡을 견디며 산 것으로 그려져 있다. 『토지』의 임이네를 연상시키는 「나는 나를 안다」의 초정댁 역시 가난 때문에 부자집의 정상적인 운신이 불가능한 아들에게 시집을 가며 전쟁 중 좌우익의 대립 때문에 극심한 공포를 경험한다. 「나는 두려워요」의 윤선생도 가난한 집의 딸로 태어나 선교사의 도움으로 선생의 자리까지 올랐으나 전쟁의 와중에서 소중한 가족을 잃고, 「나는 존재하지 않았다」의 김씨도 또한 일제시대로부터 전쟁을 치르는 동안 가족과 헤어진 채 홀로 살아가는 인고의 세월을 보낸다. 이 네 명의 초점인물 외에도 『슬픈 시간의 기억』에 등장하는 모든 인물들은 근·현대사의 파행적 전개로 인한 회복하기 힘든 트라우마를 지니고 있다.

이처럼 『슬픈 시간의 기억』에 등장하는 인물들은 모두 회복하기 힘든 정신적 상처를 지니고 있을 뿐만 아니라 그 상처의 지점이 한결같기도 하다. 여기서 우리는 『슬픈 시간의 기억』이 근대 이후의 역사에 있어서 일제시대와 한국전쟁이라는 시기를 얼마나 중요하게 바라보고 있는지를 단적으로 확인할 수 있다. 이렇게 본다면 『슬픈 시간의 기억』은 작가 김원일이 오랫동안 천착하고 있는 소설적 주제의 한 연장선상에 놓여 있는 작품이라 할 수 있다. 김원일의 이전 소설인 『불의 제전』, 『겨울골짜기』, 『늘푸른 소나무』 등이 근대 이후 총체적인 역사상을 재현한 것이라고 한다면, 『슬픈 시간의 기억』은 이민족의 지배와 전쟁을 경험한 세대의 삶의 궤적 속에 파란만장한 근대사를 매우 압축적이고 상징적으로 담아내고 있다고 할 수 있다.

하지만 이 역시 작가의 이전 소설의 단순한 반복은 아니다. 아니, 오히려 『슬픈 시간의 기억』은 어떤 면에서 보자면 지나간 과거를 보다 본격적으로 현재화하고 역사적으로 문맥화하는 작업이라고 할 수 있다. 『불의 제전』 등이 지나간 한 시대의 절단면을 전체적이고 총체적으로 재구성하여 우리에게도 이런 과거가 있었다는 것을 보여주는 소설들이라고 한다면, 『슬픈 시간의 기억』은 그 과거가 지금 이 시대의 삶의 감각과 보편성 속에 어떤 식으로 작동하고 있는지를 본격적으로 탐색하는 소설이라 할 만하다. 즉 『슬픈 시간의 기억』은 지금 이 시대 이전에 우리에게도 이런 전사(前史)가 있었으며 그것이 바로 우리 시대의 기원이라고 보여주는 단계에서 그치는 것이 아니라 그러한 상처와 불행으로 점철된 과거가 우리 시대의 삶을 어떤 방식으로 결정지었는지에 대한 보다 본격적인 성찰을 행하고 있는 소설인 셈이다.

물론 『슬픈 시간의 기억』에 따르면 일제시대와 전쟁의 시기는 지금 이 시대의 삶을 구성한 가장 중요한 기원이며 지금의 삶 전체를 규율하는 가장 핵심적인 살아 있는 전사이다. 하지만 『슬픈 시간의 기억』은 지금 이곳의 어디에서나 일제와 전쟁의 흔적을 찾으려고 하지도 않으며, 또한 그 과거를 잊어서는 안 된다고 강요하지도 않는다. 『슬픈 시간의 기억』은 일제와 전쟁의 시대에 청춘을 경과한 그래서 모든 것이 전도된 삶을 살았던 불행한 세대가 이제는 단지 소수일 뿐이라는 사실도, 그리고 이 소수의 이들마저도 철저하게 사회적 관심으로부터도 멀어져 있어서 이들 세대가 현재의 보편성에 어떤 영향력도 미칠 수 없다는 사실도 부정하지 않는다. 『슬픈 시간의 기억』은 다만 여러 전형적인 장면과 다양한 장치를 통해 이들의 훼손된 삶을 재구성할 뿐이다. 그런데 중요한 것은 이 과정에서 이들 세대가 겪었던 불행과 공포는 지금 이 시대를 사는 우리의 것이 된다는 것이다. 『슬픈 시간의 기억』은 이들 세대의 고통이 시대를 잘못 만난 어떤 예외적인 소수들만이 겪는 그것이 아니라 바로 지금 우리가 겪고 있는 실존적 상황과 같다는 것을 성공적으로 표현해낸다. 한마디로 『슬픈 시간의 기억』은 일제시대와 전쟁과도 같은 극한적인 상황과 그 상황 속에서의 처절한 고통을 형상화하면서도 그것을 그때, 그곳에서 벌어진, 지금 우리와는 무관한 경험으로 받아들일 수 없게 하거니와, 『슬픈 시간의 기억』에서 경험할 수 있는 미적인 전율은 바로 이 지점에서 발생한다.

『슬픈 시간의 기억』이 이제는 시대착오적인 것처럼 보이는 소수집단의 경험과 언어를 소설화했음에도 불구하고 강한 환기력을 획득할 수 있었던 무엇보다 중요한 요인은 『슬픈 시간의 기억』이 식민지와 전쟁이 인간에게 미치는 영향을 육체적이고 생활적인 측면에서가 아니라 주로 의식과 정신의 영역에서 탐색하고 있기 때문이다. 『슬픈 시간의 기억』은 한 개인이 식민지나 전쟁에서 겪음직한 민족적 차별이나 멸시, 근친의 죽음에 따른 공포와 복수심,

갑작스런 이산에 따른 슬픔과 당혹스러움, 육체적 속박과 감시 등을 표현하면서 동시에 그것이 인간의 정신적 성장이나 주체성 형성에 미치는 영향을 치밀하게 보여준다. 하여, 식민지와 전쟁을 경험한 세대의 궁극적인 불행을 가족의 이산, 근친의 죽음, 제도나 이데올로기에 의한 육체적 물리적 폭력과 가해 등 계속되는 육체적 생활적 시련만이 아닌 그 시련을 경과하면서 어쩔 수 없이 형성된 착종된 의식 혹은 허위의식에서 찾는다. 다시 말해 자신을 그토록 혹독한 불행으로 밀어 넣은 세상의 논리를 저주하면서도 자신도 모르게 그 세상의 논리를 자기화하며 살아가게 된다는 것, 이것을 『슬픈 시간의 기억』은 이들 세대의 가장 큰 불행으로 설정하는 있는 것이다.

『슬픈 시간의 기억』의 초점인물 모두는, 앞서 이야기했듯, 성장하면서 거듭되는 불행과 고통을 경험한다. 가난 때문에 팔려가고 식민지 권력에 의해 자신의 뜻과 관계없이 정신대나 학병으로 끌려갈 상황에 처하기도 한다. 『슬픈 시간의 기억』은 비록 명시적으로 표현하고 있지는 않지만 이 불행의 근원을 민중의 염원이나 희망과는 무관하게 진행된 식민지를 통한 근대화에 두고 있다. 근대사회는 인간에게 한편으로는 자유라는 축복을 제공하지만 다른 한편으로 그 자유의 실현을 애초부터 불가능하게 하는 상황을 동시에 불러왔음은 잘 알려진 사실이다. 전지구적 자본주의라는 시스템은 인간의 자율적인 선택을 존중하는 듯하지만 그 자율적인 선택의 기초가 되는 각 개인의 고유성이라든가, 비교 불가능한 가치, 환원 불가능한 질 등을 인정하지 않는다. 자본주의적 시스템은 모든 가치를 교환가치로 환원시키고 모든 비교 불가능한 가치들을 등가화시킨다. 마치 자본주의 시스템은, 아리스토텔레스가 천재의 수사학이라고 불렀던 은유적 속성과 닮아 있다. 은유가 각각의 사물에 존재하는 동일성과 차이 중에서 차이나 고유성 등을 지워내고 동일성을 절대화하는 것이라고 한다면, 자본주의의 시스템은 온갖 다양한 가치들의 차이나 고유성을 지워내고 그것들을 동일한 것으로 묶어버리고 또 그 동일성을 절대화한다. 이렇게 되면 고유하고자 하는 개인과 등가화하고자 하는 자본주의적 원리 사이에 모순이 발생한다. 마찬가지로 기의와 기표, 밀실과 광장, 영혼과 육체, 개인의 성장과 사회의 발전 사이에 모순이 발생한다. 하지만 자본주의의 원리는 이미 모든 인간을 통제하는 시스템이라서 한 개인의 그것을 거부할 수는 없다. 방법은 자신의 고유성을 포기하고 자본주의 시스템을 자기화하며 기호로 존재하거나, 공적인 나와 사적인 나 사이의 분열을 견디거나, 아니면 자신의 고유성을 지키면서 사회적으로 존재하지 않는 것이나 마찬가지로 살아가는 길만이 가능하다. 한 가지 분명한 것은 어떤 길이건 자율적인 자아로, 자기 의식을 실현하면서 성숙한 주체로 살아가기는 아주 힘겹다는 사실이다. 하지만 식민지 근대화에 이르면 성숙한 주체로 살아가기는 더욱 힘들어진다. 먼저 근대화에 도달한 나라의 경우 그래도 각기 다른 사회적 구성원의 염원들을 듣고 조정하거나 그것이 아니면 목숨을 걸고 자기를 증명하는 과정을 거치면서 개인의 성장과 사회의 발전이 서로 조화를 이루는 경험을 하기도 하지만, 식민지 민중이나 지식인의 경우 그것은 애초부터 불가능하다. 식민제국은 식민지의 사회구성원들이 자신들의 의식과 염원을 사회적으로 실현하고 그것을 제도화할 가능성을 애초에 차단한다. 그러므로 식민지의 민중이나 지식인들이 주관과 객관, 기의와 기표, 영혼과 육체, 밀실과 광장, 개인과 발전과 공동체의 안정이라는 상호대립자들을 변증법적으로 조정하는 주체적인 인간으로 성장하고 발전하기란 거의 불가능하다. 그들에게는 세계를 일방적으로 수용하는 길만이 가능할 뿐 자아를 세계화할 수는 없다. 그래서 자신의 염원과는 관계없이 어느 순간 식민지라는 권력구조의 메커니즘 속에서 인간이 아닌 하나의 기호로, 혹은 사물로 전락할 수밖에 없다.

　한국전쟁이라는 상황도 마찬가지이다. 전쟁 자체가 민중들의 사회적 합의나 어떤 필요에 의해 일어난 것이 아니었기에 이들은 자신들의 염원이나 희망과 관계없이 전쟁에 동원된다. 하지만 전쟁은 인간을, 더더구나 각 인간의 고유성을 필요로 하는 것이 아니다. 그곳에서는 상대편을 죽이는 역할에 충실한 기계가 요구될 뿐이다. 전쟁에서 개인의 자유와 공동체의 발전 사이를 조정하는 삶이란 애초에 불가능하며, 따라서 전쟁 역시 인간을 사물로 전락시킨다. 한마디로 일제시대와 한국전쟁이라는 상황은 이처럼 절대권력이 내리는 명령과 프로그램을 철저하게 수행하는 기계를 강요하며, 따라서 사회구성원들의 자아를 실현할 가능성을 철저하게 차단된다. 이렇듯 식민제국에 의해 근대화와 한국전쟁을 경험한 세대에게는 생활상의 궁핍이나 가족끼리의 이산도 치명적이지만 이러한 치명적인 상처 때문에, 아니 이러한 고통에도 불구하고 성숙한 주체가 되기는커녕 전도된 가치관을 지니고 살 가능성이 많다는 점에서 더욱 불행하다고 할 수 있거니와,『슬픈 시간의 기억』은 바로 이러한 관점에서 일제시대와 한국전쟁을 경험한 세대를 조망하고 있다.

　이렇게 본다면 『슬픈 시간의 기억』은 일제시대와 한국전쟁이라는 시기를 보낸 세대들의 슬픈 기억에 대한 기록이자 동시에 인간의 사물화가 노골적으로 요구되는 상황 속에 나타나는 전도된 의식의 유형학이기도 하다. 『슬픈 시간의 기억』이 인간에게 끊임없이 사물이나 기호, 또는 기계이기를 강요했던 시대가 만들어낸 전도된 의식의 형태로 주목하고 있는 것은 네 가지 유형이다.

　『슬픈 시간의 기억』이 주목한 첫 번째 유형은 '공적인 나'와 '사적인 나', '이상적인 자아'와 '실제의 자아'를 철저하게 분리하고 그 양자를 길항시키는 것이 아니라 그 양자 사이를 분열적으로 오고 가는 연극적 자아이다. 「나는 누구인가」의 한여사가 여기에 속하는 유형이다. 한여사는 처절한 상처와 고통으로 얼룩진 자신의 실재계를 의식적으로 혹은 무의식적으로 직시하기를 거부하고 이상적인 모델을 설정해놓고 그 배역에 충실하게 살아간다. 한여사는 누구보다도 처절한 식민지적 상황과 전쟁의 희생자이다. 한여사는 힘겹지만 그래도 가족끼리 친밀성을 나누면서 살았던 존재이다. 그러나 모든 인간적 가치나 고유성도 인정하지 않고 모든 것을 등가화시키는 자본주의 시스템에 갑작스레 노출되자 그녀의 삶의 방향은 한 순간에 바뀌어버린다. 고통스럽지만 서로가 서로를 감싸주던 가족애는 모든 것을 교환가치로 환원하는 자본주의적 시스템에 의해 여지없이 쓸모 없는 질, 폐기처분되어야 마땅한 가치로 전락해버린 것. 하여, 그녀는 이러저리 교환되기 시작한다. 그러다가 급기야 사회구성원들의 염원을 듣기는커녕 하나의 사물 혹은 기호 정도로 받아들이는 식민지 절대권력의 최대의 희생자가 된다. 정신대로 끌려갔던 것. 인간이 아닌 동물의 삶을 살고 귀환하지만 식민지적 질곡은 그녀에게 돌아갈 고향, 가족마저 앗아가 버린 상태였다. 생존하기 위해 어쩔 수 없이 해야 했던 소위 양공주 생활. 한여사는 이 모든 실재를 인정하고 싶지도 않을뿐더러 지워버리고 싶어한다. 대신 자본주의의 시스템이 만들어낸 어떤 신화에 기대어 돈 많은 교양있는 귀부인의 이미지를 상상적 거울로 설정하고 그렇게 살아간다. 그 배역에 충실하면 충실할수록 자기는 소멸되고 소진되는 것이지만 한여사는 이 배역을 포기하지 않는다.

『슬픈 시간의 기억』이 제시한 두 번째 유형은 각각의 개인이나 사물이나 고유성을 인정하지 않은 채 교환가치만을 절대화하는 자본주의적 메커니즘을 철저하게 자기화하여 살아가는 부류이다. 「나는 나를 안다」의 초정댁이 이에 해당한다. 자본주의의 잉여를 향한 욕망이 끝이 없는 것처럼 초정댁의 욕망 또한 그러하다. 그녀는 자신의 돈을 지키기 위해서라면 어떤 일이라도 한다. 그녀는 자신과 정을 통한 사내들의 고유성과 개인적 역사들을 절대로 받아들이지 않은 채 하나의 기호로서만 조우한다. 건강한 씨를 줄 수 있는 사내, 혹은 자신의 육체적 조갈증을 해소시킬 사내 등등. 그녀는 그들과 관계하지만 인격적인 결합이란 없다. 다만 어떤 필요성에 의해서, 그리고 그들의 한 부분과 만날 뿐이다. 그리고 그런 필요성이 해소되는 순간, 다시 말해 잉여를 향한 욕망에 걸림돌이 되는 순간, 그들을 아주 쉽게 죽음으로 내몰기도 한다. 한마디로 자신의 영혼을 비워버리고 그 자리에 자본주의적 욕망을 옮겨놓아 버린 존재가 초정댁이며, 우리가 살고 있는 시대에서 자기에 대해 확신을 가질 수 있는 유일한 부류가 바로 이 유형이라고 할 수도 있다. 초정댁의 이 자기 확신적인 삶에 「나는 나를 안다」라는 제목을 붙인 것도 이와 관련이 있는지도 모른다.

이 소설이 제시한 세 번째 유형은 자기 자신의 자율의지를 포기하고 또 다른 절대자에게 영혼을 맡겨버리는 경우이다. 윤선생이 이에 해당한다. 초정댁이 자기 전부를 돈이라는 물신(物神)에 바쳤다면, 그녀는 자신의 영혼과 육체, 그리고 삶 전체를 기독교의 진리에 귀속시킨다. 그녀는 그녀의 자유로부터 끊임없이 도피한다. 부모의 딸, 민족의 딸이기를 거부하고 오로지 하나님의 딸로 살아간다. 하나님의 계시대로 세상을 보고 행동한다. 심지어 자신의 부모들이 하나님의 계시를 흉내낸 자들에게 죽어 갈 때에도 그녀는 자신의 감정과 욕망을 억제하며 하나님의 딸이기를 고집한다. 윤선생은 한마디로 자유롭기 위해서는 목숨을 건 용기가 필요한 외적 상황에서 자기 스스로의 의지에 따라 선택하고 판단하고 실천하는 자유로운 존재이기를 포기하고 절대자에게서 마음의 안정을 얻으려는 존재라 할 수 있다. 비록 윤선생은 금욕의 자세로 잉여를 향한 무한정의 욕망을 추구하는 자본주의적 시스템에는 맞서고 있는 존재이지만, 스스로 영혼과 육체, 현실과 환상, 상대적인 것과 절대적인 것 사이를 조절하며 성장하는 과정을 밟아나가지 못하기는 한여사나 초정댁과 다르지 않다고 할 수 있다.

『슬픈 기억의 시간』이 마지막으로 제시하는 유형은 「나는 존재하지 않았다」의 김씨이다. 김씨는 이제까지의 유형과는 달리 등가성의 원리로부터 자신의 고유성을 지켜내고자 하는, 그를 위해 자유라는 힘겨운 굴레를 짊어지는 나름대로의 용기를 발휘하는 존재로 형상화되어 있다. 하지만 김씨의 삶은 어떻게 보면 영혼만의 삶이다. 다시 말해 구체적 현실 속에서 자신의 이념을 실현할 만한 어떠한 실천적 조직도, 거점도 확보하지 못한다. 그는 자유롭고자 하되, 진정으로 자유롭기 위한 실천을 행하지 못한다. 즉 현실 속에 존재하는 여러 이념 중 최선의, 최선이 아니라면 차선의 이념을 찾아나서거나, 만약 그것마저도 없으면 자신의 이념에 가장 가까운 곳으로 찾아가 그 흐름을 자신의 것으로 만들려는 적극적인 용기와 열정까지는 지니고 있지 못한 것이다. 김씨 역시 일제시대와 전쟁이라는 상황 때문에 개인의 성장과 사회의 발전 사이의 의미 있는 병존 관계를 형성하지 못하고 있기는 마찬가지인 것이다.

『슬픈 시간의 기억』은 이처럼 우리 역사에서 식민지와 전쟁의 경험을 어느 시기, 무엇보다도 핵심적인 것으로 파악한다. 또한 『슬픈 시간의 기억』은 그 시기가 주목되어야 하는 까닭으로 우리 사회 구성원 대다수가 불행한 삶을 살았기 때문이라는 점 대신에 식민지적 근대와 한국전쟁이라는 왜곡된 근대화 과정으로 인해 결국 우리 사회 속에서 자율적인 자아, 또는 자기 의식을 스스로 발전시켜 가는 주체적인 자아가 형성될 길이 차단되었기 때문이라는 사실을 지목한다. 예컨대 인간을 목적이 아니라 수단으로만 인정하는 미친 모더니티가 그대로 사회구성원의 의식이 되고 그렇게 형성된 사회구성원의 전도된 의식이 동족간의, 그리고 근친간의 잔혹한 살인으로 이어졌다는 것이며, 그리고 이 전도된 의식은 소멸하지 않고 바로 우리의 의식 속에 잠복되어 있으며 이것이 집단화되는 순간 역사상 또 한 번의 광기의 장면이 벌어질 수 있음을 경고하고 있다고도 할 수 있다. 이처럼『슬픈 시간의 기억』
은 일제시대와 한국전쟁을 경험한 세대들의 경험을 통해 지금 우
리가 놓인 자리를 근원적으로 다시 성찰하게 하는 힘을 지니고 있
으며, 이것이야말로『슬픈 시간의 기억』의 문제성이라 할 만하다.

3. 죽음의 전복성

『슬픈 시간의 기억』을 풍부하게 하는 또 하나의 중요한 원천은
노년, 그것도 죽음을 앞둔 노년에 대한 적극적인 관심이다.『슬픈
시간의 기억』은 일제 시대와 한국전쟁을 경험한 노년 중에서도 보
다 특화된 어떤 존재들을 더욱 주목한다. 바로 죽음 앞에 선 노년
이다.『슬픈 시간의 기억』은 죽음의 순간을 대단히 의미 있는 어떤
계기로 설정한다.『슬픈 시간의 기억』에 따르자면 죽음의 시간은
평생 동안 지배당하던 허위의식에서 벗어나 비록 찰라적이지만 진
리의 빛을 발견하는 경이의 순간이다. 요컨대『슬픈 시간의 기억』
은 죽음을 앞둔 노년을, 하이데거의 표현을 빌어 말하자면, 비본래
적인 것들의 굴레에서 벗어나 본래적인 것을 만나서 진정으로 세
계 내적 자아가 될 수 있는 존재들로 파악하고 있는 것이다.
『슬픈 시간의 기억』은 한편으로는 한여사, 초정댁, 윤선생, 김씨
의 삶의 기록이지만, 또 한편으로는 그들이 죽음에 이르는 과정이
다.『슬픈 시간의 기억』은 어떻게 보면 각기 다른 삶의 이력을 지

닌 존재들의 '임종의 기록'이라 할 수 있으며, 묘사 또한 이들이 삶에서 죽음으로, 이곳에서 저곳으로, 이승에서 저승으로 옮아가는 과정에 초점을 맞추고 있다.

그런데 『슬픈 시간의 기억』에서의 임종의 풍경은 단연 이채롭다. 『슬픈 시간의 기억』에서는 죽음의 그 찰라적인 순간이 단지 영혼과 육체적 소멸의 과정으로 그려지지 않는다. 오히려 죽음의 순간은 짧지만, 짧기에 강렬하게 새롭고도 진정한 인간이 비로소 탄생하는 순간이다. 한여사, 초정댁, 윤선생, 김씨 등은 죽음의 그 림자가 어릿거리면서 비로소 자신의 삶에 대한 모든 것을 불러낸다. 예컨대 짙은 화장 속에 자신의 맨 얼굴을 감추고 자신의 현존재를 감추고 이상적 자아를 연출하며 살던 한여사는 자신의 그 처절했던 과거사를 간헐적으로 언뜻언뜻 떠올린다. 그리고 그것 또한 자신의 서사의 한 부분이었음을, 아니 정작 기표 속에 감추고자 했던 그 기의가 자신의 삶의 중요한 이력이었음을 고통스럽게 인정하기 시작한다. 기표의 화려한 수사 속에 감추어둔 기의, 즉 어두운 과거를 떠올리기는 초정댁도 마찬가지이다. 상관없는 기표들만을 화려하게 조합한 말솜씨와 다변으로 실제로 있었던 일들을 배제시켰던 초정댁은 말더듬증을 앓게 되면서, 다시 말해 화려한 다변이 불가능해지면서 그때 그 일들을 떠올린다. 그녀는 자리를 보전하는 남편 탓에 느끼는 결핍과 욕망을 이씨와 우씨로 해소하고는 그들을 마치 하나의 사물처럼 처리하는바, 죽음의 순간 비로소 그들의 실체를 인정한다. 윤선생 역시 하나님의 뜻이라는 기표 아래 기억의 저편으로 밀어넣었던 장면들과 목소리를 듣기 시작한다. 특히 하나님의 뜻이란 오히려 가난한 자들의 생존권을 억압하는 이데올로기 아니냐며 눈을 부라리던 부모의 시선을 여러 곳에서 느끼기 시작한다. 물론 이 장면들은 단속적이며 찰라적이며 구체적인 형상이나 내러티브를 지니지 않는다. 당연히 이 기억들은 유령처럼 출몰했다가는 사라지며 그런 까닭에 이들은 이 기억을 외면한다.

하지만 죽음의 그림자가 더욱 가깝게 다가오면서 이들은 이 기억을 하나하나 인정하기 시작하고 자신의 삶의 내러티브 속에 끼어넣기 시작한다. 이들이 하나같이 혼란에 빠지는 것은 당연하다. 그들은 단일하고 분명한 서사에 통해 유지하던 자신만의 연대기가 결정적으로 흔들리는, 그래서 결국은 선과 후, 과거와 현재 그리고 미래를 분간하지 못하는 시대착오적인 상황에 빠져버린다. 선과 후, 원인과 결과, 주체성와 타자성, 현실과 환상, 영혼과 육체 사이의 고정된 병존 형식이 갑작스레 균열되면서 그들은 어떤 상상적 거울도 없는 실재계와 조우한다. 그들이 비로소 어떤 불순하고도 고정된 구성물 없이 본래성과 비본래성, 역사적인 것과 개인적인 것, 중심과 주변, 이상적인 것과 현실적인 것, 대의명분과 생의 본능 등의 대립항을 만나게 되는 순간이다. 그들은 이제 이 모든 관계망 속에서 자신의 삶을 총체적으로 성찰하고 반성한다. 그리고 결국 그들은 자신을 그토록 확신적이게 했던 연대기가 사실은 자신들의 비겁, 집착, 과도한 욕망, 악한 의지와 행동들을 철저하게 은폐하고 왜곡한 결과물임을 확인한다. 더 나아가 그들의 생명이 극점을 향해 숨가쁘게 치닫는 찰라 그 혼돈과 시대착오의 상태를 극복하고 진정한 병존 혹은 변증법적 지양의 순간을 경험한다. 그들은 죽음 앞에서 여러 가지 허위의식이나 기존의 보편성들

에 둘러싸여 보이지 않던 진리의 현현을 목도할 뿐만 아니라 죽음
의 순간에 진정한 인간으로 새롭게 태어난다.

　불행한 네 이웃을 돌보라는 예수의 말씀을 그네는 한시도 잊은 적이 없지
만 자신이 실천한 사랑의 방법이야말로 그 시주승에 비하면, 비유컨대 비바
람 없는 온실 속에서의 농사짓기였다. 윤선생 눈이 다시 감기더니 비몽사몽
으로 빠져든다. 저는 세상 사람들 앞에 교사로서의 품위를 보이려 위선이란
옷을 입고, 모범으로 꾸미며, 내 몸을 상하지 않고 살아왔습니다. 주님을 섬
긴다고 멸시를 당했거나 수난과 박해를 겪은 적이 없습니다. 하나님의 나라
를 이 땅에 건설하기 위해 정의와 자유와 사랑을 위해 비바람 맞으며 앞장서
서 나서본 적도 없습니다. 그런데도 저 같은 죄인이 주님이 계신 하늘나라에
들 수 있을까요?

『슬픈 시간의 기억』은 이처럼 죽음의 순간 혹은 죽음을 앞둔 노
년에 큰 의미를 부여한다. 좀더 거창하게 이야기하면 죽음을 앞둔
노년에게서, 비록 사소한 것이라도 있는 그대로를 모두 인정하고
그 안에서 새로운 관계를 모색하는 바로 그 노년에게서, 그토록
오랜 역사적 과정을 통해 형성된 광기의 모더니티를 벗어날 잠재
적 가능성을 발견한다. 그리고 넌지시 죽음을 앞둔 노년의 자세를
배울 것을 암시한다. 우리가 철칙처럼 믿는 모더니티라는 규율은
사실은 죽음의 덫이라는 것, 그러므로 죽음의 순간이 오히려 진정
한 인간으로 거듭나는 계기라는 것, 그렇다면 우리에게 필요한 것
은 삶과 죽음, 이곳과 저곳의 경계에 서서 비록 구체적인 형상이
나 내러티브를 갖추고 있지는 않더라도 쓸모 없는 실존의 격하된
삶의 흔적들과 기억을 모두 되살리고 그 안에서 자기를 정립해야
한다는 것. 이것이 천재적인 은유의 방법으로 고유성과 차이를 지

위내는 모더니티 속에서 건전한 주체를 형성할 수 있는 유일한 길이라는 것. 『슬픈 시간의 기억』의 결론은 이것인지도 모른다.

이렇게 본다면 『슬픈 시간의 기억』을 고유하고 풍부하게 하는 미적 원천은 반어이다. 『슬픈 시간의 기억』은 지금과 무관해 보이는 역사의 격전장이 사실은 지금과 긴밀한 연관을 가지며, 또한 우리가 죽음이라고 일컬었던 곳에 진정한 삶의 가능성이 시작된다고 말한다. 만약 『슬픈 시간의 기억』의 이 결론이 설득력이 있다면 지금 이 시대의 모든 쾌락과 행복이 사실은 거짓이 되고 우리의 행복이나 인류적 가능성은 이 시대가 불행의 원천으로 지목한 것에서 찾아야만 한다. 이러한 사실을 인정한다면 이제 『슬픈 시간의 기억』의 인물들이 행한 질문을 우리가 행해야만 한다. 나는 과연 존재하는가, 그리고 나는 누구인가.

인간이란 무엇이며 인간에게 올바른 삶이란 과연 무엇인가를 근원적으로 다시 성찰하게 하는 요소들로 긴장감이 넘치는 소설을 흔히 문제적인 소설이라고 할 수 있다면, 『슬픈 시간의 기억』은 바로 그러한 소설이다.

자살의 윤리학
김영하의 『나는 나를 파괴할 권리가 있다』

1. 자살, 혹은 현대성의 거울

김영하의 『나는 나를 파괴할 권리가 있다』(문학동네, 2판, 2005)를 다시 읽는 일은 대단히 흥미진진한 일이다. 그것은 곧 뛰어난 명편의 미적 구조를 밝히는 일이자 한 문제적인 작가의 기원을 읽어내는 일이며 동시에 한국문학사에 등재된 새로운 계보의 발생론적 기원을 탐색하는 일이기 때문이다.

김영하의 『파괴』는 대단히 낯설고 기괴한 소설이다. 이 낯섦과 기괴함은 우선 『파괴』에 등장하는 인물들과 그들의 기이한 관계에서 연원한다. 『파괴』에 등장하는 인물들은 하나같이 지금, 이곳의 규범성과 실질적으로 단절된 채 살아간다.『파괴』에는 우선 눈에 확 띄는 인물이 있다. '자살안내자' 혹은 '자살청부업자'라 부를 만한 작중화자이다. 그는 오로지 현존재들에게 내재해 있는 죽음의 충동들을 찾으러 다닌다. 그리고 누구에게선가 그 내밀하지만 강렬한 충동을 발견하면 그에게 서슴없이 영웅적이고 압축적인 삶을, 그러니까 자살을 권유하고, 그러다가 그들이 용기와 결단을 내릴 경우 안전하고 실패 없이(?) 자신의 삶을 스스로 압축할 수 있도록 도와준다. 이러한 인물은 이제까지 그 유례를 찾아보기 힘든 인물이거니와, 이 낯설고 기괴한 인물이야말로『파괴』를 낯설고 기괴하게 만드는 주요한 요인이다. 그러나『파괴』의 인물들 중 단지 '자살안내자'만 기괴한 것은 아니다. 정도는 덜하더라도 여타의 인물 역시 지금 이곳의 규범성과 실질적으로 단절되어 있기는 마찬가지이다. 어머니의 장례식날 장례식에 참례하는 대신 한 여성과 섹스를 나누는 인물이 있는가 하면 자기의 정인의 형을 유혹하는 여성이 있다. 기괴하기는 그 형도 다르지 않다. 형은 아무 거리낌없이 그 유혹을 받아들이며 결국에는 형제끼리 그 여성을 공유하는 상황도 마다하지 않는다. 그는 또 자살할 결심을 짙게 암시하는 여성을 붙잡는 대신 그녀를 담은 화면만을 되풀이해서 돌려보기만 하는 인물이기도 하다. 그런가 하면 정액을 마실 때마다 물로 입을 헹군 경험 때문에 급기야는 물만 마시면 구토를 해대는 여성이 등장하기도 한다. 이렇듯 규범성 바깥의 인물들로 가득 찼으니, 또한 이러한 인물들을 지금 이곳의 전형적인 현존 형식으로 형상화하고 있으니,『파괴』가 낯설고 기괴하게 다가오는 것은 오히려 당연하다.

하지만 『파괴』를 기이하게 만든 궁극적인 요인은 이런 규범 바깥의 인물들을 한자리에 불러모은 서사원리에 있을 터이다. 『파괴』의 부분과 전체, 인물과 인물, 묘사와 서사를 구성하는 핵심적인 원리는 대단히 파격적이며 도발적이다. 『파괴』는 인간의 최고의 권리로 자기 스스로를 파괴할 권리, 그러니까 자살할 권리를 설정한다. 즉 인간 각자는 자기 자신이 스스로를 파괴할 권리가 있으며 또한 그 권리를 행사하는 자만이 진정한 인간이라는 것이다. 『파괴』는, '나는 전사하고 싶지 않다. 그러므로 내가 죽고 싶을 때 죽을 것이다'라며 자살을 하나의 예술의 경지로 끌어올렸던 다다이스트를 연상시키는 문제틀을 가지고 지금, 이곳을 바라보고 재구성한다. 아니, 지금 이곳에 대한 나름대로의 성찰의 결과 자살을 인간의 유일한 자존으로 설정하게 했을지도 모를 일이다. 경우야 어떠하건 『파괴』는 자살을 인간이 택할 수 있는 진정한 실천의 형식으로 설정하고 그 프리즘을 통해 세상을 바라본다. 이를 통해 『파괴』가 그려내는 현실은 지독하게 반어적이며 역설적이다. 『파괴』에 따르면 현존재는 모두 살아 있으되 죽어 있으며, 존재들 간의 관계는 집요하고 격렬하되 그 관계의 안은 텅 비어 있다. 『파괴』는 이러한 현실을 다만 냉정하고 건조하게 그려내지만 그것은 충분히 공포와 두려움을 느끼게 한다. 그만큼 『파괴』는 그간의 좁고 견고한 환상체계의 의해 가려져 있던 무시무시하면서도 매혹적인 실존들, 예컨대 현대사회의 고독과 퇴폐, 권태감과 그로 인한 에로티시즘과 죽음충동들을 설득력 있게 귀환시킨다. 그렇게 『파괴』는 그동안 한국문학이라는 규범성에 의해 가려졌던 끓어 넘치는 수많은 실재들을 발견하고 그것을 집중적으로 텍스트화하거니와, 이는 『파괴』의 득의의 성과라 할 수 있다. 해서, 이렇게 말할 수도 있다. 『파괴』와 더불어 비로소 한국문학은 현대의 우울한 실존에 대한 깊고 냉정한 응시를 하게 되었다고.

하지만 『파괴』의 의미는 이에 그치지 않는다. 『파괴』가 그간 가려졌던 무시무시한 실존들을 귀환시키자 그야말로 놀라운 일이 벌어진다. 죽음충동들의 귀환은 곧 기존의 보편성을 더 이상 존립하기 힘들 정도로 근본적으로 뒤흔들어 그것을 내파시키는 것은 물론 기존의 주체화의 길을 무의미하게 만들어버린다. 『파괴』 이후 한국문학은 순식간에 『파괴』 이전의 좁고 견고한 문제틀로 돌아갈 수 없게 된 것이다. 당연히 한국문학 전반 새로운 주체화의 길을 정립해야 하는 상황에 놓이게 되었고, 실제로 『파괴』 이후 한국문학은 그것을 정립하는 방향으로 치닫는다. 결국 "미래란 성립된 규범성과의 절대적으로 단절된 무엇이며 따라서 미래는 일종의 기괴함 속에서만 자신을 예고하고 스스로를 현전시킬 수 있다"[1]라는 데리다의 말을 빌자면, 『파괴』의 기괴함은 앞으로 올 미래를 미리 알리는 어떤 전조로서의 기괴함이었다고 할 수 있는 것이다. 한 눈밝은 평자는 일찍이 『파괴』를 위시한 김영하의 소설을 두고 '시대적 단절점을 명백히 구현한 소설'이라고 명했던 바[2] 이는 결코 과장이 아니었던 것이다. 그렇게 『파괴』는 한국소설 전반을 『파괴』 이전의 소설과 실질적으로 단절시키는 알랭 바디우적 의미의 사건에 해당하는 소설이라 할 수 있으며 동시에 그 이후에 출몰하는 소설의 운명을 미리 결정지은, 그러니까 『파괴』 이후 소

---

1) 데리다, 김성도 역, 『그라마톨로지』, 민음사, 1996, 17면.
2) 남진우, 『숲으로 된 성벽』, 문학동네, 1999, 274면.

설의 한 기원에 해당한다고도 할 수 있다. 즉 『파괴』는, 『무정』(이광수), 『삼대』(염상섭), 『고향』(이기영), 『광장』(최인훈), 『난장이가 쏘아 올린 작은 공』(조세희), 『외딴 방』(신경숙), 『새의 선물』(은희경) 등 몇몇 획시기적인 소설이 그러하듯, 우리의 역사가 새로운 시·공간에 진입했음을 알리는 이정표이자 동시에 우리의 역사를 새로운 국면으로 진입시킨 신호탄, 즉 우리 역사 전체의 거대한 전환을 이끌어낸 바로 그 소설인 것이다.

『파괴』를 세밀하게 읽는 일이 대단히 흥미진진한 것은 『파괴』가 놓여 있는 이러한 맥락과 관계가 있음은 물론이다. 반복되는 감이 없지는 않지만, 『파괴』를 다시 읽는 것은 한 문제적인 작가의 기원은 물론 한국문학사에 등재된 새로운 계보의 발생론적 기원을 탐색하는 일이며 동시에 그를 통해 이후 김영하 소설의 여러 이정표들을 되짚어보는 일인 것이다. 그렇다면 『파괴』를 다시 읽는 일은 흥미진진한 일일 뿐만 아니라 대단히 시급한 일이라고도 할 수 있다.

물론 그렇다고 이 말이 그 동안 『파괴』가 안 읽혔다는 것을 지칭하는 것은 아니다. 『파괴』는 문제작답게 발표되던 때부터 지금까지 줄곧 읽혀왔다. 하여 이 소설은 전혀 새로운 세대 혹은 감수성의 출현을 알리는 신호탄으로 받아들여지기도 했고, 또한 이전 시대의 실질적이고도 분명한 차이를 만들어낸 대표적인 소설로 규정되기도 했다. 이렇게 『파괴』에 대한 여러 세밀한 독법이 있음에도 불구하고 이 소설은 더욱 세밀하게 읽혀질 필요가 있다. 앞서의 독서들은 역시 대단히 치밀한 것이기는 하나 그것은 『파괴』가 생산된 현장에 지나치게 밀착되어 있는 듯한 아쉬움을 주는 것도 사실이다. 주로 이제까지『파괴』에 대한 독서는 이 소설의 기이한 점들을 항목화하는 데 지나치게 몰두한 듯한 느낌이다. 해서 결과적으로는『파괴』가 기존의 규범성을 무화시키고 새로운 주체화의 길을 가능케 한 동역학이 충분히 검토되지 않았다. 예컨대『파괴』가 행한 놀라운 발견과 천재적인 은폐의 과정이 정밀하게 탐사되지 않은 것이다. 세상을 보는 새로운 시선 혹은 감수성의 탄생은, 새로운 인식이란 곧 새로운 도식화를 의미한다는 니체의 말이 아니더라도, 이전에는 전혀 연관이 없는 것으로 읽혀졌던 독립적인 두 개의 사물, 두 개의 대립물을 자의적이고도 경이롭게 병존시키고 등가화시키면서 이루어진다. 즉 각각의 사물들 사이에 존재하는 차이나 고유성, 실재들을 천재적으로 은폐하고 그것들 사이의 보이지 않는 유사성을 혁명적으로 전면화시킨 결과물이 곧 새로운 감수성의 실체인 것이다. 그러므로『파괴』의 획시기적 성격을 규명하기 위해서는 바로 이 과정을 정밀하게 탐사해야 한다. 그러니까『파괴』가 특정 사물과 관념을 어떤 방식으로 등가화하고 기존의 관습상 등가적인 것으로 묶여 있던 사물들을 어떻게 다른 것으로 만들어내는지의 흔적을 찾아내고, 동시에 그를 통해 발견한 규범 너머의 실재는 무엇이며 그 새롭게 찾아낸 실재들의 더미 속에서 구축한 실재의 윤리학은 무엇인지가 꼼꼼하게 짚어져야 하는 것이다. 이 점이『파괴』에 대한 또 다른 독서가 필요한 까닭이다. 아울러 이것이 이 글의 출발점임도 물론이다.

그러면 이제『파괴』라는 무시무시하고 매혹적인 이종이 탄생하는 지점, 그러니까 놀라운 발견과 천재적인 은폐가 동시에 행해지는 연금술의 현장으로 가보도록 하자.

2. 죽음의 무대화와 모더니티의 귀환

『파괴』는 '두 개의 회화를 묘사하는 것으로 시작하고 끝난다.'[3]
『파괴』의 시작과 끝을 장식하는 두 개의 회화란 다름 아닌 〈마라
의 죽음〉과 〈사르다나팔의 죽음〉이다. 그러니까 『파괴』는 죽음에
대한 묘사로부터 죽음에 대한 묘사로 끝나는 셈이다. 이를 통해
우리는 『파괴』가 살아 있는 인간 존재의 영원한 타자라는 죽음에
관한 소설임을 한눈에 짐작할 수 있다. 물론 『파괴』는 우리가 앞
서 이야기한 것처럼 일반적인 의미의 죽음에 관한 소설은 아니다.
『파괴』는 죽음 중에서도 주체의 결단을 통한 죽음이라는 점 때문
에 죽음의 속성과는 어느 정도 구별되는 자살에 관한 소설이다.
즉 『파괴』는 인간의 유한성의 표징이면서도 동시에 인간의 무한
성의 한 형식으로 일컬어지는 자살을 다룬 소설이며, 이 양가성이
강한 죽음 형식을 통해 현존재들의 실존을 고유한 방식으로 재현
한다. 『파괴』가 죽음에 관한 소설이건 혹은 자살에 관한 소설이건
간에 『파괴』는 두 개의 죽음에 관한 회화로 열리고 닫힌다. 이런
점에서 보자면 〈마라의 죽음〉과 〈사르다나팔의 죽음〉에 대한 묘
사는 각기 이 소설의 프롤로그와 에필로그에 해당한다고 할 수 있
다. 즉 『파괴』는 〈마라의 죽음〉을 묘사하는 대목에서 앞으로 펼쳐
질 소설의 전개가 암시되고 〈사르다나팔의 죽음〉을 묘사하는 과
정에서 자연스럽게 그간 다양하게 펼쳐진 이야기들을 종합한다.

---

3) 최윤, 「제1회 문학동네 신인작가상 본심 심사평」(김영하, 『나는 나를 파괴할
　권리가 있다』, 문학동네, 1996), 162~163면.

하지만 『파괴』에서 이 두 개의 회화에 대한 묘사는 단지 이러한 서사적 기능만을 담당하는 데 그치지 않는다. 그것은 "낭만주의적인 현실을 신고전주의적 절제로 표현하겠다는 기획", 그러니까 "세상은 낭만주의 시대의 시간이나 감성처럼 흥청거리며 과장적으로 피와 상처와 좌절을 요구하며 넘쳐흐"르지만 "그것에 함몰되지 않기 위해 절제와 감정의 거세를 택하겠다, 는 기획"4)을 드러내는 독특한 장치이기도 하다. 하지만 역시 그것이 다는 아니다. 죽음을 다룬 두 회화에 대한 묘사는 오로지 죽음이라는 현상을 중심으로 현존재들의 실존은 물론 인류 역사 전반을 맥락화할 수 있게 하는 핵심적인 기제이며, 이는 『파괴』가 문제성을 확보한 바로 그 요인이다.

사실, 죽음 특히 자살을 누빔점으로 하는 『파괴』의 문제의식은 지나치게 도발적이고 전복적이어서 그것은 여간해서는 설득력을 획득하기 힘들다. 『파괴』는 자살만이 성공적인 행위이며 또 인간에게 남겨진 유일하게 진정한 실천이라고 말하고 있는 것이다. 이러한 문제틀은 라캉이나 라캉의 후예들처럼 현재의 큰타자 전부를 무로 만드는 행위 속에서만 실재를 만날 수 있고, 실재의 윤리학을 새로이 구성하는 것이 가능하다고 믿는 존재들에게는 큰 호응을 얻을 수는 있겠으나 여타의 존재들에게 자살이 의미 있는 행위로 받아들여질 가능성은 별로 없는 것이다. 자살이란 꽤 오랫동안 한계상황에 놓인 자의 절망적인 선택으로 비난의 대상이 되었거나 피조물로서의 인간이 신의 권위에 도전하는 월권행위로 규

---

4) 위의 글, 162면.

정되었기 때문이다. 물론 자살이 권장되거나 숭고한 희생으로 칭송되는 때가 전혀 없었던 것은 아니다. 조국이나 타인을 구해야 할 때, 독재자의 폭정에 항거할 때 등등. 에밀 뒤르켐이 그의 유명한 저서 『자살론』에서 '이타적인 자살'로 지칭한 그것은 충분히 허용되었을 뿐만 아니라 때로는 권장되기까지 했던 것이다. 하지만 이때의 자살 허용도 역시 인간 스스로에게 죽을 권리를 준 것은 아니다. 오히려 그것은 더 큰 목적이나 공동체를 위해 죽을 자유를 허용한 것이니 그것은 의무를 강제한 것에 다름 아니다. 이렇게 인간이 자기 스스로를 파괴할 권리는 어느 시기에도 쉽게 용납되지 않았고 허용되지 않았다. 이러한 상황은 개인의 자유가 인간됨의 기본 조건으로 요청되던 근대사회에서도 크게 바뀌지 않는다. 칸트는 인간이 자기 자신과의 관계에 있어서 스스로를 단순한 '목적을 위한 수단으로써 사용하는 것', 곧 자살하는 것은 남용이며 비도덕적이며 인간 본성에 반하는 것으로 파악한다. 또한 헤겔은 인간 의지의 절대적 자유에 대한 철저한 신봉자답게 "이 욕망의 본질적 요소에는 모든 것에서 나를 해방하고 모든 목적을 지향하고 모든 것에서 나를 추상화시키는 힘이 들어 있다. 인간만이 모든 것을, 자신의 생명까지도 포기할 수 있다"고 말하지만 그러면서도 자살에 대해서는 "자살은 우선 용기라고 할 수 있지만 그것은 가치 있는 종류로서의 용기는 아니다"라고 분명하게 말한다. 그것은 한 개인이란 오로지 한 개인으로 존재하는 것이 아니라 공동체 속의 한 개인으로 존립하기 때문이다. 헤겔에 따르면 당연히 "국가가 생명을 요구할 때 먼저 개인이 존재해" 있어야 하며 그러므로 인간이 스스로 자신의 생명에 대해 권리를 행사하는 것은 분명히 모순적이다. 한마디로 이제까지는 자살이란 권리가 의무로서만 승인되었고 가치를 인정받았다. 이러한 사정을 감안한다면 『파괴』의 죽음 혹은 자살관은 지나치게 도발적이며 파격적이어서 설득력을 획득하기란 쉽지 않다는 것을 쉽게 확인할 수 있다.[5]

『파괴』에서 제시된 죽음의 철학이 다른 사람들을 설득하기 어려운 이유는 이것말고도 또 있다. 그것은 『파괴』가 씌어진 시대적 정황과 관련이 있다. 『파괴』가 발표된 1990년대 중반에 '자살만이 유일한 성공적인 행위'라는 죽음에 관한 윤리학을 제시하기란, 또한 그러한 윤리학이 설득력을 얻기란 결코 쉽지 않았다. 당시의 상황이란 한편으로는 보다 나은 큰타자, 혹은 이상적인 사회의 건설만을 인간의 의미 있는 행위로 고정시킨 채 죽음충동을 포함한 모든 개인적인 질서화되지 않는 혁명적 에네르기들 모두가 불온시되던 상황이었고, 또 한편으로는 그 이상적인 사회의 건설이 좌절한 후에 그 이전 시대의 큰타자에 대한 절대적인 회한에 빠져 있을 때였다. 다시 말해 '역사 혹은 인간에 대한 예의', 그러니까 큰타자에 대한 존경과 향수가 절대적으로 요청되던 상황이었던 것이다. 까닭에 이런 상황에서 『파괴』식의 자살의 윤리학이 공인받기란 결코 쉬운 일이 아니었다.

그러나, 그럼에도 불구하고 『파괴』는 엄청난 반향과 파장을 불러일으킨다. 『파괴』는 순식간에 수많은 계열체들을 거느리며 그 계보의 기원으로 자리하기까지 하는바, 이는 『파괴』 내부에 이 이질적인 죽음의 윤리학을 자연스럽게 받아들이게 한 내적 장치가

---

5) 자살에 관한 다양한 견해에 대해서는 프리드리히 니체 외, 주정관 편, 『어느 쓸쓸한 날의 선택 자살』, 북스토리, 2003 참조

효과적으로 작동하고 있기 때문이라고 할 수 있다. 그 장치란 다름 아닌 『파괴』의 앞머리와 끝을 장식하는 두 개의 죽음에 대한 묘사와 관련이 깊다. 『파괴』는 두 개의 죽음에 관한 회화를 묘사하면서 물 흐르듯 절묘하게 죽음, 더 나아가 자살을 역사와 철학의 중심 범주로 끌어올리거니와, 따라서 『파괴』에서 이 두 회화에 대한 묘사가 차지하는 의미와 기능은 절대적이다. 이는 마치 조세희의 『난장이가 쏘아 올린 작은 공』이 대단히 인상적인 에필로그와 프롤로그로 소설 안의 사건을 암시하고 총괄하는 한편 수학교사의 일화 하나로 견고하기 짝이 없던 기존의 권위주의적 담론을 그야말로 자연스럽고 간단하게 해체했던 경우를 연상시킨다. 그리하여 『난장이가 쏘아올린 작은 공』이 굴뚝 청소를 하고 난 아이들의 얼굴을 두고 벌인 수수께끼 하나로 당시의 규범성을 여지없이 무화시켰듯, 『나는 나를 파괴할 권리가 있다』 역시 〈마라의 죽음〉과 〈사르다나팔의 죽음〉에 대한 묘사만으로 당시의 규범성을 간단하게 무의미한 것으로 전도시킨다.

반복되는 감이 있지만 『파괴』는 〈마라의 죽음〉에서 시작한다. 좀더 구체적으로 말해 보자. 『파괴』의 첫 문장은 "1793년 제작된 다비드의 유화, 〈마라의 죽음〉을 본다"로 시작하니, 『파괴』는 〈마라의 죽음〉에 대한 응시로부터 시작된다. 이렇게 『파괴』는 〈마라의 죽음〉에 대한 응시로부터 시작된다. 그런데 자살청부업자인 작중화자가 〈마라의 죽음〉에서 읽어내는 것은 단순한 한 가지 사실이 아니며 따라서 대단히 중층적이다. 작중화자는 〈마라의 죽음〉에서 우선 '마라의 죽음'을 보고 '마라의 죽음'을 본다. 즉, 그는 〈마라의 죽음〉에서 마라라는 혁명가의 죽음을 읽고, 또 마라로 상징되는 자코뱅 당 중심의 혁명의 죽음을 읽는 동시에 인간 전체의 죽음의 의미를 발견하는 것이다. 이를 통해 그가 읽어내는 것은 "공포라는 연료 없이 혁명은 굴러가지 않는다. 시간이 흐르면 그 관계는 뒤집힌다. 공포를 위해 혁명이 굴러가기 시작하는 것이다. 그 공포를 창출하는 자는 초연해야 한다. 자신이 유포한 에네지가 종국엔 그 자신마저 집어삼킬 수 있다는 사실을 인지하고 있어야 한다. 로베스피에르는 결국 길로틴에 의해 목이 잘렸다"는 것이다. 작중화자에게 프랑스 혁명을 상징하는 바로 그 사람, 마라가 인류 역사 속에서 차지하는 위치는 그리 중요하지 않다. 예컨대 마라가 속한 쟈코뱅 당의 혁명적 이념이나 방법론들, 그리고 쟈코뱅당 중심의 프랑스 혁명이 인류사에 가져온 그 수많은 변화들에 대해 그는 거의 무관심하다. 다만 그의 관심은 한 곳에 집중되어 있다. 바로 그 혁명 속에서 이루어진 죽음들이다. 작중화자는 프랑스 혁명이라는 그 격랑을 다만 세 명의 죽음을 중심으로 맥락화한다. 그에게 이 세 명의 죽음을 제외한 프랑스 혁명의 나머지는 중요하지 않는다. 이렇게 작중화자는 프랑스 혁명에서 세 명의 미학적이고 비장한 죽음을 발견하여 프랑스 혁명을 그야말로 놀라운 방식으로 총괄한다. 하지만 그것은 프랑스 혁명이라는 그 거대하고도 활력이 넘치는 전체에서 세 명의 극적인 죽음을 제외하고 모든 것을 다 배제시키는 천재적인 은폐의 과정이기도 하다. 『파괴』는 이렇게 무서울 정도로 놀라운 압축과 천재적인 배제를 통하여 프랑스 혁명을 다만 몇몇 죽음의 내러티브로 기록한다. 뿐만 아니라 인류 역사 전체를 죽음의 연쇄들로 서사화하기에 이른다. 그를 통해 『파괴』의 작중화자는 과거의 역사부터 지금에 이르기까지, 이곳에서부터 지구의 저곳까지를 다만 죽음을 둘러싼 역사적 사건들로만 서사화하고 그것을 제외하고 인간을 바라보는 어떤 것도 틈입시키지 않는다. 이를 우리는 보니체르가 히치콕을 설명하기 위해 말했던 개념을 빌어 '죽음의 무대화'[6]라 부를 수 있거니와, 이 집요한 '죽음의 무대화'는 『파괴』가 기존의 규범성을 간단하게 무화시키는 궁극적인 요인으로 작용한다.

하지만 『파괴』의 죽음을 중심으로 한 역사의 서사화는 역사에 대한 지나친 단순화이자 사사화(私史化)라 할 수밖에 없으며 따라서 이것만으로는 설득력이 떨어지는 것이 사실이다. 또한 『파괴』의 〈마라의 죽음〉을 통한 죽음의 무대화는 아직도 죽음 일반의 의미를 제시한 것일 뿐 『파괴』가 전면에 내세운 인간이 스스로를 파괴할 권리, 그러니까 자살의 윤리학에게까지 이르지 못한 것도 사실이다. 『파괴』는 역사 속의 죽음 혹은 죽음의 역사를 그야말로 역사의 총화로 만들기 위해, 그리고 죽음의 미학에서 자살의 윤리학으로 나아가기 위해 또 다른 보완물을 외삽시키는바, 하나는 '건조하고 냉정한 관찰'이고 또 하나는 압축의 미학이다. 작가는 그리고 작중화자는 〈마라의 죽음〉을 응시하면서 그야말로 건조하고 냉정하게 말한다. '왜 유독 역사 속의 죽음, 혹은 죽음의 역사가 인류 역사의 핵심이냐고, 왜 다른 것을 통해서는 그것이 불가능하냐고 그렇다면 다비드의 〈마라의 죽음〉을 보라.' 작중화자는 다비드의 〈마라의 죽음〉에서 다음과 같은 것을 발견한다. "다비드의 마라에게선 불의의 기습에 당한 젊은 혁명가의 억울함도, 세상

---

6) 파스칼 보니체르, 「히치콕의 서스펜스」(지젝 편, 김소영 역, 『항상 라캉에 대해 묻고 싶었지만 감히 히치콕에게 물어보지 못한 모든 것』, 새물결, 2001), 35면.

번뇌에서 벗어난 자의 후련함도 보이지 않는다. 다비드의 마라는 편안하면서도 고통스럽고 증오하면서도 이해한다. 한 인간의 내부에서 대립하는 이 모든 감정들을 다비드는 죽은 자의 표정을 통해 구현했던 것이다. (……) 다비드는 멋지다. 격정이 격정을 만드는 것은 아니다. 건조하고 냉정할 것. 이것은 예술가의 지상 덕목이다.” 다비드의 〈마라의 죽음〉을 보면 여느 사람은 볼 수 없는, 오직 건조하고 냉정한 자만이 발견할 수 있는 것이 있다는 것이다. 인간 내부에 대립하는 그 격한 감정들과 그것들이 빚어내는 삶의 비의들. 혹은 죽음을 앞둔 인간만이 볼 수 있는 존재의 의미들. 그러니 역사란 죽음을 앞 둔 인간만 볼 수 있는 이 진리의 빛들의 연쇄로 기술되어야만 의미가 있을 수 있다는 것이다. 결국 『파괴』는 죽음이, 죽음의 역사가 그토록 중요한 이유를 나름대로 제시한다. 하지만 그것은 우리가 예상하고 기대하는 것과 다르다. 『파괴』는 죽음이 그토록 중요한 이유를 철학적으로 증명하는 것이 아니라 동어반복으로 대신한다. 죽음이 왜 그리 중요하냐고? 중요하다. 건조하고 냉정해지면 죽음에서, 죽은 자의 표정에서 중요한 것들을 발견할 수 있기 때문이다. 다시 말해 죽은 자가 중요한 것은 그 존재가 다름 아닌 죽은 자이기 때문이다. 건조하고 냉정하라. 그러면 보일 것이다.

이렇게 『파괴』는 죽음의 역사를 역사의 총화로 내세운다. 다시 말해 인류 역사 전체를 ‘죽음의 무대’로 만든다. 『파괴』는 그렇게 역사를 죽음의 무대로 구축해놓고 ‘압축의 미학’에 대해 말한다. “압축할 줄 모르는 자들은 뻔뻔하다. 자신의 너저분한 인생을 하릴없이 연장해가는 자들도 그러하다. 압축의 미학을 모르는 자들은 삶의 비의를 결코 알지 못하고 죽는다." 작중화자는 압축의 아름다움을 예찬하지만 그것은 결코 아름다운 것만은 아니다. 예컨대 이런 것이다. 『파괴』의 작중화자는 여행책자 읽기를 즐기는 것으로 되어 있다. 이유는 간단한데, '여행안내책자들은 복잡한 사실들을 간단하고 명쾌하게 축약해놓기' 때문이다. "한 도시에는 수십만 개의 인생이 있고 수백 년의 역사가 있고, 인생과 역사가 교직하면서 만들어온 흔적이 있"을 터, 그러나 여행안내책자들은 그 모든 것을 "단 몇 줄로 줄여버린"다는 것이다. 작중화자는 이것을 너저분하지 않다고, 아름답다고 말한다. 하지만 문제는 간단하지 않다. 바로 이때부터 수많은 문제가 발생한다. 가령 한 도시의 수십만 개의 인생과 수백 년의 역사를 축약하는 방식은 그야말로 무궁무진할 수밖에 없으며, 이때 문제는 이 명쾌한 축약이 과연 얼마나 그 대상을 정확하게 혹은 풍부하게 재현한 것이냐 하는 것이다. 만약 그 축약이 대상을 정확하게 혹은 풍부하게 재현한 것이 아닐 경우, 그것은 혹여 아름다울 수는 있으나 엄청난 폭력이나 공포의 상황을 가져올 수도 있다. 그러므로 압축의 미학을 말하기 위해서는 압축 그 자체가 중요한 것이 아니라 압축의 방식과 압축의 객관성 같은 것들이 말해져야 한다. 그러나 작중화자는 이런 것들을 고려하지 않는다. 다만 인간의 역사 전체를 압축적인 삶과 너저분한 삶으로 분할하고, 이 중 어떤 삶을 사는 것이 옳으냐고 묻는다. 뿐만 아니라 이러한 분할은 슬그머니 자기 스스로 자기 자신의 삶을 압축하는(곧 자살하는) 아름다운 삶과 자신의 너저분한 인생을 하릴없이 연장하는 뻔뻔한 삶의 분할로 옮겨가고, 또 질문은 이어진다. 어떤 삶을 살 것이냐고 이것이 질문이 아니라 강요임은 분명하다. 양자택일적인 질문이지만 선택할 것은 하나밖에 없기 때문이다. 이렇게 『파괴』는 압축의 미학에서 슬그머니 자살의 윤리학으로 넘어간다. 이 이행의 과정은 단연코 비약이다. 압축적인 삶 역시 무궁무진하기 때문이다. 압축적인 삶이 단지 물리적인 시간의 짧음을 의미하는 것이 아니라면 의미 있고 가치 있는, 그리고 아름다운 삶이란 얼마든지 가능한 것이다. 예컨대 역사에 헌신할 수도 있고, 또 타자를 위해 자신을 희생할 수도 있고, 또 아니면 이전에 볼 수 없었던 전혀 새로운 진리체계를 만들어낼 수도 있을 터이다. 하지만 『파괴』는 이런 것에 대한 고려 없이 압축적인 삶을 곧 자기 자신을 파괴할 권리로 한정한다. 그리고 셰익스피어를 빌어 "죽음이 감히 우리에게 찾아오기 전에, 우리가 먼저 그 비밀스런 죽음의 집으로 달려들어"가는 것을 지상선 혹은 지고지순한 아름다움으로 제시한다.

『파괴』가 자살의 윤리학에 이르는 과정에서 행하는 단선화와 비약은 〈사르다나팔의 죽음〉에 대한 묘사에서도 그대로 반복된다. 작중화자는 〈사르다나팔의 죽음〉에서 자신의 소중한 것들을 먼저 파괴하고 자신의 파괴를 기다리는, 그러니까 비극적이면서도 동시에 자발적인 죽음의 의미와 가치를 칭송하고 있지만, 여기에서도 역시 일방적으로 칭송하기엔 마뜩찮은 여러 문제들이 개입되어 있기는 마찬가지이다. 특히 왕의 자발적인 죽음을 위해 일방적으로 희생당하는 존재들의 입장을 고려하면 왕의 이러한 선택은 아름다운 것이 아니라 철저하게 자신만을 배려한 행위이며, 또 그들의 입장에서 보자면 왕의 선택은 파괴된 이성이 벌이는 광기의 향연일 수도 있는 것이다. 하지만 『파괴』는 이러한 측면에 대해서 말하지 않는다. 다만 더 이상 추하게 기다리지 말고, 요구된 작업을 다 마친 그래서 이제는 너저분한 연장(延長)만 남은 인생은 자발적으로 꺼야 한다고 말할 뿐이다.

『파괴』의 이러한 죽음관은, 니체의 자발적이고 이성적인 죽음을 향한 결단을 연상시킨다는 점에서 보편성이 없는 것이 아니고, 또한『파괴』가 지금 이곳의 삶을 너저분하고 부조리한 삶의 단순한 반복으로 보고 있다는 점에서 개연성을 띄는 것은 사실이나, 그렇다고 압축의 미학에서 자살의 윤리학으로 이행하는 과정에서의 비약이 사라지는 것은 아니며『파괴』는 이처럼 논리적인 비약을 통해 특유의 자살의 윤리학을 완성한다. 우리가 사용하던 표현대로 하자면『파괴』는 논리상의 단절을 거쳐 '죽음의 무대화'를 넘어 '자살의 무대화'를 완성한다.

물론 여기서 '자살의 무대화'에 이르는 과정에 있어서 나타나는 논리상의 단절을 애써 강조하는 것은 그것 때문에『파괴』가 어떤 근원적인 한계를 안고 있다는 것을 말하려는 것이 아니다. 오히려 논리상의 단절과 비약이 있어야만, 그것도 천재적인 은폐가 있어야만 새로움과 낯섦은 성립이 가능하다. 그것이 없으면 어떠한 새로움도 낯섦도, 그리고 새로운 인식체계도 없다. 인식한다는 것은 곧 도식화한다는 것을 의미하며 놀라운 발견이란 곧 천재적인 은폐를 거쳐야만 가능하기 때문이다. 그러므로 낯섦과 새로움에서 우리가 주목할 것은 그것의 논리적 일관성이 아니라 그 천재적인 은폐를 통해 발견해낸 것의 가치이다.

이런 점에서 보자면『파괴』는 대단히 놀라운 소설이다.『파괴』는 그 특유의 선택과 집중을 통해서, 다시 말해 천재적인 배제와

은폐의 과정을 통해서 인간의 삶의 한 중요한 영역인 죽음의 문제
를 한국문학 전반에 다시 불러들인다. 즉『파괴』는 '엄연히 곁에
있으면서도 모두가 모른 체하고 있는 죽음의 문제, 스쳐가는 교통
사고쯤으로 여기면서 아무도 진지하게는 생각하지 않으려 하는
그 진부한 고전적 주제를 몽타주를 방부하는 절묘한 구성으로 배
열하고, 만화 같은 저돌성으로 털썩 생짜를 들이미는 솜씨가 가히
충격적인' 소설인 것이다.『파괴』가 충격적인 것은 물론 단지 죽
음 혹은 자살의 문제만을 귀환시켰다는 데에 있지 않다.『파괴』는
자살과 더불어 자살의 윤리학을 제기하게 된 현실적 조건들, 구체
적으로는 근대 사회의 고독과 권태, 그리고 퇴폐와 그로 인해 발
생한 실재계를 향한 사이비 열망들을 같이 데리고 돌아온다. 한마
디로『파괴』는 그동안 분단 등 한국적 개별성만을 특화시킨 이데
올로기들이 저 하위 범주로 내친 요소들을 다시 우리의 삶 곁으로
복귀시키거니와 그 결과 우리는『파괴』에서 비로소 '있는 그대로
의 현실' 혹은 '객관성'의 미망 아래 현재의 규범성 바깥에 밀쳐져
있던 실재들을 여럿 다시 만날 수 있게 되었다. 이것이야말로『파
괴』의 핵심적인 의미라 할 수 있다.『파괴』가 이렇게 규범적 현실
너머의 실재를 길어 올리는 의미를 획득하게 된 데에는 무엇보다
『파괴』를 열고 닫는 두 개의 회화에 대한 독특한 묘사가 큰 역할
을 행했음은 물론이다.『파괴』는 다만 두 개의 회화에 대한 묘사
만으로 역사를 죽음의 무대로 만들고 자살을 그 무대의 가장 의미
있는 윤리로 자리하게 한 셈이니,『파괴』의 구성이 절묘하다 함은
이를 두고 이른 말이라 할 수 있다.

　하여간,『파괴』는 이렇게 놀라운 발견과 천재적인 은폐술로 지

금, 이곳을 죽음의 무대로 바꾸어 놓고는 여러 인물들을 불러모아 죽음의 향연을 펼친다. 그리고 그 무대에서 벌어지는 어두운 향연을 통하여 왜 이 시대에는 자살만이 유일하게 성공적인 행위인지, 우리는 어떤 폐허 속에서 살고 있으며 그 무시무시하고도 매혹적인 실존 속에서 가능한 윤리학이 무엇인지를 치밀하게 충격적으로 보여준다.

3. 너저분한 삶과 숭고한 죽음

『파괴』는 액자소설이다. 소설이 있고 그 안에 또 소설이 있다. 이 중 바깥의 소설은 자살안내원인 작중화자의 이야기이며 소설 안의 소설은 작중화자가 그의 고객들이 죽음에 이르는 과정을 기록한 글이다. 해서, 『파괴』는 모두 5개의 장으로 구성되어 있는바 이 중 1, 3, 5는 작중화자의 일상사가, 2, 4장은 그의 고객들이 죽음(자살)에 이르는 과정이 서술되어 있다.

『파괴』의 바깥 이야기에서 작중화자는 끊임없이 고객을 찾아나선다. 잡지의 인터뷰 기사를 뒤지고 신문을 보며 또 인사동에 들러서 그림을 보기도 하고 음반가게에 들르기도 한다. 그런가 하면 작중화자가 낸 '당신의 고민을 들어드립니다'라는 광고에 이끌려 전화를 한 사람들과 밤 늦도록 대화를 나눈다. 그리고 그 중에서 고독해 보이거나 토요일 오후가 되어도 갈 데가 없는 인물들을 예의주시한다. 또 "아버지에게 강간당하는 소녀로부터 입대를 앞둔 동성애자, 남편 몰래 정을 통하는 여자, 남편에게 맞는 여자까지 다양한 번뇌를 가진 이들"과 접촉한다. 이들이 우선 일차적인 고객이다. 작중화자는 이들 중에서 자신의 고독이나 타인의 폭력으로 인한 혹은 자신의 비도덕적 삶으로 인한 정신적 고통과 갈등을 탈규범적으로 해결하려는 여지가 있는 사람을 골라낸다. 그리고 그들의 "무의식 깊은 곳에 감금해두었던 욕망을 끄집어"내어 그것이 자가증식하도록 유도한다. 그러면 "그들의 상상력은 비약하기 시작하고 궁극엔 내 의뢰인이 될 소질을 스스로 발견하게 되는 것이다." 작중화자는 이렇게 자신의 고객을 만나 적당한 자살의 방법을 알려주어 고객의 욕구를 충족시켜준다. 그리고 그들이 자살 혹은 죽음에 이르는 과정을 기록한다. 바깥 이야기는 자살안내자라는 파격적이고 특이한 방식의 삶을 일상으로 하는 작중화자에 관한 이야기라면 안의 이야기는 바로 자살안내원인 작중화자가 만난 고객들에 관한 기록이다. 말하자면 자기 스스로 자기를 파괴한, 그러니까 자발적인 죽음을 선택하여 말 그대로 압축의 미학을 보여준 숭고한 존재들에 대한 기록이다. 작중 화자는 자신의 안내를 받아 자살에 성공(?)하는 열 명이 넘는 고객 중, 유디트와 미미라는 두 여성의 영웅적인 결단과 아름다운 죽음을 특히 아름다운 것으로 기억하고 기록하는바, 이것이 소설 속의 소설을 이룬다. 이 중 우리가 관심을 갖는 『파괴』가 말하고자 하는바, 그러니까 자살에서 유일하게 성공적인 행위임을 발견하는 자살의 윤리학이 집중적으로 나타나는 부분은 작중화자가 "삶의 마지막을 아름다움으로 장식해냈다"라고 평가한 유디트와 미미의 아름다운 죽음에 있음은 물론이다.

『파괴』에 소개된 두 자발적이어서 아름다운 죽음의 첫머리를 장식하는 것은 유디트의 죽음이다. 하지만 유디트의 죽음을 다룬 2장에서 유디트의 죽음은 서사의 주변부에 있다. 오히려 유디트가 관계하는 형제 사이인 두 남자, 형제인 C와 K에 서사의 초점이 맞추어져 있다. 해서, 유디트에 대한 정보는 인색하다. 뿐만 아니라 그 인색한 정보마저도 C와 K의 눈에 비친 굴절된 것이며, 또한 구체적인 사실보다는 이미지를 중심으로 제시되어 있어서 명확하지가 않다. 예컨대 이런 식이다. "여자는 그제서야 눈을 떠 그를 바라보았다. 정염이 채 가시지 않은 눈동자에선 푸른빛이 났다. 그녀에 대한 첫인상은 클림트의 그림, 〈유디트〉를 닮았다는 것이었다. 아시리아의 장군 홀로페르네스를 유혹하여 잠든 틈에 목을 잘라 죽였다는 고대 이스라엘의 여걸 유디트. 클림트는 유디트에게서 민족주의와 영웅주의를 거세하고 세기말적 관능만을 남겨두었다."(20~21면) 그녀에 대한 정보가 이런 식인 만큼 그녀가 자살에 이르는 과정은 불분명하고 그런 까닭에 대단히 상징적이고 암시적이다. 그러나 그렇다고 해서 그녀를 통해 제시되는 자살의 윤리학까지가 불분명한 것은 아니다. 오히려 자기 정체성 없이 순간순간 떠돌아다니는 이미지와 결합하여 자기를 드러내는 그녀의 형상은 현대인의 실존 형식과 매우 근사(近似)한 것으로 보인다. 또한 그렇게 몇몇 상징들로 암시되는 그녀의 자살을 향한 여정은 자발적 죽음이 지니는 양가성을, 그러니까 현존재의 유일한 희망이면서도 극단적인 절망의 표현이며, 강인한 주체성의 현상 형식이자 인간적 유한성의 표지로서의 자발적 죽음이 지니는 양가성을 표현하는 가장 적합한 방식인 것처럼 보이기도 한다. 하지만 사정이야 어떠하건 간에 유디트가 자살 가이드의 도움을 받아 자발적으로 죽음을 선택한다는 것이 중요하며, 또 『파괴』는 이 자발적인 죽음을 통해 현존재들의 실존형식을 형상화하고 있다는 점이 중요하다.

『파괴』의 유디트를 어떤 인물이라고 규정하기는 쉽지 않다. 그녀라는 존재가, 특히 그녀의 영혼은 더욱 더, 텅 비어 있기 때문이다. 그녀는 뭐랄까 근본적인 결여의 상태에 놓여 있다. 과거도 불분명하고 삶의 이력도 구체적이지 않다. 그러나 이것은 그녀를 구성하는 부수적인 사실일 뿐이다. 그녀를 구성하는 보다 본질적인 것은, 그녀가 자기 삶의 주인이고자 하지 않는다는 것이다. 즉, 그녀에게는 주체성이 없다. 그녀는 자기 영혼의 주인이 되려 하지 않는다. 그러니까 자신의 삶을 스스로 관장하는 대신에 항시 그 권능을 타자에게 위임한다.

기사들과 노래를 부르러 들어 간 그 술집에서 세연을 만났다. 한 방에 다섯 명이 들어가서 맥주를 시켰고 세연은 들어와서 과일을 깎았다. 사과 껍질을 벗기는 폼이 서툴렀다. 짙은 보라색 아이새도를 칠했지만 나이는 많아 보이지 않았었다. 한 번도 웃지 않는 여자. 기사들은 화를 냈다. 웃음을 파는 여자가 웃지 않아서 동료 기사들은 그녀에게 욕을 했다. 주인이 왔고 주인도 그녀에게 욕을 했다. 주인에게 끌려나간 후, 밖에서는 따귀 맞는 소리가 들렸다. 잠시 후, 다시 들어온 그녀는 쉴새없이 웃었다. 별거 아닌 농담에도 웃었고 배차 반장을 욕하는 말에도 웃었고 한국축구가 월드컵에 진출할 거라는 말에도 웃었다. 기사들은 다시 화를 냈다. 미친년이라는 말도 나왔다. 그 말에도 그녀는 웃었다. (48~49면)

클림트가 유디트에게서 영웅주의와 민족주의라는 이데올로기를 거세시키고 세기말적 관능을 남겼다면, 『파괴』는 유디트에게서 이 데올로기는 물론 정신이나 영혼까지를 거세시키고 그 자리를 텅 빈 공백으로 만들어버린다. 이 근원적인 결여, 그리고 결핍감은 그 것을 채우려는 충동을 불러오기 마련, 유디트의 빈자리를 메우려 는 충동은 집요하다. 아무 변화 없는 일상에 변화를 주기 위해 매 일매일을 생일이라는 기호와 결합시키려 하는가 하면, 그 메울 수 없는 심연 같은 공허를 항시 무언가로 채우려 한다. 그녀는 자신 의 텅 빈 공허, 그리고 텅 빈 구멍에 항상 무언가를 채워넣는다. 입에는 항상 추파춥스 사탕을 밀어 넣고, 또 다른 입에는 남자의 성기를 넣거나 아니면 손가락을 그것도 아니면 뭉친 눈을 채운다. 무언가를 채워야 하는 이 강박적인 기갈증 앞엔 어떤 도덕도 규범 도 무력하다. 하여, 그녀는 처음부터 두 남자와 한 방에서 같이 지 내며 관계를 맺는 것은 물론 정인의 형을 유혹하여 결국에는 형제 모두와 관계를 이어나가기도 한다. 이 모두가 근원적인 결핍을 메 우려는 충동이 빚어낸 행동임은 물론이다.

그러나 유디트의 행동에 결핍을 메우려는 본능적 충동만이 있 는 것은 아니다. 그 근원적 결여를 충족키 위한 욕망 혹은 요구에 의해 추동되는 행동도 있는 것이다. 바로 C를 향한 기대와 열정이 다. 물론 유디트는 처음에는 C의 동생인 K와 본능적인 관계를 맺 는다. 그러나 자신의 근원적인 결여가 충족되지 않음을 거듭거듭 확인한다. 그리고 어머니의 장례식을 마치고 오는 C를 보고 다음 날 C를 유혹한다. 그녀는 그것을 '게임'이었다고 표현한다. "처음 너랑 자던 날 말야. 내가 사탕을 먹고 있었던 것 기억나? 난 네가 나를 힐끔거리며 쳐다보고 있었던 걸 알고 있었다. 그래서 게임을

해본 거야. 사탕에 넘어오는지, 아님 그 다음에 넘어오는지, 난 그
게 궁금했어. 그래서 마음 속으로 내기를 걸었지. 내가 사탕을 다
먹기 전에 네가 넘어오면 너랑 살고, 그 다음 단계에서 넘어오면
K랑 살기로. 어때, 재밌지 않아?” 그렇다고 해서 유디트의 C를 향
한 열정을 순수하지 않다거나 할 수는 없다. 계기야 어떠하건 상
대방을 진정으로 원하게 되는 것은 진정으로 원하는 마음을 먹은
다음부터인 것이다. C 또한 “유디트를 닮은 동생의 여자에게 끌리
고 있었”고 “위험한 선택을 하리라는 것을 직감”할 정도의 상황이
었으니, 유디트가 그것을 읽었는지도 모를 일이다. 하여간, 유디트
는 C를 통해 그 근원적인 결핍을 채우고 또 텅 빈 영혼의 나침반
을 삼고자 한다. 해서, 진짜 생일날 자신의 근원인 고향 주문진으
로 C를 데려간다. 그곳은 마침 대설로 도로가 마비될 정도의 상태
인바, 그곳은 유디트가 한 번 꼭 가보고자 하는 북극을 닮아 있다.
그곳에서 유디트는 진정한 충족, 풍만한 꽉 참의 상태를 경험하고
싶어한다. 하지만 C는 그렇지 않다. 생일이 아니라는 간단한 거짓
말을 그대로 믿으며 그 꽉참의 상태를 동참할 것을 요구해도 그저
형식적이다. 하여, 목을 졸라보라고 해보지만, 그러니까 진심으로
사랑하는지를 확인하고자 해보지만, C는 여전히 형식적이다. C에
게 유디트는 아무것도 아니었던 것이다. 그는 유디트의 근원적인
결여도 모르고 왜 추파춥스를 항시 물고 다니는지도 몰랐던 것이
다. 유디트는 마지막으로 목숨을 걸고 기대어린 항변을 토해낸다.

　“왜 사정하지 않지?”
　길고 지루한 움직임 끝에 그녀가 물었다. 그제서야 C는 자신이 그녀와 섹

스를 하던 중이었음을 알았다.

"흥분되지 않아."

"그럼 내 목을 졸라봐. 흥분이 될 거야."

C는 등뒤에서 그녀의 목을 감으며 다시 섹스를 시작했다. 몇번 쯤 컥컥거리는 소리가 들렸고 그녀가 죽을까봐 불안해진 그는 곧 사정을 했다. 몇 번의 밭은기침 끝에 그녀는 몸을 일으켜 뒷좌석으로 옮겨갔다.

"넌 평생 아무도 죽이지 못할 사람이야."

그녀가 말했다.

"사람은 딱 두 종류야. 다른 사람을 죽일 수 있는 사람과 죽일 수 없는 사람. 어느 쪽이 나쁘냐면 죽일 수 없는 사람들이 더 나빠. 그건 K도 마찬가지야. 너희 둘은 달라 보이지만 사실은 같은 종자야. 누군가를 죽일 수 없는 사람은 아무도 진심으로 사랑하지 못해." (58~59면)

하지만 이 말에도 불구하고 C는 잠들어버린다. 유디트는 이제 "멀리 다녀왔는데도 바뀐 게 없"음을 분명하게 확인한다. 또한 아무리 멀리 다녀와도 바뀌는 게 없을 것임을 뼈저리게 예감한다. 그녀는 그야말로 짙은 우울에 빠진다. 떠나는 것도 고통이지만 그렇다고 떠나지 않는 것은 더욱 고통인 상황에 처한 것이다. 결국 유디트는 선택의 기로에 선다. 근원적인 결여의 상태를 거짓 충족으로 자위하며 하루하루를 서서히 소진시키며 살아갈 것인가, 아니면 너저분하게 인생을 연장하지 말고 자발적으로 혹은 주체적으로 끝낼 것인가. 이때 홀연 유디트 앞에 유령처럼 자살 가이드가 나타난다. 그리고 그의 자상한 안내를 받아 결국 자살을 택한다.

이것이 『파괴』의 첫 번째 아름다운 죽음이다. 여기서 우리는 유디트의 죽음을 두고 한가지 중요한 점을 지적할 수 있다. 유디트는 단순히 고유명사가 아니라 동시에 일반명사라는 것. 그녀는 자신만의 고유한 역사지리지를 지니기보다는 현대인 전체를 환유하는 기호로 보인다. 텅 비어 있는 영혼을 거짓 충동들로 채워 가는 존재들, 그 과정에서 혹여 구원을 꿈꾸지만 그 꿈은 헛된 것일 뿐이라는 것을 확인하고 절망하는 존재들, 그래서 이곳을 떠날 수도 없고 그렇다고 안 떠나는 것은 더욱 고통인 존재들, 그것은 바로 지금 이곳의 살아가는 우리들의 실존인 것이다.

『파괴』에는 유디트의 죽음만이 아니라 작중화자에 의해 아름다운 죽음으로 칭송된 또 하나의 죽음의 기록이 있다. 바로 미미의 죽음이다. 유디트가 텅 빈 영혼으로 세상에 떠돌아다니는 기호나 이미지들과 매우 자의적으로 결합하는, 그러니까 큰타자에 일방적으로 예속된 존재라면, 미미는 유디트와는 다르면서도 같고 같으면서도 다르다. 우선 그녀는 유디트와 다른 점이 많다. "세상 모든 것에 흥미를 잃어버린 듯한 유디트와 저렇듯 당당하고 자신만만해 뵈는 유미미 사이에는 외견상 어떤 공통점도 보이지 않았다." 그러나 그럼에도 불구하고 "얼굴은 다소 창백했고 그 창백함 위에 덧칠된 눈화장의 강렬함이 퇴폐적인 미감을 풍겨내고 있"는 품이 "어디에선가 그녀는 유디트를 닮아 있"는 것으로 되어 있다. 하지만 외양이 닮아 있다는 것은 그리 중요하지 않다. 정작 중요한 유사성은 짙은 권태감, 그러니까 죽음의 징후인 것이다.

하여간, 유미미의 생존 방식은 유디트의 그것과 근본적으로 다르다. 유디트의 그것이 텅 빈 영혼의 자리에 타자 혹은 초자아의 권능을 채워넣으려는 인물이라면, 유미미의 그것은 자기 영혼을 자신만의 지성으로 빈틈없이 채워놓고 그 안에 타자나 초자아가 틈입하기를 거부하는 그런 인물이다. 한마디로 유미미는 상징적 질서 혹은 존재하는 규범과의 교섭을 거부한 채 자기 준거로만 살아가는 존재, 그러니까 나르시스트이다.

이 소설에서 그녀는 유명한 행위예술가로 되어 있다. 그녀의 유명세는 두 가지 때문이다. 하나는 그녀의 행위예술이 지니는 현장성과 파격성이다. 그녀는 타인이 이미 만들어놓은 규범들과 형식들에 자기를 끼어맞추는 것을 병적으로 혐오한다. 대신 그녀는 그때그때 그 현장의 분위기를 자기화하고 그것을 통해 그 현장만의 아우라를 만들어내기를 원한다. "퍼포먼스는 달라요. 저는 직접 만나요. 저를 바라보는 사람들의 눈동자 속에서 죽음과 애욕을 보죠. 제가 그 날 그들의 눈속에서 무엇을 보느냐에 따라서 제 작업은 즉석에서 바뀌곤 하죠." 그러므로 그녀의 퍼포먼스는 즉흥적일 수밖에 없으며, 또 그러므로 파격적일 수밖에 없다. 이 파격성이 그녀를 유명한 행위예술가이게 한 첫 번째 요인이다.

그녀가 대단한 행위예술가로 칭송받는 또 하나의 이유는 자신의 퍼포먼스를 기록으로 남기지 않는다는 점 때문이다. 그녀는 또 한편으로는 "원래 촬영을 허용하지 않는 걸로 유명한 여자"인 것이다. 그것은 일차적으로 그녀의 퍼포먼스가 만들어진 그 분위기와 그녀의 퍼포먼스가 만들어낸 아우라가 기술복제에 의해서 훼손되는 것을 저어하기 때문이다. 그녀는 예술은 규범이나 형식들 너머의 실재를 표현할 수 있어야 한다고 믿으며, 오로지 행위예술만이 그 실재, 혹은 살아 있는 아름다움을 대면할 수 있는 예술행위라고 확신한다. 그러니 그런 행위를 기록한다는 것, 복제한다는 것은 그 현장만의 고유한 분위기를 왜곡하는 것이며 소멸시키는 것과 등가로 다가올밖에. 결국 그녀는 자신의 퍼포먼스를 촬영하는 것을 허용하지 않는다. 절대로.

그러나 그녀나 기존의 규범이나 형식에 의해 자신의 예술이 걸러지기를 거부하는 것은 단지 그녀의 예술관 때문은 아니다. 그녀의 정신적 외상 때문이기도 하다. 그녀는 고등학교 시절 남들이 거치지 않는 특이한 성장 경험을 하며, 이것이 그녀에게 이미 존재하는 규범들에 대한 병적인 혐오를 가져다준다. 그녀의 경험은 이런 것이다. 고등학교 시절 거의 모든 여학생들에게 선망받는 선생이 자기 앞에서 옷을 벗는다는 자부심에 유부남이었던 선생과 관계를 맺는다. "강간도 아니었고 화간도 아닌 아주 어정쩡한 관계. …… 지금 생각해보면 그 선생에게 빠져 있었거나 했던 건 아닌 것 같아요. 여자애들에게 인기가 좋았던 그 선생이 내 앞에서 옷을 벗는다는 것. 그런 게 자랑스럽게 느껴졌달까." 그때 나타난 선생의 부인. 선생 부인은 그 상황에서도 다정한 어조를 유지할 정도로 놀랄 정도로 차가웠고, 그 차가움에 처음에는 위악으로 그 다음엔 "미친 듯이 지르고 또 지르고 발을 구르면 소리를 치"는 것으로 대항한다. 그래도 선생의 부인의 차분했고 그래서 결국은 둘의 관계만 공개되고 만다. 그 국어선생은 학교를 그만두게 되고,

그러자 기다렸다는 듯 모든 비난이 그녀에게 몰려온다. 이후 그녀는 서늘한 타자의 시선이, 그리고 그 타자들이 모여 만들어낸 규범이 얼마나 철두철미하게 전방위적으로 인간의 리비도들을 억압하고 왜곡하는지를 확인한다. 이후 그녀는 선생 부인의 차가움에 아우성으로 맞섰듯, 그렇게 차분하면서도 차가운, 그러니까 냉혹한 모더니티에 몰아(沒我)의 예술행위로 맞선다. 그녀는 "정제되지 않고 방출되는 자신의 광기, 폭발적으로 터져 나오는 열정의 편린들"에 세상에 흩뿌린다. 그러나 그 질서화되지 않는 혁명적 에네르기들이 기존의 규범에 의해서 자의적으로 재단되고 왜곡되는 것은 참지 못한다. 결국 그녀는 냉혹한 모더니티를 녹이기 위해 혁명적 에네르기를 내뿜으면서도 동시에 그 모더니티의 논리에 포획되지 않을 가능성이 높은 예술을 선택한다. 이런 이유로 그녀는 강렬하면서도 상징적 질서에 포섭되지 않을 예술, 즉 행위예술을 고집하며, 또한 그 행위예술을 촬영이나 사진 등으로 남기기를 단연코 거부한다. 촬영이란 곧 촬영하는 자의 시선에 의해 얼마든지 왜곡·전도가 가능하기 때문이다.

이렇게 줄기차게 차가운 모더니티와 맞서던 그녀는 어느 날 자기 모순에 빠진다. 자신의 행위예술이 모더니티를 거부하는 것이기는 하나 동시에 그 모더니티에 순응하는 것이라는 점을 발견한 것이다. 그녀는 퍼포먼스를 행하면 행할수록 그것이 냉혹한 모더니티를 거부하는 유효한 방식이라기보다는 오히려 그것 자체가 항시 큰타자의 시선에 자신을 가두고 예속시켜 가는 것에 불과하다는 사실을 깨닫는다. "십 년이 넘게 해오던 동안 난 내가 진짜 예술을 하고 있다고 생각했었는 데 그날 문득 그게 아니었다는 생각이 들었을는지도 몰라. 단 한 번도 나를 들여다본 적이 없다는 생각이 들더라고. 어디론가 계속 도망치고 있는 기분으로 나는 평생을 살아왔던 느낌이었어."

이제 그녀 역시 선택의 기로에 놓인다. 이 큰타자를 거부하기 위해 큰타자에 순응하는 이 역설적인 행위를 악무한적으로 반복하느냐, 지금 이곳의 존재들처럼 그냥 큰타자의 명령을 준수하며 살아가느냐, 아니면 큰타자의 틈을 비집고 들어가 자신의 충일한 내면을 지속적으로 유지하면서 사느냐. 그녀가 우선 선택한 길은 세번째이다. 그녀는 이 갈림길에서 우연히 자살 가이드를 만나 죽으려고도 하지만 그렇게 하지 못한다. 아직도 무언가 새로운 활로가 있을 수 있다는 기대감 때문이다. 일단 그녀는 죽음을 유보한다. 그녀는 자살 가이드의 충고에 따라 자신의 강박증적인 금욕주의 때문에 전혀 해보지 못했던 것을 행함으로써 무언가 다른 활로를 찾고자 한다. 이를 위해 그녀가 찾은 인물이 바로 C이다. 그녀는 C를 통해 자신의 퍼포먼스를 비디오에 담고자 한다. 그리고 그러는 과정에서 C에게 연정 같은 것을 느낀다. 타인의 시선이 항시 그녀의 실재를 왜곡하는 것이 아닐 수 있음을, 또 그것이 오히려 더 '실재를 더 실재답게 만들어'낼 수도 있음을 확인하고 싶어한다. 그러나 C는 역시 미미의 바람을 철저하게 저버린다. C는 자신이 만들어낸 미미에만 갇혀서 그것을 보고 또 볼 뿐 끝내 미미의 실재를, 그녀의 아우성을, C에 대한 실망과 분노로 점점 더 자발적인 죽음 쪽으로 향해 가는 미미의 현존을 외면한다. 결국 미미는 다시 선택의 기로에 놓이고, 이때 그녀가 선택할 길이란 하나밖에 없다. 너저분한 인생을 연장하느니 이쯤에서 자발적으로 인생을

끝내는 것. 그녀는 다시 자살 가이드를 찾는다. 그리고 편안하면서
도 고통스럽고 증오하면서도 이해하며 죽어 간다.

이상이 『파괴』의 액자 안에 그려진 죽음의 실체이다. 『파괴』는
이들의 자발적인 죽음에 대한 예찬을 통해 큰타자 혹은 규범에 의
해서 조종되고 관리되는 삶만이 가능한, 그래서 한 개인뿐만 아니
라 한 사회구성원 전체가 동어반복의 삶을 살아야 하는 모더니티
안에서의 실존 형식을 충격적으로 제시한다. 하여, 우리는 『파괴』
의 이 자발적인 죽음과 그것에 대한 예찬을 통해, 어떤 발전도 퇴
보도 불가능하게 하여 오로지 장기지속의 상태만을 가능케 하는
자본주의적 시간의 위력을 다시 한번 확인하게 하거니와, 이것만
으로도 『파괴』의 문제성은 남다르다 할 수 있다.

4. 타자에 대한 배려와 윤리적 주체화의 길

하지만 자발적인 죽음에 대한 예찬이 『파괴』의 다는 아니다.
『파괴』에는 차가운 모더니티에 대한 저항으로서의 자발적인 죽음
에 대한 예찬뿐만이 아니라 또 다른 것도 있다. 그것은 다름 아닌
자발적인 죽음에 대한 비판적 태도이다. 『파괴』는 자발적인 죽음
을 예찬할 뿐만 아니라 그것에 대해 비판적 거리를 유지한다. 특
히 자발적 죽음에 대한 비판적 태도는 소설의 후반부로 가면 갈수
록 더욱더 짙어진다. 그리하여 초반부에는 자발적 죽음에 대한 칭

송을 통하여 소설 공간은 물론 우리 사회 전체를 '자발적 죽음의 향연장'으로 만들어놓고는, 다시말해 기존의 우리 사회에 대해 희망을 이야기하거나 발전을 이야기하는 모든 담론들을 성공적으로 배제시키고 대신 그 자리에 영원히 지속되는 시간에 의해 작동되는 사회를 만들어놓고는, 후반부에 가면 슬그머니 현존재들을 너나없이 '자발적인 죽음'으로 몰고 가는 이 안타까운 현실에서 인간이 택할 수 있는 의미 있는 길이란 무엇인가를 집요하게 탐색한다. 그렇다고 이 말이 『파괴』 전체가 통일되어 있지 않다든가 구조적 결함을 보이고 있다든가 하는 것을 의미하지는 않는다. 『파괴』에서 이러한 중심 이동은 한 대상을 바라보는 시각의 차이에 의해서 자연스럽게 이루어지는 것이 특징이며 이는 구조적인 균열과는 아무 상관이 없다. 오히려 이러한 파괴적인 죽음의 예찬에서 그것에 대한 비판적 태도로의 자연스러운 중심 이동은 『파괴』의 파괴력을 높인 바로 그 요인이라고 할 수 있다. 만약 『파괴』가 일방적으로 '자기 스스로 자신을 파괴할 권리'를 예찬하는 것으로 흘렀다면 『파괴』는 인간의 삶을 철저하게 관리, 규율하는 사회에 대한 통렬한 비판으로는 시원스러울지 모르나 그것은 자칫 이 지독한 감시체제를 안으로부터 내파할 방안의 모색이라는 중요한 과제를 덮어버리는 결과를 낳을 수도 있는 것이다. 하지만 『파괴』는 통렬한 비판이 주는 쾌감에 쉽게 빠져들지 않는다. 『파괴』는 아주 지혜롭게 이 사회의 본질이 사회구성원 전체의 삶을 전일하게 동어 반복적인 것으로 만드는 것에 있음을 분명히 한 후, 그 연후에 서서히 그것이 가져다주는 불행과 그것을 내파할 가능성을 탐색한다.

물론 『파괴』에 모더니티를 내파할 가능성에 대한 탐색이 있다고 해서 어떤 인물이나 계층, 가치관, 혹은 인간을 구성하는 특정한 요소에게서 희망을 발견하고 그것을 예찬하는 방식을 미리 예상할 필요는 없다. 『파괴』는 그런 익숙한 방식을 취하지 않는다. 예컨대 이런 식이다. 『파괴』에서 자발적인 죽음에 이르는 인물은 두 여성이다. 그녀들이 자신의 삶을 압축하기로 결심하는 것은 다름 아닌 더 이상 삶을 연장할 경우 그 삶이 너저분한 인생의 연장이 될 것이라는 판단 때문이다. 다시 말해 그녀들이 정작 원했던 것은 매일매일이 새로운 삶, 그리고 존재하는 규범 안과 밖을 넘나드는 충일한 삶이다. 실제로 『파괴』에서 그녀들은 실제로 그것을 강력하게 희원하고 다른 인물들에게 끊임없이 그러한 전언을 전달한다. 하지만 C, K, 작중화자인 자살 가이드는 그 전언을 끝내 외면하며, 궁극적으로 그들의 외면이 그녀들을 치명적인 상태로 몰고 간다. 결국 그녀들을 자발적인 죽음에까지 이르게 한 것은 그들의 이 외면에 있다. 더 나아가서는 그녀들의 이 간절한 전언을 끝내 듣지 못하거나 듣더라도 외면한 그들의 내면 풍경인 것이다. 『파괴』는 그들의 이 복합적인 내면 풍경을 정밀하게 읽어내거니와 그를 통해 그들에 대한, 그러니까 지금 이곳을 살아가는 우리들에 대한 매우 섬뜩한 분석을 내놓는다.

앞서 이야기했듯 유디트와 미미를 자발적인 죽음으로 서서히 몰고 가는 인물은 세 명이다. C, K, 그리고 작중화자. 우선 유디트를 죽음으로 내모는 결정적인 인물은 C, K이다. 유디트를 먼저 만난 것은 K이다. K는, 앞서 잠시 살펴본 바 있지만, 기사들과 같이 노래 주점엘 갔다가 텅 비어 있는, 그래서 타인이 지시하는 대로 행동하고 사고하는 유디트를 만난다. 그리고 그녀에게 연민을 느 끼는 것이다. 이후 그녀와 관계를 계속한다. 그녀는 그를 만날 때마다 생일이라고 하고, 그는 그런 그녀에게 그때마다 성욕을 느낀다. 그저 그뿐 K는 왜 만날 때마다 생일인지, 그렇다면 언제가 정말 정확한 생일인지를 알려고 하지 않는다. 그러다 어느 날부터, 그러니까 어머니의 장례식 다음날부터 그녀에게서 그의 형 C의 로션 냄새를 맡는다. 하지만 K는 어떠한 행동도 하지 않는다. K의 형 C는 항상 K로부터 무언가를 빼앗아왔기 때문이다. "형이라는 사람. 언제나 모든 것을 가져간다. 그는 그러는 일에 익숙하다. 빼앗는 게 어색하지 않은 사람이었다. 형을 생각하면 늘 떠오르는 기억들은 탈취의 기억이었다." K는 이러한 패배의식에 사로잡혀 C에게도 유디트에게도 아무런 행동도 표현도 하지 않는다. K는 무슨 일이 생기면 그것을 해결하는 것이 아니라 컴플렉스를 먼저 느낀다. 그리고 컴플렉스로부터 탈출하는 것이 아니라 컴플렉스로 탈출한다. 또 K는 자신을 세 곳 인생에 비유한다. 그에게 그 상태는 출발점이 아니라 도달점이며 더 이상 움직일 수 없는 숙명이다. 하여, 그 상태로부터 벗어나기 위한 아무런 노력도 하지 않으며 무슨 상황이 닥쳐도 그 상황에 적절한 대응이나 발전책을 모색하지 않는다. 역시 세 곳 인생이기 때문이다. 현재의 불만스럽고 불안한 안정성을 지키기 위해, 그러니까 현재의 자기를 유지하기 위해 무슨 일이 생기면 컴플렉스 속으로 탈출하여 그 안에 안주한다. 스스로 만든 컴플렉스에 묻혀 모든 사안에 방관만하는 K는 결국 간접적이지만 유디트를 죽음에 이끈다.

유디트를 보다 직접적으로 자발적 죽음으로 이끄는 것은 K의

형 C이다. C는 어머니의 장례식날 동생 K와 섹스를 나누던 유디트가 그 다음날 자신을 유혹하자 그 유혹을 받아들인다. 그녀의 유디트를 닮은 듯한 얼굴과 그녀가 물고 있는 추파춥스가 주는 이미지 때문이다. "그녀는 커피를 다 마시고는 주머니에서 추파춥스를 꺼내 입에 물었다. 처음 몇 분 동안 그녀는 모든 정신을 사탕을 먹는 일에 집중한 것처럼 보였다. (……) 사탕을 먹는 여자를 그는 참으로 오랜만에 만났다. 껌을 씹는 여자를 그는 경멸했다. 껌을 씹는 일에는 아무런 상상력이 필요 없다. 끊임없이 입을 놀리지만 언제나 그 자리로 돌아올 뿐이다. 자신이 원하던 이미지는 저렇듯 오래도록 사탕을 먹는 여자이었음을 그는 깨달았다." 이유는 또 있다. C는 애써 부인하지만 '장례라는 비일상적인 행사를 마치고 엄습한 피로의 탓'(39면)에 생긴 '특정한 자극에만 민감해지는 그런 정서적 공황'(38면) 상태. 하여간 C는 동생의 정인인 유디트와 관계를 맺는다. 이 관계는 기존의 도덕을 뛰어넘을 정도로 불온하며 정열적이지만 그 안에 사랑은 없어 보인다. 아니, 이는 C에게만 해당되는지도 모른다. 유디트는 이제 누군가를 사랑하기로 했고 마침 그때 강렬히 자기를 원하는 C를 만났으며, 또한 동생의 정인인 자신을 탐할 만큼 그곳에는 사랑이 있다고 믿을 수 있기 때문이다. 사랑이란 어떤 면에서 보자면 도덕적으로는 혹은 의식적으로는 부정하면서도 어쩔 수 없는 것이 아니던가. 여하튼 이 이후로 유디트는 C를 통해서 자신의 고독과 퇴폐, 그리고 권태를 떨치기를 원하게 되고 자신의 진짜 생일날 C를 자신의 고향으로, 그러니까 자신의 근원으로 데려간다. 그곳에서 유디트는 자신의 근원적인 결여를 허구적으로나마 충족시켜 주던 추파춥스를 던진 채로 C

를 원하지만 C의 반응은 유디트가 예상하던 것과는 다르다. C는 추파춥스에 눈이 찔리는 고통을 당하면서, 그러니까 지독한 죄의식에 시달리며 동생의 여자와 관계를 맺으면서도, C의 유디트를 향한 마음은 어떤 열정도 애정도 없으며 다만 이미지의 매혹에 불과한 것이다. 해서 C는 추파춥스가 없는 유디트에게서 어머니, 곧 생명력이 고갈된 여성의 부패의 냄새를 맡는다. "화장을 끝낸 그녀에게서는 사과 냄새가 났다. 염을 끝낸 어머니의 시신에서도 사과 냄새가 풍겼다. 사과는 부패하면서 진한 향기를 풍긴다." 결국 C는 목을 조르라는, 생사여탈권을 맡길 정도로 C에게 마음이 있다는 유디트의 마지막 전언마저도 듣지 못한다. 따라서 유디트가 눈 속에서 사라지자 "어머니의 장례식날 동생과 섹스를 하던 여자를 찾아서 이렇게 눈밭을 헤쳐 나가는 자신의 모습이 혐오스러워지"는 것을 느끼는 것은 오히려 당연하다. 그리고 결국 C의 이 철저한 외면은 유디트를 죽음으로 내몬다.

C가 죽음으로 내모는 것은 유디트뿐만이 아니다. 유미미도 마찬가지로 C의 외면에 의해서 죽음으로 내몰린다. 그러니까 어떤 측면에서 보면 『파괴』에서 진정한 자살 가이드는 바로 이 C인지도 모른다. C는 어느 날 유미미를 만난다. 그리고 자기만을 응시하는 그녀에게서 매혹을 느낀다. 그리고 그녀의 행위예술을 자신의 카메라에 담고 싶다고 요청하여, 허락을 얻어낸다. 그 요청은 실로 절박하고 절실한 바가 있다. 그러나 유미미와 C의 만남은 실제로 누군가에게서 이제까지 자신이 살아왔던 것과 다른 삶을 살고 싶다는 그녀의 염원 때문에 이루어진 것이었고, 때문에 그녀는 C의 간절한 요청에게서 규범 바깥의 삶의 방식으로 인하여 이제는 생

활이 된 자신의 고독으로부터 벗어날 수 있는 가능성을 발견한다. 해서, 만남 이후 유미미는 C에게 끊임없이 여러 전언들을 보낸다. 처음 자전거를 배울 때 누군가 뒤에서 잡아주듯이 자신을 잡아달라고, 혹은 잡아주지 않았더라도 누군가가 잡고 있다는 생각에 홀로 설 수 있듯이 그렇게 자신의 뒤에서 자신을 봐달라고. 또는 카메라에 포착된 화상으로만 자기를 보지말고 그 너머의 자신의 실재를 보아달라고. 하지만 C는 "그 미미를 볼 때마다 자신의 내면 깊은 곳에서는 제어되지 않는 리비드가 불발 지뢰처럼 발굴"되는 느낌을 받으나 "그때마다 그는 렌즈에 온 신경을 집중하려 애"쓴다. 그러한 금욕주의적 외면 끝에 "세계와 자신, 오브제와 렌즈, 그가 만나왔던 여자들과 자신, 그들 사이에 놓인 강을 결코 좁히지 못할 것이라는 비감한 절망"을 깨닫지만 이 절망 역시 곧 자기 합리화로 덮어버리고 만다. "나이 서른이 되면 사랑도 재능인 것을 발견하게 되는 것이다." 라고. 그래도 미미는 포기하지 않는다. 미미는 자신을 담은 C의 설치 예술품 앞에서 마지막 퍼포먼스를 펼치고 나서 마지막으로 자신의 자발적인 죽음을 노골적으로 암시하지만, C는 역시 미미를 잡는 대신에 자신이 찍은 미미를 돌려보고 또 돌려본다. 결국 C는 이렇게 또 타자와 소통하고픈 미미의 간절한 염원을 등지거니와, 이 외면은 결국 또 하나의 자발적인 죽음을 가져온다. 너저분하게 삶을 연장하지 않기 위해서 미미가 할 수 있는 일은 오직 하나, 자발적인 죽음이었던 것이다.

유디트와 유미미를 마지막으로 자발적 죽음으로 몰아넣는 존재는 다름 아닌 자살안내원 즉 작중화자이다. 그는 "미미는 멋지게 떠났다. 유디트는 편안하게 갔다"고 말하지만, 그것은 어디까지나 그녀들의 고통과 염원의 한 면만을 본 결과이다. 이 자살 가이드는 스스로 너저분한 인생을 단지 연장하는 자들의 말을 들어주고 그들의 감추어진 욕망을 외화시키는 분석가로서의 성격이 짙지만, 그렇다고 그네들의 욕망을 모두 꺼내주고 그것 사이에서 판단을 하게 하지는 않는다. 그는 저 무의식 안에 감추어진 한쪽 욕망, 그러니까 죽음충동을 집요하게 밖으로 드러내는 대신에 타자와 조화를 이루거나 아니면 주어진 규범과 실재 사이를 오가며 균형을 잡고픈 욕망을 가치 없는 것으로 전락시킨다. 하여, 결국에는 그네들에게 나름대로 충일한 삶의 형식을 찾을 것을, 그것은 힘들더라도 가능함을 권유하는 대신에 죽음으로 몰아간다. 그리고 그들의 주검 앞에 아름다운 죽음이었다는, 인간은 자기 자신을 스스로 파괴할 수 있는 권리가 있고 그 권리를 행사할 때 가장 아름다운 만큼 그녀들이야말로 최상의 삶을 산 것이라는 조사를 남기지만, 그것 역시 타자의 또 다른 고통과 염원을 외면한 채 자신의 세계만을 고집하는 나르시스트의 허위의식의 산물에 불과하다.

결국 『파괴』는 유미미와 유디트를 자발적인 죽음으로 내몬 요인으로 타자의 실재를 보지 않으려는 자기중심적인 시선과 시민적 냉정함을 들고 있다. 그것이 사람들과 사람들 사이의 진정한 관계를 불가능하게 하며 동시에 사회구성원 전체의 삶을 동어반복적인 것으로 만든다는 것이다. 『파괴』에 따르면 누구를 만나도 같은 상황이 반복된다. K는 항상 컴플렉스 안으로 탈출하여 타자와의 소통을 회피하며, C는 자신이 만들어낸 이미지로 상대방을 보기 때문에 항상 누구에게서나 유디트를 발견하며, 작중화자는 현존재들에게 오직 죽음 충동만을 읽어낸다. 이 반복은 문득 그들을 권태롭게 한다. 하여, 그들도 역시 그녀들이 죽을 때 만났던 그 시그널을 만나게 된다. "왜 멀리 떠나가도 변하는 게 없을까. 인생이란."

이렇게 보면 『파괴』에 나오는 자발적인 죽음을 행한 자들과 그들을 그 상태로 몰아넣는 자살안내자들은 이 시대를 살아가는 우리들의 자화상이다. 그렇게 우리는 우리를 비워 놓은 채 큰타자의 규범에 의해 일방적으로 이끌려가거나 아니면 그렇게 만들어진 허구적인 환상체계 안에 갇혀 타자와의 소통을 거부하고 외면한 채 냉정하게 살아가고 있는 것이다. 그러므로 우리는 한편으로는 유디트이고 유미미이며, 다른 한편으로는 C이고 K이며 자살안내자이기도 하다. 그리고 지금처럼 주체를 상실한 채 살아간다면 우리는 바로 우리 곁에 있는 자살안내자들을 만날 것이며, 그들에게 이끌려 죽음의 문턱으로 갔다가 다시 돌아오기도 할 것이며, 그러다가 결과적으로 아무 흔적 없이 소멸하고 말 것이다.

그러므로 다음의 장면은 마치 얼마 앞의 우리 모습을 옮겨놓은 것 같이 불길하며, 이런 점에서 보자면 『파괴』는 우리 시대의 오감도이자 묵시록이다.

이 글을 보는 사람들 모두 일생에 한 번쯤은 유디트와 미미처럼 마로니에 공원이나 한적한 길 모퉁이에서 나를 만나게 될 것이다. 나는 아무 예고 없이 다가가 물어볼 것이다. 멀리 왔는데도 아무것도 변한 게 없지 않느냐고 또는, 휴식을 원하지 않느냐고 그때 내 손을 잡고 따라 오라. 그럴 자신이 없는 자들은 절대 뒤돌아보지 말 일이다. 고통스럽고 무료하더라도 그대들 갈 길을 가라.

제국의 변경, 변경의 제국
이문열의 『변경』

1. 『변경』, 혹은 새로운 화두

1986년부터 1998년까지 만 12년의 기간에 걸쳐 씌어진 이문열의 『변경』(문학과지성사, 1998)은 분명 큰 소설이다. 여기서 크다는 표현이 12권에 달하는 이 소설의 양적인 측면만을 고려한 것이 아님은 물론이다. 작가 이문열은 『변경』의 앞머리에 "지금까지의 내 삶에 축적된 모든 경험, 모든 기억과 사유 중에서 문학적 소재 혹은 장치로 유효하고 또 적절하다고 판단되는 것은 아낌없이 썼다. 삼십 년 문학 이력에서 터득한 모든 양식과 기교도 마찬가지다"라고 쓰고 있거니와, 이렇듯 『변경』은 우리 문학사가 자랑할 만한 작가인 이문열이 그야말로 혼신을 다해 쓴 소설이며 동시에 그렇게 깃든 작가의 혼과 장인적 열정이 빛을 발해 소설의 저 구석까지도 생동감으로 물결치는 소설이다. 한마디로 『변경』은 대하(大河)소설이자 동시에 대하소설이 보여줄 수 있는 바로 그것을 보여준 한국문학사에 오랫동안 기억될 문제적인 소설이다.

　『변경』의 문제성은 우선 『변경』의 설정한 시공간의 폭넓음과 그 시공간의 역사적 성격과 관련이 깊다. 『변경』은, 작가 이문열의 평판작 중의 하나인 『영웅시대』의 속편에 해당하지만, 소설이 포괄하고 있는 시공간의 규모에 있어서는 비교하기 힘들 정도로 현격한 차이가 난다. 『영웅시대』가 6·25를 전후로 한 작가 자신의 불행한 가족사를, 주로 할머니와 아버지, 그리고 어머니의 비극적인 삶에 초점에 맞춰 다룬 것이라면, 『변경』은 그 이후 세대, 즉 작가 이문열 세대의 성장사를, 세 개의 각기 다른 자서전적 형식을 통해 형상화하고 있다. 하지만 『변경』의 세 주인공들이 경과하는 육체적, 정신적, 사회적 성장의 여정은 가히 1950년대 후반부터 1970년대 초반에 걸친 파란만장한 한국 역사의 전개과정과 모두 맞닿아 있어 가족사 소설의 범주를 훌쩍 뛰어넘는다. 게다가 1950년대 후반부터 1970년대 초반의 현실적 상황은, 한국전쟁이 가져다준 혼란과 무질서 혹은 정신적 무정부주의 상태를 극복하고 지금, 이곳의 삶을 결정짓는 모든 질서와 제도, 그리고 정신적 중심이 형성된 바로 그 시점인 것이다. 한마디로 『변경』은 한 가족의 구성원인 세 주인공의 성장과정을 통해 지금, 이곳의 살아 있는 전사(前史)를 그려낸 성장소설이자 가족사소설이며, 연대기적 소설이다.

하지만 『변경』을 문제작이게 한 보다 중요한 요인은 같은 시대의 것이라 상상하기 힘들 정도로 겉모습과 속모습이 서로 상이할 뿐만 아니라 때로는 이율배반적이기까지 한 교활한 한국근현대사의 흐름과 그것이 만들어낸 복합적인 한국인들의 삶들과 사건들을 모두 포괄하고 있다는 점이다. 잘 알려진 바와 같이 한국의 근대화는 자생적인 봉건질서의 해체와 재편의 과정이 아닌 다른 나라의 사회적 제도의 일방적인 이식과정으로 진행된 바 있다. 하여, 한국의 근대화는 외형상으로는 혹은 제도적인 측면에서 보자면 급격하게, 그리고 혁명적으로 수행되는 면모를 보인다. 전혀 새로운 문화, 문명, 법이 제정되어 그것이 사회를 운영하는 중심원리로 작용한다. 하지만 이 제도상의 혁명적인 변화가 사회 전반을 혁명적으로 바꾸어놓은 것은 아니다. 한 사회의 변화는 과거로부터 내려온 전통과 미래로 흘러가는 방향 사이의 길항과정에 의해 결정되며, 특히나 구악이 일소되지 않은 나라의 경우 필연의 왕국에서 자유의 왕국으로의 비약을 경험한 나라에 비해 과거로부터 내려온 전통이 보다 굳건하게 뿌리를 내리는 것이 일반적이다. 특히나 우리나라의 경우처럼 근대화의 방향이나 원리가 확정되지 않은 상태에서 급격한 제도의 이식 과정으로 진행될 경우, 제도를 채울 만한 인원 자원의 미비 등으로 말미암아 제도의 합리성에도 불구하고 제도를 운영하는 원리는 자의성으로 특징지어지는데, 전혀 청산되지 않은 전근대적 요소(예컨대 학연, 지연, 혈연 등)들이 이 자의성이라는 기호를 채우게 된다. 하여 한국의 근대사회는 사회적 제도나 형식은 다분히 더할 나위 없이 합리적이고 근대적임에도 불구하고 그 실제적인 사회적 내용이나 구성원들의 정신구조는 여전히 전근대적인 성격을 지니는 상호모순적이며 이율배반적인 속성을 지닌다. 이러한 사회에서는, 부르디외가 적절하게 지적했듯, 현존하거나 이미 소멸된, 상이한 경제구조들에 부응하는 성향들과 이데올로기들이 한 사회 속에, 그리고 자주 같은 개인 내부에조차도 공존하며, 마치 한 시대에 동시에 나타날 수 없을 것같은 이질적인 두 개의 사회―전자본주의적인 것과 자본주의적인 것―가 같이 존재하기도 한다. 한국사회는 한마디로 근대적이면서 동시에 전근대적이고 보편적이면서 동시에 개별적이며, 때문에 한국사회를 움직이는 궁극적인 원리를 읽어내는 일은 쉽지 않다. 이러한 이율배반적인 한국사회에 대한 이제까지 우리 문학사의 대응은, 그러나 아쉽게도 이러한 두 개의 요소를 길항시켜 어떤 통일적인 원리를 찾아내는 대신에 한국사회의 어느 한 측면만을 배타적으로 고려하는 자리에서 이루어져 왔다. 그래서 한국의 근대문학은 우리의 특수한 삶의 양식에 어떠한 시선도 던지지 않는 보편적 내러티브와 전지구적 자본주의와 절연된 토착적 내러티브 사이를 주기적으로, 그리고 극단적으로 오고가는 양상이 반복되었으며, 이 양자를 결합시키려는 노력은 항시 문학사의 주변부에 위치해 있었다고 할 수 있다.

이러한 한국 근대문학의 장의 구조와 역사에 비추어 보자면 『변경』은 줄곧 우리 문학사에서 저 변방에 위치해 있는 한 경향을, 그러니까 한국의 현실을 보편적 내러티브와 토착적 내러티브가 복잡하게 뒤엉켜 있는 터전으로 규정하고 그러한 복합적인 현실을 어떻게든 읽어내고자 했으나 단속적으로만 이어져오던 소설사의 한 계보를 문학사의 중심부로 끌어들인 소설이며, 동시에 이

제까지의 한국 근대문학의 장의 구조와 역사에 대한 과감한 도전
을 통해 우리 문학 전반을 우리 문학이 서 있어야 할 자리로 이끈
소설이라 할 수 있다. 물론 『변경』의 문제성은 여기에 그치지 않
는다. 『변경』은 한국사회의 이율배반성에 주목했을 뿐만 아니라
동시에 그 이율배반적인 요소들을 하나의 통일적인 원리로 묶어
세워서 결국은 현실보다 더 현실적인 상상의 세계를 구축했다는
점일 것이다. 하여, 우리는 말할 수 있다. 『변경』을 통하여 우리는
비로소 현재의 한국사회가 어떠한 과정을 거쳐 지금, 이곳에 이르
렀는지를 확인할 수 있게 되었으며, 그러므로 현재 우리의 세계
내적 위치를 정확하게 파악할 수 있게 되었다고

그렇다면 이제 우리의 관심사는 『변경』이 이율배반에 가까운
한국사회와 한국인의 삶의 방식을 어떤 원리로 묶어 세웠는가 하
는 것으로 옮겨져야 할 터이다. 이는 곧 『변경』의 미학적 원천을
밝히는 일이자 더 나아가 지금, 이곳을 살아가는 우리들의 세계
내적 위치를 확인하는 길이기 때문이다. 과연 『변경』을 문제적이
게 한 원천은 무엇인가. 그리고 우리는 과연 누구인가.

2. 변경의 제국, 혹은 정신적 동물왕국

『변경』의 가장 핵심적인 서사는, 앞에서도 간략하게 지적했듯,
남매 관계인 세 명의 주인공이 행하는 육체적, 정신적, 사회적 성

장과정이다. "내가 산 시대의 거대한 벽화를 남기겠노라"라는 작가의 강한 집념 때문인지는 몰라도 『변경』의 세 명의 주인공이 보이는 육체적, 정신적 성장과정과 입사의식은 유난히 혹독하다. 그리 길지 않은 연륜에도 불구하고 그들이 만나고 사랑하고 정신적으로 교유하는 인물들은 사회의 모든 계층이 망라되어 있을 뿐만 아니라 그들이 잠시 동안 머무는 작은 공동체 혹은 정신적 사회적 거처 역시 다양하다. 그 결과 『변경』에는 1950년대 후반부터 1970년대에 이르는 한국사회의 파란만장한 연대기가 펼쳐지며, 이 생동적이고도 역동적인 연대기가 우선 『변경』이 문제작으로 자리하게 하는 토대를 이룬다.

그러나 『변경』이 정작 문제적일 수 있는 이유는 각 인물들의 다양한 관계축들이 튼실한 작품 내적 원리로 감싸안아져 역동성과 생생함을 확보한다는 데에 있다. 『변경』에는 작가에 의해 선택되고 위계질서화된 상황과 인물들을 통일적으로 묶어 세우는 몇몇 중첩된 서사구조가 면밀하게 작용하고 있다. 이 몇몇 서사구조가 서로 중첩되고 뒤섞이며, 『변경』은 열리고 닫힌다. 그리고 이 각각의 서사구조에는 다양한 현실을 반영하고 변형하는, 기록하는 동시에 구성하고 계획하는 통일적인 원리가 살아 숨쉬고 있는바, 이처럼 『변경』은 작가의 이념을 소설의 구조 속에 자연스럽게 용해시킴으로써 미적인 질을 확보한다.

『변경』은 대하소설답게 사회를 읽어내는 여러 시선과 원리들이 작동하고 또 때로는 이것들 간에 서로 충돌이 일어나기도 하지만, 다양하고 산만한 현실에 통일성을 부여하는 총체화의 원리 그리고 작품을 전반적으로 규율하는 핵심적인 서사원리는 바로 소위

'변경론'이다.

> 두 제국의 변경이 이 땅에서 맞닿아 있다는 것은 경제 구조건 정치 행태
> (行態)건 남과 북 모두에게 어떤 기본틀을 주게 됩니다. (……) 모범적인 주변
> (周邊)은 제국의 이데올로기에 충실하고 그 종주권(宗主權)을 승인하며 소
> (小)제국 혹은 핵심 편입을 지향하는 형태일 것입니다. 그러나 이 변경이란
> 특수한 주변은 특별한 왜곡이 가능합니다. 왜냐하면 변경의 지도자들이 가지
> 는 권력도 권력이며, 그것은 도취하기 쉬운 미각(味覺)과 부패하기 쉬운 속성
> 을 가지고 있기 때문입니다. 부패한 권력, 치욕에 빠진 권력의 가장 큰 특징
> 으로 나타나는 것은 일인 독재와 장기 집권입니다. (……)그것은 부패한 남과
> 북의 권력이 두 제국 모두 싫으면서도 용인할 수밖에 없는 변경적인 상황을
> 십분 활용했기 때문입니다. 하나를 잃으면 적대 제국에게 둘을 보태게 되는
> 변경의 특수한 산물 말입니다. (11권, 212~213면)

위의 정언은 비록 동일한 형태는 아니지만 『변경』에서 가장 많
이 반복되는 구절이다. 이 논리에 따르면 세계는 자본주의와 사회
주의라는 두 개의 제국으로 분열되었을 뿐만 아니라 이 두 제국의
제국을 유지하려는 불온한 욕망 혹은 제국의 메커니즘에 의해 두
제국의 지배자들에게만 이익이 되는 적대의 장으로 변질되었다는
것이다. 이러한 두 제국의 메커니즘은 각각의 사물이나 민족 혹은
국가들이 지니는 개별성이나 독특성, 그리고 비교 불가능한 성질
등을 다시 회복할 수 없을 정도로 지워버리며, 독자의 가치를 찾
으려는 모든 인간적 노력을 진리, 혹은 발전의 이름으로 억압한다.
이제 인간의 의지를 떠난 자기만의 운동을 시작한 제국들의 메커
니즘과 이러한 타락한 메커니즘에 영원한 생명력을 부여하려는
제국의 이데올로그들은 그들의 헛된 욕망을 위해 제국의 주변부

는 물론 전혀 다른 방식을 영위하던 그 사회에까지 자신들의 욕망과 메커니즘을 주입시킨다. 이렇듯 각 민족에게 혹은 인간 각자에게 소중한 삶의 경험과 인간적 가치를 한 순간에 무화시키는 전지전능한 제국의 이데올로기, 이것을 『변경』은 한국사회를 움직이고 결정짓는 궁극적인 원리로 설정한다.

이처럼 모든 민족, 모든 인간의 기억과 경험, 그리고 문화적 전통을 모두 지워내고 인류 전체를 살아 숨쉬는 기계로 만들 때 자신의 제국을 유지할 수 있는 전지구적 자본주의 체제와 사회주의라는 이데올로기가 『변경』의 등장인물의 삶과 운명을 결정짓는 가장 핵심적인 원리임은 물론이다. 여기 행복한 삶을 살려는 세 명의 주인공이 있다. 아니, 『변경』에 등장하는 모든 인물들이 행복을 꿈꾼다. 이들의 꿈은 너무나 소박한지 모른다. 특히 세 명의 주인공이 꿈꾸는 삶이란 일단 흩어진 가족을 모아 안락한 가정을 꾸리는 것이다. 물론 이것이 인간의 행복을 결정짓는 궁극적인 조건일 수는 없을 것이지만, 우선 이들의 일차적인 꿈은 이것이다. 이유는 간단하다. 그들이 여러 이유 때문에 이산의 아픔을 겪고 있기 때문이다. 그러나 이 소박한 꿈은 쉽게 달성되지 않는다. 이들은 가장 없는 가족이고 가장이 없는 가족인 만큼 단란한 가족을 꾸리려는 소박한 목표가 쉽지 않은 까닭이다. 이 때문에 가장 없는 집안의 장남인 명훈이 헌신적인 노력을 다하지만 그가 할 수 있는 일이란 고정된 일자리가 아닌 일용직일 뿐이다. 거기다가 아버지가 월북했다는 이유만으로 어렵사리 얻은 일용직에서마저 쫓겨난다. 결국 명훈이 도달한 자리는 뒷골목의 주먹 세계이며, 이곳에서 자신의 삶의 자리를 마련한다. 이렇게 고립되고 불우한 삶은 그에게 사랑에 대한 강한 열망을 키우지만, 그 사랑마저 이루어지지 않는다. 첫사랑의 여성은 자본주의가 적극적으로 계몽하는 사랑의 방식에 자신의 혼을 내맡긴 존재였던 것이다. 그녀는 그렇게 백인 장교와의 행복한 결합, 다시 말해 최소한의 투자로 최대한의 효과를 산출하는 자본주의식 사랑을 위해 그를 떠난다. 그리고 만난 모니카 역시 마찬가지이다. 모니카는 명훈에게 집착하지만 이들의 사랑은 인격과 인격이 결합이 아닌, 육체와 육체의 결합이며 또한 새디즘과 마조히즘적 결합일 뿐이다. 이렇게 단란한 가정을 꾸미려는 명훈의 꿈은 전지구적 자본주의 체제와 그 체제에 편입하려는 권력자들의 권력에의 의지에 의해 여지없이 난파당한다.

전지구적 자본주의 체제가 인간의 영혼을 얼마나 황폐하게 하며 또 인간을 서서히 어느 지점까지 전락시키는가 하는 점을 가장 집약적으로 보여주는 인물은 영희이며, 동시에 그가 거쳐가는 세계이다. 자본주의의 화려한 이미지, 그리고 모든 인간적 가치를 무화시키는 물신화의 원리는 영희의 순수했던 영혼을 서서히 잠식하며, 자본주의의 화려한 이미지와 아주 소수에게만 주어지는 일확천금의 꿈은 영희를 더 이상 목가적인 삶에 안주하지 못하게 한다. 도시 생활의 실패, 그리고 그로 인한 잠시동안의 귀향에서 그녀는 자연과 가족 속에서 편안함과 안락함을 맛보는 대신에 짙은 권태와 무력감에 빠져든다. 그렇게 환멸적이었던 도시의 타락한 삶이 어느샌가 역동적이고 기회의 삶으로 다시 비쳐지며 결국은 도시의 유혹과 매혹을 이기지 못한다. 급기야 영희는 자본주의의 상품화 논리의 극단적이고도 전형적인 형태인 상품으로서의 여성으로 전락하며, 숱한 자괴감 속에서도 그 달콤한 유혹을 뿌리치지 못한다. 한 남자와의 결혼이 가능함에도 불구하고 그녀는 가정 대신 자본주의가 제공하는 쾌락적 이미지를 떨쳐내지 못하고 점점 타락의 깊은 수렁으로 빠져들며 그곳에서 돈의 전지전능함을 목격한다. 마지막으로 그녀에게 남은 가능성은 더 깊은 수렁 속으로 파져드는 파멸의 삶이거나 마치 도박처럼 돈의 획득으로 급격한 신분상승을 꾀함으로써 모든 상실을 만회하는 길이다. 영희는 결국 도박을 택한다. 신분상승을 위해 거래로서의 결혼을 행하고 도시빈민의 마지막 삶의 근거를 빼앗으며 부를 축적하는 물신의 노예가 된다.

　이처럼 『변경』은 자신의 제국을 영속시키려는 전지구적 자본주의가 때로는 '최소한의 투자로 최대한의 이윤을' 창출하려는 환금가능성의 논리를 통해, 또 때로는 부패한 권력과의 밀월관계를 통해 우리 사회 전반을 천민자본주의로 전락시킨다는 사실을 날카롭게 지적하고 있다. 그러나 『변경』이 더욱 주목하고 있는 점은 두 제국의 영토 넓히기 경쟁이 이처럼 황폐한 현실을 넘어서거나 아니면 이 황폐함의 속도를 늦출 수 있는 정신이나 교양, 지성마저도 결국은 타락시킨다는 사실이다. 다시 말해 『변경』은 두 제국의 영토 넓히기 경쟁은 인간의 정신이나 교양을 왜곡시키고 이 왜곡된 교양이나 정신은 또 다시 제국의 영토 넓히기 경쟁을 강화시킨다는 것이다.

　『변경』에 따르면, 우리 사회는 두 개의 제국과는 전혀 다른 과거를 지니고 있으며, 그리고 현재에 있어서도 그 삶의 내용과 형식은 두 개의 제국과 현격한 차이를 지니고 있다. 그런데 두 개의 제국과 그 두 개의 제국 사이의 갈등을 통해 권력을 유지·존속하는 부패한 권력은 그 차이를 무시한 채 사회의 모든 시스템을 통일시키고자 한다. 부패한 권력은 겉으로는 정의를 외치며 제도 역시 합리성을 표방하지만, 그러나 그들이 외치는 정의 속에는 권력을 유지하려는 음험한 음모가 숨어 있으며 합리적이라고 표방된 제도 역시 혈연, 지연, 혹은 검은 돈을 매개로 한 거래가 깊숙하게 자리잡고 있다. 공공영역과 사적 영역, 기표와 기의, 대의명분과 생존본능이 철저하게 분리된 채 사회는 움직여 나가며, 그 결과 우리 사회의 구성원 역시 생존을 위해서 공공영역과 사적인 영역, 기표와 기의를 분리한 채 살아갈 수밖에 없다. 그렇게 위정자뿐만 아니라 민중들까지 자기 분열적인 방식으로 말 그대로 속물적이고 이중인격의 삶을 영위하며, 그 과정에서 공공영역과 사적인 영역을 일치시키려는 삶은 소외되고 유배당한다. 명훈과 인철은 아버지가 월북해서 북한의 고위직에 있다는 이유만으로 소환되고, 그 권력의 중심에서 자신이 경험한 그것 혹은 있는 그대로의 사실이 왜곡되는 것을 목격한다. 이러한 무소불위의 권력이 주는 공포는 그 사회 구성원들에게 연극적인 자아 혹은 포즈로서의 삶을 강요한다. 한 개인은 자신의 과거 모두를 기억하고 재구성하여 일관된 서사로 자신의 세계 내적 위치를 규정하는 것이 아니라 과거의 특정 부분을 타인에게 혹은 자신에게마저 속인 채 살아가야 하는 것이다. 이러한 속물적인 삶, 혹은 연극적인 자아로서의 삶은 어쩌면 두 제국의 변경에서 살아가는 변경인이 생존하는 한 방법인지도 모른다. 이러한 두 제국에서는, 그러므로, 현실에 대한 남다른 관찰 의지와 그러한 서기관의 냉정한 관찰에서 얻어진 인식들이 절대로 필요하다. 그래야만 그 인식들은 현실에 부합할 뿐만 아니라 세계의 총체적 이해를 가능하게 하기 때문이며, 그렇지 않을 경우 인식상의 폭력으로 나갈 가능성이 높기 때문이다.

하지만 한국의 지성사는 사실을 선험으로 추단하지 않고 사실을 읽은 후에 조심스레 평가하는 서기관의 정신이 부족하다. 대의명분과 생존본능이 기형적인 형태나마 동시적으로 작동하여 유지되는 것이 한국사회라면, 그리고 두 개의 제국과 부패한 권력이 기묘한 동거관계를 통해 존속하는 것이 한국사회라면, 한국의 지성사는 이러한 두 개의 접점이 만들어내는 천박한 사회에 대한 짙은 환멸감 때문에 항시 조급한 현실 변혁의 열망에 쫓겨 왔다. 개혁은 곧 부패한 냉정이며, 근본적이고 총체적인 변화만이 진정한 길이라고 믿었던 것이다. 이러한 현실 변혁의 조급한 열정은, 그러나 그 선한 의도에도 불구하고 의도하지 않았던 결과를 낳는다. 현실 변혁의 조급한 열정은 부패한 권력과 마찬가지로 사실을 왜곡하는 것은 물론 그 섣부른 실천이 결국은 부패한 권력 혹은 두 제국의 권위를 더욱 강화시켜 주었기 때문이다.

패장(敗將)은 군진(軍陳)을 논하지 않는 법이라지만, 그리고 젊은 너희들에겐 비참하게 들리겠지만, 나는 오히려 기다림을 권하고 싶다. 더 솔직히 말하면 서세동점(西勢東漸)이 시작된 이후 백 년 가까이나 준비되고, 필경에는 동족 상잔의 피반죽으로 굳어진 분단의 벽을 그 총성이 멎은 지 80년이 안돼 순수한 열정 하나만으로 허물려 드는 그 성급함을 경계하고 싶은 거야. 하지만 그렇다고 네가 말한 방관이나 막연한 기다림을 권하는 것은 아니다. 우선은 의사(疑似)의 미망에 휩쓸리고 있는 이 사회의 의식을 순화시켜 민족의 정신에 내재화·보편화시켜야 한다. 진정으로 필요한 시기가 오면 죽음을 마다 않는 이념력(理念力)으로 분출할 수 있도록. 그 다음은 남과 북이 은연중에 강요받고 있는 비정치적 예속부터 배제해야 한다. 이를테면 경제적 예속이나 문화적 예속 같은 것. 너희들은 그게 모두 정치와 한 끈으로 연결돼 있어 정치적 매듭부터 풀어나가야 다른 것도 예속에서 풀려날 수 있으리라 단정하지만, 내가 참담한 실패를 치르고 얻어낸 눈썰미로는 그렇지가 않다. (4권, 262~263면)

　당신들은 내 전망의 결여를 걱정하지만 나는 오히려 지나치게 무성한 당신들의 전망을 걱정한다. 당신들은 내 무이념(無理念)을 의심쩍어하지만 나는 또한 오히려 당신들의 이념 과잉이 못미덥다.
　우리는 분열된 세계 제국의 변경인이다. 이 두 세계 제국의 뿌리를 동서로마 제국의 분열에서 찾든, 너무 익은 서유럽 문명의 자기분열로 보든, 우리는 오랫동안 그 제국의 판도 밖에 있었다. 그러다가 이 세기에 와서 겨우 그 제국에 편입되었으나 이번에는 단순한 주변이 아니라 변경이었다. 주변과 변경은 본질적으로 다르다. 하나는 그저 핵심에서 멀리 떨어져 있을 뿐이지만, 다른 하나는 그 경계선 너머 또 다른 적대 세력 또는 세계 제국이 존재해 있다는 뜻이다. (3권, 89~90면)

『변경』은 이러한 우리 지성사에 대한 진단과 통찰을 통해 미완으로 끝난 4・19의 좌절과 그 피의 대가가 또 다른 부패한 권력에 장악되는 과정을 밀도 있게 서술한다. 물론 이러한 4・19에 대한 이러한 묘사와 평가는 다분히 사후적인 평가이지만, 그렇다 하더라도 한국 근대지성사에 대한 면밀한 통찰임에는 틀림없다.

이처럼 『변경』은 소위 두 제국의 변경으로서의 한국이라는 원리를 통해 1950년대 후반부터 1970년대까지의 한국사회를 통일적으로 형상화한다. 이를 통해 『변경』은 전지구적 자본주의 체제와 사회주의라는 이데올로기, 그리고 두 제국의 논리가 동시에 관철되는 우리의 특수한 상황이 우리의 풍부하고도 충일한 삶을 서서히 타락시켰으며, 결국에는 욕망의 노예 혹은 불온한 이데올로기의 충실한 하수인으로 전락시켰다는 사실을 깊이 있게 제시한다. 이처럼 『변경』의 소위 변경론은 우리 현대사의 흐름을 의미 있게 읽어낸 하나의 중요한 가설이며, 이 가설이 풍부하고도 다양한 소설적 육체와 결합됨으로써 우리 문학사에 또 하나의 중요한 문제작으로 등재되었다.

3. 자유로이 부동(浮動)하는 지식인

『변경』에서 현실을 반영하고 변형하며 기록하는 동시에 예측하는 원리로서의 소위 변경론은 지독하게 비관적이거나 허무주의적인 것으로 다가오지만, 『변경』 전체가 그러한 허무주의적 색채로만 채색된 것은 아니다. 『변경』은 두 제국의 변경으로서의 한국사회의 특수성을 강조함으로써 줄곧 인간의 생동적이고도 풍부한 삶이 그렇게 쉽지는 않을 것이라고 말할 뿐 그것이 불가능하다고 말하고 있지는 않다. 『변경』은 두 제국의 논리가 서로 충돌하는 변경적인 삶이 우리의 삶을 결정짓는 궁극적인 조건임을 제시하면서도 처음부터 끝까지 이 변방으로부터의 탈출을 동시에 모색하고 있다. 즉, 『변경』은 현존재로부터 벗어나는 모든 인간적 노력이란 좀체로 실현될 가능성이 없는 절망적인 몸짓이지만 그렇다고 절망적인 현존재에 머무는 것은 더욱 절망적이라는 소설의 정신을 어느 작품보다도 철저하게 실현한 소설인 것이다.

오히려 『변경』은 변경인으로서의 우리의 삶이 행복해질 가능성
은 어느 사회보다도 희박하다고 말하고 있음에도 불구하고 다분
히 희망적이며 낙관적이다. 특히나 『변경』의 결말 부분은, 비록 세
명의 주인공이 모두 행복한 삶을 보장받는 것은 아니지만, 작가
이문열이 두 제국의 변경이라는 예속적인 삶에서 벗어나는 것에
대해 다분히 낙관적인 태도를 지니고 있음을 쉽게 확인할 수 있
다. 『변경』은 결말 부분에 이르러 가족간의 갈등, 혹은 이념이나
욕망의 차이로 인한 갈등이 대부분 해소되고 정신적 동질감을 회
복한다. 비록 명훈과 타락한 성을 매개로 연결되던 모니카는 죽고
그 자리에 없지만, 그들의 죽음은 곧 변경인으로서의 예속적이고
타락한 가치를 벗어던지고 진정한 인간으로 거듭 나는 계기로서
혹은 그 과정으로 묘사된다. 또한 명훈의 첫사랑인 경애와 변방인
으로서의 삶에 대한 환멸과 허무감에 짙게 물들어 있던 김시형이
미국에서 돌아와 명훈의 동생 인철과 조우하며, 상품으로서의 인
간으로 살던 영희 역시 가족의 품으로 돌아온다. 이렇듯 『변경』은
등장 인물 모두가 작품의 말미에 가서 변경인으로서의 타락한 삶
의 방식을 벗어던지고 나름대로 인간적인 가치를 회복하고 있거
니와, 여기에서 우리는 작가 이문열이 변경인으로서의 예속적이고
타락한 삶이란 인간 각자가 지녔던 영혼과 정신을 회복하려는 노
력 여하에 의해 극복될 수 있다고 믿고 있음을 확인할 수 있다. 이
것이 『변경』의 또 하나의 서사원리이다.

두 제국을 가진 이 특이한 세기의 변경이기에 성립되는 논리에 나는 너무
도 오랫동안 주눅 들어 왔다. 터무니없는 원죄 의식에 억눌려 무슨 일이든 반

공(反共)의 부적만 내밀면 소스라쳐 움츠러들었다. 하지만 이제는 아니다. 나는 이제 내 몫을 다 치렀다. 너희들이 요구하는 것처럼 더이상 바닥이 없는 곳까지 내 삶을 낮추었고 요구를 억눌렀다. 어떤 죄도 최소한 생존조차 요구할 수 없을 만큼 크지는 않다. 하물며 그 죄란 것이 단지 피로 물려받은 원죄임에랴. (12권, 141면)

명훈은 '두 제국을 가진 이 특이한 세기의 변경이기에 성립되는 논리'가 만들어놓은 어두운 실존의 그늘을 벗어나는 길은 결국 자신만의 삶을 살려는 용기와 결단이 필요함을 확인하고 그것을 실행에 옮긴다. 물론 이러한 실행과정에서 명훈은 죽음에 이르지만, 명훈의 각성과 죽음 사이의 시간은 명훈의 삶에서 가장 값진 것으로 보고되고 있다.

『변경』은, 이처럼, 두 개의 제국이 만들어낸 특이한 상황에 인간적 가치, 자기 활동성, 그리고 진실을 잃어 가는 과정이자 동시에 자신만의 삶을 살려는 용기와 결단으로 그것을 되찾아 가는 과정이 겹쳐져 있거니와, 『변경』은 후자의 과정을 그려내는 데 상당히 깊은 배려와 주의를 기울이고 있다. 『변경』의 또 하나의 서사원리, 자신만의 삶을 살려는 용기와 결단으로 인간적 가치를 찾아가는 정신적 여정을 보여주는 인물들이 작품 전면에 고르게 퍼져 있다. 우선 작가에게 큰 의미로 다가오는 인물은 자연 혹은 노동과 친화적인 삶을 사는 인물이다. 이들은 그들이 놓여 있는 터전으로 인해 자연스럽게 자연과 친화적인 삶을 살면서 인간적인 덕목들을 지켜나간다. 그러나 농촌공동체에서 가능한 무욕의 삶은, 그리고 노동을 통해서 획득되는 자연과의 일체감이란 변경의 논리가 개입되면서 스러져가고, 이들은 어쩔 수 없이 도시의 빈민층을 형성하면서 결국 타락의 길을 걷게 된다. 즉 농촌공동체에서 이루어지는 인간적이고 도덕적인 삶이란 제한적이며, 따라서 자본주의의 논리가 더욱 위세를 떨쳐버린다면 곧 변경으로서의 왜곡된 삶으로 전화할 가능성이 높다. 즉 자연과의 친화를 통한 무욕의 삶이란 전지구적 자본주의 논리를 넘어선 탈변경의 의식이라기보다는 변경의 세계로 나아가기 이전의 자연발생적인 의식이기 때문이다.

그렇다고 『변경』이 노동이 인간적 가치를 회복하는 중요한 계기라는 인식을 포기하는 것은 아니다. 『변경』에서 보이는 노동에 대한 관심은 곧 노동자 계급에 대한 애정어린 시선으로 나타난다. 하여, 노동자 계급은 변경인으로서의 타락한 삶을 넘어설 수 있는 가능성이 높은 존재로 설정되며, 인철의 여동생 옥경은 바로 그러한 중요한 가치를 지닌 인물로 설정되어 있다. 옥경은 변경이라는 사회경제적인 자장 안에 놓여 있으면서도 변경이 제공하는 타락한 삶의 원리를 거부하면서 자신의 진정한 행복을 찾아 나서는 인물로 형상화되어 있다. 뿐만 아니라 오히려 인철의 의사의식이나 허위의식을 날카롭게 고발하는 역할까지 수행하기도 한다. 그러나 작가 이문열이 옥경에게 애정어린 시선을 보내는 것은 여기까지이다. 옥경은, 당시의 그리고 그 이후의 노동운동이 그러했듯, 노동이 지니는 가치를 계급주의적 시각(두 제국의 논리의 예속이자 확대재생산의 결과물로 작가에게는 비춰진다)으로 환원시키는바, 이러한 옥경의 변화를 인철은 강하게 비판한다.

『변경』은 인철의 자전적인 형식을 통해 변경이라는 예속되고 타락한 삶, 변경의식이라는 허위의식을 넘어설 수 있는 가능성을

타진한다. 인철의 자서전의 귀착점이 바로 소설가인 까닭에 『변
경』은 한편으로는 예술가 소설이라고 할 수 있지만, 『변경』은 단
지 예술의 고유한 가치를 제시하는 것에 목적이 있지는 않다. 오
히려 인철의 작가라는 길의 선택은 한국사회가 안고 있는 어떤 방
향의 제시까지를 함축하고 있는 것이다. 그 방향이 변경적 상황을
벗어날 수 있는 사회적 방향으로 모색된 것임은 물론이며, 『변경』
은 변경적 상황을 넘어설 수 있는 정신적 도정으로 다음과 같은
길을 제시한다.

> 그렇지만 진작부터 저는 주변 계급의 역할에 주목해왔습니다. 주변 계급은
> 흔히 오해되는 것처럼 국외자나 일탈자가 아닙니다. 오히려 자칫 극단으로
> 치닫기 쉬운 두 계급의 가운데에서 그들을 비판하고 조정하는 기능을 할 수
> 있는 것은 그 주변 계급밖에 없습니다. 얼마나 많은 역사적 비극이 그 두 기
> 본 계급의 극단화(極端化)에서 비롯된 것입니까.
> 그런데 문학을 접하게 되면서 나는 곧 그 문학에 주변 계급적 요소가 있음
> 을 알아보았습니다. 다만 그때는 문학을 계급적으로 분류하기를 거부했을 뿐
> 입니다. …… 하지만 이제 문학이 계급적으로 분류되는 것을 승인합니다. 나
> 는 그 문학으로 주변 계급에 머물러 있겠습니다. 저 쉽게 미치고 절망하고 잔
> 인해지는, 그래서 일쑤 끔찍한 리바이어던을 만들어내는 두 기본 계급 사이
> 에 위엄 있게 머물러 그 욕망을 조정하고 이해를 조화시켜보겠습니다. 제게
> 그럴 힘이 있는지 모르지만 문학이 그런 것이라면 한 남자로서도 꿈꾸어볼
> 만한 일이 아니겠습니다. (12권, 227면)

다시 말해 두 개의 계급, 두 개의 제국 사이에서 자신만의 진리
혹은 우리만의 진리를 만들겠다는 것, 그것만이 진정한 변경적 상
황에서 벗어날 수 있으며, 이러한 변경적 상황에서 주변 계급적
요소를 가장 효과적이고 의미 있는 길은 곧 문학이라는 것이다.

"무엇이든 제국의 논리로 왜곡되어버리는 변경의 특성 때문에 상대 제국의 이데올로기를 원용하지 못해 의식의 이중 구조와 말의 혼란이 일어날 것이며, 그럼에도 불구하고 더욱 첨예하게 충돌할 이익 때문에 그 싸움은 한층 가열하고 잔혹해"(12권, 223면)지는 악순환이 반복된다면, 결국 중요한 것은 의식의 이중 구조와 말의 혼란을 끊어내는 것일 터인데, 다시 말해 기표와 기의, 대의명분과 생존본능, 공공영역과 사적 영역의 모순적 관계를 정확하게 드러내는 것일 터이다. 인철이 문학을 향해 출사표를 던진 것도 이와 무관하지 않다. 왜냐하면 문학이란 바로 기표와 기의, 공공영역과 사적 영역 사이의 간극을 통해 바로 인간의 바로 그 모습을 그려내는, 인간학이기 때문이다.

결국 『변경』을 통해 이문열이 제시하고자 하는 바람직한 인간상은, 어떻게 보면 칼 만하임에 의해 명명되고 그 의미가 부여된, '자유로이 부동하는 지식인'인지도 모른다. 그러한 우리는 이미 이 '자유로이 부동하는 지식인'이 좌초하는 과정을 여러 번 본 바 있다. 『광장』의 이명준이 그러하며, 또 『엄마의 말뚝』 연작에 등장하는 작중화자의 오빠가 그러하다. 그들은 자유롭게 살고자 했으나 두 개의 제국은 그들의 고유한 영혼과 자기 발전과정을 인정하지 않았고, 결국은 비극적인 삶을 마련해야 했다. 다시 말해 두 개의 제국이 만들어내는 현실적인 벽은 이처럼 높고 견고하며, 따라서 자유로이 부동하기 위해서는 현실의 견고함에 비례하는 것은 물론 넘어설 수 있을 정도의 용기와 결단이 필요하다. 인철은 이 용기와 결단을 한시도 잊지 않는데, 그가 이처럼 이 모험과 결단을 포기하지 않을 수 있었던 데에는 몇몇 중요한 요소들이 개입되어 있다. 그것은 몽환적인 사랑의 분위기, 아버지의 모험과 좌절, 전근대적이고 전통적인 삶의 풍격 혹은 품위, 그리고 폭넓은 독서체험이다. 이 중 인철을 '자유로이 부동하는 지식인'의 삶을 가능케 했던 가장 중요한 요인은 바로 독서체험이다. 인철은 끊임없이 독서하며, 그 독서체험을 통해 인류 역사의 교활한 전개와 인간의 다양하고도 모순적이기까지 한 의식 구조를 확인한다. 결국 현실의 급격한 흐름과 단절된 도서관에서의 독서가, 인류 역사에의 다양한 통찰이, 한 역사적 사건을 혹은 인간의 행동을 보편적인 차원에서 파악하는 힘을 길러준 것이며, 그 통찰력이 결국 인철에게 각 시대를 풍미하는 최고의, 혹은 다수의 지성과 거리를 두게 한 원천으로 작용한 셈이다.

『변경』은 인철이 명혜를 만나는 장면에서 시작해서 그토록 애타게 그리던 명혜를 결국 무대 밖에서 바라보는 장면으로 마감된다. 인철은 어렸을 적 움튼 사랑의 실체를 끝까지 확인하지 않는다. 굳이 실체를 확인하여 환상을 잃지 않겠다는 굳은 의지 때문이며, 동시에 무언가로 규정하는 순간 모든 것을 두려움 없이 규정할지도 모른다는 강박관념 때문인지도 모른다. 이렇듯 타자를, 사물이나 대상을 자기 관점으로 쉽게 규정하지 않겠다는 강박적인 태도가 인철을 문학의 길로 이끌었으며, 그를 후에 한국문학사의 위대한 작가로 만들었다.

4. 『변경』 이후

이제까지 우리는 『변경』을 이 소설에 내장되어 있는 문제성을 중심으로 읽어본 셈이다. 『변경』은 읽는 사람들을 즐겁게 한다. 『변경』 자체가 문제적인 작품이기 때문이기도 하지만, 이문열의 『변경』이 그의 오랜 공백 끝에 나온 결실이기 때문이기도 하다. 이문열은 『사람의 아들』·『젊은 날의 초상』·『황제를 위하여』·『영웅시대』·『우리들의 일그러진 영웅』·『구로 아리랑』 등으로 1980년대를 화려하게 장식한 바 있지만, 1990년대에는 그 이름에 걸맞는 역작을 찾아보기 힘든 것이 사실이다. 특히나 『선택』 등은, 그가 그토록 경계했던 인식상의 폭력을 스스로 행하는 것이 아닐까 하는 의구심마저 들게 하기도 했다. 이런 정신적, 문학적 공백 끝에 『변경』이 나왔고, 이를 통해 그는 다시 자신의 존재를 증명했다.

뿐만 아니라 『변경』은 그의 『변경』 이후를 기대하게 하는 원천이 되기도 한다. 1980년대 후반에 이루어진 상황의 변화는 이문열을 보다 객관적으로 만든 중요한 계기로 작용한 듯하다. 이문열 문학의 한 특성으로 지적되던 아버지 혹은 진보에 대한 직접적인 반감은 이제 다분히 객관적이며 따라서 역사를 보는 통찰력 있는 시선으로까지 확대된 듯한 느낌이다. 아버지의 대한 반감이 곧 1980년대 진보에 대한 반감을 낳았으며, 또 1980년대 진보에 대한 반감이 아버지에 대한 반감을 낳았다면, 이문열은 1990년대 들어 그 진보의 축이 약화됨으로써 세상을 보다 폭넓게 읽어야 할 상황에 직면했었는지도 모른다. 그러한 작가로서의 중요한 전환점이 「악령」

같은 작품을 낳게 한 것도 사실이나, 이제『변경』을 통해 그 단계를 역시 대가답게 넘어서고 있음을 확인할 수 있다.

　그러나『변경』이후를 기대하게 하는 가장 중요한 이유는, 앞서『변경』을 문제적이게 한 이유로 자주 지적한 바처럼, 작가 이문열이 한국사회를 비로소 두 제국의 변경이라는 특수한 상황으로 규정했다는 점이다. 요즘 부쩍 성가를 높이고 있는 비평가인 프랑코 모레티는 그의 최근 저서『근대의 서사시』라는 저서에서, 세계 소설사의 발전이 세계의 중심부에서 주변부로 서서히 옮겨가며 이루어져 왔다고 진단하고, 그 이유로 전지구적 자본주의가 주변부로 갈수록 사회적 관계들은 더욱 파악하기 어려워지고 동시에 인간의 의식이 더욱 복잡해졌기 때문이라고 지적한다. 다시 말해 더욱 복잡한 사회적 관계들은 이전에는 볼 수 없는 인간의 보편적 자질들을 만들어냈고, 이러한 새로운 보편적 자질을 거듭 형상화하면서 세계문학사의 발전은 중심부에서 주변부로 옮겨졌다는 것이다. 그렇다면 주변부가 아닌 변경의 국가인 우리의 상황은, 물론 더욱 복잡한 사회적 관계망 속에 놓여 있기에 쉽게 본질을 읽어낼 수는 없겠지만, 세계 문학사 발전의 새로운 도약의 터전으로 손색이 없는지도 모른다. 이제 이문열이 행할 작업은,『변경』을 통해 우리 상황을 변경이라는 특수한 상황으로 위치시킨 만큼, 변경이라는 과거 혹은 현재를 지닌 우리들의 새로운 보편적 자질의 창출일 것임을 예상할 수 있다면, 이는 곧 우리의 세계 내적 위치를 확인시켜주는 작업이자 동시에 인류 전체의 보편적 자질을 찾아내는, 말 그대로 세계사적 의의가 있는 작업이 될 것이다. 우리가 기쁜 마음으로『변경』이후를 기다리는 것은 바로 이 때문이다.

가족, 욕망하는 기계들의 서식지

김원우의 『모노가미의 새 얼굴』

1. 생활세계의 풍부함과 관찰의 힘

김원우의 소설을 끝까지 읽기 위해서는 '친숙함은 인식의 장애'
이며 '진정한 미메시스의 정신은 외부세계를 내면세계가 순응해야
할 모델로 설정함으로써 낯선 주변세계에 자기 자신을 유사하게
하려 할 때만 발원한다'는 경구를 상기해보는 것이 필요하다. 하
여, 만약 문학작품을 어떤 귀중한 재산을 어루만지듯이 소유하려
는 습성을 지닌 독자가 있다면, 그리고 어떤 대상과의 비교, 분석,
대조 등의 과정 없이, 어떠한 거울형상에 비쳐보지도 않고 자기
자신에 대한 나르시시즘적 환각에 빠져 있는 독자가 있다면, 김원

우의 소설을 읽지 않는 것이 좋다. 김원우의 소설은 환각에서 깨어나 일그러진 우리의 삶을 있는 그대로 발견할 때의 참기 힘든 고통을 안겨주기 때문이다.

그렇다고 김원우의 소설이 이제까지는 볼 수 없었던 최첨단의 삶의 풍경이나 그로테스크한 이미지들로 가득차 있다고 지레 짐작할 것은 없다. 오히려 김원우가 그려내는 인간상이나 생활세계는 지금, 이 시대를 살아가는 바로 그 인간들이며, 그 인간들이 꾸려가는 우리네 삶 바로 그것이다. 살며 사랑하며 죽어 가는, 사소한 일에만 분노하고 역사적 사건 앞에서는 한없이 왜소해지는 인물들이 행동하고 반성하는 공간이 김원우의 소설인 것이다. 그렇다고 김원우의 소설이 이러한 인물들을 현학적인 태도로 바라보거나, 어떤 계급의 편을 들어 가치판단하거나 평가하는가 하면 그렇지도 않다. 그의 소설에 등장하는 인물들의 말을 빌자면 "분발할 것, 자중할 것, 용기를 잃지 않을 것, 그리고 내 이웃의 어려운 사정이 개선되어야 한다는 당위의 신념을 가질 것, 또 모든 사람을 무분별하게 용서할 것"(김원우, 「무기질청년」)이라는 관점에서 세상사와 인물들을 바라보고, 세상은 이치를 얻은 상태여야 하며, 또 인간은 사람의 도리를 다해야 한다는 인륜적이고도 소박한 휴머니즘적 시선으로 주위를 관찰하고 평가할 뿐이다.

그럼에도 불구하고 김원우의 소설은 어느 작가의 작품보다도 한국 근대사와 그곳에서 부침했던 인간군상의 굴곡과 요철, 비극성과 희망의 징후를 정확하게 비쳐내고 있다. 그는, 한 가치관이 어떤 지향점이나 특성을 지니고 있건간에, 환원주의를 거부한다. 그는, 의식적이든 무의식적이든, 다양한 소여적 조건(사실)을 하나의 틀로 환원해내는 것은 새로운 현상 혹은 질적인 발전을 합리적으로 설명할 수 없다는 전제조건에 충실한 작가이며, 그리하여 환원주의란 모든 새로운 것을 조건들이나 전제들로 환원하려 함으로써 새로운 것은 오로지 낡은 것에 불과하게 만든다는 것을 증명한다. 또 그는 사실들과 총체성(맥락) 사이의 진동을 감지할 때만 어떤 문제틀이든 사상의 운동, 운동하는 사상으로서 자리할 수 있으며, 인간의 의식은 반영인 동시에 투사(Projekt)이고, 기록하는 동시에 구성하고 계획하며, 반영하는 동시에 예측하며, 수용적인 동시에 능동적이라는 전제에 충실하고자 하는 작가이다.

김원우는 그를 둘러싼 현대사의 조건이 어떠하건 간에 범속한 세상살이(풍속, 일상적인 삶)에 각인된 역사적 흔적을 찾으려는 혼신의 노력과 환원주의적 사고의 거부, 한국인의 복잡한 내면성에 대한 핍진한 묘사 등을 고집스레 지켜왔으며 이 고집스러움으로 인해 김원우는 항시 소설사의 주변부에 위치할 수밖에 없었다. 소설의 풍요로움을 위해서는 반드시 필요한 전제들을 고집한다는 이유 때문에 김원우의 소설이 낯설다는 것, 이것은 한국 근대소설사를 형성하고 전개시키는 역설적인 조건이며, 김원우 소설의 문제성도 바로 여기에 있다.

한국소설 전반이 역사의 변혁이라는 강한 빛에 이끌려 변화해왔으며 작가는 관찰자나 서기관이기보다는 항시 한 시대의 전위 혹은 계몽가로 살아왔음은 이미 잘 알려진 사실이다. 빛이 강렬하면 그만큼 그림자도 짙은 법, 역사의 역동성에 대한 지나친 관심은 보다 많은 작가들을 또 다른 의미의 허위의식에 빠져들게 하였다. 한 시기를 뒤흔든 기념비적 사건은 역사의 물신화를 가져와 엄연히 존재하는 일상성의 구조를 짙은 그림자 속에 묻어버렸고 결국 대부분의 기념비적 사건은 그 정신을 완성하지 못한 채 미완의 혁명이라는 이름 아래 시간의 흐름 속에 묻혀버렸다. 역사의 물신화는 곧 일상성의 물신화를 불러왔고, 이 일상성의 신화는 또 다른 거대한 기념비에 자리를 내주곤 했다. 전쟁마저도 곧 자신의 논리로 수렴해내는 일상성이라는 견고한 감옥에서 역사의식은 어떻게 분출되는지, 그리고 그 역사의식의 어떤 특정한 내용이 한계를 지닐 때 인간은 다시 권태로, 환멸로 빠져드는지에 대한 탐색은 그리 중요한 사안으로 자리잡지 못했던 것이다. 그 때문에 역사의 물신화와 일상성의 물신화라는 순환 속에서 한국소설 전반은 사회적 관계의 총화로서의 인간상을 완성해가는 대신에 유적 특질(예컨대 정치적, 경제적, 문화적 등등)의 한 측면에만 편집광적으로 집착하는 불구적인 인간상이 그 자리를 채우는 면모를 보여 왔다. 특히나 1990년대의 소설은 최첨단의 삶의 양식에 대한 지나친 집착으로 인하여 한 개인의 삶 중에서 아주 작은 부분을 한 개인의 삶 전체, 또는 세대 전체, 더 나아가 시대 전체로 환원하는 양상을 보이고 있다.

이를 감안하면 김원우의 소설이 지니는 문제성은 분명하다. 김원우의 소설은 한국소설사를 비추는 반성적 거울이며, 한국소설 전반이 그 풍요로움을 회복하기 위해서는 반드시 참고해야 할 중요한 좌표이다. 이 문제적인 작가가 한국소설사에 거울 하나를 더 내놓았다. 1990년대의 주류적인 문학에서 내팽개쳐진 우리네 일상적인 삶의 모습과 그 삶을 영위하는 인간 내면의 표정을 모두 되살려낸 소설, 『모노가미의 새 얼굴』(솔출판사, 1996)이 그것이다. 『모노가미의 새 얼굴』을 통하여 우리는 TV나 영화 등에 혼을 빼앗겼거나, 죽음이라는 아름답고도 불길한 유혹을 향해 질주하거나, 여성을 동물적으로 학대하거나, 아비되기나 어미되기를 거부한 채 가학적이고 자기 모멸적인 섹스를 지겹게 반복하는 그런 파편화되고 극단화된 존재가 아니라 아비 어미도 되고 돈 앞에서 비굴해지며 결혼이라는 테두리에서 갑갑해하는 바로 우리의 모습을 비로소 만날 수 있다.『모노가미의 얼굴』에 투사된 우리네 모습은 어떤 것인지, 그리고 그 모습은 얼마나 정확한지를 살펴보고자 하는 것, 이것이 이 글의 목적이다.

2. 욕망의 감옥, 일부일처제

『모노가미의 새 얼굴』은 공동체의 존속을 위해서는 필연적으로 공동체 성원 개개인의 자유를 억압할 수밖에 없는 제도와 자유롭게 살아가고자 하는 인간 간의 관계를 다룬 소설이다.『모노가미의 새 얼굴』에서 지금, 이곳의 인간의 삶을 규정하는 주요한 제도로 주목한 것은, 제목이 암시하듯, 일부일처제의 가족제도이다. 다시말해 일부일처제라는 제도가 그 제도 속에서 살아갈 수밖에 없는 사회구성원의 삶을 어떤 측면에서 억압하며 또 어떤 측면에서는 생동감 있게 하는지를 비교, 대조, 분류, 분석하여 오늘날 우리의 삶의 질을 측정하려는 목적으로 씌어진 작품이 바로『모노가미

의 새 얼굴』인 것이다. 결론을 앞질러 말하자면, 『모노가미의 새
얼굴』은 일부일처제 혼인제도가 오늘날 우리의 삶을 생동하게 하
기보다는 철저하게 억압한다는 관점에 서 있으며, 그리하여 『모노
가미의 새 얼굴』을 구성하는 모든 소설적 장치들은 일부일처제 혼
인제도를 비판하는 방향으로 모아진다. 한마디로 『모노가미의 새
얼굴』은 일부일처제에 대한 비판적 임상보고이다.

　어떤 제도에 대해 비판적이냐 긍정적이냐 하는 것은 그리 중요
한 문제가 아닌지도 모른다. 중요한 것은 어떠한 측면에서 제도를
비판하느냐이다. 제도란, 어떠한 제도든, 그것이 비록 사회의 공동
선을 위해 고안되고 실행되었다 하더라도, 그야말로 다양하기 짝
이 없는 그 사회의 모든 구성원들의 욕망을 충족시킬 수는 없다.
또 그러한 제도란 인간이 자신들의 쾌락적 본능이나 자율적인 의
지를 포기하지 않는 한 실현될 수 없는, 이곳이 아닌 저곳, 다시
말해 개인적 모험과 사회적 발전이 원환적인 조화를 이루는 인류
의 유년기나 인류가 영원히 꿈꾸는 유토피아에서 가능한 꿈이라
고 할 수 있다. 공동체의 유지를 위해서는 개인의 사사로운 실존
에 대한 공적 통제는 불가피하며, 또 각 개인이 인간이라는 동물
(human animal)에서 지혜로운 동물(animal sapiens)로의 발전을 위해서는
본능의 기본적(계통발생적)인 억제는 필수적인 과정이라 할 수 있다.
따라서 어떤 제도가 인간의 생동성을 억압하는 기제로 작용하는
경우는 그 제도가 기본적인 억제의 수준을 넘어서서 인간의 욕구
와 욕망을 질적·양적으로 억제할 때 즉 과잉억압을 행할 때이다.
따라서 누군가가 어떠한 제도에 대해서 비판적인 입장을 보였다
고 할 때 우리가 주목해야 할 사항은 그가 그 제도 자체를 비판하

고 부정하는 강도(즉 양적인 측면)만이 아니라 그가 그 제도를 쾌락원칙과 현실원칙, 개인적 욕구와 공동체의 발전이라는 상호대립물의 변증법적 관계 속에서 파악했느냐 하는 점일 터이다. 현실적이지 못한 꿈은 항시 강렬하고 파괴적이기 마련이며 구체적인 지지물 없이 이루어지는 부정의지 또한 전면적인 법이기 때문이다. 결국 어떠한 제도에 대한 접근은 '위대한 가망(great expectations)'과 '사라진 환상(illusions perdues)' 혹은 '더이상 아닌 것(no longer)'과 '아직 아닌 것(not yet)' 사이의 의미 있는 병존 속에서 이루어질 때 비로소 미적 환기력을 확보할 수 있는 셈이다. 그 제도의 시효가 만료되었느냐 아니면 아직 미완의 제도이냐 사이를 오가는 사유의 변증법적 운동이 부재한 결론이란 그 제도에 대해 어떤 입장을 취하건 사려 깊은 관찰의 결과는 아니겠기 때문이며, 미적 환기력이란 사려 깊은 관찰을 위해 고통을 감내한 자에게만 주어지는 저주받은 선물이기 때문이다.

『모노가미의 새 얼굴』은 일부일처제 가족(결혼)제도에 대해 '더 이상 아닌 것'이라는 입장을 취한다. 일부일처제는 더 이상 인간을 지혜로운 동물로 인도하는 제도도 아니며 동시에 공동체의 존속을 유지할 수 있는 효과적인 틀도 아니라는 것이다. 이것이 『모노가미의 새 얼굴』이 내세운 가설이다. 그는 자신의 가설을 증명하기 위해 일부일처제 가족제도의 일반적인 관행을 충실히 따르는 한 부부(물론 주인공 부부 외에 또 한 부부의 이야기가 상대적으로 자세히 설정되어 있지만 이 두 부부 사이의 질적 차별성은 그리 현저하게 눈에 띄지 않는다)의 이합집산과정을 면밀히 추적한다. 이 부부는 애정도 없지만 그렇다고 서로에 대한 기대치가 없는 것도 아닌, 그런 결혼을 한다.

일부일처제가 먼저 제도적으로 존재하며, 그들은 여타의 사회구성원이 그렇게 살아가므로 일부일처제를 수용한다. 그러나 이들은 파국에 이르며, 이 파국은 처음부터 준비된 것이다. 이 부부의 결합에는 애초부터 제도라는 틀 외에 어떤 결속의 끈을 지니고 있지 않았다. 이들의 결합이란 애초부터 서로 서로가 타자에게 빨려들어 가서 희생뿐만 아니라 극단적인 선택마저도 기꺼이 받아들이게 하는 열정적 사랑(amour passion)의 결과도 아니며, 상대방의 마음을 열고 들어가 결국에는 그 존재의 자신에 대한 무관심을 녹여버리고 적대를 헌신으로 바꾸어놓는 낭만적 사랑의 도달점도 아니다. 이들은 상대방의 삶에 대한 서사의 관념(상대방의 삶에 대한 총체적인 이해 위에 이루어지는 사랑은 당연히 상대방에 대한 서사의 관념을 가지게 될 터이다)도 없었으며, 또 결혼 생활 중에라도 상호적인 서사적 전기(傳記)를 구성하려는 노력은 없다. 작중 주인공이자 화자로 설정된 최정완은 결혼 초부터 이미 아내 이외의 여자와 동시에 관계를 맺는 등 어떻게 보면 일부일처제라는 결혼제도에 요구되는 규율로부터 이탈되어 있던 존재였다. 따라서 이들의 결합은 어떠한 외부적 계기만 주어지면 난파될 결속이었으며, 그렇기 때문에 그 계기는 아주 쉽게 찾아오고 만다. 아내의 도박과 불륜으로 그들은 건너기 힘든 심연을 발견하며 결국 그 심연을 건너지 못한다.

　이상이 『모노가미의 새 얼굴』의 전체적인 골격이며, 이 소설적 상황을 통해 작가는 '현대의 신화같은'(김원우, 『모노가미의 새 얼굴─상』, 솔출판사, 1996, 136면. 이하 권수와 면수 표시) 일부일처제 결혼생활이란 곧 '승부 없는 게임으로서의 결혼 생활'이며 '오늘의 일부일처 혼인제 곧 모노가미의 허상이야말로 그늘만 잔뜩 짙고 열매 없는 식물인 무화과나무를 많이도 닮았다는’(상권, 118면)는 단호한 결혼에 도달한다. 아니 그 반대인지도 모른다. 작가는 일부일처제 혼인제도의 허상을 말하기 위해 그에 걸맞는 예로 ‘승부 없는 게임’만을 반복하다 파산하는 한 부부를 모델로 설정했을 수도 있다. 하여간 작가는 일부일처제를 이제 시효가 만료된 어떤 제도로 설정하고 있으며, 이러한 인식이 소설 전체를 구성하는 핵심적인 원리로 작용하고 있다.

이 가설은 새로울 것이 없다. 일부일처제라는 제도에 날개가 꺾인 얼마나 많은 사람들이 이에 대한 비판과 일탈을 꿈꾸었는가. 특히나 1990년대의 소설은 일부일처제에 대한 일대 항전의 시대(?)라 명명할 수 있을 정도로 많은 작가들이 이 문제에 관심을 집중하고 있지 않은가. 한국의 근대소설사의 가장 중요한 추동력은 거칠게 단순화하자면 “나 빼놓고 다 망해라”(채만식, 「태평천하」) 혹은 “너희들도 돈을 벌어야 하느니라. 사회니 무어니 하고 떠들어도 결국 돈가진 놈의 놀음이야. 다 소용없어! 그저 돈이다”(이기영, 『고향』)라는 가치관을 지닌 속물(snob)들과의 대결의식이라고 해도 과언은 아니다. 한 번도 진실을 지향하는 자들이 승리하지 못했고 따라서 역사의 재평가 작업이 이루어지지 못했던 한국의 근·현대사는 모든 사람들의 영혼 한 구석에 속물근성을 심어놓았다. 생존을 위해서라면 진실, 인륜성을 버릴 수도 있고 버려야 한다는 역사적 경험은 진실을 추구하는 자들에게도 어떤 강박으로 작용한다. 그 때문에 진실을 추구하는 자들은 어떤 통과제의처럼 깨끗한, 때묻지 않은 영혼이고자 한다. 이러한 강박증은 야만적인 것, 기성세대 전반에 대한 병적인 혐오감으로 이어지고 자신의 삶을 이미 존재하는 제도에 편입하지 않으려는 방향으로 위치시킨다. 속물적이고 야만적인 제도에 대한 반항의지는 제도를 의미 있는 것과 부정적인 것으로 해체하고 그것을 다시 종합하게 하지 못하며, 그 결과 한국의 소설은 눈에 보이는 야만적인 요소에 관심을 기울이고 그것과의 대결에만 몰두한다. 1980년대의 그 정치적 야만이 사라지고 대신에 교활한 현실이 들어서자 우리의 소설은 그 교활한 현실을 해부하기보다는 그래도 남아 있는 야만의 요소를 찾아떠나기 시작했으며, 그 탐색의 결과로 찾아진 것이 가부장제적 가족제도이다. 그들(주로 여성작가들)은, 자기 보존과 자기 망각의 창조적 자기 실현을 경험하게 하는 중요한 경로이자 제도의 필요성을 어쩔 수 없이 느끼게 하는 어미 되기와 아비 되기의 과정까지 포기해가며, 가부장제라는 야만과 맞서고 있다. 이런 마당에 일부일처제라는 가족제도의 부정을 주제로 설정하고 있는 『모노가미의 새 얼굴』에서 새로움을 찾는다는 것은 의미 없는 작업에 속한다. 그러나 김원우는 어쩌면 동어반복에 빠지기 쉬운 이 주제를 전면에 내세워 나름대로의 성찰을 행했고, 그 결과물이 『모노가미의 새 얼굴』이다.

3. 사랑의 기교, 혹은 사랑 없는 사랑

중요한 것은, 하여, 우리의 관심사는 작가가 일부일처제를 더 이상 인간의 삶을 오히려 가로막는 제도로 설정한 이유와 그 가설을 증명하는 과정의 정합성 여부(즉 소설의 구조적 완결성, 혹은 소설 내적 총체성 정도)이다. 『모노가미의 새 얼굴』을 읽어 가는 동안 독자는, 각 장의 첫머리를 장식하는 에피그램 앞에서, 아니면 단락과 단락 사이에서, 아주 심한 경우는 행과 행 사이에서 여러 번 머뭇거리는 경험을 해야 할지도 모른다. 『모노가미의 새 얼굴』의 서사가 진행되는 동안 다음과 같은 짙은 의혹에 휩싸일 가능성이 높기 때문이다. 만약 사랑하지 않는다면 일부일처제라는 제도를 받아들이지 않아도 되는 것 아닌가. 다시 말해 현재의 일부일처제라는 제도는 그 정도의 자유나 선택의 기회는 열어놓고 있지 않은가. 상대방에게 나의 가치를 인정받으려는 노력이나 상대방을 인정하려는 헌신이 없다면 어떠한 혼인제도가 새로이 성립된다 하더라도 그러한 관계는 파산할 수밖에 없는 것이 아닌가. 그렇다면 일부일처제란 '승부 없는 게임'일 수밖에 없는, 시효가 만료된 제도가 아니라 타자 속에서 자기를 소멸하고 보존하는 낭만적 사랑을 내용으로 완성해야 하는 미완의 제도가 아닌가.

그러나 작가는 이러한 의문에 대해 무관심하다. 아니, 무관심한 척한다. 이 무관심은 의도된 것으로 보인다. 이 낭만적 사랑에 대한 위악적인 경시를 통해 작가는 지금, 이 사회에서 불씨만 남아 있는 인간적인 가치가 마치 활화산처럼 불타오르기를 기대하는 환상을 경계한다. 김원우는 「무기질청년」·「짐승의 시간」, 「미궁 뒤지기」·「방황하는 내국인」 등에서 보여주었듯 사그라진 불씨가 짐승의 시·공간을 인간의 세상으로 바꿀 수 있다는 신념 자체를 맹목적으로 믿는 작가가 아니다. 김원우는 말 그대로 냉정한 리얼리스트이며, 그런 점에서 염상섭을 닮아 있다. 『모노가미의 새 얼굴』의 작중화자를 빌려 던지는 다음과 같은 일성은 냉정한 리얼리스트로서의 면모를 확인하기에 충분하다.

> 본인의 양심이 어느정도까지는 그 파란을 자제하는 데 쓸모가 있을 테지만, 양심의 주체는 어디까지나 도덕적 분별력을 스스로 행사할 수 있는 본인 곧 일개인이기 때문에 그렇다. 물론 그 양심이란 것도 오늘의 도도한 성풍속에 희석되어 버리면 그 부분에서만큼은 본인의 잘잘못에 대한 어떤 분별력도 저절로, 비록 일시적일망정 소멸되고 만다. 실제로 그 파란은 일시적인 유희 더 이상도 더 이하도 아니다. (하권, 93면)

> 모든 결단이 그렇듯이 남녀 사이의 관계 맺음도 즉흥적이라고 봐야 할 것이다. (……) 나는 지금 그 즉흥성이라는 기혼 여성 일반의 우발심리에 대해서 나름의 정리를 해보느라고 이처럼 우회를 헤매고 있는 셈이다. 요컨대 현대 문명의 편리한 제도들이 여자의 우발심리를 조장하고, 거대 도시가 숙명적으로 지니고 있는 익명성이 그런 우발심리를 철저히 보호해주고 있다. (하권, 94면)

걷잡을 수 없는 문명화는 자기 의식 대신에 허위의식을 인간에게 심어주며 인간은 그 익명성의 편리함에 안주한다. 양심(혹은 자기)이 소멸하는 것에 고통을 느끼기보다는 양심을 보존하는 것에 고통을 느낀다는 것이다. 작가는 도도한 문명화가 자기에 대한 서사의 관념을 지워버리며 따라서 타자의 서사적(총체적) 이해란 더욱 불가능하다는 인식을 지니고 있다.

『모노가미의 새 얼굴』이 문제삼고 있는 것은 일부일처제의 발생론적 배경도 그 당시에 담겨져 있었던 역사적 의미도 아니다. 작가의 관심은 오로지 도도한 문명의 물결 속에 수시로 출렁이며 변화하는 일부일처제 바로 그곳에 가 있다. 『모노가미의 새 얼굴』에 따르면, 점점 물신화되어 가는 사회의 내용과 형식으로 인해 가족은 이제 영혼이 쉴 수 있는 마지막 안식처도 아니고, 아비되기 혹은 어미되기라는 계기를 통해 이기적인 존재에서 이타적인 존재로 상승하는 터전도 아니다. 다만 궁극적인 목적이 없는 사랑의 기술만이 있거나 위선과 위악만이 존재하는 곳이다. 하여 인간의 영혼은 공적인 나로 활동하거나, 우정이라는 정서적 결속력에 의해 타자와 대면할 때보다 오히려 가족이라는 공간 속에서 더더욱 황폐해지고 자기를 소멸시킨다는 것이다. 『모노가미의 새 얼굴』은, 주인공 최정완의 삶의 방식을 통해 이를 꼼꼼히 보여준다.

주인공 최정완은 건축설계사이다. 그는 나름대로 직업의식도 투철하며 직업을 통해 나름대로의 꿈을 실현하려는 의지를 잃지 않는 인물이다. 그는 "현대의 한 속성이라고 해도 좋은 직업의 세분화가 어쩔 수 없는 하나의 추세이"며 이 추세는 결국 인간 존재를 "한낱 기계로 만들어버릴 소지가 다분하다. 아니, 기계가 아니라 그 부속품에 불과하게 되고 만다"(상권, 46면)는 사실에 전율함과 동시에 그마나 자신의 직업인 건축설계사는 이유야 어떠하건 "그런 세분화가 정착되어 있지 않다"는 점을 "다행"스럽게 생각하는 존재이다. 그는 제도판 앞에서는 '잃어버린 꿈'이나마 꿈을 꾸는 존재이다.

> 내 머리 속의 그 '고전적인 집'은 사람의 육체적인 일상 활동을 아주 불편하게 만들지 몰라도 그 속에서 생활하는 사람들끼리의 정신적인 교감은 최대한도로 증폭시키는, 그런 일종의 '영혼의 울림이 있는 곳간'이기는 할 것이었다.
> (상권, 18면)

그러나 그는 생활하는 사람들끼리의 정신적인 교감이 가능한 곳간을 소유하지 못한다. 일부일처제라는 허상이 영혼의 울림은커녕 영혼의 존재마저 불가능하게 만들었기 때문이다. 가족으로 들어오는 순간 그는 표변한다. 어떤 꿈을 기억하지도 동경하지도 못하는 욕망하는 기계로 돌변한다. "우리 부부는 빤히 들여다보이는 그런 위선의 옷을 머리꼭지부터 덮어쓴 채로 서로를 길들여가고 있었다는 사실"(상권, 127면)을 수시로 확인한다. 그것은 애정이 존재하지 않는 결혼생활 때문만이 아니라 가족의 질서를 구성하는 원리로 돈의 논리가 터줏대감처럼 들어서 있기 탓이다. 사실 최정완의 결혼 생활에 결정적으로 금이 가는 것은 '지하의 방 한 칸'에서 '강남의 한 아파트 1층'으로 올라서면서부터 가속화된다. 아내가 또 다른 생명의 잉태를 계기로 사회적 책임(인류의 재생산)을 깨닫거나, 아니면 한 개인이 사랑 또는 성욕을 위해 결합하는 또 다른 사람이 아니면서 주의를 집중하게 되고 부드럽게 되며 자신을 망각하게 되는 그 어려우면서도 기쁨에 찬 완만한 배움의 길인 모성성(크리스테마, 「여성의 시간」)을 확인하는 대신에, 자본의 논리를 집안에 끌어들이기 때문이다. 최정완 역시 이 물신화의 논리를 수용하는바, 그도 "처가에서 끼얹는 구린 돈 냄새 속에 파묻혀"가며 "막상 맡아보니 그것도 견뎌낼 만한 또 다른 삶의 유형이기는 했다"(상권, 136면)며 '자기 방기'와 '무반성'(상권, 25면)의 상태로 들어선다.

현대의 신화같은 일부일처제의 허상과 이 혼인 제도의 실물이 보여주고 있는 그대로다. 내 경우만을 말한다면 그런 억압장치가 집 안팎에서 겹겹으로 내

리누르고 있어서 일시적일망정 그 속박으로부터의 일탈을 짬짬이, 그러나 집
요하게 희구하고 있었으니까. 크게 뭉뚱그리면 그런 희구는 두 가닥으로 어떤
섣부른 해방을 모색한다. 곧 돈벌이와 계집질에의 탐닉이 그것이다. (137면)

이때부터 최정완의 생활은 '자기 방기'와 '무반성'적인 삶의 연
속이다. '돈벌이와 계집질에의 탐닉'에 빠져든다. 아니면, 아내와
몸섞는 행위 중에도 끊임없이 다른 여자들의 이미지를 떠올린다.
최정완 자신이 아내에게는 영혼의 지닌 정신적 존재가 아니었듯
이, 아내 역시 최정완에게는 여타의 여성과 아무런 차이도 지니지
않는 하여 육체만이 꿈틀거리는 사물 혹은 오브제였던 것이다.

그런 성희를 나누는 중에도 나는 꾸준히 누군가를 얼핏얼핏 떠올렸다. 그
누군가는 미스 구이기도 했고, 제 딸과 사위에게 한사코 질퍽한 방사를 자주
벌이라는 장모이기도 했다. (상권, 127면)

어떤 유부녀가 길에서, 차 속에서 달콤하게 속삭였던 말들은 유희를 유희
답게 끌어올리려는 기교 더 이상도 더 이하도 아니다. 그것은 세련과는 다른
것이고, 그 말의 진의와도 거리가 먼 것이다. …… 그러나 동물적 본능에는
충실했던 만큼 그 시커먼 어둠 속에서 서로가 땀을 뻘뻘 흘리며 무슨 짓을
했다는 것만은 또록또록 기억하고 있을 것이다. 그짓은 누구라도 그럴 수 있
는 일이었다. 만물의 영장인 인간의 이름으로 그녀의 한시적 임자가 내가 아
니었더라도 상관없었을 것이다. 마찬가지로 그녀가 아내였더라도 나는 조금
도 놀랍지 않다. (하권, 360~361면)

작가는, 공적인 개인과 사적인 개인으로의 분열된 최정완의 삶
의 방식과 그 갈등 속에서 변모하는 과정을 통하여 일부일처제라
는 혼인제도가 왜 시효가 만료된 제도인가를 치밀하게 형상화한

다. 결국 작가가 『모노가미의 새 얼굴』에서 환기시키고자 하는 바
는 영혼(양심)을 잃은, 게다가 영혼을 상실했기에 자기를 지키거나
반성하는 것도 불가능한 인간은, 이제 어쩔 수 없이 돈과 문명의
논리에 자신의 영혼을 내준 채 살아갈 수밖에 없다는 점이다. 하
여, 『모노가미의 새 얼굴』에 따르면, 다만 막다른 골목을 향해 질
주하는 것만이 남아 있을 뿐 우리 앞에 놓여진 길이란 이제 없다.
   『모노가미의 새 얼굴』의 이러한 도달점은 사실과 총체성 사이
의 진동으로 심한 현기증을 경험한, 그리고 '더 이상 아닌 것'과
'아직 아닌 것' 사이의 의미 있는 병존 관계를 모색하다 절망한 자
만이 빚어낼 수 있는 깊이가 있으며, 그 때문에 충격적이다. 『모노
가미의 새 얼굴』은, 작가의 이전 작품 세계가 그러하듯, '장미빛
환상'(?)이나 섣부른 일반화를 철저하게 경계하는 냉정함과 도달해
야 할 상태와 현재 놓인 자리의 격차를 재는 리얼리즘 정신이 기
본 주조를 이루고 있다. 이 특유의 실증의 정신 탓에 『모노가미의
새 얼굴』은, 작가가 의식했던 의식하지 않았던 간에 그리고 이 작
품이 너무 사실을 너무 극단화시켰건 아니건 간에, 1990년대 소설
의 일반적인 흐름을 비판할 수 있는 하나의 거울로 자리한다. 앞
서 지적했듯 1990년대 소설이 집중적으로 다루었던 주제가 일부일
처제의 혼인제도에 관한 것이었고, 이 소설들 대부분이 일부일처
제에 관한 문제를 주로 가부장제적 권위를 고집하는 시대착오적
인 남성상을 부각시키는 데 한정시키고 있다면, 『모노가미의 새
얼굴』은 이 문제를 한국적 문명화의 논리와 연관시키고(그 결과 『모
노가미의 새 얼굴』은 현단계를 모계사회로의 이행으로 파악하고 현재 인간의
삶을 보다 타락시키는 중요한 원인으로 물신화된 여성을 꼽고 있다. 이러한

결론은 다분히 논쟁적이지만 중요한 문제제기임에 분명하다. 왜냐하면 이 결론이 단순히 남성권위주의적인 권위의식의 소산이 아니라 나름대로의 근거 있는 관점에 뿌리를 두고 있기 때문이다. 작가가 문제삼는 것은 "일하지 않는 여자들의 드센 발언권"(상권, 79면)이라는 표현에서 볼 수 있듯 '일하지 않는' 여성에 강조점에 주어져 있다. 하지만 '일하는 여성'에 대한 관심이 없는 것도 사실이기는 하다) 있기 때문이다. 이는 삶의 미세한 징후를 한껏 부풀려 극단화시키는 작벽이 일반화되어 있는 1990년대 소설의 일반적인 흐름과 비교해보면 의미 있는 성취라 할 수 있으며,『모노가미의 새 얼굴』의 미적 환기력은 여기에 있으며 이 미적인 향취는 꽤 오랜만에 맛보는 경험이기도 하다.

한마디로『모노가미의 새 얼굴』의 문제성은 일부일처제의 억압적 성격을 몇몇 예외적인 개인이나 장소에서 찾는 대신에 문명사적인 관점과 연관시키고 있다는 점이다. 뿐만 아니라 주제의 선명한 제시를 위해 일부일처제의 억압적 성격을 효과적으로 보여줄 수 있는 인물이나 장면을 집중적으로 묘사하거나, 또 그것을 집요하게 반복하지도 않는다는 점도『모노가미의 새 얼굴』의 주요한 특징이다. 그럼에도 불구하고『모노가미의 새 얼굴』이 그려내는 일부일처제의 과잉억압적 성격은 선명하다. 극단적인 병리현상을 통해 메시지를 전달하는 것이 아니라 평범한 일상사에서 병리현상을 발견할 때 미적 환기력이 한껏 고조된다고 한다면,『모노가미의 새 얼굴』은 그것을 한 눈에 보여주는 소설이다.

광기의 전쟁과 동일시라는 감옥
김원일의 『겨울골짜기』

1. 『겨울골짜기』의 정본 출간과 그 의미

김원일의 『겨울골짜기』(이룸, 2003)가 '정본'이라는 이름이 붙어 다시 발간된다. 반가운 일이다.

때로는 그 중요성에 비해 쉽게 잊혀지는 작품들이 있다. 그 이유는 물론 천차만별이다. 그러나 굳이 찾자면 어떤 공통점이 없는 것도 아니다. 어떤 작품이 당대의 시대정신의 안과 밖의 경계에 놓여 있을 때, 혹은 그 바깥으로 나가버렸을 때, 그 작품은 그 고유한 밀도에도 불구하고 아주 쉽게 잊혀지곤 한다. 한 시대의 시대정신은 자기 중심 이외의 영토화 논리를 철저하게 배제시키면서 구성된다. 그러므로 자신과는 다른 위계질서를 구축하려는 작품을 인정하지 않는다. 이는 어쩌면 당연한 것이다. 하지만 시대정신이 바뀐다고 해서 이전의 시대정신에 의해 쓸모 없는 실존으로 격하된 이 소설이 복권되는가 하면 반드시 그렇지만은 않다. 아니, 오히려 이전 시대보다 더욱더 무관심의 뒤안길로 밀려나는 경우가 보다 지배적이다. 새로운 시대정신이란 흔히 이전의 영토를 규정적으로 부정하는 대신에 전면적으로 부정하면서 등장하기 때문이다. 새롭게 등장하는 시대정신은 이전 보편적 규범의 업적과 가치를 정밀하게 탐사하여 그것의 어떤 부분은 취하고 또 어떤 부분은 부정하는 방식을 택하지 않는다. 대신 새로운 징후, 현상, 변화 등을 들어 기존의 보편적 규범은 비록 지난 시대에는 의미가 있었으나 지금은 더 이상 보편적인 규범으로서의 의미를 지닐 수 없다고 규정한다. 이처럼 영원한 파괴와 쇄신, 혹은 전통과의 끊임없는 결별을 선언하며 새로운 시대정신은 들어서거니와, 때문에 지난 시대의 유물은 모두 다 폐기처분된다. 그것이 비록 의미 있는 것이라 하더라도 아니면, 그것이 지난 시대정신이 행한 배제나 은폐를 충분히 설득력 있게 비판한 것이라 할지라도 아니, 역설적이게도 이러한 것들일수록, 그러니까 지난 시대정신의 의미 있는 영역이나 그것에 대한 설득력 있는 비판자일수록, 더욱 더 빨리 폐기처분되곤 한다. 이것들이야말로 지나간 정신의 한계를 전면에 내세우며 등장하는 새로운 시대정신을 가장 곤혹스럽게 하는 바로 그것들이므로.

　김원일의 『겨울골짜기』도 바로 이러한 경우에 해당하는 소설이다. 즉 『겨울골짜기』는 문제적인 작품임에 틀림없으나 안타깝게도 그에 대한 평가는 충분히 이루어지지 않은 소설인 것이다. 물론 첫 발간 당시 『겨울골짜기』는 이 소설이 다룬 사건 자체의 상징성 때문에 세간의 이목을 모았던 것이 사실이다. 하지만 이 작품이 지닌 품격과 문제성에 걸맞는 깊이 있는 관심과 천착은 발간 당시에도, 그리고 그 이후에도 충분히 이루어지지 않은 바 있다. 그것은 『겨울골짜기』가 1980년대적 시대정신의 어떤 경계에 서 있었기 때문이다. 『겨울골짜기』는 전쟁, 분단, 이데올로기의 대립 등 1980년대의 일반적인 주제를 다루면서도 작가 자신만의 고유한 문체와 시선을 고집스럽게 유지한다. 하여, 『겨울골짜기』는 작품이 발간된 1980년대에 깊이 있는 평가를 받지 못한다. 하지만 1980년대를 전면적으로 부정하며 그 모습을 드러낸 1990년대 역시 『겨울골짜기』를 적극적으로 불러주지 않은 것이 사실이다.

『겨울골짜기』가 1990년대에도 그 위치에 걸맞는 관심을 받지 못한 것은 아무래도 1990년대라는 시대적 상황과 관련이 깊다. 1990년대란 어떻게 보면 갑작스레 모더니티의 경험이 지니는 그 엄청난 위력을 확인한 시기이다. 잘 알려져 있듯 전지구적 자본주의화를 동력으로 하는 모더니티는 '상업의 자유'라는 단 하나의 원리로 세계를 통일시켜 나간다. 즉 모더니티는 모든 사물의 모든 가치, 속성, 고유한 질, 개성, 이질성 등을 등가화시키는 것은 물론 각국의 고유한 역사, 전통, 풍속 등을 지워내면서 전 세계를 '하나의 전체로서의 세계체제'(월러스틴)로 묶어나간다. 하여, "부르조아지는 모든 나라의 국민에게, 멸망하고 싶지 않으면 부르조아의 생활양식을 받아들이지 않을 수 없게 만든다. (……) 부르조아지는 자신의 모습과 유사하게 하나의 세계를 만들어"(마르크스·엥겔스,

『공산당선언』) 가며, 따라서 "근대적 환경의 모든 경험은 지역, 종교, 계급, 민족, 종교, 이데올로기의 모든 경계들을 넘어선다."(마샬 버먼, 『근대성의 경험』) 이렇게 자본주의적 시스템이 작동된 이래 모더니티는 그것이 비록 역설적인 통일, 분열 속의 통일일지라도 인류 전체를 통일시켜 버린다. 이제 지구의 어느 곳에서도 예외적인 질서, 고유한 가치, 이질적인 영토는 용납되지도 존재하지도 않는다. 하지만 우리의 경우는 모든 것을 하나의 가치로 등가화시키는 모더니티 일반과는 구분되는 예외적인 특질을 유지하고 있었던 것이 사실이다. 남북 분단과 그것을 빌미로 행해진 일상적인 국가폭력 등이 자본주의 특유의 계산 가능성보다도 더 직접적이고 집요하게 현존재들의 삶을 장악하고 있었다고나 할까. 그런데 1990년대, 보다 구체적으로 말하자면 1990년대 중반 들어 상황은 달라진다. 특히 일상적이고 광범위하게 자행되던 국가 폭력이 미시적인 형태로 바뀌자 그동안 국가 폭력에 가려 보이지 않던 모더니티의 위력이, 그리고 그것이 지니는 악마적인 성격이 하나 둘 포착되기 시작한다. 그러자 모든 관심사는 전지구적 자본주의라는 모더니티의 보편적 자질 쪽으로 옮겨가기 시작한다. 그 모더니티의 보편적 자질에 대한 관심은 가히 폭발적이었다고 해도 과언이 아니다. 사물의 주인공화와 인간의 도구화, 고독, 권태, 단자화, 퇴폐, 지속하는 시간 등등 모더니티의 조건 외에 포스트모던한 징후까지가 겹쳐지면서 그야말로 모더니티의 경험은 예술의 기본조건인 경이와 숭고의 원천으로 받아들여지기에 이른다. 그 사이 안타깝게도 우리 사회 속에 존재하는 예외적이고도 고유한, 매혹적이면서도 무시무시한 현존은 배제된다. 그 결과 1990년대 중반부터 '거대한 역사적 단절'과 '정치와 역사에 대한 잔혹한 무관심, 혹은 치명적인 집단 기억상실증'이 일반화되는 양상이 펼쳐진다. 1990년대의 이러한 상황은 그것이 어떤 관점에서 역사와 정치적 현실을 전유했건 간에 남북 분단 등 우리의 특수한 조건이나 역사를 다룬 모든 성과들을 시대착오적인 것으로 읽어들이게 되거니와, 『겨울골짜기』가 적극적으로 호명되지 못한 것 또한 이 때문이다.

하지만 『겨울골짜기』는 지금처럼 지난 시대에 씌어진 소설 중 하나로 기억되고 기록되고 말 소설이 결코 아니다. 그것은 두 가지 이유에서이다. 하나는 『겨울골짜기』가 근대 이후 한국 역사의 가장 전형적이면서도 상징적인 사건인 거창사건을 다루고 있다는 점이다. 거창사건은, 비유하자면, 저 악명 높은 아우슈비츠에 버금가는 사건이다. 나라를 지켜야 할 군·경이 오히려 양민을 잔혹하게 죽인, 그것도 아무런 명분도 없이 특정 지역의 거의 모든 주민을 학살한 거창사건은, 저 아우슈비츠가 광기의 모더니티 혹은 모더니티의 광기가 만들어낸 괴물들로 인해 발생한 사건이듯, 한국적 모더니티가 빚어낸 광기의 풍경에 다름 아니다. 그러나 이렇듯 근대 이후 한국 역사의 비극성과 폭력성의 가장 상징적인 표지라 할 만한 거창사건은 그 상징성이나 전형성에 비해 충분히 조망되지 못한 것이 사실이다. 『겨울골짜기』는 이 전율할 만한 사건을 거의 처음으로 소설화한 작품인바, 이것만으로도 『겨울골짜기』가 지니는 의미는 남다르다.

『겨울골짜기』가 거듭거듭 다시 읽히고 평가되어야 하는 두 번째 이유는 『겨울골짜기』가 쉽게 잊혀졌던 바로 그 이유와 관련이 있다. 『겨울골짜기』가 그 문제성에 걸맞는 평가를 받지 못한 이유

는 한국적 근대성이 만들어낸 가장 처절한 지옥도인 거창사건이
라는 과거의 역사를 다루면서도 그것을 1980년대식 시대정신과 다
른 맥락에서 다루었기 때문이지만, 바로 그렇기 때문에 『겨울골짜
기』는 이 시대에 다시 적극적으로 읽을 필요가 있다. 『겨울골짜
기』는 거창사건을 그 사건에 연루된 특정 이념의 관점에서 읽어들
이는 대신 그 이념들 틈바구니에서 처참하게 죽어 간 바로 그들을
통해 묘사한다. 보다 구체적으로 말하자면, 『겨울골짜기』는 소위
‘반공 이데올로기’라는 절대화된 인과율이 만들어낸 잔혹한 양민
학살사건인 거창사건을 형상화하면서 어느 소설보다도 ‘반공 이데
올로기’가 가져온 폭력성과 잔혹성을 치밀하게 묘사하지만 그렇다
고 ‘반공 이데올로기’를 비판, 해체한 그 자리에 또 다른 절대화된
인과율, 그러니까 민족과 민중을 정점으로 하는 1980년대 특유의
위계질서를 세우지 않는다. 한마디로 『겨울골짜기』는 한국전쟁 당
시의 좌, 우익 어느 이념에도 편들기를 거부하는 것은 물론 당시
의 그곳에서 역사적 가능성을 찾아내는 일 자체를 부정한다. 대신
『겨울골짜기』는 한국전쟁 당시 특정 계급이나 이데올로기에 속하
지 않았던, 그랬기에 가장 처절한 고통을 겪었으나 한마디도 할
수 없었던 하위주체들에 관심을 기울이며, 또한 그들의 억눌렸던
목소리들을 하나하나 충실하게 기록한다. 『겨울골짜기』는 이처럼
기존의 거대담론에 대한 저항 의지로 충일하거니와, 그 의지는 기
존의 보편성을 성공적으로 해체, 탈영토화시키는 것은 물론 그 보
편성으로부터 침묵을 강요당한 하위주체들의 목소리를 역사의 전
면에 불러내기에 이른다. 물론 어디에도 속하지 않았던 존재들에
대한 관심과 기록은 『겨울골짜기』를 우리 문학사의 문맥에서 보

자면 다분히, 아니, 지나치게 예외적인 것이다. 하여, 『겨울골짜기』
는 특정의 개념, 질서, 혹은 문맥화를 벗어나는 자리에 서 있게 되
거니와 이것이 『겨울골짜기』에 대한 깊이 있는 천착을 가로막는
계기로 작용한 것이 사실이다. 하지만 이 예외성에 담긴 가치는
무궁무진하다. 서둘러 결론을 내리자면, 『겨울골짜기』는 특정 이
데올로기와 특정 계급에 속하지 않았던 존재들의 그 침묵과 수근
거림, 그리고 한 맺힌 절규와 통곡을 통하여 한국전쟁의 무시무시
한 실재를 전율적으로 그려내는 것은 물론 그 잔혹함의 원인, 계
기들을 정밀하게 탐사해 결국은 한국전쟁과 그 전쟁의 잔혹함의
기원에 대한 어느 것보다도 설득력 있는 가설을 제시한다. 즉 『겨
울골짜기』는 한국전쟁과 그 전쟁의 잔혹함의 기원을 절대적이고
선험적 이데올로기에 기반해 사물들의 고유한 가치를 지워내고
그 백지의 상태에 세계를 재창조하고 입법화하려는 한국적 모더
니티의 전개 과정에서 찾는바, 이는 한국전쟁에 대한 놀라운 성찰
이라 할 만하다.

　이렇게 우리 문학사의 소중한 성과임에도 불구하고 그에 걸맞
는 관심이 주어지지 않았던 『겨울골짜기』가 작가의 세심한 손을
거쳐 다시 출간되니 반가운 일이 아닐 수 없다. 이제 우리에게 남
겨진 일은 이제라도 한국 근대사에 대한 매혹적이면서도 무시무
시한 현존을 날카롭게 포착하고 있는 『겨울골짜기』를 차분하게
읽어보는 것이다.

2. 다큐멘타리의 거부와 기법의 승리

『겨울골짜기』가 거창사건을 소재로 한 소설이라는 점에만 초점을 맞출 경우,『겨울골짜기』는 대단히 특이한 구성을 보이고 있는 것이 사실이다. 우선『겨울골짜기』의 외적 형식부터가 거창사건을 다룬 소설이라고 하기엔 거창사건이 지나치게 주변적이다.『겨울골짜기』는 총 6개의 장으로 구성되어 있다. 이 중 1, 3, 5장은 '산 1, 2, 3'이라는 부제가 붙어 있으며 주로 인민군 유격대의 활동이 집중적으로 조망되고 있다. 그리고 나머지 2, 4, 6장은 '마을 1, 2, 3,'이라는 부제 하에 거창사건이 발생했던 거창군 신원면 사람들의 생활상이 묘사되어 있다.『겨울골짜기』는 거창사건의 충실한 보고나 사건일지를 기록하는 대신에, 한편으로는 거창사건의 한 당사자인 인민군의 활동과 존재방식을 묘사하고, 또 다른 한편으로는 거창사건의 최대의 피해자들인 그곳 민중들의 생존의 장면들을 집중적으로 그려낸다. 그렇게 좀처럼 이 소설의 핵심적인 사건인 거창사건은 그 모습을 드러내지 않다가 느닷없이, 갑작스럽게 등장한다. 아무런 예고도 맥락도 없이 군경이 들어닥치고, 그리고 악의 화신들에 의해 집전된 광기의 번제가 치러지며 처참한 죽음들이 이어진다. 즉『겨울골짜기』는 거창사건을 소재로 하고 있으되 이 사건을 철저하게 주변부에 위치시키고 있는 셈이다. 거창사건을 말하기 위해 꽤 먼 우회로를 돌고 있다고나 할까.

하여간『겨울골짜기』는 거창사건을 다루면서 이런 커다란 사건을 다룰 때 자주 활용되는 안정된 형식인 다큐멘타리식 구성을 취하지 않는다. 거창사건이란 무엇인가. 거창사건이란, 공식적인 집계에 따르면, 1951년 2월 9일부터 2월 11일까지 국군에 의해 719명의 민중이 학살된 사건이다. 당시 명분은 좌익과 내통하던 불순분자를 색출하고 좌익들의 근거지를 도려내 좌익을 척결한다는 명분이었이었으나 당시 희생자 719명 중 15세 이하의 어린이가 359명, 60세 이상의 노인이 60명으로 당시 군이 내세운 명분과는 거리가 멀다. 거창사건은 "공산주의와의 투쟁을 수행한다는 국가안보(national security)의 명분이 가공할 민중학살을 정당화시켜주면서 최소한의 인간 안보(human security)를 무화시"(박명림, 「한국에서의 전쟁, 인권, 평화—탈냉전의 퍼스펙티브에서 본 '거창사건' 사례연구」)킨 사건이라 할 만하다. 말하자면 거창사건은 국가, 혹은 이승만 정권의 정체성을 위해 719명의 순수한 영혼을 희생양으로 바친 광기의 제의이며, 국가가 역사적 정당성 혹은 필연성이라는 이름으로 행한 전율할 만한 대국민 테러이다. 그런데 거창사건이 중요한 것은 이것이 우리의 현대사에 있어서, 더 나아가서는 근대세계 체제에 있어서 전혀 예외적인 사건이 아니라는 것이다. 우리만 하더라도 이러한 국가 폭력, 혹은 국가에 의한 테러는 근대 이후 한국역사에서 끊이지 않고 발생했다고 할 정도로 집요하게 반복된 것이 사실이다. 특히 전쟁 중 국가에 의한 테러, 혹은 정규군에 의한 양민학살사건은 제주도 4·3사건을 비롯하여 산청, 고양 등 셀 수 없이 많으며, 이것은 가깝게는 80년 광주에까지 이어진 바 있다. 또한 국가에 의한 대국민 테러는 우리의 경우에 국한되는 것만도 아니다. 전지구적 자본주의라는 시스템이 확립된 이래, 그 시스템에 순응한 영토이든 아니면 그 시스템을 거부한 곳이든 간에, 특히 뒤늦게 자본주의 시스템에 편입된 나라의 경우는 더욱 국가에 의한 대국민 테러가 잔혹하게 펼쳐진 바 있으며, 또한 펼쳐지고 있다. 한마디로 거창사건과 같은 국가에 의한 양민학살사건은 근대세계 체제의 예외적인 사건들이 아니라 근대세계 체제의 전형적인 장면이며 근대세계 체제가 만들어낸 괴물들, 기계들에 의해서 자행된 인간 학살극이라고 할 수 있다.

거창사건은 이렇게 상징적일 뿐만 아니라 문학적 소재에 걸맞는 바로 그 소재라 할 수도 있다. 거창사건은 사건 자체가 강렬하며 특이한 경우에 해당한다. 거창사건은 말하자면 그 자체로 센세이셔널하다. 거창사건은 한편으로는 악마적이고 또 한편으로는 비극적이다. 여기, 진정한 악의 화신이라 할 만한 거창사건의 가해자들이 있다. 그들은 국가안보라는 명분으로 무장시킨 군인, 그러니까 그들이 만들어낸 사이보그들을 통하여 인간의 가장 고통스러운 파괴인 죽음, 그것도 어린아이까지를 포함한 수많은 죽음을 바라보면서 생사를 건 모험을 벌였고 그 전율을 즐길 줄 알았던 사디스트들이다. 악마의 현현이라 할 만하다. 그런가 하면, 여기, 또 그야말로 비극적인 존재들이 있다. 피해자들이며 희생자들이다. 그들은 자신들에게 덧씌워진 거대한 운명의 수레바퀴를 알지 못한 채, 혹은 가해자들의 도저히 상상할 수 없는 계획도 모른 채, 그저 주어진 조건 속에서 고투하면서 하루하루를 살아간 존재들이다. 하지만 이들의 고투는 이미 정해진 질서를 넘기에는 역부족이며 결국 이들 모두는 전혀 예기치 못한 순간에 자신의 무덤을 자신이 파는, 가장 고통스러운 방식으로 자신들의 삶을 파괴당한다. 이렇게 거창사건은 일상적이고 상식적인 삶의 범위를 넘어서는 어떤 경이와 전율로 충일하다.

이처럼 사건 자체가 세계사적으로나 예술적으로나 더할 나위 없는 상징성을 함축하고 있을 경우 다큐멘타리 형식은, 80년 광주를 다룬 임철우의 『봄날』에서도 충분히 확인했듯이, 대단히 효과적인 장치일 수 있다. 하지만 『겨울골짜기』는 그 전율할 만한 현장감에 충실히 전달하기만 하면 예술성을 획득할 수 있는 다큐멘타리를 의도적으로 거부한다. 아마도 그 현장감에 충실한 경우, 또는 거창사건의 특이성에만 주목할 경우, 그 표현은 강렬할지는 몰라도 거창사건을 역사적으로 문맥화하기는 힘들다는 판단 때문일지도 모른다. 하여간 『겨울골짜기』는 거창사건의 사건일지로부터 철저하게 벗어나고자 한다. 그렇다고 『겨울골짜기』가 거창사건에 대한 총체적 접근을 시도하고 있는가 하면 그렇지도 않다. 『겨울골짜기』는 거창사건의 세 축인 인민군, 국군, 그리고 민중을 모두 한 자리에 모아놓지도, 어떤 적절한 중간자적 인물을 통해 그 세 축을 골고루 살피지도 않는다. 대신 두 형제를 초점화자로 내세워 인민군들의 존재방식과 당시 거창에 살던 존재들의 생존방식을 교차하며 서술한다. 굳이 한 평자의 말이 아니더라도 『겨울골짜기』는 거창사건에 대해 말하면서도 "'거창사건'이 정말 제1의 소재라면 그 불균형을 어떻게 설명할 것인가" 할 정도로 거창사건이 부차화되어 있는 것이 사실이다.

이처럼 『겨울골짜기』는 거창사건을 다루면서도 그것을 부수적으로 위치시켜 형식적 불균형을 보이고 있는 것처럼 느껴지지만, 그러나 다른 관점에서 생각해 보자면 『겨울골짜기』의 형식적 구성은 거창사건에 대한 가장 치밀하고도 효과적인 구성이라 할 수 있다. 다시 말해 거창사건 자체의 상징성이나 거창사건을 발생시킨 당대의 총체성 등에 초점을 맞출 경우 『겨울골짜기』는 불균형의 형식처럼 보이지만, 거창사건에 대한 기존의 보편성을 해체하고 그 상태에서 거창사건을 역사적으로 문맥화하는 데는 최상의 형식인 것으로 판단된다. 『겨울골짜기』는 '산'과 '마을'의 병치 구조를 통해 한국전쟁 당시 좌익 이데올로기와 민중들의 염원 사이의 거리를 밀도 있게 표현함으로써 한편으로는 좌익과 내통하던 불순분자의 색출이라는 거창사건에 대한 기존의 관점을 철저하게 부정하는 것은 물론 동시에 당시의 좌익에게서 역사적 발전 가능성을 찾아냈던 1980년대적 시각을 치밀하게 해체한다. 뿐만 아니라 『겨울골짜기』가 택한 거창사건에 대한 지속적인 지연과 사건의 갑작스런 돌출이라는 구조는 거창사건의 비극성과 특이성, 그리고 악마성을 드러내는 데 효과적이다. 한마디로 거창사건에 대한 다큐멘타리도, 총체적 재현도 거부한 『겨울골짜기』의 특이한 구성은 거창사건의 결을 살리기 위한 고심의 결과라 할 수 있다. 즉 『겨울골짜기』의 특이한 구성은 자신의 다루는 질료를 무리하게 재구성하기보다는 그 재료의 결을 그대로 살리기 위한 치열한 고투의 흔적이자 결과물이며, 이 고심의 결과가 『겨울골짜기』로 하여금 거창사건을 둘러싼 기존의 보편성을 근본적으로 반성, 해체하게 하는 것은 물론 거창사건의 상징성을 가장 미적으로 표현하게 하는 계기로 작동한 셈이다. 이를 우리는 '기법의 승리'라 이름할 수 있을 것이며, '기법의 승리'야말로 『겨울골짜기』의 문제성의 중요한 원천 중의 하나이다.

3. 숭고한 열정과 도구적 합리성, 광기의 기원들

『겨울골짜기』를 풍부하게 하는 만든 것은 '기법의 승리'만이 아니다. 보다 중요한 것은 『겨울골짜기』가 제시하고 있는 거창사건의 역사적 기원들과 그 문맥이다. 『겨울골짜기』는 동생 문한득을 중심으로 당시 인민군 유격대의 실존 형식을 그려내고, 문한돌을 초점으로 하여 거창군 마을 사람들, 곧 당시 민중들의 현존을 제시한다. 그리고 갑작스런 잔혹극을 통하여 당시 우익의 존재 방식을 형상화한다. 『겨울골짜기』에서 주목해야 하는 부분이 바로 이 지점이다. 즉 『겨울골짜기』는 문한득과 문한돌의 삶의 궤적을 통하여 거창사건을 역사적으로 문맥화하는바, 이 문맥은 단연코 문제적이다. 앞질러 이야기하자면, 『겨울골짜기』는 한국전쟁의 기원과 그 전쟁 중의 걷잡을 수 없는 광기들을 다른 것이 아닌 이데올로기와 인간적 본성, 혹은 상징계과 실재계 사이의 전도된 관계에서 찾아내는바, 이는 거창사건의 발생론적 배경과 그 의미에 대한 대단히 설득력 있는 가설이다. 그리고 이는 단순히 거창사건에 그치지 않고 더 나아가서는 한국전쟁의 여러 기원들에 대한 의미 있는 시선을 제공하기도 하는바, 이것이야말로 『겨울골짜기』의 득의의 영역이다.

『겨울골짜기』는 문한득이 산청군 오부면의 315부대로 전출되면서 시작된다. 그러면서 315 인민유격대, 그러니까 한국전쟁 당시 좌익의 현존이 제시된다. 문한득의 눈에 비친, 그리고 문한득의 유격대 생활을 중심으로 제시되는 315부대는 우선 외형적으로 군기와 훈련이 만만치 않은 부대이다. 그 부대의 대원들은 대단히 경험 많고 능력 있는 전쟁기계들이다. 그들은 죽음을 두려워하지 않는다. 오히려 죽음을 역사에 대한 한 개인의 최고의 결단이자 축복이라고 믿는다. 그들은 전쟁 앞에선, 작중인물인 김익수의 표현을 빌자면, "용맹하고 잔인한 짐승"(58면)들이다.

하지만 그들은 단순한 전쟁광은 아니다. 그들이 그렇게 용맹하고 잔인할 수 있는 것은 그들의 분명한 가치관과 세계관 때문이다. 그들은 비유하자면 홉스주의자들이다. 그들은 대신에 인간들이 만들어낸 조직, 규율, 통일된 시대정신 등속에서만 진정한 인간의 상태가 가능하다고 생각한다. 그들이 그 수많은 인간들을 의미 있게 통일시킨 정신으로, 그리고 진정한 인간의 상태를 가능케 할 매개물로 설정하고 있는 것은 다름 아닌 사회주의 이념이다. 이 사회주의 이념에 대한 이들의 믿음은 절대적이다. 그것은 이미 몇몇 나라에서 시도되어 자연 상태에서는 필연적인 만인과 만인이 투쟁하는 상태나 정신적 동물왕국의 메커니즘으로부터 벗어날 수 있는 가치있는 정신, 혹은 이념임이 입증되었기 때문이다. 그들은 역사의 발전, 계급해방 등을 상징적인 질서만을 인정할 뿐 그 질서 너머에 있는, 그 질서 이전에 있는 어떠한 현존들도 인정하지 않는다. 즉 그들은 계급해방을 향한 역사의 발전이라는 자족적 통일성, 혹은 상징계 안에서만 모든 사물들을 위치시키고 규정하며, 그것을 유일한 진리로 절대화한다.

그 결과 315부대의 구성원들은 계급투쟁과 계급해방이라는 유일하고도 절대적인 기준을 유지하고 실천하기 위하여 대단히 치명적인 강박증에 빠져든다. 그들은 자유, 고향에 대한 그리움, 가족을 향한 열정, 생활 감정, 개성 등등을 모두 자연상태 그것, 그러니까 규율 바같의 쓸모 없는 실존으로 받아들이고 인정하지 않는다. 하여, 그곳에서는 "고향 마을이 가깝다고 해서 가족주의나 인정주의에 매여서는 안되며, 개인 행동은 일체 용납되지 않는다."(23면) 또한 그곳의 사람들인 "빨치산에는 남녀가 없어"서 "만약 빨치산 사이에서 연애사건이 생기면 비판 정도가 아니라 일벌백계로 현장에서 처단"(26면) 당하기도 한다. 그들은 인간의 기본적인 덕목이나 본능을 무가치한 것으로 전락시킨 그 자리에 또 다른 것을 유일하고도 절대적인 인간적 덕목으로 제시하는바, 그것은 다름 아닌 숭고함이다. 그들은 숭고에 대한 병적인 집착을 보이는 자들이다. 그들에게는 숭고한 것만이 의미 있다. 너무나도 위대한 과업을 떠안고 있기에 그것의 완수를 위해서는 모두 숭고해져야 한다. 즉 일상적인 감각으로는 측량할 수 없는, 또는 인간의 한계 이상의 경이로운 용기와 결단을 당연하게 받아들인다. 그래서 그들에겐 "한 팔 잃고 온몸에 수십 개나 파편을 박고도 백 리 길을 주파해 연락 임무를 끝낸 혁명적 전사"(265면)와 같은 인간의 한계 이상의 능력을 실천의 기준으로 설정하고 그것을 자기에게 또는 타인들에게 강요한다. 그 결과 그들에겐 아픈 것도, 느린 것도, 배고픈 것도, 발 시린 것도 모두가 혁명 정신이 투철하지 않은 결과이며, 혁명 정신만 투철하면 그 어떤 질환도 없으며 또한 질환이 있더라도 그것은 손쉽게 이겨나갈 수 있는 정도에 불과하다.

　　"김동무, 어데가 그리 아픔네?" 중대장은 김익수의 민주대는 꼴이 아니꼽다는 투로 물었다.

"발 뒤쪽 아킬레스건이 영 어찌되었는지 ……."

"아키라스? 내 무식해서 동무 말을 알아듣지 못하겠음메."

"위장이 나빠 먹지를 못하는데다가 ……." 서슴거리며 죽는 시늉을 하던 김익수의 마른 얼굴에 황기가 퍼졌다. 그는 독 오른 중대장의 눈을 본 것이다.

"총 벗어!"

(……)

"아닙니다. 정말 아픕니다!" 땅바닥에 쓰러진 김익수가 손으로 중대장 매질을 막으며 엉절거렸다.

"네넘이 정치부 심문반에 있을 때 토론께나 즐게서 종파주의로 비판받엣다는 것 내 다 알구 있다이. 인테리 반동놈으 새끼, 네놈이 인민군 전사야?" 중대장 지휘봉이 김익수 마른 몸에 사납게 떨어졌다. 손으로 머리통을 싸안은 김익수가 불에 댄 지렁이처럼 요동쳤다. "다른 전사느 어데메 성한 데가 있어서 훈련으 받겠니. 우린 사방이 적이야. 그래도 버티고 있음네. 이 부르좌 반동놈으 새끼. 지식 반동이 더 악질이지. 네놈 같은 반동으 아주 쥑여 뿌려야 하겠음네!"

누구도 송대장을 말릴 수 없었고, 그의 몰강스러운 삿매질은 계속되었다. 그러잖아도 작았던 김익수의 옷이 어깻죽기부터 터지고 찌든 내복에 피가 비쳤다. 안경도 벗겨져 문한득 발치에 나동그라졌다. 김익수 몸이 꿈쩍을 않자 중대장이 매질을 거두었다. (33~34면)

이러한 숭고함에 대한 집착은 그들을 국가와 민족에 대한 열정적 애착과 파괴적 사랑으로 이끈다. 그들에게 사회주의는 세계 인류 역사에서 시행된 규율과 제도 중 가장 이상적으로 성공을 거둔 이데올로기이며, 그러므로 상상 속에서 그려보는 유일한 모범 세계이다. 하여 그들은 이곳의 모든 것을 사회주의라는 상상적 질서 속에서 읽어들이고 문맥화하여 결국은 이곳의 실재계를 배제하고 은폐한다 하더라도 아니 그렇게 이곳의 모든 것을 백지화하고 그 텅 빈 곳에 사회주의적 시스템을 전면적으로 이식하고자 한다. 그런데 문제는 민중들의 염원이다. 그들은 '인민을 위하여'라고 말하지만 그들의 만들고자 하는 체제는 그들이 상상 속에 그려놓은 인민을 위한 국가이지 현재의 민중의 염원을 종합하여 재구성하는 일 따위가 아닌 것이다. 결국 그들의 상상 속에 있는 인민의 국가와 현재 민중의 염원 사이에는 엄청난 괴리가 생길 수밖에 없고, 그들은 양자택일의 길에 놓인다. 민중의 염원을 자기화하느냐 아니면 민중의 염원을 비본질적인 것으로 돌리고 상상 속의 인민 국가를 유지하느냐 하는. 하지만 그들이 택하는 길은 후자이다. 왜냐하면 현재의 민중의 염원을 듣고 그것에 맞는 사회 시스템을 구축할 경우, 그것은 그들의 모든 것을 전면적으로 다시 재구성해야 한다는 것을 의미하기 때문이며 동시에 전쟁의 명분마저 존속할 수가 없기 때문이다. 결국 그들은 상상적 질서를 유지키 위해 이곳의 민중들의 염원을 은폐하고 배제할 뿐만 아니라 또 때로는 물리적인 폭력까지를 동원하여 그 염원들을 잠재워버리게 된다.

> 열고를 낼 때면 삭막하기 그지없는 중대장이 이장을 다가채기로 땅바닥에 패대기치곤 지휘봉으로 내리치기 시작했다.
> "조선놈으 종자느 말루 해서는 앙이 됨네. 반동놈으 새끼, 먼저 네놈부터 처단해 버리겠음네. 조국 해방 전쟁에 목숨 바쳐 싸우느 인민전사에게 더두 아니구 한 끼 석식 대접조차 이따위루 비협조적이믄 반동부락이 틀림없음머이!"
> (……)
> 중대장이 이장 얼굴에 전짓불을 들이대었다. 몰매질로 이마가 터져 이장 얼굴이 피칠갑이었다. 중대장이 총을 뽑아 이장 이마에 들이댔다. (155~156면)

민중의 현존, 그리고 염원에 대해 전혀 귀 기울이지 않으면서

'인민의 국가'를 향해 목숨을 건 존재들, 또 그렇기 때문에 자신들의 목표와 숭고한 열정을 읽어주지 않는 민중들을 가혹하게 탄압하고 강요하며 심지어 죽이기까지 하는 존재들, 『겨울골짜기』는 거창사건의 한 당사자인 좌익의 현존을 이렇게 그려내고 있다. 『겨울골짜기』에 따르면 한국전쟁 당시의 좌익은 상상계에 가려 매혹적이면서도 무시무시한 현실계를 읽어내려 하지도 않았고, 그 상상 속의 내러티브와 구체적 현실 사이의 불일치를 해소하기 위해 인간 주체의 숭고한 행위를 강요할 뿐만 아니라 자신들의 내러티브를 지키기 위해 오히려 민중적 염원을 억압하고 폭력을 행사한 존재들일 뿐이다. 이들이 한국전쟁과 그 전쟁에서 빚어진 광기의 한 원인임은 물론이다.

그렇다면 거창사건의 직접적인 가해자인 국군의 경우는 어떠한가. 앞서 이야기했듯 국군의 경우는 거창사건이라는 전율할 만한 사건의 직접적인 가해자임에도 불구하고 어느 한 인물을 설정해 사건의 경위나 내면을 묘사한다든가 하지 않는다. 그들은 어느 날 갑자기 나타나 거창 주민들을 한 자리에 몰아 넣으며 거창 주민들에게 가장 처절한 죽음을 안긴다. 그들에게 인민군이 진주했을 때 그 인민군들로부터 마을 주민을 지켜내지 못했다는 반성이나 그래서 마을 주민들은 어쩔 수 없이 생존을 위해 인민군에게 협조할 수밖에 없었다는 이해의 과정 따위는 전혀 주어지지 않는다. 그들에게도 마을 주민들의 현존이나 염원 따위는 중요하지 않다. 이 전쟁에서 승리하는 것, 승리하여 자신들의 정체성에 맞는 국가를 유지·존속하는 것, 이것만이 중요하다.

"우리 동생이 순사라요." "방위대원에 뽑힌 아들이 입대했심다." "나도요."
대여섯 사람이 가족을 이끌고 무리 속에 뛰쳐나왔다.

늦게 내려오느라고 앞쪽에 쪼그려 앉았던 문한돌은 살아남는 길이 바로 이
순간이라고 깨달았다. 그는 자식과 처의 팔을 잡아채어 벌떡 일어났다.

"대장님, 죽어도 말 한마디하고 죽읍시다. 백성 없는 나라가 무슨 필요 있
소!" 뒤쪽에서 누군가인가 소리쳤다.

문한돌이 돌아보니 상대현에 사는 삼종 문판대형이었다 그의 말이 끝나자,
몽우리 돌에 섰던 이등상사가 카빈총을 드르륵 갈겼다. 총알이 문판대를 피
해갔으나 그 옆에 앉았던 열대여섯살 난 그의 딸에 어깻죽지와 가슴팍에 꽂
혔다. 저고리에 금세 피가 배어 나왔다. 사람들이 윗몸을 숙였다. 앞사람 등
과 옆구리를 파고 들며 얼굴을 틀어박았다. 한줄기 청량한 갓난아기의 울음
이 터졌을 때, 벼락치는 듯한 총소리가 사방에서 일었다. 퍼붓는 총소리와 함
께 낭자한 신음이 쏟아져 튀는 피와 버물려졌다. (384~385면)

"감상적인 생각은 치워. 지금은 전시고, 여기야말로 작전지역이야. (……)
적성지구 주민은 즉결처형하라는 말을 어겨 간밤에 과정리 경찰대와 방위대
가 쑥대밭이 되었다고 했잖나."

"그때야 용공분자 주민을 처형하지 않았다고 닦아세웠지, 노인과 어린애를
처형하지 않았다는 말은 아니었잖아." 키 큰 사병이 껄끄럼한 목소리로 빗대
었다.

"야, 개소리들 집어쳐뿌리지 못해." 이등중사가 참견했다. "차일병, 넌 상명
하복(上命下服)도 몰라뿌렀어? 군대란 상관 명령 지시만 따르면 되는 거여.
미수복지구 가옥을 불태워뿌리고 주민은 말이여, 남녀노소를 막론하고 처형
하라는 명령이 하달됐으면, 우린 그 말대로 실행하면 그뿐이제잉. 나도 소대
장하고 말다툼했어. 연소한 애들과 노약자를 어떻게 처단하냐고 해도 말이여,
어데 씨가 멕혀야제잉. 소대장도 적성주민을 전원 총살해 뿌리라는 명령을 하
달 받았다니, 난들 어떻게 하겠어 하더랑께." 이등중사가 혀를 찼다. (404면)

전쟁은 승리를 위해서는 죄가 없는 양민은 물론 '청량한 갓난아

기의 울음'이나 '노인과 어린애'의 안위 따위는 중요하지 않다는 것, 타자의 모든 가치를 기호화·수단화시킨 채 자기를 증명하지 않으면 그래서 이겨내지 않으면 안 된다는 것이 이들의 논리이다. 물론 그 과정에서 잠시나마 도덕률이나 인륜 등에 간섭을 받을 수도 있다. 하지만 그 간섭은 어디까지나 잠깐뿐이며 결정적인 것이 되지 못한다. 소대장도, 이등중사도, 사병들도 다 아무리 전쟁중이라도 인간을, 더더구나 갓난아기와 노인과 어린애까지를 아무 생명없는 기호처럼, 장난감 치우듯이 치울 수 있게냐고 회의하지만, 그것은 회의로 그친다. 그들의 삶의 방향과 행위를 결정짓는 궁극적인 요인은 무슨 수단을 쓰더라도 전쟁에서 승리하는 것이다. 그러니 자신들이 거창의 주민들을 지켜내지 못했다는 것, 따라서 거창 주민들이 생존을 위해서는 어쩔 수 없이 인민군 유격대에 협조할 수밖에 없었다는 것은 중요하지 않다. 그 어쩔 수 없는 협조가 자신들의 군대에 치명상을 안겼고 또 그들을 살려놓으면 또 그런 일을 벌일 수 있다고 판단되는 한, 선택할 길은 이미 정해진 것과 같다.

> 신원면이 공비들 세상으로 두 달을 보낼 동안 부락민 전체가 통비분자로 변하고 말았잖아. 우익은 그전에 다 탈출했을 테구. 남아있는 빨갱이들은 이동 대상이 아니라, 문자 그대로 말끔히 청소할 대상인 셈이지. (403면)

그렇게 그들은 '말끔히 청소할 대상'을 청소하기에 이르며, 그것이 바로 거창사건이다. 인간의 가장 고통스러운 파괴가 죽음이라고 한다면, 거창사건에서의 죽음은 그 죽음 중에서도 가장 고통스러운 죽음인지도 모른다. 이 인간에 대한 잔혹한 파괴의 뒤에는 이처럼 타자의 모든 가치를 기호화·수단화시키며 자기를 증명하는 극단적인 합리성, 혹은 목적을 위해서라면 인간마저도 수단화할 수 있는 시민적 냉정함이 깃들어 있으며, 또한 그것에 자신들의 영혼을 맡긴 인간들이 있는 것이다. 이것이 『겨울골짜기』에서 광기의 현장이 거창사건의 발생론적 기원으로 주목하고 있는 또 하나의 요소라 할 수 있다.

　이상에서 볼 수 있듯 『겨울골짜기』는 광기로 표현할 수밖에 없는 거창사건이 어떻게 발생할 수 있었는가에 주목한다. 그리고 거창사건을 사회주의라는 상상적 질서에 영혼을 맡긴 자와, 시민적 냉정함과 목적 없는 합목적성이 만들어낸 괴물들 사이의 충돌로 문맥화한다. 한마디로 『겨울골짜기』는 거창사건을 무엇에 영혼을 맡겼건 타자의 가치를 전혀 고려하지 않는, 그리고 타자를 철저하게 수단화·도구화하는 사이보그에 의해 자행된 살육의 현장으로 읽어들이거니와 이러한 독법은 거창사건의 광기를 설명할 수 있는 전율스럽지만 대단히 의미 있는 성찰로 보인다. 『겨울골짜기』가 빛나는 또 하나의 대목이다.

4. 자연상태의 회복, 혹은 동일시로부터의 탈주

　『겨울골짜기』가 주목되어야 할 이유는 이 소설이 거창사건을 위시한 한국전쟁을 다룬 소설들 중에서 그 당시 광범위하게 벌어졌던 광기의 현장으로 주목할 뿐만 아니라 그 기원들을 설명할 수 있는 밀도 있고 치밀한 가설을 제시한 거의 유일한 소설이기 때문만은 아니다. 또 다른 것이 있다. 『겨울골짜기』는 인간이 경험할 수 있는 최악의 상황을 냉정하게 그려낼 뿐만 아니라 그 극한상황 속에서도 여전히 살아 있는 인간적인 가치를 찾아 두리번거린다. 그런 점에서 『겨울골짜기』는 "위험이 있는 곳엔 구원의 힘도 함께 자란다"는 횔더린의 말에 충실하다. 『겨울골짜기』는 위험에 이른 그곳에서 자라나는 어떤 구원의 힘을 놓치지 않기 위해 안간힘을 다한다.

『겨울골짜기』가 당시 거창사건의 최대 희생자로 그곳의 민중들을 지목했다고 해서 그 구원의 힘도 아무것도 말할 수 없었던 그 민중들에게서 찾아내고 있다고 미리 짐작할 필요는 없다. 오히려 『겨울골짜기』는 당시 거창사건의 최대의 희생자가 민중들임에도 불구하고 당시의 민중들의 존재방식에 대해 아주 냉정하며 어떤 때는 비판적이기도 하다. 그것은 당시의 민중들 역시 당시의 공포를 만들어냈던 상상적 질서를 자신의 것으로 동일시하면서 그것들을 확대재생산하는 데 기여했다고 판단하기 때문이다. 그런 점에서 거창 마을 주민들은 거창사건의 최대의 피해자이지만 그렇다고 진실에 대해 무조건 면죄부를 받을 수는 없다는 것이다. 그래서 『겨울골짜기』는 이 소설을 이끌어 가는 두 주인공 문한득과 문한돌에게도 무조건적으로 호의적이거나 아니면 그들을 통해 작가의 목소리를 실어보내거나 하지 않는다.

예컨대 문한득의 경우를 보자. 앞서 이야기했듯 『겨울골짜기』는 문한득이 315부대로 전출되면서 소설이 전개된다. 그런데 문한득이 315부대로 차출된 것은 문한득이라는 고유한 개인의 자질이나 특성 때문은 물론 아니다. 문한득의 차출은 그가 '거창군 신원면' 출신이기 때문이다. 315부대의 작전 수행상 '거창군 신원면' 출신이 필요했던 것인데 문한득이 바로 그 조건에 갖추었기 때문이다. 이때부터 문한득은 인간적 훈기, 개성, 고유한 질, 비교 불가능한 가치 등은 모두 지워진 채 오로지 집단적 논리에 순응하는 개인, 혹은 자유의지를 필요로 하지 않는 기호로 살아간다. 즉 총을 든 전쟁기계가 된다. 여기서 그치지 않는다. 더 나아가 문한득은 당시 좌익이 내세운 이데올로기 혹은 상상적 질서를 확대재생산하는 수단으로 이용되기도 한다.

> 면민의 눈길이 문한득에게 쏠렸다. 면민은 자기 고장 출신인 문한득에게 손뼉으로 성원을 보냈다. 그들은 빨치산과 면민 사이에 가로막힌 담을 무너뜨린 중계자가 정오복씨나 신명호씨가 아닌, 소년 전사 문한득이었기에 보다 우러러 보였다. 대현리 사람들에게는 한득이 산사람들 사이에 섞여 있기에 총부리가 자기네를 겨누게 되지는 않으리라 안심했다. 대좌 입에도 만족한 웃음이 물렸다. 그는 현지 출신 전사에게 상훈을 내림으로써 '수어이론(水魚理論)' 그대로, 군과 민의 일체감이 무르익고 있음을 보았던 것이다. (209~210면)

그러나 문한득은 자신의 실존이 이렇게 하나의 도구로, 수단으로 이용되고 있음에도 불구하고 그 상상적 질서 내에 철저하게 자신을 동일시하고 오히려 자랑스러워한다. 문한득은 그 순간 "기쁨이 우련하게 북받쳐 올랐고 온몸으로 퍼지는 열기를 어쩔 수 없었다"(210면)는 경험을 하게 되거니와 더욱 사회주의 이념에 충실한, 숭고한 열정을 누구보다도 열성적으로 실천하는 전쟁기계가 된다.

즉 문한득은 입산 동기를 쓸 수 없을 정도의 원래 자기를 버리고 그 빈자리에 계급투쟁과 계급해방으로 압축되는 좌익의 상상적 이데올로기를 채워 넣으며 살아가는 것이다.

이렇게 의도하지도 목적하지도 않은 채 상상적이고 폭력적인 이데올로기의 재생산 기계 역할을 하는 것은 단지 문한득만이 아니다. 문한돌을 중심으로 한 거창 사람들 역시 당시의 폭력적인 이데올로기를 재생산하기는 마찬가지이다. 자신들의 실제 욕망이나 자신이 말하고 싶은 것들을 묻어두고 당시의 담론들이 지정하는 발화를 사용하는 순간 그것은 당시의 이데올로기를 더욱 고착시키고 그것의 위력을 더욱 강화시키게 되는바, 문한돌을 위시한 당시 민중들의 삶이 바로 이러하다. 전쟁 상황에서 자신의 욕망이나 말하고 싶은 말을 한다는 것은 곧 목숨을 건 결단일 수 있다. 그러나 죽음이 두려워 그것을 피할 경우, 또는 자신의 자아를 분리시켜 겉모습만이라도 협조할 경우, 그 행위는 결과적으로 어느 한편을 편들게 되는 것이고 어느 한쪽을 불리하게 만드는 것이다. 생존을 위한 것이기는 하나 이러한 행위는 더욱 강력한 폭력을 불러오며 이러한 상황이 악무한적으로 반복되면서 폭력의 정도 또한 악무한적으로 잔혹해질 수밖에 없는 것이다. 목숨을 지키기 위해 문한돌을 위시한 거창 민중들은 스스로 노예의 길로 들어선 경우라고나 할까. 다만 살고 싶었던 것뿐인데, 용기가 없을 뿐인데, 평상시라면 노동을 통한 자기 실현의 길을 갈 수 있었을 터인데, 불행하게도 이때는 전쟁 상황이었으며 또한 주인들이 수시로 바뀌는 상황이 연출되는 것이다. 수시로 주인을 바꾸었기에 새로 들어선 주인들의 가학성은 더욱 정도를 더해가는 것은 당연하며, 여

기에 역사적 정당성까지 확보하면 그 가학성의 정도는 걷잡을 수
없이 깊어간다. 그러나 문한돌을 위시한 거창 주민들은 끊임없이
자신의 욕망이나 의지를 담은 말을 삼키고, 멈춘다, 바꾸고, 스스
로 부정한다. 또한 삼켜진 그 말들을 모을 생각을 하지 못하는바,
이는 결국 한편으로는 당시의 상상적 이데올로기를 더욱 강화시
키고 다른 한편으로는 자신들에게 가해지는 가학성을 더욱 더 혹
독하게 만든다.

제 말 좀 들어 보이소 우리는 남쪽 북쪽 어느 편에도 들지 못하고 그저 땅
만 파고 살아왔십니다. (153면)

그러다 그는 푸른 국방복에 개털모자 쓴 앳된 아우 모습을 먼발치에서 알
아보았다. 갑자기 가슴이 뜨거워오고 숨길이 가빴으나 문한돌은 중치가 막혀
목청이 터지지 않아 아우를 부를 수 없었다. 며칠 전까지 아우로 하여 가슴앓
이 앓다 불각중에 다른 세상을 만났다고 기뻐 외칠 염치도 없었다. 뭇사람이
보는 앞에 인민군 아우를 만난다면, 만약 다시 세상이 뒤바뀌었을 때 자신이
이 바닥에 눌러 살 수 없을 것 같았다. 문한돌은 벙어리가 되어 아우를 향해
손짓만 되풀이했다. (199면)

"그러이 우리 농사꾼은 입조심해야겠어요. 말이 씨가 된다고, 함부로 말하
거나 누가 누구를 고자질하면 줄줄이 끌려가는 판국이니까. 마실 사람들이
단결해서 뭉칩시다. 그래야 이 난국을 피해 갈 수 있을 것 같습미다." 강목수
가 말을 맺곤 농민위원을 뜯어보았다. 다른 사람보다 너들 중에 밀고자가 있
어서는 안 된다는 다짐이라도 하듯 했다. (233~234면)

『겨울골짜기』는 문한돌을 위시한 당시 민중들의 삶의 모습을
연민의 시선으로 바라보지만 그렇다고 긍정적인 형상으로 그려내

진 않는다.

그렇다고 『겨울골짜기』에서 전혀 호의적인 시선을 받는 경우나 존재, 그리고 순간이 없는 것은 아니다. 그러나 그것은 분명하게 다가오지 않는다. 그것은 불연속적이고 찰나적이며 순간적으로 현현하곤 사라진다. 다시 말하자면 『겨울골짜기』는 당시 폭력적이고 절대화된 이데올로기로부터 벗어나는 계기를 어떤 계층, 어떤 특정의 의식 혹은 개념에서 찾지 않는다. 대신 당대의 상상적 질서로부터 이탈하려는 의지들, 혹은 그것을 넘어서서 보다 중요한 인간적이고 진정한 현존을 찾아내려는 순간, 자족적인 통일성으로부터 벗어나서 인간적 덕목이나 자존을 유지하는 경험들에게서 찾는다. 이것은 모두 다 어느 한 순간 빛으로 비쳐지고 사라진다. 때문에 개념화가 힘들지만 굳이 개념화하자면 그것은 당대의 상상적 동일시의 틀을 벗어나서 그 외의 현존들을 보려는 노력이라 할 수 있다. 그 시대의 존재들이 대부분 동의할 경우 상상적 동일시의 틀은 매우 견고한 것처럼 보이지만 진정한 용기와 결단으로 그 틀을 넘어서고자 하면 그 틀은 대단히 미약한 것으로 다가온다. 다만 상상적 동일시의 틀에서 벗어날 경우 경험하게 되는 공포, 혼란, 불안정성, 죽음에 이르게 될지도 모르는 폭력이 그것을 좀처럼 실현 불가능하게 할 뿐인 것이다.

『겨울골짜기』에는 당시의 좌우익 이데올로기, 우리 표현에 따르자면, 상상적 동일시의 틀과 끊임없이 고투하는 인물이 있다. 하나는 김익수이고 다른 하나는 문한득의 어머니 실매댁이다. 김익수는 숭고한 열정을 숭배하는 사회주의자들로부터 지속적인 학대를 당하지만 그러면서도 그 숭고를 근간으로 하는 이데올로기가 얼마나 비민중적이며 비현실적인가를 끊임없이 웅얼거린다.

> 나는 군관 자격이 없소. 전사로서도 자격이 없구. 한마디로 나는 평화주의
> 자요. 나는 군대를 증오하오. 군대 조직과 통솔방법을 볼작시면 인간을 가축
> 이하로 학대하는 걸 원칙으로 삼고 있소. 전쟁이란 폭력 행사이기에 군대 역
> 시 인간을 무작하게 다루는 쪽으로만 연구가 발달되어 온 거요. 동무도 보다
> 시피 군대란 살상을 위한 절대 복종의 명령과 야만적인 혹독한 훈련을 신조
> 로 삼고 있소. 군대란 전사를 얼마만큼 용맹하고 잔인한 짐승으로 길러 내느
> 냐에 달린 겁니다. 전쟁의 속성이 비도적인 무력으로 치러지니깐 조직 역시
> 개개인에게 인간다운 대접을 해주면 허약한 집단이 되니, 그 이치 또한 묘하
> 지 않아요. (58면)

> "…… 열아, 네가 어른이 되어 내 나이쯤 되었을 때, 그날에는 이 삼천리 반
> 도에 평화의 비둘기가 날까. 어둠이 그치고 솟는 해처럼 통일의 기쁨으로 충
> 만할까. 우리 세대가 죽어 그런 날이 온다면, 진정한 자유, 참된 민주주의 세
> 상이 될까……." 김익수가 떨며 술 취한 듯한 소리로 중얼거렸다. 그는 곱은
> 손을 입김으로 녹여, 몽당연필로 수첩에 일기를 기록하며 입속말을 읊었다.
> (336면)

물론 김익수의 웅얼거림은 멀리 퍼지지 못한다. 비아냥거리가
되기가 일쑤이고 심지어는 가혹한 처벌의 계기가 되기도 한다. 김
익수에게 호의적인 시선을 보이고 있는 문한득에게마저도 그 목
소리는 전달되지 않는다. 그러나 그는 끊임없이 기록하고 웅얼거
리고 다른 시선을 유지하고 비판한다. 당시의 상상적 동일시의 틀
이 얼마나 비현실적이고 민중과의 염원과 거리가 먼지를 지속적
으로 측량하고 보다 진정한 길을 모색한다.

김익수의 웅얼거림이 지성을 매개로 한 것이라면 문한득 어머니

실매댁의 탈영토화 의지는 본능에 충실한 것이다. 문한득 어머니 실매댁의 유일한 욕망은 아들 문한득을 보는 것이다. 이 순진하고 도 당연한 욕망 앞에 당시의 상상적 동일시의 틀은 여지없이 의미 없는 것으로, 그리고 폭력적인 것으로 전락한다. 아무리 많은 사람 이 동의한들, 그리고 그것이 역사적 발전의 축적물이라고 말해진 들, 어머니의 아들의 향한 애정 앞에서는 아무런 설득력도 지니지 못한다. 그 결과 당대의 상상적 동일시의 틀은 실매댁의 모정 앞에 서 폭력적인 인과율임이 여지없이 증명되고 또한 부정된다.

『겨울골짜기』는 당시의 두 상상적 동일시의 틀이 잔혹한 폭력 을 가져왔다고 파악했듯이 그것을 넘어설 수 있는 길 역시 상상적 동일시의 틀과 관련 속에서 찾는다. 즉 상상적 동일시의 틀은 견 고하지만 그것을 넘어선 보다 진정한 가치에 대한 열정을 버리지 않을 경우 인간은 이데올로기가 만들어낸 괴물로부터 벗어난 인 간적 자존을 지닌 삶으로 되돌아올 수 있다고 이데올로기의 폭력 으로부터 벗어날 수 있다고 말하는 것이다. 그리고 다음의 장면을 통해 인간이 인간다움을 회복할 수 있는 길을 암시하기도 한다.

"하늘이 이 애를 도왔당가? 당신이야말로 참말 운수 대통해뿌렀제잉. 두고 두고 이 아들에게 말이여, 감사해야 할 것이여." 세 사병 중 계급으로 보나 나잇살로 보아 윗길인 이등중사짜리가 뻥시레 웃으며 말했다. "오늘 겉은 합 동 제삿날에 사내자식이 태어났응께롱, 이 기적으로 말하문 하늘이 내린 경 사여. 이 애기를 츠음 본 우리 셋 명줄도 전쟁 끝날 때꺼정 하늘이 지켜 줄 것이여. 내 말이 어떻다냐?" …… 문한돌이 짐작컨대 이등중사 나이는 서른쯤 이었고 말하는 폼이 처자식을 두고 군에 나온 듯했다. 종님이 엄마가 이마 앞 에 어지러이 흘러내린 머리카락을 거두곤 군인들에게 점직하게, 고맙다고 말

했다. 그네는 숟가락을 들다 말고 구석에 앉아 있는 두 아이 쪽에 눈을 주었
다. …… 종남이엄마가 느린 숟가락질로 국밥을 먹자, 이등중사는, 많이 드시
오 하며 그네에게 너그러운 눈길을 보냈다. (401~402면)

　　새롭게 태어난 생명을 앞에 둔 자연 상태로의 복귀는 가해자 /
피해자, 우익 / 좌익, 지배자 / 민중의 관계를 순식간에 이렇게 하나
의 친밀한 관계로 묶어놓는다. 그렇다면 이제『겨울골짜기』가 말
하고자 하는 바가 분명해진다.『겨울골짜기』는 상상적 동일시의
틀이 지닌 폭력성을 고발하는 데서 시작해서 결국은 그것을 넘어
설 수 있는 가능성까지 나아간다. 그리고 그 가능성으로 인간 깊
숙한 곳에 남아 있는 자연 상태를 회복하는 것에서 찾는다. 상상
적 동일시의 감옥에 갇혀 보지 못하는 자유, 고향에 대한 그리움,
열정, 본능, 사랑, 개성, 비교 불가능한 가치 등의 회복만이 전쟁
을, 전쟁의 광기로부터 인간을 구원해줄 수 있다는 것, 이것이『겨
울골짜기』의 주제인 셈이다.

　　하지만 이 성찰이 전쟁 속의 인간에게만 의미 있는 지표일 수
는 없다. 현재의 우리 또한 전쟁의 상황처럼 극단적인 상황은 아
니지만 상상적 동일시의 틀에 갇혀 이데올로기의 괴물, 혹은 문명
의 기계로 전락한 상태이기 때문이며, 이것이 어떤 우연적인 계기
의 의해 극단적인 상황으로 전화할 경우 그것은 광기의 전쟁으로
이어질 수도 있기 때문이다. 따라서 우리에게 필요한 것은 상상적
동일시의 틀을 깨고 그 외의 것을 보고 느끼고 자기화하는 것이
며,『겨울골짜기』는 충격적이고 전율적인 전쟁의 장면을 통해 이
러한 진리를 구체적이고 감동적으로 전하고 있는 셈이다.『겨울골

짜기』는 거창사건이라는 과거의 예외적인 사건을 다루고 있지만 그것은 현재적 의미로 충만한 과거이며, 또한 그 사건을 통해 제시되는 성찰은 놀라우리만치 현대적이며 보편적이다. 이것이야말로 『겨울골짜기』가 문제적인 소설인 참된 이유이다.

자유라는 이율배반
이청준의 『자유의 문』

1. 이청준 소설과 원체험

이청준은 분명 해방 이후 한국소설사에 한 높은 봉우리에 해당하는 작가임에 틀림없지만, 의외에도 이청준의 개별 작품에 대한 작품론은 그리 많지 않다. 이것은 물론 이청준의 작품 중에 의미 있는 작품이 드물기 때문은 아닐 터이다. 아니, 오히려 이청준만큼 줄곧 문제적인 작품을 거듭 내놓고 있는 작가도 드물다고 해야 정확한 표현일 것이다. 「병신과 머저리」, 『소문의 벽』, 「이어도」, 『당신들의 천국』, 『잃어버린 말을 찾아서』 연작, 『비화밀교』, 『키 작은 자유인』 연작, 『흰옷』 등 몇 작품만 꼽아보더라도, 이청준은 어느 작가에 뒤지지 않을 정도의 수준 높은 작품을 지속적으로 발표해왔으며 동시에 이 소설들이 하나같이 우리 소설 발전에 중요한 계기로 작용하고 있음을 쉽게 확인할 수 있다. 그럼에도 불구하고 이청준의 작품에 대한 치밀한 분석이 가해진 글을 찾기란 쉽지 않다.

여기에는 여러 가지 이유가 있겠지만, 가장 중요한 이유는 이청준 개개의 작품이 치밀한 소설적 분석을 거부한다는 점에 있을 터이다. 작품론이란 작품의 구조를 규율하는 작가의 구성적 원리를 포착할 수 있을 때, 그리고 그 작품 이후 그 작가의 진행이 어디로 향할 것인가를 가늠할 수 있을 때, 쉽게 씌어질 수 있는 글쓰기의 형태이다. 다시 말해 작품론이란 개별 작품의 사실 내용(Sachgehalt)을 확정하는 것뿐만 아니라 그 작가의 전체 작품을 관류하는 진리내용(Wahrheitsgehalt)을 포착할 수 있을 때 매혹적으로 다가오는 글쓰기의 형태인 셈이다. 그럴 때라야만 작품론을 통해 작가와 독자 사이를 매개하며, 또한 작가의 진리내용을 통해 자신이 내밀하게 모색하는 진리내용을 결합시키고자 하는 욕망을 충족시킬 수 있는 것이다. 그러나 이청준의 작품들은 비평가의 이러한 내밀한 욕망을 충족시키지 않는다. 이청준의 소설이 어느 시기에도 한 곳에 머물지 않기 때문이다. 이청준의 어느 소설에서 이청준만의 독특한 분위기에 흠뻑 빠져들다, 겨우 이청준의 모든 소설을 꿰뚫는 진리내용이 손에 잡힐 듯 하는 순간, 이청준의 소설은 어느새 그 세계를 부정하고 다른 곳에 가 있다. 이러한 이청준의 소설의 특성에 대해 한 비평가는 이청준과 같은 시대에 살고 있는 것이 무섭고도 즐겁다[1]고 표현한 바 있거니와 이청준의 작품에 대한 작품론이 상대적으로 빈약한 것은 이러한 이청준의 작가적 특성과 무관하지 않을 것이다.

비교적 최근의 작품 『자유의 문』[2]을 논하기에 앞서, 이청준의 개개의 작품에 대한 평가에는 상당한 어려움이 따른다는 전제를 덧붙인 것은, 다음의 사실을 분명히 하기 위함이다. 이청준의 작품은 한 곳에 머물러 있지 않으며 끝없는 자기 부정과 치열한 자기 모색의 과정에 놓여 있다는 것, 따라서 이청준의 소설을 이해하기 위해서는 그 소설이 거듭 행하고 있는 거대하고도 역동적인 변화의 도정 중 어디에 위치해 있는가를 판별해내야 한다는 것. 『자유의 문』 역시 예외일 수는 없다. 하여, 『자유의 문』을 정확히 이해하기 위해서는 먼저 이 작품이 이청준의 소설 전반이 그려내는 역동적이며 나선형적인 궤적의 어디쯤에 위치해 있는가를 가늠해보는 것이 필요하다. 이 작업이 이루어지지 않고는 『자유의 문』이라는 거대한 성에 들어설 입구를 찾을 수 없을뿐더러 입구를 찾았다 하더라도 『자유의 문』이라는 성에 은밀하게 숨겨져 있는 진리내용을 찾을 수 없기 때문이다.

이를 위해 우선 이청준 소설의 걸어온 길을 간략하게 살펴보기로 하자. 이청준이 고집스럽게 모색하고 있는 작가적 이념과 방법을 찾아내기 위해서는 일단 작가 이청준의 원체험에 주목할 필요가 있다. 이청준은 흔히 4·19세대로 일컬어진다. 그러나 다른 4·19세대의 작가와 마찬가지로, 4·19라는 질풍노도와 같은 역사적 경험이 이청준의 세상을 보는 눈을 모두 결정지은 것은 아니다.

---

1) 김현, 『전체에 대한 통찰』, 나남, 1990, 355면.
2) 이청준, 『자유의 문』, 나남, 1989. 앞으로 이 작품의 인용은 인용 면수만 표시.

아니, 이청준을 위시한 4·19세대의 세계를 반영하는 동시에 예측하며 기록하는 동시에 구성하고 계획하는 인식틀은 대학 초년 시절 경험한 4·19에 의해서가 아니라 4·19 이전의 경험에 의해 정립되었다고 해야 보다 정확한 표현일 것이다. 이청준은 자신만의 고유한 영혼이나 진리를 통해 타인이 만들어놓은 실존의 심연을 넘어서서 자기 스스로의 지성을 사용하는 성인의 상태에 이르기까지 해방 직후의 혼란스러운 상황, 그리고 차례로 6·25전쟁을 체험한다. 이청준이 세상사의 이면을 알 수 없는 시기에 경험한 여러 사건은 너무도 믿어지지 않는 것이어서 마치 수수께끼와도 같은 것이었는지도 모른다. 이청준의 작품에 반복되어 나타나는 전짓불 모티브는 바로 이러한 사정을 잘 말해준다. 어둠 속에서 오직 나만을 분명히 드러낸 채 상대방은 나의 정체를 묻고, 나는 내가 누구인지를 솔직하게 말할 수 없다. 상대방의 정체를 모르기 때문이며, 자칫 잘못 이야기했다간 나뿐만 아니라 전 가족이 몰살당할 수 있는 상황, 달리 표현하면 당연히 인정받아야 마땅한 나의 솔직함이 통용되지 않는 그런 절대절명의 공포를 이청준은 경험했던 것이다. 이청준은 삶의 최대한의 풍경이라고 일컬어지는 바로 그 유년기에 한 개인의 진정성은 물론 생존권마저 불가능하게 하는 광기의 질서 혹은 광기의 이성을 목격한 셈이거니와, 이청준은 이 마성적인 경험을 통해 인간을 기호화, 수단화할 가능성이 농후한 모든 질서와 이성들에 대한 부정의지를 배우게 된다. 즉 이청준은 인간이나 사물을 적이나 지지기반으로서만 인식할 개연성이 높은 이성, 혹은 전체에의 의지가 한 이성을 광기로 이끌어 가는 중요한 계기로 인지하며, 이러한 전체에의 의지에 대한 부정의지는 이청준 소설의 가장 궁극적인 구성원리로 자리잡는다.

　가능성의 세계와 현실의 세계는 하나일 수 있다는 긍정적인 얼굴과 이상은 반드시 보복을 받는다는 부정적인 얼굴[3]을 가졌다고 평가되는 4·19에 대해서도 이청준은 다른 시각으로 접근한다. 이청준은 4·19라는 그 거대한 사건이 결국 각 개인의 치열하고 올바른 열정이 쌓이고 쌓여서 발생한 역사적 사건이며 4·19의 주체가 내세운 이념이 과연 인간이나 사물의 본질적 가치를 존중한 환상체계인가고 묻는다.[4] 그리고 이청준은 이후의 역사적 사건이나 사회적 변화에 대해서도 이러한 시선으로 기록하고 예측한다. 5·16, 산업화와 도시화 등에 이청준은 주목하는바, 이청준은 이러한 사회적 변화들이란 모두가 각 인간의 고유한 질을 등가화(equivalence)시켜 결국은 인간을 하나의 큰 체계 속에 기호로 편입시키는 계기로 읽어낸다. 게다가 이청준은 어쩔 수 없이 자신에게 모든 것을 헌신했던 어머니와 자신의 삶의 뿌리였던 고향을 뒤로 해야 했으며, 때로는 자신의 어머니와 고향에 대한 기억을 무의미한 것으로 받아들이는 자신의 사유 속에서 모든 가치를 하나의 가치로 환원시키는 전지구적 자본주의 논리가 스며들어 있음을 확인하고 전율하거나 죄의식을 느끼기도 한다. 한마디로 이청준은 작가적 자의식을 형성하기까지 경험한 여러 사건을 통해 지금, 이곳의 세계를 '질주하는 현실의 논리와 무의 상태로 전락하는 인간의 자기 활동

---

3) 김현, 「60년대 문학의 배경과 성과」, 『분석과 해석』, 문학과지성사, 1988, 250면.
4) 이청준이 4·19를 직접적으로 그려낸 소설은 잘 보이지 않는다. 다만 간접적인 방식을 그 사건의 의미를 드러내고자 한 경우는 있는데, 예컨대 「교통사고」는 4·19가 과연 모두의 자발성이 개입되어 발생한 사건인가에 대해서 회의적인 시선을 던지고 있다.

성'이라는 기준으로 반영하고 기획한다.

이러한 전율스럽고도 마성적인 경험은 이청준을 문학으로, 구체적으로는 소설로 향하게 한다.[5] 이청준이 나름대로의 자의식을 형성하기까지 경험해야 했던 온갖 사건들이 그를 소설로 이끈 것이다. 자신이 경험했던 불가해한 상황을 올바로 조명해내지 않고는 이청준의 삶이란 타자가 만들어놓은 실존의 심연에 자신의 삶을 무의미하게 내맡기는 죽음과도 같은 삶에 지나지 않을 것이었다. 이청준에게 엄청난 공포와 전율을 안겨주었던 폭력적인 현실은 오히려 역사적 발전이나 근대화를 절대선으로 위장한 채 자신의 음험한 음모를 사회의 전 영역으로 확장시키고 있었고, 그러한 사회의 흐름 속에서 이청준은 자신이 실제로 경험했던 공포나 전율은 없었던 것으로, 혹은 아무런 의미도 없는 것으로 전락할 상황에 직면했던 것이다. 이청준은 자신의 삶이 무화되는 절대적인 공포감을 이겨내고 자신의 존재증명[6]을 위해, 그리고 개인의 진정성을 인정하지 않는 거대한 질서란 광기의 현실로 치달을 것이라는 자신만의 진리를 증명하기 위해, 힘겨운 용기와 결단을 내려야 했고 또 그만큼의 쟁투와 모험을 감행해야 했다. 이청준이 이 힘

---

5) 4·19세대의 체험을 문학주의와 연결시키고자 한 것으로는 김윤식, 「未白의 사상 또는 이청준의 글쓰기의 기원에 대하여」, 『작가세계』, 1992년 가을호 참조
6) 헤겔은 주인과 노예의 관계를 논하는 자리에서, 노예에게 이성·또는 진리로 다가설 수 있는 가능성을 부여한 바 있는데, 그 이유로 노예가 행하는 노동을 설정한다. 그러나 헤겔은 노예가 처음에 경험한 절대적인 공포감을 저버린다면 노예가 지향하는 의식은 허황된 아집 이상이 될 수 없을 것이라 규정한다(헤겔, 임석진 역, 『정신현상학』 1, 지식산업사, 1989, 256~271면). 작가 이청준이 그처럼 지속적으로 진리를 향한 치열한 자기 모색을 거듭할 수 있는 근본적인 이유의 하나도 바로 역사에 의해 형성된 절대적인 공포감과 그로 인한 부정성에 있다고 할 수 있다.

겨운 쟁투를 위해 문학, 좁게는 소설을 선택한 것은 오히려 당연하다. 전짓불을 비춘 타자와 그 전짓불에 떨어야 했던 나의 관계를 올바르게 드러낼 수 있는, 즉 주객과 객관 또는 보편성과 개별성을 매개할 수 있는 유일한 것이란 바로 문학[7]이며 문학 중에서도 소설이라는 양식이겠기 때문이다. 이 순간 이청준에게 문학이란 곧 유일한 삶의 방편이며 동시에 자신만의 진리를 드러낼 수 있는 유일한 형식이다. 그렇게 이청준의 원체험은 이청준을 문학으로 이끌며 동시에 절대와 상대, 사회와 개인, 당위와 현실, 자유와 평등의 관계규명이라는 이청준 소설의 주제를 궁극적으로 규율한다.

따라서 이청준의 소설은 이 원체험으로 형성된 주제, 즉 외부현실의 발전과 개인의 주체성과의 관계규명과 올바른 관계 정립을 모색하는 과정으로 전개된다. 이청준의 문학은 우선 환부를 알 수 없는 상처 때문에 몸부림치는 지식인의 삶(「병신과 머저리」)에서 일단 빛을 발한 바 있다. 이청준은 곧 그 아픔의 실체를 전짓불의 환상(『소문의 벽』)에서 발견하는데, 이 순간부터 이청준의 소설은 자기 정체성을 확보하며 앞서 설정한 그의 일관된 주제로 나아간다. 현실과 차단된 장인의 삶을 통해 완성된 개인을 모색하거나(「선학동 나그네」, 「줄」, 「과녁」, 「매잡이」 등), 나름대로 완성된 자기 세계를 가진 인물에 대해 환각에 가까운 동경을 보이는가(『제3의 현장』) 하면, 글쓰기 자체를 현실에 대한 복수작업이라 규정하고 세상을 지배하는 논리의 허구성을 파헤치고 결국은 용서와 화해라는 방법

---

7) 예술에 대한 이러한 규정에 대해서는 루카치, 홍승용 역, 『미학서설』, 실천문학사, 1987 참조

을 제시하기도 한다(『잃어버린 말을 찾아서』 연작, 『비화밀교』). 그런가 하면 용서와 화해를 스스로 부정하고 사회적 발전과 인간의 자발성 또는 평등과 자유의 관계를 모색하고(『당신들의 천국』), 또 절대적인 것에 개인의 삶의 기탁하기도 한다(『낮은 데로 임하소서』, 「이제 우리들의 잔을」, 『인간인』 등). 그리고 1990년대 들어서는 구체적이고 실제적인 역사의 현장 속에서 맹목적으로 질주하는 광기의 질서나 이성이 보이는 폭력성을 제시하는 한편 이 광기의 지성에 맞서 진정으로 자율의지와 인륜성을 유지하는, 평범하지만 진정으로 인간적인 삶을 살았던 인물들에 주목한다(『키작은 자유인』, 「가해자의 얼굴」).

　이청준의 작품이 어디에서 왔고 어디로 향할 것인가 하는 것은 두고두고 따져보아야 할 문제이다. 그러나 이청준이 자신이 유년·소년기에 경험을 통해 부여받은 문제를 지속적으로 해결하고자 한다는 사실만은 분명하게 지적할 수 있다. 『자유의 문』은 바로 이러한 작가 이청준의 일관된 문제의식의 연장선상에 있다. 사회를 움직이는 논리와 개인의 주체성의 관계는 어떠해야 하는가, 작가 이청준이 평생토록 걸머지고 나온 이 주제가 『자유의 문』에서도 역시 핵심적인 서사원리로 자리하고 있다. 과연 『자유의 문』에서는 이 주제가 어떻게 모색되고 있는가. 본고는 바로 이 질문에서 출발한다.

2. 현실의 알레고리화, 또는 추리소설적 세계인식

『자유의 문』은 이청준의 다른 소설과는 달리 무척 재미있게, 그리고 빨리 읽힌다. 『자유의 문』이 주는 읽는 즐거움은 일단 이 소설이 택하고 있는 추리소설적 구성에서 연유한다. 그러나 『자유의 문』에서 취한 추리소설적 구성은 이청준이 갑자기 재미를 추구하고 있다든가, 아니면 새로운 구성방식을 기획하고 있다든가 하는 것을 의미하지는 않는다. 오히려 이제까지 이청준의 소설이 자신의 주제를 형상화하기 위해 모색했던 방법들이 이제는 어떤 경지 혹은 정점에 이르렀음을 보여주는 구체적인 증거라 할 수 있다.

이청준은 자신만의 일관된 창작방법을 유지하고 있는 작가이다. 바로 추리소설적 구성이다. 이청준의 소설은 대개가 "왕이 죽고, 슬퍼서 왕비가 죽었다"라는 선조적 구성방식 대신에 "왕비가 죽었다. 왜냐하면 왕이 죽었기 때문이다"라는 구성방식을 취하고 있다. 이러한 이청준의 추리소설적 구성방식은 그의 잘 알려진 몇몇 작품만 보아도 쉽게 확인할 수 있다.

> 화폭은 이 며칠 동안 조금도 메워지지 못한 채 넓게 나를 압도하고 있었다. 학생들이 돌아간 버린 화실은 조용해져 있었다. 나는 새 담배에 불을 붙였다.
> 형이 소설을 쓴다는 기이한 일은, 달포전 그의 칼 끝이 열살배기 소녀의 육신으로부터 그 영혼을 후벼내 버린 사건과 깊이 관계가 되고 있는 듯했다.
> —「병신과 머저리」

— 柳宗悅 遺作寫眞展.

80년 9월 19일부터 23일까지

신문회관 전시실

퇴근 준비를 끝내고 나서 나는 다시 한번 전시회 날짜와 시간을 확인해 본다.

며칠 동안 기다리고 별러 온 일이다.

—「시간의 문」

　이런 서두를 통해 이청준의 소설은 어느 한쪽의 논리를 대변하는 나와 또 다른 논리를 구현하는 타자를 설정한다. 그리고 소설은 막바로 왜 이런 일이 발생했으며, 나와 타자의 관계를 첨예하게 드러낼 수 있는 몇몇 에피소드들을 서술한다. 즉 이청준의 소설 중 많은 소설들은 소설적 시간이 미래를 향해 선조적으로 진행되는 것이 아니라 과거로 거슬러간다. 물론 현재의 일상사에 대한 서술이나 시간의 선조적 진행이 없는 것은 아니지만 이는 단지 과거의 시간을 재구성하기 위한 여정일 뿐, 그의 소설에서 별다른 의미를 지니지 못한다.

　그리고 소설에 등장하는 인물 또한 철저히 제한된다. 즉 나와 타자만이 있다. 나머지의 부수적인 인물들은 단지 나와 타자의 이념과 지향점을 분명히 하기 위한 기호로만 작용할 뿐, 그 인물의 개성이라든가 자기 정체성은 애초부터 설정되지 않는다. 그 결과 그의 소설들은 발전하는 입체적 인물이란 찾아보기 힘들며, 각 인물들의 삶을 구성하기 마련인 일상적인 생활 또한 전혀 묘사되지 않는다. 즉 이청준은 성격과 환경에 대한 세부적 묘사의 진실성에 그리 큰 의미를 부여하지 않는다. 또한 "왕비가 죽은 것은 왕이 죽었기 때문이다"라는 구성법을 취하면서도 왕비가 죽은 이유로 왕의 죽음만이 근거로 선택되고 제시될 뿐, 각 인물들의 삶에 작용하는 여러 목소리를 찾아볼 수 없다. 다시 말해 그의 소설은 다성적인 목소리에 의해서 세계의 다양한 삶이 감싸안아지는 것이 아니라, 작가의 목소리만을 대변하는 인물들만이 등장하는 것이다.

이러한 소설문법 상의 특징으로 인해 이청준의 소설들은 필연적으로 현실을 알레고리[8]적으로 재현하게 된다. 이청준은 특수를 통해 보편으로 나아가는 것이 아니라 보편을 위해 특수를 찾아나선다. 이청준은 먼저 말하고자 하는 개념을 확정하고 난 후 그 개념에 합당한 성격이나 환경 등을 찾아나서며, 그 결과 각각의 인물과 환경은 이청준이 설정한 개념을 전달하기 위한 기호들로서만 작용한다. 즉 이청준은 현실을 알레고리적으로 읽어내며 또한 알레고리를 통해 현실을 표현한다. 그 결과 이청준의 소설에서는 일상적인 가치가 수없이 전복된다. 죽음은 곧 생성이고 생성은 곧 죽음이며, 현실에서 각자가 누리는 자유는 곧 예속이며 어딘가에 묶여 있는 예속은 곧 자유이다. 이청준은 이처럼 기존에 존재하는 진리나 인식틀을 부정하거나 아니면 전도된 시선으로 읽어낸다. 이청준은 현재를 살아가는 인간들의 삶을 구성하는 현실적인 요소, 그리고 현재의 인간들이 매달리는 현재적 욕망들을 걷어내고 이청준 자신이 설정한 궁극적인 본질을 통해서만 파악한다. 그렇게 이청준은 절대성와 상대성, 복수와 용서, 당위와 현실 등등 대립된 쌍의 현존형식과 의미 있는 병존 형식을 모색한다. 이러한 관점에 비추어본다는 인간의 삶을 구성하는 중요한 대립쌍을 대변하는 제한된 인물을 설정하고 그 인물의 특성을 드러내기 위해

---

8) 황현산, 「정지된 세계의 알레고리」, 『현대소설』, 1990년 봄호

필수적인 사건만으로 서술해가는 이청준의 추리소설적 구성방식은 이청준의 지속적인 문제의식에 가장 적합한 창작방법이라 해도 과언은 아니다. 이청준의 소설에 자주 사용되는 고백체, 액자소설 등도 바로 이러한 것과 연관되어 있음은 물론이다.

이러한 점을 감안한다면 『자유의 문』에서 보이는 추리소설적 구성은 이청준이 제시하고자 하는 주제를 가장 집약적으로 보여줄 수 있는 완성된 형태에 속한다. 이청준이 『자유의 문』에서 제시하고자 하는 바는 주관과 객관, 당위와 현실, 본질과 현상, 전체에의 의지과 부분의 진실 사이를 각기 완벽한 체계로 묶어 세운 이데올로기의 폭력성이다. 『자유의 문』에 따르면 현존하는 특정의 이데올로기는 나름대로의 완벽한 체계를 통하여 주관과 객관, 본질과 현상을 통일적인 인과율로 병존시켜 인간의 세계 내적 위치를 지시해줄 뿐만 아니라 인간의 자기 활동성이 작용한 공간을 만들어주는 중요한 계기임에 틀림없다는 것이다. 그러나 한때 이 인과율이 선한 의지를 지녔다 하더라도 또 이곳에 존재하는 인간의 삶을 풍부하게 하는 긍정적인 얼굴을 지녔다 하더라도, 만약 그 인과율을 절대화하는 순간 그것은 비록 완벽한 체계를 이루고 있다고 하더라도 광기의 이성에 불과하다는 것. 『자유의 문』이 말하고자 하는 바는 바로 이것이다.

『자유의 문』의 추리소설적 구성은 이러한 주제를 표현하는 아주 효율적인 방식임에 틀림없다. 추리소설이란 결국 양극단의 인물 또는 기호가 가장 완성된 형식으로 대결하는 공간이라 할 수 있다. 추리소설이란 진실을 밝히려는 자와 그것을 감추려는 자와의 머리싸움이다. 추리소설의 흥미진진함을 유지하기 위해서 이 양축의 대결은 어떤 의미에서는 모든 것을 뚫을 수 있는 창과 모든 것을 막을 수 있는 방패라는 모순된 관계일 필요가 있다. 진실을 숨기려는 자 즉 범인은 완전범죄를 위해서 허점이 없어야 한다. 만약 그 허점이 노출되어 독자에게 범인이 쉽게 노출되면, 추리소설의 흥미는 애초에 사라진다. 또 진실을 밝히려는 자는 그 허점없는 공간을 비집고 들어가야 한다. 독자들이 눈치챌 수 없는 정황 속에서 범인의 허점을 찾아내고 승리해야만 하는 것이다. 『자유의 문』에서 그려지는 진실을 감추려는 자와 진실을 찾으려는 자의 대결은 곧 자신만의 체계로 본질과 현상의 병존 형식을 독점하려는 기존의 보편성과 기존의 보편성이 포착하지 못한 현실적 내용을 통해 기존의 보편성을 부정하고 새로운 보편성을 찾으려는 노력과 유비된다. 그래서 진실을 찾으려는 자와 진실을 감추려는 자와의 숨막히는 대결 속에서 하나하나 진실이 드러나는 과정은 곧 권력화된 인과율의 압제를 이겨내고 새로운 보편성을 정립하는 사유의 과정으로 치환된다.

이처럼 『자유의 문』의 세부적인 것과 중심적인 것, 인물과 인물, 묘사와 서사에 통일적으로 묶어내는 추리소설적 구성은 이청준이 자신의 주제를 드러내는 방법으로선 가장 적합하며, 동시에 가장 완성된 형태이다. 따라서 이 소설의 구성하는 기호의 한 축이 추리소설작가로 설정되어 있다는 점과 이 소설의 서두가 다음과 같이 시작된다는 사실은 의미심장하다.

　발길을 막 옮겨 디디려던 노인의 눈길 속에 골짜기 아래 쪽으로부터 얼핏 조그만 움직임 같은 것이 스쳐왔다. 그러자 노인은 다시 발길을 멈추고 무엇인가 새로운 예감에 사로잡힌 듯 급히 골짜기 쪽으로 눈길을 꽂아 내렸다. 그간의 침묵과 외로움이 그토록 답답하고 깊었기 때문일까. 그리고 사람의 모습과 사람의 말이 그토록 가려져 온 때문일까. 순간, 그러는 노인의 눈길 속엔 어떤 주체할 수 없는 희열의 빛이 타올랐다. …… 그 움직임이 지호지간의 거리까지 다가와 젊고 건장한 한 사내의 모습으로 드러나기 시작했을 때, 노인의 얼굴에선 차츰 그 기쁨과 반가움의 빛이 외려 믿을 수 없을만큼 빠른 속도로 당혹스러움과 의혹의 빛으로 바뀌어 가고 있었다. (15~16면)

그리고 진실을 감추려는 자들이 애초부터 그 원적조차 파기한 인물로 설정된 것도 바로 이러한 사정과 관련이 깊다. 다만 추리소설과 한가지 구분되는 것은 진실을 밝히려는 자들이 애초부터 승산 없는 싸움을 시작하고 있다는 점이다. 그러나 이러한 구성은 이청준의 흠집을 이루지는 않는다. 오히려 이러한 특성으로 인하여 이 소설은 일반 추리소설과 소매를 나누고 문제성을 획득할 뿐 아니라 바로 이 지점에 작가의 주제의식이 웅숭깊게 꿈틀거리고 있기 때문이다.

3. 절대선, 광기의 이면

『자유의 문』은 앞서 이야기했듯 대립관계에 놓여 있는 두 기호 간의 싸움이다. 이 싸움은 각각의 기호들이 자신의 전생애를 걸어 놓은 것이어서 숨막힐 정도의 긴장감을 동반한다. 그러나 이 양축의 대결이 이처럼 숨막히는 긴장감을 획득할 수 있는 있었던 것은 대결의 주체들이 육체적이고 물리적인 의미에서의 죽음을 건 승부를 벌이고 있다는 것에만 있지는 않다. 이 긴장감은 『자유의 문』이라는 제목 자체가 주는 상징성과 관련이 깊다. 『자유의 문』이라는 세계를 구성하는 양축은 앞서 이야기했듯 진실을 숨기려는 자와 감추려는 자이다. 이러한 대결은 긴장감은 줄 수 있어도 숨막히게 할 수는 없다. 이 싸움이 숨막히는 긴장감을 동반할 수 있는 곳은 그들이 싸우는 장소가 쉽게 넘나들 수 있는 문턱이기 때문이다. 이들 중 어느 하나가 자신을 포기하면 이 양축은 쉽게 화해할 수 있다. 자신쪽을 향한 문으로 상대방이 들어설 수 있도록 문은 열려 있으며 상대방 또한 자신의 입장 쪽으로 끌어들이려는 것이지 결코 상대방의 죽음을 원하는 것은 아니다. 그럼에도 불구하고 양축은 대결을 중단하지 않는데, 그것은 이 양 대립축이 상대방의 문으로 넘어간다는 것을 곧 자신의 존재근거를 잃는 것으로 판단하기 때문이다. 즉 이 문이란 현상과 본질, 이승과 저승, 현실과 이상, 에센스와 환각, 드러냄과 감추기가 교차되는 곳9)이어서, 이 문을 마주놓고 벌이는 대결은 한쪽이 다른 쪽으로 넘어설 경우 그 쪽은 삶의 근거도 존재 자체도 사라지게 되는 것이다.

결국 『자유의 문』은 이 양축이 모든 것에 대해서 처음부터 끝까지 대립하는 양상을 보인다. 직접적인 대결의 당사자는 인적이 드문 산을 지키는 이제는 노인이 된 백상도와 추리소설 작가 주영섭이다. 물론 이 소설에 이 둘만이 등장하는 것은 아니다. 권력의 핵

---

9) 김윤식, 「제2회 이산문학상 소설부문 심사평」, 『문학과 사회』, 1990년 가을호, 1324면.

심에 있는 인물의 집을 털다 붙잡혀 무기징역을 선고받고 항소를 포기하는 최병진, 부두노동자의 모든 일을 해결해주다 갑작스레 자살하는 유민혁, 최병진의 배후를 알고자 했던 잡지기자 양진호, 최병진과 유민혁의 실체를 찾고자 했던 형사 구서룡 등이 등장하기는 한다. 그러나 이들은 백상도와 주영섭의 대결을 예비하는 보조적인 인물들이다. 즉 백상도와 주영섭의 전면적인 대결을 유도하기 위한 전경으로 등장하는 것이다. 주영섭은 최병진과 유민혁을 경험하면서 백상도 노인의 지향점을 알고 있는 상태이고, 백상도 노인은 양진호와 구서룡을 통해 주영섭이 알고자 하는 바를 이미 예견하고 있는 셈이다. 이처럼 각자가 지향하는 축의 가장 높은 자리에 위치해 있는 인물들이 대결을 벌이는 것이 바로 『자유의 문』의 주된 내용이다.

『자유의 문』의 표면적인 대립은 진실을 밝히려는 자와 진실을 감추려는 자의 대결이다. 전자에 주영섭이 위치하고 후자에 백상도가 위치한다. 그러나 이 대결은 대등한 위치에서 이루어지는 싸움은 아니다. 양진호, 구서룡이 그러했듯 진실을 밝히려는 자는 자신의 목숨을 건 행위이기 때문이다. 그러니까 이 대결은 주영섭과 백상도가 주영섭의 목숨을 담보로 하는 싸움이다. 주영섭이 싸움에서 얻을 수 있는 것은 단지 진실을 밝히는 것, 곧 자신의 소설을 완성하는 것이고, 백상도는 작품의 결말이 그러하듯 진실을 밝혀주고도 주영섭을 죽임으로써 진실을 다시 감출 수 있는 그런 싸움인 것이다.

이 대목에 이르면 우리는 백상도와 주영섭의 대결에 놓여 있는 진실의 구체적인 내용이 무엇인가 하는 질문을 던질 필요가 있다.

이는 곧 이 소설의 참주제를 묻는 것에 다름 아니다. 그 진실이란 백상도 노인의 삶이다. 즉 그가 어떻게 살아왔고, 그러한 이념을 지녀왔으며, 왜 양진호와 구서룡을 깊은 산중으로 유인해 죽일 수밖에 없었는가 하는 것. 그 진실의 내용은 백상도의 고백을 통해서 하나하나 펼쳐지는데, 이것은 곧 『자유의 문』에서 작가 이청준이 제시하고자 하는 바와 동질적임은 물론이다.

백상도는 나이 스물셋에 "도륙과 아비규환의 북새통"(149면)인 전쟁에 참가한다. 그는 그 전쟁을 경험하면서, 구체적으로는 "뜻없는 줄죽음"(같은 곳)과 "억울한 불평의 소리 한마디 남길 틈이 없이 줄줄이 사신(死神)의 어두운 아가리 속으로 떠밀려 들어"(같은 곳)가는 전우들을 보면서, 그리고 이데올로기의 상쟁으로 인한 자기 가족들의 떼죽음과 그 과정 중에서 용케 살아있는 자기를 발견하면서, "그는 역시 생명의 주재자가 아니"(159면)라는 사실을 깨닫고 "큰 섭리"(같은 곳)에 대한 믿음을 가진다. 그리고 우연한 기회에 그의 삶을 절대적인 진리에 기탁하게 된다. 그리고 씨알 성서학교에 입학, 이어 〈밑강물 기도원〉이라는 비밀결사단체에 가입한다.

그곳의 계율은 '절대선'과 '실천선'. 구체적으로 말하자면 "세상 가운데서 주님의 사랑을 행하되, 스스로 비밀로 행해나가야 하"는 "드러내거나 대가를 구함이 없이 침묵속에 숨어 행하다가 주님 앞으로 가야 하"는 계율이다. 그래야만 "그의 사랑 또한 인간의 심판을 떠난 주님의 사랑의 역사, 그 절대의 섭리의 일부가 될 뿐더러, 그가 누릴 가장 은혜스런 보상"(169면)이 되기 때문이다. 따라서 자신의 이름을 버리고 새 이름을 부여받으며, 모든 행위를 증거하고자 해서도 안 되는, 그래서 그러한 절대선을 행하려는 비밀결사는 물론 자기 정체도 숨겨야 하는 삶을 산다. 그렇게 그는 그늘진 삶의 현장으로 찾아가 계율을 실천하던 중 불의의 사고를 만난다. 탄광 광부로 일하면서 그곳 사람들의 생활조건을 개선하기 위해 헌신하던 그는 어쩔 수 없이 극단적인 강구책을 마련하는데, 이것이 의외의 결과를 가져온다. 광부들의 생활상을 외부에 전달하기 위해 잡지기자를 청하고, 광부들의 생활을 절실하게 전달하기 위해 계획된 사고를 일으킨다. 사고는 의도와 다르게 커져 잡지기자가 죽고, 백상도는 죄의식에 빠진다. 그러나 계율은 선행뿐만 아니라 죄마저 증거해서는 안 되었기 때문이며, 그는 증거하고자 하는 욕망으로 인해 약해지는 믿음을 지키기 위해 세상을 등지고 산을 찾는다. 백상도의 삶엔 이제 실천선이 존재하지 않게 되고, 결국엔 "부질없는 계율과 이기적인 자기탐욕"(238면)만 남는다. 이기적인 자기 탐욕, 즉 증거하고 싶은 욕망에 양진호와 구서룡을 산 속으로 유인하고 계율을 지키기 위해 살인을 하게 된다. 말하자면 "사람들 불러들여 자신을 증거하고 그 욕망을 지우고 나선 그의 입을 다시 막아버리는 잔인스런 유인살인, 그것은 그의 인간적인 충동과 신앙의 계율을 교묘한 방법으로 타협지어 주고 있었"(236면)던 것이다.

이것이 백상도가 고백한 자신의 전체험, 또는 백상도와 주영섭이 서로 감추고 찾고자 하는 진실의 내용이다. 이쯤 되면 『자유의 문』에서 작가 이청준이 말하고자 하는 주제를 분명히 추출할 수 있다. 어떤 진실이 일단은 충분한 현실적 근거를 갖고 산출되었다 하더라도 그것의 현실적 근거가 사라지거나 그 진실의 참의미가 사라지면, 새롭게 부각되는 현상을 배제하고 억압하는 죽은 형식이 된다는 것이다. 이것이 바로 작가 이청준이 백상도의 "사랑과 믿음을 잃은 기도"(237면)와 그로 인한 왜곡된 삶을 통해 제시하고 하는 바라 할 수 있으니, 한마디로 목적을 잃은 합목적성이 필연적으로 만들어낼 수밖에 없는 광기, 이것이 『자유의 문』의 참주제인 것이다.

『자유의 문』의 이러한 주제는 작가 이청준 개인에 있어서나 우리 문학사에 값진 성찰에 해당한다. 먼저 작가 이청준에 국한시켜 보자. 이청준은 이제까지 작가 자신의 원체험으로 인해 모든 합목적성, 이상, 절대, 사회, 당위라는 범주를 권력에의 의지나 억압체계로 받아들였다고 할 수 있다. 다시 말해 목적을 상실한 합목적성에 대한 부정의지가 목적과 부합하지 않는 합목적성에 대해서가 아니라 합목적성 전체를 부정하는 계기가 되었던 것이다. 그 때문에 이청준은 주로 인간의 자기 활동성을 지금의 현실을 구성하는 사회적 내용이나 형식 바깥 혹은 일상적인 삶의 질서에서 이탈하는 존재들에서 구해 왔다. 전지구적 자본주의라는 거대한 흐름에서 벗어난(혹은 편입되지 않은) 예술가, 환각과도 같은 이상향에 자신의 영혼을 빼앗긴 고립된 존재, 그리고 『당신들의 천국』에서 제시한 '자생적인 운명'이라는 추상적인 원리 등. 이러한 이탈은 물론 지금의 인간의 삶을 규율하는 등가원칙에 대한 충분한 숙고 끝에 제시된 것이어서 그 나름대로의 강한 현실성을 지니는 것은 사실이지만, 존재에 잠재하는 여러 경향들을 계발한 것이 아니어서 구체적이라기보다는 추상적이거나 개념적인 가능성에 머물고 말았다. 이에 비추어보자면 『자유의 문』에서 얻어진 성찰은 이전의 사유와 분명히 구분되는 요소를 지니고 있다. 『자유의 문』에서 이청준은 개인이 숨쉴 틈조차 주지 않는다고 받아들였던 이상, 절대, 사회, 당위들이 사실은 현실적 근거하에 싹튼 것이며, 그것이 각 개인에게 질곡으로 다가왔던 것은 그것이 현실적 근거를 잃는 순간이었다는 점을 발견한다. 이제 이청준은 이상과 현실, 절대와 상대, 개인과 사회, 당위와 욕망이라는 대립쌍을 영원히 화해할 수 없는 어떤 대립물로 규정하여 모든 사회적 당위를 부정하고 개인적 욕망에서 어떤 가능성을 찾는 대신에 개인과 사회의 의미 있는 병존형식을 모색하는 지점에 이르렀다고 할 수 있다. 즉 존재에 잠재하는 여러 경향들 속에서 어떤 가능성을 찾아내야 한다는 보다 현실과 밀착된 가능성에 주목하게 된 것이니, 이는 이청준 소설이 또 다른 단계로 나아가는 중요한 계기에 해당한다고 할 수 있다.

그리고 이청준의 『자유의 문』은 이청준 개인뿐만 아니라 우리 소설사 전체에 있어서도 또 하나 중요한 자산임에 틀림없다. 나와 타자, 또는 자기 동일성와 타자성이라는 대립물에 대해서 이전까지와는 구분되는 모색을 행하고 있기 때문이다. 한국소설사의 특징적인 현상 중의 하나는, 각 시기의 지향점에 따라 선과 악을 판별하는 내용이나 기준에는 편차가 있지만, 대부분의 소설들이 선과 악의 단순한 대립구도로 구성되어 있다는 점이다. 물론 선과 악으로 규정된 인물들은 각 시기의 시대적 방향성 하에서 설정된 것이기에 나름대로의 의미가 없는 것은 아니지만, 우리 소설사에서 선과 악을 구분하는 기준이란 지극히 단선적이고 윤리적인 차원에 머물고 말았던 것이 사실이다. 여기에는 여러 가지 이유가 있겠지만, 가장 중요한 이유 중의 하나는 바로 니와 대립하고 있는 타자를 규정하는 방식과 관련이 깊다. 우리 소설사는 흔히 나와 대립한 타자를 모두 철저한 속물근성의 소유자로 형상화하는 반면 선을 대변하는 인물들은 자신의 높은 목적을 위해 모든 세속적 욕망을 과감하게 끊어내는 금욕주의자로 묘사된다. 우리 근대소설사의 평판작으로 일컬어지는 작품들—예컨대 『고향』이라든가 『황혼』, 채만식의 「태평천하」, 그리고 최근의 『장길산』 등—에서조차 선을 대변하는 인물과 악을 대변하는 인물의 차이는 불길한 욕망을 자신의 영혼을 빼앗기느냐 아니면 그 불길한 욕망을 뿌리치느냐 하는 점뿐이다. 다시 말해 한 개인을 둘러싼 사회적 관계를 얼마나 진실에 가깝게 읽어내고 그것을 실천으로 옮기느냐 하는 보다 중층적이고 다양한 계기에 의해 선과 악이 구분되지 않는 것이다. 이는 곧 한국소설의 대부분이 교활하다고 일컬어지는 현실이나 이율배반적으로 느껴질 정도로 복잡한 인간의 내면을 그야말로 단선적으로 규정해왔다는 사실을 반증하는 것이기도 하다.

그러나 『자유의 문』은 애초부터 이러한 형상화방식과 거리를 두고 있다. 『자유의 문』에 등장하는 악한 인물은 오히려 충분히 설득력 있고 또 풍부한 자기만의 진리를 지닌 인물이다. 『자유의 문』의 부정적인 인물인 백상도는 그 시대를 살았던 삶의 일반적인 유형과 마찬가지로 전쟁의 쓰라림을 맛보았고, 그로 인해 보다 큰 섭리에 빠져들었으며, 민중에 대한 사랑과 믿음을 보이는 오히려 선한 의지를 지닌 인물이다. 그러던 그가 부정적인 인물로 전락하는 것은 선한 의지를 실현하기 위해 선택한 계율의 현실적 의미가 이미 사라졌음에도 불구하고 그것을 고집했기 때문이라고 제시된다. 한마디로 『자유의 문』은 단선적이고 윤리적인 기준에 의해 선

악을 구분짓지 않는다. 한 개인이 올바를 수 있는 것은 그가 불길한 욕망을 단호하게 뿌리치기 때문이 아니라 거듭거듭 진리를 향해 나아갈 때라면, 다시 말해 주관과 객관 사이의 의미 있는 병존형식을 찾아내려는 노력을 멈추지 않아 더할 나위 없이 매혹적인 유혹을 견뎌낼 수 있기 때문이라고 한다면, 그리고 우리가 한 인간을 올바르지 않다고 판단하는 것은 그가 불길한 욕망을 애초부터 거부하지 않기 때문이 아니라 보다 의미 있는 병존형식을 찾아나가지 않음으로써 결국 불길한 욕망의 매혹을 떨치지 못하기 때문이라고 한다면, 『자유의 문』에서 보인 이러한 성찰은 값진 것이다. 『자유의 문』에서 확인할 수 있는 부정적인 인물에 대한 이러한 깊은 이해는 우리 소설의 흐름에 비추어보자면 참으로 새롭고 의미 있는 것이며, 따라서 『자유의 문』에도 역시 이청준의 문학 전반이 우리 문학에 제기하는 자기 반성의 의미10)가 충분히 살아 있다고 할 수 있다.

『자유의 문』은 결국 백상도의 치밀한 계산에 의해 앞의 방문객과 마찬가지로 주영섭이 죽는 것으로 끝맺고 있다. 그러나 이 작품이 다음과 같은 모습으로 마무리되는 것은 의미심장하다.

패자의 승리라고나 말할 수 있을까. 주영섭은 어쨌든 이제 그것으로 자신의 삶을 바쳐서 어떤 진실의 기호로서의 한편의 소설을 쓰고 간 셈이었다. …… 노인은 그쯤에서 그만 주영섭의 일을 잊어두고 싶었다. …… 주영섭과의 길고 긴 싸움에서도 그는 결국 영섭이 아닌 자신이 다시 위인을 위한 증인으로 괴로운 패자의 자리에 남게 되고 말았다는 외롭고 두려운 절망감 때문이었다. (264면)

---

10) 성민엽, 「겹의 삶, 겹의 문학」, 『문학과 사회』, 1996년 여름.

절대성의 논리를 추구하는 백상도의 삶보다는 자신의 직무에 충실한 평범한 일상인들이 이 싸움의 승리자라는 것이다. 작가 이청준이 그토록 오랜 시간 동안 짐지고 다녔던 주제가, 치열한 자기 모색의 과정이었음에도 불구하고 구체적인 생활이 없는, 그리고 개념적으로만 자신의 원체험의 의미를 밝히려는 절대성을 향한 논리라고 할 수 있다면, 어쩌면 이 백상도는 작가 자신의 모습인지도 모른다. 만약 그렇다면『자유의 문』은 이청준의 하나의 도달점이 동시에 새로운 출발점이기도 하다. 다시 말해 작가 이청준은 어떤 자리에 올라서자마자 또다시 새로운 길로 나아가고 있는 것이다. 그래서 이『자유의 문』을『키작은 자유인』의 인물들에게 바친다는 서문은 예사롭지 않다.『키작은 자유인』들의 인물이야말로 현실로부터 벗어나 어떤 절대적인 진리를 좇는 자가 아닌 현실의 격류 속에 살아가는 평범한 존재들이면서도 그 안에서 진정으로 자유를 찾고자 하는 존재들이기 때문이다.

4. 키작은 자유인 이청준

김현은 자신의 세대의 문학에 대해 "4·19세대만이 자기가 부딪친 세계와 성실하게 싸운 세대는 아니지만, 4·19세대는 여하튼 열심히 싸웠다"[11]고 자랑스러워 한 적이 있지만, 이 말은 바로 잡혀야 한다. 아직도 열심히 싸우고 있다고

4·19세대 중의 한 사람인 김원일의 성장소설인『마당깊은 집』
은 여러 가지로 인상적이다.『마당깊은 집』에서 가장 먼저 띄는
점은 일반적인 교양소설과는 전혀 형식을 달리하는 성장과정이다.
천진성과 꿈을 가진 인물이 자신의 지향과 세계의 타락한 가치 사
이에서 방황하다 일상의 질서 속으로 편입되는, 달리 표현하면 아
버지의 세계에 반발하여 어머니의 품속을 갈망하던 아들이 자신
이 그토록 혐오해마지 않았던 아버지의 세계로 발을 들여놓는 일
반적인 교양소설과의 유사성을 이 소설에서 우리는 찾아보기 힘
들다. 이 소설에서 우리는 아버지에 반발하는 것이 아니라 아버지
를 그리워하며 어쩔 수 없이 아비노릇을 대신했던 어머니를 두려
워하는 존재를 발견할 수 있다. 4·19세대가 경험한 원체험이란
이토록 특이한 것이며, 그렇기에 강렬한 것이었다. 이들은 급박한
현실의 흐름과 개인적 삶과의 그 커다란 간극을 메꾸기 위해, 전
삶을 건 채 문학으로 나아갔다. 그들의 개인과 사회, 복수와 용서,
이상과 현실의 간극 메꾸기에 대한 욕구는 실로 엄청난 것이어서,
그들은 각 시기 자신들의 세계까지를 부정하고 반성하며, 오늘에
이르렀다.

올바른 삶의 질을 찾겠다는 강한 욕구, 그 욕구를 추동시킨 절
대적인 공포감, 그로 인한 끊임없는 자기 부정과 자기 반성, 4·19
세대의 미덕은 바로 여기에 있다. 최근 우리는 이러한 그들의 미
덕이 빛을 발하는 장면을 또 다시 목격하고 있다. 이청준의「가해
자의 얼굴」과 김원일의「마음의 감옥」이 그것이다. 이제 그들은

---

11) 김현,「60년대 문학의 배경과 성과」,『분석과 해석』, 문학과지성사, 1988, 254면.

아비의 본모습 찾기나 개념적인 사유를 고집하지 않는다. 오히려 자신들이 전쟁경험세대이자 또한 4·19세대임을 분명히 내세우며 동시에 자신의 삶의 경험 속에서 진정으로 의미 있는 삶의 경향을 계발하고 그것에 보편적인 의미를 부여하기 시작한다. 또 한 차례의 자기 부정을 감행하고 있는 것이며, 이 끊임없는 자기 부정이야말로 4·19세대만의 특질이라 해도 과언은 아닐 듯하다.

우리는 4·19세대의 대표적인 작가인 이청준이 점점 현실적 운동의 본질 속으로 다가갈 것임을 의심치 않는다. 이제껏 이청준이 보였던 끊임없는 자기 부정과 자기 반성의 노력을 감안한다면 이는 충분히 예견할 만한 것이다. 이청준은 어쩌면 지속적인 자기 연마를 멈출 수 없는지도 모른다. 그의 문학 뒤에 장승처럼 버티고 선 우리 역사가 또는 그 안에서 형성된 이청준의 운명이 그것을 재촉할 것이기 때문이다.

사랑의 정치학

조세희의 『난장이가 쏘아 올린 작은 공』

1. 문제제기—『난장이가 쏘아올린 작은 공』의 위치

이 글의 일차적인 관심사는 조세희의 『난장이가 쏘아 올린 작은 공』(이하 『난장이』라 줄임)의 서사원리를 규명하는 것이다. 잘 알려 있듯 『난장이』는, 『무정』(이광수)·『삼대』(염상섭)·『고향』(이기영)·『광장』(최인훈) 등 몇몇 획시기적인 소설이 그러하듯, 우리의 역사가 새로운 시·공간에 진입했음을 알리는 이정표이자 동시에 우리의 역사를 새로운 국면으로 진입시킨 신호탄, 즉 우리 역사 전체의 거대한 전환을 이끌어낸 작품이다. 한 평자는 『난장이』를 두고 "70년대 한국 문학 전체를 폭파하고 남을 듯한 폭약이 장전되어 있"[1]다고 표현한 바 있거니와, 그 정도로 『난장이』가 일으킨 반향은 압도적이었다. 『난장이』 이후로 한국문학 전반 더 나아가 한국사회 전반은 산업화라는 거대한 흐름 속에서 소외된 계층(특히 노동자)에 대한 진정한 관심을 갖게 된다. 아니, 자본가와 노동자의 근원적인 화해 불가능성이라는 문제틀은 『난장이』 이후로 한국사회를 규정하는 가장 중심적인 담론체계로 자리잡았다고 해야 하리라. 이렇게 조세희의 『난장이』는 한국문학은 물론 한국사회 전체의 거대한 지각변동을 일으킨 바로 그 작품, 즉 기념비적 작품이다. 따라서 『난장이』의 서사원리를 규명하는 일은, 대부분의 문제작이 그러하듯, 『난장이』라는 한 작품을 읽어내는 것 이상의 의미를 지닌다.

특히 『난장이』의 경우에는 이 한 작품 속에서 우리가 읽어내야 할 요소들이 더욱 많다. 『난장이』에는 우리가 적극적으로 해명해야 할 중요한 문제들이 텍스트의 곳곳에 스며 있는바, 이는 『난장이』가 놓여 있는 맥락과 관련이 깊다. 『난장이』는 안타깝게도 작가 조세희의 출발점이자 도달점이다. 마찬가지로 『난장이』는 한국 노동소설의 출발점이자 정점이다. 작가 조세희는 『난장이』 이후 『시간여행』·『하얀 저고리』 등 여러 소설을 발표했지만 『난장이』에서 보여준 문제성을 유지하지 못하고 말았으며, 한국의 역사를 계급투쟁의 역사로 읽어낸 『난장이』 이후의 소설 역시 『난장이』 이상의 진경을 보여주지 못했기 때문이다. 그래서 『난장이』를 살펴보는 것은 조세희의 소설세계의 특질을 규명하는 일이며 또한 1970~80년대 노동문학이 도달한 자리를 점검하는 작업이기도 하

---

1) 김윤식, 「난장이론—산업사회의 형식」, 『우리 소설과의 만남』, 민음사, 1986, 62면.

다. 뿐만 아니다. 『난장이』 이후로 『난장이』 계열의 소설들이 더 이상의 문제성을 확보하지 못한 채 1990년대 들어 급격하게 주변부의 문제로 전락하고 말았다는 사실까지를 감안하면, 『난장이』의 서사원리를 규명하는 일은 곧 한국노동소설의 근원적인 한계를 짚어내는 일이기도 한 것이다. 결국 『난장이』의 의미와 한계를 짚어보는 작업은 조세희 소설 전체는 물론 한국노동소설이 미완의 기획으로 끝나고 만 근본적인 요인을 살펴보는 일이기도 한 셈이니, 이 글의 궁극적인 관심사는 바로 이것이다.

이렇듯 『난장이』의 미학적 원천을 규명하는 일은 곧 1970~80년대 한국사회 전체의 역사적 맥락을 되짚어보는 작업에 해당하거니와, 이를 위해서는 『난장이』가 문제성을 획득할 수 있었던 미학적 원천을 정밀하게 읽어내는 것이 필요하다. 『난장이』가 『난장이』 이후 한국사회 전체를 노동자 중심의 담론체계로 이끌어 간 것이 사실이지만 그렇다고 이 소설 자체가 노동자의 발견이라는 단일한 서사원리로 구성된 것은 아니며 또한 이것 때문에 『난장이』가 문제성을 획득한 것도 아니다. 『난장이』의 문제성이란 결코 자본주의라는 몇몇 사람만을 위한 축제의 공간에서 끊임없이 소외당하면서도 인류 전체를 건전한 사회로 이끌 노동자를 부각시켰다는 점에 있지는 않다. 왜냐하면 노동자에 대한 관심이 『난장이』에서 비로소 시작된 것은 아니기 때문이다. 오히려 노동자에 대한 관심은 한국 근대문학 초기부터 몇 번의 단절이 없었던 것은 아니지만 우리 소설사의 한 주요한 계보를 차지해왔던 것이 사실이다. 멀게는 일제의 경향문학에서부터 그리고 가깝게는 동시대의 윤흥길, 황석영, 홍성원 등에 이르기까지 노동자에 대한 관심은 끊임없이 환기되었거니와, 노동자에 대한 관심에 관한 한 『난장이』
는 이러한 계보의 충실한 계승자에 불과할 뿐이다. 노동자의 관심
에 관한 부분에 있어서 『난장이』는, 1970~80년대 민족·민중문학
진영에서 자주 지적했듯, 구체성을 결여하고 있는 것이 사실이다.
그럼에도 불구하고 『난장이』가 그토록 놀랄 만한 영향력을 발휘할
수 있었던 것은 『난장이』에서 이루어진 노동자의 발견이라는 계기
외에 다른 요소가 개입되어 있기 때문이다. 이러한 사실을 감안한
다면, 『난장이』의 문제성을 규명하기 위해서는 무엇보다 노동자의
발견이라는 요소 외의 다른 요소를 찾아내는 것이 중요하다.

　이때 우리는 『난장이』이라는 텍스트에 서로 양립하기 힘든 이
율배반적인 요소들이 공존하고 있을 뿐만 아니라 이 요소들이 자
의적이고 독창적으로 결합되어 있다는 점에 주목할 필요가 있다.
이미 여러 논자들이 주목했듯, 『난장이』는 일반적인 고정관념은
물론 문학사의 법칙성마저도 뒤흔들 정도로 낯선 소설이다. 『난장
이』에는 통상적으로는 만나기 힘든 대상들이 합리적인 매개 없이
하나로 묶여 있을 뿐만 아니라 좀처럼 양립하기 힘든 세계관 혹은
방법이 서로 복잡하게 뒤엉켜 있으며, 이것이야말로 『난장이』만의
고유한 특질이자 『난장이』의 경이로움과 낯섦의 원천이다. 뿐만
아니라 『난장이』에는 역사의 발전에 대한 믿음을 강하게 표명하
면서도 흔히 역사적 전망을 상실한 시대의 전유물처럼 일컬어지
는 '기법에의 의지'가 텍스트의 구석구석에 산재해 있기도 하다.
이 때문에 『난장이』의 특질을 설명하고자 했던 모든 논의들은 이
소설에서 나타나는 세계관과 방법, 처음과 끝, 혹은 의식과 무의식
의 배리(背理) 관계에 주목한 바 있으며, '사실주의적 시선과 비사

실주의적 방법의 병존',[2] '이차원(異次元)의 전망'[3] 등의 개념으로
『난장이』에 나타나는 이질적인 요소들의 자의적이고 독창적인 병
존 관계를 설명하고자 했다. 이처럼 『난장이』의 고유한 특징은 노
동자의 삶에 관심을 두되 그것을 낯설게 재현했다는 것에 있으며,
『난장이』가 문학사의 주변부에 밀려나 있던 이전의 전통을 보다
높은 단계의 수준으로 복원하고 동시에 이후의 문학을 앞서서 이
끈 기념비적 작품일 수 있었던 이유도 바로 여기에 있다. 그러므
로 『난장이』의 서사원리를 규명하기 위해서는 이 낯섦의 원천, 즉
상호모순적인 요소들의 자의적이고 독창적인 병존 형식에 주목하
는 것이 무엇보다 중요하다.

물론 『난장이』의 전면에 스며 있는 세계관과 방법, 처음과 끝,
혹은 의식과 무의식의 배리(背理) 관계에 대한 관심은 전혀 새로울
것이 없는 통로이지만, 그럼에도 불구하고 『난장이』의 이율배반적
인 요소들의 자의적인 병존 관계는 좀더 철저하게 살펴볼 필요가
있다. 『난장이』에는 단지 세계관과 방법의 모순 외에 의식과 무의
식 사이의 분열이 존재할 뿐만 아니라 자의적인 병존 관계도 일정
한 비율로 나타나는 것이 아니라 수시로 변화한다. 보다 정확하게
표현하자면 『난장이』 안에는 두 개의 상이한 형식충동이 공존하
며, 이 양자의 비율관계는 텍스트의 곳곳에서 미세한 차이를 보이
며 얽혀 있다. 『난장이』 안에는 기존의 모든 담론질서를 현상학적
으로 환원시키려는 판단정지를 향한 열망과 노동자의 주체성을

---

2) 김병익, 「대립적 세계관과 미학」(조세희, 『난장이가 쏘아올린 작은 공』, 문학
　과지성사, 1999), 278~280면.
3) 성민엽, 「이차원의 전망」, 『지성과 실천』, 문학과지성사, 1985 참조.

적극적으로 옹호하는 경향성이 같이 공존하며, 전반부에는 전자가 중심적인 위치를 차지하며 후반부로 갈수록 후자가 핵심적인 원리로 부상한다. 그래서 『난장이』는, 작가에 의해 처음부터 의도된 것이었건 아니건 간에, 우선 우리가 놓여 있는 현실을 선과 악, 진실과 허위가 전도된 세계로 규정하고 기존의 모든 상식적이고 절대적인 인과율을 모두 낯설게 만들 뿐만 아니라 무의미한 것으로 전락시키며 그 연후에야 비로소 노동자의 주체성을 제시한다. 『난장이』가 그토록 폭발적인 영향력을 끼칠 수 있었던 것은 이처럼 기존의 담론체계를 설득력 있게 부정하고 해체한 연후에 새로운 중심을 역시 설득력 있게 제시했기 때문인지도 모른다. 하여간 『난장이』에는 분명 상이한 형식충동이 공존하며 이들의 병존 관계는 수시로 변모하는데, 여기서 우리가 또 하나 주목해야 할 것은 처음의 판단정지에서 마지막의 적극적인 판단으로 나아가는 길목에서 몇 단계의 서사적 단절과 비약이 이루어진다는 점이다. 『난장이』의 서사원리와 소설사적 맥락을 규정하기 위해서는 이러한 단절과 비약은 좀더 강조될 필요가 있다. 이 단절과 비약 속에 "70년대 우리네 인문주의와 심미적 이성의 한 절정"[4]이라는 일컬어지기에 충분한 『난장이』의 문제의식이 그토록 허무하게 소진한 비밀이 숨어 있다고 판단되기 때문이다.

---

4) 우찬제, 「대립의 초극미, 그 카오스모스의 시학」(조세희, 앞의 책), 309면.

2. 역사적 아이러니의 발견, 역사의 아이러니화

『난장이』의 전체와 부분, 서사와 묘사를 결정짓는 서사원리를
규명하기 위해서는 우선 『난장이』의 프롤로그에 해당하는 「뫼비
우스의 띠」를 살펴볼 필요가 있다. 잘 알려져 있듯 『난장이』는 매
우 독특하게 구성되어 있는 소설집이다. 총 12편의 소설이 독립된
단편의 성격을 지니면서도 그 독립된 각각의 단편이 유기적으로
얽혀 있는, 그래서 하나의 장편으로도 읽히는 소설집이다. 뿐만 아
니라 『난장이』에는 이 작품 전체를 관통하는 작가의 의지를 미리
암시하는 프롤로그와 서사 전체를 종합하는 에필로그가 붙어 있
는바, 「뫼비우스의 띠」는 바로 프롤로그에 해당하는, 그러니까
『난장이』의 전체를 규율하는 작가의 일차적인 관심을 확인할 수
있는 열쇠에 해당한다.

「뫼비우스의 띠」에서 우리가 주목해야 할 것은 작가가 제시하는
상징적인 화두이다. 이 화두는 『난장이』 전체의 문제틀을 미리 암
시하는 중요한 핵심어인바, 자세히 살펴볼 필요가 있다. 여기, 수학
교사가 있다. 그는 학생들에게 다음과 같이 묻는다. "두 아이가 굴
뚝 청소를 했다. 한 아이는 얼굴이 새까맣게 되어 내려 왔고, 또 한
아이는 그을음을 전혀 묻히지 않은 깨끗한 얼굴로 내려왔다. 제군
은 어느 쪽의 아이가 얼굴을 씻을 것이라고 생각하는가?"[5] 이 질
문에 대해 학생들은 더러운 아이가 씻을 것이라는 대단히 즉자적

---

[5] 조세희, 『난장이가 쏘아 올린 작은 공』, 문학과지성사, 1999, 11면. 이하 작품
인용은 면수만 표시.

이고 상식적인 반응을 보인다. 교사는 단호하게 아니라고 답한다. 깨끗한 아이는 더러운 아이를 보고 자신이 더럽다고 판단할 것이고, 더러운 아이는 깨끗한 아이를 보고 자신의 얼굴을 깨끗하다고 생각할 것이기 때문이라는 것이다. 그리고 교사는 또 묻는다. 어떤 아이가 얼굴을 씻을 것인가. 학생들이 답한다. 얼굴이 깨끗한 아이가 씻을 것이라고. 그러자 교사는 이제 자신이 이전에 한 자신이 낸 답을 뒤집는다. 두 아이가 함께 굴뚝 청소를 했으므로 "한 아이의 얼굴은 깨끗한데 다른 한 아이의 얼굴은 더럽다는 일은 있을 수가 없다"(12면)는 것이다. 그리고 교사는 학생들에게 "안과 겉을 구별할 수 없는 곡면"(13면)인 '뫼비우스의 띠'를 환기시킨다. 교사는 더 나아가 "뫼비우스의 입체"를 통해 "우주는 무한하고 끝이 없어 내부와 외부를 구분할 수 없을 것 같다"고 전제하고, "인간의 지식은 터무니없이 간사한 역할을 맡을 때가 많"으므로 "제군의 지식이 제군이 입을 이익에 맞추어 쓰여지는 일이 없도록 하라"며 "정상적인 학교 교육을 받은 사람, 사물을 옳게 이해할 줄 아는 사람"(25면)이 되라고 충고한다.

이것이 『난장이』의 앞머리를 장식하는 상징적인 화두이자 『난장이』 전체를 규율하는 하나의 핵심적인 서사원리이다. 이를 통해 우리는 『난장이』의 서사와 묘사를 조율하는 작가의 의식 혹은 정치적 무의식의 내용을 나름대로 유추해볼 수 있다. 이곳을 살아가는 존재들은 자기 자신을 왜곡 없이 비춰줄 거울형상이 없으므로 타자를 보고 자신의 상태를 규정할 수밖에 없으며 그런 까닭에 더러운 자는 자신이 더러운 줄 모르며 깨끗한 자는 자신이 깨끗하다는 사실을 모르며 그래서 더러운 자는 자신을 반성하고 보다 올바른 삶의 단계로 나서지 않으며 깨끗한 자는 자신의 인간적인 가치를 깨닫고 그 잠재적인 가능성을 계발하는 것이 아니라 더러운 자로 살아간다는 것, 이미 세상마저 타락한 마당에 어느 누구도 이 상태를 초극하지 못하는 것, 그럼에도 불구하고 인간들은 자신의 간사한 지식을 이용하여 내부와 외부, 진실과 거짓, 선과 악을 구분하면서 자신의 이익을 도모해왔다는 것, 그러므로 무한한 우주를 감안하면 현재의 악은 선일 수도 있고 또한 현재의 선이란 궁극적으로는 악일 수도 있다는 것, 따라서 기존의 보편성에 의거한 내부와 외부의 구분에 집착할 것이 아니라 사물을 옳게 이해할 수 있게 하는 인식틀을 확립하려는 노력이 절대적으로 필요하다는 것. 즉 한 사회를 움직이는 특정의 문제틀이란 발견의 천재이기도 하지만 동시에 은폐의 천재이기도 해서 이 문제틀로만 세상을 바라볼 경우 그 문제틀이 천재적으로 배제하거나 은폐한 현실, 그리고 어떤 사물이나 현상을 둘러싼 전체적인 맥락을 파악할 없으며, 그러므로 기존의 담론체계(『난장이』의 표현에 따르자면 '간사한 지식') 전반을 철저하게 해체하고 보다 더 역사적이고 전체적인 맥락 하에서 특정의 사물과 위치시켜야 한다는 것6)이다.

이상과 같은 화두에서 우리는 『난장이』의 일차적인 관심사가 기존의 상식이나 그 사회를 운영하는 원리에 기초한 가치판단이 얼마나 허위의식으로 가득찬 것인가를 증명하는 데에 있음을 확인할 수 있다. 즉 이전의 담론체계를 해체하고자 하는 의지, 들뢰즈의 표현에 따르자면 억압적이거나 강제적인 사회 및 지식의 구

---

6) 「뫼비우스의 띠」에 등장하는 수학교사의 화두에 대한 관심은 김윤식, 『발견으로서의 한국현대문학사』, 서울대 출판부, 1997 참조

조로부터 탈출하려는 탈영토화의 의지, 이것이『난장이』의 집필을 시작할 당시 작가의 관심사였던 것이다. 하지만 「뫼비우스의 띠」에서 제시된 이러한 탈영토화의 의지는, 억압적인 지식의 구조 자체가 안고 있는 문제점을 제시하는 데는 대단한 설득력을 보이지만, 다른 한편으로는 논리적 난맥상을 보이는 것도 사실이다. 이 난맥상을 찾아내기 위해서는 수학교사가 질문을 하고 답을 내려가는 과정에 주목할 필요가 있다. 수학교사가 묻고 답하는 과정에는 몇몇 고려할 만한, 또는 고려해야 마땅한 몇몇 사항들이 근본적으로 배제되어 있는 것이다. 하나는 '더러운 아이'와 '깨끗한 아이'가 서로 서로의 상태를 알려줄 가능성, 즉 두 아이 사이의 소통 가능성을 애초부터 고려하고 있지 않다는 점이며, 다른 하나는 교사가 두 아이가 모두 더러울 수밖에 없다고 진단한 후 애초에 제기했던 문제, 그러니까 어느 쪽의 아이가 얼굴을 닦을 것인가 하는 문제에 대해 답하지 않고 있다는 점이다. 두 아이가 모두 더럽다고 할 때 발생할 수 있는 상황은 여러 가지가 있으리라. 서로 서로가 상대방에게 서로의 상태를 알려주면 문제는 간단한 것이다. 하지만 이러한 경우를 작가는 아예 배제하고 있다. 그렇다면 누가 어떤 과정을 통하여 얼굴을 닦을 것인가. 상대방을 통하여 더러움을 확인한 두 아이가 모두 얼굴을 닦을 것인가, 아니면 상대방이 더러우므로 내가 더러운 것은 문제될 것이 없다고 판단할 것인가, 그것도 아니면 그래도 항시 깨끗함을 유지하려는 자가 얼굴을 닦을 것인가. 하지만 교사는 모두가 더러울 수밖에 없다는 사실만을 환기시킬 뿐 "더이상 질문을 받지 않겠다"(11면)며 다른 가능성을 차단시키고 바로 안과 밖의 구분이 존재하지 않는 '뫼비우스의 띠'를 환기시킨다.

굴뚝 청소를 하고 내려온 '더러운 아이'와 '깨끗한 아이'가 있을 때, 우선 '더러운 아이'보다 '깨끗한 아이'가 얼굴을 닦는 것이 일반적이나 그러나 두 아이 중 어느 한 아이만 깨끗하다는 것은 있을 수 없다는 「뫼비우스의 띠」의 화두를 『난장이』 전체와 관련시킬 경우 이 화두의 난맥상이 결코 간단치 않은 문제임을 쉽게 확인할 수 있다. 만약 이 두 아이가 지배자와 민중, 공부한 자와 못한 자, 지배계층과 소외계층(노동자계층)의 환유적 표현이라면, 『난장이』는 두 계급 사이의 소통체계란 불가능하며 동시에 어느 계급도 타락한 가치로부터 자유롭지 못한 상황이라고 판단하고 있는 셈이다. 『난장이』의 화두는 여기서 더 나아가지 않는다. 다시 말해 이 타락한 상황에서 벗어날 수 있는 가능성은 어느 계급의 어떠한 삶의 원리에 있는가 혹은 지배자와 피지배자 혹은 자본가와 노동자 중 어느 존재가 보다 진실에 다가설 수 있는 계급인가 하는 판단을 유보하기 힘든 문제에 대해서 판단을 정지한 상태인 것이다. 아니, 『난장이』를 시작할 당시 작가의 관심사는 오로지 기존의 상식이나 보편성에 대한 부정과 해체에 있었는지도 모른다.

『난장이』의 일차적인 관심사는 이처럼 인간의 삶에 있어서 중요한 영역을 천재적으로 은폐한 채 모든 존재를 환금 가능성이라는 타락한 가치에 젖어들게 하는 자본주의적 합리성을 탈영토화하는 것이다. 즉, 『난장이』의 자본주의적 합리성에 대한 탈영토화의 의지는 사후적인 것이 아니라 선험적인 것이다. 따라서 이러한 탈영토화의 절대적인 의지는 작품의 모든 부분에 주도면밀하게 관철되며, 이러한 관심은 어느 단계에 이르기까지 『난장이』의 핵심적인 서사원리로 작용한다. 『난장이』가 자본주의적 합리성을 탈영토화하기 위해 구사하는 서사적 전략은 아이러니이다. 『난장이』는 사회 혹은 역사를 인식하는 단계에서부터 표현하는 단계에 이르는 전영역에서 아이러니를 관철시킨다. 결론적으로 말하자면 이러한 세계에 대한 아이러니적 인식과 표현은 기존의 보편성을 효과적으로 부정하고 해체하는 기능을 담당하는바, 이를 자세히 살펴보자.

『난장이』 전반부의 소설적 공간은 인류의 모든 담론체계가 궁극적으로 지향하는, 그리고 '최소한의 투자로 최대한의 이윤'이라는 합리성에 운영되는 자본주의적 담론체계가 가장 적극적으로 내세운 두 상징적인 가치가 결합된 '낙원구 행복동'이다. 그곳에서는 '잘살 수 있는 세상'이라는 복음이 '귀가 아프게 들'(32면)려오고 '인간의 숭고함·고통·구원'(98면)이 언급되고 또한 회사의 사장은 '힘껏 일한 다음 자기와 공원들이 함께 누리게 될 부에 대해 이야기'(91면)한다. 또한 그곳에는 엄연히 법이 있어 모든 사회구성원이 동등한 대우를 받도록 보장되어 있으며 그러한 형식적, 제도적 장치가 충분히 마련되어 있기도 하다. 이렇게 '낙원구 행복동'은 물질적 풍요와 사회 정의가 동시에 구현되는 유토피아적 이미지가 사회의 전영역을 지배하는 시·공간이다.

그러나 『난장이』는 이러한 유토피아적 이미지가 화려한 풍문에 불과하다고 표현한다. 즉 '낙원구 행복동'을 떠도는 유토피아적 이미지란 대상과 어떠한 관련도 없는 '홀로 떠다니는 기표'이며, 실제적 현실을 왜곡하는 화려한 추문일 뿐이라는 것이다. 『난장이』는 '낙원구 행복동'을 떠도는 유토피아적 이미지의 허구성을 밝혀내기 위해 그 유토피아적 이미지에 의해 천재적으로 은폐되거나 인정되더라도 가치없는 것, 사소한 것으로 전락한 사실들을 끊임없이 환기시키고 의미화한다. 그래서 결국은 '낙원구 행복동'은 행복과 낙원의 땅이라 하기엔 '알 수 없는 일'(32면)이 너무 많이 발생하는 곳으로 전도시킨다.

『난장이』는 '낙원구 행복동'이란 실제적으로는 "단출한 식구에 더 많은 월급을 받는 자기네는 조용한데, 많은 식구에 적은 월급을 받는 뒷집은 흥청"(32면)대며, "너무나 바르고 너무나 옳은 생각들"을 지닌 존재들은 사회에서 "무서운 혼란을 맞을 것이 뻔"(34면)한 사회이다. '낙원구 행복동'에서는 "학교 안에서 배운 것과는 정반대로 움직"(83면)이고 "마음속에서는 옳은 것이 실제에서는 반대 방향으로 움직여지는 것"(92면)을 어느 때, 어느 곳에서도 발견할 수 있다. 뿐만 아니라 '낙원구 행복동'은 "햄릿을 읽고 모차르트의 음악을 들으면서 눈물을 흘리는 (교육받은) 사람들이 이웃집에서 받고 있는 인간적 절망에 눈물짓는 능력은 마비당하고, 또 상실당한"(94면) 곳이기도 하며, 법을 집행하는 행정 조직은 불법을 용인할 뿐만 아니라 스스로 행하기도 하는 이해하기 힘든 상황이 수시로 발생하는 공간이다. 한마디로 '낙원구 행복동'이란 영혼과 기록적 사실, 대의명분과 생의 본능적 인식, 언표된 것과 숨겨진 의도 사이가 서로 분리되거나 아니면 자의적이고 폭력적으로 결합된 곳이며, 그러므로 이곳의 삶을 결정짓는 힘은 표면에 내세워진 것처럼 인간의 행복을 향해 나가는 유토피아 지향성이 아니라 실제로는 자기만을 배려하는 철저한 계산 가능성이라는 것이다. '낙원구 행복동'이란 행복이나 낙원과는 거리가 먼 '죽은 땅'이다. "사람들은 사랑이 없는 욕망만 갖고 있습니다. 그래서 단 한 사람도 남을 위해 눈물을 흘릴 줄 모릅니다. 이런 사람들만 사는 땅은 죽은 땅입니다.”(87~88면)

이 자기만을 배려하는 계산 가능성의 원리, 즉 ‘사랑이 없는 욕망’은 ‘낙원구 행복동’에서 살아가는 존재들을 비인간적이고 타락한 방식으로 자기를 실현하는 두 부류로 분할한다. 한 부류는 누군가, 그리고 무언가를 희생시켜야만 성립할 수 있는 환금 가능성의 철칙, 즉 ‘최소한의 투자로 최대한의 이윤’이라는 자본주의적 합리성을 충실히 좇는 자들이며, 다른 하나는 자본주의적 합리성에 철저하게 희생당하며 결국은 비인간적인 방식으로 자기를 방어할 수밖에 없는 존재들이다.

> 나는 전혀 다른 세상 사람과 생활하고 있었다. 우리는 출생부터 달랐다. 나의 첫 울음은 비명으로 들렸다고 어머니는 말했다. 나의 첫 호흡이 지옥의 불길처럼 뜨거웠을지도 모를 일이다. 나는 모태에서 충분한 영향을 보급받지 못했다. 그의 출생은 따뜻한 것이었다. 나의 첫 호흡은 상처난 곳에 산을 흘려넣는 아픔이었지만, 그의 첫 호흡은 편안하고 달콤한 것이었다. 성장 기반도 달랐다. 그에게는 선택할 것이 많았다. 나나 두 오빠는 주어지는 것 이외의 것을 가져본 경험이 없다. 어머니는 주머니가 없는 옷을 우리들에게 입혔다. 그는 자라면서 더욱 강해졌지만 우리는 자라면서 반대로 약해졌다. (113면)

“낙원구 행복동”은 지배자와 피지배자의 삶의 조건이 태어나는 그 순간에 결정되는 사회이며 이 선험적인 운명은 어떠한 노력을 통해서도 뒤바뀌지 않는, “공부를 한 자와 못한 자로 너무나 엄격하게 나누어”진 “끔찍할 정도로 미개한 사회”(83면)이다. 그곳에서는 ‘낙원구 행복동’은 지배자 / 피지배자, 공부한 자 / 못한 자, 타락한 자본주의적 가치를 좇는 자 / 자본주의적 가치에 적응하지 못하는 자 등의 두 계급이 첨예하게 대립한다. 이 첨예하게 대립된 두 계급이 정글의 법칙에 따라 살아가는 곳, 즉 "맨 밑이 녹색 식물로 일단계"이고 "이 식물들을 먹는 동물이 이단계이고, 식물을 먹는 동물을 잡아먹는 작은 육식 동물이 삼단계, 또 이것을 잡아먹는 큰 육식 동물이 맨 위의 사단계"를 차지하는 "먹이 피라미드"(172면)로 구성된 사회가 '낙원구 행복동'인 것이다.

첫 번째 부류의 존재들은 수많은 소외된 계층을 볼모로 삼아 물질적 풍요를 구가한다. 그들은 사회의 전 구성원에 의해서 생산되는 결과물을 철저하게 사적인 것으로 소유하면서도 일하는 자들이 최소한의 소유를 요구할 경우 그것을 공동체의 발전을 저해하는 행위로 규정하면서 다른 한 계급의 일방적인 희생을 강요할 뿐만 아니라 인간을 목적이 아닌 수단, 즉 '기계'로 전락시킨다. 그렇게 그들은 노동자의 임금을 쉴새없이 깎아 내리면서도 자신들의 자식들에겐 고액과외를 마다하지 않으며, 자기 정원의 나무를 가꿀지언정 자기 주변의 고통받는 존재들은 돌보지 않는다. 그리고 급기야는 법을 옆에 거느리고 소외된 계층들의 유일한 삶의 터전인 집마저 빼앗는다. 이렇게 한 부류의 인간들이 자기만을 배려한 계산 가능성의 원리를 타자에 대한 배려 없이 실천해나가는 동안에 '낙원구 행복동'의 또 한 부류의 존재들은 최소한의 욕망마저도 박탈당한 채 그저 하루하루를 연명하며 살아간다. 그들은 자본주의적 합리성의 맹신도들에 의해서, 아니면 자본주의적 합리성 그것에 의해서 '한 차원의 삶'을 빼앗겼으며, 그래서 '일정한 한도와 경계'(235면) 속에서 생존한다. 이곳에서 그들은 인간의 유

적 특질인 놀이 혹은 문화 생활이란 애초부터 불가능하며 교육의
기회마저 차단되어 있다. 그래서 이들은 먹고, 자고, 거주할 곳을
마련하는 데 그들의 전생애를 투여해야 하는 동물과도 같은 삶을
살아간다[7]. 이들에겐 양자택일만이 가능하다. 그들이 선택할 수
있는 하나의 길이란 동물과도 같은 삶을 견뎌내며 서서히 죽어 가
거나 아니면 자살당하는 것이다. 다른 하나의 길이란 "아버지를
난장이라고 부르는 악당은 죽여버려"(123면)야 한다는 비인간적인
의지, 즉 복수를 꿈꾸는 것이다.

　『난장이』는 자본주의적 합리성이라는 문제틀에 의해 전 사회구
성원의 행복을 보장하는 낙원이라 읽혀지거나 아니면 낙원을 향
해 가는 가장 발전적인 통로라고 받아들여지던 자본주의 사회 전
반을 정신적 동물왕국의 시대로 전도시켜 그려낸다. 뿐만 아니라
『난장이』는 '최소한의 투자로 최대한의 이윤'이라는 타자의 희생
을 전제로 하는 계산 가능성을 합리성이라 이름하고 그 합리성에
의해 움직이는 자본주의 사회의 운영원리와 모럴을 곧 타락한 사
회의 가장 직접적이고 핵심적인 징후로 규정한다. 자본주의적 합
리성이란 곧 타자의 질적 고유성을 배제하고 자기만을 배려하는
타락한 욕망이며, 이것에 의해 움직이는 자본주의적 현실이란 물
질적 풍요라는 목적 없는 합목적성을 절대화함으로써 결국 수단
과 목적이 전도되고 선과 악, 진실과 허위가 뒤바뀐 세계일 뿐이
라는 것이다.

　『난장이』는 이처럼 '낙원'이라고 일컬어지는 이 세계를 전혀 다

---

7) '난장이 일가'의 삶의 궁기와 궁핍에 대해서는 정과리, 「고통의 개념화」,『존
　재의 변증법』, 문학과지성사, 1985 참조

른 맥락으로, 아니 전혀 정반대의 맥락으로 읽어낸다. 여기에는 물론 작가가 세상을 바라보는 가치판단기준이 일관되게 작용한다. 그 가치판단기준이란 사랑이다. 『난장이』는 지배자들이 "남의 사상으로부터는 오직 기만적인 겉껍질과 쓸모 없는 가장자리 장식만을 취"(94면)하는 방식으로 절대화한 환금 가능성의 원리가 모든 사물이나 인간의 가치를 등가화할 뿐만 아니라 생명 없는 기호로 전락시킨다는 사실에 주목하고, 이 환금 가능성이라는 원리에 의해 철저하게 배제되거나 혹은 의미 없는 것, 사소한 것으로 전락해버린 인간적인 가치를 복원한다. 이렇게 복원된 가치가 바로 사랑인 것이다. 『난장이』는 사랑을 환금 가능성이라는 절대화된 규율에 맞세운다.[8]

나는 아주 단순한 세상을 그렸다. 아버지가 꿈꾼 세상보다도 단순했다. …… 아버지는 사랑에 기대를 걸었었다. 아버지가 꿈꾼 세상은 모두에게 할 일을 주고, 일한 대가로 먹고 입고, 누구나 다 자식을 공부시키며 이웃을 사랑하는 세계였다. 그 세계의 지배 계층은 호화로운 생활을 하지 않을 것이라고 아버지는 말했었다. 인간이 갖는 고통에 대해 그들은 알 권리가 있기 때문이라는 것이었다. 그곳에서는 아무도 호화로운 생활을 하려고 하지 않을 것이다. 지나친 부의 축적을 사랑의 상실로 공인하고 사랑을 갖지 않는 사람에 집에 내리는 햇빛을 가려버리고, 바람도 막아버리고, 전깃줄도 잘라버리고, 수도선도 끊어버린다. …… 아버지가 꿈꾼 세상에서 강요되는 것은 사랑이다. 사랑으로 일하고 사랑으로 자식을 키운다. …… 그러나 아버지가 그린 세상도 이상 사회는 아니었다. 사랑을 갖지 않은 사람을 벌하기 위해 법을 제정해야 한다는 것이 문제였다. 법을 가져야 한다면 이 세계와 다를 것이 없다. 내

---

8) 『난장이』에서 이 '사랑'이 지니는 의미에 대해서는 오세영, 「사랑의 입법과 사법」, 『상상력과 논리』, 민음사, 1991 참조

가 그린 세상에서는 누구나 자유로운 이성에 의해 살아갈 수 있다. 나는 아버지가 꿈꾼 세상에서 법률 제정이라는 공식을 빼버렸다. 교육의 수단을 이용해 누구나 고귀한 사랑을 갖도록 한다는 것이 나의 생각이었다. (184~185면)

『난장이』는 이러한 이상세계를 거울형상으로 설정하고 그것으로 지금의 현실을 재질서화하며, 그를 통해 지금 이곳이란 선과 악, 진실과 거짓이 전도된 세계, 다시 말해 자본주의적 합리성에 의해 구성된 이 세계 자체를 본말이 전도된 아이러니한 세계로 규정한다. 이처럼 『난장이』에서 사랑이라는 가치는 절대적이다. 이 사랑이라는 가치판단에 따라 『난장이』는 자본주의적 합리성을 '사랑이 없는 욕망'이라고 명명할 수 있었고, '사랑이 없는 욕망'에 의해 움직이는 거대한 수레바퀴에 동승한 모든 존재들을 타락한 개인으로 파악한다.

그런데 여기서 주목해야 할 사실은 『난장이』에서 제시되는 사랑이란 가치판단이 대단히 추상적이며 지나치게 이상적이라는 점이다. 한마디로, 비현실적인 것이다. 『난장이』는 사회구성원 모두가 "사랑으로 일하고 사랑으로 자식을 키우"는 사회를 이상적 사회로 설정하고 그러한 사회를 '아주 단순한 세상'이라고 표현하고 있지만, 돌이켜보면 그것은 그렇게 '단순한 문제'일 수는 없을 터이다. 『난장이』에서 말하는 "아주 단순한 세상"이란 아주 단순하기에 이제는 돌이킬 수 없는 인류 최고의 황홀한 기억인지도 모른다. 돌이킬 수 없다면 이제 남은 길은 현실에 존재하는 여러 가치 중 그러한 사회로 나갈 가능성을 지닌 가치나 계급을 계발하고 물리적인 힘으로 전화시키는 일일 것이다. 하지만 『난장이』에서 작가가 모색하고 있는 사랑은 지나치게 이상적인 것일 뿐만 아니라 역사적 현실적 맥락을 떠난 상태여서 그러한 가능성은 애초부터 차단되어 있다. 가령 『난장이』에서 제시되는 '사랑의 왕국'은 지배／피지배, 주인／노예, 질서／일탈, 욕망／금욕의 모순적 관계조차를 인정하지 않으며 또한 인류 역사의 전개과정을 전혀 고려하지 않은 주술적 유토피아에 가깝다. 그래서 그곳에서는 하나의 공동체가 유지되고 발전하기 위해서는 필요악이라 할 있는 지배／피지배, 주인／노예, 욕망／질서라는 대립적인 요소의 변증법적 관계란 고려되지 않으며, 타자를 억압한 채 자신만을 배려하는 존재들로 가득찬 세상이 '죽은 땅'이라면 자신의 욕망을 스스로 억압한 채 타자만을 배려하는 삶 역시 노예의 삶, 혹은 '죽은 삶'이기는 마찬가지라는 사실 역시 관심의 대상이 아니다. 마찬가지로 지금, 이곳이 '사랑이 없는 욕망'으로 가득찬, 이미 죽은 땅이라면 '사랑으로 충일한 이상적인 사회'로 가기 위해서는 어떠한 과정을 거쳐야 하는가 하는 점도 문제되지 않는다. 『난장이』는 현실적이고 역사적인 맥락 모두를 지워 버린 채 다만 사랑을 중심으로 이루어지는 '단순한' 세상을 절대화한다.

이처럼 절대선을 구현한 인간들 혹은 아직 자본주의 사회에 입사(入社)하지 않은 존재들만이 도달할 수 있는 금욕적인 사랑에 의해 지탱되는 이 '사랑의 왕국'이라는 『난장이』의 지향점은 어린아이의 순진한 심성에서만 가능한 어떤 꿈과 유사하다.9) 이 꿈이란 물론 사회적·역사적인 맥락 속에서 계발된 것이 아니라 마음속

---

9) 이에 대한 자세한 논의는 이동하, 「어두운 시대의 꿈」, 『작가세계』, 1990년 겨울 참조

에 존재하는 절대적인 이상향 같은 것이어서 실현될 가능성이 거의 없음은 물론이다. 그렇다고 순진무구한 세계의 동경이 실현 가능성이 없다고 해서 아무런 의미가 없는 것은 아니다. 비록 순진무구한 시선은 물리적인 힘과 결합하여 실제적인 현실로 나타날 가능성이 적은 것은 사실이지만, 기존의 보편성을 낯설게 하고 해체하는 데 있어서 가장 근본적이며 혁명적인 기능을 담당할 수 있는 통로인 것 또한 사실이다. 자본주의 사회란 양심마저도 상품화할 정도로 철저한 계산 가능성에 의해 운영되는 사회이기 때문에 이 사회에서 살아가는 어느 누구도, 그것을 궁극적인 목적으로 설정하는가 아니면 보다 궁극적인 목적의 수단으로 설정하는가의 차이는 있을지라도, 이 계산 가능성의 원리 바깥에서 살아갈 수는 없을 터이다. 말하자면 계산 가능성이란 이 사회를 살아가는 모든 사회구성원들에겐 아무런 회의도 동반할 필요가 없을 정도로 자연스러운 삶의 철칙이며 원리인 것이다. 그런데 어린아이의 순진무구한 심성이란 역사적·사회적 맥락을 통해 그 사회의 구성원들이 공인한 가치들을 습득하기 이전의 순백의 상태이기 마련이며, 따라서 이 어린아이의 시선과 표현이란 그 사회의 관습적인 삶과 감옥에 갇혀버린 언어를 해방하고 해체하는 데 무엇보다도 근원적인 힘을 제공한다. 결국 『난장이』는 어린아이의 심성과 같은 순진성이라는 문제틀을 통해 이 시대를 살아가는 사회구성원들이 인류의 역사적 발전을 위한 중요한 동력으로 공인한 자본주의적 합리성을 목적 없는 합목적성으로 낯설게 만들어 버리며, 결과적으로는 역사의 중요한 발전단계로 신성시되었던 '낙원구 행복동'(즉 자본주의 사회)을 정신적 동물왕국의 시대로 전도시킨다.

　『난장이』는 이처럼 관습화된 인식틀과 담론체계를 근원적으로 해체하는 데 성공하고 있거니와, 이는 이곳이 아닌 저곳 혹은 자본주의적 합리성이 아닌 사랑에 대한 철저한 동경으로 역사의 아이러니를 정확하게 읽어내고 재질서화했다는 점에 연원한다. 하지만 『난장이』가 기존의 보편성을 그토록 효과적으로 해체할 수 있었던 요인은 역사에 대한 아이러니적 인식에 한정되는 것은 아니다. 또 하나의 중요한 요인이 개입되어 있는바, 그것은 『난장이』가 『난장이』 특유의 문제의식에 걸맞는 기교 혹은 기법을 고안해냈기 때문이다. 『난장이』의 작가는 일관되게 우리 사회의 모순의 기원을 아주 단순하게 '사랑이 없는 욕망'이라고 규정할 뿐만 아니라 그렇게 표현한다. 『난장이』는 이미 존재하는 상식적이고 전통적인 표현방식을, 혹은 화려하고도 논리적인 연관들을 간단한 진실을 발견하지 못하게 하는 혹은 그 간단한 진실을 위장하는 담론체계로 파악한다. 그래서 『난장이』는, 한 작중인물의 "나는 과거의 착취와 야만이 오히려 정직하다고 생각한다"(94면)라는 표현처럼, 화려하고도 논리적인 연관들로 구성되거나 아니면 현실에 대한 핍진한 재현으로 일관한 전통적인 표현방식을 철저하게 부정하고 사회구성원들이 공인한 인과율이나 그 인과율을 위한 여러 단계의 매개과정을 괄호에 넣어버리거나 단순화시킨다. 이를 위해 『난장이』는 문체 자체는 물론 대상을 표현해내는 모든 영역에 '기법에의 의지'를 투사한다. 그렇게 『난장이』는 디테일의 충실성, 전후 사건의 논리적 유기적 관련, 그리고 사실주의적 재현 등 전통적인 표현 방법 대신에 과거와 현재의 자의적이고 독창적인 병치, 고도의 비유적 표현 등을 통해 자신의 문제의식을 관철시키고 있는 것이다.

이러한 '기법에의 의지' 중 우리가 주목할 부분은 한 평자에 의해 '스타카토 문체'[10]라고 명명된 단문체와 『난장이』의 곳곳에서 발견되는 반어적 혹은 역설적 표현이다. 『난장이』는 어린아이의 말투를 연상시킬 정도로 간명하며 직접적인 표현을 즐겨 사용한다. 접속사어 사용을 최대한 억제하고 있어서 문장과 문장 사이의 비약이 자주 나타난다. 뿐만 아니라 하나의 현상이나 대상을 공동체의 언어로 표현하는 대신 아주 압축적인 생각을 직접적으로 표현함으로써 하나의 현상에 대한 여러 해석의 가능성을 근원적으로 차단하고 동시에 그 언어 속에 담긴 현실적 역사적 문맥을 전혀 의미 없는 것, 올바르지 못한 것으로 전화시킨다. 이러한 『난장이』의 문체는 '사랑의 왕국'이라는 순진무구한 세계로 이 타락한 세상을 드러내고자 하는 『난장이』의 문제의식과 적절하게 조화를 이루며, 『난장이』가 '낙원구 행복동'을 행복으로 가득찬 낙원에서 죽은 땅으로 전도시키는 데 아주 중요한 밑거름이 된다.

『난장이』가 낙원을 죽은 땅으로 설득력 있게 물구나무 세울 수 있었던 또 하나의 요인은 반어적 표현이다. 『난장이』에는 유달리 반어적인 표현이 자주 등장하는바, 이는 『난장이』만의 또 하나의 고유한 특질이라 할 수 있다. 『난장이』는, "냉·난방 시설을 갖춘 큰 집에 없는 게 없이 해놓고" 사는 한 친구의 평온한 삶을 "애써 잃어버린 희망을 찾지 않기로 했"(135면)다는 이유를 들어 죽은 존재로 규정한다. 그리고 묻는다. "누가 동생의 친구를 죽였을까"(135면) 하고. 그런가 하면 "너의 할아버지가 죽은 난장이 아저씨의 아

---

10) 김병익, 「난장이 혹은 소외집단의 언어」, 『상황과 상상력』, 문학과지성사, 1979, 69면.

들딸과 그 어린 동료들에게 주어야 할 것을 다 주지 않았어. 그리고 너는 그걸 몰랐지? 몰랐기 때문에 방학을 그 할아버지의 영토인 아름다운 섬에 가서 보냈고, 빨간 승용차를 탔고, 고기와 싱싱한 야채가 늘 오르는 식탁을 대했고, 따뜻한 잠자리에서 남자아이를 생각했고, 그 남자아이를 끌어내기 위해 불쌍한 아이들을 팔았지? 이제 네 죄에서 네가 스스로 벗어나야 돼"(153면)라는 식의 표현도 자주 눈에 띈다. 또 그런가 하면 극도의 빈한한 삶을 영위하는 한 할아버지에게 학생들이 묻는다. "앞으로의 할아버지의 생활이 어떠지실 거라고 믿으세요?" 그 할아버지는 대답한다. '아주 좋아질 것이다'라고. 그리고 그 이유를 설명한다. "나는 곧 죽을 것"(205면)이기 때문이라고. 이러한 『난장이』 특유의 단호한 반어적 표현은 물질적 풍요만을 삶의 수단이 아닌 목적으로 신격화하는 자본주의적 합리성은 물론 그 합리성을 절대선으로 받아들이며 살아가는 사회구성원들의 가치관을 그야말로 한 순간에 의미 없는 것으로 전도시키기에 충분하며, 『난장이』의 문제의식에 가장 잘 부합하는 표현방식이라 할 수 있다.

이처럼 『난장이』는, 대부분의 문제작이 그러하듯, 중요한 것과 중요하지 않은 것, 본질적인 것과 예외적인 것, 선과 악, 앞과 뒤의 경계를 불분명하게 할 뿐만 아니라 전도시킨다. 『난장이』는 '난장이' 일가로 표상되는 자본주의 사회의 소외 계층의 불행과 고통을 통하여 '최소한의 투자로 최대한의 이윤을!'이라는 정언으로 표상되는 자본주의적 합리성이란 곧 모든 사물이나 대상에게서 고유한 가치를 박탈하고 타자의 희생을 강요하는 계산 가능성일 뿐이며, 따라서 자본주의적 합리성에 근거한 선과 악의 기준은 무의미한 것으로 단언한다. 아니, 무의미한 정도가 아니라 모두가 전도된 것으로 파악한다. 즉 행복이란 불행이며, 물질적 풍요만을 구가하는 역사의 발전이란 곧 역사의 파멸을 향한 맹목적인 질주일 뿐이다. 이렇게 『난장이』는 환금 가능성이라는 타락한, 그리고 단일한 원리에 의해 결정된 모든 선과 악, 전과 후의 관계를 현상학적으로 환원시키고 전복시킨다. 이러한 『난장이』의 현실독법을 우리는 역사 자체의 아이러니에 대한 발견, 혹은 역사에 대한 아이러니적 인식이라 부를 수 있거니와, 이것이야말로 『난장이』의 중요한 미적 원천이다. 그런데 여기서 우리가 주목할 것은 『난장이』에서 이루어진 역사에 대한 아이러니적 현실독법이 사후적이라기보다는 선험적이며 우연한 결과가 아니라 처음부터 의도된 것이어서 이 아이러니적 현실독법이 소설 곳곳에 반어적인 표현으로 구체화되어 있다는 점이다. 이는 마치 기존의 보편성을 전면적으로 부정, 해체하고자 하는 목적으로 단호한 반어적 표현을 줄곧 유지했던 맑스와 니체를 연상시킨다. 맑스와 니체가 그들 특유한 강렬한 반어적 표현으로 기존의 보편성에 대한 근본적인 회의를 이끌어낼 수 있었다면,[11] 『난장이』의 반어적 표현 역시 성찰이전의 보편성을 근본적으로 회의하게 하고 새로운 담론체계의 필요성을 강렬하게 환기시켰다고 할 수 있다. 『난장이』를 구성하는 여러 미학적 원리 중에서 현실에 대한 아이러니적 인식과 표현은 이처럼 중요한 요소로 작용하거니와, 『난장이』가 그토록 발표

---

11) 반어적 역사 인식과 그 의미에 대해서는 앙리 르페브르, 이종민 역, 『모더니티 입문』, 동문선, 1999 및 헤이든 화이트, 천형균 역, 『19세기 유럽의 역사적 상상력』, 문학과지성사, 1991 참조

당시 한국문학의 새로운 미래로 떠올랐던 것도 이것과 무관하지
않다.

3. 자본주의라는 괴물과 사랑의 정치학

『난장이』 전체를 규율하는 하나의 서사원리는 이처럼 아이러니
적 현실독법을 통해 기존의 보편성을 해체하려는 의지이다. 하지
만 『난장이』는 이것만으로 구성되어 있지는 않다. 『난장이』 안에
는 또 하나의 핵심적인 서사원리가 은밀하게 작동하는데, 『난장
이』의 무게 중심은 서서히, 그러나 기존의 보편성을 충분하게 탈
영토화시킨 이후로는 급격하게 또 하나의 서사원리 쪽으로 기운
다. 이러한 중심의 이동은 필연적인 것처럼 보인다. 『난장이』는 사
랑이라는 매개를 통해 현실을 아이러니화, 혹은 탈영토화하는 과
정에서 일종의 이율배반적인 상황에 직면하기 때문이다. 『난장이』
는 앞서 살펴본 것처럼 절대선의 경지에 올라선 인간들 혹은 자본
주의라는 사회적 관계 속에 편입되지 않은 존재들만이 만들어낼
수 있는 '사랑의 왕국'을 잣대로 현재를 살아가는 인간들을 평가
하고 재질화하고 있으며, 이는 대단히 심각한 문제를 발생시킨다.

그 문제란 다름 아닌 '난장이 일가'로 대표되는 소외계층의 평
가 문제이다. '사랑의 왕국'이라는 이상적인 삶의 경지에 비추어보
자면 자본주의 사회에서 살아가는 모든 존재들은 불길한 욕망을

탐닉하는 개체들이며, '난장이 일가' 역시 자기 희생적인 모럴로만 살아가지 못한다. 이 시대의 공공영역이 유지되는 원리를 고려치 않고 '진정으로 올바른 인간'들이 만들어내는 '사랑의 왕국'이라는 관점에서 세상을 바라볼 경우, 그들도 역시 기계처럼 혹은 동물처럼 하루하루를 연명하거나 그들은 끊임없이 세상에 대한 원망을 멈추지 않고 때로는 복수를 꿈꾸기도 하는, 그러니까 '사랑이 없는 욕망'에 집착하는 존재들인 것이다. 이처럼 '사랑의 왕국'이라는 절대선의 경지는 지나치게 근원적이어서 다수의 희생양들을 팔아 넘기고 개인적인 풍요를 구가하는 인물들은 물론 '난장이 일가'로 표상되는 자본주의적 축제의 희생양들도 역시 동등하게 부정적인 인물로 표현될 수밖에 없다. 이렇게 되면 지배자나 피지배자, 기득권계층과 소외계층, 자신의 풍족한 생활을 위해 다수를 희생시키는 자나 그의 탐욕에 의해 처절한 삶을 살아가는 자 모두가 '더러운 얼굴의 아이들'이 되는 것이다.

이러한 난맥상을 『난장이』는 이 더러운 얼굴의 아이들 중에서 상대적으로 보다 더러운 자 혹은 보다 깨끗한 자를 찾아내고 이 중에서 '사랑의 왕국'을 향한 새로운 중심을 만들어내는 것으로 해결한다. 즉 『난장이』는 '사랑이 없는 욕망'을 좇는 모든 존재들을 일관되게 비판적으로 형상화하여 '사랑이 없는 욕망'에 의해 구성된 모든 위계질서를 해체 혹은 탈영토화시키는 길, 예컨대 중심이나 위계질서 따위를 인정하지 않는 원리를 찾아나서는 것이 아니라 새로운 중심에 의한 또 다른 수미일관한 위계질서를 세우는 재영토화의 길을 선택하는 것이다. 『난장이』가 모든 위계질서를 거부하는 대신 새로운 위계질서를 모색하는 길로 나서는 데에는 『난장이』가 지금, 이곳을 살아가는 두 계급 모두가 '더러운 얼굴'이 된 일차적인 요인을 가진 자 혹은 공부한 자들의 불길한 탐욕에서 찾고 있다는 것과 관련이 깊다. 『난장이』는 자본주의사회의 모순을 자본의 증식과정에서 찾지 않는다. 『난장이』는 인격화된 자본, 즉 자본가가 흡혈귀와도 같은 탐욕스러운 존재로밖에 존립할 수밖에 없는 이유를 모든 잉여가치를 한 순간에 집어삼키고도 그것을 합리성이라 명명할 수 있도록 하는 자본주의의 총체적인 연관 속에서 발견하는 것이 아니라 자본가들의 비인륜성에서 찾는다. 한마디로 『난장이』는 자본주의의 모순을 인격화된 자본에서 찾는 것이 아니라 자본을 지닌 인격에서 찾으며, 생산의 공공성과 소유의 사적 성격이라는 자본주의 고유의 성격을 잉여가치를 독식하는 자본의 자기 증식과정으로 파악하는 것이 아니라 타락한 자본가의 탐욕으로 설정하고 있는 것이다.[12]

이러한 문제틀로 세상을 바라보기 때문에 『난장이』가 모색하는 재영토화의 길은 아주 분명하고 간단하다. 지배계층의 만족을 모르는 탐욕이 소외계층을 절대적인 빈곤에 몰아 넣으며, 그 결과 소외계층은 자기 희생적인 모럴을 유지하지 못한 채 지배자에 대한 복수심을 불태우게 된 것이므로, 자본가만 비인륜적 사고에서 벗어나 인륜성을 회복하면 우리 사회가 안고 있는 문제점은 모두가 치유될 수 있다는 것이다. 물론 이를 위해서는 노동자들의 자

---

12) 『난장이』에서 인간의 윤리적 계기가 차지하는 위치와 한계에 대해서는 이미 여러 논자가 주목한 바 있다. 이에 대한 논의로는 염무웅, 「도시─산업화시대의 문학」, 『민중시대의 문학』, 창작과비평사, 1979; 김우창, 「산업시대의 문학」, 『궁핍한 시대의 시인』, 민음사, 1977; 성민엽, 앞의 글; 김윤식·정호웅, 『한국소설사』, 예하, 1991 참조.

신의 권리를 찾으려는 노력이나 개인적인 원한 대신 사랑을 입법화하려는 사회적 실천이 부가되어야 한다고 『난장이』는 말하고 있으나, 이것은 어디까지나 부차적이며 제한적이다. 『난장이』에 따르면 자본주의적 모순의 기원이란 자본가의 탐욕이어서 문제의 진정한 해결도 역시 자본가의 회개에서만 가능하다. 그렇기 때문에 아무리 노동자들이 자신의 권리를 찾기 위해 전 생애를 건다 해도 그것만으로는 모순의 극복은 가능하지 않음은 물론이다. 또한 『난장이』가 진정으로 꿈꾸는 것은 자기 희생적인 모럴에 근거한 사랑의 입법화이기 때문에 노동자들의 실천범위 역시 제한적일 수밖에 없다. 왜냐하면 혹여 계급간의 투쟁으로 자본주의적 모순을 해결하고자 할 경우, 그것은 사랑의 입법화 혹은 자기 희생적인 모럴에 역행하기 때문이다. 그래서 『난장이』는 끊임없이 자본가의 탐욕이 멈추지 않을 경우 그것은 소외된 계층의 복수심을 키워나갈 것이라는 사실, 그렇게 되면 모든 계급이 불행에 빠질 것이라는 사실을 환기시킨다.

이렇게 『난장이』의 중심 서사는 서서히 역사 자체의 아이러니를 드러내는 데에서 두 계급의 도덕적 각성을 촉구하는 자리로 옮겨간다. 하여, 『난장이』의 공간은 '낙원구 행복동'에서 자본가와 노동자가 첨예하게 대립하는 은강이라는 대규모 공업지대로 옮겨간다. '낙원구 행복동' 시절 '난장이 가족'은 대도시 변두리 하층민으로, 일용노동자로, 소규모 공장의 노동자로, 학생으로 살아가지만, 후반부에서 '난장이 가족'은 그야말로 대규모 공장의 조직된 노동자로 전이된다. 그리고 '낙원구 행복동' 시절 자주 등장하던 '신애', '윤호', '은희' 등 다양한 중간적 인물은 서서히 서사의 표면에서 사라지고 대신에 '자본가'와 '노동자'라는 두 계급을 대표하는 인물들이 서사의 중심을 차지한다. 특히 자본가와 노동자 사이를 오가면서 "지금까진 너희를 위해서 난장이 아저씨의 아들딸과 그의 어린 동료들이 희생을 당해왔어. 지금부터는 그들을 위해 너희가 희생할 차례야. 알겠니? 집에 돌아가면 어른들에게 말해"(153면)라며 자본가의 탐욕을 경고하고 "사람을 죽인다고 해결될 일은 없어. 넌 이성을 잃었어"라며 노동자의 복수심을 중재하던 중간자적 인물인 윤호가 소설 속에서 슬그머니 모습을 감춘다는 사실은 『난장이』의 변화를 알려주는 중요한 표지이다. 이러한 변화는 『난장이』에서 모든 인물의 위계질서를 결정짓는 잣대로 기능하는 완결된 개인인 지섭[13]에게도 역시 나타난다. '사랑이 없는 욕망'을 지닌 채 살아가는 사회의 모든 사회구성원을 비판하고 "시간을 터무니 없이 낭비하고, 약속과 맹세는 깨어지고, 기도는 받아들여지지 않는" 끔찍한 지상에서의 시간 대신에 "황금색의 별세계"(57면)를 동경하던 지섭은 이제 자본가의 탐욕을 가장 인류가 안고 있는 재앙의 근원지로 몰아세우는, 다분히 지상의 시간 속에서 살아가는 인물로 그 성격이 바뀐다.

여기서 우리는 『난장이』의 소설적 공간이 '낙원구 행복동'에서 '은강'으로 옮겨지는 과정에서 하나의 중요한 서사적 단절이 발생한다는 사실을 눈여겨볼 필요가 있다. 바로 영희에 대한 부분이다. 영희는 자신의 집이 무허가 건축물로 헐리고 '아파트 입주권'이 부동산 브로커에게 싼값에 넘어가자 그를 찾아가 그것을 되찾아

---

13) 『난장이』에서 지섭이라는 성격이 차지하는 의미에 대해서는 김윤식, 「난장이론—산업사회의 형식」, 『우리 소설과의 만남』, 민음사, 1986, 71~76면.

등기를 마친다. 하지만 영희가 다시 등장할 때 그녀는 은강의 가족 품으로 돌아와 있으며, 그것도 공장의 노동자로 돌아와 있다. 그런데 문제는 이 과정에서 그녀가 훔쳐내고 등록한 아파트가 어떻게 처리되어 있는지에 대해서는 아무런 설명도, 서사도 없다는 점이다. 물론 이러한 설정은 소외계층의 삶의 상태란 '일정한 한도와 경계'(235면)에서 벗어나는 불가능하다는, 그래서 전락만이 가능할 뿐 이 한도에서 벗어나는 것은 불가능하다는 작가적 의식의 무의식적 발현물이라 할 수 있을 터이다. 하지만 이러한 단절에는 『난장이』가 기존의 담론체계를 해체하는 데는 중요한 기여를 했으면서도 정작 새로운 중심을 세우는데는 그리 성공적일 수 없었던, 다시 말해『난장이』를 더 높은 단계로 비약시키지 못한 중요한 계기가 숨겨져 있는 것처럼 보인다.

　『난장이』는, 그것이 불법적인 것으로 받아들이건 아니면 정당방위의 차원으로 수용하건 간에, 영희가 소유한 아파트를 아무 맥락도 없이 없애버림으로써 '철저한 평등주의자'[14]로서의 화폐의 성격을 적극적으로 감싸안지 못한다. 화폐란 철저한 평등주의자여서 인간을 포함한 세상에 존재하는 모든 것을 질적 차이를 지워 버린다. 화폐란 자본가만 타락시키는 것이 아니라 노동자도 타락시킬 수 있는 것이며, 그래서 화폐를 소유할 경우 노동자도 사회적 힘을 사적인 힘으로 전유하게 되는 것이다. 다시 말해 노동자 역시 비록 그것이 빈약한 양이라고 하더라도 얼마든지 물질적 탐욕에 젖어들 가능성이 농후하다. 그럼에도 불구하고 맑스나 루카치 등

---

14) 칼 마르크스, 김수행 역, 『자본론』 I(상), 비봉출판사, 1991, 164면.

이 노동자에게서 미래의 가능성을 찾을 수 있었던 것은 노동자는 그 자신이 상품으로 존재하기 때문에 자신의 삶을 객관화할 경우, 인간과 인간 사이에 상품이 개입함으로써 성립되는 유령적 대상성(gespenstige Gegenständlichkeit)을 걷어내고 주관과 객관의 변증법적 관계를 객관적으로 파악할 수 있다는 이유 때문이다. 근대 특유의 "노동자의 사물화과정, 상품화과정이 노동자를 무로 돌리고 그의 '영혼'을 위축시키고 불구화시키지만 노동자의 인간적·영혼적 본질을 상품으로 바꿔놓지는 않"기 때문에 노동자는 "자신의 (상품으로서의) 현존재에 대항하여 자신을 내적으로 완전하게 객관화할 수가 있다"[15]는 것, 이것이 노동자로 하여금 사물화에 의해 지배되는 타락한 사회를 넘어설 수 있는 원리 혹은 계급으로 주목되었던 것이다. 하지만 『난장이』는 '철저한 평등주의자'인 화폐를 소유할 수 있는 계급을 자본가로 한정하고, 노동자가 화폐를 소유할 수 있는 가능성을 차단시킨다. 비록 소량이지만 노동자가 화폐를 소유할 때 나타날 수 있는 가능성, 그리고 그럼에도 불구하고 모순의 근원이 자본가의 탐욕에만 있는가에 대한 전면적인 재검토가 이루어지지 않는 것이다. 결국 『난장이』에서 이루어지는 자본가와 노동자의 대립은 화폐를 소유한 타락한 자본가와 화폐의 소유 자체가 불가능해서 절대 빈곤의 상태에 처해 있는 노동자의 대립으로 나타나며, 그래서 이 절대 빈곤에서 벗어나려는 노동자의 모든 행위는 그것이 비록 비인간적인 행위라 하더라도 정당방위로 읽혀질 수밖에 없게 되는 것이다.

---

15) 게오르그 루카치, 박정호·조만영 역, 『역사와 계급의식』, 거름, 1986, 266면.

하여간 『난장이』의 후반부에는 자본가의 탐욕과 어쩔 수 없이 그에 대한 복수심을 키워나가는 과정이 세밀하게, 또 때로는 통계적인 수치를 동원해가면서 묘사되며, 이러한 대립이 만들어낸 파국에 주목한다. 한마디로 『난장이』의 후반부에서는 아이러니적 현실 독법은 현저하게 약화되고 대신에 그 자리를 노동자를 정점으로 하는 위계질서로 채워지는 것이다. 이 길목에 『난장이』는 또 하나의 의미심장한 상징 자치를 제시하고 있는데, 바로 '클라인씨의 병'이다. "안이 밖이고 밖이 곧 안"인 '클라인씨의 병'을 통해 "이 세계에서는 갇혔다는 것 그 자체가 착각"이라는 결론에 도달한 후 영수는 노동현장 바깥에서의 활동을 접고 노동현장의 중심으로 다시 돌아간다. 그 활동이 결국 살인으로 귀결되고 말았지만, 이 '클라인씨의 병'이라는 상징은, '뫼비우스의 띠'라는 상징에 비견될 정도로, 『난장이』에서 대단히 중요한 의미를 띠고 있다는 것을 확인할 수 있다. 『난장이』의 서두에 등장하는 '뫼비우스의 띠'가 "우주는 무한하고 끝이 없어 내부와 외부를 구분할 수 없을 것 같다"라는 논리 하에 이전의 중심을 해체했다면, 그래서 지섭이라는 완결된 개인이 "황금색의 별세계"에 동경하면서 지상의 시간을 부정했다면, '클라인씨의 병'은 중심을 정립하는 것이 결코 다른 외부의 세계와 단절되는 것이 아니라는 사실을 확인한다. 즉 작가는 새로운 중심의 정립이 이전의 보편성을 해체하는 물론 인류 전체가 진정한 사회로 나아갈 수 있는 길이라고 믿기에 이른 것이다. 다시 한번 들뢰즈의 표현을 사용하자면, 『난장이』는 처음의 탈영토화 의지를 스스로 비판하고 서서히 새로운 중심의 확립을 통한 재영토화의 길을 모색하게 된 것이리라. 그렇게 해서 작가가 찾아낸 우리 시대의 중심이 바로 탐욕스러운 자본가와 사회에 대한 원한으로 가득찬 노동자가 대립하는 현장인 것이다.

하지만 이 대립은 어떤 병존 형식을 찾아내지 못하고 '난장이'의 큰아들 영수가 은강그룹의 총수의 동생을 살해하는 것으로 결말을 맺는다. 작가는 이 비극적인 결말을 통해 두 계급의 진정한 관계를 제시하고자 한다. 『난장이』는 우리 시대의 악의 모든 근원을 자본가의 탐욕으로 설정하고 있는 만큼 당연히 이 살인을 정당방위로 규정하며, 『난장이』의 후반부는 이것에 모든 작가적 역량이 집중된다. 『난장이』는 영수의 살인을 다음과 같이 역설적으로 변호한다. 자본가의 탐욕은 "노동자와 사용자는 다 같은 하나의 생산자이지 이해를 달리하는 두 등급의 집단은 아"(257면)님에도 불구하고 노동자의 생계 혹은 생존마저 위협했을 뿐만 아니라 그 탐욕을 나누자는 노동자의 인간적이고 정당한 요구를 법을 통해, 혹은 폭력적인 수단을 통해 저지하는 등 극한대립을 이끈다. 그러자 인간이기에 더 이상 기계처럼 살아갈 수 없는 '난장이'의 큰아들은 어쩔 수 없이 억압의 중심을 도려낼 마음을 품을 수밖에 없었고, 그래서 살인을 하기에 이른다. 그러니 이 모든 불행의 근원지는 바로 타락한 자본가에 있으며 영수의 행위는 정당방위라는 것이다. '난장이'의 자살이 곧 '타살'이라면, 자본가의 타살은 곧 자살에 불과하다는 논법이다. 하지만 이러한 역설적인 새로운 중심의 정립은 대단히 추상적이다. 모든 악의 근원을 자본가의 탐욕으로 설정했다는 점, 노동자의 무소유 상태를 상대적인 빈곤이 아닌 절대적인 빈곤으로 설정했다는 점, 하여 노동자는 단지 수탈의 대상이었으므로 정당하고 또 영원히 소유란 불가능하므로 여전히 정당할 것이라고 파악한 점 모두가 추상적이며, 그래서 『난장이』
에서 이루어진 새로운 위계질서는 『난장이』의 미적 환기력을 오
히려 반감시킨다.

4. 『난장이가 쏘아올린 작은 공』 그 이후

"다양한 학문의 범위를 결정짓는 것은 '사물들'간의 '실제적'인
연관성이 아니라 문제들 간의 개념적인 상호연관성이다"라는 막
스 베버의 말이 아니더라도, 수없이 무의미하게 흩어져 있는 사물
들에게 질서를 부여해주는 문제들간의 개념적인 상호연관성이 한
개인 혹은 공동체의 삶을 결정짓고 움직여 나가는 중요한 힘인 것
만은 분명하다. 끊임없이 생겨나는 사물은 새로운 문제를 낳으며
그렇게 발생한 문제들을 새로운 개념으로 서로 연관시키면서 인
간은 이러한 인간에서 저러한 인간으로 자신의 세계 내적 위치를
각기 다르게 설정하며, 그러한 세계 내적 개인들의 쟁투와 복잡한
이합집산에 따라 역사는 이곳에서 저곳으로 물결쳐간다. 그만큼
새로운 문제들에서 도출된 새로운 방법, 새로운 개념이 지니는 잠
재력은 무한하며, 그것은 때로는 한 인간의 운명은 물론 세계의
역사를 움직이는 결정적인 진원지가 되기도 한다.

1970년대 중반 이곳에서도 지금, 이곳을 살아가는 사람들의 존
재조건을 결정적으로 전환시킨 거대한 문화사적 사건이 발생한

바 있다. 그 사건은 그 이전까지 전혀 주목하지 않았거나 아니면 주목했다 하더라도 비본질적이거나 예외적인 것으로 받아들여졌던 인간 혹은 사회의 어떤 속성을 전면에 부각시켰고 그 이후로 한국의 역사 전반은 새로운 방향으로 선회했다. 이 거대한 문화사적 사건이란 다름 아닌 이제까지 우리가 살펴본 조세희의 『난장이』이다. 하지만 『난장이』는 한국문학사상 유례가 없을 정도의 파장을 불러일으켰음에도 불구하고 이후 우리 문학사의 살아있는 전통으로 계승되지 못하고 말았다. 물론 『난장이』의 자본가와 노동자의 대립이라는 문제틀은 『난장이』 이후 시대의 가장 핵심적인 원리가 된 것도 사실이고 한국문학사의 어떤 작품보다도 많은 영향력을 끼쳤던 것도 사실이다. 그러나 사정을 좀더 자세히 들여다보면 『난장이』의 영향력이란 단지 수많은 에피고넨들이 급조되었다는 사실 이상의 의미를 지니지 않는다.

우리는 앞서 『난장이』가 자본가와 노동자의 대립을 우리 사회의 가장 핵심적이고 본질적인 문제로 진입시켰지만, 『난장이』에서 제시된 노동자 중심의 새로운 위계질서가 대단히 추상적임을 확인한 바 있다. 하지만 『난장이』 이후 『난장이』 계열의 소설들은 대단히 추상적이기만 한 '노동자 중심의 위계질서'에 머문 감이 없지 않다. 그것은 『난장이』의 작가 조세희 자신도 그러했으며, 또한 『난장이』의 문제틀을 서사화한 소설 전반이 그러했다. 『난장이』의 작가는 노동자들의 소유가 비로소 가능해지자 더욱 소유하지 못한 계층 혹은 계급을 찾아다니면서 탐욕스러운 자본을 비판하거나 아니면 탐욕스러운 자본 대신에 탐욕스러운 권력을 비판하는 것으로 시종한다. 또 『난장이』의 문제의식을 본받은 1980년대의 수많은 노동문학 역시 『난장이』의 진정한 정신을 이어받지 못하고 대신 자본가의 탐욕과 무소유의 노동자를 대비시키면서 노동자의 정당성을 입증하려는 수준을 반복하는 데 그친 것은 마찬가지이다. 이러한 추상적이고 윤리적인 가치평가 기준 혹은 무소유 자체를 신비화하는 경향에 의거한 위계질서는 우리 삶 전반이 절대적인 가난에서 벗어나는 순간 거대한 혼란에 빠졌으며, 결국 『난장이』에서 제기된 문제틀은 이 혼란을 다시 정리하지 못한 채 자본가와 노동자의 대립이 아직도 현실의 중요한 부면임에도 불구하고 문학사의 표면에서 사라지고 말았다.

하여간 1990년대 중반 이후 『난장이』의 문제의식은 이제 단절되었다고 해도 과언이 아니다. 한마디로 현재의 우리 문학사는 우리 현실의 중요한 측면을 읽어들이지 않은 채 진행되는 셈이며, 이러한 흐름을 당연한 것으로 받아들이고 있다. 이는 달리 표현하자면 우리 문학사가 『난장이』가 씌어질 당시로 되돌아갔다는 것을 의미한다. 그렇다면 이제 우리에게 필요한 것은, 『난장이』가 새로운 시선으로 우리에게 중요한 부분을 읽어내지 않는 문학사의 흐름이나 담론체계를 부정하면서 역사 자체의 아이러니를 환기시킬 수 있었듯이, 존재하는 현실 자체를 충분히 읽어들이지 않은 채 자립적으로 존재하는 담론체계를 근본적으로 전도시키는 아이러니 정신인지도 모른다. 하지만 이때의 아이러니적 현실독법은 『난장이』의 단순재생산이 아니라 도그마의 수준으로까지 전락했던 노동자 중심의 위계질서까지를 전도시킬 정도로 근본적이어야 함은 물론이다.

자유와 사랑, 혹은 환멸의 기원
최인훈의 『광장』

1. 『광장』, 낯설고도 거대한 세계

이미 한국 근대문학사의 정전(正典)의 반열에 올라선 최인훈의 『광장』을 끝까지 읽어내기 위해서는 철저한 마음의 준비가 필요하다. 가령 『광장』을 읽기 전에, 아니면 읽는 동안에도 내내, '친숙함은 인식의 장애다'라는 코지크의 경구를 떠올려보는 것은 『광장』이라는 거대한 성에서 길을 잃지 않는 매우 효과적인 방법일 수 있다. 『광장』은 분명 우리에게 친숙한 세계는 아니다. 『광장』은, 모든 위대한 작품이 그러하듯, 우리가 지니고 있는 친숙한 상식 혹은 감각적 확신을 통해서 획득한 세계에 대한 통일성과는 다른 시선으로 세상을 읽어내며, 하여 우리의 상식적인 관점에서 보자면 대단히 낯설다.『광장』의 이 낯선 요소는 수시로 우리의 자연스러운 독서를 방해할 뿐만 아니라 많은 경우 작품 읽기를 중간에서 멈추게 하기도 한다. 그러나 자신에게 친숙한 것만을 고집하는 태도는 현재의 자기 의식을 높은 차원으로 끌어올리려는 노력을 꾀하지 않는 편집광적인 자기 집착의 다른 표현일 뿐이다. 만약 어떤 존재가 친숙함만을 고집할 때 그러한 존재는 그 자리만을 계속 맴돌 뿐 인식상의 발전을 이룩해낼 수 없으며, 그가 진정으로 인식상의 발전을 이루기 위해서는 자기에게 낯선 외부세계나 또 다른 자아를 내면세계가 순응해야 할 모델로 설정함으로써 낯선 주변세계에 자기 자신을 유사하게 해야 한다. 이러한 사실을 상기한다면『광장』을 읽을 때의 불편함은 오히려 자기 발전의 중요한 계기라 할 수 있는 것이다. 그래서 우리는 '친숙함은 인식의 장애'라는 점을 많이 떠올리면 떠올릴수록『광장』을 끝까지 읽어낼 수 있을 뿐만 아니라『광장』이라는 거대한 성 속에 무궁무진하게 숨겨져 있는 보물을 찾아내어 자기 것으로 만들 수 있다.

『광장』이 낯설다고 해서『광장』이 문체에의 의지나 아니면 형식에의 의지를 전면에 내세운 전위적인 형식 실험의 소설인가 하면 그렇지 않다. 오히려『광장』은 지극히 전통적이며 정통적인 형식의 소설이다. 소설이란,『소설의 이론』에 따르자면, 한 문제적인 개인이 '자신을 알아보기 위해 길을 나서는 영혼의 이야기이자 모험을 통해 자신을 시험하고 또 자신을 견디어 내면서 자신의 고유한 본질을 발견하려는 영혼의 이야기'이다. 다시 말해 소설이란 문제적 개인이 자기를 세계화하고 세계를 자기화하는 과정을 통하여 자신의 세계 내적 위치를 찾아내는, 문제적 개인의 자기 인식에로의 여행인 것이다. 이것이 소설의 전형적인 내적 형식이라고 한다면, 『광장』은 이러한 소설의 전형적인 문법으로 구성되어 있다.

『광장』의 낯섦은 형식적인 실험 의지가 아닌 한국의 현대사를 읽어내는 깊이 있는 성찰에 의해서 생겨난다. 즉 『광장』은 작가 최인훈의 세계사 전반에 대한 도저한 역사철학적 통찰이 단연 돋보이거니와, 이것에 뿌리를 두고 한국의 근·현대사를 읽어냄으로써 그전까지의 문학사는 물론 그 이후의 문학사에서도 찾아보기 힘들 정도로 한국 근·현대사에 대한 깊이 있는 기록과 예측을 보여주고 있다. 이러한 한국 근·현대사에 대한 독창적이면서 깊이 있는 시각을 통해 『광장』은 한국전쟁과 남북분단이라는 문제를 우리가 지닌 상식과는 전혀 다른 방식으로 표현한다. 『광장』은 한국전쟁과 남북 분단의 발생론적 원인을 흔히 한국전쟁을 설명하는 중요한 개념으로 제시되곤 하는 계급간의 대립이나 선한 이데올로기와 악한 이데올로기의 대립으로 파악하지 않는다. 『광장』은 한국전쟁과 남북분단의 기원을 더 본질적이고 근원적인 곳에서 길어올린다. 그리고 『광장』은 한국전쟁의 기원으로, 호르크하이머와 아도르노가 『계몽의 변증법』에서 근대적 계몽 혹은 이성의 체계를 전반적으로 검토한 후에 내린 결론과 흡사한 결과를 이끌어낸다. "폭력적으로 세계에 의미를 부여함으로써 의미라는 것을 무의미하게 만들며 동시에 '정신'과 '경험'을 더럽힌" 어설픈 교양인들의 광기의 이성이 곧 한국전쟁과 남북분단의 잘 보이지는 않으나 보다 깊은 근원이라는 것이다. 한마디로 『광장』은 한국전쟁이나 남북분단의 문제를 이처럼 사상사적, 정신사적 측면에서 접근하고 있는 셈인데, 한국전쟁이나 남북분단으로 대표되는 한국 역사의 본질을 이처럼 사상사적으로 높은 차원에서 형상화한 경우란 『광장』 말고는 없으며, 이 때문에 『광장』은 한국문학사에서 단연 독보적인 위치를 차지한다.

그런데 여기서 한 가지 더 주목할 만한 사실은 『광장』에서 행해진 한국전쟁에 대한 정신사적 접근만큼 한국전쟁의 기원을 객관적이며 현실적으로 묘파한 경우란 찾아보기 힘들다는 점이다. 현실(혹은 사실)을 충분히 포괄한 비유나 상징은 어떤 구체적 사실보다 더 현실적이라고 한다면, 『광장』이야말로 어떤 사실의 묘사보다도 현실에 더 가까운 상징성을 획득한 소설이라 할 수 있다. 우리가 『광장』에서 낯섦을, 그것도 전율스러운 낯섦을 느끼는 것은 바로 이 때문이며, 『광장』이라는 낯선 세계 앞에 우리의 친숙함을 고집해서는 안 되는 이유도 바로 여기에 있다.

『광장』은 이처럼 주인공 이명준이 자신의 고유한 영혼을 찾아 나서는 본질적인 노정을 통해 한국 역사의 본질을 정확하게 읽어낸 작품이거니와, 그렇게 해서 한국문학사에 거대한 성으로 우뚝 선 소설이다. 그렇다면 『광장』을 꼼꼼하게 검토하여 그 성안에 감추어져 있는 인간과 역사에 대한 깊은 통찰을 읽어내는 것은 무엇보다 중요하다.

우리가 행할 『광장』이라는 성에 대한 탐사는 물론 인내가 필요할 정도로 쉬운 여행은 아니지만, 그렇다고 지레 포기할 필요는 없다. 『광장』이라는 성에는 아주 친절한 안내자가 있기 때문이다. 바로 주인공 이명준이다. 『광장』은 이명준의 자서전이라 해도 무방할 정도로 『광장』에서 주인공 이명준의 삶의 과정, 혹은 의식의 발전

과정이 차지하는 역할은 절대적이다. 『광장』의 가장 기본적인 서사 구성원리란 다름 아닌 이명준이라는 문제적 개인이 자신의 고유한 본질을 발견하기 위해 행하는 육체적, 정신적 여정이며, 『광장』의 모든 부분과 부분 혹은 부분과 전체, 묘사와 서사, 사건과 사건, 인물과 인물을 연결하는 매개자는 단연코 이명준의 정신적 각성과정이다. 다시 말해 이명준이라는 고유한 영혼이 펼치는 육체적 정신적 모험은 악무한에 가까울 정도로 다양하고 복잡한 현실을 선택하고 배열하는 중심원리이며 동시에 작가 최인훈이 선과 악, 현상과 본질, 우연과 필연을 전유하는 가장 궁극적인 가치평가 기준이기도 하다. 그러므로 우리가 『광장』을 이해하는 길은 의외로 간단할 수도 있다. 그 길이란 다름 아닌 처음의 이명준과 끝지점의 이명준을 비교하고, 이명준을 변화시킨 계기들을 찾아보는 것이다. 이것이 우리가 행할 여행의 이정표가 되어 줄 것임은 물론이다.

2. 이식된 근대, 혹은 자유의 감옥

　『광장』의 중심 서사는 간단하다. 먼저, 세계 내적 위치가 불분명한 이명준이 있다. 이명준은 자기를 세계화하기 위해 여러 모험을 감행하고 또 여러 사건들을 통하여 세계를 자기화한다. 그리고 그 경험들을 성실하게 총괄하며 거듭거듭 자신의 세계 내적 위치를 깨달아 간다. 이런 과정을 통해 이명준은 다만 진리를 존중할 뿐인 철학과 3학년 학생에서 남과 북이 아닌 제3국을 선택하는 인물로 또 그 제3국을 향하는 뱃머리에서 자살을 선택하는 인물로 변화하는바, 『광장』이란 한마디로 이명준의 이러한 변화 과정 혹은 성장 과정을 집중적으로 그려낸 소설이다.

이명준이 자기를 세계화하고 세계를 자기화하는 과정은 크게 두 갈래의 여정으로 채워진다. 한 갈래의 길이 개인의 모험과 사회적 발전이 조화를 이루는 유토피아 혹은 서사시적 세계에 대한 갈망에 의해 추동되는 사상의 형성 과정이라고 한다면, 낭만적 사랑에 대한 갈망이 또 하나의 중요한 길을 이룬다. 이 두 갈래의 여정은 유기적인 연관을 이루며 서로를 보완한다. 서사시적 세계의 갈망과 그것의 좌절이 사랑에 대한 갈망을 이끌어내는가 하면, 사랑에 대한 갈망과 좌절이 서사시적 세계에 대한 갈망을 또 다시 부추기기도 한다. 그러나 이명준은 이 두 가지 갈망 중 어느 하나도 충족시키지 못하며, 이것이 그를 제3국행으로, 죽음으로 내몬다. 『광장』에서 이명준이 행하는 두 갈래의 정신적 여행 중 상대적으로 중요한 자리에 위치해 있는 것은 유토피아 세계에 대한 갈망과 그 좌절의 서사인바, 『광장』의 핵심에 도달하기 위해서는 우선 이에 주목할 필요가 있다.

여기, 이명준이 있다. 처음의 이명준은 우선 모든 것이 불분명한 미정형의 상태로 등장한다. 미정형의 상태이기에 이명준이 행하는 자기 정립의 과정은 더할 나위 없이 치열하다. 철학과 3학년인 이명준은 그의 나이에 걸맞게 지금, 이곳의 현실과는 다른 서사시적 세계 혹은 유토피아를 꿈꾸며, 또 인류를 그곳에 이끌 수 있는 어떤 사유의 체계를 발견하고자 혼신의 힘을 다한다. 이명준이 꿈꾸는 세계란 간단하다. 밀실과 광장이 조화된 삶 혹은 그러한 삶이 가능한 사회. 다시 말해 이명준은 타자 혹은 사회적 형식(제도) 속에 자기를 외화시킨 상태 속에서도 자기를 유지하는 창조적 주체 혹은 창조적 개인을 소망하고 있거니와 더 나아가서는 밀실과 광장, 개인과 사회, '나'와 '너' 혹은 '우리', 개인의 모험과 사회적 발전의 조화가 가능한 사회를 염원한다. 이명준에게 "사람이 무엇 때문에 살며, 어떻게 살아야 보람을 가지고 살 수 있는지 알아야 한다"(최인훈, 『광장 / 구운몽』, 문학과지성사, 1997(4판 5쇄), 33면. 이하 『광장』의 인용은 모두 이 판본을 저본으로 하며, 앞으로 이루어질 인용은 면수만 명기함)는 명제는 절대적이며, 이 절대적인 명제를 해결하기 위해 남다른 노력을 행한다.

> 윗목에 놓인 책장에 마주선다. 한번 죽 훑어본다. 얼른 뽑아보고 싶은 책이 없다. 4백 권 남짓한 책들. 선집이나 총서, 사전류가 아니고 보면, 한 책씩 사서는 꼬박 마지막 장까지 읽고 꽂아놓고 하여 채워진 책장은 한때 그에게는 모든 것이었다. …… 책장을 대하면 흐뭇하고 든든한 것 같았다. 알몸뚱이를 감싸는 갑옷이나 혹은 살갗 같기도 하다. 한 권씩 늘어갈 적마다 몸 속에 깨끗한 세포가 한 방씩 늘어가는 듯한, 자기와 책 사이에 걸친 살아 있는 어울림을 몸으로 느낀 무렵이 있다. …… 언제부턴가 그런 복받은 사이가 조금씩 무너지기 시작한다. (43~44면)

책이란 곧 인간과 세계를 한가지 원리로 설명하려는 노력들의 집합장이며, 또한 이제까지 인류가 보다 나은 사회로 나아가기 위해 벌였던 고투의 과정에 대한 충실한 기록이다. 이러한 책에 대한 이명준의 반복되는 열의과 좌절의 경험은 곧 이명준의 유토피아에 대한 열망이 그만큼 강렬하다는 것을, 또한 그의 유토피아에 대한 모색의 과정이 치열하지만 동시에 차갑도록 냉정하다는 사실을 보여준다. 이명준에게 "철학이란" "꿈을 이룰 엄두조차 내지 못할 사회에서, 양심의 마지막 숨을 곳"(91면)이었기에, 이명준은 복잡하기 짝이 없는 인간과 다양한 모양새를 지닌 세계를 모두 설명할 수 있는 원리를 찾아나서는 데 있어서는 누구보다도 적극적이다.

이명준은 이처럼 쉽게 달성할 수는 없지만 쉽게 달성할 수 없기에 매혹적으로 다가오는 '진리를 향한 삶'만을 진정한 삶으로 설정하거니와, 그런 만큼 그에게 진리와는 무관한 삶, 그러니까 밀실과 광장의 조화를 의욕하지 않는 존재는 물론 그 조화를 깨뜨리는 모든 삶은 당연하게도 의미 없는 삶으로 비쳐진다. 이명준은 그렇게 자신이 발딛고 있는 사회, 즉 해방 직후의 남한 사회를 의미 없는 삶이 가득찬 사회로 규정한다.

정치? 오늘날 한국의 정치란 미군 부대 식당에서 나오는 쓰레기를 받아서, 그 중에서 깡통을 골라내어 양철을 만들구, 목재를 가려내서 소위 문화주택 마루를 깔구, 나머지 찌꺼기를 가지고 목축을 하자는 거나 뭐가 달라요? …… 추악한 밤의 광장, 탐욕과 배신과 살인의 광장. 이게 한국 정치의 광장이 아닙니까? 선량한 시민은 오히려 문에 자물쇠를 잠그고 창을 닫고 있어요 …… 한 푼 두 푼 모아서 가계가 늘어나는 그런 얘기는 벌써 통하지 않아요 바늘 끝만한 양심을 지키면서 탐욕과 조절을 꾀하자는 자본주의의 교활한 윤리조차도 없습니다. 파는 사람이 사는 사람을 올러댑니다. 한국 경제의 광장에는 사기의 안개 속에 협박의 꽃불이 터지고 허영의 애드벌룬이 떠돕니다. 문화의 광장 말입니까? 헛소리의 꽃이 만발합니다. …… 이런 광장들에 대하여 사람들이 가진 느낌이란 불신뿐입니다. 그들이 가장 아끼는 건 자기의 방, 밀실뿐입니다.

그는 밀실에만은 한 떨기 백합을 마련하기를 원합니다. 그의 마지막 숨을 구멍이기 때문이지요 저희들에겐 좋은 아버지였어요 국고금을 덜컥한 정치인을 아버지로 가진 인텔리 따님의 말이 풍기는 수수께끼는 여기 있는 겁니다. 오, 좋은 아버지. 인민의 나쁜 심부름꾼. 개인만 있고 국민은 없습니다. 밀실만 푸짐하고 광장은 죽었습니다. 각기의 밀실은 신분에 맞춰서 그런대로 푸짐합니다. 개미처럼 물어다 가꾸니깐요 (55~57면)

이명준은 해방 직후 남한 사회의 모습을 이처럼 비판적으로 읽어낸다. 그러나 우리는 그때 그곳에 대한 이러한 묘사를 통해 단지 해방 직후의 현실만을 읽어낼 수 있는 것은 아니다. 더 나아가 우리는 『광장』에 그려진 그때, 그곳의 현실적 상황을 통해 오히려 지금, 이곳을 살아가는 우리들의 바로 그 모습까지를 발견할 수 있다. 다시 말해 『광장』에 그려진 그때, 그곳의 모습은 단지 해방 직후의 현실적 상황에 대한 충실한 묘사 정도를 넘어서서 우리 역사가 나아갈 방향까지를 놀라울 정도로 정확하게 예측한 상태에서 이루어진 묘사라는 것인데, 이는 곧 작가 최인훈이 당시의 현실을 구성하고 움직이는 보다 궁극적인 힘을 예리하게 포착, 결국은 당시의 현실이 어디에서 왔고 어디로 가고 있는가를 정확하게 읽어내고 있다는 것을 의미한다.

『광장』의 주인공 이명준이, 곧 작가 최인훈이, 이처럼 당시의 현실적 상황을 역사적인 맥락 속에 정확하게 위치시킬 수 있었던 중요한 요인은 이명준이 우리의 현실을 추동하는 원리로 이식된 근대 혹은 이식된 제도를 통한 사회구조의 재편을 설정하고 있다는 사실과 관련이 깊다. 이명준에 따르면 당시 남한 사회의 모든 제도나 사회적 형식들은 서구, 특히 미국의 박래품(舶來品)들이다. 즉 당시의 사회적 제도나 형식들은 당시의 구체적 사회적 내용이나 그 사회의 어떤 필연성에 의해서, 혹은 구체적인 현실에 잠재하는 여러 경향이나 사회구성원들의 염원을 반영하고 예측하는 과정에서 형성된 것이 아니라 이미 선진국에서 시행된 것을 수입해온 것에 불과하다는 것이다. 이렇게 이식된 제도에 의해 진행되는 근대화는 필연적으로 한국사회 전반을 혼란에 빠뜨릴 뿐만 아니라 정신적 동물왕국의 세계로 전락시킨다는 것인데, 이명준의 논리를 재구성하자면 이렇다.

먼저 특정의 사회적 제도나 형식이 수입된다. 물론 아무 제도나 수입되지는 않을 것이다. 수입되는 대부분의 사회적 제도나 형식은 이미 검증된, 그러니까 그 사회적 제도가 운영되는 사회에서는 그 사회 구성원들의 삶을 보다 윤택하게 한 모범적인 제도일 터이다. 문제는 바로 여기에서, 다시 말해 이 제도가 모범적이고 이상적이라는 데서 발생한다. 이 모범적인 제도를 수용하는 주체들은 이 제도에 대해 절대적인 확신을 가지게 마련이다. 이 제도만 제대로 시행되면 우리 사회도 곧 모범적인 사회가 될 것이라는 강한 자기 확신을 가지고 제도를 운영하며, 따라서 사회구성원들에게 그 제도에 순응할 것을 강요한다. 이 제도를 거부하는 자는 곧 우리 사회가 모범적인 사회로 나아가는 것을 방해하는 불순분자(?)에 다름 아니라고 판단하고 그들을 철저하게 억압한다. 그러나 하나의 사회적 제도가 모범적일 수 있는 것은 그 제도가 그 사회구성원들의 바람이나 개인적인 욕망들을 보다 폭넓게 수용하고 그것을 발전적으로 조율하기 때문이라고 한다면, 특정 사회에서 그 사회구성원들의 자기 활동성을 충분히 보장하는 모범적이고 이상적인 제도라 하더라도 그것이 역사적 과정이나 현실적 조건을 달리하는 사회로 이식되는 순간 오히려 그 사회구성원들의 자기 활동성을 철저하게 억압하는 기제로 전락한다. 즉 전혀 다른 염원을 지닌 사회 속에 이질적인 사회적 형식이 강제됨으로써 각각의 사회구성원은 자신들의 순수한 염원마저도 불순한 것으로 매도당한 채 그 제도에 순응하는 하나의 기호로 살아가야만 하는 것이다.

제도의 이식에 의해 사회적 형식을 만들어 가는 사회에서는 이처럼 제도와 사회구성원의 염원이 현격한 거리를 두게 될 뿐만 아니라 제도의 본래의 정신과 사회구성원의 기대지평 모두를 왜곡시킨다. 그 제도는 다른 사회에 이식될 정도로 건전한 정신을 지닌 것이지만 이질적인 사회에서는 사회구성원들의 자기 활동성을 억제하는 기제로만 작용하며 동시에 자신의 놓인 위치에 따라 품게 마련인 사회구성원들의 염원은 극단적인 이기주의로 폄하된다. 수입된 사회적 형식과 사회구성원의 염원 사이의 빈틈을 폭력적으로 연결시키는 것이 바로 위정자의 권력에의 의지이며 또한 그들의 탐욕이다. 비록 위정자가 선한 의지에 의해 특정의 사회 제도를 이식했다 하더라도, 이식된 제도로 사회를 재편하려 하는 한, 그는 개인의 탐욕만을 추구하는 존재로 변질될 수밖에 없다. 위정자는 자신이 선택하고 수입한 제도로 절대선이라고 믿기 때문에, 그리고 이러한 제도가 지니는 절대선을 믿지 않는 자들을 모두 공동체의 발전을 저해하는 자들이라고 확신하기 때문에, 그는 각기 다른 욕망을 가질 수밖에 없는 전 계층이나 집단의 이익을 조정하고 조율하여 보다 완미한 형태의 사회를 만들려는 의지를 보이지 않는다. 그래서 그는 절대선을 실현하는 자신이 유일한 사회의 중심이라는 허위의식에 빠져들며 결국은 그 중심으로 위치를 계속 유지하려는 전율스러운 욕망에 빠져든다. 이제 그의 유일한 목적은 그의 개인적인 욕망일 뿐이며, 그것을 위해 자신의 권력, 사회적 위치를 효과적으로 이용, 배신이나 살인도 서슴지 않는다. 그리고 결국은 개인의 탐욕을 저 깊은 곳에 음험하게 숨겨둔 채 공동체의 이익을 내걺으로써 오히려 공동체의 이익이라는 의미 있는 정신마저 무의미하게 만든다. 즉 허위의식에 가득찬 자가 진실을 소리높이 외침으로써 이제 진실은 곧 더럽고 불길한 욕망의 역설적 표현으로 전락하며, 따라서 그 사회에서는 진실을 추구하는 모든 노력이 불길한 욕망을 채우려는 음험한 의도로 받아들여진다. 결국 이 사회에서는 사회구성원들의 각자의 노력에 통해 의미 있는 공동체를 건설하려는 모든 시도가 중단된다. 각 개인의 공적인 삶은 단지 자신이 속한 사회적 위치가 결정하고, 그로 인해 생기는 상실감을 개인의 밀실을 꾸미는 것으로 보충한다. 그 결과 남한 사회의 삶은 밀실에서의 삶과 광장에서의 삶이 철저하게 분열되어 있을 뿐만 아니라 각각의 개인은 이중인격적인 혹은 포즈로서의 삶을 살아야 하며, 따라서 모든 개인의 이익이나 개성을 조율하고 조정하는 광장은 존재하지 않는다.

이명준은 이렇게 근대적 제도의 이식과정이 결국은 의미 있는 공동체 혹은 진실을 구현하려는 모든 과정을 불가능하게 만든다고 판단하거니와 이러한 현실에 대해 엄청난 결핍과 깊은 경멸을 느낀다. 하지만 이명준은 이 분노와 결핍을 표현하기 위한 행동을 서두르지 않는다. 아니, 보다 정확하게 표현하자면 현재 자신의 의식을 실천으로 전화시킬 수 있는 통로를 찾아내지 못한다. 이명준이 철학을 통해서 배운 것, 그래서 삶의 중요한 방향으로 설정하고 있었던 이정표는 "정말 알고 있는 것보다 목소리를 더 높여서는 안된다는 것"(82면)이었건만, 현실의 사회적, 정치적 운동들은 그렇지 않았던 것이다. 당시의 사회적 운동들은 그와 정반대로 마치 "하느님의 문서를 보고 온 사람들처럼" "너무 큰 일에, 너무 많은 사람들이, 너무 내친 말을 하고 있"(82면)었고, 따라서 이명준은 자신의 현재의식을 실현할 최소한의 자리도 찾지 못한다. 이명준은 그렇게 고독하게 자신의 "밀실 가꾸기"(58면)에 온 힘을 기울인다. 그리고 이명준은 그 고독 속에서 현실을 구성하는 어떤 원리를 발견하고자 하며, 그 순간 그가 발견한 원리로 "텅 빈 광장으로 시민을 모으는 나팔수"(57면)가 되고자 한다.

이명준의 처음 모습은 이처럼 미정형의 상태이다. 이명준은 밀실과 광장이 조화를 이루는 삶, 혹은 사회를 막연히 열망할 뿐 자신의 열망과 자신이 속한 사회가 얼마나 거리가 있는지를 가늠하지 못한다. 때문에 그 거리를 어떻게 좁힐 수 있으며 그를 위해 어떤 것이 중요하며 중요하지 않은가를 판별하는 기준조차 아직 정립하지 못한 지점에 서 있다. 이명준의 이러한 미정형 상태는 우선 주목할 만하다. 세계를 하나의 고정된, 혹은 체계화된 시선으로 읽어내지 않는 주인공 이명준의 형상은 우리 소설사에서 대단히 낯선 형식이기 때문이다. 이명준 이전까지 소설의 주인공들이란, 아니 그 후에도 많은 경우 한국소설의 주인공들이란, 비유하자면, 대부분 '정말 알고 있는 것보다 목소리를 더 높'이는 인물들이었던 것이다. 그들은 하나같이 서구의 보편세계를 본받아야 할 모범적인 세계로 설정하고 그러한 가치를 우리의 현실 속에 이식시키고자 열망한다. 그들은 서구의 모범적인 세계와 다른 방식으로 구성된 우리의 현실을 폐기처분할 악으로 가득찬 사회라고 인식하고,

그 악을 자본주의적 역동성의 힘을 빌어 쓸어내고자 한다. 하여, 그들은 한편으로는 자본주의적 역동성을 예찬하며 낡은 질서를 무화시키고자 하고, 다른 한편으로는 서구의 모범적이고 총체적인 현실상을 우리 사회 속에서 이식하고 생산하는 총체성의 생산자로 자처한다. 그런 까닭에 그들에겐 서구의 보편세계와 우리의 개별적 현실이 보이는 차이란 중요하지 않다. 그들은 애초부터 서구의 보편세계와 각국에서 이어져 내려오는 전통이 맞부딪치면서 형성되는 다양한 순열조합에 관심을 기울이지 않음은 물론 우리의 전통이 지니는 규범화의 업적이나 지속적인 생명력 따위에는 애초에 시선을 던지지 않는다. 대신에 그들은 서구의 역사를 자의적으로 재구성하여 일종의 유토피아로 치켜세우고 그 미화된 유토피아상을 마치 신의 계시인 양 전파한다. 그렇게 『광장』 이전의 소설의 주인공들은 주로 서구의 보편세계를 미리 엿본 후 자신의 고향으로 돌아와 서구의 보편적 이념을 전파하거나 아니면 마치 인류의 과거와 미래를 모두 알고 있는 선지자적인 존재로 행동한 바 있다. 이처럼 한국소설의 주인공들은 대부분 마치 "하느님의 문서를 보고 온 사람들처럼" "너무 큰 일에, 너무 많은 사람들이, 너무 내친 말을 하"는 존재들이라고 한다면, 『광장』의 주인공 이명준은 이러한 인물 유형과는 다르다. 즉 이명준은 선험적으로 받아들인 총체성을 생산하는 자가 아니라 자신을 둘러싼 현실을 보다 많이 포괄하여 바로 그 사회의 총체성을 읽어내려는 존재인 것이다.

그러나 이명준의 미정형성은 곧 균열된다. 그를 둘러싼 외부의 현실이 그의 삶에 폭력적으로 개입하기 때문이다. 다시 말해 이명준은 현재의 자기 의식이 지니는 고유함을 증명하기 위해서 스스로 여행을 시작하는 것이 아니라 외부적 현실의 폭력적 개입에 의해서 어쩔 수 없이 세계 속으로 끌려나가는 것이다. "어느 날 아침 일어나 보니"(59면) 이명준의 삶은 전혀 예측하지 못한 방식으로 바뀌어 있었다. 이명준은 외부적 현실에게서 강제로 송환되고, 하여 이명준은 밀실 가꾸기 작업을 완성하지 못한 채로 현실의 한복판에 서게 된다. 그는 그렇게 "아닌 밤중에 홍두깨를 맞고 앉은 것"처럼 '범죄자'라는 이름으로 현실 속으로 끌려나간다. 이명준은 어느 날 경찰의 소환을 받는다. 이명준이 경찰서에 소환된 이유는 아버지 때문이며, 그의 죄명은 아버지를 잘못 두었다는 것이다. 월북한 이명준의 아버지가 평양 방송의 대남 방송 시간에 자주 등장하자 경찰은 이명준에게 아버지와의 접선 여부를 캐묻는다. 이명준은 아버지가 월북한 후 아버지를 만난 적이 없으므로 당연히 있는 그대로의 사실을 진술한다. 그러자 가해지는 폭력. 이곳에서 이명준은 자신이 속해 있는 사회를 움직이는 사회운영원리의 실체를 경험하고 걷잡을 수 없는 환멸과 공포를 느낀다.

이명준이 느끼는 공포는 우선 무소불위의 권력에 의한 것이다. 법이라는 최소한의 합의체마저도 초월해서 사회구성원의 생존권을 자의적으로 좌지우지하는 폭력적인 권력 앞에서 그는 삶과 죽음을 넘나드는 공포를 느낀다. 그러나 이명준을 더욱 전율하게 하는 것은 그러한 무소불위의 권력이 자신이 속한 사회의 한 부분에만 관철되는 것이 아니라 바로 사회의 전영역에 고르게 퍼져 있다는 점 때문이다. 이명준은 경찰서에 당한 고문을 통해, 그리고 피투성이가 된 이명준을 백주 대낮에 풀어주는 경찰의 근거없는 위풍당당함을 경험하고 나서 곧 자신이 속해 있는 사회를 움직이는 궁극적인 힘이 광기의 이성 혹은 이성의 광기임을 확인한다. 즉 이명준은 경찰서라는 권력의 심장부에서 어설픈 교양인들이 품어내는 광기의 이성 혹은 이성의 광기를 목격할 뿐만 아니라 그 광기의 이성이 자신이 발딛고 있는 사회를 규율하는 궁극적인 원리를 형성하고 있다는 사실을 발견하는 것이다. 이명준에게 권력을 유지하는 자들은 연금술사이다. 그들은 아무런 인과관계도 없이, 또한 화학적 반응도 없이 하나의 사실을 다른 사실로 전화시키거나, 인과관계가 없는 두 개의 사물 사이를 아주 간단하게 하나의 인과율로 묶어낸다. 그들에 의해 철학도인 이명준은 아무런 매개도 없이 곧 맑시스트가 되고, 항상 집을 비웠던 아버지이기에 아버지를 만난 기억도 드물며 그런 이유 때문에 아버지에 대해 반감을 가지고 있던 이명준이건만 이명준은 아버지가 공산주의자라는 이유 하나만으로 곧 공산주의자로 규정된다. 진실은 말할 것도 없고 사실마저도 마음껏 왜곡하는 이 전지전능하며 절대적인 인과율 앞에서, 그 인과율을 가능하게 하는 무소불위의 권력 앞에서 이명준은 언제든지 아무런 이유도 없이 누군가에 의해 죽을 수 있다는 공포를 경험한다.

경찰서를 나선다. …… 셔츠 앞자락이 온통 피투성이고 보면 거리를 걸어갈 수가 없었다. 그런 몰골을 한 채로 돌아가라고 그를 내보낸 형사의 처사가, 얻어맞았을 때보다도 더 분했다. 한 사람 시민이 앞자락에 핏물을 들인 채 경찰서 문을 나서는 걸 그들은 꺼려하지 않는다는 뜻이다. 그 모습대로 걸어가서 온 천하가 다 봐도 아무 상관없다는 소리나 마찬가지였다. 그는 몸을 떤다. 빨갱이 한 마리쯤 귀신도 모르게 해치울 수 있어. 어둠에서 어둠으로 거적에 말린 채 파묻혀가는 자기 주검이 보인다. 나는 법률의 밖에 있는 건

가. 돈과, 마음과, 몸을 지켜준다는 법률의 밖에 있는 어떤 길. 무릎을 끌어안고 앉은 발 끝에, 저희들 몸집보다 훨씬 큰 벌레를 여러 마리 개미가 굴리고 있다. 그는 발을 움직여 개미를 비벼 죽인다. 풀과 흙에 묻혀서 자국도 없어질 때까지 발을 놀린다. 마지막에는 손바닥만한 땅바닥이 범벅이 되어 드러나고, 벌레와 개미는 말끔히 사라져 버렸다. 그 벌레처럼, 그 누군가 커다란 발길이 그, 이명준을 비비고 뭉개어 티도 없이 지워버린다면? 아까 그 형사는 정말 그럴 수 있다고 했다. …… 나의 방문이 무너지는 소리가 들린다. 그렇게 튼튼하리라고 믿었던 나의 문이 노크도 없이 무례하게 젖혀지고, 흙발로 들이닥친 불한당이 그를 함부로 때렸다. 내 방인데. (68~70면)

있는 그대로의 사실마저 왜곡하여 자신의 설정한 총체성 안으로 밀어넣는 데 막힘이 없는 이 권력 앞에서 이명준은 마치 자기 정체성은 물론 생명마저 보장받을 수 없는 극한의 위기상황을 경험한다. 이명준은 "갈빗대가 버그러지도록 벅찬 불안"(74면) 속에서 '영웅의 삶'에 대해 생각한다. 그러나 "나한테도 영웅의 삶을 살고, 영웅의 죽음을 죽을 수 있는 씨앗이 파묻혀 있을까"(74면)라고 자신에게 물어보나, 긍정적인 대답을 얻지 못한다. 자신의 헌신적인 죽음이 자신의 목적을 향한 중요한 씨앗이 될 때라야 영웅의 죽음을 선택할 수 있는 것이라면, 이명준의 주·객관적인 상황은 영웅과의 죽음에서 너무 멀리 떨어져 있었던 것이다. 이명준은 "목숨을 묻고 싶은 광장"(75면)을 찾을 수 없었거니와, 동시에 자신이 발 딛고 있는 현실 속에서 자신이 꿈꾸는 세상에 다가갈 어떤 가능성도 발견하지 못한다. 결국 이명준은 자신의 삶에 대해 "이 검은 해가 비치는 어두운 광장에서는 피어날 수 없는 씨앗인 것만 확실한 것 같다"(78면)라는 결론에 도달하고, 또 다른 세계를 찾아나선다.

이명준은 그렇게 떠밀리듯 월북을 감행한다. 그러나 이명준이

북한에서 경험하는 생활 역시 충일한 삶의 실현과는 거리가 멀다. 북한 역시 남한과 마찬가지로 개인의 모험과 사회적 발전이 원환적인 조화를 이룰 수 있는 곳이 아니었던 것이다. 북한 역시 사회를 움직이는 궁극적인 원리는 이성의 광기 혹은 광기의 이성이다. 북한에서 이루어지는 모든 삶을 규율하는 핵심적인 주체인 당은 개인의 욕망은 물론 있는 그대로의 사실을 왜곡하면서 자신이 내건 총체성을 지켜내고 있었던 것이다. 당은 사실을 묶어내는 인과율로 당이 내세우는 인과율 하나만을 인정하며, 그것 외에 있을 수 있는 모든 인과율을 배제한다. 이 때문에 북한에서도 개인의 자아나 의지, 그리고 욕망은 철저하게 배제될 뿐만 아니라 실제로 존재하는 사실마저 인정되지 않는다.

이명준은 그곳에서 자기만의 역사나 목소리가 담긴 강연 대신에 "명준이 말하고 싶어한 줄거리는, 고스란히 김이 빠져버리고, 굳이 명준의 입을 빌려야 할 아무 까닭도 없는 말"(112면)을 의미 없이 떠들고, 본 대로 사실을 사실대로 옮긴 기사문이 반동적인 사상으로 매도되어 자율성이 개입되지 않은, 다시 말해 타인에 의해 강요받은 자아비판을 행한다. 북한에서도 역시 이명준은 자기의 고유한 본질을 타자에게 전이시키는 데 실패하는 것은 물론 그의 고유한 본질마저 부정당한다. 뿐만 아니라 이명준은 북한 사회 역시 있는 그대로의 사실을 왜곡하는 선험적이고 절대적인 인과율이 지배하는 사회이며 동시에 그 왜곡을 뿌리로 질서를 유지하는 사회라는 것을 발견한다. 이명준이 그곳에서 보고 들은 것이란 "자기 머리로 생각하려 들지 않는 당원들"(121면)이고 또한 "어느 모임에서나, 판에 박은 말과 앞뒤가 있을 뿐이었다. 신명이 아니고 신명난 흉내였다. 혁명이 아니고 혁명의 흉내였다. 홍이 아니고 홍이 난 흉내였다. 믿음이 아니고 믿음의 소문뿐"(113면)이다. 이러한 거듭되는 경험으로 통해 이명준은 북한 사회를 "광장에는 꼭두각시뿐 사람은 없었다"(123면)라고 규정하기에 이르며, 이 때문에 이명준은 역시 북한에서도 밀실과 광장이 조화를 이룬 사회라는 그의 목적이 실현될 가능성이 없음을 절감한다. 그리고 절망한다.

> 우리 가슴 속에서 불타야 할 자랑스런 정열, 그것만이 문젭니다. 이남에는 그런 정열이 없었습니다. 있는 것은 비루한 욕망과, 탈을 쓴 권세욕과, 그리고 섹스뿐이었습니다. 서양에 가서 소위 민주주의를 배웠다는 놈들이 돌아와서는, 자기 몇 대조가 무슨 판서 무슨 참판을 지냈다는 자랑을 늘어놓으면서, 인민의 등에 올라앉아 외국에서 맞춘 아른거리는 구둣발로 그들의 배를 걸어 차고 있었습니다. …… 저는 새로운 풍토로 탈출하기로 결정했습니다. 월북했습니다. 어리광을 피려는 저의 손길을, 위대한 인민공화국은 매정스레 뿌리치더군요 편집장은 저한테 이런 말을 했습니다. '이명준 동무는, 혼자서 공화국을 생각하는 것처럼 말하는군. 당이 명령하는 대로 하면 그것이 곧 공화국을 위한 거요 개인주의적인 정신을 버리시오'라구요 아하, 당은 저더러는 생활하지 말라는 겁니다. 일이면 일마다 저는 느꼈습니다. 제가 주인공이 아니고 '당'이 주인공이라는 걸. '당'만이 흥분하고 도취합니다. 우리는 복창만 하라는 겁니다. '당'이 생각하고 판단하고 느끼고 한숨지을 테니, 너희들은 복창만 하라는 겁니다. …… 그렇습니다. 모든 것은, 위대한 동무들에 의하여, 일찍이 말해져버린 것입니다. 이제는 아무 말도 할 말이 없습니다. 우리는 인제 아무도 위대해질 수 없습니다. (115~117면)

이제 북한 사회에서도 이명준이 움직일 자리는 없다. 이명준은 북한에서도 역시 자신의 영혼이 지니는 고유한 본질을 타자에게 전이시키는 위신투쟁은 애초부터 불가능하며, 현재의 자기를 보존

하는 것조차 불가능하다는 사실을 확인한다. 이명준에 따르면 북
한의 사회주의 역시, 비록 그 외형은 다르지만, 이식된 제도로서
운영되는 사회이기는 마찬가지이다. 그래서 이명준은 북한의 사회
주의는 자본주의 사회에 강한 환멸을 느낀 사회구성원들이 자신
의 염원을 실현하기 위해 모진 고통을 이겨내고 함께 만들어낸 공
동체가 아니라고 진단한다. 이렇게 진행된 북한 사회의 사회주의
화를 이명준은 "공문 혁명"(137면)이라고 명명한다. 즉 북한의 소위
인민 정권은 "인민의 망치와 낫이 피로 물들여지며 세워진 것이
아니"라, 다시 말해 사회구성원들의 염원과 그 염원을 현실화하는
쟁투의 과정을 통해서가 아니라 "'전세계 약소 민족의 해방자이며
영원한 벗'인 붉은 군대가 가져다준 '선물'"을 통해서 이루어진
"공문으로 명령된 혁명"이며, 당연하게도 "북조선 인민에게는 주
체적인 혁명 체험이 없었다"(136면)는 것이다. 그렇기 때문에 북조
선의 사회구성원들은 북한의 사회에 이식된 사회주의 제도에 대
해 그리 큰 열의와 흥분을 느끼지 못한다. 아직 자본주의를 충분
히 경험하지 못했기 때문에, 그리고 일제시대 때 겪었던 상대적인
박탈감 때문에 오히려 북한의 인민들은 토지를 소유하거나 부자
가 되고 싶은 강한 욕망을 지닌 존재들이다. 그러나 선물로 받은
사회주의 제도를 완전무결한 사회로 믿는 주체들은 그러한 개인
적인 욕망들을 수렴하여 어떤 사회적 정책들을 펼쳐나가려는 것
이 아니라 단지 그것을 자본주의의 썩은 영혼의 산물로 규정, 철
저하게 배척한다. 이렇게 하여 사회주의를 이식하려는 주체들은
"공문 혁명의 테두리에 눌러 앉은 벼슬아치가 돼서, 제 머리로 생
각해 보고 싶어하는 사람들에게 눈을 부라리고, 진리에 대한 해석

의 권리를 혼자 차지하"(137면)고서 "인민이 주인이라는 멍에를 씌우고, 주인이 제 일하는 데 몸을 아끼느냐고 채찍질"(123면)하며, 대부분의 사회구성원 즉 인민은 "팔자가 기박하다 못해 주인까지 돼버린 소들"처럼 "알 수 없는 걸음을 떼어놓"(123면)을 뿐이다. 이명준은 결론적으로 북한이 이식된 사회주의로 인해 비록 사회주의적 형식으로 채워져 있지만 결국 "스노브들의 활보. 자기 머리로 생각하려 들지 않는 당원"들만이 존재하는 "혁명과 인민의 탈을 쓴 여전한 부르조아 사회"(121면)라고 단정짓는다.

결국 이명준은 자신의 자율적인 판단과 당의 판단이라는 절대적인 인과율 사이에서 심각한 갈등을 경험한다. 그리고 어떻게든 자신의 자율적인 판단을 사회의 중요 영역에 관철시키려 한다. 하지만 북한이란 이미 "개인적인 '욕망'이 터부로 되어 있는 고장"(123면)이며 동시에 개인적인 욕망을 터부시함으로써만 유지될 수 있는 사회였기 때문에 이명준의 고유한 영혼을 증명하려는 노력은 애초부터 불온시된다. 이 갈등을 밀실에서의 삶과 광장에서의 삶을 의식적으로, 금욕적으로 분열시키는 포즈(pose)를 취함으로써 봉합한다. "슬픈 깨달음"이자 "알고 싶지 않았던 슬기"인 "'요령'"(127면)으로 살아갈 수밖에 없을 정도로 당의 판단이 강고하다는 사실을 인정하지 않을 수 없었던 것이다. 이렇게 이명준은 자신의 고유한 영혼을 스스로 감춰둔 채 생존에의 본능에 자신의 삶을 맡기게 되거니와, 바로 그 순간 그는 또 다시 남한에서 들었던 그 소리 "그의 마음의 방문이 부서지는 소리"(128면)를 듣는다.

남한과 북한을 오가면서 행해지는 이명준의 의식의 길찾기는 결국 이렇게 좌절한다. 이명준은 이 거대한 물리적, 정신적 폭력의 구조 앞에서 최소한 자신의 영혼이나 의식을 기탁할 어느 집단도, 어떤 사유도 발견해내지 못한다. 남한이나 북한 모두가 이식된 제도를 절대선으로 규정하고 지켜나가려고 할 뿐 당시의 현실에 잠재하는 실제적 가능성을 발굴하거나 사회구성원들의 염원을 정확하게 판독하여 정책에 반영하려는 시도는 이루어지지 않고 있었기 때문이다. 아니, 자신이 설정한 절대선을 지키기 위해 그것과 어긋나는 어떠한 인과율이나 가치관도 인정하지 않을 뿐만 아니라 그러한 노력 자체를 광기에 가까운 증오로 억압한다. 결국 이명준은 한 개인이 자신의 영혼을 증명하기 위한 여행 자체가 불온시되는 이 황폐한 상황 때문에 절망하며, 결국 현실에 대한 강한 환멸에 빠진다. 이명준이 현실에 대한 느끼는 환멸감은 단지 자신의 이상과 현실 사이에 거리감 때문만은 아니다. 더욱 중요한 이유는 이상과 현실 사이의 거리를 좁힐 가능성이 전혀 존재하지 않는다는 것때문이다. 한 사회의 변화란 그 사회에 속한 개개인들의 자율성이 보장되고 그 자율성에 의해 기존의 보편성을 넘어서는 새로운 보편성이 창출되고 그 새로운 보편성이 사회구성원들에게 의미 있는 지표가 작용할 때, 그리고 또 다시 현실의 변화를 포괄하는 새로운 보편성이 거듭 창출될 때 가능하다고 한다면, 이명준을 둘러싸고 있는 현실적 조건이란 도대체가 변화를 위한 최소한의 조건조차 충족되어 있지 않은 것이다. 즉, 한 사회의 변화를 위한 최소한의 조건이 각 개인의 자율성이라고 한다면, 남북한 사회는 바로 이 개인의 자율성을 적대시하고 이것을 억압하기에 절대적인 권력을 행사한다. 각각의 개인들이 지니는 있는 고유한 가치를 타자에게 전이시켜 사회적 공인을 받는 것이 아니라 사회적 공인을 위해 개인의 고유한 가치를 스스로 부정해야 하는 현실 속에서 한 개인의 모험과 사회의 발전의 조화란 애초부터 불가능하다. 이런 상황에서 자율성을 추구하는 자들이 선택할 수 있는 길이란 자신의 자율성을 포기하거나, 아니면 공적인 삶과 사적인 삶을 극단적으로 분리시켜 적응하거나, 아니면 각 개인의 자율성을 인정하지 않는 사회 전체와 생존을 위해 어쩔 수 없이 순응하는 자기 자신에 대한 환멸에 빠지는 것 외에 달리 방법이 없을 터이다. 이렇게 밀실과 광장을 조화시키려는 이명준의 여정은 광기의 이성에 의해 중단된다.

3. 사랑, 존재증명을 위한 또 하나의 길

이명준의 삶의 과정을 이끌어 가는 하나의 추동력이 '자유에의 의지' 혹은 유토피아의 꿈이라면, 다른 하나는 낭만적 사랑의 갈망이다. "젊은 사람이 할 만한 일이라면 사랑과 혁명일 것이다"라고 최인훈의 또 다른 작품 「회색인」의 주인공은 말하고 있거니와, 『광장』의 주인공 이명준에게도 역시 사랑은 혁명과 더불어 젊은 사람이 할 만한 일로 다가온다. 이명준의 사랑에 대한 갈망은 이처럼 강렬하며, 따라서 이명준이 감행하는 모험의 중요한 영역으로 자리한다.

이명준은 낭만적 사랑을 꿈꾼다. 사랑이란 혁명과 마찬가지로 자유에의 의지를 실현하는 중요한 통로이기 때문이다. 일찍이 헤겔은 '사랑의 진정한 본질은 자기 자신의 의식을 포기하는 것 다시 말해서 하나의 다른 자아 속에서 스스로를 망각하고 동시에 이러한 소멸과 망각 속에서 비로소 자기 자신을 획득하는 데 있다'고 말한 바 있거니와, 굳이 이 말을 빌지 않더라도 사랑만큼 자기의 고유한 본질을 타자에게 공인 받을 수 있는, 그리고 타자의 고유한 본질을 자신의 삶 속에 중요한 영역으로 포괄하여 자기의 삶을 풍부하게 할 수 있는 삶의 영역도 드물 터이다. 사랑의 과정이 자기를 타자화시키고 타자를 자기화시키는 연속적인 과정을 통하여 상대방의 삶의 전역사를 자기 안으로 수용하고 또 자신의 전역사를 상대방의 삶 속에 개입시키는 과정인 만큼, 밀실과 광장의 조화를 꿈꾸는 이명준에게는 중요한 의미를 지닐 수밖에 없다. 이명준에게는 혁명이 밀실과 광장이 조화를 이루는 사회적 조건을 형성하는 길이라면 사랑은 밀실과 광장이 조화를 이루어야만 완성될 수 있는 개인적인 차원의 혁명이며, 따라서 사랑의 완성은 밀실과 광장의 조화라는 유토피아의 꿈의 상징적 징후이다. 즉 이명준은 사랑만 이루어질 수 있다면 언젠가는 유토피아의 꿈도 이루어질 수 있다고 믿는 것이다.

그래서 이명준의 사랑에 대한 갈망은 강렬하며, 그를 향한 모험 또한 적극적이다. 특히 이명준의 사랑에 대한 열망은 현실적이고 정치적인 유토피아의 꿈이 그에게서 멀어진다고 판단되면 될수록 더욱더 강렬해진다. 사회적인 영역에서 자신의 유토피아의 꿈이 멀어진다고 느낄 경우 이명준은 사랑이라도 붙잡아야 자신의 삶의 목적을 충족시킬 수 있기 때문이다. 그렇게 이명준은 두 여성을 차례로 만나, 사랑의 완성을 모색한다.

첫 번째 여자는 윤애. 그녀를 향한 열정은 남한에서 처음으로 절대적이고 폭력적인 인과율을 만난 후, 그 절대적인 권력 앞에서 죽음의 공포를 경험한 후 편집광에 가까울 정도로 집요해진다. 그러나 이명준은 윤애와 사랑을 완성하지 못한다. 윤애의 삶 속에는 계산 가능성 혹은 환금 가능성의 원리 등 낭만적 사랑을 힘겹게 하는 여러 요소들이 너무도 깊숙하게 개입되어 있었던 것이다. 이명준은 윤애와의 사랑을 통해서 최소한의 삶의 근거를 찾고자 "사람이, 다른 한 마리의 사람을 사랑하는 데 무슨 체면이 필요해? 그게 저 많은 사람들이 걸려서 넘어진 돌부리였어. …… 윤애 가슴에 있는 그 벽을 허물어버려, 그 터부의 벽을. 그 벽을 뛰어넘는 남녀만이 참다운 인간의 뜰을 거닐 수 있어. 남자나 여자나 마찬가지야, 여자는 파산했을 때를 예비해서 잔돈푼을 몰래 저금하는 거야. 그 따위 부스럭지 돈이 미래를 보장할 것 같애? 버려, 버리고 몸으로 날 믿어줘. 윤애가 날 믿으면 나는 변신할 수 있어. 무슨 일이든 하겠어. 날 구해줘"(109~110면)라고 애원하지만, 윤애는 거부한다. 이명준은 이런 윤애에게서 또 다른 형태의 폭력적인 인과율을 발견한다.

무슨 힘으로도 꺾을 수 없는 단단한 미신. 몇만 년 내려 쌓여온 그녀의 세포 속, 터부의 비곗살. 그걸 들어내면 그녀는 지금의 윤애가 아닐 테고, 그대로 지니고 보면, 그녀는 인간이 아니었다. 원시 수풀에서 퍼붓던 소나기 속에서 아담의 가슴으로 기어들던 스스럼없는 몸짓에서부터 샹들리에 아래 거짓말투성이 재담에 이르는 오랜 세월에 걸쳐서 그녀들 자신의 몸에 깔린 거짓의 비곗살. (110면)

이명준은 윤애의 삶 속에 겹겹이 쌓여 있는 터부와 미신들을 걷어내는 데 실패한다. 유토피아의 꿈의 좌절, 그리고 그가 모색하는 유토피아의 꿈과 동질적인 구조를 지니고 있기에 그 꿈을 대체할 수 있을 뿐만 아니라 그 꿈을 향한 유일하고도 최소한의 징후라고 믿었던 사랑의 실패로 인해 이명준은 자신의 설 자리를 잃게 된다.

그렇게 떠밀려 간 그곳에서도 이명준은 역시 한 여성을 만나 사랑의 완성을 모색한다. 북한에서의 사랑 역시 북한에서 기대했던 유토피아의 꿈이 산산이 부서지는 바로 그 시점에 강렬하게 불타오름은 물론이다. 그렇게 이명준은 은혜를 만나고, 그녀와의 만남 속에서 최소한 삶의 근거를 확립하고자 한다.

> 사랑하리라. 사랑하리라. 명준은 속으로 그렇게 중얼거렸다. 깊은 데서 우러나오는 이 잔잔한 느낌만은 아무도 빼앗을 수 없다. 이 다리를 위해서라면, 유럽과 아시아에 걸쳐 모든 소비에트를 팔기라도 하리라. 팔 수만 있다면. 세상에 태어나서 지금 이 자리에서 처음으로 진리의 벽을 더듬은 듯이 느꼈다. 그는 손을 뻗쳐 다리를 만져보았다. 이것이야말로 확실한 진리라. (129면)

하지만 이 사랑마저 좌절된다. 은혜 역시 윤애와는 또 다른 인과율, 곧 '당의 명령' 안에서의 편안함이 주는 매혹을 떨쳐내지 못하는 것이다. 은혜는 이명준의 간곡한 부탁을, 숨죽인 애원을 외면하고 결국 모스크바로 떠나버린다. 이명준은 결국 혁명에 대한 기대는 물론 사랑의 완성 역시 이루어지지 못하며, 이렇게 이명준의 자신의 존재를 증명하기 위한 모든 의미 있는 시도는 실패로 끝난다.

개인의 자율성이 존중되지 않는 사회에서 현실의 변화란 사회의 내부에서 이루어지는 것이 아니라 외적인 계기에 의해서 이루어진다면, 그리고 어떤 사회적 운동의 필연적인 결과로서가 아니라 우연적인 사건에 의해서만 촉발된다면, 이명준은 바로 우연적인 사건에 의해서 변화의 소용돌이를 경험한다. 바로 한국전쟁이다. 이명준은 이 전쟁이 굳을 대로 굳어져 변화할 가능성이 없는 세상을 변화시켜주기를 기대한다. 그러나 이 기대감은 곧 깨진다. 전쟁이라는 가장 전율적인 사건조차 인간들을, 사회를 변화시킬 수 없다는 사실을 확인하기 때문이다. 그 순간, 이명준은 자신의 가치관에 비추어보자면 치명적인 선택을 한다. 위악(僞惡).

이명준은 스스로 악한 행동을 함으로써 위선적인 세상에 복수를 가하고 동시에 자신의 소박한 꿈을 좌초시킨 인과율이 존재하지 않는 어떤 것, 혹은 위선이 아닌 솔직한 어떤 요소가 사회와 인간의 어딘가에 남아 있음을 확인하고 싶어한다. 이를 위해 이명준은 고문 기술자가 된다. 인간들에게 극단적인 폭력을 가함으로써 그 인간을 둘러싸고 있는 인과율 너머의 본래적인 모습을 확인하고자 한다. 이 명준은 남한에서 그나마 자신의 절친한 친구였던 태식에게 고문을 가하고 이제는 태식의 아내가 된 윤애를 강간하려 하는 등 말 그대로 악마적인 행동을 펼치나 이 역시 실패한다. 육체적인 극한상황 속에서도 절대적인 인과율은 인간에게서 분리되지 않음을 이명준은 목격해야만 했던 것이다. 진실로(?) 악한 자는 자신의 악한 행동까지를 보고 즐길 수 있는 존재일 터, 그렇지 않은 자가 행하는 악한 행동은 타자에게 행하는 폭력이기도 하지만 동시에 그것은 자기 자신에 가하는 폭력이라고도 할 수 있다. 그렇다면 이명준은 행한 행동은 타인들에게 고문을 가한 것이 아니라 곧 자기 자신에게 고문을 가한 것이리라. 이명준은 한편으로는 사디스트적이고 다른 한편으로는 매저키스트적인 이 극단적인 선택에서도 절대적인 인과율이 작용하지 않는 영역을 발견하려는 자신의 최소한의 목적을 이루지 못한다. 이처럼 자학적인 행위까지도 감내했음에도 불구하고 이명준은 서사시적 세계를 향한 최소한의 징후조차 찾아내지 못한다.

이명준은 위악적인 행동을 통해서도 밀실과 광장의 조화를 불가능하게 하는 거대한 인과율을 발견할 뿐 어떠한 가능성도 발견하지 못하고 만다. 이명준은 태식과 윤애를 풀어준다. 그리고 곧 낙동강 전선으로 배치된다. 이제 이명준은 혁명, 사랑 등 자신의 존재증명을 위한 어떤 가능성도 없음을 확인하고 다만 이름없는 무명씨로 살아가기를 염원한다. "나는 영웅이 싫다. 나는 평범한 사람이 좋다. 내 이름도 물리고 싶다. 수억 마리 사람 중의 이름없는 한 마리면 된다. 다만, 나에게 한 뼘의 광장과 한 마리의 벗을 달라. 그리고, 이 한 뼘의 광장에 들어설 땐, 어느 누구도 나에게 그만한 알은체를 하고, 허락을 받고 나서 움직이도록 하라. 내 허락도 없이 그 한 마리의 공서자를 끌어가지 말라"(179면)는 것, 이것이 이명준에게 남겨진 유일한 기대지평이다. 아니, 이것은 애초부터 이명준의 꿈이었는지 모른다. 그러나 이명준이 살았던 현실은 한 뼘의 광장과 하나의 벗마저도 용인하지 않은 채, 그들의 절대적인 인과율을 폭력적으로 개입시켰던 것이다. 이명준은 전쟁이 막바지로 치달아 생존마저 불투명한 바로 그 순간에 자신의 꿈을 이룬다. 이명준을 속이고 모스코바로 떠났던 은혜를 다시 만났던 것이다. 이명준에게 용서를 비는 은혜를 통해 비로소 명준은 모든 인과율을 떠난 한 인간을 만난다. 그리고 한 뼘의 광장에 같이 서며, 그렇게 밀실과 광장이 조화된 최소한의 터전을 짧은 시간 동안 경험한다. 그러나 이 짧은 시간의 사랑마저 전쟁이라는 외부적 폭력에 의해 깨져나간다. 은혜가 죽고만 것이다. 다시 말해 이명준에게 삶의 의미를 부여해주던 마지막 보루가 사라져버린 것이다.

포로가 된 이명준은 거제도 포로 수용소에서 중요한 선택의 기로에 선다. 남이냐 북이냐, 이곳이냐 아니면 이곳이 아닌 저곳이냐. 이명준은 남도 북도 아닌, 저곳 즉 제3국을 택한다. 이명준은 남과 북 어느 곳에서도 밀실과 광장이 조화 혹은 그것의 실현 가능성을 발견할 수 없었던 것이다.

> 사람마다 다르게 마련인 몸의 길, 마음의 길, 무리의 길. 대일 언덕 없는 난파꾼은 항구를 잊어버리기로 하고 물결 따라 나선다. 환상의 술에 취해보지 못한 섬에 닿기를 바라며, 그리고 그 섬에서 환상 없는 삶을 살기 위해서. 무서운 것을 너무 빨리 본 탓으로 지쳐빠지 몸이, 자연의 수명을 다하기를 기다리면서 쉬기 위해서. 그렇게 해서 결정한, 중립국행이었다. (174면)

그러나 이명준은 자신을 끝까지 따라오는 두 마리를 갈매기, 즉 은혜와 태어나지 못한 자신의 딸의 환영을 통해 자신의 선택이 잘못된 것임을 깨닫는다. 중립국이란 지친 영혼이 쉬는 자리가 아니라 곧 죽음의 자리임을 늦게서야 깨달았다고나 할까. 다시 말해 이명준은 뒤늦게서야 그곳이 아무리 무서운 것을 너무 많이 빨리 보게 해서 자신을 지치게 했다 하더라도, 그곳이야말로 은혜와 딸이라는 존재의 흔적이 남아 있는, 자신의 고유한 영혼을 나름대로 증명했던 그리고 증명할 수 있는 유일한 터전임을 확인한 것이다. 결국 이명준은 다시 자신의 삶의 흔적이 남아 있는 곳으로 돌아가기 위해 갈매기들을 따라 바다로 뛰어들고, 이명준이 자신의 고유한 영혼을 증명하기 위해 길고 험한 여정은 이렇게 끝난다.

4. 회색인의 진실, 혹은 『광장』의 리얼리티

만약 누군가가 짧은 시간 안에 한국의 역사와 문학에 대해 알고자 한다면, 나는 최인훈의 작품, 특히 『광장』을 권하고 싶다. 주관적인 판단이 허용된다면, 좀더 표현의 강도를 높이고 싶다. 한국문학의 특수한 질을 확인하려거든 최인훈을 보라. 더 나아가 한국의 역사와 지성사를 보려거든 역시 최인훈의 소설을 보라. 그 이유는 간단하다. 쉽게 본질을 찾아내기 힘든 한국 근·현대사와 복잡다단한 내면 세계를 지닌 한국인의 존재방식을, 폭넓고 냉정한 관찰과 깊이 있는 사유를 통해 형상화한 작가가 바로 최인훈이기 때문이다. 한마디로 『광장』의 작가 최인훈은 어느 작가보다도 어느 역사서보다도 한국의 근현대사를 풍부하고 객관적으로 재현한 작가라 할 수 있으며, 최인훈의 여러 작품이 더할 나위 없이 복잡한 한국 근현대사를 실제의 역사상보다도 더 현실적으로 재현하는 데 성공했다는 점이야말로 그를 위대한 작가라 칭할 수 있는 가장 중요한 근거이다.

최인훈은 소설 전반을 휩싸고 도는 분위기는 항상 비극적이며 또한 현실에 대한 환멸로 가득차 있다. 그렇다고 최인훈이 그의 소설의 주인공으로 세계사적 개인을 내세우는 것은 아니다. 최인훈 소설의 주인공들은 대부분이 어떤 거대한 집단을 대표하거나 어떤 거대한 역사적 흐름을 체현하는 인물들로 설정되지 않는다. 일반적으로 비극성이, 하나의 질서를 체현하고자 전력을 다한 인물들이 그 인물로서는 어떻게 할 수 없는 새로운 질서에 의해 좌초할 때, 또는 정해진 운명을 거부하는 인간 개체가 좌절할 때 발생한다면, 최인훈 소설의 등장하는 주인공들은 이러한 인물들과는 거리가 멀다. 평범한 인물들이고, 자기 자신을 보존하고자 하는 성격의 소유자들이다. 하지만 최인훈 소설의 주인공들은 누구나 다 비극적 정황에 휩싸인다. 그의 소설의 주인공들은 다만 "나의 책임에서 너무도 멀리 벗어난 짐, 그것을 나는 짊어질 힘이 없다. 힘이 없는 것을 맡아서 쓰러지는 데 어떤 뜻이 있는지 나는 모른다"(최인훈, 『서유기』)라고 판단하고 자기 보존적인 삶을 산다. 그럼에도 불구하고 최인훈의 주인공들은 권력에 의한 폭력(이때의 폭력은 항상 이성의 이름으로 행해진다)으로부터 자유롭지 못하다(「그레이구락부 전말기」, 『회색인』, 『서유기』, 『화두』 등). 최인훈은 한국사회를, 한 개인의 삶이 자신의 의지와는 관계없이 깊은 절망의 심연에 빠질 수 있는, 정신적 자기 완성을 통해 자신만의 고유한 가치를 창출하려는 개인에게는 더더욱 억압적인 사회로 파악하고 있는 셈이다. 다시 말해 현재의 자기 의식을 외화, 실천하고 그것을 전유하여 높은 단계의 자기 의식으로 발전하는, 곧 사유와 실천의 변증법적 과정을 허용치 않는 사회, 최인훈은 한국 역사와 현실을 이러한 매개물을 통해 재질서화한다.

『광장』 또한 최인훈의 소설세계 전반과 크게 다르지 않다. 『광장』이라는 성에서 우리가 발견한 것은 "미친 믿음이 무섭다면, 숫제 믿음조차 없는 것은 허망하다"(169면)는 사실, 그리고 남북한의 역사가 그렇게 무섭고 허망하게 진행되었다는 점이다. 이명준은 어떻게 보면 그리 큰 꿈을 꾼 것이 아닌지도 모른다. 자신이 각고의 노력 끝에 얻어낸 자신의 고유한 영혼을 인정받고 싶었고, 또한 그것이 가능한 사회를 만들고자 했던 것, 이것이 이명준이 꾼 꿈의 전부이다. 이를 우리는 우리가 이야기했던 맥락대로 표현하자면, '우상의 거부'와 '주관과 객관, 개인과 전체가 조화를 이루는 사회에 대한 동경'라고 할 수 있을 것이다. 한마디로 이명준은 감각적 확신으로부터 지각, 오성, 자기 의식, 이성, 정신으로 이어지는 정신적 자기 완성을 과정을 통하여 대상에 대한 의식과 자기 의식이 일치하는, 그리고 그 의식이 사회의 발전과 또다시 조화를 이루는 정신적 자기 완성을 꿈꾸었다고 할 수 있다. 그러나 이 정신적 자기 완성의 길은 쉽지 않았다. 인간답게 살기 위한 최소한의 목표가 이명준이 살았던 역사적 공간에서는 허용되지 않았기 때문이다. 이명준은 격변기를 살았으며, 격변기에서 자기 반성이나 성찰은 오히려 금기사항이 되기 마련이다. 이명준은 단지 자기 완성을 목표로 한다는 이유 때문에 고통을 받아야 했고, 떠돌아다녀야 했다.

이러한 이명준의 열망과 좌절의 기록은 곧 『광장』이 이명준을 통해 다시 질서화한 역사와 현실은, 실제의 역사와 현실보다 더 실제적이다. 이명준이라는 매개물이야말로 한국 근현대사의 본질에 보다 더 심오하게 접근할 수 있는 미적 경로로서 손색이 없기 때문이다. 한국은 저개발국가였다. 즉 선진자본주의국가의 발전을 뒤좇은 국가였다. 따라서 한국은 선진자본주의국가를 발전모델로 삼고 그에 맞추어 역사를 진행시킨 바 있다. 또한 한국은 제3세계 국가이다. 달리 표현하면, 한국은 자본주의의 희망과 절망을 목도했을 뿐만 아니라 자본주의적 모순을 넘어서려 했던 체제인 사회주의를 간접적으로 체험한 국가였다. 즉 이미 시행되는 사회제도를 모범적인 세계로 설정하고 그에 맞추어 역사가 진행된 것이다.

한국의 이러한 역사전개는 한국의 현실과 그곳에 살아가는 인간들을 한마디로 규정하기 힘들 정도로 복잡하게 만든다. 먼저 선험적인 모델이나 제도, 혹은 관념이 주어지고, 모든 것은 그 선험적인 것을 따라야 한다. 존재가 의식을 결정하는 것이 아니라 의식이 존재를 결정하게 된다. 따라서 한국인들은 끊임없는 자기 실현과정을 통하여 보편적 이성에 도달하는 대신에 먼저 주어진 보편적 이성에 자기의 모든 개별적인 의지나 감정들을 밀어넣어야 한다. 보편적 이성을 향한 행동만이 진실하다는 고정관념이 절대적인 권위를 차지하게 되고, 각 개인들은 감정과 인식, 그리고 행동 사이에 심각한 단절을 경험한다. 이러한 과정을 거쳐 선험적인 규범이나 관념이 주인이 되고, 개인의 자기 실현과정은 노예로 전락한다. 또한 개개의 인간은 하나의 목적이 되기보다는 선험적인 관념의 실현을 위한 수단으로 부차화되며, 인간성은 사회를 운영하는 데 심각한 고려의 대상이 되지 않는다. 해방 후 한국에서 극심한 좌·우익의 대립이 표면화되고, 동족상잔의 비극이 전쟁이 한반도를 휩쓸었으며, 그리고 여전히 분단의 상태가 극복되지 않는 것은, 한국이 제3세계의 상태에서 근대성을 경험했다는 사실과 밀접한 연관을 지닌다.

『광장』은, 한마디로 '우상에 대한 공포의식'과 '주관과 객관의 소통체계 확립'이라는 매개를 통하여 위와 같은 한국의 특수한 역사와 한국인의 내면 심리를 누구보다도 날카롭게 파헤친 바로 그 작품이다.

3부

작가의 길 또는 소수집단 되기

인공낙원이라는 연옥
: 강영숙론

탈마법화된 바다, 혹은 바다의 재탄생
: 조헌용의 초기 소설

모성의 지위와 탈낭만화
: 신경숙의 『종소리』

변두리의 귀환
: 김소진의 초기 소설

귀향의 변증법
: 이청준론을 위한 몇 개의 메모

어둠에서 제전으로, 비극에서 비극성으로
: 김원일 문학이 걸어온 길

개인과 사회의 대립적 인식과 그 의미
: 김승옥론

비극성에서 한으로, 운명에서 역사로
: 박경리 문학이 걸어온 길

인공낙원이라는 연옥

강영숙론

1. 인공낙원?, 혹은 인공연옥?

강영숙의 최근 관심사는 인공낙원(Les Paradis Artificiels)과 현존재의 존재방식이다. 현대 사회의 총체적 불모성을 그로테스크하게 그려 낸 일련의 소설로 현단계 문학적 지형도에 자신의 자리를 분명하게 새겨 넣은 강영숙이 지니고 있던 문제의식을 예각화시키고 개념화하여 지금, 이 시대의 본질을 인공낙원으로 규정한 것이다.

그런데 인공낙원에 대해서라면 이미 우리는 많은 것을 알고 있다. 인공낙원이라는 말은 잘 알려져 있듯 보들레르의 용어이다. 보들레르는 '단순한 자연에만 취미를 느낄 정도로 타락한 사람에게 불행이 있으라!'라고 할 정도로 자연적인 것에 대한 불신을 보인 바 있다. 그런 까닭에 그는 악은 바로 자연적인 것의 숙명이라고 말하고 대신 미덕은 모두가 인공적이고 초월적인 것에서 발생한다고 말한다. 근대를 출발시킨 동력인 인간에 대한 믿음, 아니면 인간의 합리성에 대한 믿음이 남달랐던 까닭이리라. 그러니 보들레르에겐 인공적인 것으로 새롭게 구축되어 가는 도시, 그리고 철저하게 자연적 본성을 감추는 화장, 가면 등이야말로 낙원의 상징이자 천사의 마법이었을 것이다.

그런가 하면 여기 이상(李箱)도 있다. 이상은, 김기림의 표현에 따르자면, 소박하기 짝이 없던 1930년대의 경성의 인공적인 것에서 '번영하는 위선의 문명'을 발견한 작가다. 그리고 그는 그 문명에게 혼을 내맡기는 인간들의 군상을 목격하고는 공포에 떤다. 이상이 보기에 '번영하는 위선의 문명' 혹은 상품의 쾌락적 이미지는 인간을 한갓 생명력 없는 기호로 전락시킬 뿐만 아니라 또 인간에게서 모든 열정을 빼내가고 대신에 헤어나올 수 없는 권태를 안겨주는 전지전능함을 지닌 괴물에 다름 아니었던 것이다. 물론 동료인 김기림은 이상이 그 번영하는 위선의 문명에 '제 혈관을 짜서 시대의 혈서를 썼다' 하고 있으나, 그렇게 하기엔 1930년대 중, 후반 경성의 문명화란 아직 척박했다고 해야 하리라. 그 결과 이상은 역설적이게도 '번영하는 위선의 문명'을 비판하기 위해 '위선의 문명'을 '번영'시키는 전위의 역할도 동시에 행해야 했다. 이상에겐 그 자신의 실천의 현실적 근거를 위해서 '번영하는 위선의 문명'이, 그리고 더욱더 울창하고 빼곡한 인공낙원이 필요했던 것이다.

그 후 이상이 그토록 그리워했고 또 그토록 미워했던 문명은 가히 폭발적으로 발전하였고, 대도시는 물론 목가적 전원(田園)까지도 모두 문명으로, 인공적인 것으로 뒤덮이게 되었다. 전지구가 엄정하게 보들레르적 의미의 인공낙원으로 바뀌고 있다고나 할까.

강영숙은 최근의 인공낙원 풍경을 다음과 같이 묘사하며 그것을 이 시대의 본질로 다시 제시한다.

건물 지붕 위로, 인공호수 위로 캐릭터 인형들이 붕붕 날아다녔다. 드디어 출입구의 다리 끝에서부터 댄스 행렬이 시작되었다. 커다란 키에 나비처럼 날개를 달고 격렬하게 사지를 흔들며 춤추는 외국인 무용수들이 놀이공원의 중심부로 맨 먼저 진입했다. 밝은 조명 탓에 녹색 눈화장을 한 그들의 얼굴은 작은 인형 같았고 번쩍이는 옷은 광택이 지나쳤다. 날씬한 허리와 긴 다리로 지금은 모든 걸 다 잊으라는 듯 춤추고 있는 그들의 행렬 뒤로, 얼굴에 흰 가면을 뒤집어쓴 가면무도회 행렬이 이어졌다. 그들은 괜스레 관객들을 향해 호통쳤으며 내가 누구인지 아느냐는 듯 거들먹거렸다. 그 뒤로는 온몸 가득 땡땡하게 바람을 넣은 오뚝이 인형들의 춤에서, 인공대나무 숲속을 종횡무진 오가는 중국 무사들의 춤으로 이어지고, 또 다시 캉캉춤으로 이어지고……페스티벌 행렬은 그칠 줄 모르고 이어졌다.

그러는 중에서도 번지드롭은 굵은 기둥의 상단 테두리에 사람들을 묶은 채 그들의 몸을 맘껏 뒤흔들며 위아래로 움직이고 있었다. 번지드롭 위의 사람들은 기계장치가 이끄는 대로 소리를 지르고 마른침을 삼키고 오그라드는 심장을 쥐어짜며 매달려 있었다.

그가 전망대가 있는 공주의 성으로 올라갔다. …… 계단마다 공주의 탄생, 공주의 사랑, 공주의 죽음, 공주의 부활을 연기하는 인형들이 실물 크기로 전시되어 있었다. 계단 곳곳에 숨겨진 해골과 박제들은 공주의 운명을 멋지게 보이게 하기 위해서도 꼭 필요한 소도구들이었다.

—「봄밤」 II, 49면[1]

　이런 풍경은 이제 우리에게도 낯설지 않다. 낯설기는커녕 우리가 살고 있는 바로 이곳이다. 위의 풍경 속에서 자연적인 것, 혹은 소박한 것 따위는 찾아볼 수 없다. 모두 인공적인 것이며 인간에 의해 고안된 것들이다. 건물, 호수, 화장, 대나무숲, 번지드롭, 그리고 국적불명의 공주의 서사까지. 가히 명실상부한 인공낙원의 풍경이라 할 만하다.

　그렇다면 우리는 묻지 않을 수 없다. 강영숙은 보들레르의 계승자가 되기로 한 셈인가. 그런데 만일 그렇다면 이것은 위험천만한 일이다. 언제적 보들레르이고 언제적 인공낙원의 풍경인가. 하여간 인공낙원에 초점을 맞춰 자본주의적 시스템을 바라본다는 점에서 강영숙은 보들레르의 가장 충실한 계승자임에 틀림없다. 하지만 다행스럽게도 강영숙은 보들레르의 단순한 계승자의 길을 가지 않는다. 아니, 오히려 가장 혹독한 비판자로 나서고자 한다. 즉 강영숙은 인공낙원의 풍경이 우리 시대의 본질임을 인정하면서도 이 인공낙원을 통해 새로운 것에 대한 경이로움과 미래에 대한 낙관을 보는 것이 아니라 바로 이곳에서 우리 사회의 악의 근원을 발견한다. 그렇다면 강영숙은 우리 사회의 악의 근원임에도 불구하고 보들레르에 의해, 혹은 보들레르처럼 인공적인 것의 가치와 의미를 아직도 믿는 존재들에 의해 여전히 낙원의 이미지로 작동하고 있는 인공낙원의 이미지와 정면 승부를 걸고 있는 것이다. 즉 인공낙원의 신화를 창출한 보들레르를 일부러 불러내어 그

---

1) 이 글에서 인용되는 강영숙의 텍스트는 다음과 같다. 인용할 경우 소설 제목과 해당 책의 본문 면수만 밝힌다. Ⅰ:『흔들리다』, 문학동네, 2002, Ⅱ:『날마다 축제』, 창비, 2004.

와 진검 승부를 겨루고자 하는 형국이랄까.

그렇다면 궁금하지 않을 수 있다. 강영숙의 소설이 얼마나 치밀하게 보들레르의 권위와 업적을 해체할 수 있을지, 그리고 강영숙은 이러한 모험을 할 정도로 정말 자신 있는 근거를 가지고 있는 것이며, 또한 인공낙원을 대신할 만한 경이로운 대상, 혹은 사물을 찾기라도 한 것인가. 자, 이제, 큰 모험을 하고 있는 강영숙의 소설을 따라 읽어보자.

2. 떠도는 인공낙원

강영숙의 소설은 우리 시대의 삶이 원래부터 있었던 자연적인 것에 의해서가 아니라 인공적이고 인위적으로 만들어진 것들에 의해서 형성되고 존속된다는 사실을 집중적으로 부각시킨다. 놀이공원, 축제의 거리, 고층빌딩, 20층 짜리 주상복합아파트, 유흥업소의 불빛으로 그야말로 불야성을 이루는 거리 등은 강영숙의 등장인물들이 몸담고 있는 시·공간이거니와, 그만큼 이들의 삶은 인공적인 것과 밀착되어 있다. 그리고 그곳에서의 사람들은 모두 행복한 것처럼 보인다. "격앙된 말소리와 웃음소리, 의자에 기댄 지친 몸뚱이들, 매끈하게 차려 입은 여자들의 긴 머리칼에서 풍겨나오는 환각과도 같은 샴푸냄새, 향수냄새 …… 왜 저렇게 하나같이 유쾌하고, 하나같이 밝게 웃고 있는 것일까."(「봄밤」, II, 44~45면)

물론 인공낙원에 모두 만화경 같은 화려함만이 가로지르는 것
은 아니다. 놀이공원에는 순간 길을 잘못 들면 불빛 하나 없는 텅
빈 골목이 나오고, 20층 짜리 주상복합아파트는 속이 모두 썩어가
고 있으며, 또 불야성을 이루는 유흥가도 한 발짝만 길을 벗어나
면 어두운 심연만이 있을 뿐인 것이다. 또 그런가 하면 인공낙원
을 건설하기 위해 자연적인 것을 모두 파괴했기 때문에 도시의 상
공에는 누런 먼지가 걷힐 틈이 없기도 하다.

> 집에 도착하자마자 샤워를 했다. 눈과 입은 물론 콧속까지 오래도록 씻고
> 두피를 자극해가며 정성 들여 머리를 감았다. 몸에서 흘러내린 물이 검은색
> 이었다. 때가 낀 셔츠는 구제불능일 것 같아 쓰레기통에 넣어버렸다. 세탁을
> 해도 다시 깨끗해지기 어려운 옷들은 입을 때마다 화를 내느니 버리는 게 나
> 았다. …… 새벽부터 누런 비가 내렸다. 모래가 섞인 비를 맞게 되리라고는
> 상상도 하지 못했었다. 항공기들은 모두 공항에 묶였고 아이들은 학교에 가
> 지 않았으며, 사람들은 바깥출입을 하지 않아 예약이 취소된 식당이 많다고
> 했다. 그래도 샐러리맨들은 출근해야 했다.
>
> —「오아시스」 II, 134~135면

하지만 중요한 것은 인공낙원 안에 살풍경이나 실낙원이 존재
한다는 점이 아니다. 이런 살풍경이 존재함에도 불구하고 이들 거
리는 항상 축제가 열리고, 놀이동산의 왁자지껄은 끊기지 않는다
는 것, 즉 여러 가지 실낙원의 풍경에도 불구하고 여전히 낙원으
로 불려지고 또 그렇게 공인받고 있다는 점이 중요하다. 즉 놀이
공원은 그 텅 빈 공허에도 불구하고 매직스노랜드이며, 속이 썩어
가는 20층 건물의 이름은 드림피아이고, 「불빛과 침묵」의 작중화
자가 일하는 곳과 사는 곳은 각각 초원 레스트랑과 미화아파트이

며, 「서로에게 안부를 묻다」의 주인공이 일하는 다방은 별다방이
다. 정말이지 중요한 것은 이 살풍경이 엄연히 존재함에도 불구하
고 누군가의 끊임없는 설득에 의해, 혹은 그곳을 살아가는 사람들
의 동의에 의해 드림피아 등으로 호명되고 승인된다는 점이다. 예
컨대 누군가가 그 어떤 필요에 의해 인공낙원에서는 거의 하루도
빠짐없이 축제를 열며 그러면 그곳의 구성원들은 그것을 받아들
이는 식이다. "이곳의 축제는 아무렇게나 시작되었다가 아무렇게
나 끝이 났다. 그래도 가끔씩 축제가 열려 불안한 정적이 깨지기
도 한다는 것이 나에게는 위로가 되었다."(「날마다 축제」, II, 81면) 그
런가 하면 「봄밤」의 매직스노랜드 놀이공원은 실제로는 아무 의
미도 없을 창립 15주년에 화려하고도 허구적인 의미를 부여하는
축제와 이벤트를 열어 그곳의 구성원들에 충만감을 안겨주기도
한다. 이렇게 강영숙의 소설에서는 내용이나 정신적인 의미가 없
는 축제가 연일 반복될 뿐만 아니라 그 일상화된 축제에는 또한
온갖 오묘하고도 그럴 듯한 하지만 실제적인 의미는 없는 환상체
계가 부여된다.

　이렇게 내용 없는 축제가 연일 대규모의 형태로 펼쳐지면 그리
고 대상과 관계없이 자립화된 환상체계나 허구적인 이미지들이
미쳐 날뛰게 되면 여러 가지 치명적인 상황이 펼쳐지리라는 것을
예상하는 것은 쉽지 않을 터인데, 강영숙의 소설은 특히 두 가지
점을 주목한다. 하나는 '날마다의 축제'에 의해 유지되는 인공낙원
의 들썩거림과 사이비 충만함이 결국은 상상계나 허구적인 이미
지 너머에 있는 실재계를 보지 못하게 한다는 것이다. 예컨대 「씨
티투어버스」의 경우, 그곳에서는 어떤 이유 때문인지 공항폐쇄조

치가 내려져 있음에도 불구하고 어느 누구도 그것에 대해 공포를
느끼거나 삶의 불안을 느끼지 않으며, 그리고 재료 공급이 원활치
않아 옛날에 통관에 걸려 냉동고 속에 넣어두었던 재료를 꺼내 쓰
는 터라 "쏘스는 물과 기름이 분리되어 쟁반 위로 똑똑 떨어졌고,
빵에서는 수돗물 냄새가 났으며 콜라맛도 이상"(「씨티투어버스」, II,
28면)한 데에도 불구하고 그많은 사람들은 그 샌드위치를 맛있게
먹는 것은 물론 "어디선가 비트가 강한 음악이 들려왔고 광장 여
기저기에 흩어져 있던 아이들이 중심을 만들어가며 춤을 추기 시
작"(「씨티투어버스」, II, 29면)하는 모습이 전면에 부각되어 있다. 연일
축제들을 통해 치밀하게 유지되는 인공낙원이라는 상상계가 결국
은 그 상상계 너머의 무시무시하고 매혹적인 현존을 보지 못하게
한다고 말하고 있는 것이리라.

허구적인 이미지나 환상체계를 내용으로 이루어지는 인공낙원
의 들썩거림이 가져오는 또 하나의 결과는, 그런 이미지들이 사회
적 초자아 혹은 자본주의적 시스템에 의해 대량 유포됨으로써 결
국은 독과점적인 지위를 획득하게 된다는 점이다. 다시 말해 어떤
사물에 대해서는 어떤 정형화된 환상체계만이 인정될 뿐 사물의
성격에 따라 발생할 수 있는 아름답고도 발랄한 상상체계는 통용
되지 않게 되며 뿐만 아니라 내용 없는 정형화된 형식의 축제는
널리 유포되나 간절한 소원과 정말로 인간적인 화해가 깃든 진정
한 의미의 제의는 오히려 위치할 자리가 없어지게 되는 것이다.
예컨대 「씨티투어버스」의 작중화자는 인공낙원의 건설을 위해 희
생된 동물, 구체적으로 말하자면 들소떼의 환영을 거듭거듭 떠올
리며 우리들의 인공낙원이 자연에 대한 가혹한 제어의 결과임을

발견하나 그것은 단지 그녀만으로 사인화된 환상에 그치고 만다. 또 「별빛은 별빛은」의 작중화자가 죽은 엄마의 혼과 헤어진 애인의 환영을 불러와서 벌이는 제의는 아름답다 못해 처절하기까지 하나 주변의 인물들에게 전혀 의미 있는 제의로 인정받지 못한다.

이렇게 인공낙원은 그 실낙원의 풍경에도 불구하고 형식만의 축제와 환상체계와 들썩거림을 통해 거듭거듭 재생산되거니와 그곳 구성원들의 의식을 모두 휘어잡는다. 더욱 중요한 문제는 그리고도 멈추지 않는다는 것이다. 그 인공낙원이 만들어낸 환상체계는 마치 유령처럼 떠돌아다니며 인간이 거주하는 모두 권역을 인공낙원화하는 것은 물론 혹여 발생할 지도 모르는 이탈자들을 따라다니며 악마의 목소리로 귀환할 것을 권유한다. 아니 강제한다. 「태국풍의 상아색 쌘들」은 떠돌아다니는 인공낙원의 이미지가 지니는 위력에 대한 충실한 보고에 다름 아니라고 할 수 있다. 인공낙원의 테두리 속에서 살던 그들은 어떤 의지에 의해서건, 아니면 정례화된 행사에서이건 그 테두리를 벗어나고자 하는 강한 열망 속에 인공낙원을 벗어난다.

> 우리는 아침이 오기 전에 도시를 떠나자고 했어. 그리고 우리는 예정대로 떠났지. 수조(水曹) 속에 담긴 모형도시처럼 현실감이 없어 보이는 새벽 거리. 셔터를 내긴 가게들. 플라타너스 그림자가 흔들리는 텅 빈 차도 골목 저쪽의 어둠도 멍청해 보였고 새벽 거리의 모든 것이 갑자기 만만해 보였어. 그래서 우리는 자동차 시동을 걸기 전에 차례로 한번씩 침을 뱉었지.
> —「태국풍의 상아 쌘들」 II, 56면

하지만 이들의 결의와 결단은 그리 오래 가지 못한다. 그렇게 그들은 인공과 거리가 먼 자연의 풍광 속으로 달려가고 그곳에의 휴식을 원하지만 사정은 여의치 못하다. 자연적인 것만 있으리라고 생각했던 그곳 역시 인공적인 것에 의해서 서서히, 혹은 급속하게 침식당하고 있었을 뿐만 아니라 인공낙원이라는 초자아가 자신의 유지하기 위해 유포해 놓은 사물과 환영이 끊임없이 그들을 따라다니기 때문이다. 네 명의 가족으로 구성된 이 환영은 그때그때의 상황에 맞게 그들에 앞에 나타나며 결국에는 그들에게 비록 권태롭기는 하나 인공낙원의 안정감과 풍요로움을 환기시킨다. 결국 이들은 "수많은 차들이 화가 난 듯, 절대로 돌아오지 않겠다는 듯 노랗게 불을 켜고 바다를 향해 달려가고 있"(「태국풍의 상아 쎈들」, II, 76면)는 모습을 보며, 그들이 "살던 도시가 점점 가까워지고 있다는 생각에 안도"(「태국풍의 상아 쎈들」, II, 75면)한다.

그리고 이 인공낙원의 이미지는 이렇게 지역적으로 광활하게 자기 영역을 넓힐 뿐만 아니라 동시에 그곳에 뿌리내리고 있는 인간의 현존 형식을 결정짓는 역할을 하기도 한다. 즉 인공낙원의 이미지는 이 축제나 이벤트 등을 통해 거듭 유포되기 때문에 결국은 인간에게 카니발에 적합할 마음과 몸을 집요하게 요구할 것임에 틀림없다. 이렇게 강요된 카니발적 상황은 인간에게서 진지함, 진정성, 인륜, 시대의식, 문제의식 등 모든 것을 의미 없는 것으로 전락시킬 것임에 틀림없다. 게다가 바깥에서도 보이는 인간의 몸에 대한 통제는 더욱 집중적으로, 다양한 방식으로 이루어질지도 모른다. 아니 강영숙의 「밤의 수영장」의 진단에 따르면 이미 그렇게 되고 있다고 보아야 하리라. 하여간 강영숙의 소설에 따르면 인공낙원의 이미지는 인간 전체를 자동적인 인공육체로 재편성하게 될 것이며 이미 어느 정도는 그런 치명적인 운동을 시작하고 있다는 것이다.

그러니 강영숙이 인공낙원에게서 실낙원을 발견하는 것은 오히려 당연하다. 강영숙의 소설이 인공낙원의 풍경에서 오히려 실낙원 혹은 연옥을 발견하는 것은 인공낙원의 풍경이 이미 인간의 통제 범위를 넘어설 정도로 자립화되었다고 판단하기 때문이다. 인공낙원의 풍경은 이제 스스로 쉼없이 만들어내고 유포하는 이미지를 통해 인간에게 있는 그대로 사실에 접근할 가능성조차를 차단하고 또 다양하고 발랄해야 할 축제와 환상체계를 하나의 체계로 환원시키기에 이르렀다는 것이다. 강영숙의 소설에 따르면 인공낙원은 이미 이상적 자아, 혹은 초자아의 직위까지 올라서서 오히려 인간들의 몸과 정신까지를 규제하는 것은 물론 결과적으로 인간 전체를 기계로 전락시키고 있는 실정이다. 그러니, 강영숙의 소설이 보들레르가 자연적인 것에서 악을 보았듯, 인공적이고 초월적인 것에서 악을 보는 것은 오히려 당연한 지도 모르며, 또한 작가 강영숙이 자본주의의 이윤 시스템과 공모한 인공낙원의 풍경이 치밀하게 인간의 자유를 억압하고 있다는 것에 본격적인 관심을 기울이기 시작했다는 점은 작가 강영숙의 작가적 도정에 있어서도, 그리고 우리 문학 전체를 위해서도 대단히 의미 있는 사건인지도 모른다.

3. 분열된 자아와 전도된 관계들

강영숙의 소설은 이처럼 이미 인공낙원의 이미지가 인간의 삶 깊숙히 육박해 들어와서 더 이상 방치할 수 없는 현실임을 보여주는 한편 다른 한편으로는 그 상태가 인간의 존재방식에 구체적으로 어떠한 변화를 가져왔는지를 세밀하게 묘사한다. 자연적인 것이 모두 배제되고 인공적이고 합리적인 것이 세상을 움직이는 철칙으로 작동하고 있을 뿐만 아니라 그것을 곧 낙원이라고 칭해지는 시대를 살아가는 인간의 존재방식을 강영숙은 크게 세 가지로 초점화하여 형상화한다.

강영숙 소설이 주목하는 현존재들의 첫 번째 존재방식은 그 화려하고 교활한 인공적인 것에 몸과 영혼을 넘겨준 채 사물처럼, 또는 사물로서 살아가는 존재들이다. 「빙고의 계절」의 부부나 「청색모래」의 부부가 대표적일 터이다. 그들은 현재의 인공낙원 시대의 사회의 시스템이나 가치관에 지나치게 충실한 인물들이다. 특히 「청색모래」는 그야말로 세속적인 가치, 그러니까 유용성 혹은 실용성의 원칙에 충실한 사내가 반실용적인 물건에 대한 물신숭배에 빠진 여성을 만나 겪는 이야기로 이 둘 모두는 사물들에게 자신들의 영혼을 내맡긴 채 오히려 사물을 주인공으로 떠받들며 살아가는 존재들이다. 또한 「바다에서 사막을 만나면」의 화자처럼 자신에게서 인격을 배제하고 스스로 비인간적인 계산 가능성의 원리에 충실하고자 하는 인물이 등장하기도 한다. "또 언제나 지켜온 사람들과의 적당한 거리감, 웃는 듯 마는 듯 적당하게 이어

보인 거짓웃음, 다른 사람이야 죽을 만큼 괴롭든 말든 나 하나만
은 끝까지 살아남을 자신이 있었던 차가운 돌덩어리가 바로 나였
다."(「바다에서 사막을 만나면」, I, 120면)

강영숙 소설에 등장하는 인물들 중 또 한 부류는 위의 경우처
럼 자신의 가치를 타자에게 전이시키는 적극성이나 인정투쟁의
욕망이 전혀 보이지 않는 인물이나 어떤 경우에 극단적인 폭력성
을 보이는 경우이다. 이러한 인물 유형은 강영숙 소설에 가장 많
이 반복되는 인물 유형으로 어떤 측면에서 보자면 강영숙의 소설
이 새롭게 찾아낸 보편적 심성이라 할 만도 하다. 즉 이들은 비록
앞서서 어떤 일을 이끌어 가거나 자신의 가치관을 타자에게 강요
하거나 하지는 않아도 자신에게 주어진 직능과 본분에 대단히 충
실한 인물들인 것이다. 사물의 질서나 사회적 시스템을 거스르지
않으려는 인물들이라 할 수 있을 터인데, 그런데 어느 순간 이들
은 걷잡을 수 없는 폭력성이나 야만성에 빠져들어 전혀 자신을 제
어하지 못한다. 예컨대 「봄밤」의 작중화자의 남편은 여기저기 돌
아다니는 일을 하는 중에 거처가 불분명한 사람을 만나면 집에 데
려다가 머물게 하는 타자에 대한 배려가 남다른 인물이다. 그런데
이 인물이 매직스노랜드 놀이공원에서는 어떤 취객을 신발을 바
꿔 신었다며 죽일 듯이 구타를 하고는 지갑에서 돈을 빼앗기도 한
다. 「바다에서 사막을 만나면」의 등장인물 역시 그러하다. 같이 근
무하던 모든 사람이 떠난 자리를 홀로 지키고 있는 주인공은 자신
들을 팽개치고 도망간 사장이 오면 쓸 거라고 칼을 간직하고 있기
도 하다. 또 부동산 소개를 하면서는 집을 살 것 같은 사람들에게
도 친절하게 집을 소개하고는 즐거워하는 인물이 자신의 남편과

싸움을 마다 않는 폭력성을 보이는가 하면, 또 아무도 돌보지 않는 팔푼이 오빠를 자상하게 보살피던 어린 여자는 집에 돌아온 부모들이 자신에게 관심을 보이지 않자 갓난아기를 냉면 가는 기계에 집어넣으려고 하며, 위로 오빠가 다섯 그 뒤치닥거리를 모두 하던 여고생은 낫을 들고 그 오빠들에게 돈을 요구하다 오빠들이 비웃자 낫으로 자해를 하기도 한다. 역시 아무도 동정하지 않는 거인증 환자인 자이언트 형에 대해서는 한없는 애정을 보이던 어린 작중화자가 걷잡을 수 없는 잔혹성을 보이기도 한다.

> 커다란 쓰레기통 옆을 지나가는데 그 앞에 뭔가가 보였다. 내다버린 죽은 동물이었다. 개였는지 고양이였는지, 그게 뭔지는 잘 알 수 없었다. 나는 주머니에 든 칼을 꺼내 이미 죽은 것의 몸을 찔렀다. 손 끝에 닿는 물컹거리는 느낌 때문에 눈물이 나려고 했다. 그래서 몇 차례 더 찔렀다. 그리고 길바닥에 칼을 버렸다. 오른손에 피가 묻은 것 같았다. 꼭 쥔 주먹을 담벼락에 대고 질질 끌면서 걸었다. 주먹에 힘을 주면 줄수록 손가락 마디가 더 아팠다. 손가락 마디에 시멘트가 박히고 피가 났다.
>
> ─「댐」 II, 214면

이렇게 본다면 이들 존재에게는 인공낙원적인 질서에 대한 일방적인 순응과 전혀 순화되지 않은 타나토스적 충동이 서로 조율되지 않은 채 공존하고 있다고 할 수 있다. 그런데 이들 모두는 아무리 주눅 들어 있다고 하더라도 기계가 아니라 인간인 만큼 이 일방적인 순응을 견딜 수 없는 상태가 올 수밖에 없을 터이며, 그러다가 인공낙원적인 질서, 혹은 초자아가 약화되는 시점이 되면, 또는 초자아가 자신의 필요에 의해 타나토스적 충동을 허용해주면, 말 그대로 전혀 순화되거나 승화되지 않은 형태로 타나토스적 충동이 분출해 나오게 된다. 강영숙 소설의 인물들이 평상시에 보이는 순종성과 갑작스러운 폭력성은 바로 심리적인 기제들이 작동하고 있다고 할 수 있다.

그리고 또 하나 주의해야 할 점은 강영숙 소설의 인물들이 보이는 이러한 패턴이 우리 소설사에서는 그리 핍진한 묘사의 대상이 된 적은 없지만 전혀 예외적인 현상이 아니라는 점이다. 예컨대 지젝은 테러에 관한 정신분석을 행하는 과정에서 상상계에 억눌린 왜소한 자아가 직접 실재계를 만나려는 전도된 열정을 보일 때, 즉 실재계에 대한 과도한 열정을 보일 때, 그것이 전쟁 등 폭력이나 테러를 불러일으키는 주요 원인이 된다고 파악한 있다. 또 한나 아렌트는 안정적인 가정의 자상한 가장이 아우슈비츠 잔혹사의 장본인인 경우가 많다는 사실을 발견하고는 가정에 헌신적인 자의 이면에 이토록 잔혹한 심성이 숨겨져 있을 수 있다는 사실에 놀라워한 바 있다. 또 그런가 하면 바타이유 역시 전쟁이나 폭력 등의 계기가 인간을 초라한 사물(individu-chose)로서의 개체가 아닌 영광스런 개체로 승화시켜 줄 수 있다는 사실을 지적한 바 있다. 한마디로 극히 온순한 인물이 보이는 극한적인 폭력성이나 자상한 인물의 극단적인 잔혹함은 사회적 초자아에 억눌려 초라한 사물로 느껴질 때, 그리고 그것을 더 이상 참을 수 없을 때 나타날 수 있는 현상이라고 할 수 있거니와, 그렇다면 강영숙의 소설은 이러한 현대인의 존재 조건을 정확하게 이해하고 있는 경우라고 할 수 있는 것이다.

강영숙의 소설이 인공낙원 시대의 현존재의 존재 양상으로 주목하고 있는 것은 바로 이러한 개체들과의 관계이다. 강영숙 소설의 인간관계란 정말로 황폐하기 짝이 없는 것으로 그려져 있는바, 이 역시 현대인의 존재방식에 대한 정확한 반영이라 할 만하다. 화려한 인공낙원의 이미지에 자신들의 몸과 영혼을 맡긴 기계들과 한편으로는 극단적인 폭력성에 어쩌지 못하면서도 거의 대부분의 경우 자본주의적 질서에 순응하는 반인반기계의 존재 사이에 사랑의 정열 등은 끼어들 틈이 없다고 할 수 있거니와 그 자리를 혐오스러운 유용성이 채울 가능성이 높다고 할 수 있다. 강영숙 소설의 인물들간의 관계가 정확하게 이러하다. 강영숙의 소설에서의 가족 관계란 합리성의 영역을 간단하게 뛰어넘는 것이 바로 가족이라는 베버의 말이 무색할 정도로 차가운 계산과 무관심에 의해 유지된다. 강영숙의 가족 관계는 주로 자식을 남겨두고 훌쩍 떠나 돌아오지 않거나 아니면 그러다가 돌아와도 아무런 미안함을 표현하지 않는 식으로 이루어진다. 이는 남녀간의 관계에서도 그대로 이어진다. 아니, 더욱 황폐한데, 종종 이들의 관계가 가학／피학적인 관계로 변질되기 때문이다.

> "우린 전에 아기를 가진 적이 있잖아."
> "그래서."
> "괜찮으면 아기를 좀 갖게 해줘."
> "아기가 왜 필요해?"
> "개나 고양이보다는 깨끗해서."
>
> ─「오아시스」 II, 133면

결혼을 미뤄오길 잘 했다 싶을 만큼 여자가 마음에 들었다. 그녀는 붕어 모양의 눈을 내리뜨고 묻는 말에 대답만 했다. 신중하고 다소곳해 보인다는 게 장점이었다. 일은 물론 경제력과 술 실력에서도 남자들을 능가하는 여자

들한테 물린 탓인지 그 수동성이 마음에 들었다. 게다가 난 공무원이었으므로 괜찮은 결혼을 해야 했다

—「청색모래」 I, 82면

분이 풀릴 때까지 때렸다. 그녀의 얼굴이 빨갛게 변했다. 그래도 그녀는 미안하다거나, 잘못했다거나 하는 그 상황에 필요한 말을 하지 않았다. 계속 때리다보니 어디를 때려야 내 손이 덜 아픈지를 알게 되었다. 한참을 때리다 나도 지쳐 소파 위에 덜렁 앉아버리고 말았다. …… 한참의 육박전 뒤라 땀내가 물씬 났다. 그녀가 손가락으로 내 배를 꼭꼭 찔렀다. 그것을 시작으로 해서 그날 또 섹스를 하고야 말았다. 여자는 좀 매저키스틱한 데가 있는 편이라 어떤 날보다도 잘 했지만 나는 스스로에게 미친놈이라고 욕을 했다.

—「청색모래」 I, 94~95면

자기 자신의 상반된 충동을 조율하지 못하여 극단적인 내적 분열에 시달리는 주체가 역시 그러한 타자의 서사를 자기화하기란 불가능할 터이다. 결국 꼭 경제적인 가치는 아니더라도 혐오스러운 유용성에 의해 맺어지거나, 종종 억눌린 폭력성이 분출될 때는 가학/피학적인 관계가 될 수밖에 없는 것이다. 하지만 어떻게 하겠는가. 인공적인 질서와 가치에 몸과 마음을 전적으로, 혹은 반쯤은 넘겨 자신의 삶의 주인이 아닌 존재들이 나아갈 수 있는 최대치란 바로 여기까지인 것을.

4. 요나의 잠, 혹은 탈주의 가능성

강영숙 소설이 주목한 인공낙원 시대의 현존재의 존재방식은 이렇게 참담하고 암담하다. 그렇다고 강영숙 소설이 여기에서 끝나는 것은 아니다. 어떻게 보면 강영숙의 소설에서 이제까지 그려진 현대인이란 다음과 같은 형상인 것이다.

> 텅 비어 있었다. 아니 빛 때문에 일시적으로 비어 보였다. 원숭이였다. 황색 털에, 불쾌한 냄새에, 그저 눈만 동그랗게 뜬 원숭이가 사람들보다 더 놀란 얼굴로 마구 쏟아져 들어오는 햇빛에 순식간에 노출되었다. 형체도 없이 일그러진 채 말라 붙어버린 두툼한 종이박스 더미 위에 앉아 있던 원숭이는 자리에서 일어나 움직이다가 갑자기 잔뜩 겁먹은 눈빛이 되어 동작을 멈췄다. 어디서 왔는지, 어디에서 태어났는지, 왜 깜깜한 트럭 짐칸에 묶여 있는지 알 수 없는 원숭이의 눈빛이 불안하게 떨렸다. 원숭이 긴 팔을 움직여 자꾸 어딘가를 가리켰다. 그곳은 자동차가 달리는 고속도로였고, 원숭이는 낑낑 낑 소리를 내며 자신을 쳐다보고 있는 사람들 중 누군가와 눈길을 마주치려 했다. 나는 원숭이의 눈을 피해 눈을 돌렸다.
>
> —「트럭」, I, 52면

그럴진대 만약 여기서 길이 없다고 한다면 이것은 현존재의 실존적 상황을 너무 극한적으로 묘사한 것인지도 모른다. 아무리 인공낙원의 메커니즘에 마음과 혼을 빼앗겼다 하더라도 남겨진 부분은 있지 않겠는가. 또한 그렇게 철저하게 자기를 잃어버리고 인간들이 사이버그로 전락했다고 하더라도 정말로 사회구성원 모두가 그렇지는 않을 터이다. 그러니 남겨진 무엇을 가지고서라도 반인반기계의 존재에서 진정한 인간이 될 수 있는 길을 찾아보아야 할 터이며, 강영숙 소설의 남겨진 한 부분이 바로 이것에 관한 것이다.

강영숙의 소설은 한편으로는 인공낙원의 논리에 의해 '반인반기계'로 전락한 현대인의 참상을 핍진하게 묘사하면서도 다른 한편으로는 그 기계들이 이 진정한 주체로 설 수 있는 길을 같이 모색한다. 물론 강영숙은 소설의 구체적 상황 속에서 잠시 진정한 인간의 섬광과도 같은 현현을 묘사하기는 하더라도 그것들을 모아 유형화하거나 하지 않아서 그것을 쉽게 개념화하기는 힘들다. 하지만 다음과 같은 구절에서 어떤 시사를 받을 수는 있다.

> 여자의 울음 끝에 묻는다. 당신이 옛날에 인어였다면서요 여자는 발갛게 상기된 얼굴을 감싸안고 소녀처럼 웃는다. 여자가 상체를 숙여 내 얼굴 가까이 다가와 속삭인다. 도시엔 물이 없잖아. 도시엔 온통 사람 뿐야. …… 드디어 푸른 물이 우리가 누운 집안을 채우기 시작한다. …… 푸른 물이 드디어 온 집안을 가득 메우고 여자와 나는 꽈배기처럼 얽혀 물 속을 누빈다.
>
> 오랜 세월 짓눌렸던 살들이 부드럽게 빠져나간다. 털끝만큼도 몸에 상처를 내지 않으면서 천천히 빠져나간다. 물은 여자와 나에게 통증을 거두어 가는 중이다. 여자와 나는 차츰 정화되어 몇천 년 만에 처음으로 깊은 잠에 빠져든다.
>
> ─「밤의 수영장」 I, 202~203면

그녀들은 모두 인어라고 불릴 정도로 순수한 여성들이었다. 그러나 사물의 질서로만 움직이는 세상이 개입하면서 인어의 꿈을 상실한다. 그로부터 이어지는 단식과 폭식, 그리고 비만. 작중화자는 한 남성에게 관심을 갖는다. 사랑을 하고 싶다. 하나, 그 남성은 그것을 거부한다. 거부하는 데서 그치는 것이 아니라 그녀를 사용한다. 어릴 적 헤어진 누이를 찾는 데 도움을 주면 자고 싶다는 그녀의 소원을 들어 줄 거라 약속을 하고는 그대로 떠나 버린다. 그렇게 남자에게 배신을 당하고도 그녀는 다시 남자의 누이를 찾는다. 그리고 위의 장면과 같이 인어처럼 수영을 잘 하던 그 시절로 돌아간다. 모든 원망, 희망, 절망, 공포, 집착 등 그런 모든 것을 끊어내고 순수하던 그 시절, 때묻지 않던 그 시절, 그러니까 요나처럼 고래 뱃속으로, 어머니의 자궁으로 다시 돌아가는 것, 그리고 깊은 잠을 잔 후 인공낙원의 모든 흔적으로 없앤 채 다시 태어나는 것, 이것이 강영숙이 제시하는 다시 인간으로 태어나는 길이다.

물론 이러한 길이 뭐냐고, 너무 추상적이라고 할 수도 있겠다. 하지만 꼭 그렇지만은 않다. 왜냐하면 고래뱃속에 들어가기까지 거쳐야 하는 험난한 과정이 있기 때문이며, 그 험난한 과정을 질서화하고 개념화하면 인공낙원의 메커니즘에 순응하느라 뼛속까지 기계로 전락한 인간이 반드시 거쳐야 할 과정으로 손색이 없음을 알 수 있다. 강영숙 소설에 따르면 다시 태어날 수 있는 잠을 잘 수 있는 처소, 혹은 은신처로 가기 위해서는 먼저 고통스러운 불면의 밤이 있어야 하고, 그 고통을 달래기 위한 방황이 있어야 하며, 같이 서로를 감싸 안아줄 존재가 있어야 한다.

강영숙 소설에서 재생의 처소에 입소한 사람에게 제일 먼저 오는 것은 불면이다. 이 치명적인 불면은 여러 가지 이유에서 온다. 우선 주요한 이유 중의 하나는 눈을 감으면 들려오는 피할 수 없는 존재의 소음들이다. 인공낙원의 메커니즘은 존재에게 도저히 조율할 수 없을 정도로 쉴새없이 소음을 안겨준다. 그러면 그들은 레비나스식으로 표현하자면 그들은 다만 침입해 들어오는, 피할 수 없는, 존재(existence)의 익명적 소음을 주체적으로 제어하지 못한 채 비인격적이고 익명적인 상태로, 다만, 깨어 있게 된다.

> 제발 오늘은 쉽게 잠들라. 나는 그와 반대편 벽을 보고 누워 그가 무사히 잠들기를 기다렸다.
> 담배냄새를 맡고 잠에서 깼다. 잠이 든 건 그가 아니라 나였다. …… 이어지는 환호성과 짧은 침묵, 그리고 다시 환호성, 호루라기 소리, 잔뜩 볼륨을 높인 음악소리, 터뜨린 폭죽의 화약냄새, 소시지나 햄버거 같은 기름진 음식 냄새들이 아파트까지 왈칵 밀려들어오는 것 같았고 우리는 또 잠이 드는 데 실패하고 말았다.
>
> ―「봄밤」 II, 36~37면

강영숙 소설의 인물 중에서 잠들지 못하는 또 하나의 존재들은 잠들 때 그 모습으로 깨어나지 못할까봐 걱정하는 존재들이다. 그들은 「변신」의 잠자처럼 깨어났을 전혀 다른 모습으로 있을 것을 두려워한다. 물론 극단적인 변신을 두려워하는 것은 아니라 잠들어 있는 동안 변해 있을 상황들 두려워하는 것이다. 영원한 파괴와 쇄신의 원리에 의해 움직이는 자본주의라는 기관차는 그곳의 구성원들에게 잠들 기회를 약탈하기 때문이다.

마지막으로 그들이 잠들지 못하는 이유는 존재의 소음에 시달려 잠들지 못하는 삶이, 영원한 파괴와 쇄신이라는 자본주의적 리듬에 두려워 공포를 경험했던 시간이, 다름 아닌 사이버그의 삶이었다는 것을 확인하는 것.

> 다른 사람이야 죽을 만큼 괴롭든 말든 나 하나만은 끝까지 살아남을 자신이 있었던 차가운 돌덩어리가 바로 나였다. 그런데 갑자기 그런 모든 게 진저

리났고 두려웠다. 몸의 모든 것을 바꿀 기회가 있다면, 세포 하나하나를 모두 바꿔넣을 수 있다면 그렇게 하고 싶었다. 아마 그때부터였을 것이다. 잠자는 누군가를 깨우듯 통통, 싱크대의 수돗물이 한 방울씩 떨어지기 시작한 것이.

— 「바다에서 사막을 만나면」 I, 120~121면

「바다에서 사막을 만나면」의 작중화자는 어느 날 문득 자신이 살기 위해 자신의 모든 것을 버리고 현실원칙에 맞춰 살았음을 확인한다. 그녀의 삶에 그녀가, 그녀의 욕망이, 그녀의 꿈이, 그녀의 내면이, 그녀의 환상체계가 전혀 들어 있지 않음을 깨달은 것이다. 그 순간 그동안 애써 외면했던 그녀의 욕망, 타나토스적 충동, 망상, 고유한 역사지리지 등이 스멀스멀 기어나와 그녀의 초자아 혹은 현실원칙과 충돌하기 시작한다. 지독한 불면이 시작된 것이다. 그러니까 강영숙 소설에서의 불면은 초자아(혹은 인공적인 것)에 모든 것을 맞춰 살았던 자기 자신에 대한 반성의 산물이자 동시에 자기를 찾으려는 의지의 산물이라 할 수 있다.

이제 불면을 이겨내는 일이 필요하다. 하지만 불면을 이겨내는 일은 그리 쉽지 않다. 레비나스의 말을 빌자면 잠을 자기 위해서는 두 가지가 필요하다. "잠을 잔다는 것은 기적처럼 구원을 준비하는 사건, 익명적 존재의 늪에 빠지지 않고 '주체'로서 서 있을 수 있는 사건"[2]이라고 한다면, 이 때 먼저 필요한 것은 익명적 존재로부터 벗어나서 주체로 서기 위한 결단을 내리는 것이다. 그리고 잠을 자기 정립의 중요한 계기를 삼기 위해서 두 번째 필요한

---

2) 잠에 대한 레비나스의 사유는 에마뉘엘 레비나스, 서동욱 역, 『존재에서 존재자로』, 민음사 참조. 그리고 잠에 대한 전반적인 논의는 서동욱, 「잠이란 무엇인가」, 『문학동네』, 2001년 봄호 참조.

것은 은신처이다. 이때 은신처란 신체가 고정될 수 있는 '유일무이한 장소'이며 동시에 세계와 나 사이에 거리를 확보하고 세계로부터 나를 단절시켜주며 낮 혹은 의식의 연속성을 끊어줄 수 있는 장소이다. 이 은신처가 없으면, 그리고 이 은신처를 통해 잠시만의 의식의 단절의 순간이 없으면, 이때의 잠이란 단순히 육체적인 잠만을 의미한다. 레비나스에 따르면 인공적인 것에 대한 맹목적 순응을 반성하면서 불면에 빠진 존재가 다시 태어나는 잠, 요나의 잠을 자기 위해서는, 주체로 서기 위한 결단과 자신의 새롭게 태어나게 할 은신처가 필요한 것이다.

강영숙의 소설에서 잠이 드는, 그러니까 인공낙원이 만들어낸 괴물로서가 아니라 내면을 지닌 주체로 새롭게 태어나는 존재는 하나같이 정말 지옥과도 같은 불면의 고통을 견디며 이 과정을 헤쳐나간다. 불면의 시간을 "완전히 무력한 상태에서 살아나가도록 인간에게 주어진…사형 집행의 유예 시간과도 같다"고 한 아도르노의 비유처럼 불면의 존재들에게 아무렇게나 아무데서나 잠들고 싶은 욕망은 절실한 것이다. 강영숙 소설의 인물들 또한 그러하다. "다른 건 생각하고 싶지 않다. 그냥 깊게만 자고 싶다"(「흔들리다」 I, 28~29면)고 할 정도로 숙면에의 꿈은 강렬하며, 때로는 존재의 소음으로부터의 영원한 단절을 의미하는 깊은 잠, 곧 죽음을 동경할 정도에까지 이른다. "어디라도 등을 좀 붙이고 누워 있었으면 했다. 달려오는 차가 나를 삼키고 지나가도 나는 언제까지나 편안히 잠들어 있을 것만 같았다."(「봄밤」 II, 41면) 하지만 이들은 잠들지 않는다.

아직은 잠들어서 다시 태어날 준비가 되어 있지 않기 때문이다.

그들은 한편으로는 이들은 깨어 있음과 잠듦의 접점에서, 혹은 그 아슬아슬한 경계에서 살아간다. 이들은 깨어 있으되 잠들어 있으며 잠들어 있으되 깨어 있는 상태를, 다시 말해 현실원칙과 쾌락원칙, 실재계와 상상계, 현실세계와 환상성, 에로스와 타나토스, 이성과 망상, 그리고 장자와 나비 등 이율배반적인 것들이 팽팽하게 긴장하는 백일몽의 상태를 나름대로 조율해낸다. 또 그를 위해 이들은 이 놀라운 환상과 지독한 공포가 교차하는 백일몽의 시선으로 우리 시대의 실존적 풍경을 읽어들이고 자기화한다. 이들은 또 한편으로는 레비나스적 의미의 은신처를 찾아나선다. 세계와 나 사이의 거리를 확보하고 세계로부터 나를 단절시켜 주는 장소이자 동시에 자신의 내면을 형성하고 자기를 정립할 수 있는 계기로 작동할 수 있는 장소를 찾는다. 그들은 주로 이곳이 아닌 곳, 그러니까 인공낙원과는 다른 곳, 그러니까 자연 속에서 그것을 발견한다.

그리고 하나 더. 강영숙의 소설은 레비나스와 달리 여기에 한 가지를 더 요구한다. 동행자. 강영숙은 서로가 서로에게 어머니, 혹은 아버지가 되어 주는 존재가 있어야만 재탄생(레비나스의 표현을 빌자면 비대칭적인 상호주관성의 경지)은 가능하다고 믿는 모양이다. 그래서 강영숙 요나의 잠은 항상 짝패를 거느린 자리에서 이루어지니, 이는 강영숙이 진정한 의미의 재탄생, 그러니까 자기 정립의 완성은 나만의 완성이 아니라 타자까지를 감싸안는 완성이어야 한다는 인식에 서 있기 때문일 것이다.

그날밤 그는 암벽 끝까지 다다라 새로운 세상을 보는 꿈을 꾸었다. 만년설

로 뒤덮인 산도 협곡도 바다도 모두 다 발 아래에 있었다. 그는 저 지상에서
부터 암벽 위까지 그 누구의 도움도 없이 올라갔고, 무한한 풍경 하나를 본
것으로 이제 다 되었다, 난 돌아가리라, 다짐을 했다. …… 그녀는 그날밤 영
화를 보지 않아서 좋았다. 어머어마한 크기의 화강암 바위산과 뜨거운 태양,
그리고 추락하는 자유는 영원히 잊지 못할 것 같았다. 그날밤 캠프장에서 그
들은 다시 마주보고 깊은 잠이 들었다.

아침이 되어 다시 등반대회가 시작되었는데도 그들은 깨지 않고 곤하게 잤
다. …… 누군가 자고 있는 그들을 보고 말했다. 세상에, 도전하러 와서는 저
렇게 잠만 퍼자다니! 그와 그녀는 이 세상에서 잠을 가장 많이 자는 잠의 연
인들로 기록되었다.

—「연인들」, II, 195~196면

바로 이 상태로 강영숙 소설의 인공연옥으로부터의 도주는 끝
난다. 자연의 숨결 속에서 추락을 두려워하지 않고 서로가 서로를
배려하는 상호주관성의 경지, 이것이 강영숙이 제시한 인공연옥으
로부터의 탈출 시나리오이며, 이는 보들레르가 설정한 방향과 정
반대이기도 하다. 이렇게 우리는 보들레르와 다른 시대를 살고 있
으며, 강영숙의 해체적 사유로 비로소 이것을 확인하게 된 셈이다.
강영숙 소설의 문제성은 바로 여기에 있다.

탈마법화된 바다, 혹은 바다의 재탄생
조헌용의 초기 소설

1. 새로운 하위주체의 출현과 그 의미

우리 시대의 신예 중 단연 이채로운 소설을 지속적으로 발표하며 많은 사람들의 관심을 끌던 작가 조헌용이 드디어 첫 번째 소설집을 묶는다. 『파도는 잠들지 않는다』(창작과비평사, 2003)가 그것. 그간의 소설들이 한 자리에 모이고 보니 그 무게가 만만찮다. 『파도는 잠들지 않는다』는, 제목이 암시하듯, 바다에 관한 이야기이며 동시에 그곳에 깃들어 사는 존재들에 대한 서사이다. 즉,『파도는 잠들지 않는다』는 모더니티의 중심부에서 보자면 이미 '쓸모 없는 실존(faule Existenz)'으로 격하된 주변부적인 영토와 잠들지 않는 파도 속에서 삶의 지혜를 구하는 시대착오적인 인물들에 관한 소설인 것이다. 신예이니 만큼 패기가 없을 리 없을 터,『파도는 잠들지 않는다』는 이 패기로 팽팽하다. 작가 조헌용은 모더니티에 의해 의미 없는 것으로 버려진 바닷가의 고유한 풍경과 아우라에서 사물의 진정하고도 매혹적인 현존을 읽어내고 이 주변부적인 삶을 이 시대의 중심부의 논리와 병치시킨다. 그리고 바닷가의 삶에 녹아 있는 시대착오적인 진정성을 통해 오히려 우리 시대가 운동하는 방향, 그리고 그 운동의 방향에 그저 순응하는 삶을 의사 -진정성의 삶으로, 불행의 원천으로 순식간에 전도시켜 버린다. 한마디로『파도는 잠들지 않는다』는 주변부적이고 시대착오적인 존재들을 사유의 중심으로 격상시킴으로써 한편으로는 수많은 하위주체들에게 침묵을 강요했던 기존의 보편성을 해체하고 다른 한편으로는 그 기존의 보편성 때문에 전혀 발견할 수 없었던 비개념적이고 비의지적인 혁명적 에너지들에 적극적인 이름을 붙여주는, 그러니까 기존의 문학적 관습을 근본적으로 전복시키려는 패기로 가득찬 소설집인 것이다. 흔히 문학사의 전환이 개념 바깥으로 떠밀려 가거나 아직 개념에까지 이르지 못한 실존들을 시대의 중심에 포진시키는 신예들의 전복적 상상력에 의해 이루어진다고 한다면,『파도는 잠들지 않는다』역시 이러한 신예 특유의 의지가 소설집 전체에 꿈틀거리고 있다.

2. 탈마법화된 바다, 혹은 바다의 모더니티

『파도는 잠들지 않는다』의 일차적인 문제성은 전적으로 이전의
문학에서 볼 수 없었던 낯선 풍경의 발견과 재현에 있다. 여기에
는 좀 설명이 필요하다. 『파도는 잠들지 않는다』는 그 표면에만
주목할 경우 전혀 낯설지도 새롭지도 않으며 오히려 대단히 익숙
한 내용이자 형식처럼 보인다. 『파도는 잠들지 않는다』에는 등단
작인 「바다에 길을 묻다」(발표 당시의 제목은 「새만금 간척사업에 대한
소고」)를 비롯하여 모두 8편의 중·단편소설이 묶여 있는바, 이 소
설 모두는 무엇으로 환원하기 힘든 고유한 질, 혹은 아우라에 둘
러싸인 바닷가와 그 아우라에 현혹되어 바다에게 길을 묻는, 곧
비합리적이며 동시에 비주체적인 존재들에 관한 이야기를 근간으
로 하고 있다. 이러한 조헌용의 소설은 우리 시대의 전형적인 상
황과 인물을 포스트모던적인 징후나 최첨단의 삶의 형식을 좇는
존재들에게서만 구하는 동시대의 문학론적 지형에 비추어보자면
대단히 이질적이다. 하지만 문학사적인 맥락 속에 조헌용의 소설
을 올려놓을라치면 사정은 달라진다. 인간적 상상을 뛰어넘는 거
대한 힘으로 포효하는 바다와 그 초월적 질서를 거부하다가 결국
은 그 크기 앞에 좌절하는 인간 존재의 비극적 삶이라는 모티브는
우리 문학사에서 가장 많이 출몰하는 형식이라 해도 과언이 아니
다. 마성적인 바다와 계산 빠른 인간 사이의 운명적이고 운명을
걸기에 비극적인 대립은 저 멀게는 김기진으로부터 한승원, 천승
세, 이문구를 거쳐 오늘날의 한창훈에 이르기까지 지속적으로 씌

어진 바 있거니와, 어떤 점에서 보자면 우리 문학사를 대표하는 형식중의 하나라고도 할 수 있다. 이런 점에서 보자면 조헌용의 소설은 전혀 새롭지 않다. 아니, 어떤 점에서 보자면 이전 소설의 단순한 반복이라 할 수도 있다.

하지만 『파도는 잠들지 않는다』는 여기서 멈추지 않는다. 『파도는 잠들지 않는다』에는 이전의 소설들에서는 볼 수 없는 이 소설만의 고유한 역사지리지, 그러니까 사소하지만 결정적인 차이가 존재한다. 조헌용 소설의 바다에는 우리에게 혹은 우리 문학에 익숙한 바다 풍경과는 본질적으로 다른 풍경이 펼쳐지고 있다는 것인데, 한마디로 그것은 아우라가 빠져나가고 있는, 그러니까 그 특유의 마성적인 힘을 상실하고 있는 바다 풍경이다. 조헌용 소설의 바다는 더 이상 범접하기 힘든 크기도 아니며 인간의 상상력을 훌쩍 뛰어넘는 위력을 지닌 외경의 대상도 아니다. 또한 조헌용 소설의 바다는 이제 그 전지전능한 마법을 휘두르지 못하며 그래서 당연히 그곳에 깃들어 사는 인간의 운명조차도 틀어쥐지 못한다. 조헌용 소설의 바다에는 이미 다른 어떤 것이 그곳의 풍경과 운명을 결정짓는 것으로 그려지고 있다. 바로 모더니티, 혹은 시민적 냉정함이다. 조헌용 소설의 바다 풍경은 비유하자면 '만인과 만인이 투쟁'하는 장면의 연속이다. 바닷가 사람들을 더욱더 '땅끝'으로 몰아가는 행정관료들이 있는가 하면, 그렇게 '땅끝'에 몰린 사람들의 악다구니가 드세다. 살기 위해, 아니면 자신만 풍요롭기 위해 영업도 하지 않는 가게를 차려 놓기도 하고, 새로 생긴 가게를 밀고하기도 하고, 또 이웃의 불법어로 행위를 행정 당국에 고발하기도 한다. 조헌용의 소설은 초월적이고도 마성적인 것의 마지막 거처 쯤으로 여겨지던 바다에서마저도 이제는 계산 가능성에 의해서 모든 풍물과 풍경의 배치가 다시 이루어지고 있다는 사실을 냉정하게 보여준다. 이러한 조헌용 소설의 바다를 우리는 탈마법화된 바다 풍경이라고 지칭할 수 있을 것이며, 이 탈마법화된 바다 풍경이야말로 조헌용의 소설이 우리 문학사에 새롭게 등재하는 장면이라고 해도 과언이 아니다.

이런 점에서 조헌용의 소설은 천승세의 「낙월도」, 그리고 『바다가 아름다운 이유』, 『홍합』, 『섬, 나는 세상 끝을 산다』 등의 한창훈의 소설들과 닮아 있는 듯 하지만 결정적인 차이를 지니고 있다. 천승세 소설의 바다는 마성적이며 절대적이다. 그래서 천승세 소설의 바다에는 합리성 등의 인간적이고 근대적인 가치가 스며들 틈이 없다. 천승세의 소설에서 바다는 인간의 삶을 장악하고 있는 절대적이고 유일한 질서이다. 따라서 당연하게도 천승세의 소설에서 이 절대적이고 유일한 인과율을 거부하며 근대적인 가치, 즉 계산 가능성에 집착하는 인간들은 하나같이 비극적인 종국을 맞이한다. 한마디로 천승세의 바다 풍경은 제의적인 분위기에 들려 있다고 할 수 있다. 이에 비해 한창훈 소설의 바다 풍경은 이 마성적이고 제의적인 특성으로부터는 많이 벗어나 있다. 한창훈 소설의 바다 풍경은 분명 천승세의 바다가 보여주었던 강렬한 마성성이 옅어지며 이 마성성이 빠져나간 그만큼 모더니티가 스며들어 와 있다. 그래서 한창훈의 소설은 바다의 마법적 성격과 탈마법화의 모더니티가 서로를 노려보며 갈등하는 시·공간이다. 하지만 한창훈의 소설은 바다의 마법성을 끊임없이 동경하고 추억한다. 더 나아가 바다의 마법성을 절대화시켜 탈마법화의 모더니티를 사소한 것으로, 의미 없는 것으로 전도시킨다. 예컨대 한창훈은 바다를 휩싸고 도는 아우라에 대한 기억을 절대화하고 그 기억 속에서 모더니티를 초월할 수 있는 어떤 가능성을 발견하고자 한다. 하지만 조헌용 소설의 바다 풍경은 분명 이와 다르다. 다를 뿐만 아니라 바다 하면 당연하게 받아들여지던 초월성, 마성성, 절대성 등의 요소를 근본적으로 해체하는 까닭에 낯설기까지 하다.

이처럼 조헌용의 소설은 이전과는 다른 낯선 바다 풍경을 발견하고 재현하고 있다. 물론 조헌용 소설의 바다 풍경이 낯선 것은 사실이나 그것은 바다의 신화적이고 영원한 가치를 지나치게 폄훼, 축소하고 대신에 계산적이고 일시적인 것을 절대화한 것에 불과하다고 볼 수도 있다. 실제로 조헌용 소설이 집중적으로 그리고 있는 바다는 대단히 특수하고 예외적인 경우에 해당한다. 『파도는 잠들지 않는다』가 배경으로 하고 있는 그곳은 실제로 바다 자체가 소멸하고 있는 영토이기 때문이다. 『파도는 잠들지 않는다』에 수록된 소설들은 모두 새만금 간척 사업 지역이라는 동일한 공간을 배경으로 하고 있다. 그러니까 조헌용의 소설의 배경 자체가 이제 더 이상 바다의 삶이 가능하지 않은 곳이다. 물론 절대적으로 불가능하지는 않다. 그렇다 하더라도 그곳은 바다의 삶 자체가 불법이 되어 버린 공간인 것이다. 『파도는 잠들지 않는다』에 자주 등장하는 특수한 공간인 '끝집'이라는 이름을 빌어 이야기한다면, 예전에 그곳은 육지의 끝이자 동시에 바다의 시작이었던 곳이나 이제 바다로의 삶이 차단됨으로써 정말 '끝집'이 되어 버린 공간인 것이다. 바다에서의 삶이 차단된 만큼 당연히 바다의 기세는 수그러들 수밖에 없다. 이곳에서의 바다는 어쩔 수 없이 더 이상 인간

너머의 초월적이고도 절대적인 질서의 대변자로서 자리할 수 없
는 것은 물론 인간의 운명에 관여할 어떤 길도 차단되고 만 형국
인 것이다. 조헌용의 소설은 이 '끝집'과 그곳에서 살아가는 존재
들을 이 시대의 바다 풍경으로, 더 나아가 이 시대의 전형으로 선
택하거니와, 바로 이 관점에 따라 바다에서의 신성성의 영역을 지
워내고 있다. 그러니 바다의 삶이 차단된 바닷가의 삶을 그리면서
바닷가에 깃든 신성성의 계기를 거의 백지화하는 것은 바다에 대
한 또 하나의 은폐에 다름 아니라고 볼 수도 있는 것이다.

　하지만 조헌용이 재현한 탈마법화된 바다 풍경은 문학적 관습
으로는 익숙치 않으나 일상적인 삶의 감각에서 보자면 바로 오늘
날의 바다 풍경인 것이 사실이다. 모더니티라는 것은 세계의 구석
구석까지를 자신과 동일한 시스템으로 등가화시키는 괴물이며, 그
것은 어떠한 고유한 가치도, 비교 불가능한 질도, 설명하고 이해할
수 없는 아우라도 용납하지 않는다. 화폐라는 괴물을 앞세운 그것
은, 마치 은유라는 수사학이 그러하듯, 모든 사물들이 차이를 지워
버리고 자그마한 동일성만으로 모든 사물을 유사한 것으로 만들
어 버린다. 예외란 있을 수 없으며, 예외가 존재한다 하더라도 그
것은 잠시일 뿐이다. 현대의 바다를 둘러싸고 펼쳐지는 삶도 마찬
가지일 터이다. 어디라고 모더니티의 자장에서 벗어날 수 있을 것
인가. 바다 풍경 역시 오랜 전에 모더니티라는 블랙홀 속으로 빨
려 들어간 상태이며, 모더니티의 장 속으로 들어서는 순간 바다의
삶만이 유지했던 그 강렬했던 아우라도 흔적도 없이 사라졌다고
해야 할 것이다. 따라서 마성적인 바다에 대한 묘사와 기억은 신
화적인, 혹은 마법적인 세계에 대한 강렬한 동경일 수는 있어도

현재에 대한 냉정한 응시일 수는 없다. 결국 조헌용 소설의 탈마법화된 바다 풍경은 문학사적으로 대단히 낯설고 새로운 내용이나 일상적인 삶의 감각에서 보자면 대단히 익숙한 풍경일 뿐이며, 조헌용 소설의 바다 풍경은 바다에 대한 오래된 미망과 상상적 거울을 걷어내고 그를 통해 오늘날의 바다가 존재하는 그 모습을 냉정하게 응시한 결과물이라 할 수 있다.

조헌용의 소설은 이처럼 지금, 이곳의 바다 풍경을 냉정하게 응시하고 서기관처럼 기록하고 있으며, 그 결과 이전에는 볼 수 없었던 낯선 바다 풍경, 혹은 바다의 낯선 풍경을 찾아낸다. 그리고 더 나아가 자신만의 고유한 역사지리지를 확보한다. 조헌용의 소설은 「어머니는 어느 강을 흐르고 있을까」의 작중화자가 어린 시절 바깥의 그 엄청난 소란 속에서도 밖으로 내닫지 않고 마루 밑을 지키며 바깥 풍경을 응시하듯 그렇게 소용돌이치는 바닷가의 풍경을, 그 풍경의 변화를 바라보고 기록한다. 그의 소설은 바깥의 소란에 뛰어들어 온몸으로, 그야말로 온몸으로 헤쳐나가거나 하지 않는다. 그렇다고 바깥에서 벌어지는 일들을 객관적으로 조망한 후 그것에 개입하여 의미 있는 방향으로 이끌려고 하거나 하지도 않는다. 다만 지켜본다. 그리고 그 소란이 끝난 후에 그 모든 것을 보고도 아무런 행동도 하지 못했다는 자괴심에 혹독하게 앓는 한이 있더라도 한마디로 작가 조헌용은 실재계를 보려 하기보다는 자신의 상상적 거울 속에 투사된 세계만을 배타적으로 그려내는 작가도 아니고, 그렇다고 자신이 설정한 모범세계를 절대화함으로써 결국 현실 자체를 황폐한 것으로 규정하고 그렇게 황폐해진 현실을 통해 자신의 모범세계를 더욱 가치 있는 것으로 제시하는 작가도 아니다. 한마디로 조헌용은 나날이 황폐해지는 현실을 아파하면서도 카메라와 같은 냉정함으로 있는 그대로의 현실을 그리려는 작가인 것이다. 이처럼 조헌용 소설의 탈마법화되고 탈낭만화된 바다 풍경은 전적으로 조헌용 특유의 서기관 정신에 뿌리를 두고 있거니와, 이 서기관 정신 덕분에 우리는 전혀 낯선 바다 풍경, 다시 말해 지금 우리 시대의 실재적인 바다 풍경을 접할 수 있게 되었다고 할 수 있다.

이런 점에서 조헌용의 소설은 천승세, 한창훈 세계의 반복이되 차이가 존재하는 반복이며, 천승세, 한창훈 세계의 연장이되 그 세계에 자신만의 고유함을 끼어 넣은 계승이라 할 수 있다. 이처럼 조헌용 소설은 소위 바다를 섬기는 소설들이 일반적으로 보이는 관습적인 구성 원리, 혹은 장르적 구속에서 벗어나 탈마법화된 바다라는 낯선 풍경을 도입한다. 흔히 문학사 전반에 낯선 풍경의 도입한다는 것은 기존의 보편성에 가려 보이거나 들리지 않았던 보다 진정한 현존, 혹은 또 다른 하위주체의 목소리를 문학사의 새로운 항목으로 추가한다는 것을 의미하며 이것이 계속될 때 한 나라의 문학사가 풍요로워진다는 점을 상기하면, 조헌용 소설의 탈마법화된 바다 풍경이 지니는 의미는 결코 적지 않다고 할 것이다.

3. 소란과 침묵, 도박, 그리고 주변부적 근대성

이렇게 『파도는 잠들지 않는다』는 바다에 깃든 마성적인 흔적들과 그것에 대한 미망들을 여지없이 지워 버리고 그 자리에 오늘날의 바다 풍경을 펼쳐 보인다. 때문에 우리는 조헌용의 소설에서 바다 하면 연상했던 마성적인 세계나 바다 특유의 아우라, 그리고 그것이 뿜어내는 강렬성 등을 맛볼 수는 없다. 해서, 『파도는 잠들지 않는다』는 얼핏 보면 새만금 간척 사업에 따른 그곳 사람들의 삶의 변화를 기록한 보고서처럼 보이기도 한다. 이를 두고 우리는 문학사적으로는 낯설고 새로우나 매우 전형적이고 현대적인 바다 풍경의 발견이라고 적극적으로 평가한 바 있지만, 『파도는 잠들지 않는다』에서 이룬 성취가 이것이 전부라면 이 소설집은 그리 큰 의미를 지닐 수 없었을 터이다. 결국 『파도는 잠들지 않는다』는 마성적인 것에 대한 동경이라든가 그것으로 인해 가능한 강렬성이 들어설 자리를 작가 스스로 차단한 만큼 그것을 대신할 무언가가 절대적으로 요청되는 경우라 하겠다. 문학을 문학답게 하는 것은 사실의 단순한 제시가 사실보다 긴 생명력을 지니는 상징성의 확보이며 동시에 사실내용의 획정이 아니라 진리내용의 미적 현현이기 때문이다. 서둘러 말하자면 『파도는 잠들지 않는다』는 바다를 잃어버린 바닷가 사람들의 하루하루에 대한 단순한 보고서가 절대 아니다. 『파도는 잠들지 않는다』는 바다를 잃어가고 있는 사람들의 나날의 경험을 대단히 특수하면서도 보편적인 것으로 맥락화시킴으로써 결과적으로 사실을 넘어서는 상징성을 확보한다. 물론 이때 더욱 중요한 것은 『파도는 잠들지 않는다』가 이들의 삶을 보편화시키고 있는 맥락이다. 선택한 대상 자체가 그러한 성격을 지녔는지, 아니면 작가의 명민한 응시가 대상을 그렇게 맥락화시켰는지, 그것도 아니면 이 둘 다인지 알 수 없으나, 『파도는 잠들지 않는다』는 한 순간에 탈마법화의 원리 속에 편입되어 극심한 정체성의 혼란에 빠지는 '끝집' 사람들의 삶이 집중적으로 묘사하는바, 이는 또 다른 근대성의 경험, 그러니까 주변부의 모더니티화 과정과 상동관계를 형성한다. 일찍이 마르크스와 엥겔스는 『공산당 선언』에서 "부르조아지는 모든 나라의 국민에게, 멸망하고 싶지 않으면 부르조아의 생활양식을 받아들이지 않을 수 없게 만든다. …… 부르조아지는 자신의 모습과 유사하게 하나의 세계를 만들어간다"고 말한 바 있거니와, 이 말이 아니더라도 자본주의 체제는 전 세계를 '상업의 자유'라는 단 하나의 원리로 하나하나 통일시켜 나간다. 월러스틴의 용어를 빌자면 '하나의 전체로서의 세계체제'의 구축, 이것이 자본주의체제의 숙명이다. 하여, 선진자본주의국가는 자본주의의 단 하나의 원리인 이윤추구를 위해 나름의 고유한 시스템을 지니고 있는 주변부를 끊임없이 자본주의적 체계로 편입시킨다. 그렇게 중심부는 주변부를 자신에게 동화시켜 준주변부로 만들고, 이 준주변부는 다시 중심부로 편입되는 과정이 반복되면서 근대세계의 역사는 전개된다. 또 이렇게 중심부로 편입된 나라는 그 나라의 또 다른 지역을 중심부로 끌어들이고 ……. 이렇게 자기 외의 어떠한 고유성도 인정하지 않는 특유의 등가성의 원리를 통해 자본주의 체제는 자신과 다른 시스템에 의해 움직이는 세계를 자신 앞에 굴복시키고 결국은 세계의 모든 구석구석을 자신의 시스템 속으로 끊임없이 편입시킨다. 그리고 이 악무한적인 자기 확장의 욕망은 대부분 강제적이고 폭력적인 양상으로 이루어진다. 그 때문에 근대성의 또 다른 형식, 혹은 또 다른 근대성의 경험이 형성된다. 바로 내적 논리에 따라 스스로 변하는 자율적 변화 과정을 통해 근대성의 영토로 진입하는 것이 아니라 어느 날 갑자기 강제적인 방식으로 자본주의적 시스템에 편입되는 그런 근대성의 경험 말이다. 이것은 대단히 중요한 근대성의 경험이라 할 수 있으니 사실은 더 많은 나라가 이러한 과정을 거쳐 단 하나의 세계체제에 편입된다. 『파도는 잠들지 않는다』의 '끝집' 주변의 사람들이 겪는 일상적 경험에는 바로 이러한 편입 과정이 각인되어 있거니와, 때문에 좀 확대하자면 『파도는 잠들지 않는다』는 비록 명시적이지는 않더라도 강제적인 방식으로 단 하나의 세계체제인 자본주의체제 속으로 끌려 들어가는 주변부 근대성의 고유하면서도 보편적인 경험 내용이 풍부하게 재현되어 있다.

『파도는 잠들지 않는다』는 새만금 간척 사업 이후 나타나고 있는 '끝집' 주변의 변화된 풍경, 즉 지금 우리의 표현 방식에 따르자면 주변부 근대성의 경험 내용을 집중적으로 부각시키고 그것을 세밀하게 묘사한다. 『파도는 잠들지 않는다』는 새만금 이후 그곳 사회구성원들의 고통이나 염원 따위와는 무관한 강제적인 모더니티화의 핵심적인 변화로 크게 두 가지를 지목한다. 하나는 침묵과 소란의 악무한적인 반복이다. '끝집' 주변은 항시 깊은 침묵에 빠져 있거나 악다구니와 멱살잡이로 시끄럽다.

① 길이 좀 넓어지고 건물들이 또 그렇게 좀 커졌을 뿐 어쩔 수 없이 작은
갯마을, 그런데도 고향이 한결 많이 변했다고 느껴지는 까닭이 소리 때문이
라는 것을 나는 오래 걸은 뒤에야 겨우 깨달았다. 언제나 시끌벅적하던 소리
들, 이를테면 어느 갯마을에서나 들려야 마땅한 물건 내리는 소리, 경매하는
소리, 그물 깁는 소리, 바다에서 막 배로 올려진 이런저런 싱싱한 물고기처럼
파닥거리는 소리들이 도두지 들려오지 않았다.

—「어머니는 어느 강을 흐르고 있을까」, 21면

② "이런 개새끼가 있나이. 니가 안 참으면 어쩔래, 이 좆같은 새끼야. 글
고 니가 뭔디 콩놔라 팥놔라 지랄이야, 지랄이. 씨벌."

혜성이 옆에 있던 돌멩이를 집어 크레인 기사에게 던졌다. 크레인 기사를
스쳐간 돌멩이가 그대로 날아가 크레인의 유리창을 깨뜨렸다. 더이상 참지
못한 크레인 기사가 혜성과 몸싸움을 벌였다. ……

"야, 이놈아. 차라리 이 애비를 죽여라. 이 애비를 죽이랑께. 이놈아. 그래
이 새끼야. 내가 나 잘 살것다고 이 지랄이다. 니미, 이 천하에 노랑신문에 날
놈의 자식을 보게나. 이 노랑신문에 날 놈 좀 보소 나가 나 혼자 잘 먹고 잘
살겠다고 이런다이. 나 혼자 잘 먹고 잘 살겠다고 그려 오늘 너 죽고 나 죽
자……"

일어날 생각도 없이 투정부리는 아이처럼 고래고래 질러대는 장씨 목소리
에 사람들이 하나 둘 모여들었고, 언제 왔는지 서울댁이 넘어진 장씨의 모습
을 보더니 앞뒤 가리지 않고 아들의 멱살을 잡고 울음을 터뜨렸다.

—「바다에 길을 묻다」, 17~18면

『파도는 잠들지 않는다』의 여기저기에서 여러 가지 형태로 변
주되며 반복되는 장면들이다. ①에서 볼 수 있듯 '끝집' 주변은 삶
의 팽팽한 긴장감 속에만 가능한 삶의 활력 혹은 활기를 이미 상
실한 공간이다. 예전에, 그러니까 새만금 간척 사업이 시작되기 이
전에는 '시끌벅적하던 소리' 혹은 '싱싱한 물고기처럼 파닥거리는

소리'들로 충일한 곳이었다. 하지만 모든 것을 등가화시키고 모든 지역을 하나의 시스템으로 묶어버리는 자본주의적 논리에 의해 바다로의 길이 차단되면서 이곳의 활력은 순식간에 사라진다. 물론 새만금 간척 사업이 시작되기 이전, 그러니까 '끝집' 주변이 자신만 고유한 아우라로 차고 넘치던 시절이라고 해서 그곳의 모두가 행복하고 그곳에서 새어 나오는 소리 전부가 싱싱한 것만은 아니다. 그때, 그곳의 '시끌벅적하던 소리'에도 한편으로는 삶의 희열로 들뜬 소리가 있는가 하면 오히려 고통과 두려움, 그리고 원망(怨望)에 가득찬 절규가 있었던 것이다. 아니, 어떻게 보면 자연이, 바다가 인간에게 준 행복은 일상적이고 짧은 순간의 것인지도 모른다. 그러나 자연의 순리, 혹은 거대한 바다의 위용을 거부했을 때 다가온 고통은 죽음과 직결된 것이라서 영원한 것에 속한다. 그러니 그곳의 사람들에게 자연과 바다는 은총의 장소만이 아니라 동시에 두려움과 공포의 대상이다. 「뿌리 없는 나무」의 '석구' 처럼 너무나 순식간에 한 사람의 운명이 결정되어 버리니 그곳의 사람들은 '용왕'이라는 가상의 존재를 스스로 설정하고 그 존재를 범접할 수 없는 신성의 영역으로 떠받들 수밖에 없는 것이다. 그리고 그 초월적인 질서에 절대적인 헌신과 복종을 맹세한다. 이곳의 존재들은 매번 축복을 내려주는 듯하다가도 어떤 결정적인 순간에는 회복할 수 없는 재앙을 내리는 마성적인 바다 앞에서 어쩔 수 없이 하나의 운명공동체가 된다. 이렇게 공동체가 된 그들은 자연의 축복이 누군가에게 내려질 때 모든 사물과 인간이 하나로 묶이는 카니발적 유대감을 경험하며, 또 누군가에게 신의 징벌이 내려질 때 같이 두려워하고 같이 고통스러워하는 *끈끈한 연대감*

을 형성하며 살아왔던 것이다. 결국 이곳에 사는 어느 누구의 고통이나 염원과도 관계없이 강제적으로 진행되는 모더니티의 과정이 펼쳐지기 전에 '끝집' 주변의 존재들은 하나의 사소한 경험에도 축복과 재앙을 경험하는, 그것을 통해 서로가 서로를 감싸주는 그야말로 친밀감과 활력이 넘치는 소리들 속에서 살았던 것이다.

그런데, 그랬던 것인데, '새만금 간척 사업'이 펼쳐지면서, 상황은 달라진다. 사회의 구석구석까지를 자본주의의 시스템 속에 끼어 넣으려는 중심부의 논리는 자기 목적에만 관심이 있을 뿐, 그리고 자기 완성에만 관심이 있을 뿐 주변부 존재들의 인간적 가치나 현존에 대해서는 전혀 관심이 없다. 그러므로 모더니티의 원리를 구현하는 대변자들은 자신들의 그 엄청난(?) 프로젝트들을 일방적으로 시행하고 그것을 '끝집' 주변 사람들에게 강제한다. 이 모더니티의 원리는 현상과 본질 사이에 단 하나만의 인과율만을 인정하는 인식상의 폭력을 행할 뿐만 아니라 이 폭력성을 여러 물리적, 제도적, 법적 장치들을 통해 집요하게 실천한다. 이 절대적이고 유일무이한 인과율은 바다를 막아 그 자리를 땅으로 만들면서 우선 '끝집' 사람들이 바다를 통해서만 얻을 수 있었던 충만감에 넘쳤던 삶, 그러니까 '파닥거리는 소리'로 충일했던 삶의 통로를 차단한다. 모든 활력 넘치는 소리들이 사라진 삶의 터전에서 이 주변인들은 도대체 자신들의 고통이나 염원 따위와는 아무 상관이 없이 진행되는 이 거대한 프로젝트에 자신의 전존재와 자신의 전역사가 무화되는 공포를 맛보지만 일단 택할 수 있는 방법은 침묵이다. 하지만 그 프로젝트가 그들을 더더욱 '끝'으로 몰아갈 때, 다시 말해 그들의 생존 자체를 불가능하게 할 때 사정은 달라진

다. 이때 필요한 것은 목숨을 건 쟁투일 것이며, 그러니 당연히
'끝집' 주변은 갑작스러운 소란에 휩싸인다. 주변인들을 위해서가
아니라 자기 목적의 실현에만 관심이 있는 중심부가 이 소란스러
움을 경청할 리 없을 터이며, '끝집' 사람들은 명분이 아니라 생존
이 걸릴 문제인 만큼 이 소란스러움을 포기할 수 없는 터, 결국 이
양자 사이에는 어떠한 소근거림도, 대화도, 토론도 불가능하다. 오
직 침묵과 소란스러움이라는 양극단만이 가능한 것이다.

이 침묵과 소란스러움은 악무한적인 대치 국면은 단지 중심부
와 주변부 사이에서만 이루어지는 것이 아니다. 바로 '끝집' 주변
의 사람들 사이에서도 나타난다. 모더니티가 원리가 그들 삶 속에
개입하기 이전 그들은 바다라는 마성적인 권위 앞에서 서로가 서
로를 배려하는 삶의 방식을 영위해왔다. 아니 서로가 서로를 배려
하지 않을 수 없다고 해야 하리라. 그들의 삶이 터전이라는 것이
누구도 소유권을 주장하지 않는, 그리고 누구도 소유권을 주장할
수 없는 바다라는 광활한 공간이었기에 그들은 서로가 서로를 배
려하는 그들 고유의 방식으로 삶의 영토와 영역들을 분할해 왔다
고나 할까. 하지만 간척과 더불어 어로활동이 금지되고 그것에 대
한 보상금이 지급되면서 사정은 달라진다. 어느 누구의 소유라고
여기지 않았던, 그래서 그렇게 중요하게 여기지 않았던 그 분할선
들이 그들의 운명을 틀어쥐는 상황이 벌어진 것이다. 이때 당연히
지금까지 계속 이어져 내려왔던 그들 고유의 분할 기준과 중심부
의 메커니즘에 의해 강제되는 기준 사이에 충돌이 발생한다. 이것
은 자의성과 명료성, 관습과 실정법, 고유성과 보편성, 마성적인
것과 합리적인 사이의 충돌이어서 좀처럼 화해가 불가능한 갈등

에 해당한다. 이 순간 주변인들 사이의 운명공동체는 이제 불가능해진다. 그들은 관습과 실정법 사이를 기준없이 자의적으로 오가기 시작하며 결국 이것은 '끝집' 주변인들 사이의 걷잡을 수 없는 소란으로 표출된다. 어제까지는 운명공동체였던 그들은 오히려 어제의 기억 때문에 서로를 더 불신하게 된다. 어판장에서의 자리싸움, 선주들과 양식장 주인들 사이의 밀고 등등 서로에 대한 불신은 극단에까지 치닫게 되고 급기야 부모형제라는 가장 기본적인 유대마저도 흔들리게 되기에 이른다. 하여 '끝집' 주변의 존재들 사이에서도 역시 오직 침묵과 소란스러움이라는 양극단만이 존립하게 되며, 더 나아가서 소근거림, 대화, 토론 등 자신의 역사를 포기하지 않으면서도 타자를 배려하는 진정한 의사소통 체계 자체가 불가능해지고 만다.

『파도는 잠들지 않는다』에서 침묵과 소란스러움의 악무한적인 반복과 더불어 주변부 근대성의 핵심적인 경험 내용으로 주목하고 있는 것은 도박과 내기이다. '끝집' 주변의 존재들은 새만금 간척 사업에 따른 보상금을 받으면서 끊임없이 도박의 유혹에 시달린다. 실제로 몇몇 사람들은 그 도박으로 인해 아주 심각한 상황에 빠져들기도 한다. 이렇게 극단적인 경우가 아니더라도 '끝집' 사람들에게 도박과 내기는 거의 체질화되어 있는 것으로 그려진다. 생활화된 내기들, 그리고 도박에 가까운 투자 등등. 이는 물론 삶의 방향을 잡지 못한 자의 방황일 수도 있고, 우리 주위에서도 쉽게 볼 수 있는 '한탕주의자'에 불과할 수도 있고, 최소한의 투자로 최대한의 이윤의 창출이라는 자본주의적 가치를 극단적으로 내면화한 결과일 수도 있다. 하지만 그렇게 단순하게 읽어버릴 사안은 아닌 것처럼 보인다. 이 역시 이곳 사람들의 고통이나 염원과는 상관없이 강제적으로 행해지는 모더니티화 과정과 일정 정도 연관이 있기 때문이다. 예컨대 이런 것이다. 『파도는 잠들지 않는다』에 따르면 '끝집' 주변의 사람들이 노동에 임하는 태도는 전혀 목적의식적이 아니며 그들의 노동행위 또한 전혀 자율적인 선택의 결과가 아니다. 이것은 모더니티가 이들의 삶에 깊숙하게 개입하기 이전이나 이후나 마찬가지이다. 그들에게 노동은 물질을 인간을 위한 재화로 전화시키려는 목적의식적이고 전체적인 기획의 입안과 실천 과정도 아니고 또한 노동을 세계 변화의 어떤 중요한 과정으로 설정하지도 않는다. 뿐만 아니라 바다에 나가 노동을 행하는 것을 선택 가능한 여러 다양한 직업 중에 최선의 것이라고 판단하지도 않는다. 이들은 단지 바다가 눈앞에 있으므로 바다로 나가고 노동을 행할 뿐인 것이다. 이들은 자신들을 미지의 세계에 맞서 그것의 구조를 밝혀내고 그것을 인간을 위한 물질로 변화시킬 수 있는 능률적인 존재로 자신들을 규정하지 않으며, 당연히 자연, 그리고 바다는 이들의 비주체적이고 비합리적인 노동에 의해 더욱 신비와 위엄을 더해 간다. 그렇게 자연은 절대화되고 자연에 대한 인간의 적극적인 개입, 즉 주체적인 노동은 금기시된다.

다른 건 몰라도 바다만한 벌이가, 특히나 아무것도 가진 것 없는 사람들에게는 그 넉넉한 바다보다 더한 벌이가 없다는 것을 잘 알고 있었다. 여의도의 백사십 배 가량의 땅이 생기는 것을 아는 사람들이 왜 그만큼의 바다를 잃는다는 것은 알지 못할까? 땅이야 주인이 있다지만 바다는 그렇지도 않았다. 그 저 욕심만 부리지 않는다면, 어처구니없이 성난 파도에 맞서 싸우지 않는다면, 자연의 순리대로 살아간다면 바다는 모자람이 없이 누구에게나 일한 만큼은 갖게 해준다는 것을 왜 모르는 것일까.

—「바다에게 길을 묻다」, 31면

　이들은 그대로 두면 황폐해지고 뒤틀려질 수도 있는 자연에 대한 인간의 개입을 자연에 대한 범죄로 여긴다. 그만큼 바다를 대상으로 한 이들의 노동은 철저하게 비주체적이고 타율적이다. 하여 이들에게 필요한 것은 자율적인 선택을 통한 바다에의 길이었다고 할 수 있다. 그래야만 인간의 발전과 자연의 질서가 조화를 이루는 인간과 바다와의 진정한 소통체계가 가능하겠기 때문이다.

　하지만 이들의 삶과 무관한 자리에서 입안되고 시행된 새만금 간척 사업은 이 길을 근본적으로 차단한다. 바다와 인간이 조화를 이룰 수 있는 길만을 차단하는 것이 아니라 '끝집'의 존재들에게서 그들의 과거와 미래 모두를 한 순간에 빼앗아 간다. 아무런 준비도 없는 상황에서 한 순간에 세계와 관계를 맺었던 통로를 막아 버린 것이다. 그것도 미래까지의 노동량까지를 환산해서 보상금을 지급함으로써 그들과 바다와의 관계를 영원히 단절시켜 버린다. 이제 그들에게 남은 것은 몇푼 돈밖에 없다. 이제 그들에겐 미약한 것이나마 그들의 삶의 방향을 지시해주던 삶의 목적도 그 목적을 향해 치열하게 살아왔던 경험이나 기억도 다 쓸모 없는 것이 되어 버린 셈이다. 유일하게 남겨진 길은 모더니티의 논리에 적응하며 살아가는 것. 그렇게 때문에 이들은 어느 누구보다도 '최소한 투자로 최대한 이윤의 창출'이라는 자본주의적 가치에 맨몸으로 노출될 수밖에 없으며, 이때 이들에게 도박이나 내기만큼 매혹적인 모험은 없다. 삶의 목적이 없는 상태에서 빠져드는 돈에의 집착은 곧 돈을 삶의 목적으로 받아들이게 될 뿐만 아니라 미래를 향한 기획력의 부재는 이들을 '한탕'에 대한 매혹으로 이끌 가능성이 높은 것이다. 게다가 이것을 더욱 부추키는 것은 어업의 투기적 노동 형태이다. "흔전만전 돈 써도 다음날 배질 한번이면 다시 돈을 만질 수 있는 까닭에 사람들이 아주 돈을 쉽게 여기는 동네였다. 동철은 그나마 배 한척에 집 한채마나 있다지만 이 마을에 나서 자란 사람중에 아직 달세를 면하지 못한 사람도 한둘이 아니었다"(「바다에게 길을 묻다」, 26면)라는 구절에서 단적으로 확인할 수 있듯 도박은 그들의 예전의 삶의 형태와 강력한 친연성을 지닌다. 이들은 도박과 내기에 빠져들고 망하고 파산한다. 모더니티 사회란 바다와 같이 인간을 위해 자신이 가진 것을 무한정 베푸는 곳이 아니기 때문이다. 결국 준비가 되지 않은 상태에서 갑작스레 행해지는 모더니티 사회로의 강제적 편입은 이처럼 재화의 획득을 삶의 목적으로 설정하게 하고 그들의 삶 전반을 도박이라는 모험 쪽으로 이끌고 가는 것이다.

『파도는 잠들지 않는다』는 이처럼 침묵과 소란스러움, 그리고 도박에의 매혹이라는 구체적 장면을 통해서 새만금 간척 사업이 그곳 사람의 삶을 얼마나 근본적으로 황폐화시켰는가를 치밀하게 고발하고 비판한다. 그러나 『파도는 잠들지 않는다』에서 보여지는 황폐한 삶, 혹은 삶의 황폐화는 단순히 '끝집'의 상황만은 아니다. 사실은 한국이 겪은 근대성의 경험이 이러하다. 변화의 필요성에 대한 공감대가 서서히 만들어지던 어느 날 우리 사회구성원들의 고통과 염원과는 관계없이, 그래서 우리의 고유한 삶의 방식이 모두 부정당한 채로 우리는 어느 날 갑자기 세계 경제 체제 속으로 끌려 들어간다. 그리고 이 갑작스런 세계체제로의 강제적 편입은 이후 한국사회와 역사 전체를 결정짓는 핵심적인 계기로 작동한다. 사회구성원의 고통과 염원을 고려하지 않은 전국가적 프로젝트들이 펼쳐지면서, 최인훈이 광장과 밀실의 분리라는 적절하게 표현했듯 사회의 변화와 사회구성원들 사이의 소통체계가 근본적으로 차단된다. 또한 주체적이고 합목적인 이성의 위엄을 경험하지 못한 상태에서 도입된 자본주의 시스템은 돈을 삶의 수단이 아니라 그 자체를 목적으로 삼는 물신화된 가치관을 양산한다. 이런 점을 감안한다면『파도는 잠들지 않는다』에서 접한 '끝집' 사람들의 경험내용은 우리의 근대성의 경험과 상동관계를 보인다고 할 수 있다. 뿐만 아니라 너무 완만하여 쉽게 느낄 수 없었던 우리만의 근대성의 구조를 압축적으로 보여주기에 충분하다. 이런 점을 감안한다면『파도는 잠들지 않는다』는 예외적인 바다 풍경을 단순히 보여준 소설이 아니라 주변부에서 근대성의 공간으로 끌려 들어갔던 한국적 모더니티의 특성을 전형적이고 압축적으로 보여주는 상징적인 소설이라 할 수 있다. 하여,『파도는 잠들지 않는다』는 이전의 바다 풍경에서 자주 볼 수 있었던 맨 몸의 운명들이 포효하고 부딪치면서 빚어내는 비극성, 비장미, 혹은 강렬성은 약화되었다 할지라도 우리의 특수한 근대성의 구조와 역사를 압축적으로 제시하고 있다고 할 수 있으며,『파도는 잠들지 않는다』의 문제성의 궁극적인 원천도 바로 여기에 있다.

4. 연민과 냉정 사이

　문학사는 항상 새로운 신인을 기다린다. 그 신인들에게 바로 한국문학의 미래가 달려 있기 때문이다. 그렇다. 머물기 쉬운, 그렇게 되면 지루한 동어반복만이 계속될지도 모르는 한국문학 전반을 강하게 충격한 것은 항시 신예들이었다. 하여, 우리는 매년 신춘문예를 기다리며 또 매번 신예작가의 첫 소설집을 학수고대하곤 한다. 그곳에서 우리는 종종 앞선 작가들의 성취에 취해 이제 그 계보에 관한 한 더 나은 작품은 불가능한 것 아니냐는 판단이 한 순간에 허무하게 무너지는 경험들을 하곤 한다. 그렇게 되면 우리는 그 계보하면 연상했던 어떤 경향이 사실은 낡은 보편성을 통해 사물을 보았기 때문이라는 사실을 확인하며 비로소 있는 그대로의 사물을 접하게 되는, 아니면 새로운 문맥에 그 사물을 위치시키는 경이로운 경험을 하게 된다. 이처럼 신예들의 패기는 종종 세상을 보는 눈을 근본적으로 변화시키거니와, 우리가 신예들을 기다리는 것도 바로 이 때문이다.

　이런 점에서 보자면 조헌용은 우리가 기다리던 바로 그 신예이다. 조헌용의 소설은 우리 문학사에서 이전에 볼 수 없었던 낯선 바다 풍경을 끌어오고 있다는 점에서 우선 주목의 대상이 되기에 충분하다. 하지만 조헌용의 소설이 의미 있는 것은 그의 소설에 펼쳐진 바다 풍경이 단순히 예전의 그것과 다르기 때문만은 아니다. 조헌용 소설이 진정으로 의미 있는 대목은 한편으로는 바다하면 연상되었던 마성성이나 아우라 등이 사실은 낡은 보편성에 불과하다는 사실을 강하게 환기시켜 결국은 그 낡은 보편성을 해체시키고, 다른 한편으로는 그를 통해 오늘날의 바다 풍경, 그러니까 모더니티에 의해 장악된 바다 풍경을 재현하는 데 성공했기 때문이다. 예컨대 조헌용의 소설은 기존의 낡은 보편성을 일거에 허위의식의 결과물로 전도시켜 결국은 바다에 대한, 더 나아가 세계 전반을 새로운 관점이나 맥락에서 볼 수 있게 하는 소설인 것이다. 이 새로운 개안(開眼)을 가능케 하는 작품을 문제적인 작품이라고 한다면, 조헌용의 소설은 그것에 충분히 값하고도 남음이 있다.

하지만 조헌용의 소설에 빈틈이 없는 것은 아니다. 조헌용 소설에는 읽을 때마다 짙은 아쉬움을 느끼게 하는 장면, 혹은 경향이 있다. 사실 『파도는 잠들지 않는다』에는 모더니티에 의해 바다를 빼앗긴 사람들의 황폐하고 뒤틀린 삶의 대한 묘사 외에 또 하나의 주요한 요소가 집중적인 관심을 받고 있다. 그것은 작가 자신이 '끝집' 사람들에게 거는 기대 같은 것이다. 『파도는 잠들지 않는다』는 '끝집' 사람들의 뒤틀린 삶 속에서 여전히 살아 있는 잠재적 가능성을 집요하게 찾고자 한다. 해서 『파도는 잠들지 않는다』에는 한편에는 모더니티에 의해 강제적으로 바다를 빼앗긴 사람들의 고통에 대한 치밀한 묘사가 있고, 다른 한편에는 그 고통으로부터 벗어날 가능성에 대한 금욕적 탐색이 있다. 이를 통해 『파도는 잠들지 않는다』는 비록 이들이 갑작스레 모더니티에 휩쓸려 지금은 비록 타락한 사회 속에서 타락한 개인으로 살아가고 있지만 오랜 기간 바다와 싸우고 대화하며 각인된 이들만의 질긴 삶의 철학이 여전히 그들의 깊은 심층 속에 자리잡고 있으며, 그것이 이 타락한 사회를 개선시킬 것이라고 말한다. 이것에 대한 『파도는 잠들지 않는다』의 기대는 우리가 상상하는 것 이상이다. 하여, 『파도는 잠들지 않는다』는 사소한 것에서라도 그 가능성을 확인하고 싶어하며, 실제로 아주 사소해 보이는 것에서 그 가능성의 현현을 목도한다. 『파도는 잠들지 않는다』가 전체적으로 자신의 삶을 방향을 지시해주던 바다를 잃어버린 근원적인 고향상실의 어두운 정황이면서도 결코 결말이 비극적이거나 비관적이지는 않은 것은 이 때문일 것이다.

그런데 문제는 『파도는 잠들지 않는다』가 너무 작은 가능성에 큰 의미를 부여한다는 것이다. 반복되는 이야기지만 『파도는 잠들지 않는다』의 바다 풍경이 황폐해진 궁극적인 요인은 한편으로는 전지구적 자본주의 시스템에 있으며, 다른 한편으로는 그 세계 경제 체재에 강제적으로 편입된 우리의 모더니티화 과정에 있다. 말하자면 『파도는 잠들지 않는다』의 황폐한 바다 풍경은 마법의 세계를 합리적, 주체적으로 탈마법화하지 못한 한국적 근대성의 경험과 관련이 있는 것이다. 따라서 이 황폐한 바다의 삶을 헤쳐나갈 가능성은 바로 이 우리의 왜곡된 모더니티를 넘어설 전망과 동질적인 것임은 물론이다. 하지만 『파도는 잠들지 못한다』에서 제시한 잠재적 가능성은 미약하다. 『파도는 잠들지 않는다』에서 제시한 길이란 기껏해야 여전히 바다의 기세에 순응하는 삶이기도 하고, 바다에 대한 기억의 회복이기도 하고, 또 때로는 바다와 같은 속성을 지닌 농토에 대한 기대이기도 하고, 같은 곳에서 고생하는 사람들끼리의 운명공동체적 연대이기도 하다. 그 결과 『파도는 잠들지 않는다』는 자체가 제기하고 있는 심각한 문제에 비해 대단히 비현실적이고 본질적이지 않은 답변을 제기하고 있다는 느낌을 지울 수 없다.

여러 가지 이유가 있겠지만 아마도 '끝집'이 미친 모더니티에 의해 세상 밖으로 떠밀려 나갈지도 모른다는 위기의식이 결여되어 있는 까닭이 아닌가 한다. 예컨대 「바다에 길을 묻다」에는 작중화자가 자신과 운명공동체의 '해화호'가 버려진 장면을 찍으러 갔다가 결국은 그 폐선을 카메라에 담아내지 못하고 돌아오는 장면이 있다. 마치 그것처럼 『파도는 잠들지 못한다』의 인물들 사이의 갈등은 화해할 수 없는 어떤 지점까지 치닫지 못하고 중간에 서둘러 화해하고 만다. 작중화자는 폐선을 찍지 못한 것을 연민 때문이라고 말한다. 하지만 연민은 많은 경우 진실을 보지 못하게 한다. 『파도는 잠들지 못한다』의 느슨한 문제해결은 이와 관련이 깊은지도 모른다. 절망의 끝지점에서 보아낸 희망만이 치열하며 결국은 그것만이 이 황폐하기 짝이 없는 바다 풍경을 윤택하게 할 수 있는 것이다.

결국 특유의 서기관의 정신으로 우리가 지닌 위계질서를 한 순간에 의미 없는 것으로 전도시킨 한 재능 있는 신예에게 더 냉정한 시선을 가져야 한다고 말하는 것인데, 이는 너무 지나친 것일까. 하여간, 이제 더 차가워진 그의 시선이 기다려진다.

모성의 지위와 탈낭만화
신경숙의 『종소리』

1. 또 다른 목소리들

신경숙이 다섯 번째 소설집을 낸다. 『종소리』(문학동네, 2003)가 그것이다. 『종소리』에 묶이는 소설들을 살펴보니 이전의 신경숙 소설과 다르다. 이전의 특유의 문법을 지양하고 어느새 또 다른 영토와 방법을 개척하고 있다. 분명 『종소리』의 소설은 「풍금이 있던 자리」, 「모여 있는 불빛」, 「오래 전 집을 떠날 때」, 「감자 먹는 사람들」의 세계는 물론 「직녀들」, 『바이올렛』, 「그가 모르는 장소」의 세계와도 다르다. 이 모두가 힘겨운 과정 끝에 도달한 웅숭 깊은 성찰들이어서 오래 머물겠거니 했는 데 이미 다른 자리에 와 있다. 현실의 보다 진정한 연관을 위해 매번 그때까지의 진리틀을 허물고 또 허무는 것이 작가적 숙명이라고 한다면, 신경숙이야말로 이 작가적 숙명을 누구보다도 치열하게 살고 있음을 다시 확인할 수 있는 대목이라 할 수 있다.

『종소리』에 수록된 소설들은 이전의 소설들과 다르다. 신경숙의 소설은 말하고자 하는 바나 방법이 수시로 변화하고 워낙 다양한 독법이 가능할 정도로 깊이가 있는지라 그것을 한 두 개의 개념으로 규정하기가 쉽지는 않지만, 거친 단순화를 무릅쓴다면 신경숙의 소설은 크게 두 가지 궤적을 그린다. 하나는 친밀성의 부재, 관계의 단절, 혹은 고독으로 현상하는 현대인의 불행한 실존을 다룬 소설들이다. 신경숙 소설은 우리가 살고 있는 현대라는 공간 속에서는 고독 그 자체가 이미 사회적으로 매개되어 있고 또한 본질적인 사회적인 내용이라고 파악하거니와, 「직녀들」, 「배드민턴 치는 여자」, 「그가 모르는 장소」, 「그는 언제 오는가」, 『바이올렛』 등을 통해 소통체계의 단절, 혹은 인간관계의 균열이 얼마나 한 개인을 얼마나 철저하게 분열시키며 또한 헛된 것에 대한 불행한 집착을 불러오는지를 밀도 있게 보여준다. 신경숙 소설의 또 하나의 갈래는 '오래 전 집을 떠날 때'의 그 기억, 아우라, 풍경을 전경화로 삼고 있는 소설이다. 이 소설들은 공통적으로 도시에서의 '빈 방' 혹은 '외딴 방'에서의 황폐한 고독과 오래 전 집에서의 그 끈적끈적한 유대감과 일체감을 비교, 유추, 대조시킨다. 이를 통해 자연과 조화된 인간의 삶은 과거의 우리의 모습이지만 동시에 우리가 앞으로 그렇게 되어야 할 모습이며, 따라서 이제 인간의 문화는 인간을, 이성과 자유를 통해 자연으로 되돌려 보내야 한다는 쉴러적 명제를 실천해낸다.

물론 이 두 갈래가 엄격하게 분리되어 흘러가는 것은 아니다. 이 두 갈래는 서로가 서로를 보완하기도 하고 부정하기도 한다. 고독이 목가적인 풍경에 대한 동경을 부르고 목가적인 풍경의 기억이 고독을 자본주의의 본질적인 사회적 내용으로 고정시킨다. 또 그런가 하면 현존재들의 좁힐 수 없는 단절에 대한 응시는 때로는 목가적인 풍경이 지니는 역사적 맥락에 대해 회의하게 하기도 한다. 하여간, 도시에서의 고독과 고향에서의 충일감은 신경숙 소설의 서사를 형성시키고 그 소설 세계 전반을 움직여 가는 중요한 원리임에 틀림없다.

그런데 『종소리』에서 이 두 원리가 한 자리에 모인다. 서로 충돌하고 갈등하면서 한층 깊어진다. 『종소리』의 소설들에도 역시 '오래 전 집을 떠날 때'의 그 기억이 등장하나 예전처럼 존재론적 고향이라는 낭만적 동경의 대상으로만 표현되지는 않는다. 『종소리』에는 또한 신경숙 소설의 또 하나의 흐름인 고독, 혹은 관계의 단절로 표상되는 현대인의 불행한 실존이 전경화로 등장하기는 하나 더 이상 단순히 그 상실을 처연한 슬픔으로 그려내는 데 멈추지 않는다. 『종소리』는 더 나아간다. 『종소리』는 고독한 현존재들이 모더니티라는 질곡을 뚫고 고향에서의 충일감의 상태로 나아가는 과정을 밀도 있게 묘사하며, 그 과정에서 상호 소통체계를 형성할 수 있는 미적 원리, 혹은 모럴을 치밀하게 탐색한다.

『종소리』가 차지하는 위치는 이처럼 의미심장하다. 『종소리』에는 이제까지 신경숙의 소설의 감응력 있는 원리들이 모두 모여 있는가 하면, 그것들이 산술적으로 그냥 모여 있는 것이 아니라 서로 길항하면서 보다 높은 단계의 의미 있는 새로운 병존 형식으로 다시 태어난다. 『종소리』에는 1990년대 이후 우리 시대를 대표하는 작가가 또 한 번의 비약을 행한 결과답게 모더니티에 맞설 수 있는 소중한 미학적, 인식론적 원리가 텍스트 구석구석을 꿈틀거리고 있다. 이제 작가 신경숙이 인간을 극한으로 몰고 가는 모더니티를 극복하기 위한 방안으로 제시한 미적 원리를 만나볼 차례다.

2. 고향상실과 절대고독

『종소리』에 수록된 소설들은 한편으로는 모든 인간적, 사회적 유대를 잃은 고립된 개인, 혹은 고독한 개인에 대한 이야기이고 더 나아가 그러한 개인들이 힘겹게 친밀성을 획득해가는 과정에 대한 서사이다. 그러니까 『종소리』에 수록된 소설들의 기본적인 관심사는 고립된 개인에서 타자와 융합하는 과정, 작가 신경숙의 말을 직접 빌자면, '등돌린 타자들끼리의 새로운 관계망을 언어로 형성해 보려는 여정'이다. 이는 아직도 작가 신경숙이 이전 소설집에서처럼 현존재가 경험하는 고독을 우리 사회의 가장 중요한 사회적 내용으로 받아들이고 있다는 것을 의미한다. 따라서 『종소리』의 소설들이 타인과 관계가 단절된 현존재의 고독을 전면에 배치하는 것은 오히려 당연하다.

『종소리』에 수록된 소설들은 우선 모든 관계의 단절로 인해 고독한 삶을 살아가는 인간 존재들에 초점을 맞춘다. 등장인물들은 하나같이 인간과 인간 사이를 이어주는 어떤 끈도 지니고 있지 못하며, 그래서 고독하다. 그들 대부분은 집이 아닌 방에서, 혼자서 산다. 「부석사」의 '그 남자', '그녀'가 그러하고, 「우물을 들여다보다」・「달의 물」・「혼자간 사람」의 작중화자가 그러하다. 그래도 「종소리」의 작중화자는 집을 가지고 있지만 그 집의 풍경 역시 황폐하기는 마찬가지이다. 「물 속의 사원」의 '다방 여자'는 '외딴 방'에서 살지만 '하선생'은 그러한 방마저 없이 사무실에서 잠을 잔다. 이처럼 『종소리』는 '빈 방', 혹은 '외딴 방'에서 절대 고독을 견디며 살아가는 존재들을 전면에 배치시키고 있거니와, 이는 『종소리』의 주된 관심사가 현존재의 고독에 대한 미학적 성찰에 있음을 확인시켜 주기에 충분하다.

물론 『종소리』는 이전 세계의 단순한 반복, 혹은 연장은 아니다. 『종소리』의 소설들에는 고독에 대한, 이전에는 볼 수 없었던 시선이 작동하고 있다. 다름 아닌 친밀성의 공간의 소멸과 그에 따른 현존재의 고독의 기원을 우리 사회를 지배하는 현실원칙, 그러니까 모더니티의 원리에서 찾고 있다는 것. 예컨대 「종소리」의 남편은 십칠 년 동안 국내 유수기업의 샐러리맨이으로 살아가면서 "거리의 자동차가 성냥갑만하게 내려다 보이는 사십삼층의 어두운 빌딩 속에서 반듯하게 자른 짧은 머리로 허리를 접고 앉아 서류를 작성하고 결재를 받고 할 일을 지시받"는 기호로 표현된다. 그리고 기호로서의 삶이 살아야 하는 방식, 즉 지시받는 일을 무조건 행하는 삶을 거부하고 인간적 도의를 고집하다가 서서히 마모된다. 「부석사」의 '그 남자'는 자신의 수리부엉이 다큐멘타리 프로그램이 조작된 것이라는 소문의 진원지가 자신과 "마음이 곧 통했고 점차 유대관계가 깊어지는 중"이라고 믿었던 박PD라는 사실 앞에 절망을 느낀다. 그리고 그렇게 조작된 소문을 내면서까지 생존해야 하는 정글의 원리에 깊은 환멸을 느끼면서 갑작스레 무기력해진다. 「부석사」의 '그녀' 역시 갑자기 그녀를 버리고 떠난 P의 자기만을 배려하는 삶의 원리에 떠밀려 세상과 단절된 공간에 갇힌다. 그리고 「물 속의 사원」의 '그녀'는 남의 건물을 부당하게 빼앗기 위해 벌이는 엄청난 폭력 때문에 타인과의 유대감과 노동의 기쁨을 안겨주던 일자리를 잃고 세상과 단절된다. 그런가 하면 「달의 물」의 작중화자는 약국과 병원 사이의 돈을 둘러싼 담합 때문에 갑작스레 존재가 불안정해진다. 메마른 합리주의와 냉정한 계산성이 만들어내는 정신적 동물왕국에서 그들은 이렇게 점점더 막다른 골목으로 떠밀려 들어가고 마는 것이다.

특히 「달의 물」의 경우에는 인간간의 소통체계의 소멸 원인으로 이 세상의 구석까지를 단 하나의 시스템으로 재편하고야 마는 모더니티의 원리를 전면에 내세운다. 「달의 물」은 고향으로부터의 전언, 귀향, 기억들의 현전, 그리고 새로운 각성 등으로 이어지는 귀향소설의 관습을 충실하게 따르고 있으나 실제적으로는 귀향기가 아니다. 고향으로 돌아왔으되, 그곳은 이미 이전의 고향이 아니기 때문이다. 이제 더 이상 그곳은 물, 불, 대지, 공기가 조화를 이루고 그 조화 속에서 인간들의 삶이 충만해지는 몽상의 공간이 아니다. 외부적인 높이밖에 없는 인위적인 건조물로 가득찬, 그리고 승강기가 층계에서의 영웅적인 용기를 불가능하게 하는 도시에서의 생활을 벗어나고픈 내밀한 욕망을 가지고 왔으나 그곳 역시 이미 황폐한 도시로 전락해 있기는 마찬가지이다. 아니, 오히려 도시

보다 더 치명적이다. 아무것도 잉태되지 못하고 오히려 세상에 나온 싱그러운 생명이 죽어 가는 그런 땅으로 전락했기 때문이다. 「달의 물」은 고향의 황폐함을 주로 갇혀 있는 물과 물을 가둔 시멘트의 대비를 통해 표현한다. 노란 달을 품어주던, 그리고 우주적 몽상을 가능하게 해주던 우물은 시멘트에 갇혀 버렸고, 카니발적인 소란스러움을 만들어주던 마을의 또랑은 시멘트로 복개가 되어 버렸다. 게다가 시멘트로 지어진 아파트는 이 마을을 침입자처럼 내려다보고 있다. 이렇게 물이 갇혀 있기에 등장인물들은 내내 걷잡을 수 없는 갈증을 느낀다. 작중화자의 조카는 이곳에 내려오는 순간부터 물을 찾기 시작한다. 또한 작중화자의 아버지 역시 술 한잔으로 누리곤 했던 삶의 향유를 근본적으로 차단당하고 만다. 결국 작중화자는 귀향을 통해 존재감의 상승과 하강이라는 짜릿한 쾌감 대신에 영원히 도시의 황폐한 공간에서 살아가야 한다는 갈증만을 경험한다. 고향은 이제 '나의 영혼의 집' 혹은 '인생 최대의 기억이 깃든 자리'가 더 이상 아니다. 따라서 작중화자가 고향에서 오히려 자기 정체성이나 안정감을 찾는 대신에 다음과 같은 이방인의 이질감과 공포감만을 느낀다.

> 아무 때나 들여다 보면 맑은 물이 눈에 출렁거렸던 우물은 마당에서 흔적도 없이 사라졌다. 우물이 시멘트 밑에 갇혀 있단 말인가, 싶으니 기이한 생각마저 들었다. 이제는 집에서 물을 떠 마시거나 달이 뜨는 밤이면 노란 달을 품고 있던 우물을 한없이 들여다보는 것 틀린 일이었다. 사라진 흙마당이나 감나무나 우물 때문만은 아니었지만 나는 이후로 이 집이 내 집 같지가 않고 서먹하였다. 간혹 여길 오면 방문객이 된 기분까지 들었다.
>
> —「달의 물」, 136면

「달의 물」은 귀향기 형식을 취하고 있지만 진정한 의미의 귀향
은 불가능하다는 사실을 보여준 일종의 역설적 귀향기이다. 그리
고 인간적 유대를 가능하게 했던 마지막 공간인 고향마저 모더니
티에 의해 잠식당했음을 확인하는 바로 이 장면을 통해서 작가 신
경숙이 현존재들의 절대고독의 주요 요인으로 모더니티라는 현실
원칙에 주목하기 시작했음을 확인할 수 있다.

하지만 『종소리』의 등장인물들이 경험하는 고립된 상태는 전적
으로 모더니티에 의해 강제된 것은 아니다. 또 다른 여러 요인들
이 각각의 인물들을 점점 더 고립된 상황으로 밀어넣는 계기로 작
동한다. 존재론적 고독이랄까, 혹은 근원적 상실감이랄까 그들은
대부분 타인들을 거부할 수밖에 없는 원체험이나 공포 깃든 기억
을 지니고 있거나, 아니면 타인과는 공유하기 힘든 그들만의 고유
한 세계를 가지고 있다. 그런 까닭에 그들은 고립된 상황에 스스
로를 가두어 버린다. 말하자면 『종소리』의 등장인물들이 경험하는
절대고독은 한편으로는 모더니티에 의해 강제된 것이면서 동시에
정신적 외상으로 인한 광장공포증이기도 하며 또한 자신의 고유
성을 지켜내기 위한 자발적인 선택이기도 한 것이다. 가령, 「물 속
의 사원」의 '하선생'은 어릴 때 어머니로부터 버림받은 기억 때문
에 냄새나는 건물에서는 잘지언정 누구의 방에서도 잠들지 못하
며, 「물 속의 사원」의 '다방 여자'는 딸을 버린 상처 때문에, 그리

고 「종소리」의 작중화자는 세 번의 유산 경험 때문에 고립된 상황
으로부터 적극적으로 벗어날 생각을 하지 못한다. 이렇듯 『종소
리』의 인물들이 경험하는 고독은 하나의 요인이 아닌 겹겹의 요인
들에 의해 형성되며, 그렇기에 이 고립의 상황으로부터 벗어나기
란 쉽지 않아 보인다. 하지만 벗어나야 한다. 관계의 단절이 지속
될 경우 이들 고립된 개인들은 더 극한 상황으로 치달을 수밖에
없기 때문이다. 「물 속의 사원」의 '하선생'은 그녀를 그녀의 거처
로부터 내몬 관리인의 차에 불을 놓을 뿐만 아니라 이후에도 계속
방화 충동에 휩싸인다.

관계의 단절에 따른 절대고독의 상황은 이렇게 극한 상황으로
치달을 수 있는 터, 따라서 관계의 회복은 더 이상 미룰 수 있는
일이 아니다. 하여, 『종소리』의 소설은 관계 회복을 위한 구체적인
방안을 찾아나선다.

3. 어머니 되기, 그러나 탈낭만화된

『종소리』의 소설들은 이처럼 고독한 존재들이 경험하는 극단적
인 경험이나 상실감을 표현하는 데 많은 관심을 할애하고 있는 것
이 사실이지만 그것이 궁극적인 관심사는 아니다. 이 고립된 개인
들을 하나로 묶는 것, 그러니까 인물 상호간의 유대감이나 친밀성
을 회복하는 과정과 방안이 『종소리』의 소설들의 궁극적인 관심

사이다. 사실『종소리』의 소설들은 고립된 개인들이 보다 높은 삶의 차원에서 연대하는 과정을 차근차근 그려내고 있으며, 『종소리』의 소설들이 단연 빛나는 부분도 이 대목이다. 이제『종소리』에 수록된 소설들이 '등돌린 타자들끼리의 새로운 관계망의 형성'을 어떤 경로를 통해 완성하는지, 또 그를 위해 어떠한 모럴을 제시하는지 확인해보도록 하자. 만약 냉정한 계산성이 세계 자체를 정글의 세상으로 만들고 자기만을 배려하는 주체성이 그것을 진실이라고 이데올로기화함으로써 결국 고립된 개인들을 만들어내고 인간들을 불행하게 한다면, 이는 곧 작가가 이 힘겨운 세상에서 인간을 보다 행복하게 할 가치관으로 무엇을 설정하고 있는지 그리고 근대성을 넘어설 수 있는 원리로 어떤 것을 모색하고 있는지를 확인하는 일이기도 할 터이다.

이를 위해 우선 주목할 소설은 「부석사」이다. 「부석사」는 「그는 언제 오는가」의 뒤를 이어 관계의 친밀성을 회복할 수 있는 원리를 다른 소설보다 이른 시기에 탐색해본 작품이다. 외형적으로 보자면 「부석사」는 특이한 여행담이다. 한 오피스텔에 살면서 서로 몇 마디 말을 건네본 정도의 남녀가 불현듯, 그것도 1월 1일에 떠나는 여행인 데다가, 거기에 개 한 마리가 동행하고 있을 뿐만 아니라 끝내 여행의 목적지인 부석사에는 도착하지도 못하는 여행인 것이다. 우선 왜 부석사인가. 그들이 그곳에서 보고자 하는 것은 부석사 절 자체가 아니라 실과 바늘이 드나들 만큼 떠 있는 두 개의 부석이다. 왜 하필이면 1월 1일이며 친숙하지도 않은 사람들끼리의 동행인가. 그 날 두 사람 모두에게 누군가가 오기로 했는데, 결국 이둘은 그 손님과 1월 1일 맞고 싶지 않았던 것. '남자'를 찾아오기로 한 손님은 박PD. 박PD는 구조조정에서 살아남기 위해 '남자'가 찍은 다큐멘타리가 조작된 것이라는 설을 퍼뜨린 인물. 그 사건 이후 '남자'는 회사를 쉬고 있는 참인데 1월 1일에 만나자고 박PD가 전화를 한 것이며 '남자'는 박PD를 피해 여행에 오른다. 여자의 경우는 자신과 사귀다가 다른 여자와 결혼한 P를 피하기 위한 여행이다. 여자는 선택과 판단이 너무도 분명한, 당연히 타자에 대한 배려가 없는 P를 뿌리칠 자신이 없다. 결국 이 둘은 메마른 합리주의와 강인한 주체성이 뿜어내는 유혹으로부터 벗어나는 중이다. 이 둘의 여행에서 절대적인 역할을 하는 매개물이 바로 동행한 개다. 이 개는 이 둘의 이타적인 가치관을 서로에게, 특히 하찮은 대상에게도 자기 모두를 투여하는 여자의 이타성, 혹은 미메시스 정신을 남자에게 알려주는 상징물로 기능한다. 결국 이 둘은 여행 도중 특히 동행한 매개로 타자를 사유에 중심에 놓은 동질적인 가치관을 지녔음을 확인한다. 그리고는 일사분란한 일치보다는 틈이 존재하는, 그래서 더욱 간절할 듯한 친밀성을 느낀다. 결국 「부석사」는 메마른 합리주의를 매개로 한 비인간적인 결속 대신에 이타적인 존재들이 사이의 느슨한 결합을 인간 관계 복원의 한 모델로 제시한다.

이에 비해 「종소리」·「우물을 들여다보다」·「물 속의 사원」·「물의 달」에서는 의미 있는 공동체의 핵심원리로 다른 것이 모색된다. 바로 '어머니되기'이다. 어머니의 입장이 되어 서로서로를 감싸안는 것만이 관계의 단절로부터 벗어나는 길일 뿐 아니라 보다 의미 있는 공동체를 가능하게 할 것이라는 것이다. 『종소리』에서 제시되는 '어머니 마음'은 그 포용 범위가 무궁무진하다. 예컨대 「우물

을 들여다보다」의 경우 죽은 사람의 넋까지를 건설해야 할 공동체
의 구성원으로 끌어들인다.

> 그러나 한 번 온 여자이니 다시 올지도 모릅니다. 아니, 혹시 그 여자가 아
> 니라 아이를 낳다 죽은 내 언니가 나를 찾아다니다가 나의 흔적을 발견하고
> 뒤늦게 이집으로 올지도 모릅니다. 그런 일은 순간적으로 발생하는 것 같습
> 니다. …… 혹시, 어느 날 이 집에서 어떤 여자를 보게 되거든 놀라지 마시고
> 억지로 내치지 마시고 이 독경을 들려주세요. 내가 살고 있는 거처에 찾아든
> 넋이 있다면 살아 있는 내가 그를 위로하고 마음을 풀게 해 그로 하여금 제
> 길로 들 수 있게 도와줄밖에 방법이 없는 것 같아요.
> ―「우물을 들여다보다」, 68면

하지만 『종소리』에서 관계의 단절을 넘어서는 의미 있는 공동
체의 정신이 이렇게 따스한 것은 아니다. 거기에는 냉정함과 엄격
함도 같이 존재하는바, 만약 『종소리』에서 제시된 모럴이 중요한
가치를 지닌다면 바로 이것과 관련이 있는 것임은 물론이다.

「종소리」를 자세히 보자. 「종소리」는 남편과 아내의 관계의 단
절에서 시작되어 아내가 남편의 삶의 방식을 자기화하는 것으로
친밀성이 확보되는 단계까지를 그려가고 있는 소설이다. 남편은
구조조정중인 회사에서 경쟁회사로 스카웃 되나 이것을 아내에게
말하지 못한다. 아내 역시 세 번째 유산을 했지만 그것을 남편에게
말하지 못한다. 여기에서 두 사람 사이의 관계의 단절이 시작됨은
물론이다. 그리고 존재의 안정성을 위해 인간적인 도리를 버렸다
고 생각하는 남편이 회사를 옮긴 바로 그날, 그러니까 자신에게 주
어진 책무만 가벼웠더라도 그렇게 인간적 도의를 저버리고 자리를
옮기지 않았을 것이라고 회한에 빠지던 바로 그날, 남편이 그렇게

끔찍하게 누리고 싶어하는 자유를 상징하는 새 한 마리가 세면장 창틀에 집을 짓기 시작한다. 결국 새는 창틀에 집을 짓고는 정주한다. 남편의 새에 대한 관심은 높아가고 남편이 새에 관한 이야기로 생기를 띠면 띨수록 그의 삶은 마모된다. 말을 바꾸자면 스스로 생각하기에 마모되는 삶이 두려울 때마다 자유롭고 싶은 욕망은 강렬해지고 그것이 새에 대한 강한 동경을 낳는 것이다. 그러므로 직장생활이 어려워지면 질수록 남편의 새에 대한 관심은 높아진다. 아니, 이전부터 남편의 새에 대한 관심은 남다른 것이었다. 남편은 정말로 새에 관한 전문가적 지식을 가진 인물이며 특히 새가 공기를 가르는 그 행위를 미치도록 동경한다. 하지만 작중화자는 남편이 회사를 옮긴 사실을 감추었다는 점도, 그리고 그의 새에 대한 관심도 이해할 수 없다. 작중화자는 "매달리듯 간신히 집을 짓고 있는 새에 대하여 관심을 갖는 당신이 나는 처음엔 어색했다"고 표현한다. 관계의 단절은 더욱 깊어간다. 남편의 정신과 의사는 "나는 한번도 내 나이를 살아본 적이 없습니다"고 말하는 남편에게 어머니 같은 존재가 필요하므로 작중화자에게 남편의 어머니가 되어보라고 권하나 작중화자는 그것을 거부한다. 새가 알을 낳고 알에서 새끼가 깨어나고 그럴 때마다 남편은 더욱 더 무거운 짐을 떠안는다. 구조조정의 위험 속에 혼자 빠져나왔다는 인간적 연민 때문에 매일 이전의 회사에 들러 동료들과 환담을 나누면서 미안함을 달래던 중 새로 옮긴 회사와 이전의 회사 사이에 피를 말리는 수주경쟁이 벌어진다. 남편은 이 마음 속의 갈등을 더 이상 이겨내지 못한다. 우선 찾아온 거식증상. 그리고 병명이 밝혀진다. '크론키드카나다'. "음식을 전혀 입에 댈 수 없는 당신에겐 오로지 음식을 먹는 그것이 치료"인 병. 결국 남편은 회사를 휴직한다. 그리고 걷잡을 수 없이 체중이 빠져나간다. "당신이 침대에 앉아 있으면 새가 앉아 있는 것 같다." 그렇게 형편없이 남편의 체중이 빠져나가는 중에도 남편은 힘겨운 세상살이의 의무로부터 벗어난 자신의 모습과 새의 날아가는 모습을 상상적으로 동일시하고 즐거워한다. 아니, 만족한다. 죽음의 기미를 두려워하면서도 새처럼 자유로워진 것을 즐거워하는 남편. 이제 작중화자는 남편의 아내가 아니라 어머니가 되기로 한다. 남편의 삶을 자기화하기로 한다. "당신은 돌아온 새 같다. 이젠 어디에나 깃들일 수 있는 새 같다" 작중화자가 남편의 어머니가 되어 남편의 고통, 희망, 좌절 등을 감싸안는 순간 두 사람 사이의 유대관계는 회복된다.

　이상에서 알 수 있듯이 「종소리」는 타자의 모든 서사를 끌어안는 어머니되기를 인간 사이의 유대를 회복할 수 있는 중요한 가치관으로 제시한다. 이 과정에서 '새'라는 객관적 상관물은 아주 핵심적인 역할을 한다. '새'의 등장으로 '새'와 '남편' 사이의 기묘한 병치관계가 형성되며 이때부터 '새'는 남편의 꿈과 절망을 효과적으로 전달하는 상징물로 작용한다. 또한 남편은 죽음의 기미 속에서도 '새-되기'의 꿈을 포기하지 않음으로써 결국 자유를 향한 자신의 열망을 아내에게 인정받으며 아내 또한 그것을 자기화한다. 이 순간 남편과 아내의 사이의 관계 회복은 단순히 서로를 이해하는 정도에서 그치는 것이 아니다. 그것은 남편은 아내의 서사를 모두 자기화하고 아내는 남편의 서사 모두를 자기화함으로써 서로는 서로를 통하여 보다 높은 의식의 상태, 혹은 충만한 상태로 비약하게 된다.

그런데 여기서 또 하나 유념해야 사실은 아내가 어떤 시점에 남편의 어머니가 되기로 하는가이다. 「종소리」에서 아내가 남편의 새-되기의 열망을 인정하는 순간은 대단히 뒤늦게 온다. 몸무게가 혹독하게 빠져나가는 순간에도 아내는 남편을 남편으로 대한다. 물론 안타까움이나 연민이 없는 것은 아니나 그러면서도 공인의 시점은 끝없이 유예된다. 그 유예는 남편이 죽음을 염두에 두기 시작하는 시점, 그러니까 영혼 속에서 비본래적인 가치들이 사라지고 본래적인 가치들이 찰라적으로 현현하는 그 순간까지 계속된다. 그리고 '다른 것이 될 수 없는 이것' 혹은 '두 번 다시 반복될 수 없는 것'으로서의 남편의 고유성을 발견하는 순간 작중화자는 남편을 아들로 대하기 시작한다.

인간의 진정한 유대 형성의 계기로서 「종소리」가 제시하는 어머니되기란 이처럼 엄격하고 냉정하다. 이는 단순히 타자들의 삶을 이해하고 동정하는 것 정도가 아니다. 그것은 보편성이라든가 일반성 등에 가려 좀처럼 모습을 보이지 않는, 죽음과 같은 극한 상황에서만 찰라적으로 모습을 드러내는 누구와도 같지 않은 그만의 자질(고유함)을 읽어내고 자기화하는 과정이다. 「종소리」에서 부부 사이의 유대관계의 회복이 감동적으로 다가오고 더 나아가 보편적인 성격을 띄는 것은 극한상황 속에서 발현한 타자의 고유성을 비로소 전유하기 때문이라고 할 수 있다.

「종소리」와 마찬가지로 「물 속의 사원」이나 「물의 달」 역시 어머니되기 혹은 모성의 시간을 고독에서 벗어나 인간 사이의 진정한 유대를 가능케 하는 원리로 제시한다. 「물 속의 사원」에서 '다방여자'와 '하선생'은 극도의 고독한 삶에서 서로간의 친밀성을

획득하면서 비약적인 충만을 경험한다. 딸을 직접 키우지 않았다
는 이유 때문에 고통스럽고 고독한 삶을 사는 '다방여자'와 어머
니로부터 버림받았다는 기억 때문에 과거 전체를 자신의 삶으로
부터 추방시키고자 하는 '하선생'은 그 대화와 소통을 통해 결국
은 서로가 서로를 이해하고 자신들의 근원적인 죄의식이나 피해
의식으로부터 해방되어 결국은 생의 충일성을 경험하기에 이른다.
그리고 「물 속의 사원」에서도 역시 '다방여자'와 '하선생'을 이어
주는 중요한 상관물이 등장하는바, 바로 악어이다. '하선생'은 악
어에게서 원시적 강인함과 폭력성을, '다방여자'는 '신성성'을 읽
어낸다. 하여, '하선생'은 악어에게 자신의 거처를 불안정하게 하
는 건물관리인에 대한 복수의지를 끊임없이 투사해내는 반면, '다
방여자'는 악어가 새끼를 돌본다는 이유로 신성한 동물의 이미지
를 투사할 뿐만 아니라 자신의 무덤으로 삼고자 한다. 결국 그녀
들은 이 악어에 투사된 상반된 욕망을 끊임없이 조정하며, 결국에
는 서로가 서로를 길항하는 단계에 이른다. 특히 딸을 직접 키우
지 못한 '다방여자'는 '하선생'의 어머니가 되어 '하선생'의 모든
상처와 모순을 끌어안는다. 하여 '하선생'은 자기 집에 불을 지르
며 같이 떠나 보냈던 어린 시절의 기억을 다시 회복하기에 이른
다. 뿐만 아니라 비록 명시적으로 제시되지는 않았지만 '하선생'은
악어에 대한 '다방여자'의 이미지를 수용하는 것으로 보인다.

 '모성의 시간'의 관계 회복의 중요한 계기로 설정하기는 「물의
달」 역시 마찬가지이다. 아버지와 딸 사이의 술을 둘러싼 목숨을
건(?) 긴장과 대립은 딸이 아버지의 어머니가 되기로 하는 순간 해
소된다. 해서, 이전에 아버지가 딸의 일탈을 참고 인내해 주었듯

이, 딸도 이제 어머니의 입장으로 아버지의 일탈에 대한 허용과 금기를 조절하고자 한다.

이렇게 『종소리』는 인간적 유대의 계기로서 모성의 시간, 혹은 어머니되기를 강조한다. 냉정한 계산성의 원리가 결핍되고 모순된 것을 배제하고 악압함으로써 존재론적 고독을 가져온다면, 『종소리』의 소설들은 어머니의 마음으로 그 존재론적 고독을 높은 관계망 속에서 묶어 세운다. 하지만 이 연대가 모든 탕자들을 용서하는 낭만적 모성을 통해서가 아니라 한 개인의 결핍되고 모순된 모든 것들, 즉 타자들의 고유성을 끌어안는 모성으로 인해 가능했다는 사실은 기억되어야 한다.

4. 다른 것이 될 수 없는 이것

신경숙의 이번 소설집 『종소리』에는 앞선 소설과는 문제의식을 달리하는 소설 한 편이 같이 수록되어 있다. 「혼자 간 사람」이다. 「혼자 간 사람」은 이른 나이에 세상을 등진 작가 채영주에 대한 헌사이다. 「혼자 간 사람」은 월드컵의 열기와 홀로, 고독하게 살다가 또 그렇게 죽어 간 작가 채영주를 유비시킨다. 그를 통해 대중적 열광 속에 잠재된 자기 기만과 비본래적 성격을 비판하고, 다른 한편으로는 고독에 대해 탐색해 들어간다. 고독은 절망이나 버림받음이 아니라 오만이며 주권이고 본래적인 삶을 살아가는 힘이라는 것, 그것이 「혼자 간 사람」이 행한 고독에 대한 새로운 성찰이다. 그렇다면 이는 관계의 회복을 무엇보다 중요한 가치로 설정한 『종소리』의 또 다른 소설과는 모순되는 것처럼 보이기도 한다. 하지만 모순이란 오류의 다른 이름이 아니라 운동을 발생시키는 에너지라고 한다면 문제는 간단한 지도 모른다. 신경숙은 어머니되기라는 원리로 인간 사이의 연대의 필요성을 제시했음에도 불구하고 자기반성이 있을 수 없는 군중들의 거센 열광 앞에서 관계의 회복 그 자체가 절대적인 진리가 되어서는 안 된다는 어떤 각성을 경험했는지도 모른다. 하여, 작가 신경숙은 이미 또 다시 다른 지점으로 가고 있는 것이다.

「혼자 간 사람」에서 또 하나 짚고 넘어갈 것은 작가 신경숙의 독특한 창작방법이다. 「혼자 간 사람」은 채영주를 형상화하면서 채영주를 일반명사가 아닌 고유명사로 만들기 위한 세심한 배려를 아끼지 않는다. 즉 작가 일반 하면 떠오르는 보편적인, 그리고 실제로 작가 채영주에게도 있었을 사실들 끊임없이 배제하고자 한다. 그리고 다른 작가에게는 없는 그것, 앞으로 어떤 작가에게서도 반복되기 힘든 그것을 찾아나서며, 그것을 중심으로 채영주를 재구성한다. 그래서 「혼자 간 사람」에서 그려진 채영주는 너무 생생하고 구체적이다.

그러고 보니, 작가 신경숙의 창작방법의 특징이 바로 인물들의 고유성에 대한 놀라울 만한 집중이었던 듯하다. 한 개인을 보편성과 특수성, 필연과 우연 등의 범주 속에 위치시키는 것이 아니라 그 인물만의 '다른 것이 될 수 없는 이것' 혹은 '두 번 다시 반복될 수 없는 것'으로 파악하는 것. 그러고 보니 이제 많은 것을 알 수 있을 듯하다. 신경숙의 소설 중 많은 작품이 비현실적이라고 의심을 받아왔던 것은 신경숙 소설이 비현실적이어서가 아니라 현실에 접근하는 방식이 근본적으로 달라서였던 것이며, 신경숙 소설이 그토록 해체적 성격이 강했던 것도 바로 이와 관련이 깊다. 그렇다면 이렇게 말할 수 있을 듯하다. 신경숙의 소설은 우리 소설사의 새로운 영역을 개척하는 중이며 따라서 앞으로도 신경숙의 세기는 계속될 것이라고

변두리의 귀환

김소진의 초기 소설

1. 변두리의 귀환

한 작가의 고유성은 많은 경우 현재의 보편성으로부터 '쓸모 없
는 실존'으로 격하된 것, 그리고 아직 개념화되지 못한 것에 대한
관심에서부터 시작된다. 현재의 보편성이 보다 철저하게 배제하고
은폐한 것에 주목하면 주목할수록, 그리고 이 은폐된 어떤 것을
매개로 현재의 보편성이 행하는 천재적인 은폐술을 치밀하게 밝
혀내면 낼수록 한 작가의 고유성은 강렬한 밀도를 획득한다. 뿐만
아니라 이 쓸모 없는 실존으로 격하된 것에 대한 관심은 종종 현
재의 보편성은 물론 현재의 보편성을 형성해온 역사적 과정 전체

를 해체하는 계기가 되기도 한다. '쓸모 없는 실존으로 격하된 것'
들을 중심으로 충분히 의미 있는 컨텍스트를 구성해낼 경우, 기존
의 보편성은 그야말로 한 순간에 숭고한 발견의 천재에서 허위의
식에 가득찬 은폐의 천재로 전락할 수도 있다. 물론 이 과정은 쉽
지 않다. 인식론적인 장에서 버려진 것을 복원하고 그것을 컨텍스
트화하는 일은 하나의 공동체가 역사적으로 쌓아온 모든 지혜들
과 처절한 쟁투를 벌이는 힘겨운 작업에 다름 아니기 때문이다.
하지만 기존의 보편성에서 폐기처분된 어떤 것에 대한 관심이 없
고서는 어떤 작가도 자신의 고유성이나 문제성을 확보하기 어려
운 것 또한 사실이다. 결국 기존의 보편성에 의해 천재적으로 버
려진 것들에 대한 관심이 없고서는 작가란 탄생할 수 없으며 또한
움직일 수도 없다.

1990년대의 문학 전반에서 누구보다도 독특한 세계를 일구어낸
김소진의 경우도 당시의 담론체계가 지워 버린 삶의 영역에 관심
을 기울이기는 마찬가지다. 아니, 김소진의 경우는 관심의 수준을
넘어선다. 김소진은 어떤 경우인가 하면 대부분의 현존재들이 당
연히 스러져야 마땅하다고 믿는 삶의 영역을 가장 치명적으로 버
려진 삶의 형식으로 설정한 경우에 해당한다. 현재의 보편성이 보
이는 가장 전율할 만한 무관심의 영역으로 김소진은 1970년대 산
동네의 밑바닥 인생들의 삶을 지목한다. 김소진이 황석영의 「돼지
꿈」에 대한 감회를 적으면서 사용한 표현을 빌어 보다 자세히 이
야기하자면, "산업 드라이브 정책으로 인해 도시 변두리로 내몰린
밑바닥 인생들이 일용할 양식에 대한 간절한 그리움과 고단한 노
동에 대한 회한을 다독거리는 너스레", "이렇게 후줄근한 사람의

땀냄새와 구린내 나는 듯한 목소리 그리고 숨기고 싶은 속내", "화톳불에 패거리로 둘러앉아 기름기가 자글자글 흐르는 육질을 씹으며 뭔가 일을 낼 것 같은 동물성 활력"(「70년대 민중의 마지막 꿈—황석영의 「돼지꿈」」) 등을 김소진은 현재의 숭고한 이데올로기들이 폐기처분해 버린 가장 소중한 삶의 가치로 확신하는 것이다. 이 후기 자본주의 시대에 1970년대 산동네의 밑바닥 인생이라니! 하지만 어쩔 것인가. 이것을 현대적 삶의 중심으로 설정한 것을.

현재의 보편성이 보다 철저하게 외면한 내용에 관심을 기울이면 기울일수록 한 작가의 고유성은 보다 선명해지지만, 김소진의 1970년대 산동네의 삶에 대한 관심은 고유성을 획득하게 할 수 있어도 시대의 의미 있는 연관은 애초부터 불가능하게 할 것 같은 우려를 자아내기에 충분하다. 1970년대 산동네의 밑바닥 인생의 이야기란, 그것도 그들의 역사적 계급적 소외에 대한 것이 아니라 '육질을 씹으며 뭔가 일을 낼 것 같은 동물성 활력'에 대한 이야기란, 이미 오래 전에 우리의 소설사가 한 번 훑고 나온 주제인 것이다. 박태순, 윤흥길, 김주영, 서정인, 조선작, 황석영 등의 소설에서 놀라운 만한 흡인력을 보여 주었던 도시 주변부 삶에 대한 관심은 『어둠의 자식들』, 『꼬방동네 사람들』 등을 고비로 서서히 시대의 저편으로 묻혀져 간 바 있다. 그것은 가깝게는 도시 주변부의 삶이 산업화가 불러온 어떤 질곡을 말하기에는 용이하지만 국가와 밀착한 독점자본주의라는 본질적인 모순이나 역사 변혁의 주체로서의 민중상을 구현하기에는 지나치게 주변적이라는 일종의 인식상의 전환이 이루어진 것과 관련이 깊다. 이후 우리 문학의 관심은 소외된 계층에 관한 한 농민, 노동자, 빨치산 아비, 학생운동가, 장기수 등으로 옮겨갔고 이를 두고 인식상의 발전이라 칭한 것은 바로 이 때문이다. 여기에 서구적인 제도와 인식틀을 모범적인 것으로 받아들여 그러한 첨단적인 삶의 방식만을 본질로 설정하는 근대 이후 한국문학의 어떤 관성이 같이 작동하면서 산동네 민중의 생활 세계는 우리의 문학사적 지평에서 급격하게 스러진다. 어떤 이유 때문이건 간에 산동네의 밑바닥 인생은 개념의 통일성을 유지하는 데 별로 도움이 되지 않는 영역이었으며 그렇게 그들은 쓸모 없는 실존으로 격하되었던 것이다. 그런데, 그랬던 것인데, 김소진이 1970년대 도시 주변부의 삶을 비록 회상의 형식이지만 다시 소설의 중심부로 끌고 들어온 것이다. 그것도 갑작스레 부각된 후기 자본주의적 징후들로 이전 시대와의 거대한 단절이 여러 영역에서 논의되었을 뿐만 아니라 거의 대부분의 담론이 후기 자본주의라는 첨단의 현상들을 개념화하기에 분주하던 바로 그 시점에.

그러니 김소진의 1970년대 산동네의 밑바닥 인생에 대한 기록이 지속될 수 있었던 것은 오로지 그의 남다른 의지 때문이었다고 할 수 있다. 필사적이었다고 해야 하리라. 현재 강력한 권위를 누리고 있는 보편적인 담론 대부분이 낡고 시대착오적이며 비본질적이고 주변부적인 것으로 격하시킨 그것을 다시 중심부로 격상시키려는 작업이니 김소진에게 1970년대 산동네 인생에 대한 기록은 자신의 전존재를 건 힘겨운 쟁투에 다름 아니었다. 이 힘겨움 속에서도 김소진은 "테제도 그렇다고 안티테제도 아"닌 "이도 저도 아닌"(「개흘레꾼」) 산동네 인생들의 회상을 멈추지 않는다. 등단작 「쥐잡기」에서부터 그가 살아 발표한 마지막 작품인 「눈사람 속의 검은 항아리」에 이르기까지 김소진의 1970년대 산동네에 대한 회상은 지속되며, 이 놀라울 정도의 금욕적인 집중을 통해 김소진은 1970년대 산동네 이야기를 어느덧 후기 자본주의를 살아가는 현대인의 실존과 관련시키는 데 성공한다. 김소진은 어떠한 권위적인 담론으로부터도 그 실존적 의미가 인정되지 않았던 이도 저도 아닌 1970년대의 밑바닥 인생을 현대인의 존재방식을 비추는 거울형상으로 끌어올리는 것은 물론 이 거울형상을 통해 드디어 그 어느 누구도 주목하지 못했던 현대성의 주요한 측면을 포착해 낸다. 김소진은 이처럼 후기 자본주의와 1970년대 산동네의 삶이라는 양립하기 힘든 요소들을 그야말로 경이롭게 병존시키기는 마법을 행하거니와, 이것은 김소진이 우리 소설사에 남긴 지워지지 않을 위업이다.

이제 김소진의 초기 소설을 중심으로 김소진이 우리 소설사에 남긴 위업의 실체를, 그리고 그것이 뿜어내는 황홀경을 살펴볼 차례다

2. '아버지는 개홀레꾼이었다', 혹은 변두리의 활력

김소진 소설이 1970년대 산동네라는 자족적인 영토에서 자본주의적 냉정성을 비판하고 그것을 넘어서는 어떤 육체적이고 카니발적인 활력을 찾아낸 것은 사실이지만, 등단 초기부터 1970년대 산동네를 그렇게 맥락화한 것은 아니다. 김소진은 1970년대 산동

네 민중들의 삶에서 카니발적인 활력을 찾기까지, 그러니까 『장석조네 사람들』들에서 그것을 구체화하기까지 시간상으로는 그리 길지는 않지만 꽤나 강도 높은 모색의 과정을 수행한다. 그리고 그 과정의 중심에는 바로 아버지라는 존재가 놓여 있다. 김소진은 첫 작품집 『열린 사회의 그 적들』의 서문에서 그의 소설 대부분이 "소설이기에 앞서 애틋했던 아버지께 부치는 제문"이라고 밝힌 바 있거니와, 두 번째 작품집 『고아떤 뺑덕어멈』에서도 역시 "아버지 한테 물려받은 유일한 자산인 가난과 상처가 지난 사 년 간 제 알 량한 문학의 밑천이자 젖줄이었습니다. 당신을 숱하게 팔아먹어온 그 문학적 젖줄을 이제는 떼어버릴 때가 된 것 같습니다"라고 쓰 고 있다. 그만큼 등단 이후 몇 년 간 김소진의 주된 관심사는 아버 지라는 존재의 맥락화 작업이었다고 해도 과언이 아니다. 모든 인 간 존재가 사회적 관계의 총화이겠지만 특히 어떤 특정한 인물에 게서 그 시대의 사회적 관계나 역사지리지의 총화를 발견하는 경 우가 있을 수 있다면, 김소진은 아버지라는 존재에게서 사회의 진 정한 연관을 보여주는 바로 그 사람을 발견한다. 그리고 아버지라 는 존재의 치열한 객관화를 통해 드디어 그 아버지의 삶에 깃든 카니발적인 활력을 발견하며, 그 활력을 곧장 아버지가 속해 있는 산동네라는 공동체로 전이시키고 확장시킨 것이다.

하지만 김소진의 소설에서 아버지를 호명하고 아버지 삶에 깃 든 의미를 명명하는 양상이 처음부터 동일한 것은 아니다. 김소진 은 끊임없이 아버지를 호명하고 있으면서도 소설 속에서 한 번도 아버지의 전체 역사를 서사화하지 않는다. 아버지가 겪어 왔던 경 험들을 연대기순으로 나열해 보지도 않으며, 각각의 디테일들을 선후관계나 인과관계를 통해서 재구성하지도 않는다. 김소진은 아버지에 관한 한 디테일의 충실성의 원칙에 따라 묘사하지 않는다. 하여, 김소진의 소설에서 아버지는 상징적인 디테일에 의해 이미지화될 뿐이며, 이 이미지는 작가 혹은 작중화자의 아버지에 대한 동일시의 정도에 따라 각기 다른 이미지로 표현된다. 예컨대 김소진 소설에 등장하는 아버지는 공통적으로 한국전쟁의 와중에서 북에 가족을 두고 남쪽을 택한 인물로 서술된다. 그런데 정작 아버지가 북에 가족을 두었으면서도 남쪽을 택한 이유는 작품마다 다르다. 「쥐잡기」·「개흘레꾼」·「첫눈」은 반공포로로 잡혀 있던 중 어떤 이유 때문에 남쪽을 택한 것으로 되어 있고, 「고아떤 뺑덕어멈」에서는 아버지의 전기적 사실에 맞게 미군이 원산을 점령하자 생존하기 위해 미군을 도왔고 다시 상황이 달라져 인민군이 돌아오자 역시 생존하기 위해 고향과 처자를 버린 것으로 되어 있다. 또한 거제도 포로수용소에서 남쪽을 택한 이유도 쥐 때문이거나 사내로서의 구실을 잃은 줄 알았다거나, 혹은 빵 때문이라거나 작품마다 달리 설정되어 있다. 하여간 분명한 것은 김소진 소설에 등장하는 아버지상은 선우휘나 박영준의 소설에 등장하는 인물들처럼 반공 이데올로그도 그렇다고 김원일이나 조정래 등의 아버지상처럼 남로당도 아니며, 그렇다고 「광장」의 이명준처럼 제3국을 택하지도 못한 인물이다. 어떻게 보면 김소진의 아버지상은 거대한 역사적 수레바퀴와는 무관한 자리에서 주어진 삶을 살다가 어느 순간 그 거대한 역사적 수레바퀴에 매달려 버린, 그러니까 파란만장한 한국 근대사의 격랑에 삶의 근거를 박탈당한 다만 순수한 영혼이었던 것이다. 말하자면 한국적 모더니티의 가장 처절한 희생자인 셈이며, 따라서 연민의 대상이어야 마땅한 존재이다.

하지만 김소진 소설의 작중화자들은 이 아버지에 대해 연민만을 보내지는 않는다. 이 아버지상은 광기의 전쟁을 불러일으킨 한국적 모더니티의 일방적인 희생자일지는 몰라도 작중화자에게는 누구보다도 가혹한 시련을 제공하기 때문이다. 김소진 소설에 등장하는 아버지상은 하나같이 자본제적 합리성이나 냉정함과는 거리가 먼 인물이어서 가족에게 극도의 가난을 안겨준다. 「쥐잡기」·「자전거도둑」의 아버지마냥 구멍가게 하나 제대로 꾸려나가질 못하는가 하면, 「개흘레꾼」의 아버지상처럼 발정기가 된 암캐들의 중신애비 노릇을 무슨 대단한 일이라도 되는 듯 도맡아 하고 다니는 인물이며, 또 전기를 훔쳐 쓰다 오히려 그것을 빌미로 외상술을 뜯기거나 하는 인물이다. 하지만 아버지에게 이런 측면만 있는 것은 아니다. 중학교 등록금을 동네 들병이에게 갖다 바치고 또 수많은 사람들 앞에서 그것을 돌려 달라고 애원하기도 하고, 폐가에서 동네 과부와 정사를 벌이기도 하고, 부엌벽의 구멍으로 옆집 아낙 목욕 장면을 훔쳐보기도 하고, 뜨내기 약장수 여편네에게 색념을 품기도 하는 인물이기도 하다.

그렇다고 작중화자들이 아버지가 제공하는 가난과 정처 없는 색념 때문에 아버지에게서 증오를 느끼는 것은 아니다. 그것은 자유와 모험을 철저하게 제약당하는 필연의 왕국에 살게 하기 때문이다. 예컨대 아버지의 비합리적이고 비계산적인 생활철학은 어머니를 현실적인 질서의 수호자로 만들며 아버지의 무능을 이어주지 않으려는 입법자로서의 어머니는 작중화자들이 유년기에 품은 직한 꿈, 이상, 천진함, 모험 등을 허용하지 않는다. 즉 어머니는

가족의 생사여탈권을 손에 쥔 절대권력으로 현실적 질서 이외에
는 어떤 것에도 눈을 돌리지 못하도록 강요한다. "내가 죽으면 너
희들은 거지 중에서도 아주 상거지가 된다. 차라리 그렇게 사느니
서로 쥐약이라도 먹고 일찌감치 몰사 죽음을 하는 게 여러 모로
깨끗하다. 어머니는 이런 말을 입버릇처럼 붙이고 살았다. 나도 속
으로 그게 참으로 맞는 말이라고 생각했다."(「용두각을 찾아서」) 뿐만
아니라 그 어머니는 실제로 자식들에게 쥐약을 먹이는 시늉을 하
는 단호한 존재이다. 신의 위치에서 그녀가 내리는 계율은, 인간의
능력을 넘어서는 고통스런 수행과정이 따르는 것은 아니다. 단지
생존해야 한다는 것이며 가족인 만큼 "우린 살아도 같이 살고 죽
어도 같이 죽어야"(「용두각을 찾아서」) 한다는 논리이다. 이 계율은
아버지가 내리는 것이 아니라 아버지의 책무를 떠안은 어머니가
내리는 것이기 때문에 엄격하더라도 거부할 수 없다. "에미는 여
자 몸이 되어 북두갈고리 손으로 먼짓가루 풀풀 날리는 공장 안에
서 하혈을 죽죽 하면서도 살아보겠다고 발버둥쳐쌌는 데 그 속에
서 내질러진 애새끼는 뼈골이 녹아나도록 신탄진을 피우고 그랬
구나…… 더 살 필요가 없다."(「용두각을 찾아서」)

유년기의 작중화자들은 이 금기를 어기지 못한다. 그것은 그 계
시의 내용이, 인간의 삶에서 가장 기본적인 조건을 제시한 것이기
때문이다. 생존해야 한다는 것, 혹은 육체적인 생명을 이어가야 한
다는 것만큼 절대적인 것이 어디 있으랴. 때문에 계시의 발원자인
어머니는 자신의 계시내용에 대해서 회의하지 않는다. 생존해야
한다는 것이, 삶의 충일성을 위한 수단이 아니라 그것 자체가 목
적인 마당에, 이 계시의 내용이 잘못된 것인가 아닌가는 하등 의

미가 없으며 그를 어길 경우에 따를 법한 그 행위의 선/후, 원인
/결과, 우연/필연, 자유/복종간의 그 복잡한 연관에 대한 성찰이
란 한낱 호사취미인 것이다. 따라서 어머니의 계시내용이란 가장
비논리적인 것이면서 동시에 가장 논리적인 것이다. 말하자면 생
존 그 자체가 목적이 아닌 생활이 가능해질 때를 제외하고서는,
이 어머니의 계시내용은 절대적인 진리일 수밖에 없는 것이다. 결
국 어머니가 설정한 금기의 위반은 곧 생존권 울타리로부터의 유
배, 곧 배고픔, 추위, 혹은 죽음을 의미하는 것이므로, 유년기의 작
중화자들은 유년기에 가질 법한 천진함, 꿈 등을 포기한다.

　어느 정도인가 하면 유년기의 작중화자들이 느끼는 유일한 생
의 환희와 모험까지를 접고 만다. 김소진의 소설에 등장하는 유년
기의 풍경에는 아버지, 어머니의 모습 외에 또 하나의 선명한 사
진이 끼어 있다. 「춘하 돌아오다」의 상호, 「그리운 동방」의 광수,
「수습일기」의 육손이, 「장석조네 사람들」의 육손이 광수라는 이름
으로 등장하는 인물이다. 이들은 모두 각각 작중화자들의 한때 우
상이다. 그의 졸개가 되는 것 자체가 생의 환희이고, 그의 졸개에
서 떨어져나간다는 것은 곧 꿈을 잃어버리는 것과 동질적인 의미
로 다가온다. 상호 등은 모두 강한 남성성의 소유자이다. 그들의
품안은 공포의 대상인 어머니로부터 자유로울 수 있으며, 또한 아
버지로부터는 발견할 수 없는 강한 남성성을 확인할 수 있는 것이
다. 그들의 영향권 안에서만 화자는 모든 강박관념을 이겨낼 수
있었다. 작중화자에게는 "축 늘어진 고압선을 떠메고 우뚝 솟은
동방의 철탑 중턱까지 오르는 깡다구를 보여"주는 모험을 즐길 수
있었던 유년기의 유일한 "그 행복했던 기간"(「그리운 동방」)이지만,

결국 이 자유마저 포기한다.

아버지의 가난과 정처 없는 색념은 한편으로는 종종 타인 앞에서 아버지를 부정하게 하는 아들을 만들거니와, 다른 한편으로는 생애 최대의 순간인 유년기의 자유와 모험을 불가능하게 한다. 따라서 아버지에 대한 원망과 결심이 뒤따르는 것은 당연하다. 작중화자는 성장을 해서도 아버지에 대해 "무조건 아버지라는 인간을, 아니 그 말 자체를 지우고 싶었다. 그 위에 칼을 물고 고꾸라져 죽고만 싶었다. 그리고 춘하의 그 허연 살덩이를 한칼에 베어 으적으적 씹고 싶은 충동적 허기에 이루로 끊임없이 시달렸다"(「춘하 돌아오다」)거나 "차라리 죽는 한이 있더라도 애비라는 존재는 되지 말자"(「자전거 도둑」)라는 증오를 감추지 않았다.

이처럼 김소진 소설에 나타나는 아버지에 대한 감정은 양가적이다. 한편으로는 한국적 모더니티의 가장 처절한 희생자요, 다른 한편으로는 작중화자들의 주체적인 자기 활동성을 차단하는 장애요소로 비쳐지는 것이다. 당연히 아버지에 대한 작중화자들의 시선은 연민과 증오, 경외와 경멸의 양가적인 감정이 교차한다. 하지만 이 양가감정이 아버지의 삶 자체에서 연유하는 것만은 아니다. 예컨대 작중화자들은 타인들이 추구하는 세속적인 삶의 방식 대신 세상으로부터 버림받은 가치를 실현하는 아버지의 모습을 보고 아버지를 증오할 뿐만 아니라 때로는 타인 앞에서 아버지라는 존재를 부정하기도 한다. 하지만 치밀한 계산으로 가게를 꾸리지 못하거나 남 앞에서 소신 있게 자신의 의견을 밝히지 못한 비굴함 등은 보는 관점에 따라서 달리 볼 수 있는 것이다. 아버지가 이웃 아낙을 탐하는 경우에도 사정은 마찬가지이다. 이것은 어떤 측면에서 보자면 대단히 반윤리적인 행동으로 규정할 수도 있지만 어떤 측면에서 인간의 육체적 생명력의 자연스러운 발현으로 볼 수도 있는 것이다. 실제로 김소진 소설의 작중화자들은 아버지가 뚫어놓은 옹이를 통해 이웃 아낙을 같이 훔쳐보고 아버지가 탐한 여인네의 흰 허벅지에 같은 시선을 보낸다.

그러니까 작중화자들의 아버지에 대한 증오는 작중화자들의 의식의 상태에 의해 결정되는 것이며 따라서 언제든지 가치관의 변화에 따라 변할 수 있는 것이다. 실제로 김소진 소설에 나타나는 아버지에 대한 양가감정은 내내 동일하지 않다. 감정상의 미묘한 양적 변화가 이루어진다. 성장한 후의 시선이 아닌 유년기이면 유년기일수록 아버지에 대한 감정은 증오, 경멸, 수치 등에 가까우며, 성장한 후의 시선일수록 그것은 연민, 동정, 경외의 감정이 농후해진다. 뿐만 아니라 김소진의 소설에서도 아버지에 대한 이야기가 거듭되면 거듭될수록 아버지라는 형상은 연민과 동정의 감정이 짙어진다. 그러니까 「고아떤 뺑덕어멈」이나 「개흘레꾼」, 『장석조네 사람들』 연작의 「두 장의 사진으로 남은 아버지」에 이르면, 아버지는 증오의 대상에서 슬그머니 인간이 지켜야 할 자존과 본성을 구현한 인물로 승격한다.

그리고, 결국에는 작중화자들의 유년기를 상처와 가난으로 얼룩지게 했던 체험의 직접성에서 만들어진 아버지상 대신에 아버지의 삶을 역사철학적으로 문맥화하기에 이른다. 김소진은 그의 앞 세대가 '아비는 남로당이었다'라는 정언 하에 한국사회의 역사지리지를 작성했듯, 그 역시 자신의 아버지와 어머니의 존재방식과 가치관을 통해 자신만의 총체적인 역사상을 드러내고자 한다. 김

소진이 작성한 역사지리지는 바로 '아비는 개흘레꾼이었다'는 명
제이다.

> 나의 아비는 숙명의 종도, 그리고 권력투쟁에서 패배한 남로당이었다고 외
> 칠 만한 위치에 있지도 못했기 때문에 나는 또 다른 가슴앓이를 해야 했던
> 것이다. 그렇다고 다시 "아비는 군바리였다"거나 "아비는 악덕 자본가였다"
> 라고 외칠 처지는 더욱 아닌 데 나의 절망은 깃들여 있었다.
> 　그런 의미에서 아버지는 테제도 그렇다고 안티테제도 아니었다. 그저 하릴
> 없이 암내 난 개 목에 낡아빠진 개줄을 걸고 다니며 상태 수캐를 고르고 한
> 적한 돌산 같은 데로 올라가 흘레를 붙여주는 일을 보람차게 수행하는 사람
> 일 뿐이었다. 그러니 내가 나가야 할 출구를 아버지가 미리 다 막아놓은 셈이
> 었다. …… 그러나 내게 아버지란 존재는 이도 저도 아닌 개흘레꾼에 불과했
> 다. 그러니 내가 절망하지 않고 어찌 배길 수 있었을까.
>
> 　　　　　　　　　　　　　　　　　　　　　　　—「개흘레꾼」

김소진과 김소진 소설의 작중화자들이 아버지에게서 증오를 느
꼈던 것은 아버지가 안겨준 생의 고통보다는 아버지의 삶을 역사
적으로 문맥화할 수 없었기 때문일 것이다. 뚜렷한 이데올로기도
없이 북의 처자를 버려둔 채 남쪽을 선택하고, 또 어떤 뚜렷한 목
적의식도 삶의 목표도 없이 세상 사람들이 폐기처분한 것들에 관
심을 기울이며, 또 가족의 안위보다는 이웃 아낙들의 몸을 기웃거
리는 아버지로 인해서 겪어야 했던 생의 고통은 용납할 수 없었기
에 더욱 고통스러운 것이었고, 따라서 그것은 아버지에 대한 극도
의 증오로 표출될 수밖에 없었던 것이다. 김소진은 '이도 저도 아
닌 개흘레꾼'을, 그래서 몇몇이고 타인 앞에서 아버지임을 부정하
게 했던 그 아버지의 역사를 추적한다. 그리고 아버지를 '이도 저

도 아닌 개흘레꾼'이 아니라 '권력투쟁에 패배한 남로당'과 '악덕 자본가'가 만들어낸 광기의 전쟁에서 그야말로 한순간의 삶의 안정성과 기반을 상실한 존재로 규정한다. 말하자면 한국전쟁은 이제까지의 규정대로 선과 악의 대결이 아니라 인간에 대한 배려가 전혀 존재하지 않는 이데올로기가 만들어낸 광기의 역사이며 따라서 아버지는 그러한 이데올로기에 의해 진행된 한국적 모더니티의 최대의 피해자일 뿐이지 무의지적이거나 비역사적인 존재가 아니라는 것이다. 또한 남의 비웃음 속에서도, 또는 남들이 보기에는 쓸모 없이 보이는 개흘레 붙이는 일에 몰두하면서도 그 역사적 경험에서 배운 대로 타자를 배려하지 않는 광기의 전횡을 막기 위해 노력하고 있음을 확인한다. 즉 한편으로는 증오와 한편으로는 연민을 자아내는 아버지의 이해할 수 없는 행동의 저변에는 광기의 이성이 빚어낸 전쟁에 자신의 안정적인 삶을 근본에서부터 박탈당했음에도 불구하고 주어진 자연의 법칙에 순응하려는 강한 의지가 작동하고 있다는 것이다. 이것이 '아비는 개흘레꾼이었다'라는 명제를 통해 김소진이 맥락화한 역사지리지이다.

'아비는 개흘레꾼이었다'는 다소 불손한⑦ 명제로 아버지의 삶을 맥락화한 이후 김소진 소설의 아버지상은 급격하게 변화한다. 「고아떤 뺑덕어멈」에서는 아버지의 이웃 아낙에 대한 불순한 시선의 근저에 사실은 북에 두고 온 처자에 대한 그리움이 작동하고 있었음을 밝히기도 하고, 또 「두 장의 사진으로 남은 아버지」에서는 자본주의적 냉정함에 홀로 맞서는 아버지의 형상을 제시하기도 한다. 체험의 직접성에 붙잡혀서 부정할 가치조차 없던 존재로 다가왔던 아버지에게 김소진은 이처럼 한국적 모더니티의 특수한 역사를 제시하거니와 또한 그러한 그들의 삶에서 그 모더니티를 극복할 수 있는 어떤 잠재적인 가능성 또는 활력을 발견한다.

이러한 아버지 삶에 대한 재발견은 곧 도시 주변부의 산동네의 삶을 전혀 새로운 각도에서 보게 하는 중요한 계기로 작용한다. 김소진의 초기 작품에 비쳐지는 도시 주변부의 삶은 「키작은 쑥부쟁이」·「춘하 돌아오다」에서 볼 수 있듯 이타적인 모성과 활력 넘치는 여성성에 의해 유지되는 공간이었다고 한다면, '아비는 개흘레꾼이었다'는 명제의 발견 이후, 혹은 그와 때를 같이 하여 그곳에 대한 묘사는 변화된다. 이타적인 모성과 활기찬 여성성, 생동하는 토속어, 그리고 여기에 역사성까지 같이 어우러지는 활력 넘치는 공간으로 새롭게 탄생하니, 이후 『장석조네 사람들』 연작으로 구체화된다.

3. 모더니티, 열린 사회의 적들

김소진 소설의 한 축이 도시 주변부의 산동네에서 펼쳐지는 역동적이고 활력 넘치는 삶에 대한 이야기라면, 다른 한 축은 중심부의 삶에 관한 냉정한 기록이다. 김소진의 소설에서 모더니티의 중심부 그곳은 엄정한 자본제적 합리성에 의해 움직이는 영토여서 금기와 허용, 질서와 일탈, 개인의 모험과 사회적 발전, 정신과 육체, 자아와 타자 사이의 변증법적 조화란 애초부터 불가능한 공간으로 제시된다. 김소진은 이 척박한 땅에서 두 부류의 삶에 주목한다. 아니, 두 부류의 삶을 통하여 모더니티의 부조리를 제시한다. 하나는 중심부의 질서로부터 철저하게 소외된, 그러니까 1970년대 산동네와 같은 자족적이고 유기적인 공동체로부터 큰 꿈을 안고 중심부로 나오거나 아니면 그곳으로 다시 쫓겨 들어갈 수밖에 없는 '키작은 쑥부쟁이'들이거나 왜소해진 '광수'나 '육손이형'이고, 다른 하나는 이 척박한 땅을 '그리운 동방'으로 변화시켜야 하는 혹은 변화시키고자 했던 지식인들이다.

중심부에서의 이루어지는 '키작은 쑥부쟁이'나 '광수'들의 삶은 그야말로 위태롭다. 예컨대 그들은 "이 세상은 몇 가지 조건만 좀 나아지면 저에게 행복을 줄 만한 그런 곳"(「가을옷을 위한 랩소디」)이라는 믿음을 지니고 있건만 그것이 얼마나 헛된 꿈인가를 수시로 확인한다. 위산이 넘쳐나 쓰린 속에도 허겁지겁 새벽밥을 퍼넣는 고된 노동을 만든 옷이건만 그것은 손끝하나 건드릴 수 없으며 그래서 오히려 마네킹이 되고 싶다는 슬픈 꿈을 꾸기도 하고(「가을옷을 위한 랩소디」), 또 어느 날 총수의 무심코 던진 한마디 때문에 항해사의 꿈을 꾸던 존재가 하루아침에 본사로 불려 들여와 무기력한 삶을 이어나기기도 한다(「사랑니 앓기」). 특히 작가 김소진은 1970년대 산동네에서 가장 남성적인 자기 활동성을 지닌 존재로 설정했던 광수라는 존재의 중심부에서의 삶을 여러 작품에서 제시하고 있는바, 중심부에서의 그는 이전의 위용과 남성성을 현저하게 소실한 존재로 그려진다. 이제 그는 조직의 논리에 따라 학생시위를 진압하거나 깡패조직의 보스가 되어 있거나 아니면 생활에 찌들어 왜소하고 지친 존재에 불과할 뿐인 것이다. 자본제적 합리성 혹은 냉정함이라는 철칙에 의해 운영되는 중심부의 질서를 타자나 인간에 대한 배려가 개입할 틈이 없는 잔혹한 부조리의 공간, 이것이 바로 김소진이 바라보는 중심부의 모습이다.

하지만 김소진이 '키작은 쑥부쟁이'나 '광수'들의 삶을 위태롭게 하는 것은 다만 유독 이들에게만 혹독한 자본주의 악마적인 속성만을 주목하는 것은 아니다. 이들의 실존을 의미 없는 것으로 전락시키는 중요한 계기를 지목하는데, 다름 아닌 미친 모더니티를 부정하고 비판하고자 하는 변혁운동 내부에 잠재해 있는 어설픈 개념화이다.

"여기서 열린 사회라는 건 계급이나 종족 그리고 이데올로기라는 신화가 더이상 개인에게 굴레가 되지 않고 개개인이 사회의 진정한 주인으로서 질적으로 더 많은 자유와 민주주의, 물질적 풍요와 평등을 이룰 수 있는 마당이며 소수에 의한 지배가 아니라 이성적으로 눈뜬 다수에 의한 착실하고도 양심적인 사회 운영이 기본 원리로 받아들여지는 사회를 가리키는 것이오"

"당신네들 지금 자꾸 어려운 말을 씀시롱 머릿속을 헷갈리게 하는데 한번 물어나 봅시다. 우리, 우리 하는데 도대체 거기에 낄 수 있는 축은 누가 되는 거요? 이데올로기의 신화니 이성적 원리니 하며 거창하게 빚어내는 사회라면 우리 같은 못 배우고 빽줄 없는 떨거지들은 여전히 찬밥 신세를 면치 못할 게 불 보듯 뻔한데 뭐가 진정한 사회라는 거요?"

(……)

"그만들 두지 못해! 이게 뭐하는 짓거리야. 더이상 두고볼 수가 없다구. 이따위로 나오면 우리는 당신들을 적으로 규정할 수밖에 없어. 어서 그 각목을 바닥에 놓고서 순순히 물러서라구. 아니면 이후로 당신들이 어떻게 되든 우리 책임 아냐."

—「열린 사회와 그 적들」

김소진 소설의 또 다른 화자의 말처럼 "이론이라는 집을 지어 놓고 모든 현실이 그 안에 들어와 살림나기를 바라지만 그건 어디 까지나 머릿 속에서만 존재하는 허구의 집"(「그리운 동방」)이다. 이 론을 위해, 혹은 자기 동일성을 지키기 위해 실제로 존재하는 것 을 총괄하지 않을 경우, 그것은 자칫 그 대상이나 가치를 영영 사 유의 범위 바깥으로 밀어낼 가능성이 농후하다. 「열린 사회와 그 적들」에서 김소진이 제시한 소위 '밥풀때기'는, 그리고 또한 도시 주변부의 소외 계층은 이러한 과정을 거쳐 1980년대의 담론이 배 제한 중요한 요소 중 하나임에 틀림없다. 즉 기본모순, 본질, 역사 발전의 주체 등등 이름하에 1980년대의 권위적인 담론은 노동자의 정치적 계급성만을 진정한 민중의 염원으로 설정했고, 그 외의 요 소들은 쓸모 없는 실존으로 격하시켰던 것이다. 그 결과 민중성을 그 어떤 계기보다 중요하게 설정하면서도 실제에 있어서는 민중 의 다양한 염원을 읽어들이지 않는 역설적인 상황이 발생하기에 이른다. 김소진은 이러한 정황 속에서 자칫 역사의 저편으로 영원 히 흘러갈 가능성이 높았던 '키작은 쑥부쟁이'들의 고통과 염원, 그리고 그 안에 감추어진 잠재적 가능성을 성공적으로 복원하며, 1980년대적 시대정신의 한계를 정확하게 묘파한다.

김소진은 1980년대 이후 자본주의의 냉정한 계산논리에 맞서서 보다 높은 수준의 활력과 열정으로 가득찼던 시·공간이 현저하 게 줄어드는 데 주목한다. 특히 김소진에게 인간을 도구로 전락시 키는 자본제적 합리성과 야만의 권력에 제동을 걸었던 지식인들 의 전향 혹은 변절은 중요한 사안으로 부각된다. 비록 모든 소여 적 조건이 충분히 고려되지 않는 개념화일지라도 '키작은 쑥부쟁이'들의 삶을 호명하고 명명해주었던 지식인들이 행하는 부당한 권력으로의 편입은 영영 '그리운 동방'을 불가능하게 하는 불길한 징후이기 때문이다. 김소진은 한편으로는 지식인됨의 조건을 묻고, 다른 한편에서는 그 지식인됨을 지키지 못하고 그들이 거부했던 자본제적 논리 속으로 편입하는 인물들을 비판한다. 그런데 하나 특이한 점은 변절한 지식인에 대한 비판이 김소진의 소설에서는 볼 수 없었던 경향인 풍자 혹은 자기 풍자의 형식을 띠고 있다는 점이다. 이는 김소진이 설정하는 지식인됨의 조건에 연유한다.

「임존성 가는 길」는 김소진이 지식인의 조건으로 설정한 것이 무엇인가를 잘 보여준다. 지식인됨의 조건을 치열하게 탐색하고 있는 「임존성 가는 길」을 둘러싸고 있는 분위기는 비극적이며 우울하다. 이는 작중화자에 말처럼 "지금 같은 변절과 요설, 그리고 슬그머니 발을 빼려는 고백이 횡행하는 시대"(「임존성 가는 길」)이기 때문도 하지만, 보다 중요한 것은 이 작품에서 지식인을 설정하는 기준이 대단히 높기 때문이다. 「임존성 가는 길」에서는 '먹물'과 '속물'을 구분한다. 그리고 "제대로 돼먹은 먹물"의 기준으로 발터 벤야민의 음독 자살에 대해 말한다. 그리고 그의 죽음을 두고 "차라리 스스로를 파괴함으로써 자신을 몰아붙이는 상대방에 대한 최대의 경멸을 표시하는"(「임존성 가는 길」) 행위라고 규정한다. 히틀러 치하의 상황과 1980년대 후반의 사회적 상황이 어떻게 다른지, 그리고 그 변화가 어디에서 어디로 무슨 이유로 이루어진 것인가에 대한 물음이 없이 벤야민식의 자해를 지식인됨의 조건으로 설정하는 순간, 이로부터 자유로울 존재란 아무도 없다. 그러니, 김소진의 지식인 비판은 한편으로 변절한 지식인을 비판함과 동시

에 그를 비판하는 작중화자를 동시에 풍자하는 양상으로 전개된
다(「처용단장」, 「혁명기념일」). 결국 김소진의 지식인 비판은 비판의
기준이 지나치게 선명해서 모두가 다 비판의 대상으로 만듦으로
써 결국 1980년대 지식인의 변화를 설득력 있게 제시하지는 못하
지만, 다음과 같은 서술은 1980년대 변혁운동의 한 측면을 예리하
게 지목한다.

> 그런데 난 대학에 가서 참으로 행복한 일치를 보게 됐어. 딴 애들은 집안
> 에서 뼛골 빠지게 일해서 등록금 대주는 부모님과 운동의 당위성 틈새에서
> 고민을 많이 하잖아. 그런데 난 그런 갈등을 할 필요가 없겠더라고 이 독재
> 정권을 무너뜨리는 일이 결국 아버지를 파국으로 몰고 가는 길이고, 반대로
> 아버지에 대한 저항은 자연스레 곧 현 독재정권에 대한 저항으로 이어질 수
> 있었거든. 나는 비로소 숨통이 트이는 기분을 느낀 거야. 이것이 바로 내 운
> 동의 원동력이자 배경이야.
>
> — 「혁명기념일」

　위의 인용은 1980년대의 변혁운동이 당시에 내세우던 이념처럼
진정으로 현실에 대한 치밀한 고증과 민중에 대한 깊은 이해만이
아니라 자기 만족적인 동기들에 의해 형성되었다는 것을 말해 주
기에 충분하다. 1980년대의 담론들은 아주 자기 만족적인 체계를
유지하기 위해 수많은 의미 있는 존재들을 사유의 대상에서 제외
시켰던 것이며, 따라서 김소진의 산동네 민중들의 삶에 대한 관심
은 시대착오적인 것이 아니라 오히려 전도된 시대의식을 바로잡
는 중요한 계기로도 작용한다고 할 수 있다.

4. 한국문학의 시금석, 변두리 혹은 김소진

한 작가의 삶이 보편적인 맥락에서 멀리 떨어져 있다는 것은 한편으로는 행복이며 한편으로는 불행이다. 한 사람의 삶이 보편적인 맥락에서 멀리 떨어져 있다는 것은 자신의 세계 내적 위치를 정립하기가 힘들다는 것은 의미하며, 이는 자기 내부에서 수많은 분열과 혼란을 겪으면서 성장한다는 것을 의미한다. 하지만 이 분열과 혼란을 뚫고 자신의 정체성을 찾아낼 경우, 그것은 곧 세계의 깊은 연관을 읽어낼 뿐만 아니라 의미 있는 보편성을 정초하는 중요한 원동력이 된다.

김소진의 삶이 바로 이러했는지 모른다. 그의 삶은 분명 동세대의 보편적인 경험과는 구분되는 측면이 있다. 앞선 세대의 작가에서나 볼 수 있음직한, 그러나 또 분명히 앞선 세대와는 다른 환경 속에 성장했고 그의 고유한 영혼은 그 경험 속에서 형성되었다. 이는 김소진을 동세대의 작가들과 구분시키는 결정적인 원천이다. 김소진과 같은 세대의 작가들이 기억의 뿌리를 갖지 않고 있거나 혹은 1970~80년대 거대한 역사적 사건을 그들의 원체험으로 설정하고 있다면, 다시 말해 김소진 세대의 경우 보다 의미 있는 정신적 공동체의 발견을 통해 각자의 영혼의 내용들을 형성해나갔다면, 김소진은 시선을 고정할 수밖에 없는 분명한 영토를 지니고 있다는 점에서 분명 그들과 구분된다. 이는 결국 앞선 세대의 작가들에게 유년기의 체험이 절대적이었듯, 김소진에게도 유년기의 체험이 그의 영혼의 내용을 결정하는 데 가장 결정적이었음을 의미한다.

김소진은 자신의 유년기의 경험을 총괄하고 그 고유한 내용을 역사화하고 컨텍스트화하기에 혼신의 힘을 기울인다. 앞선 세대나 동세대의 경험내용 혹은 시대정신과 자신의 경험과의 차이를 규명하지 못할 경우, 그가 살아온 모든 과정이 그야말로 한 순간에 무로 전락하기 때문이다. 김소진은 가족사를 매개로 한 자신의 경험내용만이 지니는 차이를 찾아내기 시작하더니 드디어 그것을 문맥화하기에 이르렀다. 하여, 그는 '아비는 남로당이었다'다는 명제에 '아비는 개흘레꾼이었다'는 정언을 우리 문학사에 올려놓기에 이르렀고, 이는 바로 김소진만이 이룬 문학사적 위업이다.

김소진 소설의 일관된 관심사는 전혀 인공낙원과 무관한 자리에서 삶을 일구어가는, 문명의 주변부를 그야말로 인간적 본성으로 살아가는 존재들이었다. 한마디로 김소진은 언젠부턴가 어느 누구에게서도 호명받지 못하던 스러져 가는 주변부의 인간 존재에 대한 가장 충실한 서기관이자 대변인이었다. 김소진은 문명과 개념의 개입을 받고 주변부의 인간들이 만들어낸 아름다운 통일성(권태와 일탈, 부정과 긍정, 금기와 허용의 변증법적 조화)에 주목하고 이 아름다운 통일성을 거울로 어설픈 개념화와 자연의 수탈로 점철된 문명의 악마적인 속성을 정확하게 비쳐낸 작가였으며, 동시에 최첨단의 문화적 삶에만 관심을 기울이는 한국문학사의 일면적인 성격을 누구보다도 철저하게 비판한 '한국문학사의 반성적 거울'이었다고 할 수 있다.

하지만 안타깝게도 우리는 문명의 변두리에서 펼쳐지는 그 다음 이야기를 들을 수가 없게 되었다. 문득 그가, 그립다.

귀향의 변증법
이청준론을 위한 몇 개의 메모

철학은 본질적으로 귀향이다

— 노발리스

1. '귀향연습'의 문학사적 의미

이제 우리 문학을 위해서 한국문학의 위대한 작가, 계보, 경향 등에 대해 말하고 그 미적 원천을 찾아내고 또 맥락화하는 것이 무엇보다 필요하다면, 그렇다면 우리가 먼저 주목해야 할 것은 귀향이고 이청준이다.

노발리스처럼 단정적으로 말할 자신은 없지만, 문학에 있어서 귀향은 진리내용에 보다 더 근접할 수 있는 핵심적인 계기임에 틀림없다. 귀향이 말 그대로 고향을 떠나왔던 존재가 자신이 떠나왔던 그곳으로 돌아가는 행위를 지칭하는 것이라면, 죽음의 순간말고 귀향만큼 한 개인의 내러티브를 총체적으로 재구성하게 하고 동시에 반성하게 하는 계기도 드물 터이다. 더구나 지속적인 혁명이라 이름할 정도로 역동적인 근대 사회에서, 특히 중심이 아닌 주변부의 모더니티의 길을 걷는 곳에서의 귀향의 의미는 더욱 남다를 수밖에 없다. 근대 사회에서의 고향이란 영원한 파괴와 쇄신이라는 자본주의의 원리에 비추어 보자면 뒤쳐짐과 변화없음과 비합리적인 것으로 가득찬 곳이지만, 다른 한편으로는 그런 까닭에 '생애 최대의 풍경'이 있고 각 존재의 고유성이 있으며 또한 과거로부터 이어져오는 것들이 살아 숨쉬는 곳이기도 하다. 그러므로 고향으로 돌아간다는 것은 비본래성과 본래성, 자본주의적 등가성의 원칙과 주변부의 고유성 사이에 길항한다는 것을 의미하며, 따라서 귀향은 존재의 현현을 경험하는 순간이며 동시에 모더니티 전반을 반성적으로 성찰하게 하는 중요한 통로로 작용할 수 있다.

귀향이 한국문학을 위대하게 할 수 있는 하나의 원천임에는 틀림없지만 누구나 다 귀향을 통해 진리내용에 도달할 수 있는 것은 아니다. 아니, 오히려 주변부에서 이루어지는 귀향은 문학을 황폐하게 하기 쉬울 뿐만 아니라 경우에 따라서는 진실을 왜곡하는 바로 그 역할을 담당할 수도 있다. 안타깝게도 한국문학사 안에서 이루어지는 대부분의 귀향이 바로 이러한 경우에 해당한다. 근대 이후 한국문학은, 넓게는 인간 존재의 본래성이 깃들어 있고, 좁게는 우리 민족 서사의 빛과 어둠, 규범으로서의 업적과 폭력성이 담겨 있는 고향의 목가적인 풍경을 도무지 용납하려 들질 않았다고 할 수 있다. 근대 이후 한국문학은, 김기림의 표현을 빌어 말하자면, 조선(혹은 고향)의 아들이라는 조건을 거부하고 줄곧 근대의 아들이고자 한다고나 할까. 어떤 존재는 문명의 아들이고자 하고, 또 어떤 존재는 프롤레타리아의 아들이고자 한다. 그렇게 그들은 매번 도회의 아들로, 퇴폐의 아들도, 또 어떤 경우에는 천황의 아들로까지 살아간다. 풍문으로 접한 의붓아비를 섬기는 것은 물론 자신들의 의붓아비가 알려준 내러티브를 고수하기 위해 고향을 야만, 비위생, 불합리의 공간으로 규정하고는 철저하게 부정한다. 아니, 부정하는 정도가 아니라 그 고향에 의붓아비의 세계를 총체적으로 이식하고자 한다.

결국 그들은 귀향을 감행하는데, 이들의 귀향은 장년의 귀향이 아닌 청년의 귀향이며, 고향에 깃든 가치를 새롭게 발견한 자의 귀향이 아니라 그것을 지워버리고자 하는 자의 귀향이다. 이들의 귀향에는 전체성과 일체감 등에 대한 내밀한 동경이나 본질적인 것을 상실한 자의 회오나 반성이 없다. 대신 백지상태가 된 고향의 자리에 자신이 상상한 모범적인 세계를 이식하려는 세계창조자적 파토스로 가득차 있다. 그래서 그들은 다시 돌아간 고향에서 전통적 내러티브의 가치를 발견하거나 또는 민중들의 염원을 읽어내려 하지 않는다. 다만 자신이 상상한 모범세계를 향한 결단만을 반복적으로 읊조리거나 아니면 환멸이나 권태에서 헤어나오지 못하며, 자신의 목표가 불가능하다고 판단되거나 또는 더 이상 권태를 견딜 수 없을 경우 미련 없이 고향을 떠난다. 고향을 떠나면서 문득 「무진기행」의 주인공처럼 문득 '부끄러움'을 느끼는 것이지만 그저 그뿐이다. 고향은 「삼포가는 길」의 경우처럼 거대한 중장비로만 휩쓸려나간 것이 아니다. 정신적인 측면에서는 이미 훨씬 전에 스러진 상태였기 때문이다. 근대 이후 한국문학에서의 귀향은 고향에 대해 말은 하였으되 궁극적으로는 고향의 의미를 백지화시킨 것이며, 고향으로 돌아갔지만 종국에는 고향을 등지고 떠나온 것에 다름 아니다.

한국문학사에서 귀향이라는 계기를 통해 한국문학의 어떤 가능성을 보여준 작가는 이청준이다. 이청준의 문학에 있어 고향은 거의 절대적이다. 이청준은 "내 삶과 문학에 대한 은혜를 따지자면야 그 삶을 주고 길러준 고향과 그 고향의 얼굴이라 할 '어머니'를 앞설 자리가 없"(이청준, 「이 나이의 빚 꾸러미」, 권오룡 편, 『이청준 깊이 읽기』, 문학과지성사, 1999, 40면)다라고 스스로 밝힐 정도로 고향을 자신의 소중한 문학적 원천으로 여기는 작가이다. 아니, 그 이상이다. 이청준의 모든 글은 고향에 바치는 헌사이며, 그의 글쓰기는 곧 귀향의 과정이라 해도 과언이 아니다.

> 나는 다시 고향을 떠나 서울로 돌아오고, 서울을 떠나 다시 고향으로 돌아가는, 떠남과 돌아옴의 왕복연습 과정에 살고 있는 것이다. 그런데 그 왕복연습은 결국 무엇을 위함인가. 말할 것도 없이 마지막엔 고향으로 돌아감이 목적일 것이다. …… 30여년 세월 동안 고향을 떠나 살아온 자가 다시 그 땅으로 돌아가려 할 때는 그 나름의 치름과 길닦음이 있어야 하겠기에 말이다. 고향길이 두렵고 부끄러운 것은 그 치름과 길닦음이 아직 모자라고 스스로 용

서를 못 구한 탓일 게다. …… 그 할머니도 나의 어머니도 장성한 자식들을 일찍 여읜 일로 하여 마음 고생이 누구보다도 많은 분들이었다. 그래 두 분은 밤마다 우리 집 안방에 마주 앉아 서로간에 이웃 설움을 어루만져 주곤 하였다. 그러나 더러는 옛 사람들 이야기나 도깨비, 호랑이 이야기 같은 것이 나올 때도 있었는데, 그게 나에겐 최초의 동화이자, 상상적 세계의 모태가 된 셈이다. …… 한데도 나는 당신들의 장수가 귀하고 위대한 것임을 말하지 못한다. 주위에도 그것을 납득시킬 수가 없고, 당신 자신들에게는 더욱더 그러하다. 그런 때의 그 부끄럽고 서글픈 무력감.

— 이청준, 「삶으로 맺고 소리로 풀고」,
김치수 외, 『이청준론』, 삼인행, 1991, 10~13면

이청준은 끊임없이 고향에 깃든 의미를 되새기고 매 순간 귀향한다. 한국문학사의 일반적인 귀향이 오히려 고향의 존재 가치를 지워내는 여정이라면, 이청준의 그것은 그렇게 지워진 고향의 가치를 복원하는 여정이다. 이청준의 귀향은 민중적 염원과 관계없이 자신이 상상한 모범적인 세계를 이식하려 했던 한국적 모더니티와 모더니티 일반에 대한 치열한 비판과 반성의 도정이자 동시에 보편적 내러티브와 전통적 내러티브를 길항시켜 보다 인간적인 어떤 보편성을 찾아내려는 지난한 모색의 과정이다.

그럼 이제 이청준이 이 끊임없는 귀향을 통해 한국적 모더니티와 모더니티 일반을 어떤 맥락에서 비판했으며, 또한 우리의 객관적 현실의 맥락 속에서 잠재적 가능성을 지닌 삶의 양상으로 어떤 것을 지목해내고 있는지 살펴보도록 하자. 이는 곧 이청준 소설의 높이를 재는 일이자 동시에 곧 한국문학사의 한 가능성을 점검하는 일임은 물론이다.

2. 무기력증 혹은 고향 잃은 자들의 실존

이청준 소설의 문제성을 유지시키는 근원적인 힘이 고향 혹은 귀향이라고 해서 이청준의 소설이 처음부터 고향에 깃든 가치를 찾아나서는 것은 아니다. 이청준 소설에 있어 고향의 가치에 대한 발견은 오랜 모색 끝에 이루어진다. 대신 이청준의 초기 소설은 고향에서 쫓겨난 존재들의 극단적인 무력감을 표현한다. 이청준 초기 소설의 주인공들은 자족적인 통일성 안에서 안주하던 어느 날 갑자기 거센 바람에 휩싸인다. 아니면 누군가의 손에 이끌려 더 큰 중심 혹은 새로운 중심의 권역으로 나아간다. 그 순간 그들은 그동안 유지했던 자족적인 통일성이 균열되는 고통을 맛보는 것은 물론 그곳에서 전혀 이질적인, 그러면서도 대단히 폭력적인 어떤 세계와 만난다. 이 거센 폭풍우 앞에서 그들은 무엇 하나 제대로 할 수가 없으며, 자아가 소멸하는 극도의 공포를 경험한다.

이청준이 각각의 존재들을 그 자족적인 통일성의 세계 바깥으로 강제적으로 이끌어내고 동시에 자기 소멸의 극한 상황으로 내모는 계기로 주목하는 것은 크게 두 가지이다. 우선, 첫번째 것은 자신이 상상한 모범적인 세계만을 진리로 규정하는 광기의 이성 혹은 권력에의 의지이다.

6·25가 터지고 나서 우리 고향에는 한동안 우리 경찰대와 지방 공비가 뒤죽박죽으로 마을을 찾아드는 일이 있었는데, 어느 날 밤 경찰인지 공빈지 알 수 없는 사람들이 또 마을을 찾아 들어와서 어머니하고 내가 잠들고 있는 방

문을 열어젖혔다. 눈이 부시도록 밝은 전짓불을 얼굴에다 내리비추며 어머니
더러 당신은 누구의 편이냐는 것이었다. 하지만 어머니는 그때 얼른 대답을
할 수가 없었다. 전짓불 뒤에 가려진 사람이 경찰대 사람인지 공비인지를 구
별할 수 없었기 때문이다. 대답을 잘못 했다가는 지독한 복수를 당할 것이 뻔
한 일이었다. 하지만 어머니는 상대방이 어느 쪽인지 정체를 알 수 없는 채
대답을 해야할 사정이었다. 어머니의 입장은 절망적이었다. 나는 지금까지도
그 절망적인 순간의 기억을, 그리고 사람의 얼굴을 가려 버린 전짓불에 대한
공포를 생생하게 간직하고 있다.
— 이청준, 「소문의 벽」, 『매잡이』, 민음사, 1984, 77~78면

이청준에 따르면 지금, 이곳은 자신이 제시한 진리만을 유일한
진리로 인정할 뿐 여타의 인과율들은 절대 용납하지 않는 권력이
지배하는 곳이다. 그 권력에게 사회구성원들의 고유한 가치나 진
정성 따위는 관심 밖에 있다. 그 정도가 아니다. 하나의 사물이나
대상에 대해 절대적인 인과율만을 인정하는 권력에게 모든 다른
사람들과 구분되는 독자적인 것은 단지 통일성을 유지하려는 자
신에 대한 조소로 다가온다. 이 권력자의 유일한 관심은 그 사회
구성원이 적인가, 지지기반인가이다. 다시 말해 이 권력자는 모든
사회구성원들을 도구나 사물로서만 만나는 것이다. 이러한 권력자
앞에서 생존할 수 있는 유일한 길은 자기 스스로 도구나 사물이
되는 것뿐이다. 자기의 고유한 가치를 타자에게 드러내서는 안 되
며 오로지 권력자가 만들어놓은 실존의 그늘에 나를 맡겨야만 한
다. 생존하기 위해서는 자신만의 자립적인 가치를 고수하고 그것
을 타자화하는 것이 아니라 사회적으로 공인되는 인과율을 전적
으로 수용해야 하는 것이다. 이렇게 강력한 중앙집권적인 권력의
지는 고향만이 주는 통일성을 파괴하고 또 그들을 미친 모더니티

의 영역으로 끌고 간다.

이청준이 현존재들을 자기 소멸의 공포로 이끌고 가는 또 하나의 요인으로 주목하는 것은 바로 자본주의적 합리성, 혹은 시민적 냉정함이다.

> 그러나 막상 친척집까지 도착하고 보니 게자루는 이미 소용도 없는 것이 되어버렸다. 게자루 따위가 변변한 선물이 될 수도 없던 터에, 덜컹대는 찻길에 종일을 시달리다보니, 자루 속의 게들은 이미 부스러지고 깨어져 고약스레 상한 냄새를 풍기고 있었다. 나는 그 게자루가 그토록 초라하고 부끄럽게 느껴질 수가 없었다. 그것이 나의 몰골이나 처지를 대신하고 있기라도 하듯이 친척집 사람들 앞에 자신이 그토록 남루하고 창피하게 느껴질 수가 없었다. 하여 그 친척 누님이 코를 막고 당장 그 상한 게자루를 쓰레기통에다 내다버렸을 때, 나는 마치 그 쓰레기통 속으로 자신이 통째로 내던져버려진 듯 비참스런 심사가 되고 있었다. …… 그 게자루에는 다만 상해 못 쓰게 된 게들만이 아니라, 남루하고 초라한 대로 내가 그때까지 누추하기 그지없는 가난과 좌절, 원망과 눈물까지를 포함한 내 어린 시절의 삶 전체가 담겨 있었던 어린 시절의 삶 전체가 무용하게 내던져버려진 것 한가지였다. 그리고 그것은 어찌 보면 지극히 당연한 노릇이기도 하였다.
> ─ 이청준, 『키 작은 자유인』, 문학과지성사, 1991, 121~122면

자본주의적 합리성은 이처럼 한 개인의 전원시적인 배려를 '남루하고 창피'한 것으로 전락시키며 또한 '가난과 좌절, 원망과 눈물'로 이루어진 한 개인의 고유한 서사를 무용하게 만든다. 이는 당연한 것이다. 왜냐하면 화폐란 '거대한 평등주의자이자 냉소주의자'여서 화폐를 중심으로 이루어지는 삶의 권역에서 고유성, 비교 불가능한 질, 차이, 독특성 등을 회복 불가능한 방식으로 무화시키기 때문이다.

이청준의 초기 소설은 이 두 겹의 불온한 모더니티가 얼마만큼 철저하게 인간의 자존을 황폐하게 만들고 있는가를 집중적으로 묘사한다. 하여, 이청준의 초기 소설은 자기 활동성을 상실한 현존 재들의 임상보고서에 가깝다. 이들 소설의 주인공들은 하나같이 두 겹의 모더니티로 인한 심각한 정신적 외상을 입고 있다. 그들 은 '자아망실증'이라는 희귀한 병을 앓거나(「퇴원」), 전짓불 앞에서 극도의 공포를 경험하는 노이로제에 걸려 있기도 하다(「소문의 벽」). 단지 정신적인 외상뿐만이 아니다. 딸꾹질 때문에 정상적인 삶이 불가능한 경우도 있고(「빈방」), 위무력증과 궤양 증세를 앓기도 한 다(「조율사」). 또 그런가 하면 환부를 알 수 없는 정신적 상처 때문 에 무기력증을 앓고 있으며(「병신과 머저리」), "우린 지금 너나 없이 이렇게 조율만 하다가 악기가 다 망가지고 제 소리는 영영 다시 찾을 수 없게 되어 버리는 거 아닐까……"(「조율사」) 할 정도로 자 신의 고유한 가치를 외화시키지 못하는 경우도 있다. 물론 극단적 인 무력감 대신에 어떤 행동을 취하기도 한다. 하지만 이렇게 행 동을 펼치는 경우에도 사정은 달라지지 않는다. 그것은 가면을 뒤 집어쓰고 자신을 숨긴 이후에 이루어진 매저키즘적인 행동이거나 (「가면의 꿈」, 「예언자」), 아니면 자신의 무기력증에 대한 발악적인 행 동일 뿐이다(「거룩한 밤」).

결국 이청준은 세계창조자적 열정과 자본제적 냉소주의자에 의 해 통제되는 한국적 모더니티의 영토를 공동묘지로 규정하기에 이른다.

나는 마침내 발작이라도 일으키고 말 것 같았다. 시커멓게 잠든 창문들을 향해 미친개처럼 무턱대고 욕지거리를 짖어대기 시작했다.

　"왜 조용히 하라고 말들을 못 해! 왜 미친놈 주정뱅이라고 욕을 해 주지 못
하는가 말이다. 당신들은 그래 이런 소란도 모른단 말이야? 이런 소란도 못
들은 척 입을 다물고만 있어야겠느냐 말이다."

　잠시 말을 끊고 주의를 기울여 보았으나 역시 반응이 없었다.

　"좋다. 하지만 이 난장판중에 설마 아직도 잠을 깨지 않은 작자가 있을라
구. 술 취한 미친개를 잘못 건드렸다가 엉뚱한 봉변을 당할까 봐 참는다, 이
거겠지. 구경이나 해 두자 이런 거겠지. 그 커텐들 뒤에 쥐새끼들처럼 숨을
죽이고 숨어서 말이다. …… 그게 이 술취한 미친개가 점잖은 양반들께 보내
는 마지막 모욕이라는 걸 알아 두란 말이다. 이런 모욕이 싫거든 어디 지금이
라도 당장 한 번 창문 뒤에서 나와들 보시라구."

　역시 아무 대꾸가 없었다. 적막한 침묵이 단지 안을 온통 짓누르고 있을
뿐이었다. 그것은 참으로 소름이 끼치도록 두껍고도 거대한 어둠의 벽이었다.

　— 이곳이 그래 진짜 공동묘지가 되고 만 건가?

　나는 마침내 두려움 때문에 제풀에 몸이 떨려오기 시작했다.

　　—이청준, 「거룩한 밤」, 『예언자』, 문학과지성사, 1977, 61~62면

　이청준의 초기 소설은 이처럼 고향을 잃은 현대인들의 고통과
절망에 대한 기록이다. 물론 직접적으로 고향안에 깃든 본래성를
주목하고 맥락화하지는 않고 있다 하더라도 이 초기 소설에서도
역시 고향에서 맛보았던 충일감이 은밀하게 작동하고 있다는 사
실을 부인할 필요는 없을 것이다. 굳이 작가의 회고가 아니더라도
고향만이 주는 아름다운 통일성이 아니고서는 권력에의 의지들이
행하는 그 놀라운 은폐와 편집증적인 광기를 이처럼 누구보다도
먼저 밀도 있게 읽어내기는 힘들었을 것이다. 고향에서 형성된 자
신의 고유성을 존중하는 것, 그것은 이처럼 소중하다.

3. 공동운명체의 발견과 그 의미

객관적 현실의 맥락 속에 존재하는 진정한 의미의 잠재적 가능성의 발견이 상상 속에 존재하는 모범적인 세계를 통해서가 아니라 지양된 고통에서 생겨난다고 한다면, 이청준은 바로 이 길로 나아간다. 이청준은 지금, 이곳의 존재들의 절망을 그려내는 데 계속 머무는 것이 아니라 그 절망의 발생론적 기원을 탐색하고 그 안에 내밀하게 숨겨져 있는 어떤 가능성을 찾아내고자 한다. 이 작업은 두 갈래의 방향에서 진행된다. 하나의 방향은 한국적 모더니티의 형성 과정을 고고학적으로 탐사하여 그 모더니티를 계보학적으로 비판·해체하는 일이고, 다른 하나는 그 한국적 모더니티의 형성과정에서 배제되고 은폐된 잠재적 가능성을 찾아내는 것이다. 이 두 방향은 서로가 서로에게 긴밀한 영향을 주며 이러한 상호보완 끝에 이청준은 귀향의 여정을 완성한다.

앞서 언급했듯 이청준은 고통을 지양해내기 시작한다. 다시 말해 중앙집권적인 권력의지에 상처받고 좌절하는 것이 아니라 그 중앙집권적인 권력의지를 해체하고자 하는 용기와 결단을 보이기 시작하는 것이다. 자신의 진리만을 유일한 진리로 강제하는 중앙집권적인 권력의지가 물리적인 힘으로만 유지되는 것이 아니라 나름대로의 보편성을 지니고 있고 그것을 절대화함으로써 유지된다면, 이청준은 그 보편성이 어떤 것을 배제하고 은폐했는가를 고고학적으로 탐색하여 그 보편성 자체를 진리체계가 아닌 인간에게 아주 소중한 가치를 배제한 허위의식으로 전복시킨다. 『당신들의 천국』은 푸코식의 계보학적 비판을 통해 중앙집권적인 권력의 지의 허구성을 밝혀냈을 뿐만 아니라 한국의 근대화의 논리를 한 순간에 전복시킨 득의의 성과이다.

『당신들의 천국』은 사회구성원의 염원을 읽어들이는 과정 없이 일방적으로 이상적인 세계 건설을 기획하는 한국 근대화의 논리에 대한 치밀한 비판을 행하지만, 한국 근대화의 논리를 대변하는 조백헌이라는 인물에 대해 어떤 노골적인 비판도 행하지 않는다. 실제 인물을 모델로 했고, 또 그 인물이 그러한 삶을 살았기 때문인지 몰라도 조백헌이라는 인물은 철저하게 자기 희생적이며, 정말로 공동체의 구성원들을 위하는 선의를 지닌 인물로 묘사되어 있다. 조백헌은 정말 놀랄 만한 추진력으로 나병환자들에 대한 편견을 없애고 또 그것을 제도화하며, 나중에는 대규모의 개간사업까지를 추진한다. 그 개간 사업의 목적 또한 순수하기 짝이 없다. "자신들의 손으로 땅을 일구고 자신들의 손으로 내일의 희망을 열어나갈 새 생활의 터전을 마련해주자는 것이었다. 바다를 막아 그들의 내일 앞에 어두운 납골당의 절망 대신 꿈에 부푼 들판을 마련해주는 것이었다. 그리하여 고향을 잃고 육지에서 쫓겨난 이들에게 새로운 고향과 새로운 생활의 터전을 마련해주자는 것이었다."(이청준, 『당신들의 천국』, 열림원, 2000, 155~156면) 결국 조백헌의 이러한 순수한 의도와 헌신적인 세계창조자적 열정에 의해 새로운 낙원이 열리지만, 이청준은 이 낙원을 단지 '당신들의 천국' 즉 '조백헌의 천국'으로 규정짓는다. 비록 물질적인 풍요는 이루어졌을지라도 그 물질적인 풍요는 소록도의 사회구성원들의 염원이 아니었으며, 또한 그들의 자율성이 발휘된 진정한 의미의 능동적인 참여가 아니었기 때문이라는 것이다. 그리고 지휘자의 신분이 아닌 공동체의 같은 구성원으로 소록도로 돌아온 조백헌에게 다음과 같이 조백헌의 논리를 스스로 부정하게 함으로써 사회구성원 모두에게 하나만의 인과율을 강요하던 한국적 모더니티를 전반을 성공적으로 해체시킨다.

> "자생적인 운명의 일부분으로서 선택되어야 할 힘의 근거라는 말의 뜻은, 그 원장이나 원장의 권능이 섬사람들 자신의 의사에 의해 그들 가운데서 선택되어져야 한다는 뜻입니까……"
>
> "물론이지요. 그렇지 못한 힘은 언제나 그 힘 자체의 욕망을 충족시킬 지극히 이기적인 명분을 지어내게 마련이니까요. 명분은 언제나 힘에 대한 봉사만을 일삼아왔으니까. 그리고 그게 이 섬을 실패시키고 있는 가장 깊은 원인이겠지요"
>
> "이 섬에서 그런 때가 올 수 있을까요"
>
> "그런 때가 올 수 있을지 없을지는 모르지만 섬이 끝끝내 실패만 하고 있지 않으려면 그때는 결국 와야겠지요. 그게 아무리 시간이 오래 걸리는 일이라도…… 그게 아마도 상상 이상으로 긴 세월이 걸리게 될 일인지도 모르지만 말이야요"……
>
> "그야 물론 기다려야지요. 운명을 합하는 일이 실제로는 얼마나 어렵다 하더라도 난 그것으로 일단 섬사람들의 믿음의 씨앗은 구할 수 있었으니까요. 믿음의 씨앗과 싹만 있으며 그 믿음 속에 기다릴 수는 있는 거지요. 그것이 처음엔 아무리 작고 더디고 약한 것이라고 하더라도 그것이 자라서 그 공동 운명의 튼튼한 가교로 이어질 때를 기다리면서……"
>
> —『당신들의 천국』, 425~426면

결국 이청준은 타자를 자기화하고 타자를 자기화하는 끊임없는 소통과정을 거쳐서 합의된 꿈만이 진정한 낙원의 꿈이며, 지금의 현실 속에서 그 세계로 나아갈 가능성이 아무리 작고 더디고 약한 것이라도 최소한 씨앗만 있다면 그것을 포기하지 않고 도달한 공동운명체만이 진정으로 우리들의 천국일 수 있다고 말하는 셈이다.

이처럼 『당신들의 천국』은 민중적 염원에 대한 고려 없이 이상적인 세계를 세우려는 한국적 근대화의 논리는 다만 한 사람의 이기적인 명분을 취한 것일 뿐 전 사회구성원의 행복과는 거리가 먼 허위의식에 불과함을 설득력 있게 밝혀낸다. 뿐만 아니라 작가 자신에게도 중요한 방향전환의 계기가 되는바, 『당신들의 천국』은 작가의 관심을 자기를 타자화시키고 타자를 자기화시키는 연속적인 과정을 통하여 상대방의 삶의 전역사를 자기 안으로 수용하고 또 자신의 전역사를 상대방의 삶 속에 개입시키는 인간관계 쪽으로 이끈다. 드디어 작가는 고향에 깃들어 있는 무궁무진한 잠재적 가능성에 눈을 돌리게 된다.

4. 고향의 발견과 그 이후

이제 이청준은 고향으로 돌아간다. 지친 영혼을 뉘이고 싶어도 돌아올 수 없었던 고향이지만 이제 귀향이 가능해진 것이다. 드디어 자신에게 생애 최대의 풍경을 제공해준 고향 사람들의 삶이 위대하다는 것을 말해줄 수 있게 된 것이다. 한국적 모더니티에 의해 일방적으로 비위생, 야만, 비합리의 터전으로 규정되었던 그곳에 바로 공동운명체로서 자아와 타자의 삶을 끊임없이 개입시키고 감싸안는 진정한 정신이 있음을 비로소 확인했다고나 할까. 하여, 이청준은 "바닥을 알 수 없는 깊고 거대한 늪이 나를 서서히 빨아들"여서 "그 늪 속으로 몸뚱이가 끝없이 가라앉아 들어가고 있는 듯한 숨막히는 절망감"을 느끼면서도 다른 한편으로는 "그 늪의 깊고도 견고한 밑바닥에서 나는 마침내 죽음처럼 무겁게 가라앉아 들어간 수많은 사람들의 질기디 질긴 삶의 숨결과 그 삶들의 따스한 온기가 조용히 파도쳐 오르고 있음을 느"(「살아 있는 늪」)끼기 시작한 것이다. 물론 이미 인습적인 세계에서 벗어나지 않는 장인들에게서 오히려 완성된 개인을 발견한 경우(「줄」·「과녁」·「매잡이」)가 없었던 것은 아니지만, 고향에서의 본래적인 삶이 지니는 정신적 의미를 발견하면서는 고향에 대한 관심은 보다 본격적으로 이루어진다.

> 그런데 언제부턴가 그는 그 도회의 삶에서 엄청난 피곤기를 느끼기 시작했다. 도회지 사람들은 말하자면 그 관계를 만드는 일에 너무 몰두한 나머지 자신의 얼굴과 자리를 잃어가고 있었다. 도회 사람들의 삶에는 사람과 사람 사이의 관계만 있고 사람의 모습이나 자리는 사라지고 없었다. 그것도 전혀 바람직스럽거나 온당한 관계를 위해서가 아니었다. 사람들은 누구나 자기 중심의 관계만을 원했다. 그리고 상대방을 탐욕스럽게 꺾어 이겨서 그를 차지하고 다스리는 관계를 만들려 하였다. 그런 관계 속에서 난 자신의 얼굴과 자리를 팔려 하였다. 그것은 소유와 지배의 관계였다. …… 사람의 모습이나 자리가 없으니 오로지 관계만을 배울 수밖에 없었다. 그것도 지극히 부박하고 배타적이고 그래서 끝내는 파괴적인 될 수밖에 없는 관계만을.
> ― 이청준, 「새가 운들」, 『서편제』, 열림원, 1998, 129~130면

고향에 돌아온 이청준은 소유와 지배의 관계가 아닌 인간적 합

일의 상태를 추구한다. 그리고 그러한 가치를 구현하는 인물들을 찾아나선다. 소리로 서로에 대한 원망을 씻어내는 오누이(「서편제」), 나무와 기이한 관계를 맺어 가는 사내(「새가 운들」) 등.

그리고 계몽으로 혹은 탈마법화로 상징되는 근대적 규범 전반에 대한 반성을 제기한다. 계몽, 그러니까 모든 인간에게서 보이는 것 이외에 대한 관심을 근본적으로 불가능하게 하는, 그리고 자신의 생존을 위해 자기 이외의 모든 것을 도구화하는 인식론적 계기를 비판적으로 사유하기 시작한다. 근대성의 어떤 부분을 부정하는 것이 아니라 근대성 전체를 부정하기에 이른 셈이니, 이제 이청준은 자신의 고유한 가치에 대한 집착과 자유의 추구는 더 이상 인간끼리의 합일을 불가능하게 한다고 판단한다.

그리고 바로 이러한 관점에서 한국 근대사를 총괄하여 근대사에 대한 새로운 시각을 도입하기도 하는 데 바로 「흰옷」이다. 「흰옷」은 서로 마주선 두 대립축의 양보할 수 없는 대결을 기본골격으로 하고 있다. 한 축에는 전쟁체험세대이며 인간의 본래적 가치를 믿는 아버지가, 그리고 다른 한 축엔 전쟁미체험세대이자 근대성의 신화를 신봉하는 아들이 자리한다. 표면상으로는 세대의 차이로 인한 아버지와 아들의 갈등이지만, 보다 근원적으로는 삶의 근본적인 가치에 대한 차이이다. 아들은 해방 직후부터 전쟁까지의 모든 삶의 양상을 계급투쟁 혹은 외세와의 투쟁이라는 시각으로 읽어내며, 아버지는 그것을 거부한다. 아버지에 있어 해방 직후 이후의 삶을 그러한 단선적인 잣대로 판독하는 것은, 당시 존재했던 다양한 삶의 무늬를 변색시키는 것에 불과하다고 믿기 때문이다.

이 대결과정을 통해 작가는 당시의 역사적 혼란이 전적으로 자기만을 주장하는, 비본래적 삶의 질서에 의해 촉발되었으며 그래도 남아 있는 어떤 본래적인 계기가 그 대립과 투쟁 속에서 서로를 위하는 마음을 불러일으켰다고 제시한다. 그리고 이 실상이 완전히 밝혀지는 순간 아버지와 아들은 그 대립을 해소하고 또 화해에 이른다. 그리고 이어지는 위령굿마당을 통해 일시적인 것의 집착에 따른 대립과 미움을 지워내고 화해를 이끌어낸다. 「흰옷」에 따르면 인간의 본래성을 지워 버린 계몽에의 집착이 바로 한국 근대사의 불행이며, 따라서 그 가시적인 것에의 집착을 버리고 인간의 본래성을 회복할 때만 용서와 화해가 가능하다고 믿는다.

고향을 사이에 두고 벌인 이청준의 소설적 역정은 일단 여기서 멈춰 있는 것으로 보인다. 어느 누구보다도 고향이 지니는 의미를 철저하게 문맥화하고자 한 작가가 이청준이며, 그 치열한 여정을 통해 이청준은 한국적 모더니티의 특성을 정확하게 읽어내는 것은 물론 모더니티 전반을 반성적으로 성찰한다. 그리고 더 나아서 모더니티를 넘어설 수 있는 어떤 보편적인 체계, 혹은 정신적 가치를 찾아낸다. 이는 귀향의 변증법 자체가 지니는 미적 환기력 때문이기도 하고 그것을 치열하게 수행한 이청준의 위대함 때문이기도 할 것이다.

이제 우리가 주목해야 할 또 다른 미적 계기는 그럼 무엇일까.

어둠에서 제전으로, 비극에서 비극성으로

김원일 문학이 걸어온 길

1. 삶, 체험, 그리고 문학

김원일은 우리 문학의 폭과 깊이를 알고자 할 경우 반드시 언급되어져야 마땅한 그런 작가이다. 김원일의 문학을 이야기하고자 할 경우, 우선 맞부딪치는 것은 그의 삶과 체험이 그의 문학에서 갖는 의미이다. 잘 알려져 있듯 김원일은 우리 문학사의 어느 누구와도 다르게 외곬수로 남북의 갈라짐과 그것의 극복을 그려낸 작가이다. 그의 문학활동은 어언 듯 20여 년의 세월에 걸쳐 있으며, 우리의 역사는 그 짧은 시간에 세계의 어느 곳에도 유례를 찾아볼 수 없을 정도로 거친 파고를 넘어왔다. 그동안 우리 역사는 역사적 모순의 재생산과 그 모순을 바로잡으려는 제반 사회적 실천의 역관계 속에서 실로 복잡 미묘한 양상으로 전개되었으며, 우리의 문학 역시 다양한 소재, 주제 및 방법이 혼요되는 양상을 보인 바 있다. 이러한 복잡한 역사의 부침에도 불구하고 유독 남북의 갈라짐을 문제삼고 있는 작가가 바로 김원일이며, 이는 일단 김원일 문학의 고유함이라고 해도 별무리는 없을 듯하다. 그럼 김원일의 고유함은 어디에서 연원하는 것인가. 이 질문에 답하고자 할 때 우리에게 서서히 그러면서도 중요하게 대두하는 것이 작가의 삶과 체험, 그리고 그 과정에서 쌓인 그의 객관적 실재세계를 바라보는 태도이다.

물론 작가적 삶의 재질서화가 작가의 고유함의 전구조를 설명할 수는 없을 터이다. 고유한 삶의 과정을 같이 밟아온 작가들 사이에도 때로는 극단적인 차이가 존재하며, 또한 한 작가의 작품 내에도 그의 삶의 과정과는 전혀 이질적인 작품이 존재하는 것은 우리가 쉽게 목도하는 현상이기도 하다. 그리하여 작품을 작품 자체의 내적 구조로 볼 것을 주장한 신비평은 작가적 삶 또는 그것에서 추출된 작가의 의도와 작품과를 등치시키는 것을 '의도의 오류'라 하여 그토록 경계한 것이 아니겠는가. 또한 맑스—레닌주의 미학에서도 세계관과 방법의 단선적인 이해를 가장 경계하는 것이 아니겠는가. 즉 작가의 삶의 과정과 그것에서 배태된 작가의 세계관은 이념적인 것과 정서적인 것, 객관적인 것과 주관적인 것이 복잡하게 얽혀 있는 것이기에 작가의 삶과 작품의 관계는 실로 복잡한 과정이 가로놓여 있는 것이다. 그러나 작가와 작품 사이에 가로놓인 여러 가지 복잡한 관계 때문에 작가의 고유함을 밝히는 데 그의 삶의 과정이 전혀 무의미하다고는 할 수 없을 것이다. 왜 한 작가의 작품이 다른 여타의 작가의 작품과는 다른 미적인 질을 지니게 되는가 하는 문제, 요컨대 동일한 역사적 내용을 경험하면 서도 그것을 인식하고 변형하는 양태가 각각 상이한가 하는 문제를 해명하는 데는 한 작가가 그 역사적 내용을 경험하는 고유한 체험의 구조를 밝히는 것에서 많은 시사점을 얻을 수 있는 것이다. 이 작업 즉 작가의 체험내용으로 그 작가의 고유함을 밝히기 위해서는 작가의 경험이 어떤 이념적 정서적 내용을 형성하며, 이 이념적 정서적 내용이 작가가 경험한 역사적 내용을 어떻게 인식하고 변형하여 고유한 미적 질을 확보하는가 하는 문제가 동시에 다루어져야 함은 물론이다.

이러한 작품과 작가의 삶의 문제를 김원일 문학과 관련지어 이야기하면 다음과 같은 것이 될 것이다. 김원일의 문학적 내용이 왜 이 이전의 세대―염상섭, 김동리, 황순원, 박영준의 세대와 서기원, 오상원, 손창섭, 선우휘, 이범선, 최인훈 등의 전후작가세대 ―와 다르고 동일한 세대의 김승옥, 이청준, 박태원, 이동하, 서정인, 조정래와 다르며, 또한 이 이후의 세대인 김원우, 김성동, 이문열, 임철우, 김향숙, 이창동, 권운상, 정지아와 다른가. 이러한 문제의 해명을 위한 즉 김원일 문학의 고유함을 밝히기 위한 가장 빠른 길은 바로 작가 김원일의 삶의 재질서화와 그 과정에서 응축되어지는 그의 이념적, 정서적 내용의 고유함을 밝히는 것이라 할 수 있다.

이로써 김원일의 삶의 과정을 좇는 여행의 유의미성은 일단 드러난 셈이거니와, 이제 김원일의 작가적 삶의 과정을 좇아가며 그의 문학의 고유함을 밝히는 여정을 떠나보자.

2. 김원일 소설의 원형

1) 경남 진영, 그 개별성과 보편성

김원일의 삶의 여정은 1942년 3월 15일부터 시작된다. 그 여정
의 첫발을 내디딘 곳은 경남 김해군 진영리이다. 그는 김종표 씨
와 김말선 씨의 3남 1녀 중 장남으로 출생했다. 1942년은 잘 알려
져 있듯 일제가 패망의 위기의식 하에서 마지막으로 발악을 하던
시기이며, 3년 후 우리의 민족은 그토록 바라마지 않던 해방을 맞
이한다. 그러나 그 해방은 우리의 민족이 스스로 쟁취한 것이 아
니기에 즉 일제 시대의 모든 모순을 극복한 민족자주국가의 수립
과 동시적으로 이루어진 것이 아니기에 우리 민족은 해방 초입부
터 민족자주국가의 수립이라는 커다란 과제를 수행해야만 했다.
이런 과정에서 우리 민족의 최대의 참사라 할 만한 6·25전쟁이
일어났고, 6·25전쟁은 그 따질 수도 없는 민족적 희생에도 불구
하고 민족자주국가의 수립이라는 과제를 해결하지 못했다. 다만
남북의 갈라짐이라는 또 하나의 모순이 역사의 발전을 뒤틀며 우
리의 역사 깊숙이 똬리를 틀게 되었다. 그리하여 이 분단모순은
때로는 기본모순인 계급모순과 굳건하게 결합하여 역사를 올바르

게 하고자 하는 제반 사회적 실천을 옭아매는 도구로 작용하기에 이른다. 이러한 우리의 역사전개에 자유로웠던 지역이란 없었으며 또한 개인도 없었다. 작가 김원일의 경우도 마찬가지이다.

우선 작가 김원일의 출생지인 경남 김해군 진영읍의 풍경과 그 곳에서의 작가의 체험을 살펴보자. 경남 진영은 작가 김원일에게 있어 문학의 원천이자 뿌리에 해당하는 곳이다. 작가의 문학적 삶에 있어 이 경남 진영이 중요하게 떠오르는 것은 그의 작품의 일정한 성과로 일컬어지는 작품의 모두가 이곳을 배경으로 하고 있거니와, 또한 이곳에서의 체험이 그의 문학의 이념과 내용을 결정짓는 주춧돌이 되고 있기 때문이다. 섣불리 단언하자면 이 경남 진영에서의 체험의 내용과 그 변주가 바로 김원일을 오늘의 김원일로 만든 실질적 내용이라 할 수 있을 정도이다. 이 경남 진영에 대해서 작가 김원일은 다음과 같은 규정을 스스로 내리고 있어 주목된다.

①진영은 교통의 요충지로서 마산과 부산의 중간역이며 도로망 역시 발달되어 있다. ②5천 정보(김해평야가 7천여 정보)의 넓은 들을 안고 있어 일찍부터 지주와 작인의 갈등이 첨예하게 부딪쳤다(1932년 일제하 하만사농장[迫間農場]시절에 전국에 유례를 찾기 힘든 소작쟁의가 있었다) ③진영은 고읍(古邑)이 아니라 20년대 경전남부선이 개통되고 일제의 경제적 수탈의 이용가치에 의해 생겨난 마을이므로 농업·상업 인구가 고루 분포했고, 도시문화의 이입이 빨랐다. ④인구 1만 이하의 소읍을 소재로 했을 때, 작품 구성상의 용이한 점이 많다.1)

---

1) 김원일, 「'고향'과 '6·25'란 무엇인가」, 『문학정신』, 1988.4, 329면. 이하 김원일의 글은 저자명 생략.

말하자면 경남 진영은 우리 근현대사의 특수한 면모를 그대로 껴안고 있는 지역인 것이며, 따라서 이곳에서의 여러 다양한 역사적 삶의 형상화는 곧바로 현실주의 소설의 기본요건인 전형성 확보로까지 나아갈 수 있는 토대가 되기에 충분하다. 작가가 경남 진영에 대하여 말한 것 이외에 일제 시대에 박간(迫間)농장의 소작쟁의가 대제국주의자 지주투쟁이라는 항일 소작쟁의로부터 일본 제국주의의 식민지 지배권력과 정치적으로 대결하는 항일민족투쟁으로 그 주요한 성격을 변화시킨 다분히 정치적인 것2)이었으며, 해방 후의 인민위원회의 활동이 바로 일제시대의 여러 다양한 민족해방운동의 토대 하에서 가능했던 것이란 점을 상기3)하면, 이 경남 진영은 바로 우리 근현대사의 모순의 중첩과정과 그것을 바로잡으려는 사회적 실천의 역관계가 그대로 담겨져 있는 우리 근현대사의 압축적인 상황도라 할 만하다. 바로 이 경남 진영이 갖는 역사성의 발견이 경남 진영을 평사리(박경리의 『토지』), 벌교(조정래의 『태백산맥』), 지리산(이병주의 『지리산』, 이태의 『남부군』, 권운상의 『녹슬은 해방구』, 정지아의 『빨치산의 딸』), 그리고 제주도의 한라산(현기영의 『바람타는 섬』, 한림화의 『한라산의 노을』)과 더불어 우리 문학사에 있어 살아 있는 역사의 공간으로 굳건하게 자리잡게 한 것이라 할 수 있다.

작가는 이 진영 땅에서 1942년부터 1948년까지 즉 일곱 살까지 산다. 이때 작가의 아버지 김종표 씨는 고향에서의 야학운동 때, 같은 선생으로 만난, 일본 동경 우에노 음악학교에 다니던 신여성

---

2) 淺田喬二, 「迫間농장쟁의 전개과정」, 『항일농민운동연구』, 동녘, 1984 참조
3) 브루스 커밍스, 『한국전쟁의 기원』, 일월서각, 1986 참조

과 부산에서 따로 살림을 차리고 있었고, 1942년 말에는 사상관계와 공금횡령이 얽혀 부산형무소에 수감된다. 이런 와중에서 할아버지가 읍내 소방대원으로, 대서소를 운영하며 쌓아놓은 재산은 다 날라가고, 별 뚜렷한 생업도 없이 읍내 장터에서 할아버지가 남긴 재산을 까먹으며 살아간다. 그리고 1945년의 해방으로 아버지가 출감하였지만, 이때부터 아버지는 본격적인 정치운동에 뛰어들었고 그의 집 건넌방은 밤이나 낮이나 담배연기로 자욱한 가운데 눈에 핏발이 선 젊은이들로 가득 차 있었다. 그러나 좌익운동이 지하화됨에 따라 아버지는 집에 마음대로 들어올 수 없는 사정에 처했고 어머니는 아버지 때문에 수시로 경찰서에 끌려가서 고문을 당하는 어려움이 그의 소년시절을 채우게 된다.4)

이 1942년부터 1948년까지 어린 소년 김원일이 겪었던 고통의 체험이란 일제의 마지막 발악, 8·15해방, 진정한 민족자주국가를 수립하려는 인민위원회활동, 그 인민위원회를 부정하는 미군정의 정책, 그 정책과 정면으로 맞섬으로써 어쩔 수 없이 벌어졌던 미군정을 위시한 우익과 좌익의 싸움이라는 우리의 근현대사와 철저하게 맞물려 있다. 그러나 유아기 또는 소년기였던 작가 김원일에게 이 체험이 역사적인 내용으로 각인되기란 상상하기 힘든 것일 것이다. 그가 한 회고록에서 밝히고 있듯 다음과 같은 자그마한 사실만이 기억되어 있는 것은 아마도 당연한 사실일 것이다.

---

4) 이상의 유아기 또는 소년기에 대한 회고는 최근에 간행된 김원일의 『사랑하는 자는 괴로움을 안다』(문이당, 1991)라는 산문집에 수록된 여러 글을 참조한 것이다. 그의 개인적인 체험내용은 이 산문집에서 따온 것이 많음을 미리 밝힌다.

　　진영을 떠나기까지 내 기억으로는 동생(金源宇 : 작가가 된 김원우)이 태어
　나던 밤과, 어머니가 지서에서 얼마나 맞았던지 피투성이로 돌아온 어느날
　새벽과, 입학식 때 교단에서 선생이 내 이름을 부를 때 "널 부른다. 빨리 대
　답해"하던 아버지의 말, 그외에 몇가지 정도이다.5)

　　그러나 이 단편적인 기억은 그의 삶 자체를 결정지은 것이기에
그의 의식 근저에 도도히 깔려 흐르게 된다. 또한 이 단편적인 기
억은 단지 작가 개인의 것만이 아닌 우리 민족 모두가 경험한 공
통적인 것이기에, 이 기억의 재질서화는 우리 민족의 구체적 역사
적 삶의 뿌리를 캐는 것과 동일한 의미를 지니게 된다. 따라서 그
가 초기의 실존적이면서도 암울한 세계의 단면을 그려내는 것에
서 벗어나 이땅의 현실을 문제삼고자 했을 때 이 소년기의 기억들
은 그의 소설에 원형적인 체험으로 등장하게 되는 것이다. 요컨대
그의 출세작 「어둠의 혼」을 비롯하여 「갈증」, 「멀고 긴 송별」, 「불
망기」 등은 성장기의 소년의 눈을 통하여 이 시기를 그려내고 있
거니와, 현실주의적 방법으로 당대의 총체성을 담고자 한 『노
을』·『불의 제전』의 경우에도 이 경남 진영에서의 체험은 그 소설
의 주조를 이루게 된다. 결국 김원일에게 있어 해방 직후의 역사
적 상황이 깊숙하게 배어 있는 경남 진영의 체험은 그의 문학의
뿌리를 이루고 있는 셈이다. 그리고 이 원체험은 시기시기마다 그
의 세계를 바라보는 이데올로기적 미적 조종중심에 따라 변형 변
주되며 현실주의적 성과로 성큼성큼 다가서게 된다.
　　그러나 이 경남 진영만으로 일제시대부터 이어지는 우리 역사

---

5) 위의 책, 201면.

의 발전과정 전모를 드러낼 수 없음은 물론이다. 경남 진영은 앞서 작가의 설명에서도 드러나듯 전형적인 농업지역이며 따라서 해방 이후에 서서히 대두하기 시작한 산업화와 그로 인한 노동자 계급의 발생과정을 드러낼 수는 없는 것이다. 즉 이 경남 진영으로 그 공간이 국한될 때, 소설은 개별성 또는 지역성을 벗어날 수 없는 것이다. 따라서 당대의 보편성 속에서 이 개별성을 매개할 장치가 필요하게 된다. 『토지』와 『태백산맥』, 『녹슬은 해방구』가 일단 성공할 수 있었던 것은 이 지역성을 보편성과 연관시키는 장치가 있었기 때문일 터인데, 그것이 바로 선적 구조이다. 이 선적 구조 없이는 한정된 지역의 삶은 그것이 비록 상징성을 지닐 수는 있을지라도 총체성과 전형성으로 나아갈 수는 없는 것이다. 『남부군』·『한라산의 노을』·『지리산』 등의 한계는 바로 여기에 있다.

그럼 김원일의 경우는 어떤가. 김원일의 작품도 역시 『불의 제전』에 이르기까지는 여타의 작가와 마찬가지로 역시 경남 진영이라는 개별성의 영역으로 제한되어 있다. 「어둠의 혼」 계열에 속하는 '순진한 눈'을 통해 진영을 형상화한 소설은 물론이거니와 이러한 한계를 넘어서고자 귀향모티브를 차용한 『노을』의 경우 역시 마찬가지이다. 그러나 『불의 제전』의 경우는 그 한계를 훌륭하게 극복하는데, 이는 조민세를 통한 '서울로의 여정'과 진영의 지주인 심동호의 '마산으로의 여정'이 바로 그것이다. 조민세의 서울을 거친 해주로의 여정은 당시 당대 뒤틀린 현실의 극복주체였던 남로당의 노선 변화, 정책변화의 객관적 토대를 의미하는 것이며, 심동호의 '마산으로의 여정'은 바로 토착지주세력의 산업자본으로의 전화를 응축하는 선적 구조이다. 이 두 개의 선적 구조는 당대의 변화하는 현실을 훌륭하게 아우를 뿐 아니라, 경남 진영을 단지 개별성의 영역이 아닌 총체성에 도달하기 위한 전형적인 지역으로 그 의미를 증폭시키기에 충분한 내적 형식으로 자리한다.

이러한 선적 구조의 확보는 바로 김원일의 삶의 과정에서 추출되어진 것이라 할 수 있다. 1948년 소년기의 김원일은 당시 남로당원으로 추측되는 그의 아버지를 따라 서울로 그 삶의 근거를 옮기는 것이다. 요컨대 김원일의 고난에 찬 소년기의 삶이 이제 그의 문학에는 현실주의로 나아가기 위한 훌륭한 문학적 원천이 되는 것이다. 아니 보다 정확하게 표현하자면 그의 당대의 총체성을 담아내려는 그의 성실한 작가의식이 이러한 체험을 성공적으로 문학의 내용으로 포괄하게 한 것이리라. 이리하여 김원일은 그의 문학의 중심주제를 이루는 아버지의 삶을 직접적으로 대면하게 되는 서울 생활을 하게 되니, 이는 1948년의 일이다.

2) 서울 체험과 공적 아비의 발견

작가 김원일은 더 이상 경남진영에서의 활동이 불가능해진 아버지를 따라 서울로 올라온다. 이것이 1948년 4월의 일이며, 그가 살았던 곳은 퇴계로 4가 동국대학교로 올라가는 네거리 길목에 위치한, '영진공업사' 뒤쪽 함석집이었다. 이 영진공업사란 아버지의 동향인이 경영하던 조그마한 전기 설비 사업체로, 아버지가 이곳에서 회계일을 본 까닭에 그의 가족은 이곳에서 거주하는 것이 가능했던 것이다. 이 영진공업사는 인민군이 서울에 입경하자 마자 찝차를 보낸 것을 보면 바로 남로당의 비밀아지트였다. 그러니까 작가의 아버지 김종표 씨는 김삼룡, 이주하의 체포로 공백상태를 보이던 남로당의 수뇌부 역할을 했던 것이다. 그러나 어린 작가가 이것까지를 알았을 리는 없다.

작가 김원일의 서울 생활은 1948년 4월에서 1950년 10월까지이다. 이 기간 중 그는 영희국민학교에 편입하여 국민학교를 다녔고, 1950년 4월 막내 아우인 김원도(金源道)가 태어났다. 그리고 1950년 9·28 수복 때 아버지와 헤어져 그는 다시 경남 진영으로 내려오게 된다. 그리하여 아버지는 북으로, 남은 가족은 다시 경남 진영으로 내려오게 되니, 그의 아버지와의 직접적인 대면은 이 짧은 기간으로 마감하고 만 것이다. 그러나 이 짧은 서울 생활이 그의 문학에 있어 중요한 계기가 되니 바로 이 기간 동안 그는 그의 생애 동안 유일하게 아버지의 영향권 안에 놓인다는 것이다. 그의 모든 시기의 체험이 어머니를 매개로 이루어진 것이라면, 그리고 그 어머니가 끊임없이 그의 아버지의 역할을 폄하했다면6), 이 기간은 유일하게 모든 체험의 내용이 아버지를 축으로 전개된 시기인 것이다. 만약 이 서울 체험이 없었다면 그에게 있어 아버지란 그의 삶과 하등 연관을 맺지 못했을 것이다. 다시 말하자면 그의 문학에 있어 아버지란 그토록 중요한 주제에 해당하는바, 이 서울 체험이 없었다면 그의 문학은 전혀 다른 내용으로 채워지게 되었

---

6) 이런 정경은 작가의 어머니의 삶을 간접적으로 형상화한 「미망」과 『마당깊은 집』에서 쉽게 확인할 수 있는 것이다. 작가의 어머니에게 있어 작가의 아버지란 결국 고생보따리만을 안겨준 장본인일 뿐, 그의 치열한 삶이란 하등 의미가 없는 것일 것이다. 작가의 어머니가 작가에게 강요한 '일상적인 가장으로서의 삶'은 곧바로 가족을 등진 작가의 아버지의 삶에 대한 적대감과 연결될 것이다.

을지도 모를 일이다. 그 아버지의 면모를 어린 작가는 이 시기에
충분하게 확인한 것이다. 작가 김원일은 그의 문학과 그의 아버지
와의 연관성을 다음과 같이 설명해 놓고 있다.

> 아버지의 행적이 그쯤으로써 나의 삶과 무관해져 버렸다면 나는 당신에 대
> 하여 더 깊이 생각할 무엇을 갖지 못했을 것이다. 나는 나 자신을 위해서도
> 당신을 미화시킬 필요가, 당신을 한 인간으로 완성시켜야겠다고 마음 가질
> 어떤 타당성도 발견할 수 없기 때문이다. …… 내가 아버지 생애의 풀지 못하
> 는 의문은 그 시절부터 시작이라고 보아야 할 것이다. 당신이 어떤 과정을 통
> 하여 생의 목적을 수정했는지, 아니면 그 무엇을 깊이 감춘 채 더러운 치욕의
> 세월을 소일 삼아 탕진했는지 알 수 없지만, 광복의 시점부터 당신의 삶은 분
> 명 거듭 태어남이었다. 집을 버리기는 마찬가지였지만, 아버지는 돌연 군내
> 지식인의 사두가 되더니 생사를 초월한 과격하고 열렬한 민족주의자가 되었
> 다. 나의 문학은 아버지의 그 변신에서부터 출발하여, 그때부터 보여 온 또
> 다른 의미의 이중성을 풀어보기 위해 당신에게 끊임없는 질문을 되풀이함으
> 로써 길을 열었다.[7]

여기서 아버지의 이중성이란 해방 전과 해방 후의 아버지의 급
격한 변모를 이름이다. 해방 전 작가의 아버지는 할아버지가 남긴
재산을 떨어 먹은 방탕아이며, 어머니 이외에 또 다른 부인을 둔
불륜을 저질렀으며, 또한 문학적 재질을 보여 일본 어느 신문사에
서 상금을 받기도 했고, 또한 금융회사의 공금을 횡령하기도 한
그런 인물이다. 이런 아버지가 해방 이후에는 열렬하고 과격한 민
족주의자—실은 민족주의자가 아니었겠지만—로 변한 것이다.
그러나 이 이중성은 작가가 철이 든 이후에야 규정이 가능했던 것

---

7) 「죽음, 태어남, 고향」, 『소설문학』, 1985.6, 160~161면.

일 것이다. 작가에게 있어 해방 전 아버지의 면영이란 전혀 없는
터이니까 말이다. 말하자면 작가 자신이 가지고 있는 아버지의 모
습은 '군내 지식인의 사두'이며 '생사를 초월한 과격하고 열렬한
민족주의자'일 뿐이다. 무엇 때문인지는 모르지만 군내의 모든 지
식인이 아버지의 생각과 이념을 철저하게 신봉했으며, 무엇 때문
인지 모르지만 그는 생사를 초월했고 끊임없이 쫓겼다. 그러나 이
아버지의 모습은 일제시대에는 작가의 기억에 전혀 없으며, 해방
후에는 가족에게는 배고픔을 그리고 어머니에게는 고통만을 던져
주는 존재일 뿐이었다. 그리고 전쟁 이후 아버지의 삶조차 확인할
수 없었을 때, 그 아버지란 어머니로부터 끊임없이 저주를 받는
그런 존재였다. 하지만 이제 서서히 세상에 눈을 떠가는 작가 김
원일에게는 그런 존재일 수가 없었다. 구체적으로 실체를 잡을 수
는 없지만 큰 인물임에 틀림없었고, 이를 작가는 이미 서울 체험
에서 확인한 바였던 것이다. 서울에서의 아버지란 어머니조차도
범접할 수 없는 존재였고, 어머니조차도 아버지의 삶에 종속되어
있었던 것이다. 이 시기 아버지에 대해서 가졌던 작가의 의식이
『불의 제전』 2부에서 '박귀란'의 시선을 통해 다음과 같이 전달됨
은 인상적이다.

조민세가 하룻밤을 자고 간 뒤부터 봉추댁은 힘찬 잉어같이 갑자기 생기를
얻었고, 하루 다르게 멋을 내는데 열중해온 게 사실이었다. 진영시절과는 달
리 먹는 걱정은 물론 달리 할 일도 없는데다 주머니까지 든든하고 보니 거울
앞에 앉아 있는 시간이 길었고 나들이가 잦았다. …… 박귀란에게는 봉추댁
의 그런 점이 달갑게 여겨질 리 없었다. 더욱 조민세 선생이 하고 있는 그 중
차대하며 아슬아슬한 활동을 떠올릴 때 아무리 부부가 유별하다지만 부부가

하는 일과 생각이 그토록 다른 방향으로만 치달을 수 있을까 싶었다. 자기의
경우와 비추어 볼 때, 아녀자란 어쩌면 남정네가 바깥에서 하는 일에 신경을
쓰지 않고 사는 것이 행복할는지 모른다는 생각이 들기도 하였으나, 어쩐지
격이 맞지 않는 부부란 생각을 지울 수 없었다.[8]

뭔지는 자세히 알 수는 없으나 아버지가 하고 있는 일이 '중차
대하며 아슬아슬하다는 것' 그리고 현실적인 삶에 강한 집착을 보
이는 어머니의 삶과는 '격이 다른' 삶을 그의 아버지가 살고 있다
는 것, 이 막연하지만 강렬하게 각인된 아버지의 형상이 바로 오
늘의 김원일의 문학을 있게 한 구체적인 힘이 되었음은 부인할 수
없는 사실에 속한다. 어머니에 의해 왜곡된 아버지의 상을 넘어서
작가가 아버지의 맨 모습을 확인한 것, 이것이 바로 김원일의 문
학을 『불의 제전』으로까지 나아가게 한 직접적인 추동력이 된 것
이며, 서울 체험이 그의 문학적 삶에 있어 중요한 이유이기도 하
다. 그렇지 않고서는 그의 아버지의 삶이 때로는 신비롭고,[9] 또
때로는 광포하며[10] 또 때로는 역사적인 것[11]으로 그의 문학에서
변형·변주될 수는 없었을 것이며, 곧바로 어머니가 뒤튼 '가족을
버린' 아버지로 고정되었을 것이다. 결국 서울 체험을 통해 얻어
진 아버지의 발견은 그의 유년기의 체험이 이루어진 경남 진영의
풍경과 더불어 또 하나의 중요한 문학적 원형으로 자리하게 되며,
오늘의 김원일 문학을 있게 한 가장 구체적인 계기라 할 것이다.

---

8) 『불의 제전』 2, 중앙일보사, 1987, 405면.
9) 「어둠의 혼」, 「연」에 등장하는 자각의 아버지의 상이 이런 것이다.
10) 『노을』에 등장하는 아버지의 상이 바로 이런 유형이다.
11) 『불의 제전』의 조민세의 경우가 이렇다.

3) 어머니와 맞서기, 장자의식, 또는 문학에 이르는 길

1950년 9·28 서울수복이 이루어지자 1950년 10월 작가 김원일은 누나와 함께 속속 서울로 다시 올라오는 사람들을 마주보며 경남진영으로 내려온다. 아버지의 행방을 찾아보려던 어머니가 결국 아버지의 북행만을 확인하고 내려오니 1950년 11월이었다. 곧 어머니는 외가가 있는 대구로 삶의 기반을 옮기고 작가 김원일은 할머니와 떨어져 국민학교를 졸업할 때까지 경남 진영에서 생활한다. 이 기간 동안 그는 「어둠의 혼」에서는 이모와 이모부로, 『불의 제전』에서는 안전총과 감나무댁으로, 「바람과 강」에서는 이인택과 월포댁으로 변용되어 일관되게 등장하는 울산댁 내외의 도움을 받으며, 자유분방한 세월을 보낸다. 5일마다 서는 진영장의 장터풍경은 그의 초기작에 중요한 배경으로 등장하거니와, 「어둠의 혼」 이후의 해방 직후를 다룬 소설에서도 중요한 배경으로 자리하니, 이 장터의 풍경은 해방 직후의 기억이라기보다는 이 시절의 것이 대부분이다. 그리고 이 경남 진영의 풍경은 그의 소설의 거의 모든 배경을 이루게 되니 알게 모르게 이 시기의 작가가 얼마나 세상에서 벌어지는 모든 일을 예민한 촉수로 감싸안고 있었는가를 짐작할 만하다.

작가 김원일의 대구 생활이 시작되는 것은 대창국민학교를 졸업한 1954년 4월부터이다. 이 대구 생활에서 그가 경험하는 것은 경남 진영 장터에서 느꼈던 풍요로움이 아니라 찢어지는 가난함이었다. 그는 아버지 없는 가족의 장자로서 그의 나이에 걸맞지 않게 각박한 생활의 현장으로 뛰어들어야 했다. 그는 대구로 올라오자마자 1954년 6월엔 새로 개교하는 수성중학교(지금은 경일중학

교)에 입학했지만, 학교의 수업시간을 제외하곤 바느질로 생계를
이어가던 집안의 살림을 보충해야 했다. 가족의 생계를 위해 그가
했던 일은 신문배달원, 이는 고등학교 2학년 때까지 이어진다. 작
가는 당시의 생활을 이렇게 회고한다.

> 중고등학교를 다닌 시절은 무슨 악몽과 같이 되떠올려진다. 가난하게 자란
> 어린 시절과, 시어머니와 남편으로부터 받은 소외감과, 전쟁으로 겪은 고생탓
> 에 어머니는 모진 여자로 변해, 자식을 매질로 키웠다. 특히 장남인 나는 일주
> 일이 멀다 하고 숯포대 회초리로 온몸에 핏줄이 서게 맞아, 나는 고등학교를
> 졸업할 때까지 '데려온 자식'이 아닐까 생각하기도 했었다. 근검절약이 어머니
> 의 생활신조였으므로 감투밥 한 그릇 푸집하게 먹어보지 못했고, 고등학교를
> 졸업할 때까지 그 맛있다는 짜장면조차 구경한 기억이 없다. 단칸방 생활은 내
> 가 대학을 졸업할 때까지 이어졌는데, 어머니는 자정까지 틀을 돌렸다. 그 동
> 안 우리 형제들은 잠을 자지 못했고 졸기라도 하면 옷감 자는 자가 사정없이
> 어깻죽지나 정수리에 떨어졌다. …… 나는 삶이 괴로웠다. 그래서 태어나지 않
> 은 상태나 빨리 늙어 노인이 되기를 원했다. 노인이 되면 장남으로서의 의무도
> 벗고 죽는 날만 기다리며 일을 하지 않아도 아무 사람 눈흘기지 않으리라 생
> 각했던 것이다. 가진 자나 행복해 보이는 자를 이유없이 증오했다.[12]

작가의 표현에 의하며 그의 어머니는 키가 170에 가까운 여장
부였으며, 보통학교조차 다니지 못하고 홀로 글을 익힌 억척스럽
고 여장부적 기질을 가진 여인이다. 그러나 결혼 초부터 아버지는
신식교육을 받은 신여성과 애정행각을 벌였고, 해방 후에는 그의
이념을 좇아 지어미와 가족을 버린 그런 인물이었으니, 남편으로
인해 맺힌 한은 켜켜히 앙금이 되어 가라앉아 있었을 것임은 상상

---

12) 『사랑하는 자는 괴로움을 안다』, 206~207면.

하기 어렵지 않다. 그의 어머니에 있어 남편은 "그노무 빨갱이 공부를 하는지 기집질을 하는지 울산이다, 경주다, 부산이다, 외지 출입을 장구경 가듯 나댕긴"(「미망」) 인물일 뿐이며, 또한 "자라보고 놀란 가슴 솥뚜껑 보고 놀란다고 전쟁통에 서울과 진영에서 순경으로부터 적잖게 시달린" 터라 경찰만 보면 "한동안 뛰는 가슴을 가라앉히느라 숨길을" 골라야 하는(「마당깊은 집」), 그런 존재일 뿐이다. 즉 그의 어머니에게 있어서는 바람피운 것과 사상운동을 한 것이 전혀 동질적인 것일 뿐이다. 따라서 이 유교적인 가족중심주의에 젖어 있는 작가의 어머니가 그 자식만은, 특히 장자였던 작가에게만은 장자임을 수시로 일깨우며 견실한 생활인이 될 것을 혹독하게 채찍질했을 것이다. 그러나 한참 감수성이 예민하며 한 사건의 이면에까지 관심이 두어질리 만무한 나이의 작가에게 이 어머니의 의도는 전해질 수 없었다. 그는 단지 내가 '줏어온 자식'이 아닐까 하는 심정과 '빨리 늙고 싶다'는 감정 그리고 '장남이 아니고 싶다''죽고 싶다'는 감정만을 지녔다. 어머니가 욕구하는 기대를 감당하기에 그의 나이는 너무 어렸던 것이다. 어머니의 '힘있는 가장' 되기를 바라는 기대에 대하여 그가 할 수 있었던 일이란 정상적인 가정을 그리워하거나(「마당깊은 집」에서의 내밀히 타오르는 정상적인 가정에 대한 동경 섞인 증오가 두드러짐은 이점을 말해준다) 또는 가부장으로서의 남성적인 힘에 대한 그리움(「마당깊은 집」에서의 준호 아버지나, 장작패는 주씨에 대한 그리움) 정도이다. 이 정상적인 가정 즉 가족공동체에 대한 강한 열정은 강렬한 것이었다. 이 훼손된 가족으로 인한 작가의 고통은 하도 강렬한 것이어서 '가족을 버렸지만 더 큰 공동체의 마련을 위해 헌신했던 아버지'와 '그 아

버지에 버림받음으로써 억척스런 생활을 해야만 했던 어머니'를
각각 한 축으로 하는 그의 모든 소설의 뿌리를 이룰 뿐 아니라, 그
의 소설의 일관된 이념을 이루어 분단소설의 선편을 쥐게 하는 구
체적인 힘이 된다. 그리하여 그의 모든 소설은 가족소설의 형태를
이루고 있지만 오이디푸스 컴플렉스를 주제로 하는 보편적인 가
족소설이 아니라 그만의 특수한 형태의 가족소설[13]이다. 그러나
그것마저 가능했던 것은 그가 성숙한 이후의 일이다. 어린 나이의
작가가 할 수 있었던 일이란 그러한 어머니의 기대에 철저하게 맞
서며, 때로는 어머니의 기대로부터 탈출하고자 하는(그 단적인 예가
「마당깊은 집」에서의 가출사건이 될 것이다) 것뿐이다.

　이 생활인이 되라는 어머니의 기대에서 벗어나고자 하는 열망
이 도달한 곳이 바로 문학이었다. 구체적으로 말하면 이상이었고
도스토예프스키였고, 토마스만이었다. 작가 김원일의 문학에의 관
심은 그의 신문배달원 시절에 이루어진다. 그는 대본소에서 김내
성, 방인근, 김말봉 등을 읽으며 문학에 관심을 두기 시작했고, 이
광수, 김동인, 심훈 그리고 외국 단편소설들을 접하며 문학의 참모
습을 짐작하기 시작했다. 그러나 그에게 있어 문학이 운명처럼 다
가온 것은 이상이었고 토마스만 이었다. 아니 이상과 토마스만이
아니었어도 그는 문학을 운명적인 것으로 받아들였을지도 모른다.
그가 이상과 토마스만에서 본 것은 고난에 찬 자신의 생활, 그곳
에서 내밀하게 타오르는 고통과 열정을 발산시킬 피난처였으므로
아버지 없는 장남이 어머니로 표상되는 생활의 덫에서 벗어날 수

---

13) 김현, 「이야기의 뿌리, 뿌리의 이야기」, 『문학과사회』, 1989년 봄.

있는 길이란 이길 수 없는 어머니와의 싸움 즉 현실과의 싸움이 아니라 비록 짧은 생애였지만 그 생애 동안 끈끈하게 얽혀 있는 삶의 실타래를 글로써 풀어내는 것뿐이었다. 아버지 없는 장자에게 지워졌던 짐이 이제는 작가 나름대로의 독특한 세계를 구축했던 것이고, 이 자의식을 확장시키는 일이란 어머니가 강요하는 견실한 생활인으로서는 불가능한 것이었고, 또 견실한 생활인이 될 자신감마저도 잃어버린 상태였다. 어린 나이에 너무 많은 것을 알아버린 것이다. 작가 자신은 고2 시절 자신이 글쓰기에 몰입하게 된 계기를 다음과 같이 밝히고 있다.

> 고등학교 2학년 때 학교에 처음으로 도서관이 생겨 나는 닥치는 대로 책을 읽기 시작했는데, 당시로서는 예쁜 장정으로 '신태양사'에서 만든 사육배판 형의 『세계 걸작 단편선』이 도서관에 구입되었다. 거기에 실린 토마스만의 「행복에의 의지」는, (…중략…) 나는 그 짧은 작품 속에서 나와 유사한 병을 앓고 있는 내 마음의 그늘을 주인공의 심성을 통해 발견했다. 즉 사악하고 불가해한 현실적 세계에서는 비록 패배하지만 그것은 패배가 아니라는, 내 열등의식과 불안과 외로움에 한 줄기 빛을 발견했던 것이다. 그때 나는 내가 앓고 있는 남이 이해할 수 없는 마음의 병을 현실적으로 치료하거나 그 현실과 대결하여 극복할 일이 아니라, 병든 영혼과 그 막막한 불안을 붙들고 있어야 하며 그 불안을 글로 써야 한다고 느꼈다. 비로서 나는 나의 갈 길을 어렴풋이 결정하게 되었다. 문학이 든든한 성채로서 나의 앞에 한 의지의 표상으로 우뚝 서 있었던 것이다. 나는 그때의 경우를 개안(開眼)이라고 생각하고, 그 이태 뒤에 읽은 도스토예프스키의 『카라마조프가의형제들』에서 다시 한 번 그 체험을 확인할 수 있었다.14)

고등학교 2학년 때에야 비로소 문학에 어섯눈을 떴던 내가 이상을 처음 만

---

14) 『사랑하는 자는 괴로움을 안다』, 96면.

난 것은 고3, 59년이었다. …… 전후(戰後)의 혹독한 가난으로 삶에 찌들대로 찌들어 늘 자살을 꿈꾸던 나에게 이상의 그 무절제한 자유로움과 파격이 부러웠다. <날개> 주인공의 왜소한 두더지와 같은 삶의 천진무구함이 마치 동지라도 만난듯 반가웠다. 삼류 학교에서도 학업성적은 뒤쪽이요, 용기도 말주변도 없던 병약한 열등인간이 앞으로 이 생존경쟁의 장바닥을 어떻게 뚫고 나갈 것이냐의 두려움에 주눅 들어 있던 무렵이었다. 나는 여섯 명의 부양가족을 책임져야 할 홀어미 아래 장남이기도 했다. …… 용기가 없으므로 상상의 자살만을 꿈꾸던 나는 이상을 만나고서, 그 꿈을 유보하기로 마음 먹었다.[15]

다행히 그에게는 문학적 소양이 있었다. 아니 있었던 것이 아니라 만들어져 있었다. 유아기, 소년기를 극심한 근현대사의 격류 속에서 살았고, 경남 진영의 풍경, 그리고 대구에서 신문배달을 하며 목도했던 수많은 사람들의 면영 속에서 나름의 자기 세계를 구축하고 있었던 것이다. 그리하여 고2시절부터 습작기가 시작되고, 그 해 가을 서라벌예술대학에서 공모하는 고등학교 작품현상모집에서 수필부에 입선하는 결실을 보기도 한다. 그리고 고3 시절에는 당시 잡지 『학원』에서 응모하던 독자란에 단골손님이 되기도 한다. 이 『학원』의 잡지응모란을 보면 김화영, 김원두, 오탁번, 이청준 등이 있는 것으로 보아 당시에 문학지망생들에 대단한 호응이 있었던 것으로 보이는데, 김원일은 독자응모란 중 산문부의 단골손님으로 등장할 정도로 문학에의 강한 열정과 재능을 보인다. 물론 그의 어머니가 장남인 그가 문학에 뜻을 둔 것에 대단한 반대를 보인 것은 사실이지만, 문학이란 그가 잘 할 수 있는 유일한

---

15) 「남은 자의 부끄러움—제14회 이상문학상 수상소감」, 『문학사상』, 1990.10, 123면.

것이었고, 자살을 유보할 정도였던 만큼 문학에의 열정은 꺾이지 않은 것으로 보인다.

1959년 잡지 『학원』에는 4편의 소설적 의장을 갖춘 작가 김원 일의 산문이 수록되어 있다. 이 중 「누님」(『학원』, 1959.1)은 지순한 인간적 가치를 지닌 누나가 소아마비라는 한 이유 때문에 한 홀아 비의 후처 자리로 내몰리자 비구니가 되고 비구니가 되어서도 그 홀아비가 흑심을 버리지 않고 절에까지 영향력을 행사하자 자살 한다는 이야기를 다루고 있다. 이 작품은 전혀 고등학생답지 않은 어두운 이야기를 다루고 있으며, 특히 누이를 탐하는 홀아비로 묘 사된 '박주사'는 백정 출신으로 치부를 한 인물로 가장 순수해야 할 절까지를 그 손아귀에 넣고 있는 악독한 인물로 형상화되어 있 다. 이런 어두운 세상에의 증오감은 여타의 작품에서도 그대로 들 어나는데, 「대조(對照)」(『학원』, 1959.10)와 「인간동물」(『학원』, 1959.3)도 마찬가지이다. 특히 「인간동물」에서는 우리 근현대사의 소외된 인 간들(구체적으로는 신문팔이, 기차 안의 좀도둑, 껌팔이 소녀)을 인간동물 이라고 규정하고 인간동물은 인간동물들끼리 살아야 한다는 자학 적인 결론을 보이기도 한다. 또 「형제」(『학원』, 1959.9)에서는 다음과 같은 광기를 드러내기도 한다.

글쎄 아가리 닥치래두, 난 지금 대학이고 뭐고 없어, 밀수업을 해서라도 돈 을 벌어야 되는 거야, 자식아, 날마다 신경쇠약이니 뭐니 하며 공부만 하면 뭐가 하늘에서 떨어지는 줄 아나? 요 사이 유행어로 「세상을 배워」, 즉 현실 을 알란 말이야. 이론 다툴 시간 없어.16)

---

16) 「형제」, 『학원』, 1959.9, 281면.

한마디로 조숙함이다. 현실에 대한 꿈, 이상 등 이 시기의 청소
년이면 품은 직한 생각이 전혀 개입할 틈이 없다. 이렇듯 광기어
리게 현실을 바라보고 있었기에, 이 광기를 발산할 수 있는 곳이
란 문학 외에는 찾아질 수 없었을 것이다. 장자인 작가에게 지워
졌던 고통에 찬 생활의 무게는 이처럼 버거운 것이었으며, 문학은
그 탈출구였던 셈이다. 그러나 작가가 성숙하여 상처받은 고난의
시절이 결코 아버지와 어머니의 이해할 수 없는 행동으로 인한 것
이 아니라는 것을 깨달았을 때, 그리고 그것이 우리의 민족적 삶
을 뒤튼 분단의 상황에서 연유한 것임을 깨달았을 때, 그의 소설
은 내용은 단연 가족사적 소설이 주류를 차지하게 된다. 예술의
대상이 학적 대상과는 달리 인간, 인간을 둘러싼 세계라고 할 때,
김원일에 있어 가장 먼저 다가온 것은 모순된 성격으로 강하게 각
인된 아버지와 어머니였으며, 이 인간을 둘러싼 관계 역시 가족사
가 가장 먼저 다가올 것이기 때문이다. 이제 인간됨의 조건을 알
아차릴 무렵 김원일이 경험했던 고난에 찬 생활, 그리고 그 고난
에서 비껴날 수 없었던 장자로서의 체험, 이것은 이후 그의 생활
에서 가장 중요한 주제로 등장하게 하는 추동력이 되며, 그러한
가족관계를 우리 근현대사의 본질과 연관지음으로써 현실주의적
정향을 담보하게 된다.

4) 4·19와 알콜과 째즈

1960년 김원일은 서울로 올라온다. 대수농림고등학교를 졸업하

고 서라벌예술대학에 입학한 것이다. 교원 정도의 생활인이 되기를 바라는 어머니의 바람을 뒤로 하고 문학을 찾아 이제 처음으로 홀로 서게 된 것이다. 서울로 오게 된 구체적인 동기는 그가 김동리 선생의 추천으로 서라벌예대의 장학생이 되었다는 것에 있다. 장학생으로 선발되게 된 데는 그의 문학적 재능이 인정받았음은 물론이다. 『학원』지의 독자투고란 산문 심사를 꾸준히 맞아본 것도 김동리 선생이었거니와 또한 고교 마지막 시절 김원두의 주선으로 2인 공동소설집의 서문을 김동리 선생이 직접 써주었고, 또한 『한국일보』 신춘문예에 「음지」라는 소설이 최종심에 올랐다가 낙선된 것이 서라벌예대에 인정받은 것이다. 이해 『한국일보』 신춘문예에 당선된 작품이 표절로 그 당선이 취소된 점을 감안하면, 그는 고교시절에 어엿한 문인이 될 수 있었을 것이다. 이러한 아쉬움에도 불구하고 일단 서라벌예대 장학생이 되었다는 것만으로 위안을 삼으며, 그의 서울 생활이 또 다시 시작된 것이다.

그는 대학생활 동안 줄곧 당시 학생문단의 일인자로 일컬어지던 김원두와 양문길과 같이 자취생활을 한다. 이 시기 이 세사람의 터전을 작가 김용성은 다음과 같이 묘사하고 있다.

> 초기의 그(김원일을 말함—인용자)와의 사귐은 양문길, 김원두와 함께였는데 그럴 수밖에 없는 것이 그 세 사람은 거의 늘 붙어 다녔기 때문이다. 그들은 하루 세 끼 중 한 끼 정도 굶는 것을 예사로 여겼다. 세 사람은 자취방을 여러 군데 옮겨 다녔고 방값 밀리는 것은 보통이었으며, 어쩌다가 돈이 생기면 명동 갈매기집에서 막걸리 대포로 끼니를 때우거나 영화구경을 갔다. 그들에게는 데카당적인 기질이 있었는데 실상 그것은 그나 양문길의 기질이 아니라 김원두의 기질이었다.[17]

여기서 김용성이 말하는 '데카당적인 기질'이라는 말에 주목할
필요가 있다. 김용성은 이 '데카당적인 기질'이 김원두에 의해 주
도된 것이라고 못박고 있지만, 이 '데카당적인 기질'은 아마도 세
사람이 같이 뿜어내는 분위기라고 표현해야 보다 정확한 표현일
것이다. 작가 김원일의 표현에 따르면 이 시기는 그도 '문자 그대
로 객기로 넘긴 청년기'[18]였으니까 말이다. 또 이 시기의 세 사람
의 생활을 그려낸 그의 『어둠의 축제(祝祭)』의 당선소감에서도 작
가는 이 시기를 이렇게 규정하고 있다.

> 우리의 세대가 보낸 한 때의 무절제한 세월, 우정과 알콜과 째즈에 대하여
> 저는 증인으로 자청하여 나섰건만 원고지를 메꾸어온 긴 시간 동안 너무나
> 무력한 실력을 통감했고, 기도로써 스물다섯의 외롭고 쓸쓸한 생을 참회하곤
> 했습니다.[19]

작가 스스로의 표현에 따르자면 이 시기는 그야말로 '무절제한,
알콜과 째즈'만이 있는 풍경이다. 이 시기에 그는 또한 '한국문학
의 후진성을 매도했고, 서구 실험 소설에 심취'했으며, '음악실을
들랑거렸고 문우 김용성·신중신·조세희·조해일·이세방'[20] 등
을 만났다. 여기에서 우리는 한가지 의문을 떠올릴 수 있다. 그의
유년기, 소년기를 집요하게 따라다니며 그를 괴롭히던 장자의식
또는 생활감각은 어디에 있는가 하고 이왕 어머니에게서 멀어진
만큼 잊고 싶었으리라. 그리하여 객기를 부렸고 '무절제한 세월,

---

17) 김용성, 「소설 김원일」, 『제3세대 한국문학―김원일』, 1983, 443면.
18) 『사랑하는 자는 괴로움을 안다』, 209면.
19) 「당선소감―연약한 그릇」, 『현대문학』, 1967.7, 225면.
20) 『사랑하는 자는 괴로움을 안다』, 209면.

알콜과 째즈'에 빠졌으리라. 물론 '술에 취하면 어머니가 밤을 도와 돌리는 손틀 소리가 재갈재갈 들'리고 '그래서 술을 마시면 자주 울었고 깨고 나면 그 후회로 괴로워하며 소설을 끄적거렸'지만 그의 '미아리 대폿집과 '돌채', '쌔시봉', '르네상스' 음악실을 싸'도는 것을 막지 못했다. 말하자면 어머니의 영향력 밖으로 벗어난 것이다. 무엇 때문인가. 작가 김원일의 이 급격한 자기 부정에서 우리는 4·19의 문학적 표정을 읽을 수 있다. 작가 김원일은 4·19를 이렇게 서술하고 있다.

> 1학년 때 4·19를 겪었고 아듬해 5·16으로 군사정권이 들어섰다. 그러나 나는 정치현실에는 별 관심이 없었다. '사상에 미쳐 처자식 놔두고 이북에 간 애비는 미친 놈이다'란 원성을 귀에 딱지 앉을 만큼 듣고 자란 나는 정치나 사상이 거대한 허깨비로 보였고 이념문제라면 애써 등을 돌렸다. 사상·좌익이란 말은 꿈에라도 찾아올까봐 진저리쳤다. 나는 경찰서와 지서로 끌려다닌 어머니의 뼈아픈 상처를 기억하고 있었던 것이다.[21]

스스로 4·19와 5·16이 자신과는 별개 없는 것임을 밝히고 있지만, 그것은 어디까지나 정치적인 범주에 해당하는 것일 것이다. 4·19와 5·16의 정신사적 의미는 그의 초기 작품을 구성하게 되는바, 그것은 허무주의, 실존주의에로의 경사이다. 우리는 그의 데뷔작인 『어둠의 축제』에서 4·19, 5·16의 분명한 모습을 확인해 볼 수 있다.

> "째즌 우리의 뜨거운 가슴을 식히는 가장 효과적인 진정제인 셈이야. 목청

---

21) 『사랑하는 자는 괴로움을 안다』, 98면.

이 터져라 고함을 지르며, 땀흘리며, 몸을 흔들지 않냐, 음치인 너까지도 그 환희를 버릴 수 없다, 이말이야. …… 욕망의 불덩어리가 바로 내 젊음인데, 어찌 째즈를 저주할 수 있겠느냐, 이말이야. ……"

"뭐 신념과 긍지?" 장익은 대폿잔으로 술상을 쾅 치며 반문했다. "미친 소리 치워라. 탁상공론으로 신념과 긍지를 가지라구? 우리에게 남겨준 기성세대의 유산이 뭐야? …… 기성세대는 우리에게 신념과 긍지를 가지라고 말하되 마음은 우리에게 멀도다. 알겠냐? 미국구호물자로 기름지게 뱃속을 채울 동안 나라는 이꼴로 만들어 놓고선 뭐 신념과 긍지를 가지라구? 이리 탈을 쓰고 뱀혓바닥으로 그렇게 외쳐보라지, 개새끼들."

……

"시시한 소린 치워. 어떤 놈이 그런 말을 하지 않았어도 우리가 일으켰다구. 사일구를 말야." 장익이 말했다.

광대는 장익에게 엉뚱한 분풀이를 퍼부었다. "그런 애긴 덮어라. 어쨌든 내보다 키 큰 놈을 난 압도할 자신이 있어. 이길 수 있단 말야. 알겠어? 특히 장익이 너 잘 새겨둬라." 술상을 내려친 광대의 주먹이 떨리고 있었다.

"힘 자랑하는 너희들이 부럽다. 자, 쉬지 말고 피를 토할 때까지 마시지 그래." 연표가 말했다.

"남북통일이 되어 대동강 강물을 마실 그날까지." 나는 연표의 떨리는 목소리를 흉내냈다.22)

대학에 들어가자마자 4·19를 경험한 세대가 할 수 있는 것이란 이것 정도인지도 모른다. 4·19가 무엇 때문에 일어났고 무엇을 지향하고 있었는가라는 본질적인 물음에 대한 답 없이 바로 기성세대에 대한 전면적인 거부로 보아 버린 단순함, 그렇기에 강렬함을 위의 분위기는 잘 암시해주고 있다. 어릴 때부터 안볼 것마저 보아버린 세대, 그러나 기성세대는 이런 비인간적인 상황에는

---

22) 『어둠의 축제』, 중앙일보사, 1986, 146~147면.

관심조차 없이 꾸역꾸역 일상적인 삶을 살았다. 이런 기성세대 아니 더 나아가서는 이전의 삶의 양태 모든 것―전통, 일상적인 세계―의 부정으로 4·19를 받아들이고 있는 것이다. '왜, 무엇을 향하여'라는 질문 없이 기존의 것이란 당연히 엎어져야 할 것으로 인식했기에, 김원일은 음악실을 순회하며 째즈에 심취할 수 있었고, 쉽게 서구의 실험 소설에 빠져 들 수 있었다. 그것들은 이미 기존의 것을 넘어서려는 열기로 충만되어 있는 것이므로. 김원일이 이 시기에 유일하게 장자의식에서 벗어날 수 있었던 것도 이러한 분위기와 무관하지 않을 터이다. 그리고 이 실존주의적, 허무주의적 분위기는 그의 초기소설을 구축하는 축이 된다.

김원일은 이러한 분위기에 흠뻑 젖어 서라벌예대의 생활을 장식하게 된다. 그리하여 까뮈, 토마스만, 윌리암 포크너의 소설에 심취하고 서구의 실험소설 흉내를 낸 소설을 여기저기 신춘문예에 내보지만, 소득 없이 대학 생활을 정리할 수밖에 없었다. 62년 다시 대구로 귀향, 그곳에서 다시 생활의 찌들려 전기내선공의 생활을 하게 되고, 63년 누나와 친구의 도움을 받아 청구대학(현 영남대학교) 3학년에 편입하여 대학신문 편집국장을 맡지만, 곧 입대 66년 3월까지 군대생활을 하게 된다. 이 군대 시절에는 별 특이한 체험이 없었는지 「오늘의 진중」 한편만이 군생활에서 겪는 답답함과 울분, 그리고 벗어나고 싶음을 담담하게 말하고 있을 뿐이다.

그리고는 대구에서의 고통에 가득 찬 생활의 이어짐. 그는 청구대학에 다시 편입했고, 그리고는 또다시 우울했고 스스로 소외되었다. 당시의 생활을 작가는 이렇게 쓰고 있다.

　　공부는 제쳐두고 신문사와 인쇄소에서만 살았다. 원고가 잘 모이지 않으면 1면에서 4면까지 혼자 메꾸기도 했다. 나는 소설 습작도 포기한 채 허구헌 날 대폿집을 옮겨다니며 술걸레로 살았다. 무엇 때문에 그렇게 퍼마시고 끝내는 게걸스럽게 취해 하수구 바닥에서 신새벽을 맞았는지 모를 일이다. 감상적인 자학이 습관화되었고, 한국땅과 문단을 꽤 많이 욕질하기도 하였다.[23]

　　이때는 이미 그를 아끼던 이상실 씨가 그를 대신해 응모한 「1961년 알제리아」가 『매일신문』 모집의 '매일문학상'에 당선(1966.4)되어 지방문단의 말석을 차지한 이후이기도 하지만, 그 자폐증에서 벗어날 수는 없었다. 「1961년 알제리아」란 작품은 제목이 암시하듯 이국적인 풍경을 다룬 것일 뿐, 자신의 이야기는 아닌 것이었다. 결국 자신의 이 울분과 고통을 문학적인 것으로 만든 작품이 아니기에, 이 작품으로는 스스로에 대한 소외감을 메꿀 수 없었던 것이다. 이 생활은 그 뿌리를 알 수 없기에 더욱 고통에 찬 것이었고, 그리하여 빨리 마감하고 싶은 욕망이 휩싸임은 당연하다. 그리하여 그는 마침 『현대문학』사에서 모집하는 장편소설 모집에 문학에 대한 모든 것을 건다. 여기서도 낙방하면 문학을 집어치우고 신학공부를 하겠다는 결심을 굳힌다. 하루에 50매를 채우는 강행군이 시작된다. 당시 그의 처지를 딱하게 여긴 교수 한 분이 면소재지에 중학교 강사 자리를 마련해주어 낮에는 생업에 매달려야 했으므로 그야말로 사생결단을 한 강행군이 아닐 수 없었다. 이때 씌어진 작품이 『어둠의 축제』. 이 작품으로 그는 이동하의 「우울한 귀향」에 이어 준당선을 한다. 이 작품을 계기로 그는 비로소 굳건하게 소설가의 길을 걷게 된다. 떳떳하게 중앙의 문인으로 등단했다는 사실보다는, 자

---

23) 『사랑하는 자는 괴로움을 안다』, 211면.

신의 아픔의 한 자락을 그는 스스로 객관화한 것이었고(이 소설은 4·19 이후의 그의 삶에 대한 나름대로의 객관화라 할 수 있다), 그것이 인정을 받았던 것이다. 처음 토마스만으로 문학을 알았을 때 느낀 심정, 문학으로 병든 영혼을 치료할 수 있다는 가능성을 스스로 확인한 것이다.

이듬해인 1968년 그는 영남대학교(67년 후반기 졸업예정이었으나 등록금을 미처 내지 못하여 시험을 못 치른 통에 이듬해 봄 영남대학교 1회졸업생으로 학교를 마친다)를 졸업하고, 문학을 위해 삶의 터전을 마련하기 위해 서울로 올라온다. 그리고 어렵지만 문학에 전념할 수 있었으니, 문학에 뜻을 둔 이래 꽤나 혹독한 통과제의를 거치고 문학의 문에 들어선 셈이다. 이 혹독한 통과제의의 과정 ― 불행한 아버지·어머니의 삶, 그로 인해 감내해야 했던 애비 없는 장자로서의 무게, 인간은 무조건 올바르게 살아야 한다고 믿을 만큼 순수했기에 흠적 젖었던 무절제함, 알콜, 째즈, 그리고 고통 ― 을 그는 훌륭하게 거친 것이다. 문학을 위해 설레이며 올랐던 서울행 기차에서 그는, 이 고통이 결코 개인적인 것이 아니라 우리 근현대사의 전형적인 모습을 운명적으로 감싸안고 있었던 것이며 그 운명의 자락을 하나하나 핍진하게 풀어낼 때, 단연코 우리 문학사의 높은 봉우리로 설 수 있다는 것을 알았을까. 그가 어린 시절 짐졌던 삶의 무게는 우리 역사의 무게 그것이었고, 이 버거움을 이겨나간 것만으로도 그의 문학적 질은 이미 확보되어 있었는지도 모른다.

3. 객관화로서의 글쓰기―「어둠의 혼」에서 『불의 제전』까지

1) 작품집 『어둠의 혼』의 미정형성과 그 의미

1968년부터 작가 김원일의 서울생활은 시작된다. 문학을 향한 타오르는 열정을 내밀화시키며 다시 올라온 서울. 그러나 먼저 해야 할 것은 문학에의 올곧은 매달림보다는 생활의 터잡기였다. 그는 여전히 애비 없는 집안의 장자였던 것이다. 우선 일터를 찾아야 했다. 그래서 찾아든 곳이 국민서관(이 국민서관에서의 생활은 1985년까지 계속된다). 초기 국민서관의 생활은 매일 야근이었고 출판사 옆에 여관을 정해 놓고 일을 하기가 일쑤였다. 소설에 전력할 시간도 쓸 틈도 없었지만, 그래도 생활의 터전을 잡는 것으로 위안을 삼아야 하는 시기였다. 1972년 전인숙 씨와의 결혼. 이 결혼은 그의 인생의 한 전환점이 되어 그 즈음부터 모든 일이 순조롭게 풀려나갔다. 1975년에는 수유리에 자신의 집까지 마련했다. 때로는 감내하기 어려워 자살까지 꿈꾸게 했던 생활의 굴레에서 일단은 벗어난 셈이다. 이때부터 그의 문학은 꽃피기 시작한다.

이러한 생활의 죄어듦 속에서도 그의 작품은 꾸준히 이어졌다. 「소설적 사내」(1968.7), 「여자여 이 전율을」(1969.5), 「그대 죽어 눈뜨리」(1969.12), 「상실」(1971.1), 「앓는 바다」(1971.4), 「오늘의 진중」(1971.11), 「피의 체취」(1972.2), 「빛의 함몰」(1972.6), 「발병에서 심묵까지」(1972.11)를 발표하여 그의 문학에 대한 갈증을 일시나마 채울 수 있었다. 이러던 중 그의 문학적 도정에 한 조그마한 이정표가 되는

것이 「어둠의 혼」(1973.1). 이 한 편은 발표되자마자 비상한 관심을
끌어, 곧바로 『문학과지성』에 재수록(1973.6)되고, 그는 여기저기서
청탁을 받는다. 당시의 풍경을 작가는 다음과 같이 말한다.

> 결혼한 73년 가을. 나는 서라벌예대 시절 초고로 써 두었던 장편의 묵은
> 원고지 3백 장(이는 후에 『불의 제전』의 기본 골격이 됨—인용자)에서 추려
> 내어 1백장 정도의 단편 하나를 만들어, 당시 이문구형이 편집을 맡고 있던
> 『월간문학』에 맡겼다. 두어 달 뒤 73년 1월호에 발표된 그 소설이 「어둠의
> 혼」이다. 이념이나 분단문제에 대해 깊은 생각을 가지지 않은 상태에서 무심
> 코 가족사의 한 부분을 소설화했을 따름이었다. 남들이 나의 출세작이라 말
> 하는 만큼 나는 이 단편을 발표하고 갑자기 주목을 받게 되어, 그해 일곱편의
> 소설을 썼다. 청탁이 밀려 들어오고, 즐거운 마음으로 열심히 썼다.

이리하여 발표되는 작품이 「절망의 뿌리」(1973.3), 「갈증」(1973.6),
「비(悲)」(1973.8), 「압살」(1973.9), 「상사별곡」(1973.9), 「뼈의 고뇌」(1973.
12), 「불타는 혀」(1974.2), 「파라암」(1974.6), 「잠시 눕는 풀」(1974.7), 「락
사」(1974.12), 「침묵」(1975.2), 「허공의 돌멩이」(1975.3), 「굶주림의 행복」
(1975.5), 「역도」(1975.7), 「오늘 부는 바람」(1975.12), 「일출(日出)」(1975.
12), 「마음의 죽음」(1976.3), 「멀고 긴 송별」(1976.7), 「어둠의 변주」
(1976.9), 「농무일기」(1976.11), 「어느 예언가」(1977.6), 「어둠의 사슬」(1977.
6), 「행복한 소멸」(1977.9) 등이다. 이 중에서 「파라암」과 「잠시 눕는
풀」은 1975년 현대문학상을 수상하게 하는 계기가 되거니와 김원
일은 이 초기의 작품들을 묶어 『어둠의 혼』(1973), 『절망의 뿌리』
(1976), 『오늘 부는 바람』(1976)의 작품집을 상재하기에 이른다. 특히
「어둠의 혼」은 「장마」·「순이삼촌」으로 이어져 분단문학에 있어
서의 고유한 형식으로 명명되는 '순진한 눈'의 원형으로 그 문학

사적 의의를 인정받게 된다. 말하자면 소설가로서의 자기 위상을 공고히 하는 셈이다.

이 세 작품집에서 나타나는 그의 소설세계는 단순화하자면 커다랗게 두 개의 뿌리를 이루고 있다. 하나는 그의 훼손된 가족사를 드러내고자 한 것이고 또 다른 하나는 당시의 사회구조 속에서 소외된 민중의 삶을 그려낸 것이다. 말하자면 1970년대의 우리의 뒤틀린 현실의 부면을 그의 작품세계 안으로 끌어들이고자 하고 있는 것이다. 이러한 김원일의 초기의 문학세계는 다음과 같은 그의 문학적 이념과 닿아 있다.

> 그러나 이 수상에 한 가닥 자위도 있습니다. 저의 문학이, 이미 부유함을 받은 자, 배부른 자, 기뻐 웃는 자를 위한 작업이 되지 않고, 가난한 자, 눌린 자, 슬피 우는 자의 옹호자로서, 한편 팽배한 물욕주의시대에 버림받고 있는 깨어 있는 정신, 그리고 수치스럽게 개방되는 고분처럼 소멸되고 있는 이 겨레의 정한에도 애정을 가져야 한다는 격려의 뜻임을 알고 상 주신 여러분에게 감사합니다.[24]

> 74년 6월 경직된 정치상황 속에서 고통을 당했던 여러 사람들에 대하여 나는 한 사람의 시민으로써 또는 작가로서 심각한 양심의 가책을 받았다. 구속된 그들을 위하여 기독교인으로서 간절한 기도 정도는 드릴 수 있었지만 내가 할 수 있는 일이 과연 그것밖에 없을까를 되뇌이며, 익명으로 숨어사는 용기없음에 자책과 회의로 여름을 보내고, 가을에 들어서자 「침묵」을 쓰기 시작했다.[25]

우리의 뒤틀린 현실에서 '가난한 자, 억눌린 자, 슬피우는 자의

---

24) 「소감―75년 현대문학상 신인상 수상소감」, 『현대문학』, 1975.2, 15면.
25) 「작가의 말」, 『어둠의 사슬』, 고려원, 1980, 9면.

옹호자'로서의 작가가 되겠다는 것으로 계속 뒤틀리기만 하는 현실에의 강한 동참의지를 표명하고 있음에도 불구하고, 세권의 작품집에 묶인 그의 초기 소설은 당시의 또는 우리 역사의 도도한 흐름을 구체적으로 잡아채고 있지는 못하다. 단지 그가 문학에 뜻을 두면서 득의의 문학내용으로 설정하였던 '가난 · 열등의식 · 전쟁 · 장터거리 · 추위 · 결손가정 · 고향 · 들판 · 굶주림 · 월북자 · 고학생 · 죽음의 유혹 …… 등'26)이 일시에 표출된 것일 뿐이다. 그리하여 이 작품집들에 나타나는 주된 주제들은 '강도, 강간, 자살, 탈출, 제도적인 강제에 의한 허무한 죽음'이다. 이러한 문학적 주제들은 그가 스스로 고백하고 있듯이 '삶에 대한 증오심, 또는 그 답답함 끝에 역으로 부딪치는 그 무엇'을 '독자에게 느끼게 하고 진실로 고맙게 충고하고 싶은'27) 욕망의 드러남이기도 하고, 또는 문학수업시절 강하게 영향을 받았던 서구 실험소설의 분위기에서 헤어나지 못했음을 의미하는 것이기도 하다. 그리고 이러한 김원일의 초기세계는 곧 '현대사의 비극이 행복했어야 할 인간의 성장을 결정적으로 파괴한, 그리고 내면화된 의식의 충격'을 드러내고 있는 것28)이기도 하다.

그러나 이 외형적인 자리잡음에도 불구하고 실제 그의 초기 작품들은 아직도 미정형의 것이다. 예컨대 세계를 전유하는 그의 고유한 눈이라든가 분명한 발성법을 가지고 있지 못한 것이다. 좀더 부연하자면 그의 문학의 질을 꿰뚫는 조종중심이 아직도 이념적

---

26) 『사랑하는 자는 괴로움을 안다』, 73면.
27) 「후기」, 『절망의 뿌리』, 갑인출판사, 1976, 359면.
28) 김병익, 「60년대 의식의 편차」, 『문학과지성』, 1974.3, 172면.

인 것과 정서적인 것, 그리고 현실을 대하는 태도와 그의 문학방법 사이에 커다란 편차를 보여 명확한 방향성으로 모아지지 못하고 있는 것이다. 단지 그의 삶에 얽혀 있는 고통의 그리고 운명의 실타래를 아무 정지작업 없이 풀어낸 것일 뿐이다. 그리하여 그의 초기소설 중 해방 직후 또는 전쟁을 다룬 소설들과 '지금·이곳'을 다룬 소설들이 현격한 편차를 보이는 것이다. 그의 유·소년기를 다룬 소설은 그 체험 자체에 이미 소설적 원형성과 역사성이 개입되어 있어서 그것을 회고적으로 옮겨놓는 것만으로도 미적인 질이 확보되었지만, '지금·이곳'을 다룬 소설은 이 현실을 전유하고 그것을 문학적으로 형상화하는 데까지 간섭하고 작용하는 이데올로기적·미적 조종중심이 서 있지 않음으로써 '강도·강간·자살' 등의 극단적인 상황이 추상적으로 반복될 뿐인 것이다. 극단적으로 말하자면 「어둠의 혼」으로 이루어진 성과는 자각적이고 필연적인 것이라기보다는 우연적이다.

작가 김원일의 초기작품에 나타나는 이러한 한계성은 중요한 것과 중요하지 않은 것, 아름다운 것과 추한 것, 개인적인 것과 역사적인 것이 변증법적 관계로 탄탄하게 결합되어 있지 않다는 점에서 연유한다. 또한 그가 말한 '가난한 자, 눌린 자, 슬피우는 자'가 전혀 역사의 발전과정과 관계맺고 있지 못한 것과 연관되는 것에 연유한다. 즉 그의 세계를 바라보는, 그리고 작품을 끌어가는 조종중심이 분명한 형태로 자리잡지 못하고 있는 것이다. 이를 작가의 개인사와 결부시켜 보면, 이 시기까지는 아직도 작가 김원일이 그가 이제까지 감내해야만 했던 고통의 체험, 또는 운명의 실타래를 객관적으로 수미일관하게 체계짓고 있지 못함을 의미하는 것이다. 수시로 시선을 자신의 과거로 되돌리는 지난 시절의 운명의 실타래를 엉킨 그대로 보여주었을 뿐이지, 그것을 전체적인 그리고 역사적인 원근법을 부여해 수미일관한 것으로 재질서화하지는 못했던 것이다. 따라서 작가 김원일에게는 자신의 그 어려운 시절을 회고하며, 아팠기에 어느 것 하나 쉽게 잊힐 수 없는 체험의 실타래에서 중요하지 않은 것과 중요한 것을 구분해 끊어내야 하는 또 한차례의 아픔을 경험해야 했다. 작가는 이 작업을 누구보다도 성실히 수행한다. 『노을』이 그것이다.

2) '공적 애비'의 찾기와 가족공동체주의

김원일 문학은 「어둠의 혼」의 세계를 넘어 한 차례의 질적 비약을 하는 계기를 맞게 되는데, 그것은 『노을』(『현대문학』, 1977.9~1978.9)을 통해서 이루어진다. 작가는 이 작품으로 1978년에 '한국소설문학상'과 '대한민국문학상 대통령상'을 수상하고 문단의 중견으로서 확고한 자기 위치를 마련하게 된다. 또한 이 작품에서 선보인 귀향모티브는 이동하의 「파편」, 현기영의 「순이 삼촌」, 조정래의 「인간의 문」, 현길언의 「귀향」 등으로 이어져, 분단소설의 한 중요한 내적 형식으로 자리한 바 있다. 물론 이 귀향모티브는 일제시대의 염상섭의 「만세전」, 이기영의 『홍수』·『고향』에서부터 비롯되어 해방 후의 허준의 「잔등」에서도 나타난 바 있고, 그리고 1960~70년대의 김승옥의 「무진기행」, 황석영의 「삼포 가는 길」 등에서도 작품의 주제를 응축하는 중요한 내적 형식으로 제기된 바 있다. 그러나

이러한 귀향모티브를 분단문제와 연결시킨 『노을』이 가지는 의미
는 줄어들지 않는다. 모두가 묻어두고 싶은 과거에 견고하게 또아
리를 틀고 있는 남북의 갈라짐이라는 상황. 이 개인사의 면면에 배
어 있는 우리의 역사를 발견하지 않는 한, 또는 해방 직후 당시 이
념에 의하여 갈라질 수밖에 없었던 가해자와 피해자들이 서로를
이해하고 화해하지 않는 한 분단의 진정한 극복이란 있을 수 없다
는 것을 이 귀향모티브만큼 응결된 구조로 말해줄 수 있는 것이 있
을까. 이러한 모티브를 누구보다도 먼저 끌어들인 『노을』은 바로
작가 김원일인 것이다.

　이상으로 『노을』이 우리 문학사에서 차지하는 위치는 드러난
셈이거니와 이 작품은 또한 그의 문학의 전개과정에 있어서도 중
요한 갈림길에 해당한다. 그는 『노을』에 대해 다음과 같이 말하고
있다.

> 　장편소설 『노을』부터 나는 우리 민족이 겪은 수난의 역사, 즉 분단문제를
> 내 문학 속의 큰 줄기로 끌어들였다. 우리 가족사의 한 부분이기도 한 해방과
> 육이오 전후사를 쓰기 시작하면서 내 글이 어느 정도 객관적인 힘을 얻지 않
> 았나 싶다. 창작집 『도요새에 관한 瞑想』도 현실문제의 폭을 넓힌 결과의 소
> 산이다. 번역투의 서투른 문장도 『노을』을 쓰면서 많이 가다듬어져 정확한
> 표현, 쉬운 표현을 갖게 되었다.[29]

　위의 인용에서 우리는 『노을』이 그의 문학에서 차지하는 위치
가 얼마나 중요한 것인가를 일목요연하게 확인할 수 있다. 그는
스스로 『노을』 한 편으로 그의 소설이 객관성(또는 현실성)을 확보

---

29) 『사랑하는 자는 괴로움을 안다』, 214면.

하게 되었으며, 서구 실험소설의 영향에서 벗어나 구체적 현실을 부여잡는 그의 고유한 눈과 발성법을 마련하게 되었음을 고백하고 있거니와 실제 이 고백은 그의 소설의 전개와 일치하는 것이기도 하다. 그는 곧바로 해방 직후부터 6·25에 걸친 우리의 도도한 역사적 현실을 성공적으로 형상화한 『불의 제전』을 쓰게 되고, 또한 『절명』(1978.3─이 작품은 후에 『늘푸른 소나무』의 기본 골격이 된다), 「박명」(1978.5), 「달맞이꽃」(1978.12), 「목숨」(1979.5), 「도요새에 관한 명상」(1979.6), 「비가」(1979.10), 「모자」(1979.12), 「연」, 「오누이」(1980.3), 「사진 한 장」(1981.3), 「따뜻한 돌」(1981.3), 「미망」(1982.9), 「세상살이」(1983.6), 「환멸을 찾아서」(1983.10~11), 「불망기」(1984.6), 「숨어 있는 땅」(1984.9) 등을 내리 발표한다. 이 소설들은 하나같이 초기의 단편에서 보이던 '강도, 강간, 살인, 고문, 처형' 등의 강렬함 즉 관념성이 사라지고, 그 대신에 현실의 핍진함과 현실의 본질적 계기에 대한 인식과 변형이라는 발전적인 형상을 채워나가고 있다. 그럼 『노을』이 이처럼 그의 문학세계의 양적인 확산뿐만 아니라 질적 전환의 계기로 자리잡게 된 이유는 무엇인가.

『노을』이 바로 그의 불가해한 것으로 스스로 인정했던 그의 삶의 뿌리 또는 고통의 뿌리를 정면에서 파헤치고자 했던 그런 작품이기 때문이다. 『노을』은 그 구조 자체가 지난 날의 체험을 종합해 지금의 나의 실체를 객관화하고자 하는 의도를 지니고 있다. 소시민인 '나'가 29년 전의 '나'의 체험을 회고하는 형식으로 되어 있는 『노을』은 이미 구조 자체가 이전의 '나'와 지금의 '나'의 모습을 '나'가 납득할 수 있을 정도로 객관화, 역사화하지 않고는 지탱될 수 없는 그러한 것이다. 그리하여 어떤 식으로든 '나'의 삶은 자신에 의해서 새로이, 명확한 형태로 규정되지 않고는 소설 자체의 긴장력이 유지될 수 없었던 것이다. 그는 『노을』에서 이 작업을 행하고 있는 것이다. 아니 정확히 표현하자면 지금의 '나'의 삶의 객관적인 의미를 밝히려는 의도가 이런 구조를 취하게 했을 것이다. 이 결과로 작가가 얻은 결론은 다음과 같은 것이다.

> 그러나 잠시 후, 아니 내일, 아니 먼 훗날, 그때 내가 그를 욕하게 될지라도 지금은 아버지가 지은 모든 죄를 용서해 주리라, 그럴 수밖에 없다, 고 나는 마음 먹었다. 당신 말고는 어느 누구도 나에게는 아버지가 될 수 없기 때문이었다.30)

그의 운명에 아버지의 삶의 무게가 녹아 들어간 지 29년의 세월만이 이루어진 결론이란 점에 주목할 필요가 있다. 아버지 없는 집안의 장자였기에 주어진 고통의 무게, 그 무게를 작가는 얼마나 버거워했던가. 그는 아버지이자 아들이어야 했다. 그런 까닭에 주어진 고통. 그래서 그는 그 고통의 연원을 알 수 없었고 부정하고자만 했다. 당연히 그의 소설엔 알 수 없는 고통이 그대로 분출되었고, 그것은 강도, 강간, 고문, 처형이란 극단적인 형태로 나타났다. 그러나 이제 작가는 이제까지 짐져야 했던 그 고통의 연원을 확인한 것이다. 그 고통의 뿌리는 아버지에 있었고, 또한 아버지가 살았던 시대 이래로 자리한 분단된 상황에 있었다. 어머니는 바로 아버지의 그러한 행동 때문에 어린 그를 그토록 모질게 다루었고 그의 고통은 바로 그것에서 시작된 것이었다. 『노을』에서 작가는 바로 이것을 확인한 것이다. 물론 아버지가 왜 그런 행동들을 했

---

30) 『노을』, 문학과지성사, 1978, 341면.

는지(『노을』에서의 아버지의 행동은 이해할 수 없는 광기로 표현되어 있다),
그래서 자신을 그런 고통에 신음하며 살게 했는지는 알 수 없지만
이제 용서할 수 있는 그런 위치에 작가는 서 있게 것이다. 예컨대
불가해한 것으로 느껴졌던 아버지·어머니의 삶을 객관화시키게
되었고, 따라서 자신을 객관화시키게 된 것이다. 이런 마당에 알
수 없는 고통과 그로 인한 광기에 가까운 부정의 세계를 함축한
서구의 실험소설의 영향에서 자연스레 벗어날 수 있었고, 또한 그
의 문학에서 보이던 추상성은 핍진성으로 바뀔 수 있었다. '가난
한 자, 눌린 자, 슬피우는 자'의 고통의 근저에는 분단이라는, 현실
의 모순이라는 도도한 역사의 전개가 깔려 있다는 것을 이제 깨달
은 것이다. 이제 그의 문학에는 각 인물의 삶을 꿰뚫는 객관적인
힘이 비로소 자리하게 된 것이다.

『노을』이 비록 이런 전환의 계기를 마련한 것임은 분명하지만
도달점이 될 수는 없는 것이다. '아버지를 이해하고 용서하리라'는
깨달음은 이제 새로이 시작하는 의미만을 지닌 것에 불과하기 때
문이다. 『노을』에서 등장한 '김갑조'는 우리가 살펴본 작가의 아버
지와는 전혀 반대되는 인물일 뿐이다. 그리하여 그는 진정으로 아
버지를 이해하기 위해, 또는 용서하기 위해 그의 아버지를 객관화
시켜 나가는 길이 또다시 요구되었던 것이다. 그 결과로 씌어진
것이 『불의 제전』이다. 『불의 제전』의 앞머리에 놓인 작가의 말은
그가 어떤 방향에서 아버지를 객관화하려는지 잘 보여준다.

해방 후부터 6·25 전쟁 사이의 세월은 아물지 않은 세월을 보듯 눈만 주
어도 민감하게 통증이 오는 시대이다. 나는 잃은 나라를 되찾은 기쁨을 기억

하지 못하고, 6·25를 국민학교 3학년에 겪었다. 그러므로 나의 세대가 그 시대를 다루자면 뜨거운 가슴이 아닌 추체험의 현장감도 문제지만 자료의 부족과 편견의 40년 세월이 허리를 접고 있는 현실적 제약 또한 간과할 수 없다. 그럼에도 불구하고 아련한 기억의 그리움에 연연하여, 나는 그 시대를 쓰지 않고는 다른 어떤 소재도 내 몫이 아닌 듯 여겨졌다. …… 사실 그 시대는 우리 민족만이 당한, 지금도 증오로써 앙갚음하겠다는 분단의 연장선상만은 아니다. 과거에도, 지금 제3세계권에서도 동질의 악순환은 되풀이되고 있다. 절대적 빈곤과 질병에 시달리며 생존 자체를 위협받고 있는 나라, 이데올로기나 계층간의 편견으로 해방을 원하는 나라, 사대주의와 민족주의의 간극이 갈등을 빚는 나라, 자유와 민주 또는 평등의 실천적 외침이 제도적으로 통제받는 나라가 있는 한, 이런 소재가 역사의 한 장으로 물러갈 수 없으며, 작가란 그런 모습의 현실을 외면해서는 안되리라 믿는다. '리얼리즘 소설 미학을 신뢰하며, 그 시대를 다양하게 파헤쳐 우리 민족의 삶을 총체적으로 표현한다'는 낡은 창작노트가 한갓 의욕만으로 끝나서는 안된다는 마음으로 힘을 들였지만 ……31)

즉 아버지의 삶을 당시의 총체성 속에서 정확하게 위치지어야 한다는 인식을 보이고 있는 것이다. 이제 본래 그대로의 아버지의 모습을 복원해야 할 뿐 아니라, 당대의 총체성 속에서 아버지의 삶의 양상까지도 정확하게 자리매김해야 한다는 의식이 새로이 성립한 것이다. 이때 그의 아버지는 작가 김원일의 아버지로서가 아니라 '공적 애비'로 확산되며, 그의 가족사의 수난도 민족사의 비극으로 확대된다. 뿐만 아니라 그의 아버지의 형상도 있는 그대로의 아버지의 모습으로 형상화되며, 그의 가족사도 아무 편견없이 회상된다(「미망」의 경우). 그리하여 그의 문학은 인간과 인간을 둘러싼 세계를 그 대상으로 삶게 되며, 그것이 인간간의 관계를

---

31) 「작가의 말」, 『불의 제전』, 문학과지성사, 6~7면.

엮어내는 역사적 추동력까지를 비끌어매면서 그의 소설은 현실의 핍진성과 더불어 현실주의적 정향을 내포하게 된다. 역사에 있어서 본질적인 것과 비본질적인 것, 필연적인 것과 우연적인 것을 구분하고 변증법적으로 연관시킬 수 있는 이데올로기적 미적 조종중심이 자리하기 시작한 것이다. 「도요새에 관한 명상」, 「환멸을 찾아서」는 바로 그 구체적인 성과물이다.

　이제까지 『노을』과 『불의 제전』을 통해서 가족사를 넘어 역사의 대해로 길을 다잡는 작가의 지난한 과정은 드러난 셈이다. 그러나 이 시기 그의 문학을 살펴보는 자리에서 한가지 지적해야 할 사실이 있다. 그것은 그의 소설적 전개과정이, 비록 역사의 대해로 나아가는 과정을 보이고 있음에도 불구하고 가족공동체주의를 보이고 있다는 사실일 것이다. 말하자면 그의 체험의 전부를 이루는 아버지와 어머니의 삶을 역사적으로 이해하면서 역사성을 담보하게는 되지만, 이 과정에서 가족사를 통해 우리의 전역사를 포괄하려는 태도가 잉태된다. 이는 그의 삶의 과정을 비추어 볼진대 당연한 결과인지도 모른다. 아버지 없는 장자로서의 짐. 세계의 이면에 눈을 뜰 시기에 지워진 이 짐은 워낙 강고하여 그가 세계를 바라보는 데에는 언제나 가족이라는 매개가 작용하며, 또한 그의 염원은 정상적인 가정 또는 가족공동체에 대한 강한 염원이 개입됨은 당연한 결과라 할 수 있다. 그러나 가족이라는 매개로 당시의 총체성을 구현할 수는 없는 것이다. 『불의 제전』 1부는 이런 한계에서 자유롭지 못하여, 조민세 가족에 대한 강한 집착과 갑해와 안전총, 심찬수를 통해 제시되는 가족공동체적 사고에 의한 당대 사회적 실천의 가치평가는, 당대의 복잡하고 미묘한 현실을 감싸안고 그 속에서 역사적 전망을 제시하기에는 역부족인 것이다. 결국 『불의 제전』은 이런 한계로 일단 중단[32]될 수밖에 없었다.

4. 가족사의 극복과 역사적 진실성의 구현

"이 이야기를 엮다보면 내가 문학 청년 시절의 바람이었던 한 작가로서의 몫도 대충 마무리되리라"고 작가 스스로 인식했던, 그러기에 자신의 모든 재능과 열정을 한군데로 모았던 『불의 제전』의 연재가 중단된 시기에 그는 「바람과 강」(1985.6~7), 「겨울골짜기」(1985.12~87.3), 『늘푸른 소나무』(1987.3.16~?), 「깊은 골 큰 산」(1988)을 잇달아 발표한다. 『불의 제전』 연재의 중단에는 물론 이 커다란 장편을 연재할 지면을 확보하지 못한데 그 연유도 있겠으나, 보다 본질적인 이유는 다음과 같은 사실과 연관되어 있다.

해방과 육이오전쟁 사이를 시대로 잡아 분단과 관련된 소설을 주로 쓰다보니, 내 의식도 늘 그 시대의 삶에 매여 있는 형편이다. 그런데 분단문제에 따른 소설을 지금까지 써 올 동안 끊임없이 나를 괴롭힌 질문이 있었다면, "너의 글이 그 시대의 핵심에 얼마만큼 접근해 있느냐"란, 나 자신을 향한 힐책이었다. 이 소설(「겨울골짜기」를 말함―인용자)도 따지고 보면 그 힐책의 속

---

32) 『불의 제전』의 2부는 『학원』지에 1984년과 1985년에 걸쳐 연재되다가 잡지의 폐간으로 중단되며, 또 1988년부터 1989년 5월까지 『동서문학』에 15회가 연재되다가 역시 중단되어 있다.

죄의식으로 구성되지 않았나싶다.[33]

　육·이오의 실상이란 이성적 판단에 따른 희망(꿈 또는 이념이라 해도 되겠지만)을 위해 싸웠다기보다 맹목적인 생존을 위해 싸운 경우가 얼마나 흔했으며, 살상 또한 보복에 따른 개인적 감정으로 저지른 경우가 허다했던 점은 분명하다. 그러나 사실이 그렇다고 문학 속에서 그런 사실을 진실 자체로 인정하여 무책임하게 묘사할 때, 분단이란 어떤 측면에서 추악한 상처만 더욱 드러낸다는 혐의를 벗어날 수 없을 것이다. 한편, 가족사적 파멸, 전쟁의 증오 따위는 별 중요한 의미가 없다는 엉뚱한 생각까지 갖게 되었다. 물론 육·이오가 가족의 이산을 초래하고 너남 없이 혹독한 가난을 체험시킨 것은 사실이지만, 그것이 너무 당연한 사실이지만 그 사실의 확인만을 붙잡고 늘어져서야 정말 동어반복이 아닐까 하는 의구심 때문이다. …… 그렇지만 오늘의 분단문학은 대체로 자본주의적 핵가족의 시류를 좇아 "가정의 파괴자여, 전쟁이여"라는 원색적인 규탄만을 일삼고 있고, 나 역시 그런 범주에 속하리라 믿는다. 그렇지만 "가족은 흩어지고 처자식은 거리로 나앉게 하여 이룰 수 있는 통일문학이란 무엇인가?"라고 묻는다면 나로서도 그 대안을 찾기에는 암중모색일 수밖에 없다.[34]

　분단문학이 가족사의 범주여서는 안 된다는 것, 당시의 표면적 사실에의 집착이 아니라 그 표면적 사실을 가능케 한 역사적 진실을 밝혀내야 한다는 것, 그리고 이것은 그 시대의 핵심에 다가갈 때 가능하다는 것을 인식한 자리에서 『불의 제전(祭典)』은 중단된 것이며, 「바람과 강」, 「겨울골짜기」, 『늘푸른 소나무』 등은 이 암중모색의 과정에서 산출된 것이다.

　작가가 그토록 심혈을 기울였고, 작고한 김현이 "나는 『바람과

---

33) 「작가의 말」, 『겨울골짜기』, 민음사, 1987, 5면.
34) 「6·25문학의 반성」, 『한국문학』, 1985.6, 156~158면.

강』을 통해서 김원일이 그의 작품세계에 있어서 뿐만이 아니고, 1980년대의 소설공간에 중요한 소설공간을 놓았음을 인정하지 않을 수 없다. 저 감동 잘하는 서정시인들의 감탄사를 빌어, 아, 김원일, 하고 느낌표를 찍고 싶다”[35]고 말한 『바람과 강』에서 우리가 확인할 수 있는 것은 한 인간을 단선적으로가 아니라 다층적으로 파악하려는 작가의 노력이다. 이제 김원일에게 있어 인간의 삶이란 단지 그가 살아온 가시화할 수 있는 상황에 의해서 제약되는 것이 아니라 인간을 둘러싼 제반 조건 — 태어남, 죽음, 자연, 역사, 현실 — 속에서 형성되어진다. 이런 관점에 설 때 한 인간에 대한 불가해성이란 있을 수 없다. 즉 객관적인 현실에 의해서 제약되지만 그 살고자 하는 주체적인 의지에 의해 자신의 삶을 이끌어 가는 인간이 대신 들어서게 된 것이다. 이런 마당에 「어둠의 혼」에서 제시되는 ‘수수께끼’와 같은 아버지의 삶이라든가, 또는 『노을』에서 보이는 이해할 수 없는 광기로 표출되는 아버지의 삶, 그리고 『불의 제전』 1부에서 보이는 이데올로기에 자신의 인간성을 상실한 아버지의 모습은 더 이상 이어질 수 없음은 물론이다.

한편으로는 리얼리즘의 퇴보로,[36] 또 한편으로는 『태백산맥』과 더불어 우리의 분단문학에 새 장을 연 것으로[37] 평가된 「겨울골짜기」의 경우도 김원일 자신에 있어서도 보다 진전된 소설의 진경을 보여주고 있음은 마찬가지이다. 자기의 가족이 갈라졌고, 그의 삶에 깊은 상처를 남긴 해방 직후의 상황을, 그는 이제 세계사의 역

---

35) 김현, 「달관의 역사적 의미」, 『바람과 강』, 문학과지성사, 1985, 270면.
36) 정호웅, 「분단소설의 후퇴와 전진」, 『문예중앙』, 1987년 가을.
37) 조남현, 「분단문학의 새 지평」, 『삶과 문학적 인식』, 문학과지성사, 1988.

학적인 관계 속에서 표출된 모순의 구조 속에서, 그리고 올바르게 살고자 한 민중들의 다양한 삶의 과정 속에서 파악하기 시작한 것이다. 물론 막연한 휴머니즘이 작품을 선뜻 현실주의적 정향을 지닌 것으로 파악케 하는 데는 망설이게 하지만, 이전의 작품에서 보이던 '수수께끼, 광기, 이데올로기에 의한 인간성 상실'이라는 역사를 바라보는 추상적인 범주를 뛰어넘어서 준열한 역사적 흐름 속에서 위치지우고자 하는 노력만은 쉽게 동의할 수 있다.

『늘푸른 소나무』 역시 마찬가지이다. 일제합방시기를 배경으로 하고 있는 이 소설에서 작가는 해방 후의 그 상황이 결코 갑자기 돌출된 것이 아니라 그 이전부터 이어져 온 뿌리가 지상으로 곧추 세워진 것이라는 점을 명확히 하는 동시에, 또한 급변하는 역사적 삶 속에서 자신의 삶의 의미를 자각하려는 인물의 제시를 통해 한 인간의 삶이란 구체적 역사적 현실 속에서 형성되며 그 속에서 형성된 주체적인 의지가 그 현실에 실천적으로 기여할 때 역사란 비로소 올바른 곳으로 발전한다는 주체적인 인간상을 제시하고 있다. 『늘푸른 소나무』는 물론 이기영의 『봄』, 김남천의 『대하』, 김사량의 「낙조」, 한설야의 『탑』 등에서 왜곡된 모습으로 형상화된 민족주의자들을 올바른 모습으로 바꾸어 놓았다는 문학사적 의미를 갖기도 한다. 그러나 작가 자신에게 정작 중요한 것은 아마도 주체적인 인간상의 확립일 터이며, 역사를 바라보는 매개로서 이제는 가족사의 좁은 범주가 아니라 당대적 삶을 올바로 이끌려는 제계층을 설정하게 되었다는 점에 있을 것이다. 인간의 삶의 형성하고 발전시키는 깊은 연원에의 관심, 이것이 마련된 마당에 이제 한 인간의 모습이 수수께끼로, 광기로, 이데올로기에 의한 인간성의 상실로 그려지지는 않을 것이다.

이들 작품이 갖는 의미는 이들 작품과 나란히 하면서 또는 그 결과로 씌어진 「마당깊은 집」, 『불의 제전』 2부를 확인해보면 분명해진다. 분명히 이전의 작품과 마찬가지로 아버지와 어머니의 삶이 기본축을 이루고 있는 이 작품은 이제는 협소한 가족중심주의로 좁아지지 않고 도도한 역사적 흐름 속으로 확대되어 나가고 있다. 그리하여 자신을 옥죄기만 했던 어머니를 1950년대의 객관적 상황 속에 정확히 위치지우고 또한 그런 어머니를 이해하게 되며(「마당깊은 집」), 아버지가 행하고자 했던 행동들을 총체적인 현실 속으로 진입시킨다(『불의 제전』 2부). 그 결과 이 두 작품은 당대를 살아간 지식인과 민중의 삶을 폭과 깊이에 있어 압도하며 우리 앞에 제시하고 있다. 이제 그는 어떤 선입견에 젖어 인간을 비틀고 그 인간의 의미를 터무니없이 확대하거나 축소하는 것이 아니라 인간과 인간을 둘러싼 세계를 추동시키는 역사적 본질과의 관계 속에서 정확하게 위치짓게 된 것이다. 이는 매 시기 세계를 전유하는 자신의 '눈'에 만족하지 않고 역사의 발전 속에서 재정립하려는 작가의 놀라운 자기 확대의 열정과 연결된다. 이 노력에 의해 작가는 비로소 오늘의 김원일로 우리 소설사에 우뚝 설 수 있었다 해도 과언은 아닐 터이다.

5. 운명의 힘

　우리는 이제까지 작가 김원일의 삶과 문학을 되짚으며 꽤나 멀고 어려운 길을 걸어온 셈이다. 그의 삶에는 해방, 6·25, 4·19, 5·16, 7·4와 유신 등 우리 근현대사의 커다란 계기들이 모두 있었고, 또한 훼손된 가족, 그로 인한 가난, 아버지 없는 장자로서의 고통, 좌절, 우울 등이 있었다. 우리는 이때 같이 아파했으며, 이런 것들에 끊임없이 좌절하면서도, 좌절이 있었기에 더욱 올바르게 극복하는 작가의 모습에 도에 지나친 흥분을 맛보기도 하였다. 그의 문학은 바로 이러한 고통이 내밀화된 것이기에 어느 것 하나 정이 가지 않는 것이 없는지도 모른다.

　이제 이 작가의 생을 좇아 91년까지 온 시간여행의 끝에서 우리는 어느덧 우리 소설사에서 빼놓을 수 없는 대가로 자리한 그의 모습을 발견했고, 또 그것을 당연한 것으로 받아들였다. 어떤 이는 이런 말을 하기도 한다. 이제 그는 「마당 깊은 집」으로 어머니를, 그리고 『불의 제전』으로 아버지를 객관적으로 자리매김했으니, 그의 예견대로 '이 이야기를 엮다보면 내가 문학청년 시절의 바람이었던 한 작가로서의 몫도 마무리짓게 되'는 것이 아니냐고. 그리고 이에 비추어 보면 그의 이야기는 지나치게 동어반복적이었으며, 더딘 걸음이 아니었냐고. 그러나 우리는 추측할 수 있다. 아니, 그의 문학적 여정을 따라오며 확인한 바에 의하여 자신 있게 말할 수 있다. 그의 문학은 이제 비로소 시작이라고. 그의 문학은 이제 해방 직후의 앞으로도 또는 뒤로도 갈 수 있다고. 아니면 이 일제

시대 그리고 전쟁 이후에서 오늘날에 이르는 시기의 총체적 이해 위에 다시 해방 직후로 돌아가 그 시기를 재조명할 수도 있다고

그러나 위의 단언은 결코 이제까지 보였던 작가의 성실성만을 염두에 둔 것은 아니다. 우리의 단언을 앞서 말해준 작품을 그는 이미 선보인 바 있는 것이다. 바로 「마음의 감옥」이다. 이 작품에서 우리가 확인할 수 있는 것은 작가가 이제 인간을 당대를 추동시키는 본질적인 것과의 상관성 속에서 파악하게 되었다는 것이다.그것은 아우의 삶의 이해에서 단적으로 나타난다. 이는 아우의 삶에 대한 이해이자 동시에 자신의 삶에 대한 이해이기도 하다. 그는 아우의 시체를 거주제한지역에서 빼내는 동안 자신이 바로 순수했기에 망설임이 없었던 4·19세대임을, 그리고 4·19 당시의 자신의 삶을 객관화해내고 있는 것이다. 이는 10년 전에 씌어진 비슷한 주제를 선택했던 「비가」와는 전혀 다른 세계관을 그가 가지게 되었음을 보여주는 것이다. 「비가」에서 오로지 이해할 수 없는 것으로 파악되던 아우의 삶이 이제는 주체적인 인간상으로, 그리고 그 자신마저도 아우의 삶과 어깨를 같이하는 것으로 변모하고 있는 것이다. 이는 어릴 때 그의 삶을 옥죄던 장자의식이 이제는 역사의식과 결부되어, 인간과 인간을 둘러싼 세계, 그리고 그 인간의 모습을 궁극적으로 결정짓는 현실의 추동력을 그의 문학의 영역으로 끌어들이게 하는 포용력으로, 깊고 풍부함으로 작용하게 되었음을 의미한다. 그리고 이 장자의식은 수시로 변하는 현상에 예민하게 반응하여 때로는 작은 일에도 자의식의 변화를 낳은 가벼움이 아니라, 비록 느리지만 변화하는 현실의 본질적 계기와 추동력을 놓치지 않고 잡아챌 수 있는 올바른 이데올로기적·

미적 조종중심이 될 것임을 우리는 확신할 수 있다. 이점이 「마음의 감옥」이 갖는 문제성이며, 이제 김원일의 문학은 우리의 역사의 도도한 흐름과 그 맥을 같이 해나갈 것임을 확인하게 되는 것이다.

이제 우리의 여정을 마치자. 이 여정에서 우리가 확인한 것은 단지 그의 문학이 앞으로도 계속 발전해나갈 것이라는 자그마한 것인지도 모른다. 그러나 우리의 여행은 이것만으로도 풍족하다. 한 작가에게 아직도 또 다른 미래가 있다는 것 외에 더 의미 있는 일은 없을 것이기 때문이다.

개인과 사회의 대립적 인식과 그 의미
김승옥론

1. 한국소설사에 있어서 귀향의 의미

한국소설사에 있어서 귀향의 의미란 무엇인가. 이 물음이 갖는 중요성은 귀향모티브로 짜여진 몇 작품만 열거해 보아도 그 의미가 드러날 터이다. 근대소설을 대표하는 「만세전」(염상섭, 1923) 「과도기」(한설야, 1929), 「홍수」(이기영, 1931), 『고향』(이기영, 1933), 등이 모두 귀향모티브로 구성되어 있거니와, 해방 이후도 역시 사정은 다르지 않다. 「잔등」(허준, 1946), 「해방의 아들」(염상섭, 1947), 「무진기행」(김승옥, 1964), 「삼포가는 길」(황석영, 1973), 『노을』(김원일, 1977), 「징소리」(문순태, 1977) 등 현대소설사에 우뚝 솟은 작품들이 바로 이 귀향모티브를 근간으로 구성되어 있는 것이다. 예컨대 귀향모티브란 우리 소설을 지금의 수준으로 끌어올린 가장 주요한 인자로 작용한다 하겠다.

그럼 그 구체적인 요인이란 무엇이겠는가. 그것은 떠나왔던 고향을 다시 찾는 행위의 상징적 의미와 연관이 깊을 터인데, 그 상징적 의미란 한 개인에 있어 고향이 갖는 본래적 속성에 연유한다. 한 개인에 있어 고향이란 어떤 의미를 지니는가. 고향이란 마르크스가 서사시의 시대를 인류의 유년기라 불렀듯 끊임없이 향수를 불러일으키는 곳이며, 보다 구체적으로는 다음과 같은 의미를 지니는 곳을 터이다.

> 별이 빛나는 창공을 보고, 갈 수가 있고 또 가야만 하는 길의 지도를 읽을 수 있던 시대는 얼마나 행복했던가? 그리고 그 별빛이 그 길을 훤히 밝혀주던 시대는 얼마나 행복했던가? 이런 시대에 있어서 모든 것은 새로우면서도 친숙하며, 또 모험으로 가득차 있으면서도 결국은 자신의 소유로 되는 것이다. 그리고 세계는 무한히 광대하지만 마치 자기 집에 있는 것처럼 아늑한데, 왜냐하면 영혼속에서 타오르는 불꽃은 별들이 말하고 있는 빛과 본질적으로 동일하기 때문이다.
> ― 루카치, 반성완 역, 『소설의 이론』, 심설당, 1985, 29면

이러한 고향으로 돌아가는 것은 무엇이겠는가. 귀향이란 이토록 분명하게 모든 것이 조화를 이루는 세계에 현재를 반추하는 것에 다름 아닐 터인데, 여기에 이르면 한 개인은 자신도 모르는 사이에 개인과 전체, 존재와 당위가 현격하게 엇갈려 있는 현실에 대한 자기 인식을 보이게 된다. 즉 문제적 개인으로 화하는 것이다. 루카치가 말한 대로 '소설의 진행은 문제적 개인이 자신을 찾아가

는 여행'이라고 한다면, 귀향모티브란 부르조아시대의 서사시를 그려내는 데 가장 적합한 형식적 요건이 되는 셈이다. 요컨대 귀향 모티브 자체에 이미 개인과 대상의 총체성과의 연관을 지향하는 소설의 내적 형식이 담보되어 있는 것이다. 따라서 근대적 의미의 소설 전통이 일천한 우리 문학사에서 귀향모티브를 갖추고 있는 작품만이 유독 지속적으로 문제적인 의미를 지닐 수 있었던 것은 당연한 결과라 할 것이다.

이로써 귀향모티브가 우리 소설사에서 문제적일 수 있었던 이유의 일단은 드러난 셈이거니와, 여기에 한국의 역사진행과정을 덧붙이면 그 의미는 보다 분명해진다. 한국의 근·현대사가 근대적인 민족경제를 자생적으로 형성하지 못한 채 식민지반봉건사회, 한국전쟁, 신식민지국가독점자본주의라는 파행적인 구조로 점철되어 있음은 이미 잘 알려진 사실이다. 이러한 제 모순이 각 개인에게 가장 직접적인 계기로 강제했던 했던 것은 바로 고향상실이다. 토지조사사업을 시발로 전개되는 역사전개의 파행성은 각 개인을 고향에서 끊임없이 내몰았으며 그로 인해 우리 민족의 각 성원은 임노동자, 도시빈민층으로 전락하였으며 심지어는 만주, 일본 등지에서 조국땅만을 바라보며 유랑생활을 해야 했다. 또한 구조적 모순이 극복되지 않는 한 현실변혁은 있을 수 없다는 역사인식에의 불철저는 과도한 교육열로 현상되었던바, 결국 고향에서 밀려나 도시 소시민층으로 편입되거나 룸펜으로 전전긍긍하는 경우가 비일비재했던 것이 우리의 역사적 상황이었다. 어느 계층도 고향 상실이란 역사적 상황에서 자유로울 수 없었는데, 이처럼 우리 역사에서 고향상실이란 우리 역사의 전체적인 모습을 집약적으로 보여주는 전형적 상황의 재현과 동질적인 의미를 지녔던 것이다. 따라서 역사적 필연성과 개인의 운명이 통일적으로 결합된 고향상실을 바탕으로 이루어지는 귀향이란 작가가 그 의미만 올바르게 조망한다면 가장 적절하게 당대의 총체성을 감싸안을 수 있는 내적 조건이 되는 것이다. 귀향모티브의 소설이 우리 소설의 현실주의적 전통에 항상 맨 앞에 위치했던 것은 바로 귀향 자체가 갖는 현실성·역사성을 반증하는 것에 다름 아니다.

이상에서 우리 소설사에서 귀향이 갖는 문제성과 그 의미는 어느 정도 드러난 셈이거니와, 귀향모티브를 문제삼을 때 마지막으로 짚고 넘어가야 할 것이 있다. 작가의 세계관, 보다 넓게는 당대의 시대사적·정신사적 맥락에 따라 작품이 현격한 질적 차이를 보인다는 점이 바로 그것이다. 앞서 지적했듯 고향상실과 그 고향으로의 돌아감이란 당대의 구체적 역사와 맞물려 있는 것이어서, 귀향의 내면풍경 속에는 자연스럽게 당대를 파악하는 작가의 세계관이 필연적으로 개입되게 마련이다. 예를 들자면 「만세전」의 경우 1920년대 초반의 우리 현실의 핍진한 묘사에도 불구하고, 귀향 주체의 운명과 그 현실과의 깊이 있는 탐구를 유보하는 작가의 가치중립적 태도로 현저히 현실성을 상실하고 자연주의적인 면모만을 보일 뿐이다. 이는 염상섭 개인의 가치중립적인 태도와 연관된 것이며, 동시에 끝내 역사적 주체로서의 역할을 수행하지 못한 민족자본가 또는 소시민층의 공통된 운명의 반영이기도 하다. 이런 경우는 「과도기」, 「홍수」, 『고향』 등의 경우도 마찬가지이다. 이들 작품을 통하여 우리는 당시 사회주의운동에 몸담고자 했던 작가나 운동가들의 일반적인 모습을 발견할 수 있다. 이들 작품들의 귀향

주체는 모두 사회주의의 이론체계로 현실의 모순을 극복하고자 했던바, 그러나 그들의 논리가 만주(「과도기」)나 일본(「홍수」, 『고향』)에서 만들어진 극히 일반적인 이론구조일 뿐 당대의 구체적 현실에 대한 과학적인 검증에서 이루어진 것이 아님을 단적으로 시사해준다. 따라서 이들 작품이 구체적 현실성을 담아내지 못한 채 있을 수 있는 일이나 전형적이지는 못한 논리만의 세계 또는 추상성을 기술하는 데 그치고 마는 것은 이러한 제사실의 반영인 것이다.

2. 「무진기행」의 귀향풍경

우리는 본고가 밝히고자 하는 김승옥의 문학세계를 이야기하기에 앞서 꽤 먼 길을 돌아온 셈인데, 이는 다음 두 가지 이유 때문이다. 첫째는 귀향모티브에서 작가의 세계관을 가장 응축된 형태로 찾아낼 수 있다는 점. 둘째는 귀향모티브가 우리 현실주의적 전통에 가장 굳건한 토대가 되어 왔다는 점이다. 이것은 물론 김승옥의 「무진기행」을 염두에 둔 것이다.

김승옥의 문학세계와 소설사적 위치를 밝히는 데 있어 「무진기행」만큼 핵심적인 모습을 보여주는 경우란 드물다. 귀향모티브 소설 전반이 보여주고 있는 강한 현실지향성에 비추어볼 때 「무진기행」의 현실주의적 전통에서의 일탈은 그의 또는 1960년대 소설의 고유한 형상을 보여주기에 충분하며, 그러한 결과에 이르게 된 세계관적 면모가 이 작품에 고스란히 내면화되어 있기 때문이다. 게다가 「무진기행」이 그의 문학적 도정에서 차지하는 특수한 위치는 이 작품이 그의 문학세계를 해명하는 데 가장 중요한 고리임을 시사해준다. 김승옥의 작품세계는 크게 두 갈래로 변별된다. 초기의 '자기 세계'의 확립을 끊임없이 확립하는 소설과 후기의 상황의 힘에 눌려 자아를 상실한 인간의 모습을 풍속의 차원에서 그려낸 소설이 그것이다. 이 두 갈래는 외양을 달리하지만 결국 개인과 사회의 관계를 변증법적 관계 속에서 위치짓지 못하고 대립적인 관계 속에서 파악하려는 일관되게 착오된 인식에 그 근원을 둔 쌍생아이다. 「무진기행」은 그의 작품 중 유일하게 두 세계를 모두 한 저울에 올려놓고 저울질하고 있는바, 그의 문학의 변모과정과 그 의미를 가장 명확하게 드러내고 있다.

이로써 김승옥의 문학세계를 밝히는 데 「무진기행」이 바로 그 해명의 열쇠임은 드러난 셈이다. 이제 문제의 범위를 좁힐 단계에 이르렀다. 왜 유독 김승옥 또는 1960년대의 귀향만이 현실주의적 전통에서 벗어나 있으며, 그러한 결과를 가능케 한 세계관적 시대사적 면모는 과연 어떠한 것인가. 이제 이 문제를 염두에 두고 「무진기행」을 살펴보도록 하자.

「무진기행」의 귀향 주체인 '나'는 '대(大) 회생 제약 회사의 전무님'이 되기를 앞두고 '내'가 '긴장을 풀 수 있는, 아니 풀어버릴 수밖에 없는' 고향인 '무진'으로 '푹 쉬'기 위해서 귀향을 감행한다. '나'는 '빽이 좋고 돈이 많은 과부'를 만나 바야흐로 '해방 후 무진 중학 출신 중에선' '제일 출세'한 인물이다. 말하자면 「무진기행」은 '출세한 촌놈'의 귀향 풍경인데, 이러한 귀향은 아주 미묘한 사회사적 의미를 머금게 된다. 그것은 우리 역사의 근대화 또는 공업화가 지니는 이중성에 기인한다. 이 이중성이란 한편으로는 외관상의 고도성장을 의미하며, 또 다른 한편으로는 '농촌-도시-외국자본주의'로의 부의 이동을 의미한다. '출세한 촌놈'이 사회적 기반을 잡을 수 있었던 것은 공업화정책과 더불어 친일지주세력이 재벌기업으로 자본의 성격을 변화시키면서 비로소 그 계기가 마련되는 만큼 그들의 존재기반이란 가히 역설적이다. 이전엔 자기 삶의 기반이었고 지금은 부모형제의 삶의 기반인 '촌'의 경제적 기반을 흩뜨려 놓는 자리에 자신이 위치해 있는 것이다. 따라서 그들의 귀향엔 죄의식이 개입되기 마련인데, 이러한 역설을 성공적으로 형상화한 작품으로 우리는 이청준의 「눈길」을 들 수 있다.

그러나 「무진기행」에서 '출세한 촌놈'인 '나'의 귀향이란 이러한 사회사적 의미도 죄의식도 마련되어 있지 않다. 단지 '관념 속에서 그리고 있는 어느 아늑한 장소일 뿐이'며 '어둡던 나의 청년'이 있는 고향을 찾는 행위일 뿐이다. 이런 '나'가 '무진'에서 발견하는 것이란 급속한 공업화의 추진으로 인한 '무진'의 황폐화도, '나'를 바라보는 지긋한 어머니의 '눈길'도 아니다. 다만 '골방 안에서의 공상과 불면을 쫓아 보려고 행하던 수음(手淫)'이며, 차라리 발광을 꿈꾸던 '어둡던 나의 청춘'을 보아낼 뿐이다. 그러나 그 절망과 광기에는 실체가 없으며, 그렇기에 더욱더 치열했던 것이었다. '나'는 이러한 과거의 '나'의 모습을 보이는 '하선생'과 '바다로 뻗은 긴 방죽'을 걸으며, 개구리 소리에 귀를 기울이며, 급기야 '하선생'과 관계를 맺는다. 이런 '하선생'에게 연민의 정을 느끼고 '사랑'을 고백하고자 한다. 그러나 서둘러 상경할 것을 요구하는

전보를 받고 서울로 돌아오고야 마는 것이 「무진기행」에서 보이
는 귀향풍경의 전모이다. 그런데 이 잠시 머물고 올라오고야 마는
귀향의 다음과 같은 결론으로 마감된다는 것은 주의를 요한다.

— 「무진기행」

과거의 치기어린 자신의 삶을 부정하고 생활인으로서 살아가야
겠다는 의지의 밝힘인데, 이 생활인으로서의 출발의지가 과거의 삶
에 대한 지양·극복이 아니라 그 삶 자체를 내던져버리는 곳에서
비롯된다는 것은 의미심장한 대목이다. 자기 세계를 확립하기 위해
'편도선이 붓도록 독한 담배'를 곱씹으며 '수음'으로 불면증을 쫓아
야 했던 과거의 삶이란 바로 김승옥의 초기 작품세계(「생명연습」·「
환상수첩」)인바, 김승옥은 이제 그 세계를 버리고 근대화된 세계의
일상 속으로 들어서고 있는 것이다. 「무진기행」은 그 변신과정을
스스로 내보이고 있는 셈이다. 여기서 우리가 주목해야 할 것은 바
로 그 변신의 논리이다. 김승옥이 파악하는 사회인으로 또는 생활
인으로 들어서는 길이란 다름 아닌 자기 세계를 버리는 것이다. 그
렇지 않고는 '한정된 책임 속에서 살'아야 하는 사회에 '입사
(initiation)'하기란 불가능하며, 따라서 각 개인은 그 입사를 위해 통과
제의처럼 개인의 자발성, 주체성, 창의성, 실천 등을 양기해야 한다.
　바로 이 변신의 논리에 김승옥의 전·후반기 문학세계를 꿰뚫

고 있는 인식론적·세계관적 기초가 스며들어 있다. 그것은 다름
아닌 개인과 사회, 존재와 당위에 대한 비변증법적 인식이다. 한
개인은 자체에 독립성과 법칙성을 지니고 움직이는 사회상의 반
영을 통해 그 인식론적 틀을 확립하며, 그 인식론적 틀에 기초해
사회적 실천을 행함으로써 또 다른 모습의 사회를 만들어낸다. 이
개인과 사회의 변증법적 관계를 통해 역사는 추동되며, 개인과 사
회는 어느 시기, 장소에서든 서로에게 작용하는 구체적 요소이다.
그러나 김승옥에 있어서는 개인과 사회란 변증법적 연관관계 속
에서 파악되는 것이 아니라, 오히려 대립적이다. 사회의 어떤 요인
도 작용하고 있지 않는 곳에서 개인의 의식이 형성되며(초기의 작
품), 사회에 들어서서는 개인으로 오히려 거추장스러운 장식물로
폐기처분되는(후기의 작품) 것이다. 이러한 인식론적 기초 위에 선
김승옥의 작품세계가 사회의 작용을 받지 않는 세계에선 개인의
의식이 과도하게 나타나고, 사회의 작용이 절대적인 경우 개성의
상실로 발현되는 것은 당연한 결과라 할 것이다. 이는 밀실과 광
장의 조화로운 통일이란 결국 각 개인의 사회적 실천의 결집에 의
해서 이루어진다는 사실을 인식하지 못한 채 밀실과 광장을 오가
다 자살하고 마는 「광장」과 동일한 인식태도이다. 결국 뱃전의 갈
매기를 보고 자살하고 마는 이명준이나 '당신은 무진을 떠나고 있
습니다. 안녕히 가십시오'하는 팻말을 보고 '심한 부끄러움을' 느
끼는 '나'는 동질적인 모습이다. 다만 이명준은 분단이라는 질곡
에, '나'는 근대화(공업화)라는 각기 다른 문제로 신음하고 있을 뿐
이다. 그러나 이 양자는 주어진 상황을 극복할 수 없는 그 무엇으
로 인식하고 것에는 같은 양상을 보이는데, 이는 전적으로 사회와

개인의 심오한 연관관계를, 그 속에서 개인의 실천(주체성)이 가지
는 적극적인 역할을 인식하지 못한 데 기인한다. 이러한 주체성
부재의 미학은 김승옥 개인의 문제라기보다는 오히려 1960년대 문
학 전체의 문제이며, 여기에 「무진기행」의 문제성이 있다.

3. '자기 세계'의 확립과 그 의미

　김승옥만큼 적은 양의 작품을 가지고 한 시대(1960년대)를 대표하
는 경우란 드물다. 김승옥은 데뷔작인 「생명연습」에서 광주항쟁으
로 15회만에 자진 중단한 「먼지의 방」에 이르기까지 겨우 27편 정
도의 소설을 썼을 뿐이다. 그런 김승옥이 현대소설을 거론하는 자
리에는 언제나 당당하게 모습을 드러낼 수 있는 것은 한편으로 경
이로운 일이다. 그 이유로는 여러 가지를 들 수 있을 터이다. '사
소한 것은 사소하지 않음에 대한 발견'이 있다거나, '감수성의 혁
명'이 이루어진다거나 또는 감각적인 문체의 확립 등은 이제까지
김승옥을 거론하는 자리에 여러 차례 언급된 바 있고, 또 틀림없
이 김승옥이 우리 소설사에 고유하게 남긴 흔적이기도 하다. 그러
나 보다 본질적인 것은 1960년대적 삶을 가장 일목요연하게 그려
내고 있다는 점을 것이다. 1960년대의 삶이란 무엇인가. 4·19혁명
과 5·16군사쿠데타가 일련의 사건으로 앞머리에 놓이고 급속하
게 추진된 산업화(공업화)가 삶의 양태를 일시적으로 바꿔버린 시

기가 바로 1960년대이다. 4·19라는 거대한 역사적 사건을 통해서 모처럼 회복한 민족정신과 현실극복의지는 바로 잇따라 일어난 5·16에 의해서 철퇴를 맞고 변모해가는 사회구조에 자기 모습도 갖추지 못한 채 끼어들기에 급급했던 때가 1960년대인 것이다 이 소용돌이가 지나쳐가고서야 사람들은 '부익부 빈익빈'이라는 인식 틀로 뒤틀린 사회구조를 보게 되었고, '내 죽음을 헛되이 말라'는 전태일의 죽음을 보고서야 1970년대를 준비할 수 있었다. 김승옥은 이 혼란 속에서 예외적 개인으로 떨어져 나와 그 1960년대 삶을 형상화한 것이다.

그럼 김승옥이 비로소 마련한 1960년대의 문학이란 무엇인가. 1960년대 문학이라 이름붙일 수 있는 근거는 김승옥의 문학이 전후세대문학을 넘어섰다는 점에 있다. 습기에 배인 곰팡내나는 방에서 인생낙오자들이 스스로 '내던져진 자'로 규정지으며 자학하는 것이 전후세대의 문학이라면, 과연 김승옥이 넘어선 세계는 어떤 양상일까. 이러한 문학사적 물음 속에 김승옥의 초기 작품들이 놓여 있으며, 이것은 또한 전후세대를 딛고 일어선 세대 전체에 해당되는 것이기도 하다. '한 개인의 인생에 있어 가장 중요한 첫 20년의 기간을 고스란히 동질(同質)의 교육을 받고 자란 세대'이며 '4·19로 그들이 받은 교육을 구현시킬' 수 있었던 세대의 동세대인인 김현이 다음과 같이 그의 문학을 뒷받침하고 있기 때문이다.

55년대 작가(전후세대작가를 말함—인용자)들이 만든 주인공들의 가장 큰 특성 중의 하나는 그들이 대부분 자신의 상황을 무의지적으로 수락해 버린다는 것이다. 상황의 절대적인 압력을 그들은 선험적인 것으로 받아들인다.

······ 이런 인물들은 그 의식의 수동성을 극명히 하기 위해 병을 앓거나, 군대에 갔거나, 돈이 없거나······ 하는 유의 상황설정을 받는다. 반면에 65년대 작가(앞서 이야기한 60년대 작가와 동일한 의미임—인용자)에 이르면서 소설의 주인공들은 섬세한 변모를 감수한다. 55년대 작가들의 무의지적이며 수동적인 주인공들의 의식이 점차 깨어나기 시작하고, 자기 환경과 상황의 의미를 캐어내려는 시도를 시작하게 된다. 이 말은 65년대 작가들의 주인공들이 승리한 인간이라는 것을 의미하지 않는다. 마찬가지의 조건, 마찬가지의 상황 속에 위치해 있으면서도, 65년대 작가들의 주인공들은 그 상황을 뚜렷이 인식함으로써 그 상황을 극복해내는 것이다.

— 김현, 「구원의 문학과 개인주의」

김현이 힘주어 강조하는 것은 '마찬가지의 조건, 마찬가지의 상황 속에 위치해 있으면서도' '그 상황을 뚜렷이 인식함으로써 그 상황을 극복해낸'다는 사실이다. 그 의미는 무엇일까. 여기서 우리는 4·19의 표정을 읽을 수 있다. 폭풍노도처럼 일어난 '아시아의 전제의 의자를 타고 앉아서 민중에겐 서구적 자유의 풍문만을 들려줄 뿐 그 자유를 사는 것을 허락하지 않았던 구정권'을 일시에 무너뜨린 4·19혁명이 직접적으로 「광장」을 낳았고, 간접적으로는 암울한 전후세대문학을 넘어서게 한 것이다. 그 구체적 실상은 어떠한 것일까. 이는 김승옥의 초기 작품 세계를 밝히는 것이자 동시에 4·19정신의 문학적 수용양상을 밝히는 일이기도 하다.

1960년대 '작가들의 의식의 문을 대담하게 두드'렸다고 김현이 말한 「생명연습」을 비롯해 김승옥의 초기 작품세계를 지배하고 있는 것은 '자기 세계'의 확립이다. 김승옥이 모색한 '자기 세계'란 무엇인가. 김승옥의 파악한 '자기 세계'란 한마디로 말하면 기성의 관념체계, 허구화된 제도, 내용 없는 윤리 감각 등에 묻혀 사는 삶을 거부하고 자기 고유의 삶의 논리를 찾아 헤매는 것을 말한다. 말하자면 기존의 것에 대한 대타의식으로 형성된 것이며, 그리하여 거부의 몸짓을 강렬하지만 실체는 없다. 그래서 '자기 세계'를 마련하려는 주인공들은 '옷을 입고 있는 사람 자체와는 아무런 관계가 없는 데 유니폼만 믿고 으시'대거나 또는 '신성일과 엄앵란'의 '닮은 꼴'에서 미의 기준을 설정하는 속물들에게 강한 혐오감을 드러내지만(「확인해본 열다섯개의 고정관념」) 그렇다고 그의 주인공들이 뚜렷한 '자기 세계'를 가지고 있는 것은 아니다. '자기 세계'의 확립이란 작가 자신에게서 '극기(克己)'라는 이름으로도 불리는데, 「생명연습」에서는 삶의 물신화·유형화를 강제하는 상황의 압력과 그에 강한 집착을 보이는 자신을 넘어선, 작가가 긍정적인 의미를 부여하는 인물군들이 등장하고 있어 주목된다. 김승옥이 모색하는 '자기 세계'의 구체적인 실상이자 김현이 말한 바에 따르면 '상황을 뚜렷이 인식함으로써 그 상황을 극복'한 주인공의 구체적 모습이기 때문이다. 그러나 '극기'를 해낸 인물이란 실상 보잘것없다. 방중이면 몰래 수음을 하는 선교사, 유학을 가기 위해 잔인하리만큼 투명한 계산으로 사랑하는 여인을 범한 한교수, 자기 자신의 혼이 담긴 직선을 그어야 한다는 의식을 가진 오화백, 죽은 아버지를 찾아 불륜을 거듭하는 어머니를 이해하기 위해 갖은 노력을 보이는 누이 등이 작가가 제시하고 있는 '자기 세계'를 가진 인간들이다. 김승옥에 있어서도 역시 전후세대작가들과 마찬가지로 밝고 활기차게 사는 주인공들이란 서식할 자리가 없도록 일그러지고 찌그러진 인간들만이 살고 있다. 다만 한가지 변별되는 점이 있다면 전후세대문학이 외적 상황에 절대적인 압력에 눌려 무의지적인 인간상에 머물렀다

면, 김승옥은 비록 현상적인 일면이지만 그 상황을 비판하고 '자기
세계'를 구축하려는 의지를 보인다는 점이다. 이를 김현은 '섬세한
변모'라 불렀거니와, 바로 4·19혁명이 가져다주었던 힘을 터이다.
그러나 여기서 4·19혁명이 가져다준 세계가 기껏해야 역사적 방
향성 또는 민족현실과 전혀 연관이 없는 '자기 세계'의 확립 정에
멈춘다는 사실은 주의를 요한다. 이것은 4·19혁명을 담당했던 4·
19세대의 내면풍경을 살피는 것이 다름 아니다.

그럼 김승옥 스스로가 규정짓고 있는 '자기 세계'란 어떤 것인
지 살펴보자.

'자기세계'라면 분명히 남의 세계와는 다른 것으로 마치 함락시킬 수 없는
성곽과는 같은 것이 아닌가 생각한다. 그 성곽에서, 대기(大氣)는 연초록빛에
함뿍 물들어 아른대고 그 사이로 장미꽃이 만발한 정원이 있으리라고 나는 상
상을 불러일으켜 보는 것이지만 웬일인지 내가 알고 있는 사람들 중에는 '자
기세계'를 가졌다고 하는 이들은 그 성곽에서도 특히 지하실을 차지하고 사는
모양이었다. …… 그것이 내게는 모두 그들이 가진 귀한 재산처럼 생각된다.
—「생명연습」

하나의 세계가 형성되는 과정이 한마디로 얼마나 기막히다는 것을 나는 잘
알고 있다. 그 과정 속에서 번득이는 철편(鐵片)이 있고 눈 뜰 수 없는 현깃
증이 있고 끈덕진 살의가 있고 그리고 마음을 쥐어짜는 회오(悔悟)와 사랑도
있는 것이다. 이렇게 말하면 봄바람처럼 모호한 표현이 아니냐고 할 것이나
나로서는 그 이상 자세히는 모르겠다.
—「생명연습」

'나로서는 그 이상 자세히는 모르'는 '남의 세계와는 다른 것'이
바로 김승옥이 모색하는 '자기 세계'인 것이다. 이렇듯 '자기 세계'

가 실체가 없는 것이기에 그 세계를 좇는 김승옥 주인공들의 삶의 양태는 그토록 격렬하고 파장이 긴 것이다. 오로지 안과 다른 '자기세계'를 창출하기 위해 '조리에 맞지 않는 감정의 기교'(「누이를 이해하기 위해서」)만으로 뭉쳐진 연기력을 보여야 하며, 바닷가의 골방에서 숫자를 세어가면서 수음을 해야 하고 염전이 있는 바닷가에서 자살을 해야 하는 것이다(「환상수첩」). 그 격렬함과 그로 인한 고통으로 인해 그들은 '튼튼한 백치 자식'을 낳기를 염원하거나(「환상수첩」), '우리의 이 모든 괴로움 속에서 태어난 네 자식은 우리가 그것을 겪었다는 이유로서 구원받'아야 한다고 기원하지만(「누이를 이해하기 위하여」), 그것은 이루어질 리가 없다. 역사 또는 외적 상황의 발전이란 각 개인의 역사에의 동참의지나 사회적 실천이 없이는 이룩될 수 없기 때문이다.

'자기 세계'를 확립하려는 모든 방황을 김승옥 자신은 '환상적 기준'(「환상수첩」)이라 불렀거니와, 이는 '부(父)의 부재'로 표상되는 가치체계의 부재 속에서 온갖 방황 끝에 김승옥이 마련한 새로운 질서체계라 할 것이다. 또 그것은 무기력한 우울증에서 우리 문학을 꺼내준 4·19혁명의 문학적 표정이다. 4·19혁명이 김승옥에 있어서 구체적 민족현실의 인식에까지 나아가는 계기가 되지 못했다는 것은 김승옥의 문제이자 또한 4·19세대 전체의 한계이기도 하다. 김승옥과 동세대인 박태순은 4·19의 체험을 다음과 같이 고백하고 있다.

우리는 그날 너무도 피곤하여 바깥에 나가지 않고 잠만 잤다. 우리가 잠에서 깨어났을 적에는 확실히 이 세계는 뒤바뀌어 있었다. …… 우리가 힘들며 끌어올렸던 그 무질서의 위대한 형식이 역사 속에 미아처럼 다만 한순간의 고립에 불과하고 말았음을 깨달았을 때는 어느덧 저 기성의 제복을 걸쳐 입고 있음을 보았다.

— 박태순, 「무너진 극장」

4·19란 혁명이란 주체적 여건이 성숙되지 못한 채 돌발적으로 일어난 옆으로부터의 혁명에 불과할 뿐이며, 그 주체 세력인 학생들도 역사적 현실인식이나 이념적 정향을 갖추고 있었던 것은 아니었다. 그래서 이들은 그 행위의 이념적 공백을 메꾸기 위해 기성 정치인들을 불러들여 강연을 들어야 했으며(김승옥, 「산문시대 이야기」), 5·16이 일어나자 "유식한 놈들은 된 소리 안된 소리 씨부렁대가며 그걸(4·19정신을 말함—인용자)로 밥벌이 방편을 삼아"(박태순, 『신생』, 민음사, 1986, 269면) 그들이 거부했던 사회 구조 속으로 속속 편입했던 것이다. 따라서 4·19혁명의 흔적이 기껏해야 정향성 없는 '자기 세계'의 확립으로 김승옥에게 내면화됨은 당연한 사실이며, 오히려 상동적인 관계라 할 수 있다.

이로써 김승옥의 초기 문학세계의 구체적인 양상과 의미는 어느 정도 드러난 셈이다. 김승옥은 그의 일관된 창작방법의 원리로 작용하는 '남과 다른' '자기 세계'의 확립으로 전후세대의 문학을 뛰어넘었거니와, 그것으로 그의 독특한 문학세계를 형성하고 있다. 그러나 그의 삶의 원리이자 창작상의 원리인 '남과 다른' '자기 세계'의 확립은 그의 소설의 본질적인 한계를 이루기도 한다. 소설이란 한 개인의 운명과 그 개인을 둘러싼 복잡한 제현실 즉 총체성이 통일적으로 결합할 때 미적 근거가 발생한다. 따라서 소설의 위대함이란 그 시대를 올바르게 반영, 재현함으로써 현실의 객관적 발전의 과정을 형상화된 인식으로 독자에게 제시, 그 독자로 하여금 널려 있는 현실 속에서 그 본질을 인식하게끔 했을 때에 비로소 성립한다. 이런 의미에서 보면 김승옥 소설의 성과는 극히 제한적이다. 그가 모색한 '남과 다른 자기 세계'란 여러 혼재한 삶 속에서 일관되게 작동하고 있는 본질적인 요인과 객관적인 발전과정을 드러내주는 것이 아니라 혼재된 삶의 일면만을 지나치게 확대시킴으로써 오히려 그 과정을 더욱 분산시킬 뿐이다. 새로운 것, 기발한 것에 대한 과도한 강조는 역사의 진행을 필연성의 과정으로 파악하지 않고 우연적인 것의 연속으로 묘사하기에 이른다. 결국 그의 소설은 현실에서 벗어난 극도의 추상성과 주관성에 뒤덮이게 되는 것이다. 이러한 양상은 전적으로 개인과 사회의 대립적 인식에서 연유한다. 사회는 개인의 의식을 형성시키는 구체적인 계기로서, 개인은 사회발전의 추동력으로서 서로 변증법적 관계를 이룬다. 그러나 김승옥에게는 사회는 '남과 같은' 개인을 강제할 뿐이며, 개인은 그런 사회의 압력을 거부할 때만 '자기 세계'를 가질 수 있다고 파악된다. 이토록 사회란, 역사란, 현실이란 거부의 대상이기에 그의 초기소설엔 이런 삶의 구체적 요인들이 들어설 여지가 없었으며, 오로지 관념만으로 '자기 세계'를 만들어가는 인간들만이 살아가고 있는 것이다. 그러나 이러한 현실이 매개되지 않는 관념이란 구체적 현실과 맞부딪쳤을 때 여지없이 무너지기 마련인데, 김승옥도 그런 전기를 맞는다. 그가 현실의 한복판에 섰을 때(구체적으로 그가 대학을 졸업한 시기)인데, 이때를 기점으로 그의 문학세계는 변모하게 된다. 그러나 그 변모의 계기는 개인과 사회의 관계를 또는 구체적인 현실세계를 올바르게 보아낸 자리에서 이루어지지는 않으며,

현실세계의 절대적인 압력에 눌려 '자기 세계'를 포기하는 가운데 이루어진다. 따라 후기의 문학 세계는 그 외양은 달리하나 역시 본질적으로 같은 세계관적 기초에 놓여 있다.

4. '자기 세계' 상실의 문학적 표정―후기 작품의 경우

앞에서 우리는 김승옥 초기 문학세계의 중심원리를 '남과 다른 자기 세계의 확립'으로 설정한 바 있거니와, 그의 이러한 문학적 양상은 「무진기행」을 축으로 새롭게 변모한다. 이 변모의 내적 계기란 무엇인가. 「무진기행」이 씌어진 1965년은 그의 개인사적으로는 초기 문학세계의 토양이 되었던 문리대를 졸업하고 '크리스챤 아카데미'에 입사하여 『대화』 1호와 2호를 편집한 것으로 기록되어 있다. 말하자면 생활인이 된 것이며, 사회라는 거대한 수레바퀴 속에 그를 꿰어 맞춘 시기인 것이다. 그렇다면 생활인이 되었다는 것과 그의 문학적 변모과정과는 어떤 연관이 있는 것인가.

그야말로 '어쩌다가'의 연속이었다. 그는 자기가, 지난 날 우연 속에 자신을 맡겨버린 것이 갑자기 역겨워졌다. '거지같은 자식이었다'하고 그는 자신을 욕했다.
　　　　　　　　　　　　　　　　　　　　　　　　　　　―「차나 한 잔」

현실생활이란 냉엄한 것이다. 그 냉엄한 현실 속에 '남과 다른'

'자기 세계'란 용납될 수 없는 것이고, 그 세계를 만들기 위한 '감정의 기교'란 이제 아무 쓸모도 없는 것이다. 사회와 개인의 관계를 대립적 관계로 파악했던 김승옥에게 있어서 '남과 다른' '자기 세계'의 부정이란 곧 그가 그토록 경멸해마지 않았던 사회규범으로의 편입을 의미할 뿐이다. 그것은 이제까지 김승옥의 삶의 원리이자 창작의 원리 전체를 부정하는 것이며, 따라서 김승옥의 생활인으로의 변모는 그의 문학세계 전반을 뒤바꿔놓는 계기가 되는 것이다.

결국 김승옥이 계속 창작을 하기 위해서는 새로운 삶의 원리와 창작방법이 요구되어졌던바, 그 모색점이 바로 「서울 1964년 겨울」이다. 이 작품은 구청 병사계 직원인 '나'와 대학원생 '안'과 아내의 시체를 판 돈으로 낭비행각을 벌이는 '서른 대여섯 살짜리 사내'가 '우연히' 만나서 지나게 되는 하루저녁의 생활기를 담은 것이다. 이 세 인물유형은 각기 다른 양태의 삶을 살고 있지만 한 가지 공통점을 공유하고 있는데 그들의 중심을 잡아줄 아무것도 없다는 사실이다. 이 세 인물을 통해서 김승옥은 새로운 삶의 원리와 창작방법을 마련하고자 하는데 그것은 다음과 같은 것이다.

> "영보 빌딩 안에 있는 변소문의 손잡이 조금 밑에는 약 이 센티미터가량의 손톱자국이 있습니다."
> "하하하하"하고 그는 소리내어 웃었다.
> "그건 김형이 만들어 놓은 자국이겠지요?"
> 나는 무안했지만 고개를 끄덕이지 않을 수 없었다. 그건 사실이었다.
> "어떻게 아세요?"하고 나는 그에게 물었다.
> "나도 그런 경험이 있으니까요"
> 그가 대답했다. "그렇지만 별로 기분 좋은 기억은 못되더군요 역시 우리는

그냥 바라보고 발견하고 비밀히 간직해 두는 편이 좋겠어요"
—「서울 1964년 겨울」

"'사소한 것이 사소하지 않음'에 대한 발견"으로 '남과 다른' '자기 세계'를 대신하려는 것인데, 그러나 이것으로 한계에 부딪친 자신의 문학세계를 열어가기란 불가능하다. '남과 다른' '자기 세계'나 '사소한 것이 사소하지 않음에 대한 발견'이란 모습은 다르나 결국 동일한 세계이기 때문이다. '남과 다른' '자기 세계'가 현실과 내적 연관을 맺지 못한 주관적이며 자의적인 세계인식이라면, 결국 '사소한 것이 사소하지 않음의 발견'도 결국 동일한 인식태도일 뿐이다. 총체적 인식으로부터 고립된 세부적인 대상에 대한 관심은 바로 객관적 필연성이라는 심오한 문제를 그냥 지나치며 그것의 존재마저 부정하게 되는 주관적 자의적 파악으로 귀결되는 것이다. '사소한 것이 사소하지 않음의 발견' 역시 이전의 '남과 다른' '자기 세계'를 여지없이 난파시킨 생활인으로서의 논리에 적합하지 않은 것이다. 결국 '남과 다른' '자기 세계'가 갖는 한계의 극복은 개인과 사회에 대한 변증법적 인식과 그로부터 파생되는 개인의 주체성, 현실의 객관적 인식으로만 가능한 것인데 김승옥은 그 세계까지는 나아가지 못하고 있다. 급기야 김승옥 자신도 이 방법을 포기하기에 이르며 결국 그는 삶의 원리도 창작방법도 마련하지 못한 채 의미 없는 작품활동을 계속할 뿐이다. 다음의 대목은 그것을 상징적으로 보여준다.

　　"김형, 우리는 분명히 스물 다섯살짜리죠?"
　　"난 분명히 그렇습니다."
　　"나도 그건 분명합니다." 그는 고개를 한번 기웃했다.

"두려워집니다."

"뭐가요?" 내가 물었다.

"그 뭔가가, 그러니까……" 그가 한숨 같은 음성으로 말했다. "우리가 너무 늙어버린 것 같지 않습니까?"

—「서울 1964년 가을」

　젊은 나이에 너무도 일찍 '자기 세계'를 잃어버린 작가의 위기적 징후감이 끈끈히 배어 있는 대목이다. 결국 김승옥은 '남과 다른' '자기 세계'를 대신할 삶의 원리이자 창작방법을 모색하지 못한 채 현격한 작가정신의 후퇴를 보인다. 간간이 여성화자를 등장시켜 옥죄어오는 존재의 속박을 벗어나기 위한 발버둥을 치는 「야행(夜行)」(1969), 어린이화자를 통해 물신화된 세계를 비판적으로 형상화한 「염소는 힘이 세다」(1969) 등이 그의 작가로서의 급속한 몰락을 일단 멈추게 하지만 그것은 일시적인 현상이다.

　김승옥이 마지막으로 매달린 곳은 통속소설이다. 작가의 마지막 단계에 통속소설이 놓인다는 것은 그의 세계관적 한계를 극명히 보여준다. 이 말이 단지 그가 주간지 등의 연재를 통해 대중에 영합했다는 사실을 비판하는 것은 아니다. 오히려 근본적인 것은 그의 소설이 더 이상 '자기 세계'의 확립에 대한 모든 노력을 포기하는 자리에 그의 통속소설이 놓이고 있다는 점에 있다. 그의 통속소설은 이 소설을 쓴 작가가 김승옥인가 하고 의심스러우리만치 아무런 '자기 세계'가 없는 통속적인 요소로 가득차 있다. 그래도 '이 시대가 답답하여 견딜 수 없는 모든 사람을 대신하여 나는 죽으려 한다'는 유서를 작품 저변에 깔고 60년적 삶의 풍속을 묘사한 「60년대식」(1968)만이 김승옥다운 면모를 유지하고 있을 뿐이다.

바람둥이 정혼자에게 이전 여자를 사랑했었냐고, 그래야 자신이 그 여자보다 낫다는 것을 확인할 수 있지 않겠느냐고 외치는 「보통여자」(1969)나 성희(性戱)로 일관되어 있는 「강변부인」(1977)에 오면 그 작가적 황폐함은 극에 달하고 있다. 김승옥의 이러한 작가적 결말은 이제까지 우리가 계속 논의했던 대로 개인과 사회를 대립적으로 인식하는 데서 기인한 역사적·구체적 현실의 부재와 주체성에 대한 불확실에 그 뿌리를 두고 있는바, 「60년대식」의 주인공의 다음과 같은 독백은 그 사실을 더욱 분명하게 보여준다.

> 지금까지 겨우 이틀 동안 그는 그의 일상생활의 궤도에서 외출해 있었을 뿐이다. 그런데 그 단 이틀 동안에 그가 이십팔 년간 축적해온 그의 모든 능력은 시험되었으며 형편없는 점수를 받았다. 그는 그가 염려하고 있던 대상의 중심에는커녕 그 근처에도 가보지 못한 채 엉뚱한 변두리에서 빙빙 돌고 있는 것이다. 그렇다. 역사는 그의 손이 미치지 않는 곳에서 셔터를 굳게 내려놓고 이루어지고 있는 것이다. …… 그리고 그 나름으로 완성돼 버린 역사를 책에서나 읽을 수 있을 뿐이다
>
> — 「60년대식」

5. '자기 세계'의 소설사적 의미와 한계—결론을 대신하여

김승옥은 참으로 많은 미덕을 갖추고 있는 작가이다. 감각적인 문체, 언어의 조응력, 배경과 인물의 적절한 배치, 소설적 완결성

등 소설의 구성원리만을 문제삼을 경우 가장 먼저 떠오르는 작가가 김승옥이다. 4·19의 열광적인 분위기를 문학적 언어로 환치시키면서 전후세대문학의 그 무기력증을 단숨에 뛰어넘은 것도 또한 김승옥이다. 그러나 김승옥은 바로 그 자리에 멈추어 버렸다. 그 이후에도 물론 제1회 이상문학상을 수상한 「서울의 달빛 0장」(1977) 그리고 광주항쟁으로 중단된 「먼지의 방」(1980)에까지 창작은 계속되지만, 그것은 아마도 김승옥 작품세계의 한 여운 정도에 불과한 것이다. 그의 문학은 4·19와 5·16으로 이어지는 회오리가 가라앉을 즈음 중단된 채 한 치의 움직임도 없었다. 그 까닭은 무엇인가. 이 글은 바로 그러한 문제의식 하에서 씌어졌다.

　김승옥이 그의 삶의 원리이자 창작방법으로 힘겹게 확보한 것은 '남과 다른' '자기 세계'의 확립이었다. 이 원리는 기성의 모든 틀을 거부하겠다는 강렬한 의지이자 4·19체험을 매개로 형성된 것이기에 그토록 단호하고 독선적일 수 있었다. 이 원리로 그는 전후세대문학을 넘었거니와, 또한 이 원리로 인해 한 걸음도 더 나아갈 수 없었다. 4·19 이후의 그 급속하게 변화했던 세계를 그 독선적인 원리로는 수용할 수 없었기 때문이다. 그는 「무진기행」 이후에도 갖은 재기의 노력을 보이지만 실패할 수밖에 없었다. 그의 세계가 '남과 다른' '자기 세계'의 확립이라는 인식틀을 결코 극복하지 못했기 때문이다. 김승옥의 이러한 도정은 끊임없는 역사에의 동참의지와 객관적 현실의 과학적 인식이 왜 그토록 소중한가를 반증해주는 산 증거이다. 4·19가 미완의 혁명으로 즉 완수해야 할 혁명으로 우리 삶의 방향을 지시하듯, 김승옥의 문학적 실패는 우리 문학의 갈 길은 선명하게 제시해주는 산 표지(標識) 역할을 하고 있는 것이다.

비극성에서 한으로, 운명에서 역사로[*]
박경리 문학이 걸어온 길

1. 들어가는 말

한 작가의 삶의 궤적을 따라가 보는 행위는 그리 마음 편안 일
도, 또 유쾌한 일도 아니다. 대부분의 경우 그들은 한 곳에 머물지

---

[*] 이 글은 '박경리의 문학적 연대기' 형식으로 씌어진 글이다. 당연히 작가와 인
터뷰를 하고 여러 의심나는 사실들을 정확하게 확인하고 집필해야 했으나 당시
사정 때문에 그렇게 하질 못했다. 이 사정으로 인해 발표 당시의 글에는 박경리
선생의 가정사와 남편의 행방이 부정확하게 기술되었고, 이 때문에 박경리 선생
에게 많은 심려를 끼쳤다. 여기, 다시 글을 실으면서 그 디테일들은 바로잡았으
나 잘못된 디테일 때문에 만들어진 어조까지를 바로잡지는 못했다. 그 나머지
부분은 보다 본격적인 박경리론으로 바로 잡을 것을 기약한다.

못하고 끊임없이 떠돌아다니며, 게다가 그들의 발길이 잠시 머무
는 곳들도 음습하고 어둡기 짝이 없다. 특히 문제적인 작가들의
경우, 그들의 삶은 행복·밝음·경쾌함과는 거리가 멀다. 그들의
이상 혹은 피안이 한없이 높고 넓어서인가, 그들은 당면한 현실을
항상 일그러지고 왜소한 것으로 바라본다. 아니면, 서사시적 세계
에 대한 꿈이 강렬해서인가, 뭇사람들에겐 한없이 정상적이고 편
안한 일상의 세계가 그들에겐 줄곧 올바르지 않은 것으로 혹은 뒤
틀린 것으로 비쳐진다. 따라서 그들은 거의 대부분의 사람이 인정
하는 질서를 오히려 충일한 삶을 가로막는 높은 장벽으로 규정하
며, 그 장벽을 넘어 새로운 삶의 질서를 애타게 갈구한다.

그뿐인가. 작가들은, 누구나가 다 당연한 것으로 받아들이는 담
론질서를 권위주의적인 것으로 거부하고 내적 설득의 담론을 찾아
나서도록 부추긴 계기를, 하나 둘 쯤 갖고 있기 마련이다. 그런데
이 계기들이란 하나같이 불행, 저주, 억압, 고독 등으로 명명하기에
적합하다. 정상적인 것이라는 외피를 등에 업고 다가오는 거세공
포의 위협, 개체보존마저 위태롭게 만드는 역사적 격변이나 전쟁
과 가난, 모든 가치를 교환가치로 균질화해내는 도구적 합리성의
팽창 등의 요소가 작가들의 삶에는 짙은 그림자로 드리워져 있다.
이로 인해 작가들은 일상적인 삶의 형식 대신에 운명처럼 작가의
길로 접어들곤 한다. 작가적 삶을 뒤좇아보는 일이 유쾌하지 않은
것은 이 때문이다. 예컨대 작가적 삶의 뒤안길을 뒤적거려 본다는
것은, 애써 눈감았던 저 피안의 세계와 이곳과의 거리를 확인하고,
밝은 조명 아래 감추어진 삶의 어두움을 들추어내는 것과 같다.

하지만 한편으로 즐거움이 없는 것은 아니다. 작가 생애의 추적

은 때로는 흔히 하는 말로 '인간승리'를 엿보는 즐거움이 수반되곤
한다. 저주처럼 받아쥔 그 고통의 삶을 예술가의 삶으로 승화시켜
내는 대목이나, 만인이 만인과 경쟁하는 이 사회에서 공동체적 삶
을 이어보려는 그 열정이 하나의 작품으로 영글어지는 장면은, 불
길한 욕망에 자신을 내맡기며 자기 향유적인 삶에 탐닉하는 세태
에 비추어보자면 단연 아름다운 풍경에 속한다. 개별적인 한 개인
의 모세관적 운동이 저 깊은 심급에서는 도도한 사회적 흐름과 뗄
레야 뗄 수 없는 관계망으로 얽혀 있음을 확인하는 자리에서는, 또
한 역사의 장엄함까지 맛볼 수 있다.

박경리의 문학적 삶에서도 역시 이러한 고통과 즐거움이 같이
있다. 박경리의 경우 이 희비의 편차가 어느 작가보다도 크다. 박
경리는 종종 "나는 슬프고 괴로웠기 때문에 문학을 했으며 훌륭한
작가가 되느니보다 차라리 인간으로서 행복하고 싶다"(박경리, 『거
리의 악사』, 민음사, 1977, 107면. 이하 박경리 글의 인용은 저자를 생략함)는
말을 하곤 했다. 그만큼 작가가 겪어야 했던 고통의 양과 질은 무
한하고 집요했다. 불행한 출생, 남편과 아들을 잃는 슬픔, 그리고
암선고 여러 불행이 그의 삶 주변을 집요하게 서성거렸던 것이다.
그러나 이 고통을 딛고 작가가 뿜어낸 소설적 향기는 짙은 것이었
다. 박경리는 「불신시대」, 『시장과 전장』, 『토지』 등이 없는 한국
소설사는 생각할 수 없을 정도의 작가로 우뚝 선 것이다.

따라서 박경리가 올라선 자리까지 따라올라 가는 것은 벅찬 일
일지도 모른다. 그만큼 박경리가 현재 올라선 자리는 높은 곳에
있고, 또한 그곳에 이르는 통로는 험난한 길로만 채워져 있다. 이
제 그 길을 가야 한다.

2. 삶의 무게, 문학의 무게

1) 불합리한 출생과 회의주의

작가 박경리는 1927년 10월 28일 경남 진주 출생이다. 그의 출생은 불행했다. 아니, 태어나기 이전부터 잠재했던 불행의 자장 안으로 흘러들었다. 아버지는 14살 때에 네 살 연상의 어머니와 결혼했다. 둘 사이의 애정은 그리 깊지 않아 작가의 아버지는 유랑 생활을 자주 했고, 당연히 가정을 돌보지 않았다. 그러니까 작가는 아버지는 있으되, 홀어머니 밑에서 어렵게 성장한 셈(「나의 문학적 자전」,『꿈꾸는 자가 창조한다』, 나남, 1994)이다. 이에 대해 작가는 자신의 출생이 불합리했다고 표현한다.

> 나의 출생은 불합리했다. 이 허무한 세상에 왜 내가 태어났으랴 하는 따위의 뜻은 물론 아니다. 그것은 부모들의 관계에서 온 나의 견해였다. 아버지는 죽는 날까지 어머니에 대하여 타인이라기보다 오히려 적의에 찬 감정으로 시종일관했다. 어찌하여 사랑하지도 않고 그렇게 미워한 여인에게 나를 낳게 했는가 싶다. 어머니는 말하기를 산신에게 빌어 꿈에 흰 용을 보고 너를 낳았으니 비록 여자일 망정 너는 큰 사람이 될 것이라고, 나는 그 이야기를 시시하게 들었을 뿐만 아니라 산신에게, 증오하고 학대하던 남자의 자식을 낳게 해 줍시사고 애원을 한 어머니를 경멸했었다. 그것은 사랑의 강요였기 때문이다. 어머니의 그러한 모습은 내게다가 결코 남성앞에 무릎을 꿇지 않으리라는 굳은 신념을 못박아 주고야 말았다. …… 나는 어머니에 대한 연민과 경멸, 아버지에 대한 증오, 그런 극단적인 감정 속에서 고독을 만들었고 책과 더불어 공상의 세계를 쌓았다.

— 현대문학사 편, 「반항정신의 소산」, 『창작실기론』, 어문각, 1962, 369면.

한마디로 고독했고, 이 고독은 작가를 조숙하게 만들었다. 사랑과 기쁨, 그리고 미래에의 꿈 대신에 증오와 경멸, 절망을 맛보아야 했다. 작가는 어린 나이에, 그것도 무의식이 아니라 자각적으로 아버지와 어머니를 경멸한 셈이다. 작가의 아버지는 "성미가 불칼 같았고 조금은 낭만적이며 우승컵 같은 것도 받은 운동선수의 경력, 그리고 미식가이며 의복에 까다"로웠으며, "아무도 꺾을 수 없"는 "강한 기상"(「나의 문학적 자전」, 위의 책, 134~135면)을 지니고 있었던 인물이었다. 이처럼 주변 사람들로부터는 호인이라는 별칭을 들었을 법한 인물을 어린 작가는 증오했다. 조금은 극단적이지만 어머니 또한 당시의 여인네들이 살았던 삶의 모습일 터이다. 그러나 작가는 어머니를 경멸했다. 연민의 정서야 나중에 생기지 않았겠는가. 이런 상태에서는 당연히 기존의 관습, 교훈, 가치관 등이 큰 의미를 지니지 못할 터이다. 작가 박경리는 어린 나이에, 선이라는 담론에 담겨진 악의 모습을, 화려함 속에 깃들어진 어두움을, 자연스러움 속의 부조화를, 제의 속에 가녀린 희생양을 보아버렸던 것이다.

이런 때 기존의 담론질서는 위악이다. 아니면, 죄를 감추기 위한 허장성세이다. 작가가 기존의 가치관에 자신의 삶을 맞추지 않으며 성장한 것도, 또 위악적인 언어질서 대신에 자신의 내밀한 언어를 추구하고자 한 것은 당연한 것이리라. 기존의 질서에 대한 반항정신은 강렬했다. 아버지가 뺨을 때린 이후 "어쩌다가 좁은 길에서 아버지와 마주치게 되면 목뼈가 부러질 만큼 외면을 하"고

"임종에"도 "가지 않"(위의 글, 135~136면)을 정도였다.

기존의 질서 전부를 위악적인 것으로 규정할 만큼 반항정신이 강했던 만큼 박경리의 관심은 자연 문학적인 것으로 돌려진다. 기존의 권위주의적 형식으로 자신의 운명을 담론화할 수는 없었을 것이다. 험난한 운명의 비밀을 엿볼 수 있는 어떤 것이 필요했고, 또한 그 운명을 풀어낼 수 있는 내적 설득의 담론이 절실했다. 그 때문에 박경리는 "평범하고 공부를 못했던 아이"(위의 글, 143면)였고, 대신에 "야욕스"러운 "독서"와 "시를 쓰는 일"(위의 글, 145면)에 매달렸다. "아궁이며 이불 속이며 노트를 감추어가면서 매일매일 일기같이 시를 썼"고, 그것은 "묶여 있다는 의식이 종이에 소리없이 폭발"(같은 곳)한 것이었다. "시는 위안이었"며, "어려운 시기를 통과하여 살아 남았고 희망을 잃지 않"(『못 떠나는 배』, 지식산업사, 1988, 4면)게 해준 버팀목이었다.

성장기의 박경리가 미친 듯이 시를 몰두하는 동안, 의식적이든 무의식적이든 그가 세계를 바라보는 시선은 형성되었고, 이는 후에 그의 문학에 굳건한 토대가 된다. 이 경험내용은 박경리 소설의 서사원리에서 한갓 에피소드에 이르기까지 다양하게 관철되고 변주된다. 즉, 이 강렬한 첫인상은 그의 깊은 심급에 자리잡아 이후의 모든 체험은 이 각도에서 해석되고 굴절되는 것이다.

박경리는 성장기의 체험을 통하여 자기 의식을 소유하지 않은 삶은 허망하다는 것을 절감한다. 세상의 인습에 얽매여 산다는 것은 의미 없다는 것, 한 인간의 선택과 결단의 결과로 자신의 삶이 꾸려지지 않을 경우 순간적으로 다가오는 행복마저도 불행일 뿐이라는 것, 이것을 남편을 붙잡아두려 한 어머니는 역설적으로 알려주었다. 이 자기 의식에의 열정은, 작가를 낭만적 사랑에 대한 집착으로 이끈다. 이는 사랑을 구걸한 어머니와 어머니에게 혹독한 채찍을 내렸던 아버지에 대한 반감에서 형성된 것이다. 하지만 또 하나의 이유는 사랑의 본질이란 '자기 자신의 의식을 포기하는 것 다시 말해서 하나의 다른 자아 속에서 스스로를 망각하고 동시에 이러한 소멸과 망각 속에서 비로소 자기 자신을 획득하는 데 있'기 때문이다. 후에 간단히 언급하겠지만, 한국사회에서 스스로를 완성하기 위한 자기 의식은 자리할 틈이 없었다. 자기 의식이 원하지는 않더라도 어떤 사회적 격변에 몸담지 않는 경우, 그것은 곧 고독이었고, 불행이었으며 죽음이었다. 때문에 자기 의식에 강렬한 열망은 사회로 향하지 않고, 대신에 사랑으로 향한다. 때문에 박경리의 소설에는 낭만적 사랑과 좌절을 다룬 소설이 많다. 『가을에 온 여인』, 『노을진 들녘』, 『영원한 반려』, 『단층』, 『성녀와 마녀』 등이 직접 이 문제를 다룬 소설이거니와, 이외의 다른 소설에도 이 주제는 반드시 끼어 있다.

이 낭만적 사랑에 열정은 여성억압적 현실에도 눈돌리게 한다. 작가는 여성인 어머니를 억압하는 남성인 아버지의 모습을 통해 억압-피억압의 인간관계가 얼마나 한 인간의 운명을 불행한 것으로 만드는지를 확인했고, 이를 계기로 남성에 의한 여성지배구조를 발견하게 된 것이다. 이로 인해 박경리는 아주 일찍부터 여성문제를 다루는 작가가 될 수 있었고, 이러한 관심은 그의 초기작 「전도」에서부터 『표류도』, 『김약국의 딸들』, 『파시』 등의 성과로 산출된다.

그리고 성장기의 체험은 작가의 인식구조를 회의주의자의 그것으로 결정짓는다. 작가는 일찍부터 한 인간에 대한 기대와 배반을 맛보았다. 또는, 웃음 속에 감추어진 악마의 형상을, 권위 속에 배어 있는 자기 기만의 얼굴을 경험했다. 이것은 작가를 회의주의자로 만든다. 성장기의 경험내용으로 인해 어떤 삶이 더 진정한 삶인가, 어느 것이 한 인간의 진정한 모습인가, 어느 것이 진실에 가까운가라는 질문을 화두처럼 달고 다녔다. 박경리의 대상 혹은 인물에 대한 끊임없는 회의는 지나치리만큼 섬세하다. 세권의 책을 사고 두권의 책값을 아무 흔들림 없이 낸 남편에 대해 "당신에게 느낀 신비감과 저대로 소중히 간직한 우리의 생활이 전부 무너지고 만 것을 깨달았습니다"(『시장과 전장』, 105면)라고 진술하는 『시장과 전장』의 화자의 모습을 통해, 작가의 이러한 모습을 확인할 수 있다. 이 회의주의자의 시선으로 인해 작가는 불행했을 것이다. 한 인간에 대해 쉽게 호오의 감정을 지니지 못하고 끊임없이 어느 것이 본 모습일까를 저주처럼 되물어야 하는 사람은 행복할 수가 없다. 그러나 이 회의주의자의 시선은 박경리의 소설을 풍부하게 한다. 각각의 인물이 인간적 삶의 복잡성, 다면성, 착종성, 교활함 등을 지닌 존재로 살아 움직이기 때문이다.

박경리의 성장기는 이처럼 뚜렷한 흔적을 남기며 마감된다. 1945년 진주여고를 졸업한다. "여자 공불하면 뭣하나"라며 학비를 대주지 않은 아버지에 반발해 1년 간을 집에서 쉬었고, 그리고 여고시절을 마쳤다. 이런 박경리에게 동족상잔의 비극인 한국전쟁이 눈앞에서 벌어졌고, 작가의 모든 것을 휩쓸며 지나갔다. 불합리한 출생은 비극적인 생애의 서막에 불과했던 것이다.

2) 전쟁의 상처, 혹은 불가해한 질서의 발견

1950년, 한반도에는 폭풍우가 질러간다. 수많은 사람이 이유도 모른 채 죽었으며, 단란했던 가족공동체는 부스러져 버렸다. 박경리 역시 이 폭풍우에 휩쓸렸다. 그것도 잔혹하게. 박경리는 전쟁중에 남편이 행방불명되는 불행을 겪고, 또 전쟁 직후에는 아들을 잃는다. 역사적 부침에는 상대적으로 관심이 적었던 만큼 이 폭풍우는 예측조차 하지 않았던 것이고, 갑작스레 이 폭풍우에 휩쓸렸으니 이 잇단 고통은 더욱 충격적이었으리라. 이 잇단 고통은 불합리한 출생으로 생겨난 비극적 인식을 더욱 고착시켜 놓는다. 이 세상에 선이란 존재하지 않고, 결국 "악이 승리한다는 절망"(「인간만으로 살게 하소서」, 『꿈꾸는 자가 창조한다』, 55면)을 경험한 것이다.

아니, 절망 이상이다. 작가는 어떤 경외감조차 느낀다. 예측하지 못한 일이 거듭 일어나 한 개인의 삶을 막다른 곳으로 몰아붙일 때, 한 개인은 어떤 거대하고도 초월적인 질서에 전율한다. 운명을 생각하고, 숙명을 생각한다. 우연적인 사건들이 분명 체계적인 법칙성에 의해 나타나는 듯 보이고, 그 법칙성은 인간의 지혜나 능력으로서는 감지할 수도 없고 거역할 수도 없다고 느껴질 때, 운명 또는 그 운명을 결정짓는 질서가 전율처럼 느껴진다. 박경리에게도 이런 일이 나타났다. 남편은 행방불명이 되었고, 아들을 잃었다. 대신 남은 것은 딸 하나. 이것은 자신의 어머니와 동일한 삶의 형식이었다.

사변 때 아버지를 잃은 영주는 작년 여름에 또 사내 동생을 잃어버렸다. /

그리하여 민혜 자신이 어머니에게 외동딸이었던 것처럼 영주 역시 민혜에게
있어서 외동딸이 되고 말았다. 무슨 숙명 같은 이야기다.
　　　　　　　—「영주와 고양이」, 『불신시대』, 지식산업사, 1987, 307면

　박경리는 전쟁을 통해 거역할 수 없는 운명 또는 숙명을 생각
해야 했다. 작가는 문득 자신의 삶은 인간의 지혜보다는 초월적
질서로 설명해야 적합하다고 느꼈는지도 모를 일이다. 이 운명론
적 사고가 박경리 소설의 한 중요한 서사구성원리로 자리하게 되
니 말이다.

　박경리는 이처럼 한국전쟁에서 맛볼 수 있는 개인적인 비극은
모두 맛보았다. 그러나 이후 그의 소설을 풍부하게 하는 여러 요
인이 또한 한국전쟁이라는 비극 속에서 얻어졌으니, 이 때문에 흔
히 소설가를 '저주받은 영혼'이라 표현하는 지도 모를 일이다. 한
국전쟁은 '불합리한 출생'과 더불어 박경리 문학의 질을 결정지은
값진(?) 경험내용에 속한다. 전쟁을 경험하면서, 불합리한 출생으로
인해 항상 내부로만 움츠려들던 작가의 시선이 외부로 향하기 시
작한 것이다. 전쟁이란 각 개인의 삶과 사회·역사가 거미줄처럼
얽혀 있음을 절실하게 실감시켜 준다. 전쟁의 순간만큼은 사회적
관계로부터 고립된 '나'의 삶이란 없다. 저 넓은 세상에서 모세관
처럼 작은 자리를 차지하는 개인의 삶이 결국 저 멀리 떨어져 있
는 듯 보이는 사회적 운동에 의해 결정된다는 것을 작가는 전쟁을
통해 확인할 수 있었다. 그리하여 출생의 불합리함으로 인해 세상
의 어느 누구와도 같지 않은 '나'를 고집하던 작가도 하는 수 없이
동질집단을 발견하게 된다. 그리하여 나와 같은 삶의 표정을 여러

사람에게서 발견하고, 불합리한 출생마저도 그저 개인의 문제가
아닌 사회 전반의 문제임을 확인하는 것이다.

　또한 한국전쟁은 박경리에게 중요한 위치에 서게 한다. 그것은
그의 회의주의적 시선과 관련이 깊다. 예컨대 한국전쟁을 좌익과
우익, 혹은 민족주의자나 사회주의의 맞섬으로 규정한다면, 박경리
는 염상섭·최인훈 등과 더불어 한국전쟁을 객관적으로 파악할 수
있는 몇 안 되는 작가중의 한 사람이다. 이기영, 한설야, 김동리 등
은 좌익과 우익, 혹은 민족주의나 사회주의 중 어느 하나의 이념을
선택한 작가들이었다. 다시 말해 객관성을 유지할 수 없는 위치에
있는 것이다. 그리고 조정래, 김원일, 이청준 등의 전후세대의 경
우, 한국전쟁에 대해서는 몇몇 강렬한 인상을 제외하고는 유아적
체험밖에 가진 것이 없어, 그 현장감을 살리기 힘든 상태이다. 반
면 박경리는 형식적인 선에서 악의 모습을, 거대한 담론질서에서
불길한 욕망을 읽어내는 것이 체질화된 상태였기에 어느 이념에도
동조하지 않았다. 한마디로, 한국전쟁을 생생한 현장감과 더불어
객관적으로 파악할 수 있는 거리를 확보하고 있었던 것이다.

　박경리가 최인훈과 더불어 한국전쟁을 가장 잘 쓸 수 있는 위
치에 있다는 것은, 한국전쟁의 성격과 관련이 깊다. 한국전쟁을 좌
익과 우익의 이념대립으로 파악하는 것이 가능하다면, 한국전쟁에
서 어느 한 편을 든 작가는 한국전쟁을 객관적으로 볼 수 없었다.
일제시대부터 위력을 떨쳤던 사회주의는 강한 '종교적 마력'(Robert
V. Bellah, 박영신 역, 『사회변동의 상징구조』, 삼영사, 1981 참조)을 지니고
다가왔다. 한국에서 상품－화폐경제가 자리잡아 간 것은 1920년대
초반, 이 이식된 자본주의는 염상섭의 「만세전」에서 볼 수 있듯

한국인의 삶을 극도로 피폐하게 만들었다. 이때 사회주의가 어떤 광명처럼, 신의 복음처럼 다가왔다. 사회주의는 이전의 인식론으로는 예측할 수조차 없었던 자본주의적 현실을 총괄적으로 설명해주었다. 뿐만 아니라 사회주의국가를 건설한 후진국 러시아가 세계의 강대국으로 빠른 시간 안에 성장하고, 불평등이 존재하지 않은 듯이 보이는 사회적 형식이 갖춰지자, 사회주의는 인류에게 천년왕국이나 낙원을 가져다줄 수 있는 복음으로 인지되었고 종교처럼 번져갔다.

당시 사회주의라는 이념 안에서는 차안의 진리가 차지할 자리가 현저히 좁았다. 필연성은 중세의 예정조화설과 친화성을 보였고, 공산주의는 곧 천년왕국이었다. "만약에 사물의 현상형식과 본질이 직접적으로 일치한다면 모든 학은 쓸모없게 된다"는 교훈은 안중에 없었고, 역사의 예정조화설만을 신봉했던 것이다. 당대의 사회주의는 현실에 더 가까운 진리를 찾아가는 인문과학으로서의 의미보다는 중세적 율법이었다. 냉철한 지성의 대표자인 임화가, 1930년대 후반 조선적 정체성론과 근대적 주체의 힘을 깨닫기 전까지, 조선의 특수성을 말하는 것은 곧 국수주의에 다름 아니다고 규정했으니 말이다.

민족주의라고 해서 사정은 다르지 않았다. 중세의 전지전능한 마법을 깨고 근대적 주체성을 확립하려던 시민계급의 이념은 일찌감치 좌절했다. 이광수, 염상섭이 각각 『개척자』나 『삼대』, 『무화과』를 통하여 이 좌절감을 정확하게 그려낸 바 그대로이다. 3·1운동을 주도했던 시민계급은 『삼대』의 조상훈의 형상에서 볼 수 있듯 급속하게 그 비타협성을 잃고 불길한 욕망에 몸을 맡기거나,

일제와 타협했다. 이들이 내세운 민족이란 겉껍데기뿐이었고, 속물적인 삶을 위장하기 위한 면죄부에 불과했다.

좌·우익의 대립은 해방 후 더욱 광신의 도를 더해간다. 해방 후 양측 모두에게 절실했던 것은 자기 비판과 자기 반성이었다. 사회주의자나 민족주의자나 주권을 스스로의 힘으로 되찾지 못한 것에 대한, 또는 의식적이든 무의식적이든 일제의 정책에 협조한 것에 대한 철저한 자기 비판과 반성이 필요했던 것이다. 이 자기 비판과 반성이란 질곡으로부터 가상의 꽃을 뽑아내는 것이자, 환상적 현실화에서 벗어남으로써 차안의 진리로 근접하는 출발점이다. 그러나 이 자기 비판과 반성은 행해지지 않는다. 해방이 되자마자 좌·우익의 대립은 시작되었고, 이 대립의 상황에선 반성이 행해질 수 없었던 것이다. '나'에 대한 비판과 반성은 곧 '적'에게 빌미를 주는 것이었기 때문이다. 따라서 이념에의 믿음은 급기야 광신의 상태로 접어든다. 한마디로, 일제시대부터 해방 직후의 지적 흐름은 진실한 인간세계는 떠나고 악령들만이 판치는 양상으로 전개되었다.

인간적 본질이 아무런 현실성을 얻지 못하는 교리간의 충돌은 불길하다. 자신이 믿는 신을 지키는 성전(聖戰)이기에 인간적 존엄성이란 자리할 틈이 없기 때문이다. 신의 예정조화에 있어 한 인간 혹은 여러 인간의 희생은 아무런 의미도 지니지 못한다. 한국전쟁이, 4·3제주항쟁이나 거창양민학살사건에서 볼 수 있듯, 또는 김원일의 『겨울 골짜기』, 현기영의 「순이삼촌」 등에서도 확인할 수 있듯, 어떤 이민족간의 싸움보다도 잔혹했던 것은 이 때문이다.

이런 상태에서 전쟁에 직접적으로 참여했던 당사자들인 이기영, 한설야, 김동리 등이 한국전쟁을 객관화한다는 것을 불가능했다. 이기영의 『땅』, 한설야의 『대동강』, 김동리의 『자유의 역사』 등이 인간적 본질을 떠난 채 각자가 지닌 교리의 정당성과 적에 대한 증오에 찬 형상으로 가득차 있음은 오히려 당연한 일이다. 반면 박경리는 객관적인 거리를 유지할 수 있었고, 각각의 이념이 지닌 한계를 정확하게 인식할 수 있었다. 이것은 『시장과 전장』 등의 성과로 이어진다.

3) 불길한 환금 가능성의 세계

박경리는 전쟁의 와중에 남편을 찾을 수 없었고 또 아들을 잃었지만, 또 하나 잃은 것이 있었다. 인간에 대한 믿음이다.

> 그릇을 들고 온 젊은 중이 돈을 옆으로 밀어 놓으면서 시무룩하게,
> "영가 노자가 너무 적군요. 이 세상이나 저 세상이나 그저 돈이 있어야지 동무하고 쓰고 놀다 돌아가지 않겠어요?"
> 진영은 머리 속에 피가 꽉 차 오는 것은 느낀다. (…중략…)
> 진영은 법당 축돌 위에 주저 앉았다. "이 세상이나 저 세상이나 그저 돈이 있어야지요" 하던 말이 되살아온다. 물론 처음부터 거래였다. 그렇다면 화폐의 액수에 따라 문수에 대한 추모의 정이 계산된단 말인가.
> ─ 「불신시대」, 『현대한국문학전집』 11, 신구문화사, 1981, 51~52면

남편의 흔적을 놓치고 자식을 잃었지만 살아남은 사람은 살아야 했다. 어머니와 딸을 부양해야 하는 작가의 삶은 고단했다. 누

구 하나 돌보아줄 사람이 없었다. 거기에 강파라진 인심들. 작가는 세상을 불신해야 했고, 암흑 속에 놓인 자기를 발견할 수밖에 없었다. 세상이 역겨운 냄새를 피우기 시작한 것이다. 재화란 인간의 충일한 삶을 위한 한 수단일 뿐일 터인데, 그것을 목적으로 하는 사람들이 생겨났다. 그 사람들 속에서 작가의 슬픔과 고독은 더욱 짙어졌다.

강파라진 인심은 어쩌면 당연한 것인지도 모른다. 자본주의란 원래 그런 것 아닌가. 자본주의란 경제적 발전을 가능하게 하지만 동시에 또 다른 측면에서는 인간적 삶을 심하게 일그러트리게 마련이다. 상품—화폐 경제의 성립은 자본 또는 돈이라는 무서운 괴물을 탄생시켰고, 이 괴물이 자기 운동을 시작하는 순간 인간은 공동체적 삶을 포기해야 한다. 자본주의는 만인에 대한 만인의 투쟁이라는 극한 상황을 만들어낸다. 한마디로 정신적 동물왕국의 시대가 열리며, 인간의 도덕심이라든가 인륜성이라는 덕목은 빛바랜 유물로 치부된다. 모든 삶의 질이 환금 가능성이라는 잣대로 평가되며, 모든 가치가 교환가치로 환원된다. 도덕성이 오히려 개체보존을 위협하는 상태가 되는 것이다.

게다가 특수한 역사전개를 보인 한국에서 교환가치란 어떤 신보다도 높은 위치를 차지했다. 한국은 혁명적 과정 없이 자본주의의 길로 접어든다. 혁명적 과정 없는 자본주의화는 하나의 중요한 사회현상을 만들어내는데, 곧 속물근성이 사회전반을 지배하게 된다는 것이다. 추악한 것을 말끔히 씻어 가는 혁명의 폭풍우를 경험하지 않은 자본주의화는 고루한 인간 혹은 속물들을 양산한다. 추악한 것은 언젠가 씻겨 간다는 역사적 경험의 부재는 사람들의 순수한 영혼을 흑빛으로 물들여간다. 도덕성, 인륜성, 역사를 바로 잡기 위한 행동들은 인간이 동물과 구분되는 유적 존재의 속성으로 인식되기보다는 개체보존을 위협하는 장애물로 취급된다. "너희들도 돈을 벌어야 하느니라. 사회니 무어니 하고 떠들어도 결국 돈가진 놈의 놀음이야. 다 소용없어! 그저 돈이다."(이기영, 『고향』)라는 속물적인 논리가 하나의 이데올로기로 고착된다. 이는 서구의 자본주의의 형성에 "그의 도덕적 품행이 나무랄 데 없고 자신의 부를 사용하는 것이 해가 되지 않는 한 자신의 영리적 관심을 따를 수 있었고 또 그래야만 했"던 "부르조아적 직업 에토스"(막스 베버, 박성수 역, 『프로테스탄티즘의 윤리와 자본주의 정신』, 문예출판사, 1988)가 중요한 역할을 담당했던 것과는 커다란 차이를 보이는 것이다. 다시 말해 한국의 자본주의는 휴머니즘이나 금욕주의 등 최소한의 자본주의적 윤리의식마저 없는 천민자본주의적 성격을 강하게 띤다. 게다가 해방이후 처단된 민족반역자가 아무도 없었고, 보상받은 독립운동가가 아무도 없지 않았는가. 또 한국전쟁에서도 역시 마찬가지 아니었는가. 그리하여 한국사회에서는 불길한 계산가능성의 원리가 인간의 삶에 보다 큰 규정력을 지니게 되며, 재화를 인생의 수단으로서가 아니라 합목적으로 설정하는 삶의 감각이 널리 퍼지게 된다.

　작가 박경리에게 이러한 자본주의화는 하나의 모질고 질긴 덫이었다. 작가를 가난에 몸부림치게 했고 인간 사이에 가로놓인 '불신'으로 신음하게 했다. 이러한 뒤틀린 현실이 당시를 살았던 모든 사람의 삶을 불구적인 것으로 만들었을 터이지만, 충일한 인간적 삶을 꿈꾸었던 작가 박경리에게는 특히 고통의 깊은 원천이었다. 박경리는 한발씩 불행의 늪으로 밀려났고, 이 늪의 몸서리치는 감촉을 느낄 때마다 작가의 길로 다가섰다. 박경리의 등단작의 제목 자체가 「계산」인 것과 이와 관련이 깊으며, 자본주의화와 인간의 운명에 대한 탐색이 초기작인 「불신시대」·「암흑시대」 등에서부터 후기의 『단층』에 이르기까지 집중적으로 구현되는 것도 이 때문이다.

3. 삶의 고통과 소설의 향기

1955년 8월, 박경리는 등단한다. 등단작은 「계산」(『현대문학』, 1955. 8). 추천이 완료된 것은 다음해인 1956년이었다. 박경리는 「흑흑백백」(『현대문학』, 1956.8)으로 드디어 작가가 된다. 이때부터 박경리에게 문학과 삶은 쌍두아(雙頭兒)가 된다. 박경리의 삶은 이때부터 소설쓰기 그것만으로 채워진다. 정릉과 원주에 칩거하면서 오직 글쓰기로 사회적 삶을 살아가고 있으니 말이다.

1956년부터 봇물이 터지듯 작품이 쏟아진다. 그만큼 맺혔던 한이, 털어놓고 싶었던 언어들이 많았으리라. 아니면, 고독한 세월을 견디면서 의사소통의 욕구가 그토록 강렬했으리라. 박경리는 연이어 여러 작품을 발표한다. 「군식구」(『현대문학』, 1956.11), 「전도(剪刀)」(『현대문학』, 1957.3), 「불신시대」(『현대문학』, 1956.8), 「영주와 고양이」(『현대문학』, 1957.10), 「반딧불」(『신태양』, 1957.10), 「벽지(僻地)」(『현대문학』, 1958.3),

「도표없는 길」(『여원』, 1958.5), 「훈향」(『한국평론』, 1959.6), 「암흑시대」
(『현대문학』, 1958.6~7), 「호수」(『숙란』, 1958), 『연가』(『민주신보』, 1958), 「어
느 정오의 결정」(『자유공론』, 1959.1), 「비는 내린다」(『여원』, 1959.10), 「해
동여관의 미나」(『사상계』, 1959.12), 「재귀열」(『주부생활』, 1959), 「돌아온
아이」(동화, 『새벗』, 1959), 『은하수』(동화, 『새벗』, 1959) 「새벽의 합창」(『중
앙여고 학보』, 1959), 『표류도』(『현대문학』, 1959.2~11) 등이 등단하면서부
터 발표한 소설들이다. 이 중 「불신시대」로 1957년 제3회 현대문학
신인문학상을, 장편 『표류도』로 내성문학상을 수상한다. 「불신시대」
에는 죽은 아들을 추억하는 내용이, 그리고 『표류도』에는 죽은 남
편에 대한 기억이 내밀하게 담겨져 있다. 남편과 아들의 죽음을 써
서 상을 받았으니 작가의 심정이 어떠했겠는가. 작가는 "자식을 잃
은 어머니의 마음은 세계를 준다 하여도 달가워하지 않는다 했다.
그런 나에게 수상은 서글픈 행사였다"고 한 바 있다. 문학이란 왜
굳이 작가의 불행을 음미하고 나서야 미소를 짓는지 모를 일이다.
  박경리의 초기작은 주로 단편이고, 작가가 살아온 삶의 내력이
많이 담겨져 있다. 남편과 아들을 잃은 여성이자 홀어머니를 모시
고 있는 딸이 작중화자로 등장하는 작품들이 많다. 작가는 개인의
체험을 바탕으로 당대를 읽어낸다. 그리하여 '불신시대' '암흑시
대'라는 제목에서도 확인할 수 있듯, 자신의 비극적 조건은 단지
작가 개인의 운명 때문만이 아니라 그 시대 자체의 구조 때문임을
밝혀낸다. 순진한 영혼을 지닌 화자가 있다. 거듭되는 비극을 겪었
지만, 그 비극에 좌절하지 않으려 한다. 그러나 사회는 더욱더 그
의 삶을 벼랑으로 밀어 넣는다. 화자의 삶을 비극적인 것으로 몰
아가는 것에는 여러 이유가 있다. 전쟁의 상흔(「불신시대」·「영주와

고양이」·『표류도』), 여성 억압적 현실이나 불길한 욕망에 휩싸여 사는 남성들(「전도」·「사랑섬 할머니」·『표류도』), 재화를 수단으로서가 아니라 합목적으로 인정하며 살아가는 군상들(「계산」·「불신시대」·「표류도」)은 화자의 삶을 비극적인 것으로 만드는 조건들이다. 즉, 작가의 삶을 소설의 몸체로 삼고 있되, 그것을 삶의 문제로 확대시키는 데 충분히 성공하고 있는 것이다.

작중화자들은 이 비극적인 상황에서도 꿈과 낭만을 잃지 않으려 노력한다. 그러나 현실의 벽은 높다. 번번히 질기디 질긴 허위와 이기에 그 꿈은 좌절한다. 이 꿈은 낭만적 사랑에의 동경으로 나타나기도 하고(『표류도』), 또는 현실에 대한 부정으로 표출되기도 한다.

> 진영은 연기가 바람에 날려 없어지는 것을 언제까지나 쳐다보고 있었다. / "내게는 다만 쓰라린 추억이 남아 있을 뿐이다. 무참히 죽어 버린 추억이 남아 있을 뿐이다." / 진영의 깎은 듯 고요한 얼굴 위에 두 줄기 눈물이 흘러내리고 있었다. 겨울 하늘은 매몰스럽게도 맑다. 참나무 가지에 얹힌 눈이 바람을 타고 진영의 외투 깃에 날아내리고 있었다. / "그렇지. 내게는 아직 생명이 남아 있었지. 항거할 수 있는 생명이."
>
> ─「불신시대」, 60면

박경리에게 있어 꿈이 없는, 이상이 없는 인간은 인간이 아니다. 또는 사랑이 없는 인간관계도 역시 용인할 수 없는 것이다. 아버지와 어머니의 관계를 통해, 또는 불합리한 출생을 통해 꿈과 사랑이 없는 인간이란 얼마나 황폐한 것인가를 확인했기 때문이다. 이 꿈 혹은 낭만에의 의지는 강렬하다. 때로는 그토록 증오했던 아버지를 "나는 아버지를 미워하지 않는다. 그는 어느 점에서는 낭만적인 사람이었으니까. 정확하고 소심한 어머니의 피보다 반항적이며, 격 정적인 아버지를 피를 나는 내 속에서 더 많이 느낀다”(『표류도』, 『표류도 / 성녀와 마녀』, 지식산업사, 1980, 35면)고 표현할 정도로 이 이상 적인 것에의 의지는, 1950년대의 전후소설과 관련시켜 보자면 이 채를 띤다. 손창섭, 이범선 등의 전후 소설이 주로 무기력과 불구 적인 삶을 당연하게 받아들이는 인물에 주로 주목하고 있다면, 박 경리의 소설은 일단 그러한 소설적 경향과는 구분되는 것이다.

그러나 박경리의 초기 소설에서 삶에 희망이나 역사적 전망이 나타나는 것 또한 아니다. 초기 소설은 하나같이 비극적인 결말로 끝맺거나 결단의 의지를 곱씹는 것으로 끝난다. 이상적인 것에의 의지는 비록 강렬하다 하더라도, 박경리는 이미 꿈의 실현이 얼마 나 어려운가를 경험을 통해 확인했던 것이다. 이상적인 것에의 의 지는 포기하지 않되 현실의 벽을 인정하는 자세, 이것이 박경리 초기 소설의 특성이다.

하지만 박경리의 초기소설은 더 나아갈 수밖에 없는, 의미 있는 출발점에 불과하다. 박경리의 초기 소설에는 이상적인 것의 구체 적인 내포가 분명하지 않기 때문이다. 초기소설에 나타나는 이상 적인 것이란, 허위와 이기적인 것을 넘어서는 어떤 것일 뿐이지 구체적인 내용은 확연하지가 않다. 이렇게 지향해야 할 어떤 것이 불분명할 때, 항시 짝패로 등장하기 마련인 모순의 근원 또한 막 연하기 마련이다. 단지 의식의 유물적 구조 또는 “계량기처럼 수 학적인”(「계산」, 『현대한국문학전집』 11, 신구문화사, 1981, 16면) 삶이 경 계될 뿐이지, 그 근원이 어디에 있는지라는 문제에는 시선이 가닿 고 있지 않은 것이다. 문제적인 작가는 하나의 세계가 고정되고

그 의미가 축소될 때 또 다시 나아가는 결단과 선택이 남다른 법
이다. 이런 면에서 보자면 박경리는 문제적인 작가임에 틀림없다.
박경리는 또 다시 출발한다.

4. 순백의 영혼을 찾아서

『표류도』 이후 박경리의 생활은 안정된다. 『표류도』가 세상에
나간 후 매스컴을 타기 시작했고, 영화원작료다, 인세다, 원고료다
하며 적잖은 돈을 받아 쥐게 된다(「창작의 주변」, 『Q씨에게』, 143면). 그
러나 작가의 소설이 작가 스스로를 만족시키지는 않는다. 아직 풀
어놓아야 할 이야기가 많았고, 도달하고자 하는 지점은 먼 곳에
있었다. 박경리는 그 지점을 향해 빠르게 달려간다.

1960년부터 『토지』 집필에 들어가기까지, 작가가 달린 붓끝의
속도는 가히 경이적이라 할 만하다. 『성녀와 마녀』(『여원』, 1960.4~
1961.3), 「귀족」(『현대문학』, 1961.2), 『내 마음은 호수』(『조선일보』, 1961),
『은하』(『전남일보』, 1961), 『푸른 운하』(『국제신보』, 1961), 전작 장편 『김
약국의 딸들』(을유문화사, 1962), 『노을진 들녘』(『경향신문』, 1961.10~1962.
6), 『암흑의 사자』(『가정생활』, 1962), 『가을에 온 여인』(『한국일보』, 1962.8
~1963.5), 「재혼의 조건」(『여상』, 1962.11~1963.4), 「어느 생애」(『신작 15인
집』, 1963), 『그 형제의 연인들』(『전남일보』, 1963), 전작장편 『시장과
전장』(현암사, 1964), 「풍경 B」(『사상계』, 1964.12), 「풍경 A」(『현대문학』,

1965.1), 「흑백 콤비의 구두」(『신동아』, 1965.4), 「외곽지대」(『현대문학』, 1965.10), 『파시』(『동아일보』, 1964.7~1965.5), 『녹지대』(『부산일보』, 1965), 「도선장」(『민주신보』, 1965), 『타인들』(『주부생활』, 1965.4~1966.3), 「집」(『현대문학』, 1966.4), 「평면도」(『현대문학』, 1966.12), 「환상의 시기」(『한국문학』 춘, 하, 추, 동호), 「인간」(『문학』, 1966.7), 「옛이야기」(『신동아』, 1966), 「하루」(『사상계』, 1967), 「쌍두아」(『현대문학』, 1967.5), 『신교수의 부인』(『조선일보』, 1967), 「겨울비」(『여성동아』, 1967), 「눈먼 실솔」(『카톨릭시보』, 1967), 「우화」(『월간중앙』, 1968), 「약으로도 못 고치는 병」(『월간문학』, 1968.11) 등이 60년부터 『토지』 연재 전까지 발표된 소설들이다. 수필집 『기다리는 불안』(1966)과 문학론집 『Q씨에게』(현암사, 1966)가 간행된 것도 이 무렵이다. 이 다작은 인간의 올바른 삶을 모색하려는 끊임없는 모색의 예증이다. 이처럼 박경리는 하나의 도달점을 향해 결코 빠르지는 않지만, 성실하게 끊임없이 나아갔던 것이다. 그 행보는 다음과 같은 계기와 모색에 의해 이루어진다.

1) 4·19와 시선의 확대

4·19는 박경리의 문학에 하나의 중요한 전기를 제공한다. 우선 눈에 띄는 것은 창작의 중심이 단편에서 장편으로 옮겨졌으며, 작가 박경리를 연상시키는 작중화자가 소설 속에서 사라졌다는 것이다. 이 두 가지 외형적인 사실에서 박경리 소설에 나타난 변화의 폭이 적지 않음을 알 수 있다. 장편소설이란 개인의 고립되고 찰라적인 운명보다 한 인간의 저 미세하디 미세한 모세관적 운동

과 사회의 관계를 전제하지 않고는 씌어질 수 없는 것, 작가의 관심이 그만큼 사회의 또는 역사의 문제로 확대되었음을 알 수 있다. 이 시기 박경리 소설에서는 실제로 불행한 한 개인의 운명 대신에 사회적 모순에 삶을 훼손당한 동시대인의 삶이, 그리고 불행한 운명에의 극복의지 대신에 인류가 도달해야 할 사회에 대한 탐색이 그려진다. 한 인간의 불행은 개인을 휩싸고 도는 불길한 운명에 의한 것이 아니다. 자본주의거나 사회주의이며, 또는 강대국의 이권이거나 독재자의 권력의지이다.

> 한국의 자본가들한텐 노동력이 필요 없거든. (…중략…) 부패와 독재, 암담한 앞날이 있을 뿐이다. 그러나 그것을 우리는 처부숴야 한다. (…중략…) 공산주의 사회에 있어서는 조직이, 자본주의 사회에 있어서는 금력이 인간을 기계화하구 있지만 인간은 결코 기계가 될 순 없다. 쌍방이 나의 꿈을 비웃을 거야. 그러나 인간은 꿈을 버리구 살 순 없다.
> ─「내 마음은 호수」, 지식산업사, 1982, 210~211면

뿐만 아니다. 각각의 개인은 그 불행의 시원을 보다 넓은 곳에서 보다 깊은 곳에서 찾기 시작했을 뿐 아니라, 그 불행을 넘어서려는 행동 또한 치열하고 분주해졌다. 자신을 불행하게 했던 악한 존재를 결국은 응징하며(『노을진 들녘』), 사회를 변혁하기 위해 경찰서에 끌려가는 것을 마다하지 않는다(『내 마음은 호수』).

4·19가 최인훈에게 「광장」을 쓸 수 있게 했다면 아니 쓰게 했다면, 박경리에게는 「내 마음은 호수」, 『시장과 전장』을 쓰게 한 셈이다. 4·19세대인 김현은 "60년대를 산 사람치고서, 외국에서 60년대를 보낸 사람이 아니고서는, 사일구의 영향을 받지 않은 사

람은 거의 없었다"고 전제하고, 4·19는 "가능성의 세계와 현실의
세계는 하나일 수 있다는"(김현, 「69년대 문학의 배경과 성과」, 『분석과
해석』, 문학과지성사, 1988, 250면) 문화사적 의미를 지니고 있다고 지
적한 바 있다. 박경리는 1960년대를 산 사람이었다. 그리고 이 4·
19에 대해 이렇게 말한 바 있기도 하다.

> 무엇이 이들 천진한 청소년들을 항거의 길로 몰아넣었는가. 그들은 비겁하
> 고 안일에 빠진 어른들을 타기했을 것이다. 그들은 사리사욕에 눈이 어두운
> 추악한 어들들을 믿지 않았을 것이다. …… 이제는 누구도 믿을 수 없다. 우
> 리들이 힘을 합하여 호소해보자고 나섰을 것이다. …… 그들은 적색분자의
> 앞잡이도 아니요 사리사욕에 어두워 거리로 뛰쳐나간 것도 아니다. …… 그
> 러나 우리는 냉정한 방관자일 수밖에 없단 말인가. 내 자식이 죽지 않았으니
> 까 하며 자기 주변에다 안전한 절벽만 쌓아올리면 된단 말인가. …… 우리는
> 나라를 아끼는 마음, 민주주의를 수호하고 진리를 사랑하는 마음에서 그 아
> 까운 젊음을 내던진 현실에는 방관하고 있는 것이다. …… 우리 어른들은 착
> 해지고 뼈저린 책임감을 느껴야 할 것이다.
> ―「어린 비둘기를 더이상 욕보이지 말라」,
> 『거리의 악사』, 민음사, 1977, 210~220면

박경리에게 4·19는 한마디로 아름다운 풍경이었을 것이다. 그
것은 안일에 빠진 자기 혹은 추악한(천진한 청소년에 비추어볼 때 그러
했을 것이다) 자신을 선명하게 비추는 아름다움이다. 박경리는 개인
의 불행한 운명에만 떨지 않았던가. 아니면, 개인적인 반항심만 키
워오지 않았던가. 그러나 4·19세대들은 '우리'였고, '힘을 합했'고,
또 '나라를 아끼'고 '진리를 사랑'했다. 그리고 그들은 가능성의
세계와 현실의 세계가 하나 되는 황홀경을, 비록 잠시지만, 일구어
냈다.

이 뼈저린 책임감이 박경리를 새로운 소설세계로 이끈다. '나'가 아니라 '우리'가, '나'를 아끼는 마음이 아니라 '나라를 아끼는 마음'으로 그의 소설 세계는 나아가는 것이다. 박경리는 4·19를 통해 비로소 고통의 뿌리를 찾는다. 개인적 고통이 아니라 '우리'의 고통을 찾자 보다 분명한 자기 청체성을 확보할 수 있었던 것이다. 그리고 이상적인 삶이란 어떤 개인이 먼저 도달할 수 있는 것이 아니라 인류가 같이 도달할 때라야 비로소 가능한 것임을 확인한다.

「내 마음은 호수」나 『시장과 전장』은 이 '착해지'는 마음으로, '뼈저린 책임감'으로 쓴, 4·19세대에 대한 헌사이다. 「내 마음은 호수」와 『시장과 전장』은 모두 한국전쟁을 배경으로 한 것이지만, 관심은 현저히 4·19세대가 얼마나 정당한가를 밝히는 데 있다. 박경리는 독재에 반대하는 것은 적색분자이기 때문이 아니며, 이 사회에 내재한 모순을 넘어서려는 고결한 행동의 결과임을 작품을 통해 제시한다.

그리하여 「내 마음은 호수」는 자기 세대와 구분되는 새로운 세대의 건강한 삶의 모습을 애정어린 눈으로 감싸안는다. 그리고 『시장과 전장』은 '시장과 전장'의 논리로 인하여 동시대인의 삶이 얼마나 훼손된 것인가를 밝혀낸다. 그리고 '시장'의 논리에 기반한 자본주의 사회에 대한 비판은 인류가 도달해야 할 서사시적 세계를 위해서는 반드시 수행되어야 함을 형상화한다. 또한 한국전쟁을 촉발시켰고, 남북분단과 그것을 고착시키는 이념적 획일화에 대해 날카롭게 반문한다.

지금까지 국군을, 그리고 대한민국을 공공연히 욕하는 사람은 아무도 없었

다. 그와 마찬가지로 인민군을 욕하는 사람도 없었다. 마음 속으로 이들 피란
민은 관전하고 있었던 것이다. …… 대한민국에 불만하고 여러 가지 압제에
증오를 느끼면서도 그들은 이북군을 진정한 해방자로 맞이하지 못하는 착잡
한 심정의 소시민인 것이다. 진정 민중들은 어느 쪽에 가담하고 있는 것일까?
—『시장과 전장』, 148~149면

이 대목은 경직한 선악이원론에 입각한 피아관(彼我觀)을 지양하
여 문학이 마땅히 지녀야 하는 인간의 관점을 취하려는 노력(유종
호,『동시대의 시와 진실』, 민음사, 1982, 343~344면)이 빛나는 부분이다.
그리하여 『시장과 전장』은 한국전쟁이란 인간적 본질이 사라진
이념의 독주나 권력에의 의지에 의해 발원된 것임을 깊이 있게 형
상화한다. 전쟁을 객관적으로 파악할 수 있었다는 것, 이것은 최인
훈의 「광장」과 더불어 반공일변도의 분단소설을 새로운 영역으로
끌어올린 계기로 충분하다.

2) 순백의 영혼을 위한 시간여행

박경리는 4·19를 계기로 한국전쟁의 객관적 성격을 규명하는
동시에, 다른 한편으로는 낭만적 사랑의 문제를 조명한다. 낭만적
사랑의 문제는 박경리에게 중요한 것이다. 박경리에게 꿈 또는 낭
만적 사랑이란 인간이 인간일 수 있는 유일한 덕목이다. 사회주의
에서는 조직이, 그리고 자본주의에서는 금력이 인간을 기계화하는
마당에, 그리고 그러한 경향이 점점 짙어지는 마당에, 사랑이란 생
명의 원천인 것이다. 이를 위해 그는 점점 뒤틀어지기만 하는 인

간관계 속에서 진정한 사랑의 구도자를 찾아헤맨다. 그리하여 세속적인 가치에 물들지 않은 순백 또는 '지공무사'의 인간상을 찾아낸다. 『시장과 전장』의 가화, 『노을진 들녘』의 주실, 『성녀와 마녀』의 하란, 『가을에 온 여인』의 정란 등이 그들이다. 기계에 맞선 원시적인 이미지, 혹은 타락한 사회에 대한 원시적인 상태로의 동경이 나타나는 것이다. 이들에 대한 작가의 애정은 대단하다. 『시장과 전장』에 대해 유독 "여태까지 부정적 인물밖에 그릴 수 없었던 작자는 처음으로 이 작품 속에서 긍정적인 여자 이가화를 만들 수 있었다는 데 대하여 기쁨을 느"낀다고 할 정도이다.

그러나 이러한 인물들은 한결같이 비극적인 삶에 휩싸인다. 원시의 상태, 혹혹은 '최초의 이브처럼 순진한 여자'란 근대화의 와중에서는 살아남을 수 없기 때문이다. "살아야 한다는 것보다 더 절박한 일은 없다. 어떠한 절박한 골목길에서도 부정하지 못할 것은 자신의 생명"(『표류도』, 지식산업사, 1980, 36면)인 마당에, 모든 가치가 교환가치로 환원되는 이 불길한 환금 가능성의 사회에서, 순백의 상태를 유지한다는 것은 불가능한 것이다. 그들은 몇몇 작중인물의 안타까운 시선에도 불구하고, 결국은 비극의 소용돌이에서 헤어나오지 못한다. 다시 말해, 박경리는 뒤틀린 사회의 근원을 사람들 사이에 자리잡기 시작한 악마성의 결과로 파악하는 것이다. 그리하여 작가 박경리는, 백성마저 죽음의 대열로 내몬 전쟁의 와중에서, 불길한 욕망이 인간을 지배하게 하는 타락한 사회의 와중에서, 잃어서는 안 될 가치의 하나로 순백의 인간상태를 동경한다.

그러나 이러한 접근은, 자본주의의 부정성을, 사용가치보다 교환가치가 더 위력을 떨치는 물신화의 논리에서 찾거나 이기주의나 욕망의 체계로 인한 인륜성의 상실로 규정할 경우에만, 강한 현실성을 확보한다. 그러나 자본주의 현실의 모순이 생산의 공공성과 소유의 사적 성격으로 인한 계급모순에도 큰 이유가 있다는 것을 감안하면, 박경리의 자본주의에 대한 규정방식은 분명히 제한적이다. 가령 박경리의 소설에서 선과 악을 평가하는 기준은 자본주의적 가치에 집착하는가 아닌가이다. 이러한 가치평가기준으로는 자본주의적 모순으로 인해 더욱 훼손된 삶을 살아야만 했던 당시 민중들의 삶을 사회역사적 본질과의 관련 속에서 형상화하기는 힘들다. 실제로 박경리의 소설에서는 자본주의로 인해 극도의 빈한한 삶을 살았던 민중들의 생활상이 작가의 관심으로부터 밀려나 있기도 하다.

한마디로, 순백의 인물들이 겪어야 하는 비극적 운명에는 사회적 관계가 심각하게 고려되고 있지 않다. 이것은 박경리 소설의 두 가지 특성으로 현상한다. 하나는 작가의 소설에서 미래에 대한 전망을 엿볼 수 없다는 것이다. 이것은 순백의 인물들이 악마적인 존재들을 물리쳐야 한다는 것이 아니다. 박경리 소설의 대립항은 만인에 대한 한 명의 싸움이다. 이 싸움이 어떻게 결과할 것인가는 분명하다. 그리하여 박경리의 소설에서는 스러져 가는 것에 대한 연민의 정, 비극적인 것이 가져다주는 미적 절제는 맛볼 수 있어도, 현재 우리의 구체적인 삶을 확인하기 힘들다. 또 하나는 사회적 관계가 빠져 있기에 인물과 사건의 구성이 많은 경우 우연적인 계기에 의존한다는 것이다. 박경리의 소설에서는 대를 잇는 운명적인 요소, 근친상간 등이 자주 나타나는바, 이것은 작가의 소설을 현실적이기보다는 신비적으로 것으로 만든다. 가령 박경리의 소설에 많은 인물들은 비극적인 요소, 혹은 운명적인 요소를 타고 난다. 악마적인 요소를 대물림하든가, 아니면 재자가인형 인물을 타고난다. 이 인물의 탁월함이 악마적인 인물과 조우하는 계기로 작용하는 것이다. 이러한 설정은 중세의 마법을 끊고 예측 가능성에 의해 형성된 자본주의 운영원리로 보자면, 현저히 비현실적 요소를 지니며, 때로는 통속적인 문법으로 변형될 가능성이 높다.

  박경리는 현실의 완고함을 알고 있는 작가이다. 현실을 마음대로 뒤틀거나 희화화하지 않고, 대신 또 하나의 방법을 택한다. 시간적, 공간적 배경의 이동이다. 시간은 근대에서 전근대와 근대의 합치점으로 거슬러 올라가고, 또 공간은 도시와 농촌의 접경으로 옮겨진다. 이 결과로 씌어진 소설이, 작가의 평판작 『김약국의 딸들』과 『파시』이다. 이 소설들은, 사회적 관계보다는 인간의 본성에 의해 보다 많이 인간적 삶이 영위되는 시·공간을 택함으로써, '시장과 전장'의 논리에 의해 훼손된 인간의 삶과, 그 속에서도 오롯이 빛나는 순백의 인물들을 성공적으로 조화시킨다.

5. 원망(怨望)에서 한으로

  1969년부터 작가는 『토지』 연재에 접어든다. 1969년부터 지금까지 『토지』 연재를 하는 동안, 몇몇 작품이 같이 씌어지기도 한다. 『죄인들의 숙제』(『경향신문』, 1969), 『창』(『조선일보』, 1970), 「밀고자」(『세대』, 1970.6), 『단층』(『동아일보』, 1974) 등이 그것이다. 그렇지만, 단연 빛을 발하는 것은 『토지』이다. 다른 소설이 수준 미달이라서가 아니라, 『토지』의 향기가 워낙 짙기 때문이다. 예컨대 『단층』의 경우, 전쟁의 상흔에 신음하던 인물이 자신의 상처를 치유하고 새 삶을 찾아나가는 모습은 또 다른 감동을 주기도 한다.

『토지』는 일단 소설 자체가 지니는 의미가 남다르다. 한 작품을 26년 동안 연재한 경우가 한국소설사에서는 존재하지 않거니와, 초기의 몇몇 문제적인 작품을 쓰고는 소설사의 주변부로 밀려나는 것이 무슨 철칙처럼 지켜지는 한국소설의 관행에서 박경리의 치열함은 단연 이채를 띤다. 게다가 작가는 『토지』 연재를 시작하고 암선고를 받지 않았었던가. 떨어진 적이 없었던 삶과 문학을 『토지』로 기필코 완성하겠다는 의지로 모든 고난을 이겨낸 셈이다. 그리하여 이렇게 말할 수도 있으리라. 『토지』가 씌어진 만큼 한국소설사에는 의미 있는 전통이 만들어졌다고

그러나 『토지』의 문제성은 여기에만 있지는 않다. 만약 그랬다면, 위의 사실은 한마디로 에피소드로 회자되고 사라졌을 것이다. 『토지』의 정작 중요한 점은, 소설 그 자체에 있다. 『토지』는, "가족이라는 혈연단위와 그 확대를 역사적인 시대의 교체와 맞물리도록 고안함으로써, 조선 말기 이후 한국사회의 근대화라는 격변기를 살아가고 있는 전형적인 인물들의 창조에 성공하고 있"(권영민, 『한국현대문학사』, 민음사, 1993, 342면)는 작품인 것이다. 그리고 "서부경남 방언과 그 언어를 사용하는 사람들의 삶과 풍속을 탁월하게 재현한 점, 심리의 미묘한 곡절을 셈세하게 추적하는 비상한 능력에 힙입은 심오한 인간통찰이 곳곳에서 빛발하고 있다는 점,

군더더기 없는 정갈하고 단백한 문제를 정립함으로써 부황한 수사와 말장난이 뒤범벅된 박래의 문체를 구축할 수 있는 전범을 마련하였다는 점 등 『토지』의 탁월한 성취"(김윤식·정호웅, 『한국소설사』, 예하, 1993, 465면)가 엄연히 존재하는 것이다. 또한 『토지』는 『객주』와 『장길산』을 가능하게 하는 한 초석이 된다는 점까지 부언하면, 『토지』의 문학사적 의의가 남다름을 확인할 수 있다.

『토지』는 작가 박경리의 삶의 종합이자 문학의 종합이다. 『시장과 전장』 등 현대, 도시를 다룬 계열과 『김약국의 딸』 등 초기 근대와 농촌공동체를 다룬 계열의 소설이 합쳐지는 지점이다. 이를 통해 『토지』는 '한'이라는 정서에 몰두한다. 즉 훼손된 것까지를 감싸안는 순백의 삶으로 한국 여인네의 '한'을 찾은 것이다. '한'은 위대한 모성의 세계인지도 모른다. 자신의 모든 것을 희생하면서도, 지아비를 위해 아들을 위해 끝내 좌절하지 않았던 여인네들의 한을, 그는 이 훼손된 시대에 반드시 회복해야 할 인간적 덕목으로 설정한다.

그러나 이 두 계열의 결합이 변증법적으로 이루어진 것이 아니라 산술적으로 합쳐진 느낌도 없지 않다. 즉 전근대적인 요소가 근대적인 요소에 의해 어떻게 좌절되고 변질되는가라는 문제와, 봉건제적 사회경제가 자본주의적 사회체제로 강제로 편입되면서 인간의 삶이 어떻게 변화하는가의 문제가 심도 있게 고려되지 않은 것이다. 때문에 『토지』는 어떤 부분에서는 빛을 발하고, 어떤 부분에서는 그 빛이 현저히 약화된다.

『토지』에서 빛을 발하는 부분은, 전근대적이라는 시간과 농촌이라는 공간, 한의 정서를 지닌 여인네들의 살아 움직이는 시·공간

이다. 그리하여 『토지』는 평사리와 중국으로 향한 여정에 있어서
는 풍부한 예술적 형상화를 획득한다. 반면, 근대라는 시간으로 진
입할 때, 일본을 여정으로 선택한 지식인의 삶을 다룰 때, 그리고
도시의 삶을 형상화할 때, 그 영롱함을 잃는다. 근대라는 시공간은
마법으로 설명되어서는 안 되는 역사전개의 사회적 규정력이 분
명이 존재하기 때문이다. 그러나 『토지』는 이 근대라는 상황을 다
루면서도 역사전개의 사회적 규정력을 포괄하지 않고 있다(김윤
식·정호웅, 위의 책, 460~465면). 그렇다고 해도 『토지』는 탁월한 성취
임에 틀림없다. 한 인간 내부에 존재하는 착종성, 교활함, 다면성
등을 어느 작품보다는 잘 드러내고 있기 때문이다. 『토지』의 등장
인물들은 복합적이다. 종교, 계급, 이념, 윤리 등 다양한 조건들이
그의 삶을 규정한다. 이것들은 끊임없이 갈등한다. 그리고 그 갈등
후에 하나의 사회적 실천을 행한다. 흔히 소설이, 끊임없이 경험하
는 사회적 계기를 총괄하여 새로운 인식적 실천적 지평으로 나아
가는 모습을 보여주는 장르라고 한다면, 즉 과정의 총체성을 지향
하는 장르라고 한다면, 『토지』는 무엇보다도 이 특성을 잘 살린
소설이다. 그리하여 『토지』의 삶에는 사회 역사적 규정력이 왜 이
리 약한가 하는 의문을 지니면서도, 밤새 따라 읽어야 하고 쑥스
럽게도 혼자 눈물을 참아야 하는 진한 감동이 있다. 한국소설사에
진한 감동을 주는 작품이 적다는 사실을 인정한다면, 『토지』에서
느낄 수밖에 없는 이 감동은 보다 자세히 규명되어야 하는 중요한
미적 특질이라고도 할 수 있다.

6. 다시, 원점에 서다

이제 곧 『토지』 연재가 끝난다고 한다. 이 사실을 접하면서, 제일 먼저 든 생각은 우려감이었다. 고희를 앞둔 나이, 거기에 자신의 모든 생애를 걸 듯이 매달렸던 필생의 작업을 끝냈을 때, 과연 작가는 또 다시 무엇을 시작할 수 있을까 하는 생각 때문이었다. 우리 소설사에서 고희를 앞둔 나이에 새로운 출발을 했던 작가가 있었던가.

그러나 이 글을 준비하면서 그 우려를 씻을 수 있었다. 우선 잠시는 그 허탈감에 붓끝이 잡히지 않을지도 모를 일이다. 그러나 작가는 다시 쓰리라. 이것은 이유 없는 확신은 아니다. 필자는 박경리 소설집의 몇몇 서문을 읽으면서 당황한 경험이 있다. 작가 서문에다 이제 글을 쓰지 못하리라는 말을 자주 하고 있다는 것 때문이었다. 처음에는 낯설었던 이 표현이 나중에는 자연스레 들리기 시작했다. 이 말을 하고도 작가 박경리는 무슨 저주처럼 소설을, 그것도 한 단계 나아가는 소설을 잇대었던 것이다. 그만큼 철저히 작가 자신이 해체되는 느낌이 들 정도 혼신의 힘을 기울인다는 말일 터이다. 또 하나 『토지』 이후의 다음 작품을 기대하게 된 이유는, 작가에게 삶은 곧 문학이기 때문이다. 박경리에게서 문학이 없는 삶은 생각하기 힘든 것이다. 살아 있는 한 작품은 씌어질 것이고, 그것은 『토지』를 넘어선 어떤 것일 수도 있다. 작가 박경리가 쓸 수 있는, 그러면서도 작가 박경리만이 잘 쓸 수 있는 영역이 남아 있는 것이다. 바로 한국전쟁이다. 『토지』가 일제 시대의 상황을 다루고 있으니, 한국 근대사의 또 하나의 중요한 분기점인 한국전쟁은 자연스레 이어질 수도 있으리라.

　박경리의 연보에 『토지』 이후의 목록이 덧붙여지기를, 그리고 한국소설사에 그 작품이 언급되기를 바라는 마음은 한국소설의 발전을 기대하는 사람 모두의 것이리라. 그만큼 『토지』가 서 있는 자리는 높고, 그곳까지 올라섰기에 한 걸음 더 올라서기를 바라는 마음은 간절한 것이다.